마크 트웨인 자서전

THE AUTOBIOGRAPHY OF MARK TWAIN by Charles Neider
Copyright ⓒ 1917, 1940, 1958, 1959 by The Mark Twain Company
Copyright ⓒ 1924, 1945, 1952 by Clara Clemens Samossoud
Copyright ⓒ 1959 by Charles Neider
All rights reserved.

Korean translation copyright ⓒ 2005 by GOD'SWIN Publishers, Inc.
This Korean edition published by arrangement with Susan Neider c/o Curtis Brown Ltd.,
New York through KCC(Korea Copyright Center, Inc.), Seoul

THE AUTOBIOGRAPHY OF MARK TWAIN

마크 트웨인 자서전

마크 트웨인 지음
찰스 네이더 엮음
안기순 옮김

고즈윈
God'sWin

고즈윈은 좋은책을 읽는 독자를 섬깁니다.
당신을 닮은 좋은책 — 고즈윈

마크 트웨인 자서전

마크 트웨인 지음
찰스 네이더 엮음
안기순 옮김

2판 2쇄 인쇄 | 2019. 7. 1.
2판 3쇄 발행 | 2023. 1. 9.

이 책의 한국어판 저작권은 (주)한국저작권센터(KCC)를 통한
저작권자와의 독점계약으로 고즈윈(주)에 있습니다.
저작권법에 의해 한국 내에서 보호를 받는 저작물이므로
무단전재와 복제를 금합니다.

발행처 | 고즈윈
발행인 | 고세규
신고번호 | 제313-2004-00095호
신고일자 | 2004. 4. 21.
(121-886) 서울특별시 마포구 동교동 200-19번지 501호
전화 02)325-5676 팩시밀리 02)333-5980

값은 표지에 있습니다.
ISBN 978-89-91319-99-8

고즈윈은 항상 책을 읽는 독자의 기쁨을 생각합니다.
고즈윈은 좋은책이 독자에게 행복을 전한다고 믿습니다.

나는 자서전 저술에 대한 올바른 계획을 찾았다.
내 노동을 즐거움으로, 단순한 즐거움 자체로, 놀이로, 여가로,
힘들이지 않고 할 수 있는 일로 만들기로 한 것이다.

―마크 트웨인―

THE AUTOBIOGRAPHY OF MARK TWAIN

차례

서문 _ 마크 트웨인 · 8
엮은이 서문 _ 찰스 네이더 · 10

마크 트웨인 자서전 · 51

옮긴이의 글 · 507
마크 트웨인 연보 · 509
찾아보기 · 511

서문

이 자서전을 통해서 나는 글자 그대로 무덤에서 말을 하고 있게 될 것이다. 이 책이 출판되어 매체를 타게 될 즈음이면 나는 이미 죽은 몸일 것이기 때문이다.

살아 있는 혀가 아닌 무덤에서 말하는 쪽을 택한 데에는 분명한 이유가 있다. 무덤에서라야 자유롭게 말할 수 있을 테니까. 자신의 사적인 삶을 책으로 쓴다면 특히나 생존해 있는 동안 독자가 그것을 읽게 된다면 자신의 솔직한 마음을 그대로 드러내는 데 움찔하게 마련이다. 마음을 털어놓으려는 시도는 모두 실패로 돌아가게 마련이다. 인간으로서는 전적으로 불가능한 일이라는 점을 인식하게 된다.

인간의 정신과 마음이 가장 솔직하고, 가장 자유롭고, 가장 사적으로 드러나는 작품은 연애편지다. 작가는 자신의 편지를 다른 사람이 보지 않으리라 확신하는 순간부터 무한한 표현의 자유를 느낀다. 때로는 약속이 파기되어 그 편지가 세상에 공개되기도 한다. 작가는 자신이 쓴 글이 인쇄되어 나온 것을 보며 참혹하고 불편한 감정을 느낀다. 자신의 글이 대중에게 공개된다는 점을 알았더라면 그토록 장황하고 솔직하게 속마음을 털어놓는 일은 결코 없었을 것이라고 생각한다. 자신의 글에서 진실되지 않거나 정직하지 않거나 존경할 만한 가치가 없는 요소라고는 찾아볼 수 없지만 어찌되었든 그 글이 인쇄되리라는 점을 알고 있었다면 훨씬 더 자제하게 되었을 것이다.
   내가 쓰고 있는 글이 내가 죽어서 의식하지 못하고 더 이상 개의치 않게 될 때까지 아무의 눈에도 노출되지 않으리라는 점을 안다면 연애편지를 쓸 때만큼 진솔하고, 자유로울 수 있을 것 같다.

마크 트웨인(Mark Twain)

엮은이 서문

마크 트웨인의 자서전은 벤자민 프랭클린(Benjamin Franklin), 헨리 애덤스(Henry Adams)의 자서전과 함께 미국 문학작품의 고전으로 꼽히며 오랫동안 이와 같은 평가를 받을 것이라 생각한다. 이 자서전은 미국에서 가장 사랑받는 작가이자 현대에서는 좀처럼 후계자를 찾기 힘든 19세기 대가의 마지막 작품이다. 이러한 위치에 걸맞게 이 책은 독자적인 표현, 넓은 시야, 상상력, 웃음, 비극 등 위대한 요소들로 가득하다.

이 자서전은 고도로 독창적이면서도 전형적인 정신을 담은 작품으로 젊고 긍정적이면서 소박했으나 중심에는 위대함을 간직했던 시절의 미국의 격조와 정취를 다시 불러온다. 소로(Thoreau)가 묘사한 미국에는 고요한 절망에 빠진 삶이 존재할지 모른다. 하지만 마크 트웨인의 경우는 단연코 그렇지 않다. 콩코드(Concord)와 보스톤이 대표하는 미국에 중서부와 서부 지역의 자리는 없었다. 이와 같은 지역적인 차이점은 자서전을 놓고 보면 마크 트웨인과 헨리 애덤스 사이의 차이를, 문학작품으로 보면 마크 트웨인과 헨리 제임스 사이의 차이를 나타낸다.

이 책을 엮는 데 사용된 모든 원고는 처음부터 마크 트웨인이 자서전을 목적으로 하여 저술한 것이라는 점을 이 자리를 빌려 처음으로 언급하려 한다. 또한 이 자서전은 사상 최초로 원고의 일부분이 아닌 원고 전체를 사용했다. 마크 트웨인은 《셰익스피어는 죽었는가?*Is Shakespeare Dead?*》 등과 같은 소책자가 포함되어 있는 어마어마한 양의 원고 더미를 후세에 남겼다. 몇몇 소책자들을 제외하고 나면 자서전으로 묶을 수 있는 원고가 남는다. 버나드 드보토(Bernard DeVoto)가 추정한 바에 따르면, 앨버트 비겔로우 페인(Albert Bigelow Paine)이 '자서전(1924)'을 편집하면서 후반부 원고를 1/2 정도 사용했고 버나드 드보토 자신은 나머지 반 분량의 원고를 사용해서 자서전을 직접 편집했다(1940).

  간단히 말해서 페인은 원고가 진정한 의미의 자서전이 될 것이라 생각하지 않았거나 스스로 자서전을 엮어 보겠다는 생각을 하지 않았다. 드보토의 경우도 마찬가지였다. 두 사람 모두 서문에서 자신들이 엮은 것은 진정한 의미의 자서전이 아니라 일종의 담소라고 말했다. 그런 의미에서 나는 이 두 사람에게 감사해야 한다. 두 사람 덕택에 내가 이토록 흥미진진한 일을 할 수 있게 되었기 때문이다.

1910년 세상을 떠났을 당시 마크 트웨인은 당대 미국 작가 중에서 가장 탁월하고 독특한 인물로 널리 인정받고 있었다. 마크 트웨인에게는 헌신적인 독자층이 많았고, 이들은 그때까지 출간된 그 어떤 자서전보다도 우수하거나 그에 버금가는 자서전이 출판될 것이라고 기대하고 있었다. 그가 자서전을 집필 중이라는 사실이 세상에 알려졌고 그 중 많은 부분은 1906년과 1907년의 〈북미 평론 North American Review〉에 25회에 나누어 등장했다. 하지만 독자들은 실망했다. 마크 트웨인은 기묘한 아이디어를 가지고 자서전 집필에 임했고 그 아이디어는 수년 동안 변화를 거듭했기 때문이다. 변하지 않은 것이라곤 계속해서 더욱 기묘한 변화를 시도했다는 점뿐이었다.

마크 트웨인은 손수 자서전의 부분 부분을 구성하기 시작했고 구술 작업을 통해 마무리지었다. 1870년대 초반에 자서전의 일부분을 썼고, 1873년경에는 친구인 찰스 더들리 워너(Charles Dudley Warner)를 기억하는 간단한 소품을 썼고, 1877년에는 미주리 주 플로리다에서의 어린 시절을 기억해 냈고, 1885년에는 그랜트 장군(General Grant)의 사망을 계기로 장군과 자신의 만남을 회상하는 시리즈를 구술했다. 1890년에는 페이지(Paige) 조판기계 사건과 중년의 대실패, 어머니에 대한 기억을 저술했다. 1897~98년 사이 비엔나에 체류할 때는 삼촌의 농장에서 보낸 어린 시절에 관한 탁월한 묘사를 완성했다. 1899년에는 자신의 조카인 사무엘 모페트(Samuel Moffett)가 사용할 수 있도록 자서전적인 소품을 저술했다. 이 소품을 토대로 모페트는 마크 트웨인 작품의 통일판을 위한 전기적 수필을 썼다. 1904년에는 플로렌스 교외에 살면서 존 헤이(John Hay)에 대한 추억에 대해서 썼다. 그리고 1906년에 접어들면서 꾸준한 구술 작업을 통해서 '자서전'의 상당 부분을 완성했다.

자서전을 쓰는 작업은 마크 트웨인에게 고통을 안겨 주기도 하고 즐거움을 주기도 했다. 1877년 42세에 그는 정식으로 자서전 집필에 착수할 것을 결심했다. 1904년 그는 다음과 같이 썼다.

"나는 시작했다. 하지만 결심은 눈 녹듯 녹아서 일주일 만에 흔적도 없이 사라졌고 그나마 썼던 앞부분도 던져 버렸다. 해서 우선 일기를 가지고 실험을 해 보았다. 일기가 쌓여서 충분히 많은 자료가 모아지면 이를 이용해서 자서전을 꾸밀 생각이었다. 하지만 이 실험도 딱 일주일간 지속되었을 뿐이다. 그날의 일을 기록하는 데 매일 밤의 절반을 할애해야 했고, 일주일이 지나고 났을 때 나온 결과에 만족할 수도 없었기 때문이다."

"지난 8~10년 동안 나는 자서전을 쓰기 위해 이런 저런 시도를 해 보았지만 결과는 만족스럽지 못했다. 너무 문학적인 냄새가 났다…."

"손에 펜을 쥐고 있으면 이야기가 마치 운하처럼 흘렀다. 천천히, 유유하게, 품위 있게, 나른하게 흘렀다. 이야기가 통째로 결점투성이라는 점을 제외하고는 아무런 결점도 없다. 너무나 문학적이고, 지나치게 단정하고, 심하게 뛰어났다. 속도와 스타일과 움직임이 이야기에 적합하지 않다. 운하의 흐름은 항상 모든 것을 비추는 성질을 가진다. 본질이 그렇기 때문에 달리 도리가 없다. 운하의 매끄럽고 반짝이는 표면은 둑을 따라 지나가며 마주치는 소며 이파리며 꽃이며 모든 것에 흥미를 갖는다. 그래서 그 모든 것을 제 몸에 비추느라 많은 시간을 허비한다."

이후에 마크 트웨인은 오려 낸 신문기사를 가지고 실험을 했다.

"나는 자서전적인 내용의 신문기사들을 산발적으로 끊임없이 써 왔다. 그러나 이를 '자서전'에 포함시키지는 않을 생각이다. 최소한 초기 편집 판에는 사용하지 않을 것이다. 오려 낸 신문기사가 초기의 편집 판에서는 흥미를 끌지 못하더라도 언젠가는 쓰일 때가 올 것이라는 생각을 가지고 있다. 세월이 흘러 그 기사에 연륜이 쌓이면 처음에는 전혀 흥미롭지 않았다 하더라도 점점 흥미로워질 가능성이 다분하기 때문이다."

마크 트웨인은 방황을 두려워하지 않았다.

"이 자서전에서 나의 목적은 언제라도 원할 때 방황하고 준비되었을 때 다시 돌아오는 것이다."

한번은 자서전 집필의 '올바른' 방법을 찾았다고 생각하기도 했다.

"마침내 1904년 플로렌스에서 '자서전'을 집필하기 위한 제대로 된 방법이 떠올랐다. 삶의 특정한 시점에서 시작하는 것이 아니라 자유의지가 이끄는 대로 인생 전체를 방랑하는 것이다. 그리고 순간 자신에게 흥미로운 것에 대해서 말하는 것이다. 흥미가 희미해지는 순간 얘기를 멈추고 그때 마음속으로 밀고 들어오는 새롭고 좀 더 흥미진진한 일로 말머리를 돌리는 것이다.

그래서 자서전 저술에 대한 올바른 계획을 찾았다. 내 노동을 즐거움으로, 단순한 즐거움 자체로, 놀이로, 여가로, 힘들이지 않고 할 수 있는 일로 만들기로 한 것이다."

그러나 1906년 초에 이르러 마크 트웨인은 어려움에 부딪쳤다.

"자서전을 쓰는 데 따르는 어려움이 점차 커진다. 예를 들어서 나에게 일어났던 일과 나에게 일어났다고 상상하는 일을 구분하는 것이 불가능하다. 내가 할 수 있는 유일한 일이라곤 내 삶의 한가운데에 있는 일, 혹은 단지 몇 개월 전에 발생했던 일에 대한 순간적인 느낌을 이야기하는 것이다. 이러한 느낌을 60만 단어 이상으로 확장하는 것이 내 목표이다. 하지만 이 일은 오랜 시간이 걸릴 것이다. 아주 오랜 시간이."

어떨 때는 자신의 자서전 저술에 대해 매우 큰 자부심을 느끼기도 했다.

"자서전으로 의도하는 바는 내가 죽고 난 후에 출간되었을 때 미래에 출간될 모든 자서전의 모델이 되게 하는 것이다. 또한 그 형태와 방법으로 인해서 수세기 동안 읽혀지고 감탄의 대상이 되는 작품이 되게 할 작정이다. 이 자서전 특유의 형태와 방법은 과거와 현재를 끊임없이 마주하게 하여 대조를 이루도록 함으로써 부시가 부싯돌에 부딪쳐 불꽃이 튀는 것처럼 독자의 흥미를 새로이 불타오르게 할 것이다. 더욱이 이 자서전에서는 과시용 사건만을 추려 내지 않고 보통 사람의 삶을 이루는 평범한 경험만을 다룰 것이다. 그러므로 자서전의 이야기는 틀림없이 보통 사람의 흥미를 끌 것이다. 보통 사람의 삶에 친숙할 뿐만 아니라 바로 자신의 삶이 투영되고 글로 옮겨져서 인쇄된 것 같은 그런 종류의 이야기이기 때문이다. 주위에서 흔히 목격하는 상투적인 자서전을 쓰는 작가는 특히나 자신의 이력 중에서 유명한 사람과 접촉했던 일을 찾아 헤매는 것 같다. 하지만 자신에게 흥미로울 뿐만 아니라 독자에게도 흥미로운 이야기는 유명하지 않은 사람과의 접촉이다. 게다가 유명한 사람과 부딪치는 경우보다 수적으로도 훨씬 우세하니까."

"하웰스(Howells)가 어제 오후 이곳에 왔다. 나는 그에게 자서전에 대한 전반적인 계획과 명백하게 체계 없는 체계에 대해서 말해 주었다. 이것은 다분히 의도적인 체계이고 이 체계를 움직이는 법칙은 순간적으로 흥미를 끄는 주제에 대해서만 말한다는 것과 흥미가 고갈되면 그 주제를 버리고 다른 주제를 끌어들인다는 것이다. 이 자서전의 체계에서는 정해진 과정을 따르지 않으며 앞으로도 따르지 않을 것이다. 이 체계는 완벽하고 목적을 갖춘 혼란이다. 시작이 어디인지도 모르고, 구체적인 길을 따르지도 않을 뿐만 아니라, 내가 살아 있는 동안에는 결코 끝에 도달할 수도 없다. 속기사를 앉혀 놓고 하루에 두 시간씩 백 년 동안 구술한다 하더라도 생전에 내 흥미를 끌었던 일들을 다 쓰지는 못할 것이기 때문이다. 나는 하웰스에게 이 자서전이 아무런 노력을 기울이지 않아도 2천 년을 거뜬히 버텨 낼 것이고 그 이상까지도 계속 신선한 모습으로 존속할 것이라 말했다.

하웰스는 자신 또한 그러리라 믿는다고 말하고는 자서전을 시리즈로 만들 작정이냐고 물었다.

나는 그럴 작정이었지만 내가 혹시라도 장수한다면 자서전의 권수가 하도 많아져서 도시 하나를 꽉 채우고도 남아 주 정부가 개입해야 하는 상황이 될 것이고 살아 있는 동안 어떤 억만장자도 할부 말고 전집을 살 수 있을 만큼 여유 있지는 못할 것이라고 말했다.

하웰스는 박수를 치고, 찬사와 지지의 말을 늘어놓았다. 판단력 있고 현명한 사람이다. 만약 하웰스가 다른 속내를 내비쳤다면 나는 그를 창문 밖으로 던져 버렸을지도 모른다. 나는 비평을 좋아하기는 하지만 반드시 내 방식대로여야 한다."

마크 트웨인은 유사한 분위기로 말을 이어 갔다.

"나의 '자서전'은 다른 자서전과는 다르다. 아마도 벤베누토(Benvenuto)의 자서전을 제외하고는 모든 자서전과 완전히 다를 것이다. 수세대에 걸쳐 등장했던 상투적인 전기는 열려진 창문과 같다. 상투적인 자서전의 작가는 창문에 앉아서 지나가는 사람을 관찰하고 그들과 토론을 벌인다. 하지만 그 지나가는 사람은 다름 아닌 잘 알려진 사람들 즉 유명한 사람들이다. 비가 오지 않을 때 멋진 제복과 왕관을 쓴 사람들이다. 매우 위대한 시인과 정치가들이다. 고귀한 특권을 소유한 저명한 사람들이다. 상투적인 자서전의 작가들은 유명한 사람이 지나갈 때 이들을 알아보았다는 표시로 손을 흔들기를 좋아한다. 또한 자신이 손을 흔들고 있는 장면을 다른 사람이 목격하고 감탄해 마지않는 것을 흐뭇해한다. 호사스런 옷으로 치장한 사람과 가끔 만나 이야기를 나누면서도 자신은 독자에게만 관심이 있다고 말하고 이러한 관심이 무의식 속에 자리잡고 있는 체하기를 좋아한다.

하지만 내 자서전은 이런 종류의 자서전이 아니다. 내 자서전은 거울과 같아서 나는 항상 자서전을 통해서 내 모습을 본다. 또한 등 뒤로 지나가는 사람을 거울을 통해서 본다. 그리고 그들이 내 관점에서 나를 선전하고, 나를 우쭐하게 하고, 나를 치켜세우는 말이나 행동을 할 때마다 자서전에 싣는다. 나는 물론 왕이나 공작이 나타나 자서전에 유용한 역할을 하게 되어도 기쁨을 느낀다. 하지만 그들은 매우 드물게 등장한다. 나는 그들을 내 길을 밝혀 주는 등대와 기념비로써 효과적으로 사용할 수 있지만 내가 정말 관심을 가지고 있는 쪽은 보통 사람들이다."

그리고 1907년 3월 버뮤다에서 휴가를 보내는 동안 마크 트웨인은 자서전의 목적 하나를 더 기록했다.

"나는 이제 이 세상에 더 이상 머물 필요가 없다. 이 생애에서 내게 남겨졌던 유일한 일이면서 미완성인 채로 남겨둘 수 없는 자서전을 완성했기 때문이다. 이 자서전이 끝난 것은 아니지만 그리고 내가 죽을 때까지 끝이 맺어지지는 않겠지만 자서전을 엮으며 염두에 두었던 목적은 다 이루었다. 기존의 내 책들에 이를 고루 분배하여 각 책들에 28년 간의 새로운 저작권을 설정하는 것이 내 목적이다. 그래야 내 작품에 대한 저작권을 강탈해서 내 딸을 굶주리게 하려는 저작권법의 냉랭한 의도를 물리칠 수 있다. 나는 자서전의 집필을 위해서 이미 40~50만 단어를 구술해 두었다. 설사 내가 내일 죽는다 하더라도 이 방대한 양의 원고는 자서전에 대한 내 의도를 달성하기에 충분한 양이 될 것이다."

자신의 자서전에서 마크 트웨인은 작가로서 활동하는 동안 유지해 왔던 모든 문학적 제어장치를 느슨하게 풀어 놓았다. 버나드 드보토는 마크 트웨인이 논리 정연한 자서전을 저술하지 못한 이유가 일련의 두려움 때문이라고 믿었다.

"마크 트웨인은 한니발에서의 삶(즉 그의 어린 시절)을 끌어내었을 때 거기에서 소년기의 전원 생활뿐만 아니라 불안, 폭력, 초자연적인 공포, 명확하지 않은, 똘똘 싸여 있는 두려움을 발견했다. 마크 트웨인이 저술한 여러 소설과 《허클베리 핀의 모험》 등과 같은 걸작의 이면에는 공상의 옷을 입은 이러한 두려움이 자리하고 있다.

자서전을 쓰려는 마크 트웨인의 충동은 부분적으로는 그 두려움을 조사하고 파악하려는 충동이라고 생각한다. 하지만 충동의 참된 모습을 드러내기에는 미흡했다. 그 두려움은 그의 중심부에 자리잡고 있어서 소설이라는 형식을 빌려 상징적으로만 접근할 수 있었기 때문이다."

하지만 자서전 집필에 따른 마크 트웨인의 어려움을 설명하는 데 꼭 이러한 이론을 들먹일 필요는 없다. 기억력과 향수가 풍부했던 마크 트웨인은 일화의 형태로 과거를 회상하려는 노력을 계속했고, 사실상 일화의 형태는 전통적인 자서전이 보여 주는 시대 순에 따른 구성에는 쉽게 맞아 들어가지 않았다. 또한 상상을 억누르는 것은 '사실'에 집착하는 이야기꾼들의 경우에 해당한다. 마크 트웨인은 때때로 사실이 설 땅을 잃는다 하더라도 전혀 개의치 않았다. "이 자세한 얘기가 옳다고만은 생각하지 않지만 전혀 개의치 않는다. 사실과 다름없이 작용할 것이기 때문이다."라고 마크 트웨인은 쓰고 있다. 이러한 면에서 볼 때 그에게는 뜻이 통하는 좋은 친구가 있었다. 비록 지나치게 소심한 성격의 헨리 애덤스이기는 했지만 말이다. 1850년 12세 때 아버지와 워싱턴으로 함께 여행했던 일을 회상하면서 애덤스는 자신의 자서전에 이렇게 썼다.

"여행의 의도는 교육이었다. 1850년 소년의 사고 단계에 추억을 남기려는 목적을 가진 교육의 일환이었다. … 이것이 그가 기억하는 여행이다. 실제 여행의 성격은 아주 달라서 교육과는 아무런 관련이 없었을지도 모를 일이다. 하지만 중요한 것은 기억이다…."

마크 트웨인의 삶은 길고 풍요로웠다. 마치 고갈될 줄 모르는 회상의 보고와 같았다. 이 보고로부터 연상이 사방으로 흘러넘쳤고, 그는 풍자와 유머와 얘기를 풀어 내는 재능을 가지고 흘러넘치는 연상의 대부분을 붙잡으려 했다. 이는 그가 가졌던 비현실적인 희망이었고 그러다 보니 그는 작품의 규모에 정말 휘청거렸다. 진정한 의문은 일반적으로 사람들이 믿고 있는 것처럼 그가 실제로 자서전 집필에 실패했느냐의 여부이다. 마크 트웨인이 포괄적이고 전략적인 접근 방법을 사용하지 않았던 것은 사실이다. 전쟁에서 최종적인 승리를 거두는 대신 전술상의 소전투에서 계속 이기는 길을 택했던 것이 사실이다. 하지만 최정상에 도달하는 많은 문학작품도 이러한 방식을 채택하고 있다. 마크 트웨인이 몇 년만 더 생존해 있었더라면 '자서전'을 자신의 독특한 구성 방법으로 구성하면서 부적절한 자료를 모두 간추려 낼 만한 관점을 갖추었을 것이다. 명백한 사실은 자서전 안에 위대함이 존재한다는 점이다. 사소한 내용을 빼낼 수는 있지만 위대함을 억지로 집어넣을 수는 없다. 예술이 갖는 아이러니 중의 하나는 전쟁을 이기고도 전투에서 질 수 있다는 점이고 전쟁보다는 전투에서 지는 것이 더욱 비극적이라는 점이다. 격식을 차린 솜씨와 포괄적인 흐름과 대조되는, 소멸되었거나 소멸되어 가는 상세함의 문제이다. 마크 트웨인의 자서전에 서술된 얘기는 강렬하게 살아 있는 참모습이다.

마크 트웨인은 글을 쓰면서 스스로 즐기려고 노력했다. 자서전을 구술하는 동안에도 이를 주요 목표로 삼았다. (대부분의 사소한 일을 자서전에 불러들여 기록했던 것은 말년의 구술 기간 동안이었다. 그리고 이런 사소한 일에 대한 기록을 항상 분리했기 때문에, 다른 멋진 부분에 포함시키는 일은 없었다. 모든 얘기가 조각조각 분명하게 드러난다. 좋은 것은 좋고 나쁜 것은 분명히 나쁘다.) 마크 트웨인은 세상에서 자신이 할 몫만큼의 일을 했고, 자신이 좋아했던 대부분의 사람보다도 오래 살았다. 곤경에 빠진 세상을 떠나는 데 아무런 미련도 없었다. 그래서 그는 과거를 즐거운 마음으로 회상했고 이를 통해서 스스로를 즐겼다. 세상의 말을 사용하지도 않았고, 자서전의 구성 방법에 대한 이론도 따르지 않았고, 자신만의 언어로 과거를 회상했다.

앨버트 비겔로우 페인이 '자서전'에 영향을 미치기 시작한 때는 1906년이었다. 뉴욕의 저녁식사 자리에서 마크 트웨인을 만난 페인은 그에게 다시 만나 줄 수 있겠느냐고 물었다. 두 번째로 만난 자리에서 페인은 마크 트웨인의 공식적인 전기를 쓰고 싶다고 했고 마크 트웨인은 그 계획에 동의했다. 결과적으로 트웨인은 일련의 자서전적인 구술을 하게 되었는데 구술한 내용의 일부분은 페인이 쓰려는 전기의 자료로 제공하기 위한 것이었고, 일부분은 '적당한' 시기에 자서전으로 출판하기 위한 것이었다. 여기서 '적당한'이라는 단어는 놀라울 정도로 융통성 있는 의미를 내포하고 있다. 자신이 죽고 100년이 흐르기 전에는 자서전의 일부분도 절대 출판하지 않겠다는 것이 초기에 마크 트웨인이 가졌던 생각이었다. 그러다가 얼마 지나지 않아서 자서전의 상당부분을 〈북미 평론〉에 발표하기 시작했다. 마크 트웨인은 타자기를 사용해서 기록한 원고의 여백에 사후 50년이 지나서야 자서전을 출판할 수 있다고 써 놓았고, 어떤 곳에서는 75년, 어떤 곳에서는 저술 완성 후 500년으로 지시했다. 이와 같은 지시는 자신의 상속인과 유언 집행자를 대상으로 하기도 했고 그렇지 않은 경우도 있었다.

자서전의 구술은 마크 트웨인이 뉴욕 5번가 21번지에 살 때 시작해서 뉴햄프셔 주 더블린 근처에 사는 동안 얼마간 계속되었고 다시 뉴욕, 종국에는 그가 살았던 마지막 집인 코네티컷 주 레딩에 있는 스톰필드에까지 이어졌다. 구술은 2년 동안 꾸준히 진행되다가 다음 2년 동안에는 간헐적으로 이어졌고, 1910년 봄 마크 트웨인이 사망함으로써 끝이 났다. 마크 트웨인이 더 이른 시기에 손으로 직접 남긴 회고록에 상응하지는 못하지만 그럼에도 구술은 그의 삶을 완전하게 설명해 주는 귀중한 자료이며 탁월한 가치를 지니고 있다.

페인은 자서전 원고를 발견하고서 '자서전'을 출판하겠다는 불운한 선택을 했다. 또는 자서전 원고를 가공되지 않은 소재로 보고 다소간 완성된 상태로 다듬는 불행한 결과를 초래했다. 불행하다고 언급하는 이유는 페인이 매우 특별한 딜레마에 빠졌었기 때문이다. 페인이 발견한 원고는 다루기 힘들 정도로 방대한 규모였고 광범위한 주석이 첨가되어 있었다. 원고가 너무나 어질러진 상태로 방치되어 있었기 때문에 페인은 정말 혼란스럽지 않을 수 없었다. 비록 원고의 부분 부분이 그 자체로 주제가 있고 문체상으로나 사실적으로 완벽하기는 했지만 말이다. 페인이 원고를 발견한 그대로 출간했더라도 자신의 의무를 제대로 파악하지 못했다는 비난을 모면하지 못했을 것이다. 그렇다고 페인이 원고에 손을 댔더라면 더욱 강력하게 비난을 받았을 것이다. 페인은 그 책임을 마크 트웨인에게 넘기리라 결심했다. 단 자신이 이해하고 있는 범주 내의 '타당성'을 위해서 마음이 움직일 때마다 원고의 일부를 생략하는 것을 제외하고는 말이다. 하지만 생략한 부분이 있다는 점을 독자에게 알리는 일을 게을리 했다.

페인에게는 결정해야 할 일이 한 가지 더 있었다. 마크 트웨인은 페인에게 '자서전'을 시간 순서가 아닌 저술되고 구술된 순서로 출간할 것을 요구했었다. 정말 특이한 생각이 아닌가! 비록 창작의 흐름은 자서전적인 시간이 아닌 신비스러운 방식에서 더 깊은 뜻을 내보이고 있기는 하지만 말이다! 페인이 직면했던 문제를 적절하게 평가하기 위해서는 마크 트웨인이 모든 방향에서 동시적으로 자신의 자서전에 접근했다는 사실을 염두에 두어야만 한다. 페인은 자신의 자서전에 대한 마크 트웨인의 이러한 요구나 말을 독자에게 밝히지 않았다. 또한 원고가 글로 남겨진 것인지 구술된 것인지 언급하지도 않았고, 원고가 두 사람의 관계가 유지되던 초기에 쓰였는지 말기에 쓰였는지도 언급하지 않았다. 그러므로 자서전에 대한 마크 트웨인의 요청에 대해 페인이 얼마나 진지하게 생각했는지 현대의 우리로서는 판단할 길이 없다. 페인은 단지 이렇게 서술했을 뿐이다.

"이 작품의 많은 부분은 작가의 희망에 따라서 사건의 시대 순을 무시하고 저술된 순서로 배열되었다."

페인은 원고의 구성에 대한 마크 트웨인의 희망을 글자 그대로 받아들여야만 했을까? 이것은 민감한 문제이긴 했지만 유저(遺著) 관리자가 부닥쳤던 문제는 이뿐이 아니었다. 어쨌거나 페인은 마크 트웨인의 희망을 고집했고 그 결과 전례를 찾아보기 힘들 정도로 너무나 불운하고 혼란스러운 방식으로 자서전을 엮는 결과를 낳았다.

'자서전' 두 권의 결점은 분명하다. 1924년의 이 '자서전'은 불완전하고, 생경하고, 배열도 엉망이었다. 아무 원고나 닥치는 대로 모아 놓은 잡동사니 같았다. 이 책의 주요한 결점은 마크 트웨인의 견해와 방법을 너무나 정확하게 반영했다는 점이다. 이 책은 1870년 대 마크 트웨인이 손으로 직접 저술한 부분으로 시작해서 지독하게 어처구니없는 부분까지를 총망라하고 1906년에 구술한 내용까지를 포함했다. 그 중 많은 부분은 당일 일어난 새로운 사건에 대한 단편적인 메모, 편지의 교환, 순간적인 의견 등으로 독자에게 낭패감을 불러일으키기에 충분했다. 삼촌 농장에 대한 추억 등과 같은 부분은 마크 트웨인이 쓴 부분 중에서 최고의 내용이기 때문에 반드시 구제되어야 했다. 하지만 이런 불운한 책에서 구제되기란 힘들었다. 책 속의 훌륭한 요소도 좋지 않은 요소와 함께 잊혀지기 시작했다. 당시 학식 있는 독자도 있었고 마크 트웨인의 숭배자도 있었지만 마크 트웨인이 자서전 집필을 시도했었다는 사실을 아는 사람은 거의 없었다.

자서전 시리즈로 더 많은 책을 출판하려던 페인의 희망은 좌절되었고, 마크 트웨인이 자신의 딸 진(Jean)의 죽음에 대해 쓴 부분을 자서전의 마지막 부분으로 해 달라고 한 요구도 충족시키지 못하고 말았다.

칼 반 도렌(Carl Van Doren)은 책 두 권을 검토한 후에 〈토요일의 문학평론 *Saturday Review of Literature*〉에서 다음과 같이 썼다.

"훨씬 더 솔직한 내용을 담았어야 하는가? 아니면 마크 트웨인이 진정으로 신중했기 때문에, 간혹 받게 되는 이 책에 대한 비난이 그에게는 감정의 순화를 거치지 못한 폭력으로 인식되는가? 이런 질문은 어떤 방식으로든 해명되어져야 하고 페인에 의해서 책으로 태어났다 하더라도 간과되어서는 안 된다."

그는 이 작품을 "평범하고 장황하고 무질서하다"고 말했지만 "김빠진 실패"는 결코 아니라고 덧붙였다. 그는 집요하게 "어딘가 이 이상의 내용이 없는가?"라는 질문을 던졌다. 리처드 알딩톤(Richard Aldington)은 마크 트웨인을 재미있지도 않고 그다지 작가답지도 않다며 공격했다. 그리고 〈스펙테이터 Spectator〉에 게재한 평론에서 "종잡을 수 없고 단속적이고 지루한 글"이라고 주장했다. 마크 트웨인의 친구인 브랜더 매튜스(Brander Matthews)는 위대하고 현명한 사람의 글이라는 이유로 이 책을 좋아했지만 이런 글을 남겼다.

"일생의 행적을 연속적으로 기록한 흔적은 보이지 않고 단지 무질서한 회상들을 마음이 끌리는 대로 쏟아 내었다. … 이 책은 아무 시점에서나 시작하고 전혀 끝이 나지 않는다. 골격도 없고 부분들이 능숙하게 조화를 이룬 모습도 보이지 않는다. 질서와 조화의 우주를 항해하다가 결국은 혼돈에 도달한 격이다. 서로 연관성이 없는 부분들로 구성되어 있고 무작위의 난잡한 내용이 담겨 있다. 격의가 없고 우발적이다…."

최고의 평론은 마크 반 도렌(Mark Van Doren)이 〈네이션 The Nation〉에 게재한 것이었다. 반 도렌은 "마크 트웨인의 인생에 대한 연속적이거나 질서정연한 해설을 기대했던" 사람에게는 이 책이 실망스러운 작품일 것이라고 경고했다.

"그의 마음으로부터 얼마만큼의 질서를 기대할 수 있는지가 쟁점이다. 그러나 지금 보이는 대로라면 이 책은 연속적인 부분과 그렇지 못한 부분이 얽혀 있는 것이 사실이다. … 자서전의 원고를 '완성하기' 위해서 출판되지 않은 기사와 단편이 휩쓸려 들어갔다. 각 부분은 연관된 사건의 순서에 의해서가 아니라 저술된 순서에 따라서 배열되었다. … 그러나 일정한 형태도 없고 실망스러움에도 불구하고 '자서전'은 걸작으로 불려야 한다. 아마도 그 불완전함 때문에 자서전은 마크 트웨인의 문학적인 힘이 갖는 특성을 가장 평범하고 가장 적나라한 방식으로 노출시키고 있는지도 모른다."

반 도렌은 마크 트웨인을 필딩(Fielding), 셰익스피어, 라블레(Rabelais) 등과 비교하면서 이렇게 썼다.

"마크 트웨인은 초일류의 작가들에게 절대적으로 필요한 보고 즉 방대하고 풍요로운 웅변의 보고를 소유하고 있다. 이러한 풍요로움은 최고 정점의 표현까지 도달한 수많은 문단과 페이지에 나타나 있을 뿐만 아니라 언어 예술에 대한 마크 트웨인의 관심이 억눌려 있지 않은 곳이라면 어디에서나 더욱 설득력 있게 표현되어 있다."

페인 판 자서전이 등장한 지 16년이 지난 후에 버나드 드보토는 《격발한 마크 트웨인 *Mark Twain in Eruption*》을 출판했고, 상당부분 새로운 자서전적인 원고를 대중에게 선보였다. 드보토는 페인 판 자서전에 대해 형태도 갖추지 못했고 짜증스러운 작품이라고 평했다. 드보토는 '자서전'을 엮으면서 '표본추출'하는 페인의 기법을 모방하려 하지 않았다. 대신에 '사소한 내용을 생략하고 서로 연관성 있는 내용을 연결하는' 방법에 의존했다. 드보토는 원고를 선별하고 다시 배열하고 편집하는 일에 주저함이 없었다. 그가 편집한 자서전은 주제에 따라 구성되었다. 하지만 드보토가 발행한 책은 전임자인 페인이 발행한 책의 제약을 받았으며 그 증보판에 불과했다. 결과적으로 드보토가 펴낸 책은 페인의 두 권의 책만큼이나 불완전했다.

드보토는 책을 구성한 순서에 대해서 이렇게 언급했다.

"느슨하지만 '자서전'에 부여할 수 있는 가장 팽팽한 순서이다. 그리고 일관성을 놓치더라도 원래의 순서를 선택적으로 살리려는 노력을 이따금씩 시도했다."

 하지만 드보토는 실수를 하고 말았다. 그가 제시한 주제에 따른 순서는 강제적인 것이어서, 엄밀히 말하자면 '자서전'에 부여할 수 있는 가장 팽팽한 순서라고 볼 수는 없었다. 자서전에 내재되어 있는 순서의 핵심은 바로 시간이기 때문이다. 어떤 작품에서고 가장 팽팽한 순서라면 시간에 따라 작동하면서 주제와 조화를 이루는 것이어야 하기 때문이다.

 드보토는 원고 중에서 출판되지 않은 부분만을 가지고 작업을 했고, 작업을 하면서 삭제의 기준을 설정했다. "내가 생각하기에 부적절하거나 흥미가 없는 부분을 배제했다."라고 썼지만 후에 서문에서는 "공상적이고 유해한" 문제를 포함한 특정 부분을 삭제했다고 인정했다. 또한 "공상의 내용에 과장이 깊숙이 침투하여 변변치 못한 열망으로 보이기 때문에" 삭제한 부분도 있다고 덧붙였다. 나는 문제가 된 구절을 검토해 보고 다음과 같은 결론에 도달했다. 이러한 고도의 감정이 개입된 문제에 대해서는 마크 트웨인의 주장을 살펴보는 것이 현명한 과정이라는 점이다. 예상하지 못한 결론은 아니었다.

 몇몇 삭제 부분에 대해서 드보토는 재산권과 생존해 있는 딸의 의견 등과 같은, 자신이 결코 무시할 수 없었던 의견에 의해서 영향을 받았음이 분명하다. 그러나 브레트 하트(Bret Harte)와 관련된 관찰 등과 같은 부분을 삭제한 것은 의문을 살 소지가 있다. 내가 책에 수록한 기질에 대한 언급은 지금이나 1940년이나 생존해 있는 사람의 감각과 상관없이 모두 출판할 만한 가치가 있고 중요한 내용이다. 하지만 드보토는 이 또한 삭제했다. "내가 중요하다고 생각하는 것은 어느 것도 삭제하지 않았다. 또한 나는 출간해야 할 의무만큼이나 삭제해야 할 의무도 가지고 있다고 생각한다."라고 드보토는 기록했다. 사실상 드보토는 자신이 중요하다고 생각한 문제조차도 삭제했다. 편집자로서의 역할을 수행하는 데 있어 다른 사람의 희망사항에 따른 것이라면 이러한 삭제에 대한 전적인 책임을 그가 질 수는 없다.

내가 언급한 이런 점을 제외한다면 드보토 판 자서전은 훌륭한 책이고, 편집자로서의 그의 판단과 능력은 저자로서의 판단과 능력보다 우수하다. 드보토 판 자서전은 명쾌함과 구조를 갖추고 있다. 〈북미 평론〉에 실렸으나 이후 독자들의 뇌리에서 잊혀졌던 부분들을 부활시켰다. 또한 1940년까지 단지 학자들만이 관찰할 수 있었던 마크 트웨인의 새로운 단면을 드러냈다. 드보토 판 자서전은 매체의 조명을 받았고 사실 그럴 만했다. 세간의 평판은 클리프톤 패디만(Clifton Fadiman)이 〈뉴요커 *The New Yorker*〉에 게재한 평론에 잘 묘사되어 있다.

"마크 트웨인은 세상 사람이 무엇이라 말할지 죽을 지경으로 두려웠던 까닭에 한 무더기의 원고를 통째로 남겨 놓아서 자신이 사망한 후에 간격을 두고 출판되도록 했던 것 같다. 이러한 잡동사니 원고의 일부는 앨버트 비겔로우 페인 판 자서전으로 출판되었고 일류 작가의 펜을 통해 나온 것인 만큼 큰 실망을 안겨 주었다. 나머지 원고를 가지고 무척 현명한 부흥자인 버나드 드보토가 책을 다듬어서 결과적으로는 마크 트웨인의 문학적인 업적에 보탬이 된 것이 아니라 독자들이 마크 트웨인의 분열된 기질을 더더욱 파악하는 데 보탬이 되었다. … 대체로 이 책은 가치 있는 책이고 그 자체로 읽을 만하고 저자에게 새로운 빛을 던져 주는 책이다. 드보토의 노력과, 취향과, 주제에 대한 지식을 통해서 마크 트웨인의 목소리가 비록 무덤에서이지만 여지없이 들리는 그러한 책이 탄생되었다."

이 시점에 이르면 독자들은 자서전을 엮기 위한 내 계획이 무엇인지 추측할 수 있을 것이다. 자서전을 위한 원고를 출판 여부에 상관없이 전체로써 다루어 작업하는 과정에서 나는 다양한 자료를 솎아 내었다. 이렇게 한 데는 몇 가지 이유가 있다. 즉 일반 독자(이 책이 의도한 독자층)의 요구에 맞게 다루기 쉬운 부피의 책을 만들기 위해서였고, 작품의 탁월한 부분에서 시대에 뒤떨어지고, 단조롭고, 틀에 박힌 부분을 덜어 내기 위해서였고, 의견과 간접적인 회상에 열중하는 일이 없이 더욱 진정한 의미에서 자서전적이고, 더욱 순수하게 문학적이고, 더욱 유머러스한 특징이 돋보이는 자료에 집중하기 위해서였다. 내가 편집한 책은 상당히 일화적인 경향이 있지만 나는 이것이 결함이라기보다는 장점이라고 믿고 있다. 마크 트웨인의 창조적인 성향이 일화를 통해서 정확하게 묘사될 수 있기 때문이다.

이미 출판되었던 부분에서 그랜트 회고록이나 독일어의 아름다움, 모리스 사건, 수지(Susy)가 쓴 전기의 상당부분, 그날 그날의 뉴스나 서신 왕래에 대한 다양한 의견, 테오도르 루즈벨트와 앤드류 카네기, 금권정치에 대한 장문의 견해 등은 생략했다. 출판되지 않은 원고에서 내가 생략한 부분은 수준 이하로 간주되는 샌프란시스코 지진에 대한 내용(마크 트웨인은 지진을 직접 경험하지도 않았다), 광산업에 종사하는 친구의 문학적인 노력, 즉흥적인 웅변, 집파리의 우월성(이 두 부분은 다소 부자연스럽다는 것이 내 의견이다), 단순화시킨 철자, 손금보기 등에 관한 내용이다. 이러한 부분을 출판하는 것이 마크 트웨인의 문학적인 평판에 이로울 것이라고 믿지 않았다.

1906년 6월 19일, 6월 20일, 6월 22일, 6월 23일, 6월 25일 닷새 동안의 구술 내용을 이번 자서전에 포함시킬까도 생각했지만 그렇게 하지 않았다. 이 부분이 자서전적이라기보다는 수필적인 성격이 좀 더 강했기 때문이다. 부록으로 첨부할 수도 있었을 것이다. 하지만 책에 대한 권리와 의무를 가지고 있는 마크 트웨인의 생존해 있는 딸, 자크 사모소우드(Jacques Samossoud) 여사가 자서전에 이 부분을 포함시키는 것이 크게 도움이 되지 않는다고 결정했다. 드보토 또한 이 부분을 출판하고 싶은 바람을 가졌지만 출판하지 못했다. 사모소우드 여사 [이후 가브릴로위치(Gabrilowitsch) 여사]가 출판하지 말 것을 요청했기 때문이다. 그 내용이 담긴 세 장(章)의 앞 페이지에는 연필로 "《격발한 마크 트웨인》의 출판을 위해서 편집 완료, 그러나 가브릴로위치 여사의 요청에 의해 삭제됨"이라고 적혀 있었다. 내가 앞서 드보토가 자신이 중요하다고 생각하는 문제 또한 삭제했다고 말했을 때 염두에 두었던 것이 바로 이 부분이었다.

윌리엄 딘 하웰스(William Dean Howells)에게 보낸 편지에서 마크 트웨인은 다음과 같이 썼다.

"나는 내일 자서전의 한 장을 구술할 작정입니다. 그러지 않으리라는 것이 내 판단이기는 하지만 만약 내 상속인 및 양수인이 2006년이 되기 전에 감히 이를 출판하려 한다면 그대로 불태워질 원고입니다. 내가 3~4년을 더 산다면 이러한 성격의 글이 더욱 늘어날 것입니다. 2006년 판은 세상에 나오는 즉시 커다란 반향을 일으킬 것입니다. 나는 이미 죽은 다른 친구들과 함께 이 소동에 주목하면서 떠돌 것입니다. 당신도 함께 합시다."

마크 트웨인은 위에서 내가 말한 다섯 개 장(5일 간의 구술 내용) 중에서 첫 번째 장에 대해 언급했던 것이다. 다섯 개의 장 가운데 두 개의 장의 맨 앞 페이지에는 자필로 다음과 같이 적혀 있었다. "2406년 판이 출판될 때까지 절대 누구에게도 노출되어서는 안 된다. S. L. C.(마크 트웨인의 본명인 Samuel Langhorne Clemens의 약자)" 1912년에 출판된 마크 트웨인의 전기에서 페인은 이 다섯 장의 몇 토막을 견본으로 실었다(제3권 1354~57쪽). 피상적으로 읽는다면 이 다섯 장은 무례하고 불경스러운 것 같지만 사실상 엄청나게 종교적인 사람의 글이다. 이 장은 정통 신앙에 대한 공격이고, 종교의 위선과 거짓에 대한 공격이면서 마크 트웨인의 정신이 가지고 있는 대담함과 힘을 나타내는 장이기도 하다. 무엇보다도 마크 트웨인은 여기서 신의 특징, 성경의 결함, 순결 개념, 성경의 사악한 영향 등에 대해서 토론하고, 현존하는 신과 종교가 허용하지 않을 자신의 신념과 더불어 예수는 자신이 신임을 증명하지 않았다고 믿는 견해에 대해 밝힌다.

나는 판단을 보류하고, 마크 트웨인의 문학적인 평판을 다치게 하지 않은 채 그가 완성한 내용을 가능한 한 많이 세상의 빛 아래로 내보내는 것이 '자서전' 편집인으로서의 내 필수적인 임무라고 생각해왔다. 이러한 이유로 해서 나는 여러 삭제 부분을 채우려고 노력했다. 〈북미 평론〉에서 사람들에게 잊혀져 있던 중요한 자료 즉 볼링, 당구, 조악한 당구용 테이블, '퀘이커', 레드패스(Redpath), 딘 세이지(Dean Sage) 등에 관한 원고를 발견했다(〈북미 평론〉에서 다른 원고도 발견했지만 재인쇄할 가치가 없다고 판단했다.). 〈북미 평론〉을 샅샅이 뒤지는 작업이 필요했다. 현재 버클리 대학의 도서관에 남아 있는 '자서전'의 원고가 불완전했기 때문이고, 잡지와 페인의 편집본으로 출판되었던 내용이 더 이상 원고로 남아 있지 않았기 때문이다. 나는 마지막 장인 진의 죽음에 대한 내용을 자서전의 제자리에 삽입함으로써 처음으로 자서전의 일부분으로 출판해 내었다. 나는 출판되지 않은 원고에 있던 자료를 검토한 결과 아주 중요한 의미를 가지기 때문에 도저히 삭제할 수 없다고 생각되는 내용들도 자서전에 포함시켰다. 그 예로는 13장의 골상학(骨相學) 실험과 골상학자, 16장의 루이사 라이트

(Louisa Wright)에 대한 회상, 28장의 유머의 반복이 갖는 중요성에 대한 견해, 49장의 웹스터(Webster)에 대한 반추, 58장의 뻔뻔한 아마추어의 게으른 문학적 노력에 대한 언급, 63장의 브레트 하트에 대한 견해를 결론짓는 부분인 인간에 대한 비평, 67~70장의 아내의 질병, 73장의 명예학위 수상, 76장의 알드리치(Aldrich) 부인에 대한 마지막 언급, 78장의 인간의 대머리와 청결함에 대한 언급 등이 있다. 또한 71장에서 아내의 죽음 직후에 서술된 내용을 포함시켰다. 이러한 내용들은 버클리 대학 도서관에 있는 자서전 원고 사이에서 별도로 정리되어 있었지만 나는 마크 트웨인이 이 부분을 자서전의 일부분으로 의도하고 저술했다고 믿고 있다. 마크 트웨인은 자신의 '자서전'에서 수지와 진의 죽음에 대해서 묘사했고 아내의 질병에 대한 상세한 메모를 남겼다. 또한 아내의 죽음을 자서전에 포함시키기를 원했던 것 같다. 마지막으로 나는 내 전임자들이 간과한 내용이지만 마크 트웨인이 원고에 수정을 가했던 많은 부분을 자서전에 반영했고, 은폐되었거나 잊혀졌던 문단과 페이지를 통째로 올바른 위치에 옮겨 놓았다. 이 내용들은 서문에 적기에는 너무나 많지만 중요한 예를 들자면 3장의 의사 맥도웰(McDowell)에 대한 일화, 5장의 배우 레이몬드(Raymond)에 대한 비우호적인 견해 등이 있다.

나는 원고를 준비하는 과정에서 원고를 시간 순서로 배열했다. 하지만 엄격하게 시간을 구별하는 일은 바람직하지 않았다. 마크 트웨인은 이야기를 풀어 놓는 자신의 습관에 따라 순식간에 이곳 저곳으로 옮겨 가기를 좋아했기 때문에 원고를 시간 순서로 배열하게 되면 그의 사고와 스타일의 흐름을 너무나 빈번하게 끊어 놓게 되기 때문이다.

원고 원본에는 내용을 요약하는 제목이 많이 포함되어 있고 페인은 이를 신중하게 그대로 책으로 엮어 내었다. 하지만 나는 드보토와 마찬가지로 그것이 지루하고 불필요하다는 견해를 가졌다. 자서전의 내용을 장으로 구분한 것은 내 작업의 결과이다. 앞선 편집본에서는 집필 날짜가 두드러지게 인쇄되어 있었다. 나는 이러한 집필 날짜가 그다지 중요하지 않다고 생각했기 때문에 본문에서 필요한 경우에 각주에서만 사용했다. 마지막으로 나는 일관성을 근거로 원고를 편집했고, 드보토의 작업의 본을 따라서 수백 개의 콤마를 삭제함으로써 콤마의 사용을 현대에 맞추었다. 마크 트웨인이 첨부한 콤마를 마음대로 다룬 것은 애석한 일이다. 하지만 콤마를 삭제하는 작업에는 정당한 이유가 있다. 명확하게 완성된 상태의 글이 없기 때문이다. 대부분 원고만 존재하는데다가 초고가 한 부 이상인 경우도 많다. 또한 마크 트웨인이 구술을 하면서 구두점에 대해서 구체적으로 말했는지조차도 알 길이 없다. 말하지 않았을 가능성이 크다. 구두점이 안정되게 나타나지 않기 때문이다. 마크 트웨인 자신이 몇몇 페이지에서 최소한 몇 군데 구두점을 정정했던 것으로 보아 구두점이 어느 정도는 영향력을 가지고 있다고 반박할 여지가 있는 것은 사실이다. 그러나 심지어 마크 트웨인이 정정한 곳에서조차 일관성 없이 구두점이 사용된 경우가 많았다. 더욱이 내가 앞서 말했던 것처럼 원고의 원본 일부가 사라졌기 때문에 구두점이 사용되었는지를 알아보기 위해서는 출판된 페인의 편집본과 〈북미 평론〉의 내용을 참조할 수밖에 없다. 하지만 이 두 권은 구두점에 관한 한 그리 믿을 만한 근거는 되지 못한다. 이러한 문제에 대한 흥미 있는 부수적인 정보는 원고의 여백에서 찾아볼 수 있다.

"비공식 기록: 어리석은 하퍼(Harper, 출판사)의 규칙— 'old' 다음에 콤마를 찍지 말라—따위는 당장 버려라. 나는 그렇게 할 수 없다!

SLC"

구두점의 표기법은 마크 트웨인 마음대로였다.

매우 드물게 나는 "그러나 약간 과거로 거슬러 올라가서" 등과 같은 연결 문장을 삽입하거나 마크 트웨인이 조카인 모페트를 위해서 쓴 자서전적인 글로부터 한두 문장을 가져왔고, 문장을 새롭게 배열하고 나서 반복되는 문장을 삭제했다. 이러한 점을 제외하고는 문장 자체는 마크 트웨인의 작품이다. 독자들이 마크 트웨인의 삶에 있어서의 주된 사실과 주요 특징을 충분히 알고 있기 때문에 연결 문단의 형태이든 각주의 형태이든 전기적인 자료를 자서전에 삽입하는 것이 용인되지 않으리라 믿으면서 작업을 추진했다.

페인에 의해 형성된 전통을 따라 나는 마크 트웨인이 이 책에서 말하는 모든 것이 절대적인 사실이 아니라는 점을 독자들에게 알리고자 한다. 그 자신이 사실이라고 생각했을지도 모르고, 지어냈거나 잊어버린 것일지도 모를 일이다. 일기와 편지 같은 동시대의 문서들을 검토해 보아도 마크 트웨인이 이 책에서 말한 것을 절대적인 진실로 받아들이는 데는 주의가 필요하다. 설령 전체적으로 볼 때, 또 매우 심오하고, 시적이고, 심리적인 감각에서 볼 때는 사실일지라도 말이다. 특히 마크 트웨인이 다른 개인에 대해 공격하는 내용은 유쾌하게, 그러면서도 주의를 기울여 읽어야 하는 부분이다.

1958년 9월 3일
뉴욕에서
찰스 네이더(Charles Neider)

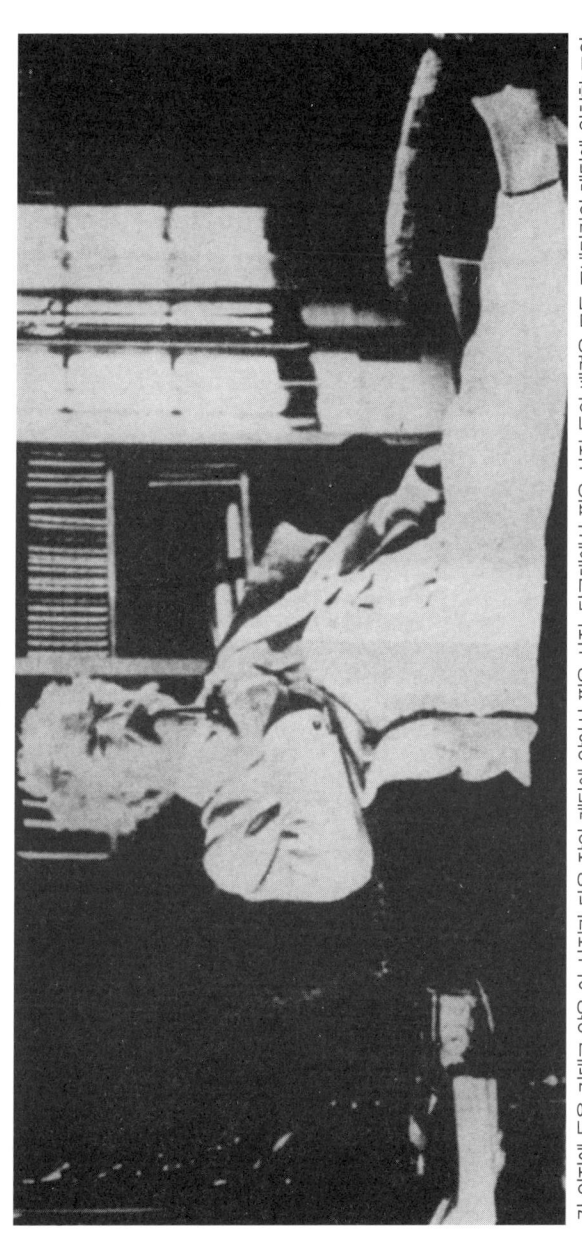

긴 의자에 등을 기대고 앉은 이 사진과 다음 장의 계단에 앉아서 찍은 사진, 당구대에서 찍은 사진 등의 배경은 모두 코네티컷의 레딩에 위치한 그의 마지막 집 스톰필드이다. 마크 트웨인의 딸인 클라라 사무소우드 부인에 따르면 이 사진들은 대중에게 처음으로 공개되는 것이다.

스톰필드 저택에서의 마크 트웨인

스톰필드 저택 서재에 있는 당구대에서의 마크 트웨인

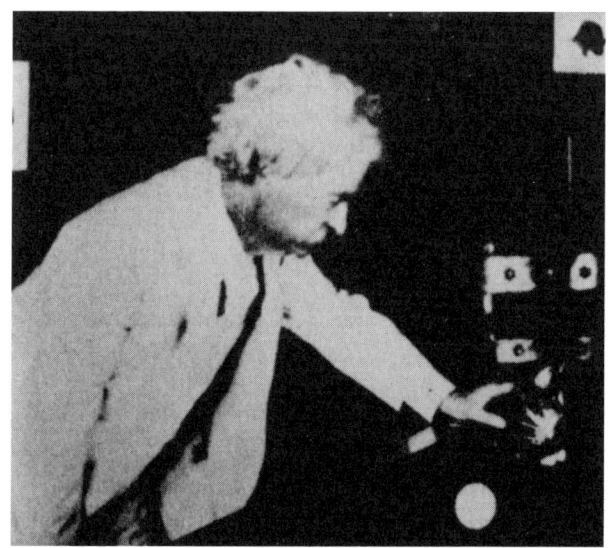

—19—

ends for the wife and ~~the~~ children. They all have families—burglars have—— and they are always thoughtful of them, always take a few necessaries of life for themselves, and ~~take those~~ fill up with tokens of remembrance for the family. In taking them they do not forget us: Those very things represent tokens of his remembrance of us, & also ↑ our remembrance to him. ~~and~~ We never get them again. The memory of the attention remains embalmed in our hearts."

~~She said~~ "Are you going down to see what it is

he wants now?"

"No," I said, I am no more interested than I was before. They are experienced people; ~~they~~ ^anyhow,^ know what they want. I should be no help to him. I ~think~ he is, after ceramics and bric-à-brac and such things. If he knows the house he knows that that is all that he can find on the dining-room floor."

She said, ^will~~~~ they~~~~ move~~~~ perceptibly~~~~ in~~~~ her~~~~ tone,^ "Suppose he comes up here!"

I said, "It is all right. He will give us notice."

~~She said~~ "What shall we do then?"

~~I said~~ "Climb out of the window."

마크 트웨인이 쓴 원고의 한 페이지. 자필로 손수 교정한 흔적이 있다.

-584-

I saw John's tomb when I made that Missouri visit.

Mr. Kercheval had an apprentice in the early days when I was nine years old, and he had also a slave woman who had many merits. But I can't feel very kindly or forgivingly toward either that good apprentice boy or that good slave woman, for they saved my life.

One day when I was playing on a loose log which I sup-

along just at the wrong time, and he plunged in and
dived, pawed around on the bottom and found me, and
dragged me out, emptied the water out of me, and I was
saved again. I was drowned seven times after that before
I learned to swim—once in Bear Creek and six times in
the Mississippi. I do not now know who the people were
who interfered with the intentions of a Providence wiser
than themselves, but I hold a grudge against them yet.

"페인 씨가 몇 주 전 현관에서 찍은 사진을 현상했는데 퍽 괜찮다. 도덕적인 교육을 위해 사진을 이곳에 수록하여 후세대들이 연구하게 할 작정이다. 연구 결과를 가지고 후세대들이 자신을 개선할 것이라 희망하고 그렇게 되리라 기대한다. 또한 이 사진 시리즈를 개선이 필요한 내 친구들에게 보냈다. 다음과 같이 사진을 소개하면서: 이 사진 시리즈는 인류의 가장 오랜 친구의 마음을 관통하는 도덕적인 목적의 진보를 단계별로, 과학적인 정확성을 가지고 표현하고 있다."

– 마크 트웨인 자서전 중에서 출판되지 않은 부분으로부터. 앨버트 비겔로우 페인이 이 사진을 찍은 뉴햄프셔 주 더블린에서 1906년 8월 31일에 구술한 내용이다.

1890~91년 브린 모어(Bryn Mawr)에서의 수지 클레멘스

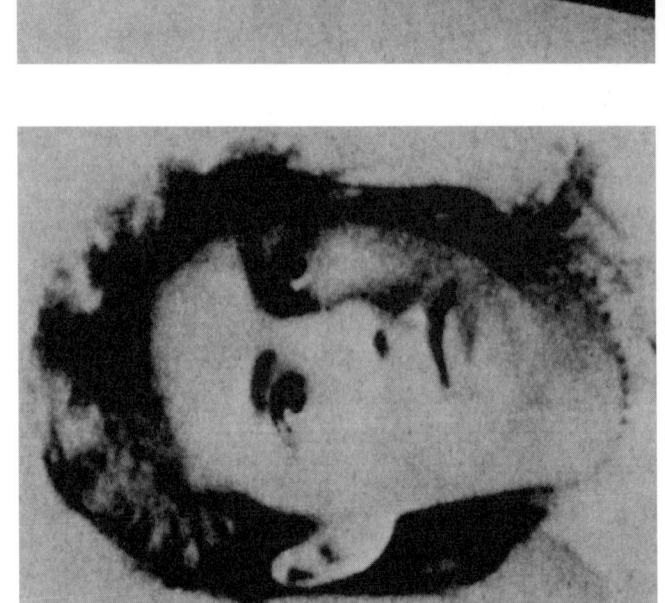

큰딸 수지 클레멘스
아빠에 대한 '전기'를 쓸 즈음의 모습이다.

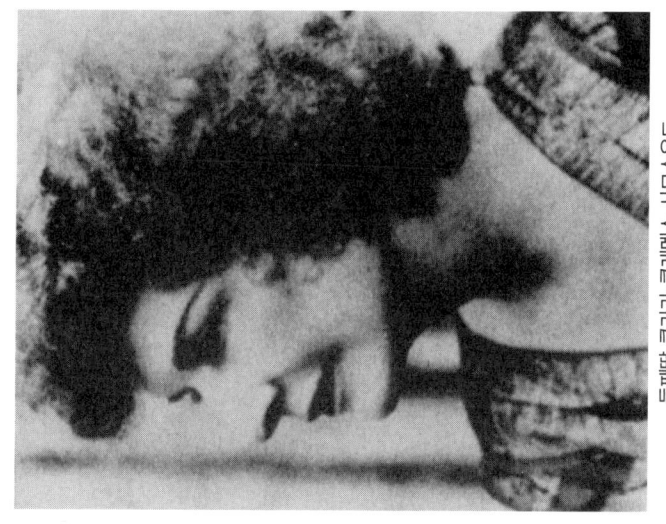

돌째딸 클라라 클레멘스 사모수우드

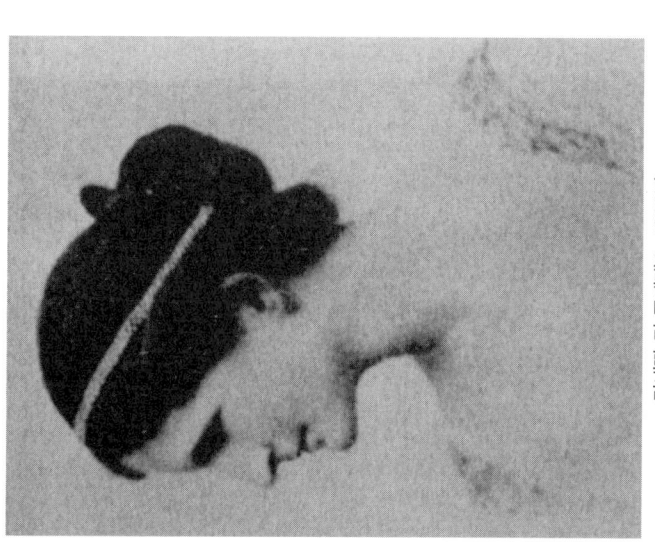

막내딸 진 클레멘스, 1909년

1859~60년경 수로 안내인으로 일하던 때의 마크 트웨인

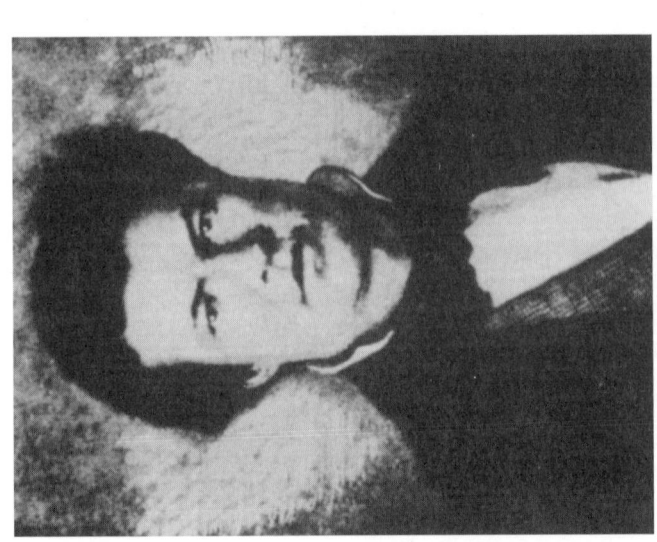

18세의 마크 트웨인

마크 트웨인의 가족

어머니 제인 클레멘스 부인 (1870년경)
누나 파멜라 클레멘스 (1850년경)
형 오라이언 클레멘스 (1861년경)
동생 헨리 클레멘스 (1858년경)

'엔터프라이즈' 그룹

조셉 T. 굿맨(1863년) · 마크 트웨인(1864~65년) · 스티브 길리스(1907년) · 윌리엄 라이트(1864~65년)

레이크우드에서. 왼쪽에서부터 W. D. 하웰스, 마크 트웨인, 조지 하비, H. M. 엘드, 데이비드 먼로, M. W. 헤이즐틴

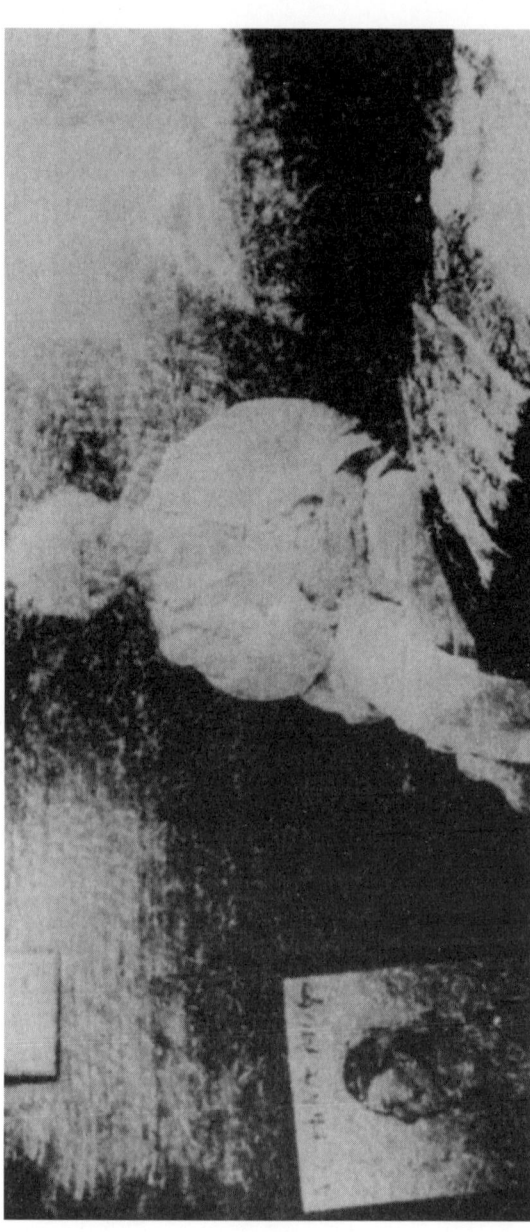

사진작가 T. B. 하이드는 이 사진에 대해 이렇게 설명했다: "이 사진은 내가 현상 도중 망친 사진이었다. 하지만 이 사진을 본 마크 트웨인은 엄청난 찬사를 퍼부으면서 이 사진으로 상당한 양의 엽서를 제작했다. 내가 현상기에 메틀을 붙는 것을 깜빡했기 때문에 배경이 온통 얼룩덜룩하다. 사진이 나타나지 않을 때에야 비로소 메틀을 붙지 않았다는 사실을 깨달았다. 나중에 메틀을 첨가하자 얼룩이 생겼다. 마크 트웨인은 이 사진이 마치 '태피스트리(tapestry)' 같다고 생각했다."

마크 트웨인 자서전

1

 나는 1835년 11월 30일 미주리 주 몬로 카운티의 플로리다에 있는 한 마을에서 태어났다. 사람들의 주목을 끌지 못하는 작은 마을이었다. 부모님이 미주리로 삶의 터전을 옮긴 것은 1830년대 초반이었다. 정확한 시기는 기억하지 못한다. 내가 태어나기 전이었고, 또 이런 일에는 도통 관심이 없기 때문이다. 당시로서는 상당히 길었을 뿐만 아니라 틀림없이 힘들고 괴로운 여행이었을 게다. 나의 출생으로 당시 100명 정도였던 마을의 인구가 1% 증가했고, 나는 역사에 등장하는 상당수의 훌륭한 사람들이 자신이 태어난 마을을 위해 할 수 있는 일 그 이상을 해냈다. 그다지 겸손하게 들리지 않을지도 모르지만 사실이다. 내가 마을을 위해 한 만큼 의미 있는 일을 한 사람의 기록은 찾아보려야 찾아볼 수 없을 것이다. 심지어 셰익스피어조차도 그렇지 못했다.
 마을에는 200야드 정도 길이의 대로가 두 개 나 있었다. 나머지는 길이래야 양쪽으로 울타리와 옥수수 밭이 즐비한 좁은 길에 불과했다. 대로와 좁은 길 모두 같은 종류의 흙으로 덮여 있어서 젖으면 질척질척한 검은 진흙이 되었고 마르면 먼지투성이였다.
 집들은 목조로 뼈대를 세워 지은 서너 채를 제외하고는 대부분 통나무로 지어졌다. 벽돌집도 석조집도 전혀 찾아볼 수 없었다. 통나무로 지은 교회의 바닥은 판자로 되어 있었고 두툼한 목재의자가 놓여 있었다. 판자 바닥은 통나무의 윗 표면을 손도끼로 깎아서 평평하게 만들어 이어 붙였는데 판자 사이의 틈새를 메우지 않았고 카펫도 깔려 있지 않아서 복숭아보다 작은 물체를 떨어뜨리면 틈새로 빠지기 일쑤였다. 교회는 야트막하게 쌓은 통나무 위에 둥지를 틀어 지면에서 약간 올라와 있었다. 교회 바닥 밑에서는 돼지가 잠을 자고 있어서 예배를 보는 도중에 개들이 돼지를 쫓아다니기라도 하는 날이면 목사님은 와자지껄한 소동이 가라앉을 때까지 예배를 중단해야 했다. 겨울이면 어김없이 판자 바닥을 통해서 상큼한 바람이 불어 올라왔지만 여름에는 예배를 보는 사람들 모두에게 옮길 만큼 많은 벼룩이 득시글거렸다.

교회의 두툼한 목재의자는 통나무를 톱질해서 껍질이 있는 쪽을 아래로 향하게 하고 바닥 판자에 구멍을 뚫어 네 개의 막대기를 박아서 지탱을 하도록 만들어졌다. 등받이도 쿠션도 없었다. 벽에 매달린 주석 촛대에 꽂혀 있는 노란색 동물기름 양초에서 나오는 빛이 교회 내부를 비추고 있었다. 주중에는 교회가 학교의 역할을 했다.

마을에는 가게가 두 군데 있었다. 삼촌인 존 A. 쿠왈스(John A. Quarles)가 그 중 하나를 소유하고 있었다. 가게는 매우 작았다. 캘리코(calico) 옷감 몇 필이 여섯 개의 선반 위에 올려져 있었고, 계산대 뒤에는 커피와 뉴올리언스 산 설탕이 있었고, 빗자루, 삽, 도끼, 괭이, 갈퀴 등이 여기 저기 흩어져 있었고, 챙 있는 싸구려 모자, 여자와 어린이용 모자, 주석 제품 등은 줄로 엮어 벽에 대롱대롱 매달려 있었다. 가게의 반대편 끝에는 계산대가 하나 더 있었는데 옆에는 탄환 한 포대, 치즈 한두 덩어리, 밀가루 한 통이 놓여 있었다. 계산대 앞에는 못 통이 일렬로 늘어서 있었고, 얼마간의 납덩어리가 놓여 있었으며, 뒤편에는 뉴올리언스 산 당밀 한두 통과 마을에서 만든 옥수수 위스키 통이 자리잡고 있었다. 아이들이 들어와 5센트나 10센트 정도의 물건을 사기만 하면 나무통에서 설탕을 반 움큼 꺼내 먹을 수 있었다. 여자들이 캘리코 옷감을 몇 야드 사면 보통 '장식'과 실 한 타래를 무료로 받았다. 남자들은 물건을 사기만 하면 원하는 만큼의 위스키를 뽑아서 마실 수 있었다.

물건은 모두 저렴했다. 사과, 복숭아, 고구마, 아일랜드 감자, 옥수수는 한 부셸(bushel: 곡물이나 과일 등의 중량 단위 — 옮긴이)에 10센트였고, 닭고기는 한 점에 10센트, 버터는 1파운드에 6센트, 위스키는 1갤런 당 10센트에 불과했다. 나는 미주리 도심지의 요즈음 물가는 모르지만 이곳 코네티컷(Connecticut) 주 하트포드(Hartford) 시의 현재 물가는 알고 있다.* 예를 들어 내가 알고 있는 바로는 한 부셸 당 사과는 3달러, 복숭아는 5달러, 버뮤다 산 아일랜드 감자는 5달러이고, 닭고기는 무게에 따라 한 점에 1~1.50달러, 버터는 1파운드에 45~60센트, 계란은 한 꾸러미에 50~60센트, 커피는 1파운드에 45센트, 토종 위스키는 1갤런에 4~5달러이다. 하지만 가격을 확실하게 알고 있는 물건은 내가 소비하는 제품으로 스카치위스키는 2갤런을 한번에 사면 갤런 당 10달러이고 더 적은 양을 사면 좀더 비싸다.

30~40년 전 미주리 주의 외딴 지역에서는 시가의 가격이 보통 100개비에 30센트였지만 대부분 사서 피울 생각을 하지 않았다. 담배를 재배하는 지역이라면 공짜로 파이프 담배를 피울 수 있었기 때문이다. 요즈음은 코네티컷에서도 담배를 재배하지만 코네티컷 산 시가는 100개비에 10달러, 수입산의 경우는 100개비에 15~25달러를 지불해야 한다.

아버지는 초기에는 노예를 소유하고 있었지만 하나 둘씩 팔게 되었고 그 후부터는 농부에게서 노예를 일 년 단위로 고용했다. 15세 소녀는 일 년에 12달러였고 린지울지(linsey-woolsey: 리넨과 양모의 교직물 —옮긴이) 작업복과 '싸구려' 신발 한 켤레를 주었다. 거의 돈이 안

---

*1877년에 저술

드는 물건이었다. 요리사나 빨래꾼 등으로 쓸 수 있는 40세의 튼튼한 흑인 여성은 일 년에 40달러를 지불하고 통상적으로 두 벌의 옷을 주었다. 몸을 움직일 수 있는 남자의 경우는 일 년에 75~100달러를 지불하고 두 벌의 청바지와 '싸구려' 신발 두 켤레를 주었다. 이 복장에 아마 3달러가량 들었을 것이다.

나는 남동생 헨리가 생후 일주일이 되던 때에 집 바깥에서 불 속으로 걸어 들어가던 장면을 기억해 내곤 했다. 이러한 기억을 한다는 것은 놀라운 일이었는데 더욱 놀랄 만한 일은 그 착각이 30년 동안이나 집요하게 계속되었다는 점이다. 물론 그런 일은 결코 일어난 적이 없다. 생후 일주일 만에 걸었을 리는 없을 테니까. 태어나서 처음 2년 동안 아이의 기억 속에 축적된 인상은 5년 이상 남아 있는 법이 없다고들 말하는 사람이 많지만 이것은 잘못된 생각이다. 벤베누토 첼리니(Benvenuto Cellini: 이탈리아 르네상스기의 조각가, 금속 세공가, 작가—옮긴이)가 샐러맨더(Salamander: 서유럽에서 불의 정령(精靈)이라고 생각되었던 괴물. 짐승 중에서 가장 강한 독을 가졌으며, 나무에 올라가면 나무의 열매는 모두 독을 가지게 되고, 샘에 들어가면 물이 오염되기 때문에 이러한 것을 먹거나 마시는 동물은 모두 죽는다고 한다. 벤베누토 첼리니는 그의 '자서전'에서 어렸을 때 이 괴물을 본 적이 있다고 적었다.—옮긴이)를 목격했던 사건은 확실하고 믿을 만한 것으로 받아들여져야 한다. 헬렌 켈러의 위대한 경험들 또한 마찬가지다. 여러 해 동안, 태어난 지 여섯 주된 내가 위스키 토디(위스키에 따스한 물과 설탕 등을 가미한 음료—옮긴이)를 마시는 할아버지를 도와드렸던 일을 기억한다고 믿고 있었다. 하지만 이제는 더 이상 그 기억에 대해 말하지 않는다. 나도 이제는 나이가 들었고 기억력도 예전만큼 못하기 때문이다. 지금보다 더 어렸을 때는 실제로 그 일이 발생했건 발생하지 않았건 간에 무슨 일이고 기억해 낼 수 있었다. 그러나 이제 두뇌 기능이 점점 쇠퇴하고 있으며 이러다가 곧 결코 일어나지 않은 일만을 기억하게 될 것이다. 이런 식으로 쇠퇴하는 것은 슬프기 짝이 없는 일이지만 언젠가 우리 모두에게 닥치고 마는 일이리라.

2

삼촌인 존 A. 쿠왈스는 농부이기도 해서 플로리다에서 4마일 떨어진 전원에 집을 가지고 있었다. 8명의 자녀와 15~18명의 흑인을 거느리고 있었고 특히 훌륭한 성품을 지니고 있었다. 우리 가족이 한니발(Hannibal)로 이사를 가고 4년 후부터 11~12세 정도가 될 때까지 나는 일 년에 2~3개월을 삼촌의 집에 머물렀다. 삼촌이나 숙모를 의식적으로 작품에 이용한 적은 없지만 삼촌의 농장은 작품에 한두 번 정도 배경으로 사용했다. 《허클베리 핀의 모험 The Adventures of Huckleberry Fin》과 《톰 소여의 모험 The Adventures of Tom Sawyer》에서는 삼촌의 농장을 소설의 무대로 사용하면서 지역을 알칸사스(Arkansas)로 바꾸었다. 6백 마일 떨어진 곳이기는 했지만 별 무리가 없었다. 삼촌의 농장은 5백 에이커쯤 되는 그다지 크지 않은 곳이었다. 하지만 설사 크기가 두 배였더라도 내 작업에는 하등의 영향을 미치지 않았을 것이고 사실 난 그런 문제는 신경도 쓰지 않았다. 작품에 필요하다면 언제라도 지역을 바꾸었을 것이다.

삼촌의 농장은 아이들에게는 정말 천국과 같은 곳이었다. 통나무를 이중으로 쌓아 지은 집에는 넓은 마루가 부엌과 연결되어 있었다. 여름이면 상큼한 바람이 솔솔 부는 마루의 한가운데에 식탁을 놓고 호사스러운 음식을 즐기곤 했다. 그때 생각만 하면 눈물이 날 지경이다. 닭 튀김, 구운 돼지고기, 야생이나 사육된 칠면조 요리, 오리고기, 거위고기, 막 잡은 사슴고기, 다람쥐고기, 토끼고기, 꿩고기, 메추라기고기, 초원 뇌조고기, 과자, 익반죽 케이크, 따끈따끈한 메일케이크, 따뜻한 '호밀빵', 뜨끈한 롤케이크, 뜨거운 옥수수빵, 삶은 싱싱한 옥수수, 서커태시(Succotash: 옥수수에 콩 등을 넣은 요리—옮긴이), 강낭콩, 깍지콩, 토마토, 완두콩, 아일랜드 감자, 고구마, 탈지유, 달콤한 우유, '시큼한 우유', 뜰에서 재배한 싱싱한 수박과 머스크멜론 그리고 칸탈로프멜론, 애플파이, 복숭아파이, 호박파이, 사과푸딩, 복숭아 코블러(파이의 일종—옮긴이) 등등 나머지는 기억조차 할 수 없다. 가장 훌륭했던 것은 요리하는 방법이 아니었나 싶다. 옥수수빵, 뜨끈뜨끈한 작은 빵, 보리빵, 닭 튀김의 맛은 정말 기가 막혔다. 이러한 요리는 북부 지방에서는 결코 흉내낼 수 없다. 내 경험으로는 북부 지방에서 이러한 예술 같은 요리법을 알고 있는 사람은 단 한 사람도 없다. 북부 사람들은 스스로 옥수수빵 만드는 방법을 알고 있다고 생각하지만 사실 이는 대단한 착각이다. 세상의 어떤 빵도 남부 지방의 옥수수빵만큼 맛있지는 않을 것이고 이를 흉내낸답시고 만든 북부 지방의 빵만큼 맛없는 빵도 세상에 없을 것이다. 유럽에서는 손을 델 듯이 뜨거운 다양한 종류의 빵을 내놓는 관습이 '미국적'이라고 생각한다. 하지만 이는 너무나 지엽적인 생각이다. 북부 지방에서는 그렇지 않은 경우가 많기 때문이다. 미국 북부와 유럽에서는 뜨거운 빵을 먹는 것은 건강한 식생활이 아니라고 생각한다. 이 또한 대단한 착각이다. 마치 유럽 사람들이 얼음물이 건강에 좋지 않다고 믿는 착각만큼이나 말이다.

　세상 사람들이 단지 건강에 좋지 않다는 이유만으로 좋은 음식을 배척하는 것은 안타까운 일이다. 건강에 좋지 않더라도 적당히 먹기만 하면 괜찮기 때문에 애당초 신이 우리에게 주신 것이 아닐까 생각한다. 물론 병원균은 제외하고 말이다. 하지만 어쨌거나 그동안 우여곡절을 겪으면서 명성을 얻은 먹고, 마시고, 피울 수 있는 음식 모두를 엄격하게 물리치는 사람들이 있다. 건강이라는 이유로 이 모든 대가를 치르는 것이다. 그리고 얻는 것이라고는 오로지 건강뿐이다. 정말 기이하지 않은가! 가지고 있는 전 재산을 팔아서 젖이 말라 버린 젖소를 사는 것과 무엇이 다른가?

농장 집은 매우 넓은 뜰의 한가운데 서 있었고 뜰은 삼면이 울타리로 막혀 있었다. 집 뒤쪽에는 끝이 뾰족한 말뚝 울타리가 쳐져 있었다. 말뚝 울타리에 접해서는 훈제소가 있었고 그 위로는 과수원이, 그 너머에는 흑인 숙소와 담배밭이 있었다. 언덕에서 잘라온 통나무로 만든 디딤대를 넘어서면 앞뜰로 들어갈 수 있었다. 대문이 있었던 것 같지는 않다. 앞뜰 한편에는 우뚝 솟은 히코리 나무가 열두 그루, 검은 호두나무가 열두 그루 자라고 있어서 열매가 영그는 계절이 오면 나무 아래에 열매가 풍성하게 쌓이곤 했다.

조금 아래로 내려가면 자그마한 통나무집이 울타리에 기댄 채 농장집과 나란히 서 있었다. 거기서부터 나무가 울창한 언덕이 급격한 경사를 이루며 뻗어 있었다. 헛간을 지나고, 옥수수 창고를 지나고, 마구간을 지나고, 담배 보관 창고를 지나면 맑은 시내가 나타난다. 자갈 깔린 바닥 위를 노래하며 흐르는 시냇물은 굽이치기도 하고 안으로 밖으로 이곳저곳에서 솟구치기도 하면서 저 멀리 덩굴과 잎사귀가 길게 늘어져 만들어 놓은 깊은 그늘 아래로 흘러간다. 발을 담그기에 그지없이 좋은 장소였고 수영할 만한 곳도 있었다. 수영할 만한 곳은 우리에게는 금지되어 있었기 때문에 더욱 자주 들르게 되었다. 우리 모두 기독교 가정에서 자란 아이들이었기 때문에 금단의 열매가 가진 가치에 대해서는 일찌감치 배웠던 것이다.

자그마한 통나무집에는 노쇠하여 종일 침대에 누워 지내는 백발의 노예가 살고 있었는데 우리는 매일 찾아가서 경이에 찬 눈으로 그 노파를 쳐다보곤 했다. 1천 살도 넘어서 모세와도 이야기를 나눈 적이 있다고 믿었기 때문이다. 젊은 흑인들은 이런 얘기를 곧이곧대로 믿고 우리에게 전해주었고 우리는 남김없이 그대로 받아들였다. 그래서 그녀가 이집트에서 나와서 사막을 오래 여행했기 때문에 건강을 잃었고 이제 다시는 돌아갈 수 없다고 믿었다. 노파의 머리 정수리에는 동그랗게 머리카락이 없는 부분이 있었다. 우리는 몰래 집으로 기어들어가 경건한 태도로 그 부위를 들여다보면서 파라오가 물에 빠지는 장면에 몹시 놀라서 머리카락이 빠져 버린 것이라 생각했다.

흑인들은 모두 우리의 친구였고, 우리 나이 또래의 흑인은 동지였다. 사실 우리는 동지면서도 여전히 동지가 아니었다. 우리와 흑인아이들 사이에는 피부색으로 인해 미묘한 선이 그어져 있었고 양쪽 다 그 점을 인식하고 있었기 때문에 완전히 융화하기는 불가능하다고 여기고 있었다.

우리에게는 진실하고 애정 어린 좋은 친구가 있었는데 바로 우리의 협력자이자 조언자이기도 했던 '다니엘 아저씨'였다. 다니엘 아저씨는 중년의 노예로 흑인 막사에서 최고 두뇌의 소유자였고 넓디넓은 마음과 따뜻한 동정심을 가지고 있었을 뿐만 아니라 정직하고 단순하고 가식이라고는 찾아볼 수 없었다. 아저씨는 기나긴 세월 동안 내 시중을 아주 잘 들어주었다. 아저씨를 보지 못하게 된 지도 벌써 50년이 넘었지만 정신적으로는 여전히 많은 시간을 함께하면서 아저씨의 이름인 다니엘과 짐이라는 이름으로 내 작품 속에 등장시켜 한니발로,

급류를 따라 미시시피 강으로, 심지어는 풍선을 타고 사하라 사막을 횡단하기까지 늘 끌고 다녔다. 그때마다 아저씨는 타고난 인내와 친근함과 충성심으로 이 모든 것을 감내했다. 아저씨가 속한 인종에 강하게 끌렸고 또 그들의 몇몇 훌륭한 특성을 이해할 수 있게 된 것도 바로 이 농장에서였다. 이러한 감정과 생각은 60년 이상의 시험 기간을 거친 지금도 그대로 남아 있다. 그때와 마찬가지로 검은색의 피부는 내게는 언제나 환영의 대상이다.

학교를 다닐 때는 노예제도에 대한 반감을 가지고 있지 않았다. 잘못된 제도라는 점을 의식하지 못했던 것이다. 누구에게서도 노예제도에 반대하는 소리를 들어본 적이 없었다. 지역신문에서도 마찬가지였다. 지역의 성직자들은 노예제도가 하나님이 인정한 신성한 제도라 가르쳤고 의심이 들어 확신하고 싶다면 성경을 들여다보라고 말했다. 그러면서 해당 구절을 큰 소리로 읽어 주곤 했다. 노예들은 노예제도 자체에 대해 반감을 가지고 있더라도 현명했기 때문에 아무 말도 하지 않았다. 또한 한니발에서는 그릇된 대우를 받는 노예를 본 적이 거의 없었고 농장에서는 더더욱 없었다.

그러나 소년기에 이 문제를 건드리는 자그마한 사건이 발생했다. 이 사건이 내게 상당한 영향력을 미쳤던 것이 분명하다. 그렇지 않고서야 긴 세월이 지나 서서히 기억력이 감퇴되어가는 이 시기까지 기억 속에 분명하고 예리하게, 생생하고 그림자 하나 없이 남아 있을 턱이 없다. 한니발에서 우리는 누군가로부터 작은 노예소년을 고용했다. 노예소년은 메릴랜드의 동해안에서 왔는데 가족과 친구와 생이별을 하고 미국 대륙의 반만큼이나 먼 곳으로 팔려 왔다. 그는 명랑한 성격에 순진하고 부드러우면서도 지구상에서 가장 시끄러운 아이기도 했다. 하루 종일 노래하고, 휘파람 불고, 웃고, 소리 지르고, 꽥꽥

거리는 등 정말 참을 수 없을 정도로 지독하게 시끄러웠다. 어느 날 나는 드디어 성질이 나서 씩씩거리며 엄마에게 가서 샌디가 한순간도 쉬지 않고 한 시간 동안 내내 노래를 부르고 있어서 도저히 참을 수가 없으니 그 아이 입을 좀 막아 주면 어떻겠냐고 따졌다. 그랬더니 어머니는 눈물을 흘리고 입술을 바르르 떠시면서 이렇게 말씀하셨다.

"불쌍한 것. 그 아이가 노래를 부르고 있으면 아무것도 생각하고 있지 않구나 하는 생각에 내 마음이 편안하단다. 하지만 샌디가 잠잠히 있으면 생각에 잠겨 있을까 봐 두렵고 참을 수가 없단다. 샌디는 다시는 엄마를 볼 수 없을 거야. 그 아이가 노래를 부를 수 있다면 못하게 하면 안 돼. 오히려 감사하게 생각해야 해. 네가 더 나이가 들면 엄마 말을 이해할 거다. 친구 하나 없는 아이가 시끄럽게 떠드는 것이 오히려 기뻐해야 할 일이라는 것을 말이야."

짧은 단어를 사용해서 간단하게 말씀하셨지만 정곡을 찌른 말씀이었다. 그 이후로는 샌디가 내는 시끄러운 소리가 괴롭다는 생각을 하지 않았다. 어머니는 결코 거창한 단어를 사용하지는 않지만 일상적인 단어를 효과적으로 사용하는 데 타고난 재능을 갖고 계셨다. 어머니는 90세 무렵까지 사셨고 마지막 순간까지 말씀을 하실 수 있었다. 특히 비열함이나 부정이 눈에 띄면 가만히 있지 않으셨다. 어머니 또한 내 책에 몇 번 등장한다.《톰 소여의 모험》에서는 폴리(Polly) 이모로 등장했다. 나는 사투리를 쓰는 모습으로 어머니를 작품 속에 그렸는데 다른 모습을 생각해 내려 했지만 그럴 수가 없었다. 샌디도 한 번 작품에서 써먹은 적이 있다.《톰 소여의 모험》에서였다. 샌디의 모습을 적당히 각색하려 했지만 허사였다. 책에서 샌디를 어떤 이름으로 불렀는지는 기억이 나질 않는다.

3

지금도 농장과 농장에 있던 물건 하나하나가 머릿속에 분명하게 떠오른다. 집의 거실 한쪽에는 바퀴 달린 침대가 놓여 있었고 다른 쪽에는 물레가 있었다. 올라갔다 내려올 때 물레에서 나는 삐걱거리는 소리는 멀리서 들으면 세상에서 가장 구슬픈 소리 같아서 향수에 젖게 되었고, 온몸에 기운이 빠지면서 마치 죽은 사람의 떠도는 영혼이 된 듯한 기분에 사로잡혔다. 거실에는 거대한 벽난로도 있었다. 겨울 밤 높게 쌓아 놓은 히코리 장작이 불에 훨훨 타면서 달콤한 수액이 거품을 내며 장작 끝에 스며 나오면 우리는 수액을 싹싹 긁어서 먹어치우곤 했다. 게으른 고양이는 벽난로 옆 울퉁불퉁한 돌 위에 사지를 쫙 뻗고 누워 있고, 졸린 개들은 문설주에 기대 앉아 눈을 끔뻑거리고 있고, 숙모는 굴뚝 한쪽 구석에서 뜨개질을 하고, 삼촌은 다른 편에서 옥수수 속대로 만든 파이프로 담배를 피우고, 양탄자가 깔려 있지 않은 반들반들한 나무 바닥은 춤추는 듯한 불꽃이 희미하게 비치면서 타오르는 석탄에서 튀어나오는 검은 검댕으로 얼룩이 졌다. 바닥이 여기저기 갈라진 의자가 이곳저곳에 놓여 있고 흔들의자도 있고 요람도 있었다. 지금은 쓸 일이 없지만 언젠가는 소용이 있을 거라며 자리를 지키고 있는 듯했다. 아침 일찍, 싸늘함이 엄습할 때 아이들은 속옷 바람으로 벽난로의 재받이돌에 옹기종기 모여 앉아 미적거렸다. 이 편안한 장소를 떠나서 세숫대야가 놓여 있는 집과 부엌 사이의 바람이 몰아치는 공간으로 나갈 생각이 전혀 없었던 것이다.

집 앞 울타리 바깥으로는 시골길이 펼쳐져 있었다. 여름에는 먼지투성이인 데다가 뱀이 서식하기 딱 좋았다. 뱀들도 길에 누워서 햇볕 쬐기를 좋아했다. 우리는 방울뱀이나 돼지코뱀을 보는 족족 죽였다.

하지만 검은 뱀이나 날랜 뱀이나 우화에 등장하는 '쉭쉭' 거리는 종류의 뱀이 나오면 별반 망설이지 않고 줄행랑을 쳤다. 독이 없는 왕뱀이나 가터뱀을 보면 패치 이모를 놀라게 할 심산으로 집으로 가져와서 이모의 광주리에 넣어 두었다. 패치 이모는 뱀을 정말 싫어했기 때문에 광주리를 무릎 위에 올려놓을 때 뱀들이 기어 나오면 완전히 혼비백산하고 말았다. 패치 이모는 박쥐를 보아도 참지 못하고 얼어붙었다. 패치 이모의 동생인 어머니도 박쥐를 무서워하기는 마찬가지였다. 그렇지만 나는 박쥐가 매우 친근한 새라는 생각을 늘 해 왔다. 박쥐는 비단결 같은 감촉을 가진 동물이다. 기분이 좋을 때 만질 수만 있다면 그토록 감촉이 좋고 유쾌하게 껴안을 수 있는 동물은 없을 것이다. 내가 이 익수류(翼手類)에 대해 모르는 것이 없는 것은 커다란 동굴 덕택이었다. 한니발에서 3마일 아래에 위치한 동굴에는 박쥐가 정말 겹겹이 쌓여 있었는데, 가끔 어머니를 즐겁게 해 줄 요량으로 몇 마리를 집에 가져오곤 했다. 학교에 가는 날에는 이렇게 하기가 더욱 쉬웠다. 언뜻 학교에 갔다 온 것처럼 보여서 설마 박쥐를 가지고 있으리라고는 짐작하기 어렵기 때문이었다. 어머니는 의심이 많지 않았고 믿음과 신념으로 똘똘 뭉친 분이었다. 내가 "제 코트 주머니에 엄마에게 줄 것이 들어 있어요."라고 말하면 그대로 손을 집어 넣으셨다. 그러고는 손을 다시 얼른 빼셨다. 나는 더 이상 말할 필요가 없었다. 어머니가 결코 박쥐를 좋아할 수 없다는 사실이 참으로 신기했다. 오히려 박쥐를 가까이하면 할수록 박쥐에 대한 어머니의 편견은 더욱 굳어져 갔다.

어머니는 살면서 단 한 번도 동굴에 가 본 적이 없을 것이다. 하지만 다른 사람들은 모두 동굴에 가 보았다. 강 위쪽이나 아래쪽에 상당히 멀리 떨어져 있는 곳에서도 동굴을 보려고 많은 사람들이 소풍을 오곤 했다. 동굴은 수마일 뻗어 있었고 좁게 갈라진 틈과 통로가 뒤엉킨 야생지대였다. 길을 잃기가 쉬워서 누구라도 길을 잃을 수 있었다. 박쥐도 예외는 아니었으리라. 나도 한 아주머니와 함께 동굴에서 길을 잃은 적이 있었다. 마지막 남은 양초가 거의 다 타 들어갔을 때 즈음해서야 멀리서 우리를 찾는 사람들의 불빛을 볼 수 있었다.

혼혈아였던 '인준 조(Injun Joe)'도 동굴에서 길을 잃은 적이 있었는데 그때 아마 박쥐의 수가 모자랐더라면 굶어 죽었을 것이다. 하지만 그럴 일은 없었다. 정말 박쥐가 많았으니까. 인준 조는 동굴에서 자기가 겪은 얘기를 내게 모두 들려주었다. 《톰 소여의 모험》에서 그를 동굴 속에서 굶어 죽게 만들었는데 그것은 다만 작품을 위해서였을 뿐, 실제 일어난 일은 아니었다.

동굴은 으스스하기까지 했다. 14살짜리 어린 소녀의 시체가 있었기 때문이다. 이 시체는 구리 실린더 안 유리 실린더에 보관되어서 좁은 통로를 연결하는 난간에 매달려 있었다. 시체는 알코올에 잠겨 보존되었고 들리는 말에 따르면 부랑자나 깡패들이 머리카락을 붙잡고 시체의 얼굴을 들여다보곤 했다고 한다. 소녀는 비상한 능력을 소유하고 명성을 널리 날리던 세인트루이스의 한 외과의사의 딸이었다. 소녀의 아버지는 기괴한 사람이어서 이상한 일을 많이 했다. 그는 불쌍한 소녀를 자신의 손으로 그 버림받은 장소에 두었던 것이다.

세인트루이스에 널리 알려져 있는 위대한 의사 맥도웰(McDowell)은 외과의사인 동시에 내과의사이기도 했다. 약이 효과가 없는 경우가 발생하면 다른 방법을 개발해 내곤 했던 그는 자신이 주치의로 있던 가족과 크게 싸운 후에 해고를 당하기도 했지만 여러 곳으로부터 자주 부름을 받을 만큼 인기가 있기도 했다. 한번은 이런 일이 있었다. 어느 집의 안주인이 매우 아파서 의사들도 치료를 포기했다. 의사 맥도웰은 방에 들어서서 걸음을 멈추고는 주변을 돌아보았다. 그는 차양이 앞으로 둘러진 모자를 쓰고 있었고 큼지막한 생강과자를 겨드랑이에 끼고 있었다. 깊은 생각에 잠긴 듯 주변을 돌아보면서 그는 생강과자를 한 움큼 떼어서는 우물우물 씹었고 부스러기는 그의 가슴을 타고 바닥으로 부슬부슬 떨어졌다. 안주인은 눈을 감은 채 창백한 얼굴로 미동도 하지 않았다. 엄숙한 침묵이 흐르는 가운데 집안 식구들은 침대 주변에 서 있거나 무릎을 꿇은 채로 소리를 죽여 흐느끼고 있었다. 이내 의사는 약병들을 집어 들어서 업신여기는 듯한 태도로 냄새를 맡고는 창밖으로 집어 던졌다. 약병을 다 치워 버린 후에는 침대 맡으로 가서 생강과자 조각을 죽어가는 여인의 가슴 위에 얹어 놓고 거칠게 말했다.

"바보들 같으니라고. 도대체 무엇 때문에 훌쩍거리고 있는 거요? 이 사기꾼한테는 아무런 문제도 없단 말이오. 자, 혀를 내밀어 봐요!"

가족들은 울음을 멈추고 분개했다. 임종의 순간에 의사가 보인 잔인한 행동에 대한 비난이 쏟아졌다. 하지만 의사는 모욕적인 말을 터뜨리면서 가족들의 비난을 막았다.

"훌쩍거리기나 하는 어리석기 짝이 없는 멍청이들 같으니라고! 당신들이 의사가 하는 일을 가르치려 들어? 이 여인에게는 아무런 문제도 없어. 게으를 뿐이지. 이 여인에게 정작 필요한 것은 비프스테이크와 빨래통이라고. 망할 놈의 사회적 교육이란 것 때문에 이 여자는…"

그러자 죽어 가던 여인이 침대에서 벌떡 일어났다. 그녀의 눈은 싸움을 하려는 의지로 불타올랐다. 그녀는 의사에게 모욕적인 말이란 말은 모두 퍼부었다. 마치 화산이 폭발하고 천둥과 번개가 뒤따르고 회오리바람과 지진이 일어나서 속돌과 재가 사방으로 튀는 것 같았다. 의사 맥도웰은 바로 이러한 반응을 노렸고 안주인은 그 후로 완쾌되었다. 이 사람이 바로 남북전쟁이 일어나기 10년 전에 미시시피 계곡에서 그토록 존경을 받던 의사 맥도웰이었다.

뱀들이 나와서 햇볕을 쬐는 길 너머에는 울창한 덤불숲이 있고 그 숲을 따라서 어둠침침한 길이 1/4마일 정도 뻗어 있었다. 그 어둠을 뚫고 나가면 갑작스레 거대하고 평평한 초원이 나타났다. 그 초원은 야생딸기 나무로 뒤덮여 있어서 빨간 빛이 선명하게 점점이 박혀 있고 숲이 마치 벽처럼 사방을 둘러싸고 있었다. 딸기는 향긋하고 맛있었다. 딸기가 영그는 계절이 되면 우리는 아침 일찍 상쾌한 기분으로 그곳에 갔다. 그럴 때면 잔디마다 이슬방울이 반짝이고 새들의 첫 노래가 숲 속에 울려 퍼졌다.

숲 속의 비탈길을 따라 내려가다 보면 왼쪽으로 그네가 있었다. 히코리 묘목에서 벗겨 낸 나무껍질로 만든 그네였다. 그네가 말라 있을 때는 위험했다. 그네를 타다가 40피트 정도 공중으로 솟으면 곧잘 부스러지곤 했던 것이다. 뼈가 부러지는 사고가 매년 그토록 많이 발생한 것도 바로 그네 때문이었다. 내게는 다행히 그런 일이 없었지만 사촌 중에는 뼈가 부러지지 않은 사람이 한 명도 없을 지경이었다. 내게는 사촌이 8명 있었는데 팔이 부러지는 사고가 드문드문 14번이나 났다. 그렇다고 치료비가 추가로 들지는 않았다. 의사가 가족 당 25달러를 받고 일 년 단위로 진료를 했기 때문이다. 이 25달러에는 가족 전체를 진료하는 비용에 약품 가격까지 포함되어 있었다. 약품의 양 또한 후해서 몸집이 큰 사람만이 겨우 한 사람 분량의 약을 견뎌 낼 수 있을 정도였다. 주요 약물은 비버 향 기름이었다. 비버 향 기름 한 국자에 뉴올리언스 당밀 반 국자를 섞어서 마셨다. 목구멍으로 넘기기 쉽고 맛을 좋게 하기 위해서 섞는 것이었는데 그다지 신통한 방법은 아니었다. 다음으로 많이 쓰이던 약물은 감홍이고, 다음으로는 대황, 그 다음으로는 할라파였다. 그런 후에는 환자에게서 피를 뽑아 내고 겨자 연고를 붙였다. 정말 지독한 치료법이었지만 이 때문에 사망률은 그다지 높지 않았다. 감홍을 마시면 환자는 거의 예외 없이 침을 흘리게 되고 급기야는 이빨 몇 개가 상해 버렸다. 당시에는 치과의사가 없었기 때문에 이빨이 썩거나 다른 이유로 아프게 되면 의사들이 아는 치료법이라고는 단 한 가지밖에 없었다. 집게를 손에 들고 이빨을 뽑는 것이었다. 그러고 나면 턱이 붙어 있는 것이 신기할 지경이었다.

일상적인 병이 났을 때는 의사를 부르지 않았다. 가족 중에 할머니가 아픈 사람을 돌보았다. 할머니는 누구나 의사여서 숲 속으로 가서 자신만의 약초를 모아 온 후 무쇠 그릇에 넣고 휘저어서 약을 만들어냈다. 그리고 인디언 의사가 있었다. 그는 엄숙한 태도를 가진 원주민으로 종족의 잔존자였고 자연의 신비와 약초의 비밀스러운 특징들을 잘 알고 있었다. 사람들 대부분은 그의 힘을 상당히 신뢰해서 그가 놀라운 능력을 발휘해 병을 고쳤다고 말하곤 했다. 쓸쓸한 인도양 저편에 위치한 모리셔스(Mauritius)에는 인디언 의사에 버금가는 인물이 있었다. 의사가 되기 위한 교육은 전혀 받지 않은 흑인이었는데 유독 한 가지 질병에 관해서만은 완전히 정통해 있어서 의사가 고칠 수 없는 환자도 고쳤다. 해서 그 병이 발병하면 의사들은 그를 부르러 사람을 보냈다. 어린아이가 잘 걸리는 야릇하고 치명적인 병이었는데, 그는 조상 대대로 내려온 약초 비법을 가지고 병을 고쳤다. 약을 만드는 과정을 아무에게도 보여 주지 않았기 때문에 그가 비법을 털어놓지 않고 죽을까 봐 모두들 두려워했다. 나는 이 이야기를 1896년 그곳 사람들로부터 들었다.

의사 메레디스(Meredith)가 한니발로 이주해 와서 우리 가족의 주치의가 되었고 내 생명을 몇 번이나 구해 주기도 했다. 그는 심성이 따뜻하고 훌륭한 사람이었다.

나는 병약하고 미덥지 않고 늘 피곤해하며 흐릿한 아이라는 말을 항상 들었다. 태어나서 처음 7년 동안은 역증요법(逆症療法)약에 의존해서 살아야 했다. 어머니가 연세 드셨을 때(88세였다) 나는 이에 대해서 여쭈어 보았다.

"그때 저 때문에 늘 불안하셨죠?"

"그래, 늘 그랬다."

"제가 살지 못할까 봐 두려워서요?"

어머니는 잠시 회상하시더니 말씀하셨다.

"아니. 네가 살까 봐 두려워했단다."

표절처럼 들리지만 그렇지 않다.

4

시골 학교는 삼촌의 농장에서 3마일 떨어진 숲 속 공터에 자리잡고 있었고 25명가량의 남녀 아이들이 다녔다. 우리는 일주일에 한두 번 정도 다소 규칙적으로 학교에 갔다. 여름이 되면 숲 속 길을 따라서 시원한 아침 공기를 가르며 걸어서 학교에 갔고, 수업이 끝나고 나면 황혼을 맞으며 집으로 돌아왔다. 학생들은 바구니에 옥수수빵, 탈지유, 다른 맛있는 음식 등 각자 먹을 점심을 가져와서는 낮에 나무 그늘에 앉아 먹었다. 학창 시절 중에서 가장 기쁜 마음으로 떠올릴 수 있는 부분이다. 내가 그 학교를 처음 다니기 시작한 것은 7세 때였다. 당시에 유행하던 챙이 넓은 모자를 쓰고 캘리코 드레스를 입은 키 큰

열다섯 살짜리 소녀가 내게 '담배를 사용' 해 보았는지 물었다. 이 말은 담배를 씹어 보았느냐는 의미였는데 이를 알 턱이 없는 나는 없다고 곧이곧대로 대답했다. 그 소녀는 내 대답을 비웃으며 학생들에게 이렇게 말했다.

"여기 담배도 씹을 줄 모르는 일곱 살짜리 어린애가 있어요."

이 말을 듣고 학생들의 얼굴에 떠오른 표정과 말 한 마디씩을 통해, 나는 내 체면이 몹시 손상됐다는 사실을 깨달았다. 잔인하리만치 스스로가 부끄러웠다. 그래서 자신을 바꿔 보기로 결심했다. 하지만 몸만 축냈을 뿐, 담배 씹는 법을 배울 수는 없었다. 담배를 피우는 일은 꽤나 잘 배웠지만 사람들은 콧방귀도 뀌지 않았다. 나는 계속해서 가련하고 개성이 없는 아이로 남아야 했다. 다른 사람의 인정을 받고 싶었지만 결코 그럴 수가 없었다. 아이들이란 원래 서로의 결점에 대해 동정심이라고는 눈곱만큼도 없게 마련이다.

앞서 말했던 것처럼 12~13세 즈음까지 일 년 중 일정 기간을 농장에서 보냈다. 농장에서 사촌들과 함께 보냈던 날들은 황홀하기 그지없는 나날이었고, 이에 대한 추억 또한 그렇다. 엄숙하게 깔리는 땅거미와 깊은 숲의 신비를 떠올릴 수 있고, 흙 냄새, 야생화에서 풍기는 아련한 꽃 냄새, 비로 씻긴 잎에서 나는 광택, 나무가 바람에 흔들리면서 후드득 떨어지는 물방울 소리, 손이 닿지 않는 곳에서 들리는 딱따구리의 딱딱거리는 소리, 숲의 외따로 떨어진 곳에서 꿩이 숨죽여 윙윙거리는 소리, 잔디 사이를 날쌔게 움직이는 야생동물의 흘끔거리는 눈초리 등이 생각난다. 이 모든 장면을 기억 속에 그대로 되부를 수 있을 뿐만 아니라 실제처럼 생생하고 축복받은 것으로 기억할 수 있다. 초원이 생각나고, 초원의 외로움과 평화로움이 떠오르고, 하늘에 미동 없이 떠다니는 거대한 매가 눈에 선하고, 그 매가 날개를 좍

펴면 날개 끝 가장자리로 보이던 파란 하늘이 생각난다. 가을 옷을 입은 숲의 모습도 떠오른다. 참나무는 자주빛으로, 히코리 나무는 황금빛으로, 단풍나무와 옻나무는 불타는 듯한 심홍색으로 빛이 났다. 낙엽 사이를 지나갈 때 아삭거리던 소리도 들린다. 파란 야생 포도송이가 어린 나무의 잎 사이사이에 매달려 있는 장면이 떠오르고 그 맛과 냄새 또한 기억난다. 야생 검은 딸기의 모습과 맛 또한 생각난다. 파파야, 개암 열매, 감 등도 마찬가지다. 이슬 내려앉은 동틀 녘에 우리 모두 나와서 히코리 열매와 호두 열매를 찾아 헤맬 때 후드득 머리 위로 떨어지던 빗방울을 지금도 느낄 수 있다. 검은 포도 자국이 얼마나 예뻤는지 생각난다. 호두 껍데기의 얼룩이 떠오르고, 비누와 물에도 아랑곳하지 않고 그대로 남아 있던 이 자국 때문에 얼마나 속상했었는지 느껴진다. 단풍나무 수액의 맛이 생각나고 언제 수액을 채취해야 하는지, 홈통과 수액이 내려가는 관을 어떻게 배열해야 하는지, 주스를 어떻게 졸이는지, 주스를 만들고 난 다음에는 설탕을 어떻게 걸러 내는지, 이렇게 걸러 낸 설탕이 보통 방법을 사용해서 추출한 설탕보다 맛이 더 좋은 이유는 무엇인지 모두 기억난다. 덩굴 사이로 오동통하게 살오른 수박이 햇빛을 받을 때의 모습이 떠오른다. '두드려 보지' 않아도 수박이 언제 익었는지 알 수 있었다. 침대 밑 찬 물통에 담가 놓고 시원해지기를 기다리면서 바라보던 수박 때문에 얼마나 입맛을 다셨는지, 집과 부엌 사이의 천정이 가려진 곳 테이블에 놓인 수박의 모양이 어떠했는지 생각나고, 수박을 맛보기 위해 모여들어 군침을 꿀꺽꿀꺽 삼키던 아이들의 모습이 떠오른다. 수박 끝으로 칼이 들어갔을 때 쩍 하고 갈라지던 소리가 아직도 생생하고, 반대편 끝까지 칼날이 들어가서 수박을 가를 때면 두 동강난 수박이 칼날 아래 뚝 떨어지던 장면도 기억난다. 수박은 탐스러운 붉은 살과 검은 씨를 드러내면서 선택받은 사람을 위한 완벽한 자태를 자랑했다. 기다란 수박 조각 뒤에 가려진 아이의 모습과 그때의 아이의 기분을 느낄 수 있다. 나도 그곳에 있었기 때문이다. 우리는 자연적으로 얻어진 수박의 맛과 인공적으로 재배된 수박의 맛을 구분할 수 있었다. 두 가지 수박 모두 맛은 훌륭했지만 어떤 수박의 맛이 더 나은지는 경험해 본 사람만이 알 수 있는 법이다. 나무에 주렁주렁 달린 초록 사과와 복숭아, 배의 모습이 머릿속에 떠오르고 사람의 뱃속에 들어가서 얼마나 사람을 즐겁게 해 주었는지 기억난다. 나무 밑에 쌓여 있던 익은 열매의 생김새가 떠오르고 열매들이 얼마나 예뻤는지 색채는 얼마나 생생했는지 기억난다. 겨울 동안 저 아래 지하 저장실 통 안에 보관해 둔 냉동사과의 모양이 생각나고, 깨물면 어찌나 딱딱하고 이가 시렸는지 그러면서도 어찌나 맛이 좋았는지 생생하게 기억난다. 겨울 저녁 화로에서 사과가 지글지글 소리를 내며 구워지고 이렇게 구운 사과를 크림에 푹 담갔다가 설탕을 약간 뿌려서 뜨거운 채로 먹을 때는 정말 뿌듯했다. 우리는 속 알맹이를 통째로 꺼내기 위해서 히코리 열매와 호두를 다리미 위에 올려놓고 망치로 깨는 정교한 기술을 터득했는데, 이렇게 깐 열매를 겨울 사과, 소다, 도넛과 함께 먹으면서 할아버지 할머니의 옛날 얘기와 농담을 들으면 얼마나 신선하고, 아삭아삭하고, 넋이 나갈 정도로 맛있었는지 어느새 시간이 흘러 저녁시간이 후딱 지나가 버리곤 했다.

아이였을 때 밤이면 다니엘 아저씨 집 부엌에서 누렸던 온갖 특혜가 생각난다. 백인과 흑인 아이들이 화롯가에 모여 앉아 있으면 얼굴에는 불꽃이 춤을 추었고 벽에는 그림자가 흔들렸고 뒤에는 굴 속 같은 어둠이 깔렸다. 그러면 다니엘 아저씨는 지금도 귀에 생생한 목소리로 레무스 해리스 아저씨〔Uncle Remus Harris: 조엘 챈들러 해리스(Joel

Chandler Harris)의 작품명이자 작품에 등장하는 주인공. 아프리카 미국인이자 전 노예인 레무스 아저씨가 자신이 섬기는 백인 주인의 아들에게 아프리카 전설에 대한 이야기를 들려줌으로써 흑인 노예의 고통과 투쟁이 백인 소년에게 전해져서 마침내 노예제도의 수치를 깨닫게 된다는 내용으로 오랫동안 사람들이 잠자리에서 아이들에게 들려주는 이야기로 인기를 모았다.—옮긴이) 가 책으로 묶어서 세상을 매혹시켰던 불멸의 이야기를 하나씩 들려주었다. '황금 팔'이라는 유령 얘기에 다다르면 온몸을 떨면서도 그 속에서 섬뜩한 기쁨을 느끼곤 했다. 그러면서도 이내 아쉬워졌다. 이 얘기가 언제나 그날 저녁의 마지막 얘기였기 때문에 내키지는 않지만 잠자리에 들어야 했다.

　삼촌 집의 휑뎅그렁한 나무계단을 올라가서 왼쪽으로 돌면 내 침대 위로 드리운 대들보와 비스듬한 지붕과 바닥의 네모모양 달빛, 커튼 없는 창문을 통해서 보이는 바깥의 온통 하얗고 추운 세계가 나타났다. 폭풍우가 몰아치는 밤이면 바람이 윙윙거리고 집이 흔들렸다. 이 소리를 들으면서 담요를 둘러쓰고 있자면 얼마나 아늑하고 포근했는지, 지금도 기억난다. 문틈 사이로 눈가루가 어느덧 들어와 쌓여 마루에 자그마한 둥성이를 이루었다. 이 때문에 아침이면 집이 무척 추워 보여 일어나고자 하는 욕구를 꺾었다. 혹 그런 욕구가 있었다면 말이다. 달이 없는 밤이면 방이 얼마나 어두웠던지 우연히 잠을 깨고 나면 방은 으스스한 적막으로 꽉 차 있어서 잊고 지내던 죄가 기억의 비밀스러운 방에서 꾸역꾸역 밀려나왔다. 아울러 밤바람을 타고 울적함을 전하던 올빼미의 우우거리는 소리와 늑대의 울부짖음이 얼마나 황량했는지도 기억난다. 여름밤이면 지붕 위로 격렬하게 떨어지는 빗소리를 들으며 누워 있는 것이 얼마나 유쾌했는지, 번개의 하얀 광채와 천둥의 웅장한 울림과 굉음을 얼마나 즐겼는지도 기억난다. 꽤나 괜찮은 방이어서 여름밤 비밀스럽게 해야 할 일이 생기면 창문에서 손이 닿을 만한 거리에 있는 피뢰침을 타고 오르내렸다.

밤에 흑인들과 함께 너구리와 주머니쥐 사냥에 나섰던 일과 숲의 어둠을 뚫고 지나갔던 기나긴 행군, 사냥 경험 풍부한 개가 쫓아가 사냥감이 나무에 올라갔다고 알려 오면 일제히 새총을 쏘아 대며 느꼈던 흥분, 그곳에 닿으려고 가시나무 덤불과 관목 숲, 나무뿌리를 헤치면서 앞다투어 비척거리며 나아가던 장면이 떠오른다. 그러면 나무에 있는 동물을 쏘아 떨어뜨릴 때의 흥분과 사냥개와 흑인의 뛸 듯 기뻐 열광하는 모습과 초자연적인 장면이 횃불에서 발하는 화려한 붉은빛 속에서 하나로 어우러졌다.

또한 비둘기의 계절이 기억난다. 수백만 마리의 비둘기가 몰려와서 나무를 온통 뒤덮는 바람에 가지가 휘어져 부러지곤 했다. 사람들은 비둘기를 몽둥이로 때려잡았다. 총은 필요없었고 사용되지도 않았다. 다람쥐 사냥, 초원 뇌조 사냥, 야생 칠면조 사냥 등도 기억난다. 아직 어둠이 걷히지 않은 아침이면 원정길에 올랐다. 날씨는 얼마나 춥고 음울했던지, 원정을 견디어 낼 수 있을지 걱정하면서, 출발한 것을 얼마나 후회했는지 모른다. 경적을 울려 대면 필요한 수보다 두 배나 많은 사냥개가 모여들었고 이렇게 모인 사냥개는 흥분한 나머지 서로 경주하고 이리저리 뛰어다니면서 작은 아이들을 넘어뜨리고 끝도 없이 불필요한 소음을 만들어 냈다. 그러다가 명령을 받으면 숲 속으로 일제히 사라졌고 우리는 음울하고 침침한 숲 속으로 사냥개를 따라 소리를 죽이면서 들어갔다. 이내 어스레한 여명이 세상에 세력을 뻗치기 시작하면 새들이 짹짹거리고, 태양이 떠오르면서 빛과 안락을 온갖 곳에 쏟아놓았다. 그러면 만물이 이슬을 머금고 향기를 내뿜으면서 그 신선한 생명력을 마음껏 드러냈다. 세 시간의 원정을 마치고 완전히 지치고 사냥감의 무게에 짓눌리고 허기진 상태에서 집에 돌아오면 늘 아침식사 시간 즈음이 되었다.

5

아버지는 버지니아 주 출신의 존 마샬 클레멘스(John Marshall Clemens)였고, 어머니는 켄터키 주 출신의 제인 램프톤(Jane Lampton)이었다. 버지니아 인인 클레멘스 집안의 조상을 거슬러 올라가면 노아의 시대까지 이른다. 전해오는 말에 따르면 그들 중 몇몇은 엘리자베스 여왕 시대의 해적이자 노예 상인이었다고 한다. 하지만 이것이 그다지 불명예는 아니다. 드레이크(Drake), 호킨스(Hawkins) 집안이나 다른 집안도 모두 마찬가지였기 때문이다. 당시에 노예를 사고파는 행위는 정당한 거래였고 당시의 군주조차도 이에 동조했던 것이다. 한창 때에는 나조차도 해적이 되고 싶은 욕망을 가졌었다. 독자들 또한 자신의 마음속 깊숙이 비밀스러운 곳으로 들어가 보면 그러한 욕망을 발견하게 될 것이다. 후에 전해져 온 얘기대로라면 조상 중에 제임스 1세나 찰스 1세가 통치하던 시대에 활동하던 스페인 대사가 있어서, 스페인에서 결혼을 했고 스페인의 혈통을 우리 가계에 가져왔다고 한다. 역시 전해져 오는 말에 따르면 지오프리 클레멘트(Geoffrey Clement)라는 이름의 이 조상이, 혹은 다른 조상이 찰스 황제에게 사형을 언도하는 데 일조했다고 한다.

이렇듯 전해 오는 가문의 얘기를 스스로 조사하지는 않았다. 게을렀기 때문이기도 하고 이러한 가계의 끝 세대를 품위 있게 다듬어 남들 앞에 과시할 만한 것으로 만드느라 여력이 없었기 때문이다. 하지만 클레멘스 가의 다른 후손들이 조사를 해 본 결과 입증된 사실이라고 주장하고 있다. 사람들은 사그라지지 않는 강렬하고 뿌리 깊은 본능이 느껴질 때마다 그것이 나 자신만의 독창적인 본능이 아니라 먼 과거로부터 유전된 것이고 모든 것을 무감각하게 만드는 시간의 영향으로 인해서 다져지고 굳혀졌다고 믿을는지 모른다. 나는 찰스 황제에 대해서 항상 적의를 품어 왔고 그 마음에는 조금도 변함이 없다. 나는 이 마음이 찰스에게 사형을 언도했다는 그 조상의 심장으로부터 핏줄을 통해서 내게까지 전해져 내려온 것이라 굳게 믿고 있다. 개인적으로 타인에게 적의를 품는 일은 내 기질과는 맞지 않는 일이기 때문에 이 방법 외에는 설명할 길이 없다. 나는 오히려 제프리 가문 사람에게는 적의를 품지 않는다. 사실 적의를 품어야 마땅한데도 말이다. 이는 바로 제임스 2세 시대의 내 조상들이 제프리에게는 무관심했다는 증거인 것이다. 이유를 알 수도 없고 결코 규명할 수도 없다. 드러난 사실이 그럴 뿐이다. 또한 나는 사탄에 대해 늘 친근감을 느낀다. 물론 조상 대대로 내려오는 친근감이다. 내가 만들어 냈을 리 만무하므로 내 피 안에 흐르고 있는 것이 틀림없으리라.

클레멘스 가문 사람들이 입증했다고 주장한 대로 나는 찰스 황제에게 죽음을 선고한 지오프리 클레멘트가 내 조상이라는 점을 믿어야 하고 그를 호의적으로 사실상 자랑스럽게 생각해야 할 의무가 있다. 하지만 이는 나에게 그다지 좋은 영향을 미치지는 못했다. 조상에 대해 지나치게 자부심을 갖고 뽐내게 만들었기 때문이다. 조상에 대한 자부심이 컸던 나는 나만큼 조상운이 따르지 않은 사람들을 대하면서 때때로 그들의 기를 죽이고 사람들 앞에서 마음에 상처를 입히는 말을 했던 것이다.

그러한 사건이 몇 년 전 베를린에서 일어났다. 당시 황제궁의 공사였던 윌리엄 월터 펠프스(William Walter Phelps)가 어느 날 밤 나를 만찬에 초대하여 내각의 장관 S백작을 소개했다. 이 귀족은 역사가 오래된 훌륭한 가계 출신이었다. 물론 나 역시 대단한 조상이 있었다는 사실을 밝히고 싶었다. 하지만 조상을 억지로 무덤 밖으로 끌어내고 싶지는 않아서 기회를 엿보고 있었는데, 자연스럽게 이야기를 끌어낼 만한 기회를 좀처럼 잡을 수 없었다. 펠프스 씨도 똑같은 어려움에 빠져 있는 듯했다. 몹시 동요하는 듯한 모습이 가끔 보였다. 우연히 조상에 대한 이야기를 펼쳐 놓고 싶지만 정말 우연이라 보일 만한 방법을 생각해 낼 수 없어 낭패감을 느낄 때 짓는 그런 표정을 띠고 있었던 것이다. 하지만 만찬이 끝나고 나서 결국 그가 먼저 시도를 했다. 그는 우리를 응접실로 안내하더니 거칠고 매우 오래된 판화 앞에서 걸음을 멈추었다. 찰스 1세를 재판했던 법정의 모습을 담은 사진이었다. 청교도가 쓰는 앞이 구부러진 모자를 쓴 판사들이 피라미드형으로 앉아 있었고 그들 아래에는 모자를 쓰지 않은 비서 세 명이 테이블에 앉아 있었다. 펠프스 씨는 비서 세 명 중의 한 사람을 손가락으로 가리키며 기쁨을 누른 채 대수롭지 않다는 듯 이렇게 말했다.

"제 조상입니다."

나는 사진 속의 판사를 손가락으로 가리키며 신랄한 말을 아무렇지도 않게 무심히 내뱉었다.

"제 조상입니다. 하지만 이건 약과지요. 다른 조상들도 있어요."

정말 고상하지 못한 행동이었다. 이후로 나는 항상 이 일을 후회했다. 하지만 당시 펠프스 씨는 내 말을 잘 소화했다. 그가 어떤 기분이 들었을지 궁금하다! 하지만 우리의 우정은 그 후로도 변하지 않았다. 가문이 변변치 않음에도 그가 훌륭하고 고귀한 사람이라는 것을 보여 준 사례이다. 또한 그의 가문을 관대히 묵인할 수 있었던 것으로 보아

나도 꽤나 괜찮은 구석이 있었다고 생각한다. 그를 생각하는 나의 입장이 바뀐 것은 아니었지만 항상 그를 나와 동등한 사람으로 대해 주었으니 말이다.

내 어머니는 램브톤 가문 사람이었다. 사실 원래 이름은 램프톤(Lampton)이었지만 미국인 램프톤 집안 사람들이 초기에 철자를 제대로 쓸 수 없었기 때문에 이들 손을 거쳐 이름이 바뀌고 말았다. 어머니와 아버지는 1823년 렉싱톤(Lexington)에서 결혼식을 올렸다. 당시 어머니는 20세였고 아버지는 24세였다. 두 분 다 재산이 넉넉하지는 못했다. 어머니는 결혼을 할 때 데려온 2~3명의 노예가 지참해 온 재산의 전부였으리라는 것이 내 생각이다. 두 분은 테네시 동부 외딴 산지에 위치한 제임스타운 중에서도 외떨어진 벽지 마을로 거처를 옮겼다. 그곳에서 첫아이가 태어났다. 하지만 내가 태어나기 전이기 때문에 이 일에 대해서는 기억하고 있는 것이 없다. 내가 태어난 때는 가족이 미주리 주로 이주한 후였다. 미주리는 미지의 새로운 주였으므로 그렇게 해서라도 사람들의 눈길을 끌 필요가 있었기 때문이리라.

맏형인 오라이언(Orion), 누이인 파멜라(Pamela)와 마가렛(Margaret), 형 벤자민(Benjamin)이 제임스타운에서 태어난 것으로 기억한다. 다른 형제가 또 있었을지도 모르지만 이에 대해서는 아는 바가 없다. 부모님의 이주는 그 작은 마을에 상당한 상승작용을 일으켰다. 마을 사람들은 우리 가족이 마을에 정착하기를 희망했고 이를 통해서 도시가 될 수 있으리라 기대했다. 이러한 기대감으로 갑작스러운 경기 호황이 있기는 했지만 우리 가족이 그곳을 떠나자 곧 집값이 떨어졌고 후에 새 출발을 하기까지 제임스타운은 여러 해 동안 깊은 침체의 늪에 빠졌다. 나는 《도금시대 *The Gilded Age*》에서 제임스타운에 대해 썼지만, 전해들은 얘기일 뿐 개인적인 지식에서 나온 것은 아니다.

아버지는 제임스타운 부근 지역에 7만 5천 에이커*에 달하는 훌륭한 땅을 유산으로 남겼다. 땅 전체에 대한 세금은 일 년에 5달러로 거의 없는 것과 마찬가지였는데, 아버지는 세금을 항상 정기적으로 납부해서 소유권을 완전하게 관리한 채 1847년 돌아가실 때까지 20여 년 동안 그 땅을 소유했다. 당신의 시대에는 땅이 재산이 되지 않을 것이지만 자녀들의 시대에는 언젠가 넉넉한 재산이 될 거라고 늘 말씀하셨다. 아버지의 말씀대로라면 그 땅에는 석탄, 구리, 철, 목재 등이 풍부하기 때문에 때가 되어 철도가 관통하게 되면 땅은 명목상의 재산이 아닌 실질적인 재산이 될 터였다. 또한 그 땅에서는 대량 생산의 가능성이 있는 종자의 야생포도가 나고 있었다. 아버지는 야생포도 견본을 신시내티에 있는 니콜라스 롱워스(Nicholas Longworth)에게 보내어 감정을 의뢰했는데 롱워스 씨는 자신의 카토바스(Catawbas)와 마찬가지로 훌륭한 와인을 만들 수 있을 것이라 말했다. 땅은 이렇듯 풍부한 자원을 품고 있었고 실상 원유까지 매장되어 있었다. 하지만 아버지는 이 사실은 알지 못했다. 물론 초기 시대에는 원유 매장 사실을 알았다 하더라도 전혀 신경 쓰지 않았을 테지만 말이다. 원유의 매장 사실은 1895년이 되어서야 밝혀졌다. 지금 내게 이 땅이 단 2에이커만이라도 남아 있다면 얼마나 좋겠는가! 그랬다면 생계를 위해서 자서전을 쓰지 않아도 될 테니 말이다.** 아버지께서 돌아가시면서 남기신 말씀은 "땅에 매달려서 기다려라. 어떤 것에도 현혹되지 말고 땅을 멀리하지 않도록 하라."였다. 《도금시대》에서 셀러스 장군의 모델이 되었던 인물이자 어머니가 총애하던 사촌인 제임스 램프톤(James

---

* 1906년에 정정, 10만 에이커 이상이었다.
** 1897~1898년에 저술

Lampton)은 땅에 대해 열정적으로 이렇게 말하곤 했다.

"땅 안에는 수백만 가지가 들어 있어. 수백만 가지가!"

그가 다른 사물에 대해서도 늘 똑같은 말을 했고 그때마다 그릇된 판단으로 밝혀졌던 것이 사실이다. 그러나 이번에는 그의 말이 옳았다. 훈계용 총을 가지고 돌아다니는 사람은 결코 낙심해서는 안 된다는 것을 보여 주는 예이다. 용기를 가지고 눈에 띄는 모든 것을 향해 총을 쏴 댄다면 곧 무엇인가에 적중할 수 있을 것이다.

많은 사람들이 셀러스 장군을 존재 자체가 불가능한 터무니없는 인물로 생각하고 '창조물'이라는 명칭을 붙이며 나를 부추겼다. 하지만 이는 잘못된 생각이다. 나는 제임스 램프톤의 모습을 그대로 책에 옮겨 놓았을 뿐이다. 책에서나 무대에서나 도가 지나친 것처럼 보이는 사건들은 내가 창조해 낸 것이 아니라 그의 삶에서 실제적으로 일어난 일이다. 제임스 램프톤의 모습을 투영시킨 셀러스 장군은 감동적이고 아름다운 영혼을 가진 사내다운 남자였고, 솔직담백하고 고결한 인물이었고, 가슴 속에 커다랗고 어수룩하고 이타적인 심장을 간직하고 있어서 다른 사람에게 사랑받도록 태어난 사람이었다. 그는 친구 모두로부터 사랑을 받았고 가족의 경배를 한몸에 받았다. 가족에게는 거의 신과 같은 존재였다.

진짜 셀러스 장군의 모습이 무대에 그대로 펼쳐진 적은 한 번도 없었다. 단지 그의 반쪽 모습만이 무대에 섰을 뿐이었다. 존 T. 레이몬드는 진짜 셀러스 장군의 나머지 반쪽을 연기할 수 없었다. 그러기에는 역량이 부족했다. 나머지 반쪽을 이루는 품성을 레이몬드는 하나도 가지고 있지 못했기 때문이다. 레이몬드는 사내답지 못했고, 고결하지도 정직하지도 않았다. 무식했고, 이기적이었고, 상스러웠고, 어리석었을 뿐만 아니라 심장이 있어야 하는 자리는 텅 비어 있었다. 셀러스 장군을 완벽하게 연기할 수 있는 사람이 딱 한 명 있었다. 바로 프랭크 마요(Frank Mayo)였다.*

놀랄 일이 많은 세상이다. 놀랄 일이 없을 것이라고 예상했던 상황에서도 놀랄 일은 역시 발생하게 마련이다. 내가 셀러스를 책에 소개했을 때 나와 공저로 그 책을 쓰고 있던 찰스 더들리 워너(Charles Dudley Warner)는 셀러스의 기독교식 이름을 바꾸자고 제안했다. 10년 전 서부의 한 외딴 구석에서 에스콜 셀러스(Eschol Sellers)라는 이름의 한 남자를 우연히 만난 적이 있던 워너는 에스콜이란 이름이 우리의 책에 등장하는 셀러스에게 적절하고 꼭 맞는 이름이라고 생각했다. 정말 색다르고 독특한 이름이었다. 나는 그의 생각이 마음에 들었지만 당사자가 나타나서 항의를 할지 모른다고 말했다. 하지만 워너는 그럴 일은 결코 없다고 말하면서 에스콜은 분명히 벌써 죽었을 것이라고 했다. 그리고 그가 살아 있든 죽었든 어쨌거나 우리는 그 이름이 꼭 필요하며 그 이름 없이는 이야기를 전개할 수 없다고 했다. 이렇게 해서 결국 우리는 이름을 바꾸었다. 워너가 쓴 얘기의 주인공은 보잘것없고 초라한 농부였다. 그런데 책이 출판되고 일주일이 지나자 우아한 매너에 공작인 듯한 차림새를 하고 대학교육을 받고 자란 것처럼 보이는 한 신사가 하트포드에 왔다. 명예 훼손에 대한 분노로 부글거리는 마음이 눈에 그대로 나타나 있는 상태였다. 그의 이름은 바로 에스콜 셀러스였다! 그는 에스콜 셀러스라는 이름을 가진 다른 사람에 대해서는 들어 본 적도, 당연히 만나 본 적도 없었다. 명예를 훼손당했다고 주장하는 이 귀족이 제시한 조건은 매우 명확하고 사무적

---

*레이몬드는 셀러스 장군 역을 1876년 이후로 연기했다. 약 20년 후 마요는 《바보 윌슨의 비극 Tragedy of Pudd'nhead Wilson》을 극화했고 주역을 산뜻하게 소화해 냈다.(마크 트웨인 주)

이었다. 아메리칸 퍼블리싱 컴퍼니(American Publishing Company)는 서적의 인쇄를 중지하고 이름을 수정하거나 1만 달러의 소송을 치러야만 했다. 그는 출판사로부터 다짐과 사과를 받아 냈고 우리는 인쇄판에 새겨진 이름을 멜버리 셀러스 장군으로 바꿔야 했다. 일어날 수 없는 일이란 절대 존재하지 않는다. 에스콜 셀러스라는, 존재할 것 같지 않은 이름을 가진 서로 아무런 관련이 없는 두 남자가 실제로 존재했던 것이다.

제임스 램프톤은 평생 웅장한 꿈으로 가득찬 희미한 안개 속을 표류했고 마침내 어느 하나 실현되는 것을 보지 못한 채 숨을 거두었다. 그를 마지막으로 본 것은 1884년이었다. 그의 집에서 물 양동이에 순무를 담아 씻어서 날로 한 대접 가득 먹었던 때로부터 26년이 흐른 후였다. 그는 나이 들어 백발이 되었을 때도 어린 시절과 마찬가지로 쾌활하게 나를 웃겼다. 그는 늘 어린 시절에 머물러 있었다. 조금도 변하지 않은 채 말이다. 눈에는 행복한 빛이 깃들어 있고, 가슴은 희망으로 가득하고, 설득력 있는 언변에 기적을 낳는 상상력까지 모두 그대로 가지고 있었다. 마치 헤어지기 전에 자신의 알라딘 램프를 문질러서 내 앞에 세계의 비밀스러운 보물을 펼쳐 보이려는 것 같았다. 나는 혼자 중얼거렸다.

"내가 그를 조금도 과장해서 묘사하지 않았군. 그의 모습을 있는 그대로 그렸어. 여전히 똑같은 모습이군. 말만 들어도 그가 내 책 속의 셀러스 장군인 것을 케이블*이 알아차릴 수 있을 거야."

나는 램프톤에게 양해를 구한 후에 옆방으로 달려갔다. 케이블이 묵는 방이었다. 당시 케이블과 나는 강연회를 위해 같이 여행 중이었

---

* 조지 워싱턴 케이블(George Washington Cable)을 말함

다. 나는 케이블에게 이렇게 제안했다.

"자네가 엿들을 수 있도록 자네 방문을 열어 놓겠네. 무척 흥미로운 사람이 있어서. 좀 들어 보게나."

나는 다시 내 방으로 돌아와서 램프톤에게 지금 어떻게 지내느냐고 물었다. 그는 아들을 통해서 시작했다는 뉴멕시코에서의 '소규모 사업'에 대해 말하기 시작했다.

"그저 자그마한 일이야. 그저 그런 시시한 일이지. 여가도 활용하고 자본도 놀리지 않으려고. 하지만 주된 이유는 아들의 발전을 위해서야. 행운의 수레바퀴는 계속 돌고 있어. 아들도 언젠가는 생계 유지를 위해 일을 해야만 할지도 몰라. 이 세상에 이상한 일들이 계속 일어나고 있듯이 말이야. 하지만 내가 말했듯이 그저 작은 일이야. 그저 그런 시시한 일이지."

그가 말을 시작했을 때는 사실 작고 시시한 일이다. 하지만 그의 능숙한 말솜씨를 거치면서 그 일은 커지고 꽃을 피우고 퍼져 나간다. 상상을 초월할 정도로. 30분이 지나고 나자 그는 유쾌한 듯 나른한 태도로 이렇게 말을 맺었다.

"그래, 요즈음 일들이 다 그렇듯이 그저 그런 시시한 일이야. 하찮은 일이지. 놀라운 일이기도 해. 하지만 시기를 놓쳤어. 아들은 이 일이 대단하다고 생각하지만 알다시피 그 아이는 아직 젊고 상상력이 넘치지. 커다란 문제를 다루고, 공상을 다스리고, 완전무결한 판단을 내릴 수 있는 경험이 부족해. 가진 돈이 2백만 달러 아니면 3백만 달러쯤 되는 것 같은데 그 이상은 아닐 거야. 인생을 막 시작하는 아들한테는 여전히 괜찮은 조건이지. 아들이 지금 큰 재산을 벌기를 바라서는 안 되지. 나중에 그렇게 되도록 내버려 두어야 해. 큰 재산이 생기면 한창 때는 한눈을 팔 수 있고 그렇게 되면 여러모로 손해거든."

말을 마치고 나서는 자신의 돈지갑을 집 응접실 테이블에 놔두고 왔다고 말하기도 하고, 지금은 은행 업무 시간이 지났다고 말하기도 하고, 또….

나는 거기서 그의 말을 막고 강연회에 초대 손님으로 와 달라고 부탁했다. 강연회 초청 제안을 받았을 때 많은 친구들이 보이는 반응처럼 그도 기꺼이 수락했다. 그러고는 마치 내게 관대함을 베푸는 왕자처럼 초청에 대해 감사를 표했다. 이어 그가 자신에게 티켓을 주면 다음날 갚겠다고 말하려는 눈치를 보이자 나는 얼른 그의 말을 막아야 했다. 그가 빚을 진다면 입고 있는 옷이라도 저당 잡히지 않는 한 갚을 길이 없다는 것을 잘 알고 있었기 때문이다. 그는 얼마간 수다를 더 떨다가 애정을 담아 힘차게 손을 흔들면서 자리를 떴다. 방문에 귀를 대고 있던 케이블은 이렇게 말했다.

"셀러스 장군이군."

6

아버지는 한번에 10만 에이커 가량의 어마어마한 땅을 샀다. 전체 가격은 400달러 쯤이었을 것이다. 당시 한 건의 거래로는 상당히 큰 금액이었다. 아버지가 구입한 땅은 저 멀리 송림지대였고 동부 테네시 주 펜트리스(Fentress) 카운티에 속한 컴벌랜드(Cumberland) 산맥의 '언덕지대'로 알려져 있는 지역이었다. 아버지는 그 막대한 돈을 지불한 후 제임스타운의 법원 문에 서서는 자신의 광대한 소유지를 넘어다 보면서 이렇게 말씀하셨다.

"내게 무슨 일이 있더라도 내 자손들은 안전할 것이다. 내 살아생

전에는 이 땅이 금과 은으로 변하는 것을 보지 못하겠지만 내 자식들은 보게 될 것이다."

우리에 대한 최고의 호의로 아버지는 우리의 어깨 위에 미래의 재산이라는 무거운 재앙을 짊어지웠다. 아버지는 무덤에 갈 때까지 우리에게 엄청난 호의를 베풀었다는 믿음을 가지고 계셨다. 비통한 실수였지만 다행스럽게도 아버지는 전혀 알지 못했다.

아버지는 이렇게도 말씀하셨다.

"이 지역에는 철광석이 풍부하고 다른 광물도 매장되어 있어. 수천 에이커의 땅에는 최상급의 황색 소나무 목재가 있어서 오베스(Obeds) 강을 따라 컴벌랜드까지 운송할 수 있고, 컴벌랜드에서 미시시피까지, 다시 미시시피에서 목재를 필요로 하는 곳이면 어느 곳에든지 운송할 수 있단다. 이 광대한 송림은 끝없이 타르, 역청, 테레빈유를 산출해 낼 거야. 이곳은 자연적인 와인 지역이기도 하지. 미국 어디서고 이곳에서처럼 야생으로 자라는 포도나무를 찾아볼 수 없단다. 목초지가 있고, 옥수수 재배지, 보리 재배지, 감자 재배지 등이 있고, 온갖 종류의 목재가 있지. 이 땅속과 땅 위에는 땅을 소중한 것으로 만들 수 있는 모든 것이 있단다. 미국에는 1천4백만 명이 살고 있지. 40년 안에 인구가 1천1백만 명이 증가한 셈이니까 앞으로는 더욱 빨리 증가할 거야. 내 자식들의 시대가 되면 테네시 주 펜트리스 카운티로 이주해 오는 사람이 급증할 거야. 그때가 되면 내 자식들은 수중에 10만 에이커의 훌륭한 땅을 갖고서 엄청난 부를 누리게 되겠지."

아버지가 땅의 미래에 대해서 한 말은 모두 완벽하게 사실로 판명났다. 이런 식으로라면 아버지는 땅에 무진장의 석탄광이 있다고 덧붙일 수도 있었을 것이다. 하지만 아버지는 석탄광에 대해서는 거의 아는 것이 없었다. 테네시 사람들은 워낙 순진해서 연료를 구하기 위해 땅을 판다는 개념에 익숙하지 않았기 때문이다. 또한 아버지는 그 땅이 녹스빌(Knoxville)에서 100마일밖에는 떨어져 있지 않다는 점과 신시내티로부터 시작해서 남쪽으로 향하는 미래의 철로가 통과할 수밖에 없는 지점이라는 점을 덧붙였을 수도 있었을 것이다. 하지만 아버지는 철로를 보지 못했을 뿐만 아니라 철로에 대해서 들어 봤을 가능성도 거의 없다. 흥미로운 사실이기는 하지만 1860년경이 될 때까지도 제임스타운 근처에 사는 사람 중에는 철로에 대해 들어 본 적이 없고 증기선이 있다는 사실조차도 전혀 알지 못하는 사람이 있었다.

거대한 땅의 매매가 이루어졌을 때 큰형의 나이는 4~5살이었고, 큰누나는 엄마 팔에 안겨 있던 갓난아기였다. 대가족을 이룬 나머지 형제들은 그 후 10여 년에 걸쳐서 띄엄띄엄 태어났다. 땅을 사고 4년 후인 1834년에 거대한 재정 위기가 찾아왔다. 그 여파로 아버지의 재산은 산산조각이 났다. 막대한 땅을 소유했다 해서 펜트리스 카운티의 가장 부유한 시민으로 존경받고 세간의 부러움을 한몸에 받았던 아버지의 전 재산은 이제 겨우 3,500달러에 불과한 것으로 평가되었다. 갑자기 하룻밤 사이에 재산이 1/4 이하로 줄어들고 만 것이었다. 아버지는 자존심이 강하고 조용하고 근엄한 사람이었다. 사라져 버린 거대한 재산 때문에 전전긍긍하며 사람들의 동정의 대상이 될 그런 류의 사람이 아니었다. 그는 가족을 한데 모아서 당시에 '극서부 지방'이라고 불리던 곳을 향해 황야를 통과하는 외롭고 지루한 여행을 단행했다. 그러고는 마침내 미주리 주 플로리다의 자그마한 마을에 텐트를 쳤다. 아버지는 그곳에서 몇 년 동안 '상점을 운영'했지만 운이 전혀 따르지 않았다. 나를 낳은 것을 빼고는 말이다. 그러고는 한니발로 옮겨 와서 어느 정도 기반을 닦을 수 있었다. 한니발에서 아버지는 평화를 위한 신성한 정의 실현에 앞장서면서 대리법정의 서기로 선출되었다. 당시에 어떤 사람이라도 무시할 수 없는 그런 직책이었다. 아버지는 한니발에 거주하기 시작한 초기에 나이에 비해 이 임무를 상당히 유능하게 수행했다. 하지만 다시 한번 불행이 아버지를 넘어뜨렸다. 호의를 베푼다는 생각으로 아이라 스타우트(Ira Stout)의 '보증'을 서 주었는데 당사자가 도망을 가는 바람에 새 파산법의 수혜자가 될 수밖에 없었다. 이 불행이 결국 아버지를 파멸시켜서 아버지는 무덤에 갈 때까지 가난을 면하지 못했고 그의 자손들은 생계를 위해서 세상과의 길고 처절한 싸움을 해야 하는 저주를 안게 되었다. 하지만 아버지는 감정을 추스르고 마음을 가다듬고는 임종의 순간까지도 테네시에 두고 온 땅을 생각했다. 그러고는 그 땅이 곧 우리 모두를 부유하고 행복하게 만들어 줄 것이라고 말했다. 그렇게 믿으면서 아버지는 눈을 감았다.

아버지가 돌아가시자 우리는 곧장 테네시의 땅에 눈독을 들였다. 모든 방랑과 인생의 부침을 겪으면서도 가족들은 결코 사라지지 않는 믿음을 가지고 앞에 가로놓인 대륙과 바다 너머 그 땅을 바라보았다.

아버지가 돌아가신 후에 임시로 마련된 집에서 살고 있던 우리는 땅을 팔아서 집을 마련해야겠다고 결정했다. 형은 500달러를 빌려서 아무런 가치도 없는 주간 신문사를 샀다. 우리 모두가 그랬던 것처럼, 땅이 처분되어서 무언가 제대로 된 일을 시작할 때까지는 어떤 일이고 본격적으로 시작해서는 안 된다고 믿으면서 말이다. 일단 커다란 집을 빌렸지만 땅의 매매가 기대했던 대로 이루어지지 않았기 때문에 (한 남자가 땅의 일부분만을 사기를 원했고 우리는 의논을 거듭한 끝에 모두 팔거나 아니면 팔지 않기로 결정했다.) 집세가 좀 더 저렴한 곳으로 옮겨야만 했다.

내가 앞서 말했듯이 테네시의 광대한 땅은 20년 동안 아버지 명의로 온전하게 남아 있었다. 1847년 아버지가 돌아가시자 우리는 그 땅을 스스로 관리하기 시작했다. 그 후로 40년 동안 우리는 1만 에이커를 제외하고는 모두 팔아 버렸고 결과적으로 땅을 팔아서 남은 것이라고는 아무것도 없었다. 1887년경에는 그나마 남아 있던 1만 에이커도 날아갔다. 형이 이 땅을 팔아서 펜실베이니아 석유 지대에 위치한 코리(Corry) 마을에 집과 대지를 장만했기 때문이다. 이 코리 마을의 재산도 형이 1894년에 250달러에 팔았기 때문에 테네시 땅과의 인연은 이렇게 해서 완전히 끝났다.

그 1만 에이커의 땅을 제외하고는 아버지의 현명한 투자에서 얻어진 돈에 대한 다른 기억은 없다. 아니, 나는 지금 자세한 내역을 간과하고 있다. 그 돈으로 나는 셀러스가 등장하는 책을 출판했다. 책 판매 수익금의 절반이 내 몫이 되어 1만 5천~2만 달러 정도를 벌었고, 연극에서 7만 5천~8만 달러 정도를 벌었다. 1에이커 당 단지 1달러 정도에 해당하는 금액이다. 상당히 호기심 끄는 일이 아닐 수 없다. 아버지가 그 땅에 투자했을 때 나는 세상에 나오지도 않았다. 그러므로 아버지가 땅을 살 당시에는 땅의 일부분을 내게 떼어 주겠다는 의도는 전혀 없었을 것이다. 하지만 가족 중에서 그 땅으로 인해 혜택을 받은 사람은 나뿐이다. 이 땅에 대해서는 앞으로도 가끔 언급을 해야 할 상황에 부딪치게 될 것이다. 살아가면서 이 땅은 이런 저런 방식으로 수십 년 동안 내 삶에 영향을 미쳤기 때문이다. 상황이 암울해질 때마다 이 땅은 일어나서 희망에 찬 손을 내밀고 우리의 기운을 북돋우며 말했다.

"두려워하지 말라. 나를 믿으라. 기다려라."

이 땅은 40년 동안 내내 우리가 희망에 희망을 거듭해서 갖도록 도와주었지만 마침내는 우리를 저버렸다. 이 땅은 우리의 에너지를 잠들게 했고 자신에 대한 환상을 갖게 함으로써 우리를 나태한 몽상가로 만들어 버렸다. 우리는 항상 내년이면 부자가 될 것이었다. 일할 필요가 없었다. 삶을 가난하게 시작하는 것도 부유하게 시작하는 것도 모두 다 유익한 일이다. 하지만 가난하면서도 미래에 부자가 될 가능성을 가지고 삶을 시작하는 것이란! 경험해 보지 못한 사람은 그것이 내포하는 저주를 상상할 수조차 없을 것이다.

7

1890년 10월 돌아가실 때까지 어머니는 상당한 세월인 여든여덟 해를 무난히 살아오셨다. 너무나 몸이 허약해서 40세 때 이미 만성적인 병자였고 곧 죽음을 맞이할 것이라고 사람들이 생각했던 사람치고는 생명을 위해 선전한 셈이다. 내 삶의 처음 25년 동안은 어머니에 대해 잘 알고 있었다. 하지만 그 후에는 서로 며칠씩 걸려야 도착하는 거리에 살았기 때문에 어머니를 아주 가끔씩 보았을 뿐이다. 어머니에 대한 글은 정식으로 쓰지 않고 단지 간단히 말하기만 할 작정이다. 어머니에 대한 본격적인 역사를 읊는 대신 그 삶을 보여 주는 실례만을 뽑아서 제시할 생각이다. 말하자면 어머니의 생애를 전체적으로 돌아보지 않고 어머니의 기질을 훑어보기만 할 것이다. 사실 어머니는 이렇다 할 이력은 없지만 훌륭하고 인상적이고 사랑스러운 기질을 소유하고 있었다.

마음에 새겨진 수많은 사진 중에서 어떤 사진이 사람의 마음을 사로잡는가? 첫 번째이자 가장 가까운 친구인 어머니에 대해서 내 마음속에 새겨진 무수한 사진 중에 가장 분명하고 강렬하고 뚜렷한 사진은 47년 전으로 거슬러 올라간다.* 당시 어머니는 40세였고 나는 8세였다. 어머니가 내 손을 잡고, 우리 둘은 형의 침대 맡에서 무릎을 꿇고 있었다. 나보다 2살 위인 형이 숨을 거둔 채 누워 있었다. 눈물이 어머니의 볼을 타고 쉴 새 없이 흘러내렸다. 이윽고 어머니는 신음소리를 냈다. 어머니의 얼굴이 고통으로 일그러져 있는 장면이 아마도 내게는 처음이었던 것 같다. 그래서 그 장면이 내게 매우 강렬한 인상을 남겼나 보다. 그 인상은 사진과 더불어 마음속에 완전히 자리를 잡고 더욱 강렬해져서 기억에서 사라지지 않는다.

어머니는 마르고 작은 체구를 가졌지만 마음은 누구 못지않게 넉넉했다. 어머니의 마음은 무척이나 넓어서 모든 사람의 슬픔과 즐거움이 기꺼이 자리잡고 환영받았다. 어머니와 다른 사람 사이에서 내가 발견할 수 있었던 가장 큰 차이점이 있다. 다른 사람들은 한정된 사물에 강한 흥미를 느꼈던 반면에 어머니는 임종을 맞이하는 바로 그날까지 전 세계에 대해, 모든 사람과 모든 사물에 대해 강한 흥미를 가졌다. 일생 동안 어머니는 일이나 사람에게 건성으로 흥미를 갖거나, 일정한 선을 그어 놓고는 어떤 문제는 남겨 두고 어떤 사람에게는 무관심한 일 따위는 알지도 못했다. 자기 자신을 제외하고는 모든 일에, 모든 사람에게 정열적으로 결코 사그라지지 않는 흥미를 쏟았고, 굼뜬 순간이라고는 알지도 못했을 뿐만 아니라 있을 수도 없었기 때문에 질병조차도 어머니를 만만하게 공략할 수 없었으리라. 나는 어머니가 이러한 기질 때문에 거의 90세까지 생존할 수 있었다고 확신한다.

사람과 동물에 대한 어머니의 관심은 따뜻하고 개인적이고 친근했

---

* 1890년에 저술

다. 사랑하기 위해서 사람과 동물의 가장 모진 모습 속에서도 눈 감아 줄 만한 무언가를 항상 찾아냈다. 스스로 의미를 지어내서라도 말이다. 어머니는 친구 없는 사람들의 타고난 동맹자인 동시에 친구였다. 사람들은 어머니가 장로파 교인임에도 속임수에 빠져서 악마에게조차 다정한 말을 할 수 있다고들 했다. 사탄에 대한 학대가 시작되었다. 음모자들은 차례로 신랄한 말을 보탰고, 악의에 가득찬 비난을 퍼부었고, 매정한 책망을 가했다. 마침내 의심이라고는 할 줄 몰랐던 어머니는 덫에 걸렸다. 어머니는 모든 비난이 정당한 것이고, 사람들이 말했던 것처럼 사탄은 전적으로 사악하고 파렴치했다고 시인했다. 하지만 사탄이 공정한 판결을 받았다고 할 수 있겠는가? 죄인은 그저 죄인일 뿐이다. 사탄도 그 중 하나일 뿐이다. 무엇이 죄인을 구원할 수 있는가? 스스로의 노력만으로 구원받아야 하는가? 아니다. 이렇게 해서는 어느 누구도 구원받지 못할지도 모른다. 죄인 스스로의 가냘픈 노력에 더하여 기독교 교회마다 애통해하는 가슴과 가슴에서 쏟아지는 호소하고 간청하는 감동적인 기도가 매일매일 쌓여 간다. 하지만 같은 죄인인 사탄을 위한 기도는 누가 하는가? 1800년 동안 가장 기도가 필요했던 한 죄인, 가장 친구를 필요로 했지만 단 한 명의 친구도 없었던 우리의 동료이자 형제, 매일매일 밤마다 행해지는 모든 기독교인의 기도에서 명백하게 주인공이 되어야 하는 우리 모든 죄인 중의 한 죄인을 위해서 기도해 줄 수 있는 인간애를 가진 사람은 누구인가? 그 죄인이 수많은 죄인 중에서도 세속을 초월한 죄인이라는 분명하고 부정할 수 없는 이유 때문에 그를 위해 기도해 줄 수 있는 사람은 누구인가?

어머니는 그러한 인간애를 가졌던 사탄의 친구로 매우 온화한 영혼의 소유자였고, 어머니가 하는 말에는 연민의 정을 자아내는 타고난 힘이 담겨 있었다. 무방비 상태의 인간이나 피조물에 상처나 수치가 가해지는 것을 목격하고 나서 자신의 연민이나 분개가 휘저어질 때면, 어머니는 내가 여태껏 보아 온 그 어떤 사람보다도 설득력 있는 웅변가가 되었다. 어머니의 웅변은 격렬한 불 같은 종류의 웅변이 아니라 부드럽고, 동정적이고, 설득력 있고, 호소하는 듯한 웅변이었다. 또한 무척이나 참되고, 숭고하고, 단순하게 표현되고, 몹시도 감동적으로 전달된 나머지 사람들은 처음에는 선뜻 마음을 열지 않으며 듣다가 급기야는 눈물을 머금고 찬사를 보내고 마는 것을 여러 번 목격했다.

어머니는 사람이나 동물을 가리지 않고 억압받는 광경을 목격하면 자신이 여성이고 체구 또한 작다는 것을 아랑곳 하지 않고 용감한 특성을 즉시 드러냈다. 어느 날 마을에서 흔히 볼 수 있는 무서운 장면을 목격한 적이 있다. 한 코르시카 사람인 사악한 악마가 묵직한 로프를 손에 쥐고 죽여 버리겠다고 소리를 지르며 장성한 딸을 쫓고 있었다. 주변의 남자들은 모두 몸을 사리고 있었지만 어머니는 도망다니는 소녀에게 문을 활짝 열어 주고 그녀가 들어온 후에는 문을 닫았다. 그러고는 문을 잠그는 대신에 버티고 서서 팔을 뻗어 문을 가로질러 막았다. 그 남자는 욕을 하고 저주를 퍼부으면서 로프를 휘두르며 어머니를 위협했다. 하지만 어머니는 조금도 물러서지 않았고 두려운 기색도 전혀 보이지 않았다. 다만 똑바로 품위 있게 서서 거리의 한 가운데서는 들리지 않지만 그 남자의 양심과 잠자고 있는 인간성에는 들리는 어조로 그를 꾸짖고, 창피를 주면서 그에게 도전했다. 그는 이내 어머니에게 용서를 구하고 로프를 건네면서 자신이 본 사람 중에서 가장 용감한 여인이었다는 말을 하고는 그대로 가 버렸다. 그러고는 다시는 어머니 앞에서 문제를 일으키지 않았다. 그는 자신이 오랫동안 느껴 왔던 결핍, 즉 자신을 두려워하지 않는 사람의 모습을 어머니에게서 보았기 때문에 그 일이 있은 후로는 어머니와 좋은 친구가 되었다.

어느 날 어머니가 세인트루이스 거리를 걷고 있을 때였다. 마차를 끄는 우람한 체격의 남자가 묵직한 채찍을 머리 위로 번쩍 들어올려 자신의 말을 때리는 장면을 보고 어머니는 소스라치게 놀랐다. 어머니는 그 사람에게서 채찍을 빼앗고는 아무것도 모르는 채 폭력을 당한 말의 편에 서서 너무나 설득력 있게 호소를 했고 급기야 말의 주인은 말을 더듬으며 자신이 잘못했다고 시인했다. 그리고 시키지도 않았는데 다시는 말을 학대하지 않겠다는 약속을 자발적으로 했다. 물론 그 약속은 그의 본래 성품상 애당초 지켜질 수 없는 것이었지만.

어머니는 학대받는 동물의 편에 서서 이런 식으로 간섭하는 일을 평생 해 왔다. 어머니가 사용하는 방법은 사람들을 화나게 만들지 않았고, 오히려 선량한 의도를 분명하게 드러냈다. 어머니는 항상 자신의 주장을 전달하면서 듣는 사람의 동의를 이끌어냈고 상대방으로부터 친근한 찬사를 받아 냈다. 말 못하는 모든 종류의 동물은 어머니를 보면 예외 없이 친구라는 느낌을 받았다. 집 잃고, 쫓기고, 처량하고, 형편없는 몰골의 고양이라도 어머니를 보면 자신의 피난처이자 옹호자라는 사실을 대번에 알아차리고 집으로 어머니를 따라오곤 했다. 고양이의 본능은 옳았다. 고양이는 탕자만큼 환영을 받았다. 1845년에는 한꺼번에 고양이 19마리가 머무른 적도 있었다. 모두 다 평범하고 불행하다는 하찮은 점을 제외하고는 아무런 특징도 없는 그런 고양이들이었다. 이 많은 고양이들은 사실 어머니를 비롯해서 우리 모두에게 막대한 부담이었다. 하지만 고양이들은 불운했고 이 점만으로도 우리 집에 머물러야 하는 충분한 이유가 되었다. 하기사 애완동물이 전혀 없는 것보다는 이편이 더 나았다. 아이들에게는 애완동물이 있어야 하는데 우리에게는 우리에 갇힌 애완동물을 키우는 일이 허용되지 않았던 것이다. 피조물이 갇혀 있다는 것은 어머니에게는 있을 수 없는 일이었다. 어머니는 쥐 한 마리라도 자유를 속박당해 묶여 있는 것을 용납하지 않았다.

미주리 주 한니발의 자그마한 마을에서 보낸 내 소년 시절, 사람들은 하나같이 가난하면서도 자신이 가난하다는 사실을 알지 못했다. 모두가 편안했고 자신의 상황을 있는 그대로 받아들였다. 사회에 계층이 존재하기는 했었다. 좋은 가문의 사람, 근본이 없는 집안의 사람, 가족이 없는 사람 등등. 사람들은 서로 모르는 이 없이 누구에게나 부드럽게 대했고, 눈에 띨 정도로 건방지게 구는 사람도 없었지만 계층을 가르는 선은 매우 분명하게 그어져 있어서 각 계층에 친숙한 사회 생활은 그 계층에만 국한되어 있었다. 자유, 평등, 독립기념일 등의 정신으로 충만한 약간의 민주주의가 존재하기는 했지만 그 안에도 귀족주의의 흔적이 잔존한다는 점을 우리는 피부로 느끼고 있었다. 귀족주의는 그렇게 뿌리 깊게 자리하고 있었지만 아무도 그러한 사실을 비난하지 않았으며 귀족주의의 잔재가 모순이라고 생각하지도 않았다.

나는 이러한 상황이 주로 환경 때문이었다고 생각한다. 마을의 인구는 주로 노예제도가 실시되던 주에서 온 사람들로 이루어졌고 그들은 새로 일군 가정에서 여전히 노예를 거느리고 있었기 때문이다. 넉넉한 마음과 인습에 얽매이지 않는 동정심을 소유하고 있던 어머니조차도 귀족처럼 행동하려 의도하지는 않았지만 어쨌든 귀족 태생이었다. 하지만 이러한 사실을 알고 있던 사람은 거의 없었다. 귀족주의가 원칙이라기보다는 본능에 가까웠기 때문이라고 생각한다. 따라서 귀족주의가 외부로 드러나는 경우는 그다지 빈번하지 않았을 뿐만 아니라 드러나더라도 의도적이지 않게 우연히 드러났다. 그러나 나는 어머니의 이러한 약점을 잘 알고 있었다. 지금은 더햄 백작 집안이 된 램브톤 집안이 900년 동안 가문 소유의 영지를 가지고 있었고, 램브톤 궁전의 봉건 영주였으며, 노르만인 정복자가 영국인을 분산시키러 왔을 당시 어머니의 조상이 높은 지위를 차지하고 있었다는 사실을 어머니가 남모르게 자랑스러워한다는 점을 말이다. 나는 대대로 이어받게 되는 유산으로 해서 900년 동안 한 뙈기의 땅을 차지했었다는 사실이 특별한 장점이 될 수는 없다고 주장했다. 하지만 이런 주장을 할 때는 조심스럽게 감정을 누그러뜨리고 완곡한 표현을 사용했다. 사실 유산으로 땅을 차지하는 일은 누구라도 할 수 있다. 그러므로 대대로 이어지는 유산은 자랑거리지만 다만 그뿐이다. 결과적으로 어머니는 당연히 이어받을 유산을 물려받은 집안의 자손이라는 점을 자랑스러워했던 것이다. 하지만 내 조상은 이와는 달랐다. 더 우월했다. 조상 가운데 한 사람 즉 그 엄청난 일을 했던 한 명의 클레멘스가 가문에 태어났기 때문이다. 그에게는 명예로운 일이었고 나에게는 만족스러운 일이다. 그는 찰스 1세를 재판해서 사형 집행인에게 넘겨주었던 법정의 구성원이었다. 겉으로 보기에는 별것 아니지만 밑바닥을 들여다보면 그렇지 않다. 나는 그 조상에 대해 진정으로 존경하는 마음을 간직하고 있고 이러한 존경은 해가 거듭될수록 줄기는커녕 커져만 간다. 그는 자신이 속한 시대에서 왕관 쓴 사기꾼을 제거하기 위해 자신이 할 수 있는 일을 했다.

어머니가 자신의 가문에 대해 상당한 자부심을 가지고 있었음에도 나는 한 번도 어머니가 가족이 아닌 다른 사람이 있는 자리에서 자신의 귀족 조상에 대해 어떤 방식으로든 언급하는 것을 들어 본 적이 없다. 어머니는 그렇듯 훌륭한 미국식 감각을 가지고 있었다. 그러나 내가 알고 있던 램프톤 집안 사람들은 달랐다. '셀러스 장군'은 램프톤 집안 사람이었고 어머니와는 꽤나 가까운 친척이었다. 측은하고 늙고 공상에 가득 찬 영혼이었던 그가 어느 날 낯선 사람에게 해 준 얘기 중의 하나는 '가문의 우두머리'에 대한 것이었다. 그는 속내를 드러내지 않으려 애쓰면서 문득 생각난 듯 얘기를 내뱉었다. 교묘하다고 흠을 듣고 있던 그만의 기술이었다. 이렇게 되면 사람들은 질문을 할 수밖에 없었고 그것이 그의 의도였다. 그런 후에는 램브톤의 후예가 150여 년 전에 어떻게 이 나라에 오게 되었는지, 어째서 어리석기 짝이 없는 사기극과 세습 귀족사회에 진저리를 치게 되었는지, 어떻게 결혼을 하게 되었는지, 어째서 황무지의 외딴 벽지에서 세상과 단절한 채 살게 되었는지, 어떻게 미래 미국인 후손들의 씨를 뿌린 조상이 되었는지에 대한 드라마틱한 역사가 줄줄이 뒤를 이었다. 그러는 동안 영국의 고향에서는 그를 죽은 사람으로 생각하고 동생이 그의 직위와 영지를 차지하고 말았다는 얘기도 뒤따랐다. 그리고 셀러스 장군은 가장한 듯한 점잖은 경의를 표하면서 가문의 전성기 시절에 대한 권리를 요구한 자신의 8촌을 '백작'이라고 칭했다.

'백작'은 다재다능한 사람이었기 때문에 자신의 가문에서 태어나는 불행한 사건만 아니었다면 스스로 대단한 일을 성취했을지도 모를 일이었다. 그는 켄터키 출신으로 악의가 없는 사람이었다. 그러나 가진 돈이 없었고 돈을 벌 시간도 없었다. 상원을 통해서 가문의 권리를 되찾으려 싸우기 위해 같은 가계에 속한 사람들(나를 포함하여)을 붙잡고 뒷돈을 대도록 하는 데 자신의 시간을 온통 써 버렸기 때문이다. 그는 자신의 주장을 뒷받침할 서류도 증거도 가지고 있었고, 자신이 이길 수 있으리라 확신했다. 그래서 그 허망한 꿈 속에서 늘 가난하게, 때로는 그야말로 궁핍하게 살다가 마침내는 집에서 멀리 떨어진 곳에서 숨을 거두었고 그가 백작인 것을 알지 못하는 이방인에 의해서 매장되었다. 이 가련한 사람은 편지에 '더햄(Derham)'이라고 서명을 하곤 했는데 내게 공화당 공천 후보에게 찬성투표를 했다고 비난하는 편지를 보내온 적도 있었다. 귀족적이지 못할 뿐만 아니라 결과적으로 램프톤 집안 사람답게 처신하지 않았다는 것이 이유였다. 최근에는 나와 같은 조상을 가진 한 버지니아 사람이 편지를 보내어 몹시 흥분하면서 같은 내용으로 나를 맹렬하게 비난했다. 공화당은 귀족정당이기 때문에 국왕 처형에 관여한 조상의 자손이 그러한 동물들에게 동조한다는 것은 합당한 일이 아니라는 내용이었다. 이렇듯 조상이 내게는 항상 골칫거리였기 때문에 차라리 조상이 한 명도 없었더라면 하고 바라기도 했었다.

앞에서 말했던 것처럼 우리 가족은 노예를 부리는 사회에서 살았다. 노예제도가 폐지될 때까지 어머니는 60년 동안을 노예제도와 살을 맞대며 살아오셨다. 어머니가 열정적이고 따뜻한 마음의 소유자이기는 했지만 노예제도가 뻔뻔하고, 기괴하고, 부당한 강탈 행위라는 점을 인식하지는 못했다. 어머니는 어떤 설교에서도 노예제도를 공격하는 말을 들어본 적이 없었을 뿐만 아니라 수많은 사람들이 노예제도를 변호하고 정당화하는 말을 했기 때문이다. 또한 노예제도를 인정하는 성경 구절에도 익숙해져 있었다. 목사가 항상 확신에 찬 목소리로 그 내용을 설교했기 때문이다. 어머니가 속한 세계에서는 현명하고, 훌륭하고, 성스러운 사람이라면 너나 할 것 없이 노예제도는 만물을 창조한 신이 허락한 올바르고, 공정하고, 성스럽고, 독특한 부산물이라고 생각해야 했다. 그들은 또한 노예들이 자신이 노예인 것을 매일 잠자리에 들 때마다 감사해야 한다고 확신하고 있었다. 사람을 훈련시키고 세뇌시킨다면 기이한 기적도 일으킬 수 있는 것이 분명하다. 노예들도 대체로 그렇게 믿었기 때문에 자신의 처지에 만족했다. 군주정치에 속해 있던 훨씬 더 지적인 노예들도 마찬가지였다. 그들은 자신의 주인 즉 군주이자 귀족을 존경하고 인정했고, 자신이 노예라는 사실에 어떤 모욕감도 느끼지 않았다.

한니발 지역의 노예제도는 사람들 안에 잠자고 있는 인간적인 본능을 깨워 꿈틀거리게 할 만한 것이 없었다. 대규모 농장에서 행사되는 야만적인 노예제도가 아니라 가정에서 행사되는 미약한 노예제도였기 때문이다. 잔인한 대우란 찾아보기 힘들었고 노예 가족의 구성원을 따로 떼어서 각기 다른 주인에게 파는 일을 꺼려했기 때문에 주인의 재산을 정리해야 하는 일이 일어나지 않는 한 이러한 일은 별로 발생하지 않았다. 우리 마을에서 노예 경매를 본 기억은 없다. 그러나 경매가 별반 특별할 것 없이 늘 일어나는 일이었기 때문에 기억나지 않는지도 모른다는 생각이 들기도 한다. 언젠가 십여 명의 남녀 노예가 쇠사슬에 묶여서 포장된 도로에 누운 채로 남부지방의 노예시장으로 가는 배를 기다리고 있는 광경을 목격한 일이 선명하게 떠오른다. 여태껏 내가 본 중에서 가장 슬픈 얼굴들이었다. 쇠사슬에 묶인 노예를 보는 것이 그리 흔히 볼 수 있는 광경은 아니었기 때문에 이토록 강력하고 오랫동안 인상에 남는 것이리라.

'노예 매매업자'는 모든 사람에게 혐오의 대상이었다. 그는 가련하고 힘없는 피조물을 사서 '지옥'으로 전달하는 일종의 인간 악마로 생각되었다. 우리 백인에게나 흑인에게나 남부지방의 대규모 농장은 그야말로 지옥이었다. '지옥' 말고는 더 우회해서 표현할 길이 없다. 다루기 힘든 노예에게 '강 아래쪽'에 판다는 위협을 가해도 말을 듣지 않는다면 그 노예를 다룰 수 있는 방법이란 세상에 존재하지 않는다고 보아야 했다. 하지만 백인이 매우 사소한 일로 기분이 상해서 흑인을 죽였을 때 모든 사람들이 보였던 무관심한 태도가 기억난다. 비록 갚을 능력이 없는 무일푼의 사람 손에 귀중한 재산을 잃어버렸기 때문에 노예 주인이 상당히 애석해하기는 했지만 말이다.

사람들은 노예제도가 미친 절대적인 영향은 사람들을 냉혹한 마음으로 살아가게 만든 것이라고 일반적으로 믿고 있다. 그러나 나는 노예제도가 노예를 대하는 사람들의 인간성을 마비시킨 상태에서 그대로 고착화된 것이라고 생각한다. 내가 살던 마을에는 냉혹한 마음가짐을 가진 사람이라고는 없었다. 다른 나라에 있는 같은 크기의 마을과 비교해 봤을 때 말이다. 또한 내 경험상 어느 곳에서고 냉혹한 사람은 많지 않다.

8

4살 반이 되어 학교에 다니기 시작했다. 당시 미주리 주에는 공립학교가 없고 사립학교만 두 군데 있었다. 수업료는 한 학생이 한 주당 25센트를 냈고 그것도 낼 수 있는 사람만 내는 정도였다. 메인 가의 서쪽 끝에 위치한 작은 통나무집에서 호르(Horr) 선생님이 가르쳤다. 그리고 좀 더 큰 젊은이들은 샘 크로스(Sam Cross) 선생님이 언덕 위의 목조가옥에서 가르쳤다. 나는 호르 선생님 수업에 출석했는데 자그마한 통나무집에서의 수업 첫날을 65년 이상이 지난 지금도 분명하게 기억한다.* 적어도 첫날의 그 사건은 말이다. 나는 학교 규칙을 어겼고 다시는 그렇게 하지 말라는 경고를 받았다. 선생님은 다음번에 또 규칙을 어기면 벌로 회초리를 맞아야 한다고 했다. 나는 다시 규칙을 어겼고 호르 선생님은 내게 교실 밖에 나가서 회초리 감을 찾아오라고 했다. 나는 선생님이 회초리 감을 직접 골라오라고 한 것이 기뻤다. 다른 아이보다는 좀 더 영리하게 행동해서 내게 유리한 회초리를 직접 고를 수 있을 거라고 믿었기 때문이다.

나는 통을 제조하는 사람이 깎아 내고 남은 나뭇조각을 진흙 속에서 찾아냈다. 2인치 넓이에 두께는 1/4인치 정도의 참나무로 한쪽 끝이 약간 굽어 올라가 있었다. 같은 종류의 꽤 괜찮아 보이는 조각이 근처에 있었지만 나는 좀 썩기까지 한 이 조각을 집어들었다. 그러고는 그 조각을 호르 선생님에게 내밀고 호의와 동정심을 얻으려는 속셈으로 짐짓 나약하고 체념한 듯한 태도로 선생님 앞에 섰다. 하지만 그런 일은 일어나지 않았다. 선생님은 동의하지 않는다는 강렬한 눈빛으로 나와 나뭇조각을 번갈아 쳐다보시고는 사무엘 랭혼 클레멘스(Samuel Langhorne Clemens)라는 정식 이름으로 나를 부르셨다. 일렬로 한꺼번에 내 이름이 불리는 것을 들어보기는 그때가 처음이었을 것이다. 이어 선생님은 내가 수치스럽다고 하셨다. 선생님이 학생의 정식 이름을 부를 때는 학생에게 곤란한 일이 생겼다는 의미라는 것을 나중에 알았다. 선생님께서는 회초리에 관해서 나보다 나은 판단을 할 수 있는 학생을 지적할 것이라 말씀하셨다. 교실의 여러 얼굴이 이 기회를 잡으려는 희망으로 반짝거렸던 것을 생각하면 지금도 슬픈 마음이 앞선다. 마침내 짐 던랩(Jim Dunlap)이 뽑혔고 그가 회초리를 골라서 들어왔을 때 나는 그가 회초리를 고르는 일에서 만큼은 탁월한 전문가라는 사실을 인정하지 않을 수 없었다.

뉴잉글랜드 출신의 중년 여성이었던 호르 선생님은 뉴잉글랜드 식

---

* 1906년에 저술

방식과 원칙을 고수해서 항상 기도와 신약성서 구절의 낭독으로 수업을 시작했고, 낭독한 성경 구절에 대한 간단한 설명도 덧붙였다. 선생님은 특히 "구하라. 그러면 받을 것이다."라는 성경 구절을 강조하면서 누구든지 원하는 것을 열심히, 강한 소망을 가지고 기도한다면 의심할 여지없이 그 기도는 응답받을 것이라 말씀하셨다.

나는 이 새로운 정보에 너무도 강렬한 인상을 받고 매우 감사해서, 마치 예전에 그 얘기를 한 번도 들어본 적이 없다는 생각이 들 정도였다. 그래서 한번 시도해 보아야겠다고 생각했다. 나는 호르 선생님이 하신 말씀을 철저하게 믿었기 때문에 그 결과에 대해서도 결단코 의심하지 않았다. 나는 생강과자를 달라고 기도했다. 그랬더니 제과점 딸인 마가렛 쿠네만(Margaret Kooneman)이 매일 아침 학교에 생강과자 한 조각씩을 가져왔다. 마가렛은 기도가 시작되기 전에 과자를 보이지 않는 곳에 숨겨 놓았지만 내가 기도를 마치고 고개를 들면 그 과자는 너무도 쉽게 내 손이 닿는 곳에 있었고 그때마다 마가렛은 딴 곳을 보고 있었다. 내가 그때 느꼈던 기도 응답에 대한 기쁨은 내 평생을 통해 가장 큰 것이었다. 원하는 것이 끝이 없었기 때문에 내 소원은 항상 충족되지 못한 채로 남아 있었다. 하지만 나는 기도를 통해서 원하는 것을 취득하는 방법을 터득했기 때문에 그 많은 소원을 충족시키고 확대시킬 작정이었다.

하지만 이러한 꿈은 우리가 삶에서 몰두하는 다른 모든 꿈과 마찬가지로 공허하기 짝이 없었다. 소원이 생기면 2~3일 동안 마을의 어느 누구보다도 많이, 진지하게 열심히 기도를 했다. 그러나 아무것도 얻지 못했다. 아무리 강력하게 기도를 하더라도 다시는 그때 생강과자를 얻었을 때만큼 만족스러운 응답을 받을 수 없다는 사실을 깨닫게 되었다. 그리고 생강과자의 경우에도 그저 충실하게 집착하고 거기에서 눈을 떼지 않으면 구태여 애써 기도를 할 필요가 없다는 결론에 도달하게 되었다.

내 품행과 행동거지 때문에 마음이 괴로웠던 어머니는 나를 한쪽으로 데려가서 몹시 걱정스럽게 꼬치꼬치 물으셨다. 내게 닥친 변화에 대해서 어머니에게 털어놓기가 꺼려졌다. 어머니의 온화한 마음을 아프게 하는 것이 내게는 큰 고통이었기 때문이다. 하지만 나는 결국 어머니에게 눈물을 쏟으며 기독교인이기를 포기했다고 털어놓았다. 어머니는 비탄에 잠겨 이유를 물었다. 나는 내가 단지 명목상으로만 기독교인일 뿐 기독교인이라는 생각조차도 참을 수 없고, 기독교가 비열한 종교라고 생각한다고 대답했다. 어머니는 나를 가슴에 끌어안으시고는 도닥거려 주셨다. 어머니의 말씀으로 미루어 내가 계속 이런 식으로 행동하더라도 결코 외롭지 않으리라는 결론을 내렸다.

어머니는 나 때문에 상당히 고충을 겪으셨지만 이를 은근히 즐기셨던 것 같다. 어머니는 나보다 두 살 아래인 동생 헨리하고는 결코 이런 문제로 부딪치는 일이 없었다. 헨리의 끝없이 단조로운 선량함, 진실성, 복종 등이 어머니에게 부담이 되었던 반면에 나는 전혀 다른 방향에서 어머니를 안심시키고 다채로운 즐거움을 선사했다고 생각한다. 나는 어머니에게 활력소였고 귀중한 존재였다. 그전에는 이런 생각을 하지 못했지만 지금은 알 수 있다. 나는 헨리가 나에게고 다른 사람에게고 부도덕한 일을 하리라고는 결코 생각해 본 적이 없다. 오히려 헨리는 정당한 일을 자주 해서 나는 종종 비싼 대가를 치러야 했다. 나에 대해서 고자질하는 것이 헨리의 임무였던 것이다. 그는 《톰 소여의 모험》에 등장하는 시드(Sid)였다. 하지만 헨리는 시드보다 훨씬 더 훌륭하고 괜찮은 아이였다.

수영을 가지 못하게 하려고 어머니가 내 옷깃에 꿰매 놓은 실의 색깔이 변했다는 사실을 어머니에게 고자질한 것도 헨리였다. 헨리의 고자질만 아니었다면 어머니는 결코 눈치채지 못했을 것이다. 그토록 명백한 물리적인 증거를 당신의 예리한 눈으로 알아차리지 못했다는 사실을 아는 순간 어머니는 엄청나게 화를 냈다. 일반적으로 사람들은 자신의 실수가 밝혀졌을 때 다른 사람에게로 화살을 돌린다. 어쨌거나 나는 헨리를 혼내 주었다. 부당하게 대우받은 데 대한 보복으로 헨리를 자주 골탕 먹였다. 어떨 때는 내가 아직 당하지도 않은 일에 대해서 미리 대가를 치르게 한답시고 골탕을 먹이기도 했다. 미래의 일에 대해 미리 응징하는 이와 같은 태도는 내 고유의 것이었는데 때로 어머니가 이를 따라하기도 하셨다. 확실하게 기억할 수는 없지만 《톰 소여의 모험》에 깨진 설탕통 사건이 등장한다면 그것이 바로 일례이다. 헨리는 결단코 설탕을 훔치지 않았다. 설탕을 통에서 여봐란 듯이 꺼냈을 뿐이다. 자신이 보고 있지 않을 때는 헨리가 설탕을 가져가지 않으리라고 어머니는 믿고 있었다. 그러므로 설탕이 없어지면 어머니는 당연히 나를 의심했다. 정확히 말하면 의심이라고 할 수도 없었다. 내가 가져갔다고 단정했다. 어느 날 어머니가 안 계실 때 헨리는 어머니가 소중하게 아끼는, 집안 대대로 내려오던 옛날 영국풍의 설탕통에서 설탕을 꺼내다가 그만 통을 깨고 말았다. 드디어 내가 누군가에 대해서 고자질할 거리를 찾은 첫 번째 기회였다. 나는 무어라 말할 수 없을 정도로 기뻤다. 어머니에게 말할 거라고 위협했지만 헨리는 말리지 않았다. 어머니는 집에 오셔서 바닥에 떨어져 산산조각난 통을 보고는 한동안 아무 말도 못하셨다. 나는 그 침묵을 깨지 않았다. 효과를 증대시킬 수 있으리라 판단했기 때문이다. 그저 어머니가 "누가 그랬니?" 하고 묻기만을 기다렸다. 그래야 이야기를 꺼낼 수 있을 테니까. 하지만 오산이었다. 침묵만을 지키시던 어머니는 아무엇도 묻지 않으시고 당신의 골무로 내 머리통을 딱 때리셨다. 진동이 저 아래 발끝까지 전해졌다. 그러자 잘못이 없는 아이를 벌준 것에 대해 어머니를 미안하게 만들어야겠다는 상처받은 오기가 발동했다. 나는 어머니가 자신의 행동을 후회하고 나를 측은하게 여기기를 기대하며 내가 한 일이 아니라 헨리가 한 일이라고 말했다. 하지만 아무런 변화가 없었다. 어머니는 아무런 감정도 보이지 않은 채 이렇게 말씀하셨다.

"괜찮아. 상관없다. 앞으로 네가 나 몰래 저지를 잘못을 생각하면 말이다."

집 밖에는 이층의 뒤편으로 이어지는 계단이 있었다. 어느 날 헨리가 주석 양동이를 들고 심부름을 가고 있었다. 나는 헨리가 그 계단을 올라가리라는 것을 알고 있었다. 그래서 먼저 이층으로 올라가서 안에서 문을 잠그고는 정원으로 내려왔다. 정원은 막 쟁기로 갈아 놓아서 딱딱한 검은 흙덩어리 천지였다. 나는 이 풍부한 장비들을 끌어 모아놓고 매복해서, 헨리가 계단을 올라가 더 이상 몸을 피할 수가 없는 곳에 도달할 때까지 기다렸다. 그러고는 흙덩어리로 포격을 가했다. 헨리는 가지고 있던 주석 양동이를 가지고 최선을 다해서 방어했지만 그다지 성공적이지는 못했다. 내가 워낙 사격의 명수였기 때문이다. 그러나 물막이 판지에 맞은 흙덩어리는 무슨 일인지 살펴보려고 나왔던 어머니에게 명중했고, 나는 헨리를 재미있게 해 주는 중이었다고 말하려 했다. 곧 두 사람 모두 나를 쫓아왔지만 나는 높은 널빤지 울타리를 훌쩍 넘어서 당장은 화를 모면할 수 있었다. 1~2시간 후 내가 감히 집으로 돌아왔을 때는 주변에 아무도 없었기 때문에 사건이 일단락되었다고 생각했다. 그러나 그것이 아니었다. 헨리가 매복해 있었던 것이다. 헨리는 평소와는 달리 조준을 잘해서 나는 그가 던진 돌멩이에 머리를 맞았고 마치 마테호른만한 혹이 나고 말았다. 나는 동정을 얻으려고 혹을 달고 곧장 어머니에게로 갔지만 어머니는 꿈쩍도 하지 않았다. 마음가짐만 제대로 갖추고 있다면 이번 사건으로 내가 교화될 것이라 생각하셨던 것 같다. 문제를 오로지 교육적인 측면에서만 생각하셨던 것이다. 이런 일이 있은 후로 교육에 대한 내 견해는 훨씬 더 경직될 수밖에 없었다.

고양이에게 '진통제'를 주는 것은 옳지 않은 일이었다. 그 점을 이제서야 깨닫는다. 지금이라면 절대 하지 않으리라. 하지만 《톰 소여의 모험》에서처럼 지내던 시절에는 고양이 피터가 진통제 기운으로 행동하는 것을 바라보는 일이 내게는 커다란 즐거움이었다. 행동이 말보다 더한 웅변이라면 피터도 나만큼이나 재미를 느꼈으리라. 페리 데이비스(Perry Davis)가 만든 진통제는 정말 혐오스러운 약이었다. 페리 데이비스는 파비(Pavey) 씨의 흑인 노예로 훌륭한 판단력과 상당한 호기심을 가진 인물이었다. 그가 자신이 만든 진통제를 시험해 보고 싶어 했기 때문에 나는 기꺼이 그 대상이 되어 주었다. 지옥의 불로 만들어진 약이라는 것이 그의 견해였다.

1849년 콜레라가 한창 유행하던 시기가 있었다. 미시시피 강가에 살던 사람들은 공포에 사로잡혔다. 달아날 수 있는 사람들은 달아났다. 많은 사람들이 공포에 떨다가 죽어 갔다. 콜레라로 한 사람이 죽었다면 공포로 세 사람이 죽었다. 도망칠 수 없었던 사람들은 콜레라 예방약을 먹었는데 어머니는 내게 페리 데이비스의 진통제를 주었다. 어머니는 자신에 대해서는 걱정하지 않아서 그러한 예방약은 먹지 않았다. 하지만 내게는 진통제를 하루에 한 숟가락씩 꼭 먹도록 다짐을 받았다. 처음에는 어머니와의 약속을 지킬 생각이었지만 첫 실험의 경험이 워낙 끔찍했다. 어머니는 헨리의 약병은 살피지 않았다. 그만큼 헨리를 신뢰했던 것이다. 그러나 어머니는 날마다 내 약병에 연필로 표시를 하고 정확하게 한 수저 분량이 없어지는지 조사했다. 당시에는 바닥에 카펫이 깔려 있지 않았다. 바닥에 틈이 있었기 때문에 나는 매일 진통제를 그 틈에 부었다. 결과는 좋았다. 저 아래 지하 세계에 콜레라가 번지지 않았던 것이다.

이때 사람을 유난히 따르던 고양이가 꼬리를 흔들며 다가와서 진통제를 달라고 애원했다. 그래서 나는 그 약을 고양이에게 먹였고 고양이는 이내 발작을 일으키더니 방안에 있는 가구마다 몸을 부딪치고 급기야는 열려진 창문으로 뛰쳐나가서 화분을 깨뜨렸다. 바로 그때 어머니가 집에 오셔서는 놀란 나머지 돌처럼 서서 안경너머로 건너다보며 말씀하셨다.

"세상에, 피터가 도대체 왜 저러니?"

내가 어떻게 설명했는지 기억은 나지 않지만 그 설명이 《톰 소여의 모험》에 나와 있다 하더라도 사실이 아닐지도 모른다.

이렇듯 지나치게 잘못된 행동을 하는 내게 즉석에서 처벌을 주는 방법이 적절하지 않다고 생각할 때마다, 어머니는 처벌을 일요일까지 보류했다가 일요일 저녁에 교회에 가게 만들었다. 이 처벌은 때로는 참을 만했지만 대체적으로 참기 힘들었고 내 성향상 정말 피하고 싶었다. 어머니는 교회에 갔었다는 내 말을 결코 믿지 않으셔서 반드시 시험을 했다. 그날의 성경 구절이 무엇이었는지 대답하게 했던 것이다. 내게는 전혀 어려울 것이 없는 아주 간단한 문제였다. 교회에 갈 필요도 없이 직접 성경 구절을 골랐다. 이 방법은 꽤나 효과가 있었는데 마침내 내가 말한 성경 구절과 교회에 갔다 온 이웃이 말한 성경 구절이 일치하지 않는 일이 발생하고 말았다. 그 이후로 어머니는 다른 방법을 사용했다. 하지만 그 방법이 무엇인지 지금은 기억이 나질 않는다.

당시 남자와 소년들은 겨울에 긴 망토를 두르고 다녔다. 망토는 검은색 겉감에 매우 밝고 화려한 스코틀랜드 격자무늬 천으로 안감을 대었다. 어느 겨울 저녁, 한 주 동안 저질렀던 죄를 용서받기 위해서 교회로 향하다가 망토를 교회 문 옆에 숨겨두고 밖에 나가서 예배가 끝날 때까지 다른 아이들과 놀다 집으로 돌아왔다. 하지만 너무 깜깜해서 망토를 뒤집어 입은 줄도 모르고 방에 들어가서 망토를 한쪽에 던져 놓고 보통 때처럼 시험을 받았다. 교회의 실내온도에 대한 얘기가 나오기 전까지는 모든 일이 순조로웠다. 어머니는 "이런 밤에 교회 안에서 따뜻하게 있기란 절대로 불가능하겠구나."라고 말했다.

나는 그 말에 숨어 있는 함정을 알아차리지 못했기 때문에 너무나 어리석게도 교회에 앉아 있는 동안 계속 망토를 입고 있었다고 말했다. 어머니는 교회에서 집으로 올 때도 내내 망토를 입고 있었느냐고 물으셨다. 나는 그 말 뒤에 숨은 뜻을 알지 못했다. 그래서 그랬다고 대답했다. 그랬더니 어머니가 이렇게 말씀하시는 것이 아닌가.

"이 현란한 빨간색 스코틀랜드 격자무늬가 바깥을 향하도록 입고 있었단 말이니? 다른 사람들이 쳐다보지 않던?"

어머니랑 이런 식의 대화를 계속해 봤자 내게 이로울 것이 없었기 때문에 나는 변명하기를 그만두고 결과를 달게 받았다.

1849년경이었다. 내 나이 또래의 톰 내시(Tom Nash)는 우체국장의 아들이었다. 미시시피 강이 얼어붙자 어느 날 밤 톰과 나는 스케이트를 타러 갔다. 아마도 어머니의 허락을 받지 않았던 것 같다. 허락을 받았다면 그 밤에 스케이트를 타러 갈 이유가 없었기 때문이다. 반대하는 사람이 없었다면 한밤중에 스케이트를 타는 것이 그다지 큰 즐거움이 될 수 없었으리라. 한밤중에 둘이서 일리노이 주 해안에서 반 마일 이상 스케이트를 지치며 나아가자 우리가 서 있는 쪽과 집 방향 사이에서 심상치 않게 삐걱거리는 소리가 들렸다. 강의 얼음이 갈라지고 있었다. 우리는 하얗게 겁에 질려서 방향을 돌려 되돌아오기 시작했다. 구름 사이로 달빛이 내려앉아서 얼음과 물을 구별할 수 있기만 하면 전속력으로 날 듯이 스케이트를 지쳤다. 잠시 머뭇거리며 기다리다가 훌륭하게 다리 역할을 해 줄 수 있는 얼음이 눈에 띄기라도 하면 다시 출발했다. 그러다가 물이 나오면 다시 멈추고 커다란 케이크 모양의 얼음이 둥둥 떠내려 와서 다리가 되어 줄 때까지 고통스럽게 기다려야만 했다. 이렇게 집으로 돌아오는 데 1시간이 걸렸다. 내내 걱정으로 찌들어 비참한 기분이 되어 돌아오는 길이었다. 마침내 강가에서 얼마 멀지 않은 곳에 도달했다. 우리는 또다시 기다렸다. 다시 한번 다리가 필요했다. 주변의 얼음은 계속 물속으로 빠지고 삐걱거리면서 강가에 산을 만들었다. 위험이 줄어들기는커녕 점점 커지고 있었다. 우리는 탄탄한 땅에 발을 딛고 싶어 안달이 나서 성급하게 발을 떼면서 이 케이크에서 저 케이크로 뛰기 시작했다. 톰이 거리 계산을 잘못하는 바람에 물에 빠지고 말았다. 톰은 물에 흠뻑 젖는 쓰라린 체험을 했지만 강가에 아주 가까이 있었기 때문에 한두 번 팔을 휘젓기만 하면 되었다. 그러고는 바닥에 발을 심하게 찧고는 기어나갔다. 나는 톰보다는 약간 늦게 아무런 사고 없이 해안에 도착했다. 우리는 땀으로 흠뻑 젖어 있었고 톰은 물에 빠졌던 일로 해서 곤욕을 치러야 했다. 톰은 침대로 옮겨져서 앓기 시작했고 뒤이어 계속 병치레를 해야 했다. 톰은 마지막으로 앓았던 성홍열에서 회복되자 귀머거리가 되고 말았다. 게다가 1~2년 이내에 말까지 못하게 되었다. 몇 년 후 말하는 방법을 그런대로 배웠지만 사람들이 그의 말을 매번 알아듣지는 못했다. 톰은 자신의 목소리를 들을 수 없었기 때문에 음량을 조절할 수 없었다. 자신은 낮고 분명하게 말하고 있다고 생각했지만 그의 말은 일리노이 주 전체에 다 들릴 정도였다.

4년 전* 미주리 대학으로부터 명예 법학박사 학위를 수여받으러 오라는 초청을 받았다. 나는 이 기회에 한니발에서 일주일을 보내기로 했다. 한니발은 지금은 시이지만 내가 살 당시에는 그냥 마을이었다. 톰 내시와 내가 모험을 했던 때로부터 55년 정도가 흐른 후였다. 내가 한니발을 떠나려고 기차역에 서 있을 때 수많은 시민들이 나를 보려고 나와 있었다. 나는 톰 내시가 공터를 가로질러 내게 다가오는 것을 보고 그를 향해서 걸었다. 한눈에 알아볼 수 있었다. 늙은데다가 머리는 백발이었지만 15세 소년의 모습이 여전히 남아 있었다. 그는 다가와서 내 귀에 자신의 손을 동그랗게 모으고는 시민들을 향해서 고개를 끄덕이면서 은밀하게 속삭였다. 마치 무적(霧笛)처럼 커다란 목소리로 "샘, 저들은 다 똑같이 망할 놈의 바보 녀석들이야."라고.

9

1849년 내가 14세였을 때 우리 가족은 여전히 한니발의 미시시피 강둑, 아버지가 5년 전에 지은 새 '목조가옥'에서 살고 있었다. 우리 가족은 증축한 부분과 그곳에 붙어 있는 뒤편의 건물에서 나누어 지냈다. 가을에 누나는 결혼 적령기에 있는 마을의 젊은이들을 모두 초대하는 파티를 열었다. 나는 파티에 참석하기에는 어린데다가 수줍기까지 해서 젊은 아가씨들 틈에 낄 수가 없었다. 어쨌거나 나는 파티에

---

* 1902년

정식으로 초대받지 못했기 때문에 고작해야 10분 정도 머물 수 있었다. 그 10분도 파티 중간에 공연되는 짧은 연극에서 곰 역할을 하도록 되어 있었기 때문에 허락된 시간이었다. 나는 곰에게 적합한, 갈색 털이 북실하고 몸에 꼭 끼는 복장을 뒤집어쓰고 연기를 해야 했다. 누나는 10시 반경에 방으로 가서 30분 내로 변장을 마치고 공연할 준비를 하고 있으라고 했다. 내 방으로 향하던 나는 이내 마음을 바꿨다. 연습을 좀 하고 싶었는데 그러기에는 방이 너무 좁았던 것이다. 나는 자그마한 흑인 아이 샌디를 데리고 메인 가 모퉁이에 있는 사람이 살지 않는 커다란 집으로 갔다. 그곳에서 십여 명의 젊은이들이 연극에 출연하기 위해 의상을 갈아입고 있다는 사실을 까마득히 모른 채 말이다. 2층에 있는 널따란 빈 방을 골랐다. 샌디와 나는 말을 주고받으면서 방에 들어갔고 그러는 사이에 옷을 반쯤 입고 있던 젊은 아가씨 두 명이 칸막이 뒤로 몸을 숨겼다. 그들의 가운과 물건이 문고리에 걸려 있었지만 보지 못했다. 문을 닫은 것은 샌디였지만 그 애의 마음도 온통 연극에 쏠려 있어서 역시 마찬가지였다.

칸막이는 구멍이 숭숭 나 있고 흔들거렸지만 그 뒤에 아가씨들이 숨어 있으리라고는 꿈에도 생각하지 못했기 때문에 난 아무런 거리낌이 없었다. 내가 그 사실을 알았더라면 커튼 없는 창문으로 쏟아져 들어오는 잔인한 달빛 무리 속에서 옷을 벗지도 못했을 것이고, 수치심으로 죽고 싶은 마음이 들었을 것이다. 난 아무런 망설임 없이 옷을 벗어던지고는 연습을 시작했다. 성공을 거두고야 말겠다는 야심에 가득찼고 앞으로 곰뿐만 아니라 다른 역할도 맡아서 명성을 쌓겠다는 의욕에 불탔다. 나는 내 야심의 발판을 마련해 줄 곰 역할에 마음껏 몰입했다. 방의 이쪽 끝에서 저쪽 끝으로 사방을 뛰어다녔다. 샌디는 열심히 박수를 쳤다. 나는 똑바로 걷다가 으르렁거리며 달려들기도

하고 물구나무도 서고 재주도 넘고 앞 발톱을 구부리고 상상의 주둥이를 좌우로 움직여 쿵쿵대면서 서투른 춤을 추었다. 곰이 할 수 있는 짓이라고는 모두 했고 곰이 결코 할 수 없거나 어쨌거나 근엄한 곰이라면 결코 하지 않을 짓까지도 했다. 물론 샌디를 빼고 나의 이러한 모습을 지켜보는 사람이 있으리라고는 생각조차 하지 못했다. 이윽고 마침내 물구나무를 서면서 잠시 휴식을 취하는 자세를 했다. 잠시 침묵이 흐른 후에 샌디가 흥분으로 고조된 목소리로 이렇게 말했다.

"샘 도련님, 말린 청어 본 적 있남?"

"아니, 그게 뭔데?"

"물고기제."

"음, 그래서? 뭐 특별한 것이라도 있어?"

"그럼유, 도련님. 당연히 있지라. 곰은 청어란 놈을 내장째 모두 먹어 치운다카데!"

그때 칸막이 뒤에서 억지로 참는 듯 킥킥하는 웃음소리가 들리는 것이 아닌가! 나는 온몸에서 힘이 쭉 빠져나가 마치 탑이 무너지듯이 앞으로 고꾸라지면서 내 무게로 젊은 아가씨들이 숨어 있던 칸막이를 넘어뜨렸다. 아가씨들은 기겁을 하며 공기를 꿰뚫는 듯한 비명을 몇 마디 질러 댔지만 나는 비명을 들을 여유조차 없었다. 옷을 낚아채서는 어두운 복도로 냅다 도망을 쳤고 그 뒤를 샌디가 따라왔다. 나는 순식간에 옷을 입고 집에서 나오면서 샌디에게 영원히 입을 다물라고 다짐을 시키고는 파티가 끝날 때까지 숨어 있었다. 모든 야망이 산산조각 나는 사건이었다. 나는 파티의 분위기에 들떠 있는 사람들 앞에서 곰으로서의 내 모험을 펼쳐 보일 수가 없었다. 그들 중에는 내 비밀을 알고 있는 두 명의 출연자가 있을 것이고 언제고 남몰래 나를 비웃을 것이기 때문이었다. 연극을 시작할 때가 되어 사람들이 나를 찾앉지만 허사였다. 그래서 곰 역할은 한 젊은 신사가 문명화된 곰 옷을 입고 대신해야 했다. 마침내 집에 왔을 때는 식구들이 모두 자고 있는지 집 안은 쥐죽은 듯 고요했다. 나는 수치스러움으로 거의 쓰러질 지경이었다. 방에 들어왔을 때 베개에 쪽지 한 장이 핀에 꽂혀 있었다. 쪽지를 읽는 순간 마음이 가벼워지기는커녕 얼굴이 빨갛게 타올랐다. 쪽지는 일부러 자신의 글씨체를 숨기려 애쓴 흔적이 역력했고 완전히 조롱하는 말투였다.

오늘 무대에 오를 수는 없었지만 곰 연기는 정말 일품이었어. 음, 정말 잘했어!

사람들은 소년들이 버릇없고 민감하지 못한 동물이라고 말하지만 사실은 그렇지 않다. 소년마다 예민한 구석이 한두 군데씩 있게 마련인데 그곳을 건드리기만 해도 마치 불처럼 소년을 초토화시킬 수 있다. 나는 아침이면 진상이 마을에 확 퍼져 있을 것이라 생각했지만 그렇지는 않았다. 그 비밀은 두 소녀와 샌디와 나만 안 채 덮어졌다. 이로 인해서 내 고통은 어느 정도 진정되었지만 완전히 없어진 것은 결코 아니었다. 주된 고민은 계속 남아 있었다. 조롱하는 네 개의 눈앞에 내가 놓여 있었다는 사실은 수천 개의 눈앞에 노출되어 있었던 것과 다름없었다. 주위 모든 소녀의 눈동자를 내가 그렇게도 두려워하는 눈동자라고 의심하게 되었다. 그래서 서너 주 동안은 어떤 소녀의 얼굴도 쳐다볼 수가 없었다. 누구라도 내게 미소를 띠면서 인사를 하면 나는 혼란스러운 나머지 고개를 떨어뜨리고 혼잣말로 중얼거렸다. "그 두 명 중의 하나일 거야." 그러고는 꽁무니를 뺐다. 4년 후 한니발을 떠날 때까지 그 비밀은 알려지지 않았다. 두 소녀가 누구인지 알아낼 방법은 전혀 없었고, 그에 대한 기대도 더 이상 하지 않게 되었다.

내게 이렇듯 불행한 사건이 있었던 당시, 마을에서 가장 예쁘고 매력적인 소녀는 내가 가명으로 메리 윌슨이라고 부를 소녀였다. 메리 윌슨은 가냘프고 우아한 20세 아가씨로 복숭아빛 얼굴에 아름답고, 세련되고, 사랑스러운 성품을 가지고 있었다. 나는 그녀를 몹시도 경외했다. 내게는 마치 흙으로 만들어진 천사 같았고 나처럼 성스럽지 못한 소년은 감히 근접할 수조차 없는 존재로 여겨졌다. 내 비밀을 알고 있는 사람으로는 한 번도 의심해 보지 않았던 것 같다. 그러나 ….

그로부터 47년 후인 1896년 캘커타. 나는 강의를 하기 위해서 그곳에 도착했다. 내가 호텔에 들어서자 인도 햇빛의 영광을 한몸에 받고 있는 한 여성이 스쳐 지나갔다. 오래전에 사라졌던 소년 시절의 바로 그 메리 윌슨이었다! 정말 놀라운 일이었다. 내가 기분 좋은 충격으로부터 마음을 추스르고 말을 걸기도 전에 그녀는 사라져 버렸다. 아마도 유령을 본 것이라 생각했지만 아니었다. 산 사람이었다. 바로 메리의 손녀였다. 지금은 미망인이 된 메리는 위층에 있다고 했다. 나는 즉시 그녀를 불렀다. 늙고 머리가 많이 세어 있었지만 여전히 매우 아름다웠다. 우리는 함께 앉아서 대화를 나누었다. 우리의 목마른 영혼을 과거의 기억을 되살리는 포도주 속에 담그고, 감동적이고 아름답고 소중하면서도 애절했던 과거 속에 잠겼다. 50년 동안 입 밖으로 내지 않았던 이름들을 떠올려 말했고, 그 이름들은 마치 음악을 만들어 내는 듯 흘렀다. 이미 고인이 된 젊은 시절의 친구들을 경건한 마음으로 불러내어 세상 빛을 보게 했고 말로써 그들을 어루만졌다. 기억 속 저만치에 있는 먼지 쌓인 방을 뒤져서 온갖 사건들과 어리석은 행동들을 끄집어내 말하면서 눈물이 찔끔 나올 만큼 유쾌하게 웃고 또 웃었다. 그러다가 메리가 불현듯 이렇게 말하는 것이 아닌가!

"말해 봐요! 말린 청어의 특별한 점이 무엇이죠?"

이처럼 성스러운 시간에 묻기에는 참으로 이상한 질문이었다. 엉뚱한 질문이기도 했다. 나는 좀 어리벙벙했다. 한데 이내 기억의 저편 깊은 곳에서 무언가 꿈틀거리는 듯한 느낌을 받았다. 그래서 곰곰이 고민하고 생각하고 더듬어 찾았다. 말린 청어? 말린 청어? 말린…. 특별한 점? 나는 고개를 들었다. 그녀의 표정은 진지했지만 두 눈은 희미하게 반짝거렸다. 불현듯 나는 그 질문의 의미를 알아차렸고, 이내 오래된 과거의 저편으로부터 귀에 익은 목소리가 웅얼거리는 소리를 들었다.

"곰은 청어란 눔을 내장째 모두 먹어 치운다카데!"

"마침내 두 사람 중의 하나를 찾았군요! 또 한 사람은 누구였죠?"

그러나 메리는 거기서 멈추었다. 말하지 않을 작정이었다.

한 소년의 삶이 모두 흥미진진한 것은 아니다. 살아가면서 비극이 많이 침투한다. 마을의 감옥에서 불에 타 죽은 술 취한 부랑자는 그 후로 백여 날 동안 내 의식 속에 가라앉아서 소름끼치는 꿈으로 나타났다. 꿈속에서 나는 가슴 아픈 현실에서 보았던 것처럼 감옥 창살에 얼굴을 대고 이글거리는 빨간 지옥 불을 뒤로 하고 애원하는 그의 얼굴을 보았다. 그 얼굴은 내게 이렇게 말하고 있었다.

"네가 나에게 성냥을 주지 않았더라면 이런 일은 일어나지 않았을 거야. 너 때문에 죽은 거야."

나는 책임이 없었다. 해를 끼치려 했던 것이 아니라 좋은 일이라 생각하면서 성냥을 주었기 때문이다. 그러나 어찌되었든 나는 훈련받은 장로교인의 양심을 가지고 있었기 때문에 한 가지 의무만은 확실히 알고 있었다. 아무런 정당한 이유가 없는데도 온갖 구실을 만들어 자신을 괴롭히는 것 말이다. 정작 잘못을 한 부랑자는 10분간 고통을 받았지만 아무런 잘못을 하지 않은 나는 석 달 동안 고통을 받아야 했다.

대낮에 대로에서 불쌍하고 늙은 스마(Smarr)가 총에 맞아 쓰러진 사건으로 또 악몽을 꾸었다. 기괴한 마지막 장면이 꿈속에서 계속 되풀이해 나타났다. 어느 신중한 바보가 가족 대대로 내려오는 성경책을 활짝 펼쳐서 신성모독을 일삼던 늙은이의 가슴 위에 올려놓았다. 가뜩이나 힘겹게 몰아쉬는 숨을 따라서 성경책이 오르내리면서 죽음과 투쟁하는 고통에 무게를 더해 주었다. 인간은 참으로 묘한 창조물이다. 입을 딱 벌리고 동정어린 표정을 짓고 있는 구경꾼 무리 중에는 어느 누구도 성경보다는 차라리 쇠뭉치가 더 낫다는 상식을 갖추고 있는 사람이 없었다. 야유 섞인 비난에 노출되는 시간을 줄이고 잔인하기 짝이 없는 일을 더욱 신속하게 마무리 지으려면, 무거운 성경책보다야 차라리 쇠뭉치가 유용한데도 말이다. 나는 여러 날 밤 그 거대한 책에 눌려서 숨을 헐떡이며 몸부림치는 악몽을 꾸었다.

2년여의 세월 사이에 우리는 두세 가지의 비극적인 일을 겪었고, 불행하게도 그때마다 나는 비극의 현장에 너무나 가까이 있었다. 한 노예는 몇 가지 사소한 범죄를 저질렀다는 이유로 쇠몽둥이에 맞아 쓰러졌다. 나는 그가 죽는 장면을 목격했다. 젊은 캘리포니아 이민자는 술 취한 동료가 휘두른 긴 수렵 칼에 찔려 죽음을 당했다. 나는 그의 가슴에서 붉은 피가 솟구치는 것을 보았다. 그리고 난폭한 젊은 형제와 형제의 무기력한 늙은 삼촌이 연루된 사건도 있었다. 형제 중 한 명이 무릎으로 삼촌의 가슴을 누르고 있는 동안 다른 형제는 알렌(Allen) 제 회전식 연발권총으로 삼촌을 죽이려고 계속 총을 쏘았다. 하지만 총알이 나가지 않았다. 물론 그 순간에도 나는 우연히 그 자리에 있었다.

한번은 술에 잔뜩 취한 젊은 캘리포니아 이민자가 깜깜하고 날씨가 험악한 날 밤 홀홀 단신으로 '웨일스맨의 집'을 습격하겠다고 했다. 홀리데이 언덕 중간쯤에 있는 집이었는데 사는 사람이라고는 가난하지만 매우 고상한 미망인과 법 없이도 살 만한 딸뿐이었다. 그 집에 쳐들어간 불한당이 상스럽게 소리를 지르면서 난폭하게 모녀를 위협하고 외설스러운 말을 해 대는 통에 온 마을 사람들이 잠에서 깼다. 나는 친구와 함께 구경하려고 언덕을 올라갔다. 남자의 윤곽이 희미하게 보였다. 모녀는 현관에 있었지만 지붕의 짙은 그림자에 가려서 보이지 않았다. 미망인의 목소리가 들렸다. 그녀는 산탄이 장전된 낡은 머스킷 총을 겨누면서 열을 세는 동안 가 버리지 않는다면 목숨을 부지할 수 없을 것이라고 경고했다. 그녀가 천천히 숫자를 세기 시작하자 불한당은 웃음을 터뜨렸다. 그러다 '여섯'에 웃음을 멈추었다. 적막한 고요를 뚫고 단호한 목소리가 이어졌다.

"일곱… 여덟… 아홉."

잠시 중단된 사이 우리는 숨을 죽였다.

"열!"

동시에 붉은 불길이 솟구쳐 나왔고 남자는 가슴이 총알 구멍으로 너덜너덜해진 채 고꾸라졌다. 이내 비와 천둥이 몰아쳤고 숨죽여 기다리고 있던 마을 사람들이 언덕으로 몰려들었다. 번개의 번쩍거림 속에서 마치 개미떼가 몰려드는 것 같았다. 마을 사람들은 마지막 장면을 끝까지 지켜보았다. 나 또한 내가 견뎌 낼 수 있는 한도까지 다 보았고 그것으로 충분했다. 그러고는 집으로 돌아가서 여지없이 악몽을 꾸었다.

나는 교육과 훈련을 받았기 때문에 이러한 비극에 대해서 무지한 사람보다 훨씬 더 깊게 생각할 수 있었고 왜 이러한 비극이 발생하는

지 그 이유를 알고 있었다. 자신을 속이려고 애썼지만 심란한 마음의 비밀스러운 깊은 곳에서부터 나는 알고 있었다. 이는 더 바람직한 삶을 찾아 가도록 나를 현혹시키기 위한 신의 계책이었다. 지금 생각하면 상당히 순진하고 우쭐대는 듯이 들리지만 내게는 너무나 당연한 논리였다. 신이 나와 같은 자산(資産)을 구하기 위해서 사회 전체를 죽음으로 몰고 갔다 하더라도, 나는 이에 대해 놀라거나 우쭐해하지는 않았을 것이다. 내가 교육받았던 대로 의당 발생하는 일이고 그만한 대가를 치를 만하다고 생각했을 것이기 때문이다. 신이 나에게 왜 그토록 지대한 관심을 쏟는지는 도통 알 수가 없었다.

나는 이 모든 비극적 사건을 겪을 때마다 사건을 기록하면서 스스로 한숨을 섞어 이렇게 말하곤 했다.

"또 한 사람이 죽었군. 나를 깨우치기 위해서 말이야. 나는 참회해야 해. 신의 인내에도 한계가 있거든."

그렇지만 나는 신이 다시 한번 눈감아 줄 것이라 은근히 믿었다. 낮에는 그렇게 믿었다. 하지만 밤에는 달랐다. 해가 서산 너머로 지고 나면 내 신앙은 바닥으로 떨어지고 몸서리 쳐지는 공포가 심장 주위를 에워쌌다. 내가 자책감을 느끼는 때는 바로 그때였다. 끔찍한 밤이었고, 절망의 밤이었고, 죽음의 괴로움으로 가득찬 밤이었다. 비극이 발생하고 나면 매번 경고를 알아차렸고 참회했다. 참회하고 애원했다. 겁쟁이처럼 개처럼 애원했다. 나를 위해서 죽어간 불쌍한 사람들을 위해서가 아니었다. 나 자신의 유익만을 위해서 간청했다. 지금 돌이켜 보면 상당히 이기적이었다.

나의 참회는 매우 참되고 진솔했다. 비극이 발생할 때마다 나의 참회는 밤마다 오랫동안 계속되었다. 하지만 낮의 빛 앞에서는 참회도 힘을 쓰지 못했다. 참회는 기쁨 가득한 태양의 찬란함 속에서 희미해지고 갈가리 찢기고 사라져 갔다. 참회는 공포와 암흑의 피조물이기 때문에 그 자리를 벗어나서는 지탱할 수가 없었다. 낮은 내게 기쁨과 평화를 주었고 밤이 되면 참회는 다시 시작되었다. 소년 시절 내내 낮 동안에 내가 더욱 바람직한 삶을 영위하려 노력했었는지 아니면 그러고 싶어 하기라도 했는지 확실하지 않다. 지금의 내 나이에는 결코 그렇게 하고 싶어 해서는 안 된다. 하지만 지금 이 나이에도 젊었을 때와 마찬가지로 밤이면 수많은 가책에 시달린다. 나는 다른 인간과 마찬가지로 밤에는 결코 제정신일 수 없다는 사실을 요람에서부터 알고 있었다.

10

15세 무렵 한니발에서 잠깐 동안 카데트 오브 템퍼런스(Cadet of Temperance, 장교 후보생을 양성하던 단체—옮긴이)의 일원이었던 적이 있었다. 일 년 이상 미국 전역을 휩쓸던 단체였다. 이 단체의 회원이 되려면 담배를 피우지 않겠다는 선서를 해야 했다. 그러고는 붉은색 메리노양털로 된 장식 띠를 둘렀다. 이 장식 띠가 중요했다. 소년들은 이 장식 띠를 두르는 특권을 누리기 위해 이 단체에 가입했다 해도 과언이 아니다. 선서는 그다지 중요하지 않았다. 장식 띠에 비교한다면 너무나 사소한 문제라서 결과적으로 존재하지 않는 것과 마찬가지였다. 단체를 지원하는 축제일이 없었기 때문에 단체 활동은 미약했고 결과적으로 오래 지속되지 못했다. 우리는 5월제(옛날부터 5월 1일에 거행하는 봄 축제—옮긴이)에는 주일학교와 함께, 독립기념일에는 주일학교, 자치 소방대, 민방위군 등과 함께 거리를 행진하면서 붉은 장식 띠를 과시할 수 있었다. 하지만 매년 두 차례 장식 띠를 과시할 수 있는 것만으로는 청소년의 도덕적인 단체를 지속시킬 수 없는 법이다. 병졸의 신분으로는 행진에 한 번 이상 참석할 수 없었지만 나는 '영예로운 최고 비서(Illustrious Grand Worthy Secretary: 조직 내의 직책—옮긴이)'이자 '왕립 내부 감시인(Royal Inside Sentinel: 조직 내의 직책—옮긴이)'에 임명되었기 때문에 장식 띠에 장미 장식을 달고 5월제와 독립기념일 두 번의 행진에 참가하는 영광을 누렸다. 이 두 행진이 끝난 후 나는 즉시 사임을 하고 단체를 떠났다.

나는 꼬박 3개월 동안 담배를 피우지 않았는데 이루 다 말로 표현할 수 없을 정도로 강한 흡연 욕구를 느끼면서 완전히 탈진해 버렸다. 나는 9학년 되던 해부터 담배를 피우기 시작했었다. 단체의 문을 나서서 서른 발짝도 떼기 전에 담배를 피웠고 그 기쁨은 차고 넘쳤다. 어떤 브랜드의 담배였는지 지금은 기억이 나질 않는다. 아마도 최상품은 아니었을 것이다. 그러니까 누군지는 모르지만 다 피우지도 않은 담배를 그렇게 던져 버렸던 것이 아니겠는가. 하지만 당시 나에게는 최고의 맛을 가진 담배였다. 담배를 피우지 않고 3개월을 버텨야 한다면 담배를 버렸던 사람도 마찬가지 심정이었을 게다. 나는 당시에 담배꽁초를 피우는 데 아무런 수치심도 느끼지 않았다. 지금은 과거에 비해서 많이 세련되어졌기 때문에 십중팔구 수치심을 느끼겠지만 말이다. 하지만 어쨌거나 그때와 마찬가지로 피우기는 할 것이다. 나는 나 자신에 대해 잘 알고 있고 인간 종족에 대해서도 그만큼 잘 알고 있다.

당시에는 토산(土産) 시가의 가격이 매우 저렴했기 때문에 웬만한 처지의 사람이라면 시가를 구입하는 데 별 문제가 없었다. 가스(Garth) 씨가 커다란 담배공장을 운영하면서 마을에 자그마한 상점을 가지고 있어서 자신의 공장에서 제조한 담배를 그곳에서 소매로 판매했다. 그는 가난한 사람들도 살 수 있을 만큼 저렴한 브랜드의 시가를 생산했다. 시가 재고가 상당히 여러 해 동안 상점 안에 쌓여 있었는데 비록 상점 밖에서 보기에는 번듯한 외관을 갖추고 있었지만 속은 썩을 대로 썩어서 건드리면 먼지로 돌아갈 지경이었고 반으로 자르면 증기처럼 푸욱 날아가 버릴 것 같았다. 이 브랜드는 엄청나게 저렴하다는 이유로 상당한 인기를 끌었다. 가스 씨가 생산하는 담배에는 저렴한 브랜드도, 품질이 떨어지는 브랜드도 있었지만 이 저렴한 특정 브랜드가 다른 브랜드를 누르고 월등하게 인기를 끌었다. 이 브랜드의 인기는 '가스의 최상품'이라는 이름만으로도 알 수 있었다. 우리는 날짜 지난 신문을 가져가서 담배와 교환하곤 했다.

이밖에도 마을에는 빈털터리 소년들에게 우호적이었던 상점이 또 하나 있었다. 작은 체구의 외롭고 우울한 곱사등이가 지키고 있는 상점이었는데 마을의 우물가에서 물 한 양동이를 길어다 주면 시가를 항상 얻어 필 수 있었다. 물이 필요하든 하지 않든 상관없이 말이다. 하루는 그가 늘 그래왔듯이 의자에 앉아 잠이 들어 있는 것을 보고 우리는 늘 그래왔던 것처럼 그 사람이 깨어나기를 참을성 있게 기다렸다. 그런데 그가 너무 오래 잠을 자는 바람에 우리의 인내심도 한계에 도달해서 그를 깨우려 했다. 하지만 그는 이미 숨을 거둔 후였다. 그때 받았던 충격이 지금도 온몸으로 전해진다.

성인기의 초반과 중반에는 자기교화를 해 보겠다고 이따금씩 스스로를 괴롭히곤 했다. 하지만 이러한 일탈을 후회해 본 적은 없다. 그 결과 생겨난 손실이 얼마나 지속되었든지 간에 나쁜 버릇으로 다시 돌아갔을 때 얻는 쾌감이 항상 온갖 손실을 보상하고도 남았기 때문이다.

짐 울프(Jim Wolf)가 우리 집에 왔던 것은 먼 옛날 일이다. 그는 30~40마일 떨어진 오지의 작은 마을인 셸비빌(Shelbyville) 출신으로 천성적인 달콤하고 상냥하고 단순한 모습을 간직한 채 우리 마을에 왔다. 그는 17세가 채 안 된 침착하고 몸이 마른 청년으로 사람들이 사랑하고 매달릴 만큼 믿을 만하고 정직하고 올바른 행동의 소유자였다. 헌데 믿기지 않을 정도로 몹시 부끄러움을 탔다. 우리 가족과 상당 기간 함께 지냈지만 그 별난 습성은 결코 고쳐지지 않았다. 누구를 막론하고 여자 앞에서는 안절부절못했는데, 심지어는 선량하고 부드러운 내 어머니 앞에서도 마찬가지였다. 그러니 아가씨들 앞에서야 오죽했겠는가?

이러한 그에게 불행한 사태가 발생하고 말았다. 누나가 어느 겨울 밤 '캔디파티(candy-pull: 캔디를 만드는 모임으로 젊은 남녀들이 과자를 만들면서 즐겼다.―옮긴이)'를 열었다. 나는 모임에 끼기에는 너무 어렸고 수줍은 짐에게는 너무나 견디기 힘든 행사였다. 누나는 내게 일찍 잠자리에 들라고 말했고 짐은 스스로 발길을 돌렸다. 짐의 방은 집의 증축한 부분에 있었고 창문은 L자 모양의 별채 지붕을 바라보고 있었다. 지붕에는 눈이 6인치 정도 쌓여 있었고 눈 밑에는 유리처럼 매끈매끈한 얼음이 깔려 있었다. 울퉁불퉁한 지붕 위로 길이가 짧은 굴뚝이 비죽 튀어 나와 있었는데 달빛이 비추는 밤이면 울적한 고양이들이 자주 모여들었다. 그날 밤도 달빛이 환하게 비추고 있었다. 굴뚝 아래 집 처마 밑으로는 말라 죽은 덩굴로 만들어진 차양이 기둥 몇 개에 뻗어 있어서 아늑한 은신처를 만들어 주었고 한두 시간이 지나자 들떠 떠들어 대는 젊은 남녀의 무리가 이 그늘 아래로 모여들었다. 몹시 뜨거운 액체 캔디를 접시에 담고 식히려고 꽁꽁 언 땅 여기저기에 접시를 내려놓고는 즐겁게 농담을 주고받고, 웃음을 터뜨리고, 왁자지껄하게 떠들어 댔다.

    같은 시각, 늙고 재수 없는 수고양이 두 마리가 굴뚝 위로 올라가서 무엇 때문인지 격렬한 다툼을 벌이기 시작했다. 내가 잠자기를 포기하고 짐의 방을 찾아간 것은 바로 이때였다. 짐은 잠을 이루지 못하면서 고양이의 슬픈 듯 길게 외치는 소리에 부아가 나 있었다. 나는 조롱하는 말투로 왜 지붕에 올라가서 쫓아 버리지 않느냐고 물었다. 그는 망설이다가 용기를 내서 2센트를 주면 하겠다고 했다.

    성급한 생각이었다. 아마도 이 말을 내뱉은 순간 짐도 후회했을 것이다. 그러나 이미 늦었다. 그는 결정을 내렸다. 나는 그를 잘 알고 있었다. 내가 살살 꼬드기기만 한다면 목이 부러지는 한이 있어도 뒤로 물러서지는 않을 것이었다.

    "물론이지. 넌 할 거야! 누가 감히 의심하겠어?"

    이 말에 그는 불같이 화를 내면서 "내가 못할 거라고 생각하는 거지?"라며 버럭 소리를 질렀다.

    "내가? 아니, 아니야! 그런 생각은 절대 안 해! 넌 언제나 놀라운 일을 하잖아. 말로는 말이야."

    그의 감정은 극에 달했다. 그는 이내 털실로 짠 양말을 휙 벗어던지고는 창문을 들어올리면서 화가 치밀어 벌벌 떨리는 목소리로 말했다.

    "너는 내가 할 수 없을 거라고 생각하고 있지? 맞아. 그렇게 생각하고 있어! 저 빈정거리는 말투를 보라니까. 네가 어떻게 생각하든 난 상관하지 않아. 할 수 있다는 것을 보여 주고 말 테야!"

    창문 때문에 그는 더욱 화가 치밀어 올랐다. 걸려 있지 않고 자꾸만 내려왔던 것이다.

    나는 "신경 쓰지 마. 내가 붙들고 있을게."라고 말했다.

    나는 그가 무슨 일이라도 할 수 있도록 기꺼이 도울 생각이었다. 나는 그저 소년에 불과했고 이미 기대심에 한껏 부풀어 있었기 때문이다. 짐은 조심스럽게 밖으로 나가서는 창문턱에 매달렸다가 지붕에 발을 안전하게 대었다. 그러고는 천천히 기어서 그 미끈미끈하고 위험한 길을 가기 시작했다. 나는 그때만큼이나 지금도 그 순간을 즐긴다. 하지만 거의 50년 전의 일이 되어 버렸다. 싸늘한 바람에 짐의 셔츠가 가느다란 다리 위로 펄럭였다. 얼음이 꽁꽁 언 지붕은 강렬한 달빛을 받아서 잘 닦아 놓은 대리석처럼 반짝거렸다. 다가올 일을 알지 못하는 고양이는 지붕 위에 몸을 곧추 세워 앉아 꼬리를 휘저으며 공허한 노여움을 발산하고 있었다. 짐은 천천히 조심스럽게 기어갔다. 짐이 옷을 펄럭이며 고양이에게 다가갈 때 이 사실을 까맣게 모른 채 덩굴 차양 밑에서 즐겁게 웃고 떠드는 젊은이들의 웃음은 마치 짐의 진지한 행동을 모독하고 있는 듯했다. 짐이 미끄러질 때마다 나는 그가 지붕에서 떨어지기를 바랐다. 하지만 짐은 그때마다 다시 기기 시작했기 때문에 내 소망은 금세 좌절되었다. 마침내 고양이에 손이 닿을 만한 거리에 도달했다. 짐은 숨을 돌리고 조심스럽게 몸을 일으켜서는 거리를 세심하게 측정하고 가장 가까이 있는 고양이를 움켜쥐려 했다. 하지만 놓치고 말았다. 균형을 잃었음은 물론이다. 발뒤꿈치가 공중으로 솟구치고 등이 지붕에 부딪치면서 마치 로켓처럼 지붕 밑으로 돌진하여 죽은 덩굴을 뚫고는 앉은 자세로 젊은이 무리 가운데 놓여 있는 빨갛고 뜨거운 14개의 캔디 접시 위로 떨어졌다. 왁자지껄한 소동이 일어났고 날카로운 비명소리가 들렸다. 차마 아가씨들의 얼굴을 쳐다볼 수 없었던 짐은 깨진 도자기 조각을 계속 떨어뜨리면서 층계를 뛰어올라 달아났다.

사건은 여기서 끝이 났다. 하지만 내게는 끝이 아니었다. 18~20년이 흐른 후였다. 나는 캘리포니아를 떠나 뉴욕에 있었는데, 하던 일이 모두 실패했기 때문에 본래 의도는 아니었지만 우연히 문학에 발을 들여놓게 되었다. 1867년 초였다. 〈선데이 머큐리 Sunday Mercury〉에 실릴 글을 써 달라는 제안에 25달러라는 고액의 원고료를 받고 '짐 울프와 고양이(Jim Wolf and the cats)'를 써 주었다. 원고료가 좀 과다한 것 같았지만 나는 지금과 마찬가지로 당시에도 돈에 관한 한 빈틈이 없었기 때문에 아무 말도 하지 않았다.

1~2년 후에 '짐 울프와 고양이'는 새로운 모습으로 테네시 주의 한 신문에 등장했다. 내용이 온통 남부 사투리로 탈바꿈되어 있었다. 이 얘기를 도용한 사람은 서부에서 폭넓은 독자층을 보유하고 엄청난 인기를 한몸에 받고 있는 인물이었다. 그는 내가 읽어 본 작품 중에서 가장 쾌활하고 재미있는 작품 몇 점을 썼고 쉽고 유창하게 작품을 쓰는 탁월한 능력을 가지고 있는 사람이었다. 하지만 그의 이름은 더 이상 기억나지 않는다.

다시 2년이 흘렀다. 예기치 않게 원래의 얘기가 다시 등장했는데 이번에는 원래의 철자대로 내 이름을 달고 떠돌기 시작했다. 곧 테네시의 그 인간으로부터 '짐 울프와 고양이'를 '도용'했다고 강력하게 항의하는 서류가 한 장 한 장 차례로 날아들었다. 나는 무자비한 비난'을 받았지만 개의치 않았다. 모든 일이 잘 풀릴 것이었다. 나는 비방에 대해서 집요하게 반격하는 것이 현명하지 않다는 점을 훨씬 전부터 깨닫고 있었다. 침묵의 내구성을 이겨낼 비방은 거의 없다.

짐 울프는 정말 부끄러움을 많이 탔다. 그는 17살이었지만 겨우 14살이었던 나보다도 네 배는 숫기가 없었다. 짐은 우리 집에서 하숙을 했지만 내 누나 앞에서는 늘 혀가 꽁꽁 얼어붙어 있었고, 심지어 온화하기 그지없는 어머니가 말을 걸어도 겁에 질려 단음절로 겨우 대답을 할 정도였다. 소녀들이 있는 방에는 들어가지 않으려 했고 어떤 방법을 써도 그를 들어가게 만들 수 없었다.

어느 날 짐이 우리 집 자그마한 거실에 홀로 앉아 있을 때였다. 위엄 있어 뵈는 나이 든 부인 두 사람이 들어와서는, 짐이 그들 옆을 통과하지 않고는 절대 나갈 수 없도록 앉았다. 그때 거실에 들어갔던 나는 그 상황이 너무 마음에 들어서 구석에 앉아 짐이 고통받는 광경을 지켜보면서 즐기고 있었다. 어머니가 조금 후에 따라 들어와서 손님들과 함께 앉아서 말씀을 나누기 시작했다. 짐은 의자에 몸을 곧추세우고 앉아서 15분 동안 자세를 조금도 바꾸지 않았다. 그랜트 장군도 청동상도 그토록 성공적으로 부동의 자세를 취할 수는 없으리라. 그런데 이는 짐의 몸통과 사지에만 해당되는 것이었다. 얼굴은 그렇지 않았다. 그의 얼굴에 순간적으로 나타나는 표정으로 나는 무언가 심상치 않은 일이 벌어지고 있다는 것을 직감했다. 얼굴 근육이 갑작스레 실룩거리다가 어느 순간 가라앉는 일이 계속 반복됐다. 시간이 갈수록 얼굴의 실룩거림은 더 자주 일어났지만 얼굴 외부의 근육은 여전히 경직되어 있어서 내 호기심은 극에 달했다. 무슨 일이 발생하고 있다면 바로 지금이 그때라는 것을 분명하게 알 수 있었다. 마침내 실룩거리는 볼을 타고 두 줄기 눈물이 천천히 흘러내리기 시작했지만, 짐은 미동도 하지 않은 채 앉아서 눈물이 그대로 흘러내리도록 내버려 두었다. 이윽고 그의 오른손이 넓적다리를 따라 슬금슬금 내려가서는 무릎에 도달하기 직전에 멈추더니 옷 위를 꽉 쥐는 것이 아닌가.

그가 쥔 것은 말벌이었다. 말벌이 다리를 타고 올라가 여기저기 돌아다니다가 그가 조금이라도 몸을 움찔거리기만 하면 마구 찔렀던 것이다. 더 이상 참을 수 없었던 짐은 말벌을 손가락으로 꽉 쥐어서 옴짝달싹 못하게 만들어야겠다고 생각했다. 이 방법은 효과가 있었지만 대신 이에 상응하는 상당한 대가를 치러야 했다. 말벌을 볼 수가 없어 반대편 끝을 잘못 잡는 바람에, 말벌이 죽어가면서 자신에게 죽음을 안겨준 데 대한 보복으로 짐을 되게 쏘았던 것이다.

부인들이 하루 종일 머무르고, 미주리 주에 서식하는 온갖 말벌이 몰려와서 짐의 다리를 기어올랐다 하더라도 짐과 말벌과 나를 제외하고는 어느 누구도 그 사실을 몰랐을 것이다. 부인들이 가고 나서 우리는 위층으로 올라갔다. 짐이 옷을 벗었는데 다리가 가관이었다. 고통은 참을 수 없을 정도로 극심했다. 하지만 짐에게는 부인들의 시야에 놓여 있는 것이 훨씬 더 참기 어려운 일이었기 때문에, 이에 비한다면 말벌에게 쏘인 고통을 참는 것이 오히려 유쾌하고 즐겁다고 생각될 지경이었다.

짐은 그 후로는 결코 말벌을 좋아할 수가 없었다. 말벌과 관련된 사건이 또 하나 생각난다. 방금 말한 에피소드보다 앞서 일어났던 일이다. 그토록 어렸던 시절에는, 대체로 어리석은 장난을 제외하고는 장난이 상스러운 오락거리라거나 불명예스러운 행동이라는 생각을 하지 못했다. 그 시절 나는 장난질의 도덕적인 측면은 생각해 보지도 않았으며 아무 거리낌 없이 장난에 푹 빠져 있었다. 하지만 계속 그랬던 것은 아니다. 내 삶의 3/4 동안에는 장난질하는 사람을 끝없이 경멸하고 혐오했다. 다른 범죄자는 증오하지 않았어도 장난질하는 사람은 증오했고, 그 사람에 대한 내 견해를 전달할 때 나 자신 또한 그와 다름없이 장난을 쳐 왔다는 생각을 하면 마음이 한층 더 씁쓸해졌다.

어느 날 오후 나는 짐의 침실 창문 위쪽에 말벌이 잔뜩 모여 있는 것을 발견했다. 짐은 항상 창문에 붙여 놓은 침대의 한쪽에서 잠을 잤다. 순간 정말 재미있을 것 같은 장난이 떠올랐다. 나는 이불보를 뒤집어쓴 채, 말벌에 한두 번 물릴 각오를 하고 말벌을 쓸어 모았다. 이렇게 모은 백여 마리의 말벌을 침대 한쪽에 올려놓고는 침대보로 씌워 버렸다. 그런 다음 침대의 가운데 부분에 깊은 주름을 만들어서 말벌이 옆으로 넘어오지 못하게 했다. 그날 밤 나는 짐에게 같이 자자고 했고 그는 기꺼이 그러마고 했다.

내가 누울 쪽이 여전히 눕기에 안전한지 확인하기 위해서 침대를 한번 찔러 보았다. 안전했다. 말벌이 한 마리도 경계를 넘지 않았던 것이다. 짐이 침대에 들어갈 준비를 마치자 나는 곧 촛불을 꺼서 그가 어둠 속에서 더듬거리며 침대에 올라가게 만들었다. 짐이 평상시처럼 내게 말을 걸었지만 대답을 할 수가 없었다. 앞으로 닥칠 일에 대한 기대감과 금방이라도 터질 듯한 웃음으로 숨이 막힐 지경이었기 때문이다. 침대보를 한 움큼 쥐어서 입을 틀어막았지만 거의 폭발할 것 같았다. 짐은 편안하게 기지개를 켜면서 여전히 쾌활하게 떠들고 있었다. 그러다가 말이 끊어지더니 이내 말을 더듬기 시작했다. 말이 끊어진 사이 사이에는 갑작스럽고 격렬하게 경련을 일으켰다. 이주해 온 말벌이 드디어 일을 시작했던 것이다. 나는 마땅히 동정심을 나타내야 하고 무슨 일이 있는지 물어야 한다는 걸 알고 있었지만 그럴 수가 없었다. 입을 벙긋만 하면 웃음이 터져 나올 것 같았기 때문이다. 짐은 하던 말을 멈추고 말했다.

"침대에 무언가 있어."

나는 아무 말도 하지 않았다. 그가 말을 이었다.

"수천 개가 있어."

그러고는 도대체 그것이 무엇인지 밝혀 내겠다고 말하면서 손을 뻗어서 더듬기 시작했다. 이러한 침입을 극히 싫어하는 말벌은 그의 몸을 여기저기 쏘기 시작했다. 그는 한 마리를 잡았다고 말하면서 나한테 불을 켜 보라고 했다. 불이 켜지고 그가 침대에서 기어 나왔을 때 그의 셔츠에는 반쯤 찌부러진 말벌이 뒷다리가 걸린 채 새카맣게 매달려 있었고 12마리의 포로가 맹렬하게 두 손을 쏘고 찌르고 있었다. 하지만 짐은 배짱이 대단해서 여전히 주먹을 펴지 않았다. 그러다가 촛불에 손을 비춰 보고는 "말벌이다!"라고 소리쳤다.

이것이 그날 밤 그의 입에서 나온 마지막 말이었다. 더 이상 아무 말도 하지 않았다. 한 마디 말도 없이 자기가 누워 있던 쪽 침대의 침대보를 들추어 말벌을 차례로 십여 마리씩 바닥으로 내동댕이치고는 복수심에 불타서 장화주걱으로 즙이 될 지경까지 말벌을 두드렸다. 그러는 동안 나는 침대를 흔들면서 속으로 웃었다. 하지만 그다지 유쾌한 웃음은 아니었다. 그의 침묵이 심상치 않다는 것을 느꼈기 때문이다. 마침내 그는 말벌 소탕 작전을 끝마친 후에 촛불을 끄고 침대로 돌아갔다. 마음을 가라앉히고 잠이 든 것처럼 보였다. 사실 그는 그런 일을 당하지 않은 사람보다도 더 조용하게 누워 있었다.

나는 될 수 있는 한 오래 깨어 있었다. 그리고 웃느라 침대가 흔들리면 의심을 받을까 봐 노심초사하면서 웃음을 참기 위해 할 수 있는 방법이란 방법은 모두 사용했다. 하지만 두렵다고 해서 잠까지 아주 쫓을 수는 없어 결국 잠이 들었다. 그러나 곧 깰 수밖에 없는 상황이 발생했다. 짐이 무릎으로 내 가슴을 누른 채 두 주먹으로 내 얼굴을 때렸던 것이다. 아팠다. 하지만 그에게 맞는 바람에 억지로 참고 있던 웃음이 터지고 말았다. 나는 더 이상 웃음을 참을 수가 없어서 온몸이 탈진할 정도로, 얼굴이 엉망이 되도록 맞으면서도 계속 웃었다.

짐은 두 번 다시 그날 사건에 대해서 언급하지 않았고 나 또한 스스로 말을 꺼내지 않을 만큼의 판단력은 지니고 있었다. 그는 나보다 체구는 더 크지 않았지만 키가 1/3 이상 컸기 때문이다.

나는 짐을 상대로 수없이 장난을 쳤는데 하나같이 모질고 이성을 잃은 행동이었다. 어리석은 사기꾼이나 생각해 낼 수 있는 그런 종류의 장난이었다. 성숙한 나이에 도달한 사람이 이러한 장난질을 한다면 이는 진지하게 행동할 만한 지력도, 감성도 부족하다는 명백한 증거라고 생각한다.

11

마을에 최면술사가 나타났다. 1850년이었던 것 같다. 연도는 확신할 수 없지만 5월이었던 것은 분명하다. 50년의 세월이 흘렀지만 기억은 여전히 생생하게 남아 있다. 그 달에 연속적으로 일어났던 자그마한 사건들 때문에 그 후에도 오랜 세월동안 기억이 생생하게 유지될 수 있었다. 하찮고 오래 기억할 가치도 없는 사건들이었지만 무슨 이유인지 이런 사건들은 자세하게 기억하고, 정작 기억해야 할 가치가 있는 것들은 모두 던져 버렸다. 인간의 기억에는 분별력도 판단력도 없고 가치와 균형에 대한 이해도 없다. 그러나 이런 사소한 문제에는 신경 쓰지 말자. 어쨌든 지금 내가 말하려는 주제는 최면술사니까.

최면술사는 자신의 쇼를 관람하면 놀라운 일을 경험하게 해 주겠다고 광고했다. 입장료는 일인당 25센트였고 아이들과 흑인은 그 반값으로 특별히 비싼 건 아니었다. 마을 사람들은 최면술에 대해서 대강 들어서 알고는 있었지만 한 번도 직접 목격한 적은 없었다. 첫째 날 밤에는 관객이 그다지 많지 않았지만 사람들이 돌아가서 워낙 신기한 얘기를 많이 했기 때문에 마을 사람들의 호기심이 발동했다. 그 후로 2주일 동안 최면술사의 쇼는 성황을 이루었다. 나는 당시 14~15세였다. 이 나이의 소년들은 사람들의 이목을 집중시키거나 대중 앞에서 돋보일 수만 있다면 불 옆에서 거의 죽을 지경의 고통을 당하더라도 기꺼이 감내하게 마련이다. 그런 이유로 나는 무대 위에서 '피실험자'가 어리석은 짓거리를 연출해서 관객이 웃고, 소리 지르고, 감탄하게 만드는 장면을 보고서는 스스로 피실험자가 되고 싶은 욕망에 불타올랐다.

사흘 밤 동안 매일 나는 무대 위의 피실험자 후보 행렬에 앉아서 마술원반을 손에 쥐고 그것을 쳐다보면서 졸아 보려 노력했다. 하지만 허사였다. 정신이 말짱했기 때문에 대부분의 사람들처럼 무대에서 물러나야 했다. 그러고는 날품팔이인 힉스(Hicks)를 시기하면서 관객 속에 고통스럽게 앉아 있어야 했다. 최면술사인 시몬스(Simmons)가 "뱀을 보아라! 뱀을 보아라!"라고 외치면 힉스가 겅중겅중 뛰고, 황홀한 석양을 보라고 말하면 "오, 정말 아름답다!"라고 감탄사를 연발하는 장면을 지켜보아야만 했다. 정말 미친 짓이었다. 나는 웃을 수도 박수를 칠 수도 없었다. 내가 그토록 하고 싶었던 피실험자의 역할을 다른 사람이 하고 있는데다가 관객들이 그를 영웅으로 만들고 있는 데 대한 괴로움이 마음속에 꽉 차 있었기 때문이다. 관객들은 쇼가 끝나면 힉스 주위에 모여들어서 환상 속에서 본 경이로운 일들을 좀 더 자세히 얘기해 달라고 하면서 자신들이 힉스를 알고 있다는 것이 자랑스럽다는 점을 은연중에 나타냈다. 힉스에 대해 생각하기만 하면 참을 수가 없었다. 분통이 터져서 속이 끓어 넘쳐 죽을 지경이었다.

네 번째 날 밤 다가온 유혹에 나는 저항을 할 수가 없었다. 원반을 쳐다보면서 잠이 오는 척하며 꼬박꼬박 졸았다. 시몬스가 곧장 내게 와서는 내 머리 위에 손을 얹은 후에 몸과 다리와 팔을 훑었다. 그는 내 몸에 손을 댈 때마다 과잉 전기를 방출하려고 공중에서 손가락을 맞부딪쳐 똑 소리를 냈다. 그러고는 원반을 자신의 손가락으로 잡고 원반에서 절대 눈을 떼지 말라고 하면서 원반으로 나를 '끌기' 시작했다. 나는 원반을 계속 응시하면서 그 움직임에 따라 천천히 몸을 일으켰다. 무대 위에서 다른 사람들이 했던 것처럼 말이다. 그러고는 한 발자국씩 떼기 시작했다. 최면술사의 말에 따라 나는 뱀에게서 도망쳤고 불난 곳으로 물 양동이를 옮겼고 흥미진진한 증기선 경주에 열광했고 상상 속의 아가씨와 사랑을 속삭이면서 그들에게 키스를 했고 무대 위에서 낚시를 해서 나보다 몸무게가 더 나가는 메기를 낚아채기도 하는 등 상습적으로 무대에서 실연되었던 놀라운 일들을 행동으로 옮겼다. 속임수를 썼다는 것이 들통나서 무대에서 쫓겨나는 수모를 당하지 않을까 두려웠기 때문에 처음에는 몹시 신경을 썼다. 그러나 그럴 필요가 없다는 점을 깨닫는 순간 힉스를 무용지물로 만들고 피실험자 자리를 차지하겠다는 계획을 세웠다. 너무나 쉬운 일이었다. 힉스는 타고나기를 정직한 사람이었지만 나는 그런 거추장스러운 허울에 매달릴 필요가 없었다. 힉스는 자신이 본 것만을 본 대로 말했지만 나는 볼 수 있는 것 이상을 보았고 할 수 있는 한 상세하게 덧붙여 말했다. 힉스는 상상력이라고는 없었지만 나는 남들보다 상상력이 배는 되었다. 힉스는 천성적으로 침착한 사람이었지만 나는 천성적으로 쉽게 흥분했다. 힉스는 어떤 광경을 보고서도 황홀경에 빠질 수가 없었고 어쨌거나 이를 말로 표현하는 시점에 이르면 말문이 막혔다. 하지만 내가 환상을 보았다고 한다면 사전에 있는 온갖 단어를 고갈시키면서 묘사를 할 수 있었고 마음속에 있는 것을 남김없이 쏟아 낼 수 있었다.

    내가 피실험자가 된 처음 30분이 끝나갈 무렵이 되자 힉스는 이미 과거의 인물, 추락한 영웅, 깨져 버린 우상이 되었고, 이 사실을 깨닫고 기뻤던 나는 마음속으로 '범죄에 승리를!' 이라고 외쳤다. 힉스는 대중 앞에서 상상의 여인이든 진짜 여인이든, 여인에게 키스를 하는 정도까지는 절대 최면에 걸릴 수가 없었다. 하지만 나는 유능하게 해냈다. 힉스가 실패한 것이 무엇이든지 간에 나는 신체적으로든 도덕적으로든 어떤 희생을 치르고라도 성사를 시킬 참이었다. 힉스는 무대 위에서 몇 가지 끔찍한 결점을 드러내었는데, 나는 그 결점을 기록해 두었었다. 예를 들어서 최면술사가 "무엇이 보이지?"라고 물으면서 스스로 환상을 만들어 내도록 유도하면 힉스는 갑자기 아무것도 볼 수 없고 아무 말도 할 수 없는 벙어리가 되고 장님이 되었다. 하지만 나는 관객을 놀라게 해서 부쩍 호기심을 끌어야 하는 단계인 환상을 보는 장면에 도달하면 최면술사의 도움이 없어도 아주 능숙하게 묘사를 할 수 있었다.

 힉스의 결점은 또 있었다. 그는 무언의 정신적인 암시에는 정말 한낱 비곗덩어리에 지나지 않았다. 시몬스가 등 뒤에 서서 뒤통수를 노려보며 머릿속에 정신적인 암시를 주입하려 애쓰는데도 힉스는 멍한 얼굴을 한 채 앉아서 결코 낌새를 차리지 못했다. 힉스가 눈치만 좀 있었더라도 관객들의 열중해 있는 얼굴만 보면 자신의 등 뒤에서 반응을 요구하는 무슨 일인가가 벌어지고 있다는 것쯤 알 수 있었을 것이다. 속임수를 써서 무대 위에 서 있었던 만큼 나는 이 실험을 치르게 될까 봐 두려웠다. 시몬스가 '기꺼이' 이 실험을 내게 시도하리라는 점을 알았기 때문이다. 한데 정신적 암시의 내용을 알아낼 수 없다면 속임수를 쓴 것이 들통이 나고 공공연하게 비난을 받을 것이 뻔했다. 시간은 어김없이 다가왔고, 운에 맡기고 한번 시도해 보자는 생각이 들었다. 관객들의 얼굴이 기대에 가득찬 긴장감으로 경직되었다. 시몬스가 등 뒤에서 온 힘을 기울여 내게 암시를 보내고 있다는 사실을 알 수 있었다. 그가 무엇을 원하는지 상상하려고 최선을 다했지만 아무 생각도 나질 않았다. 나는 창피하고 비참한 느낌이 들었다. 드디어 치욕의 시간이 왔고 이제 무대에서 수치스럽게 물러나야 한다고 생각했다. 그런데 속임수를 썼다는 점을 고백하고 겸손하게 그 자리를 벗어나서 잘못을 뉘우치고 슬픔에 잠겨서 사람들의 동정을 구하는 방법은 생각하기도 싫었다. 이왕 일이 이렇게 된 바에는 정말 스릴 넘치게 무대를 뜰 수 있는 방법을 생각해 내는 편이 나았다.

공연에 사용되는 '소품' 가운데 총알이 장전되어 있지 않은 녹슨 회전식 연발 권총이 탁자 위에 놓여 있었다. 5월제가 되기 2~3주 전에 학교에서 축하 행사가 열리고 있을 때, 학교 불량배였던 몸집 큰 소년과 싸움을 해서 낭패를 당한 적이 있었다. 바로 그 소년이 공연장의 한가운데 주 통로의 중간쯤에 앉아 있었다. 나는 조용히 탁자 쪽으로 기어갔다. 그리고 유명한 소설에 등장하는 얘기를 흉내내어, 어둡고 흉악한 표정을 지으면서 갑작스레 권총을 손에 쥐고 휘두르며 불량배의 이름을 소리쳐 불렀다. 그러고는 무대에서 뛰어내려 그에게 돌진해서 공연장 밖으로 쫓아냈다. 관객들은 멍한 상태였다. 잠시 후 우레와 같은 박수가 쏟아졌고 최면술사는 관객들에게 인사하면서 매우 인상적인 말을 했다.

"얼마나 놀라운 일이 벌어졌는지 보셨을 겁니다. 제가 말 한 마디 하지 않았는데 이 소년은 제가 마음속으로 명령한 일을 매우 구체적으로 수행했습니다. 또한 그가 복수심에 불타는 순간에 제 의지를 행사하는 것만으로 그를 제지할 수 있었습니다. 그래서 그 불쌍한 친구가 도망가서 위험을 피할 수 있었던 것입니다."

나는 불명예스럽게 물러나지 않아도 되었다. 오히려 영웅이 된 채 무대로 돌아갔고 그 어느 때보다 큰 기쁨을 맛보았다. 정신적인 암시에 대한 나의 두려움은 사라졌다. 시몬스가 내게 시키고 싶어 하는 일을 추측해 내지 못하더라도 스스로 일을 꾸밀 수 있다고 판단했기 때문이다. 내 생각이 옳았다. 내가 암시를 받아서 행동에 옮기는 장면을 관객들은 무척 즐겼다. 무언가를 하도록 암시가 주어지고 있다는 생각이 들면 벌떡 일어나서 머릿속에 떠오르는 아무 일이나 행동에 옮겼다. 최면술사는 어리석지 않았기 때문에 항상 내 행동을 승인했다. 사람들이 내게 "암시를 받는지 어떻게 알았니?"라고 물으면 나는 "그거야 쉽지."라고 대답했고, 그러면 그들은 예외 없이 "어떻게 그럴 수 있지? 정말 대단하다!"라고 감탄하곤 했다.

힉스의 결점은 또 있었다. 시몬스가 손으로 힉스의 몸을 훑고 지나간 다음 "그의 몸 전체는 이제 아무런 감각도 없습니다. 여러분이 나와서 시험해 보십시오."라고 말하면 관중들은 앞다투어 무대에 올라가서는 힉스를 핀으로 쿡쿡 찔렀다. 깊이 찌르는 바람에 힉스가 움찔하면 불쌍한 시몬스는 힉스가 "충분히 최면에 걸리지 않았다."고 해명해야 했다. 하지만 나는 움찔하지 않았다. 통증을 견디면서 속으로는 눈물을 쏟으면서도 말이다. 우쭐대기 좋아하는 소년이라면 '평판'을 위해서 그 정도 고통은 견뎌야 했다! 성인이라도 마찬가지였으리라. 나 자신이나 수백 수천 명의 다른 사람을 보아도 알 수 있다. 실험이 유별나게 혹독할 때 시몬스는 의당 나를 보호해 주어야만 했고 나 또한 그것을 바랐지만 그는 그렇게 하지 않았다. 아마도 그 또한 관객들과 마찬가지로 내게 속고 있었는지 모른다. 정작 나 자신은 최면을 믿지도 않았고 가능하다고 생각하지도 않았는데 말이다. 관객들은 모두 선량한 사람들이었지만 극도로 단순하게 속아 넘어갔음에 틀림없다. 그렇지 않고서야 내 팔에 핀을 꽂는 것도 부족해서 핀이 1/3만큼 파고 들어갈 때까지 누를 수 있었겠는가? 그러고는 시몬스가 단순히 의지를 주입하는 몸짓만을 했을 뿐인데 내 팔이 강철처럼 되어서 고통을 느끼지 못하게 되었다고 감탄할 수 있었겠는가? 하지만 고통을 느끼지 못하는 것이 아니었다. 나는 고통으로 너무나 괴로워하고 있었다.

자랑스러운 승리를 거두었던 네 번째 밤부터 나는 유일한 피실험자가 되어 무대에 올랐다. 시몬스가 다른 후보자를 무대로 불러올리지 않았기 때문에 나는 남은 12일 동안 혼자서 연기를 해야 했다. 그때까지도 십여 명의 영리한 어른들 즉 마을의 지적인 상류계급 사람들은 냉혹한 불신자인 채로 자리를 지켰다. 나는 마치 내가 정직한 일을 하고 있기나 한 것처럼 그들의 불신에 상처를 입었다. 한 무리의 나이든 신사들은 첫 주 내내 머리를 갸우뚱거리면서, 서로 짠다면 어떤 장면이라도 연출해 낼 수 있다고 주장했다. 게다가 자신들의 불신에 대해서 대단한 자부심을 느끼기까지 해서 공공연하게 떠벌리면서 잘 속아 넘어가는 무지한 사람들을 경멸했다. 나이 든 피크(Peake) 박사가 특히 심해서 가히 타협이라곤 모르는 사람들의 우두머리라 할 수 있었다. 이 백발 노인은 버지니아 주 토박이로 학식이 있고 사람들의 존경을 받을 만한 인물이었으며, 초기의 우아한 시절에 유행하던 값비싸고 고귀한 옷차림을 하고 있었다. 몸집이 크고 당당했으며 현명한 듯 보였을 뿐만 아니라 막강한 영향력을 가지고 있어서 그의 의견은 마을 어느 누구의 의견보다 큰 비중을 차지했다. 마침내 그를 굴복시키고 말았을 때, 이론의 여지없이 내가 그 분야의 대가가 되었다는 점을 깨달았다. 50년 이상이 흐른 지금 그때 아무런 수치심 없이 그러한 사실을 즐겼다는 점을 늙은이의 마른 눈물 몇 방울과 함께 인정한다.

1847년에 우리 가족은 힐 가와 메인 가가 만나는 곳에 있는 커다란 흰색 집에서 살고 있었다. 이 집은 여전히 그곳에 남아 있을 뿐만 아니라 판자 하나도 없어지지 않았지만 지금은 그다지 크게 느껴지지 않는다. 그 해 3월에 아버지가 그 집에서 돌아가셨고 우리 가족은 그 후 몇 개월을 그곳에서 더 살았다. 그 집에는 우리 가족 말고도 그랜트 박사 가족이 살고 있었다. 어느 날 그랜트 박사와 레이번 박사가 속에 칼이 들어 있는 지팡이를 가지고 거리에서 다툼을 벌이는 바람에 그랜트가 칼에 여러 군데 찔린 채 집으로 실려 들어온 일이 있었다. 늙은 피크 박사가 상처를 꿰매고 한동안 매일 우리 집을 드나들며 그랜트 박사를 간호했다.

그랜트 가족은 피크 가족과 마찬가지로 버지니아 사람들이었다. 그랜트 박사의 몸이 어지간히 회복되어 혼자서 일어나 거실에 앉아 이야기를 나눌 정도가 되었던 어느 날 버지니아의 옛 시절에 대한 이야기가 나왔다. 나도 그 자리에 있었지만 아무도 내 존재를 의식하지 않았을 것이다. 꼬마라고는 나 혼자였기 때문에 무시당하기 십상이었다. 그랜트 박사의 장모인 크로포드 여사와 피크 박사는 36년 전 리치몬드 극장에 화재가 났을 때 객석에 있었다면서 기억조차 생생한 비극의 비참하고 상세한 실상에 대해 대화를 나누었다. 나는 그 장면을 지나치리만치 생생하게 그려볼 수 있어서 마치 눈으로 직접 보는 것 같았다. 검은 연기가 하늘을 향해서 뭉게뭉게 출렁이며 올라가는 것을 보았고, 극장에서 불길이 튀어 올라 빨갛게 변하는 것을 보았고, 절망에 빠진 사람들의 절규를 들었고, 창문으로 짙게 드리운 연기 사이로 발작에 가까운 사람들의 얼굴을 보았고, 창문에서 뛰어내려 죽음보다 더한 최악의 상황을 맞이하는 것을 보았다. 그 장면은 내 눈앞에 생생하게 펼쳐져서 사그라질 줄 몰랐다.

으레 그렇듯이 그들은 널찍한 대지 위에 세워져 위풍당당한 기둥으로 둘러싸인 식민지 시대 당시 피크의 저택에 대해서도 대화를 나누었다. 나는 이 얘기 저 얘기를 긁어모아서 그 저택을 생생하게 그려볼 수 있었다. 그와 같이 웅장한 건물에 대한 얘기를 그것도 직접 목격한 사람들의 말을 통해서 들어본 적이 한 번도 없었기 때문에 나는 엄청나게 구미가 당겼다. 그들이 아무렇지도 않게 뱉은 얘기가 나의 상상력을 강타했다. 커다란 현관문 옆 벽에는 독립전쟁 동안 영국군 대포알이 만든 접시만한 둥근 구멍이 났다고 했다. 정말 가슴 뛰는 일이었다. 역사는 살아 있었다. 이 얘기를 듣기 전까지는 내게 역사란 결코 살아 있는 것이 아니었다.

이 일이 있은 때로부터 3~4년 후 나는 앞서 말했던 것처럼 최면술 쇼에서 왕벌 즉, 독점적인 '피실험자'가 되었다. 공연이 시작된 지 한 주가 지나고 두 번째 주가 시작될 때였다. 위풍당당한 피크 박사가 손목과 가슴에 주름이 잡힌 옷을 입고 금으로 된 손잡이가 달린 지팡이를 짚고 공연장에 들어왔다. 시민들이 정중하게 그랜트 가족 옆의 좌석을 권했고 그 위대한 대장은 그 자리에 앉았다. 최면술사의 명령이 막 쩌렁쩌렁 울리고 있을 때였다.

"너의 힘에 집중해라. 봐라. 주의 깊게 보아라. 저기를. 무언가 보이지 않니? 집중해라. 집중해라! 자 이제, 무엇이 보이는지 말해라."

이때, 피크 박사가 공연장으로 들어서는 모습을 본 내 머릿속에는 3년 전의 얘기가 떠올랐다. 피크 박사 또한 내게 빌미를 제공한 셈이므로 내 사기극의 공범이라 할 수 있다. 나는 희미하고 애매하게 환상을 그리기 시작했다(환상을 묘사할 때는 희미하고 애매하게 시작해야 한다. 처음부터 지나치게 분명히 묘사하는 것은 좋지 않다. 미리 지어낸 것처럼 보이기 때문이다.). 환상은 정도를 더해 갔고 탄력을 받고 에너지를 얻었다. 리치몬드 화재 사건이었다. 피크 박사는 처음에는 냉담했고, 그의 준수한 얼굴에는 경멸의 표정이 점잖게 자리잡고 있었다. 그러나 화재에 대한 얘기에 이르자 안색이 변하고 눈에서 빛을 발하기 시작했다. 그 순간을 포착한 나는 이내 꼭지를 활짝 열어서 모든 물살을 틀어 놓았다. 불길과 공포의 도가니로 사람들을 완전히 몰고 갔다! 내가 끝마칠 때까지 관객들은 망연자실해서 한마디 말도 하지 못했다. 피크 박사는 벌떡 일어나서는 거칠게 숨을 몰아쉬면서 큰 소리로 말했다.

"내 의심은 이제 끝났습니다. 이 기적에는 어떤 공모도 있을 수 없습니다. 그가 이렇듯 자세히 알 리가 만무합니다. 그는 마치 그 자리에 있었던 것처럼 화재 장면을 묘사했습니다. 내가 알고 있는 부정할 수 없는 명백한 진실을 말입니다."

나는 피크 박사를 완전히 내 쪽으로 돌아서게 하기 위해서 식민지 시대의 대저택 얘기와 대포 구멍 얘기는 마지막 밤에 쓸 요량으로 남겨 두었다. 그가 자신의 저택의 독특한 점을 더할 나위 없이 상세하게 설명했던 덕택에 내 환상이 사실이라는 점을 쉽게 증명할 수 있었다.

신기한 일이다. 최면술사의 공연이 마침내 끝났을 때 마을에서 최면술을 믿지 않는 사람이 딱 한 명밖에 없었는데 그것은 바로 나였다. 다른 사람들은 모두 돌아섰지만 나만은 50년에 가까운 세월 동안 최면술을 절대 믿지 않는 불신자가 되었다. 다음 생에서라도 최면술을 실험해 볼 생각은 결코 없다. 아니 그럴 수 없다. 나는 최면술에 대해 혐오감을 가지고 있다. 아마도 내 자존심을 위해 지워 버리고 싶은 삶의 단면을 기억나게 하기 때문일 것이다. 설사 최면술이 사실이라고 나 자신을 납득시키더라도, 특정 최면술 뒤에 얄팍하고 천박한 속임수가 없고, 나와 같은 사기꾼이 없으리라는 점을 입증할 만한 증거는 결코 잡을 수 없을 것이다.

오래지 않아서 나는 승리에 신물이 났다. 공연이 끝나고 30일도 채 지나기 전인 것 같다. 거짓 위에 세워진 영광은 이내 상당히 불쾌한 짐이 되었다. 의심할 여지없이 한동안은, 다른 사람들이 내 면전에서 내가 이룬 위업에 대해 거듭 말하고 곰곰이 생각하고 감탄해 마지 않는 것을 즐겼다. 그러나 그러한 주제가 지루하고 혐오스러워져서 견딜 수 없는 지경에 이르렀던 순간이 기억난다. 위대하고 빛나는 행동을 했던 위인들도 이러한 경험을 했으리라. 3~4주 동안은 사람들의 입에 오르내리는 것을 상당히 즐기겠지만 이내 말만 들어도 싫어지고 그런 일을 했었다는 사실조차도 점점 저주하게 되는 것이다. 셔먼 장군은 자신이 가는 곳이면 어디에서든 연주되던 '조지아를 통과해 행군하는 동안'이란 노래에 노발대발하며 욕설을 퍼부었다는 얘기가 기억난다. 하지만 내 경우는 정통 영웅보다 더욱 심하게 망령에 시달려야 했다. 정통 영웅에 부여된 영광은 어찌되었든 영광의 근원 자체가 비난거리가 되지 않기 때문에 비참한 심정은 훨씬 완화될 수 있다. 반면에 내게는 그러한 특권이 없었기 때문에 비참한 심정을 완화시킬 도리가 전혀 없었다.

사람들에게 거짓말을 믿게 하는 일이 얼마나 쉬운지, 또한 그 일을 다시 되돌리는 것이 얼마나 어려운지 모른다! 나의 이런 사악한 위업이 있은 지 35년 후, 10년 만에 늙은 어머니를 찾아갔다. 나는 다소 고결하고 아마도 영웅적인 충동에 사로잡혀서 겸손하게 옛날 잘못을 자백하겠다고 다짐했다. 내 마음을 다잡는 데는 정말 커다란 용기가 필요했다. 어머니의 얼굴에 드러날 슬픔을 보는 것이 두려웠고 어머니의 눈에서 흘러내릴 수치스러운 눈물에 겁이 났다. 하지만 오래 가슴을 치며 골똘히 생각한 끝에 그러한 희생은 당연히 치러야 하는 것이라는 결론을 내리고 자백을 했다.

하지만 정말 놀랍게도 어떤 감상적인 행동도, 어떤 감정의 표출도, 조지 워싱턴 효과도 전혀 나타나지 않았다. 어머니는 조금도 동요하지 않으셨던 것이다. 단지 내 말을 전혀 믿지 않으셨고 믿지 않는다고 말씀하시는 것이 아닌가! 나는 그저 실망한 정도가 아니었다. 마음을 겨우 가라앉히면서 진실을 펼쳐 보이려고 조바심쳤다. 그 옛날, 최면술의 열기가 불타올랐던 밤에 내가 했던 일이 모두 거짓이었고 사기였다고 강력하게 우기고 열을 올려 주장했다. 어머니는 차분하게 고개를 저으면서 당신이 더 잘 안다고 말씀하셨다. 나는 손을 올려 의기양양하게 맹세를 했다.

"자, 이래도 안 믿으실 거예요?"

하지만 어머니는 내 맹세에도 꿈쩍하지 않으셨다. 어머니는 내가 망상에 빠져 있기 때문에 무엇을 말하는지조차 알지 못한다고 주장함으로써 내 맹세를 초토화시켰다. 하지만 사실 가장 견디기 힘들었던 것은 그때 느낀 상처가 아니었다. 어머니의 주장이 문제였다! 다른 사람의 내면을 그 사람 자신보다 더 잘 알고 있다는 외부인의 주장 말이다. 나는 예전에 이러한 주장에 대해 경멸을 품었고 지금까지도 이러한 경멸은 조금도 누그러들지 않았다. 어머니는 내가 환상을 스스로 만들어 냈다는 것 자체를 믿으려 하지 않았다. 내가 당시 아이에 불과했기 때문에 그렇게 할 수 없었다는 것이다. 리치몬드 화재와 식민지 시대의 대저택에 대해서 말씀하시면서 이에 대해 아는 것도 내 능력 밖이라 했다. 그때 나는 기회를 포착했다! 어머니 말씀이 옳다고 말하면서 내가 만들어 낸 얘기가 아니라 피크 박사에게서 들은 것이라 했다. 이 엄청난 폭로도 아무런 소용이 없었다. 어머니는 피크 박사가 내건 증거가 내가 내건 증거보다 낫다고 했다. 피크 박사는 내가 그 일에 대해 알고 있는 것이 불가능하다고 분명하게 단언했었다. 오, 이 얼마나 기이하고 터무니없는 상황이란 말인가! 자신의 죄를 자백하는 사기꾼에게 오히려 정직하다는 판결이 내려졌을 뿐만 아니라 사기꾼이 자신의 유죄를 증명하기 위해서 제공한 상황적인 증거의 역영향으로 도리어 무죄판결이 내려지다니!

모든 면에서 패배했다는 점을 수치스럽게, 무력하게 인정하지 않을 수 없었다. 내게는 단지 한 장의 카드가 남아 있었는데 이 카드는 결코 만만한 것이 아니었다. 나는 그 카드를 끝까지 숨기고 있었다. 어머니가 그토록 필사적으로 방어를 하고 난 후에 그녀의 요새를 파괴하는 것은 비열한 일 같았지만 패배자에게 자비란 있을 수 없었다. 나는 꼭꼭 숨겨 왔던 마스터 카드를 사용했다. 바로 핀 찌르기였다. 나는 진지하게 말했다.

"내 명예를 걸고 맹세하지만 핀에 찔릴 때 나는 이루 다 말할 수 없는 고통을 느꼈어요."

하지만 어머니는 이렇게 말씀하실 뿐이었다.

"35년이 흘렀다. 지금 네가 그렇게 생각하는 것일 게다. 내가 그 자리에 있었기 때문에 더 잘 안다. 너는 움찔하지도 않았다."

어머니는 너무나 침착했다! 하지만 나는 전혀 그렇지 못했다. 아니 거의 미칠 지경이었다.

"세상에! 내가 진실을 말하고 있다는 걸 보여드릴게요. 자, 여기 제 팔이 있어요. 핀으로 찔러 보세요. 깊이 찔러 보세요. 이번에도 움찔하지도 않을 걸요."

어머니는 그저 반백의 머리를 가로저으며 확신에 차서 단언하셨다.

"너는 이제 성인이고 아픈 것을 숨길 수 있다. 그러나 그때 너는 아이에 불과했기 때문에 그렇게 할 수 없었다."

이렇게 해서 어린 시절 내가 꾸며 낸 그 거짓말은 어머니에게는 돌아가시는 날까지 이의를 달 수 없는 진리로 남았다. 칼라일(Carlyle: 영국의 역사가 및 수필가—옮긴이)은 "거짓말은 탄로나게 마련이다."라고 말했다. 그가 거짓말하는 방법을 모른다는 반증이다. 내가 이러한 말에 근거해서 인생의 방침을 정했더라면 수년 전에 파멸하고 말았을 것이다.

12

지금 빌리 라이스(Billy Rice)는 어디 있을까? 흑인 쇼에 등장했던 다른 배우들과 마찬가지로 그는 내게 기쁨을 주는 존재였다. 빌리 버치(Billy Birch), 데이비드 웸볼드(David Wambold), 백쿠스(Backus), 그 외에 십여 명의 유쾌한 형제들은 40년 전과 그 후의 내 삶에 즐거움을 주었다. 버치, 웸볼드, 백쿠스는 수년 전에 떠나 버렸고 진정한 흑인 쇼도 그들과 함께 영원히 사라져 버렸다. 내 경험으로는 화려했던 흑인 쇼에 견줄 만한 것이 없었다. 그랜드 오페라가 있기는 했다. 나는 바그너가 창작한 오페라의 제1장을 보았고 무척 좋아했다. 하지만 오페라가 내게 미치는 영향력은 1장으로 충분했다. 2장으로 넘어가면 기진맥진해졌다. 오페라 전곡을 감히 들을라치면 거의 자살하고 싶을 지경이 되었다. 하지만 오페라를 볼 때와는 정 딴판으로 흑인 쇼는 순수하고 천진난만하게 늘 새로운 마음으로 볼 수 있었다. 의기양양하고 예민한 영혼에 손풍금과 흑인 쇼가 차지하는 위치는 무척 높은 것이어서 다른 형태의 음악은 도달하기 어려웠다.

내가 보았던 첫 번째 흑인 음악 쇼가 기억난다. 1840년대 초반이었을 것이다. 흑인 음악 쇼는 처음 접하는 새로운 명물로서 한니발에 그야말로 엄청난 즐거움과 놀라움을 안겨 주었다.

쇼 단원은 일주일 동안 머물면서 매일 밤 공연을 했다. 교회에 다니는 사람들은 나타나지 않았지만 그 외의 모든 속세 사람들은 공연장에 모여들어서 마음을 빼앗겼다. 민스트럴(minstrels: 백인이 흑인으로 분장하여 노래 등을 부르는 연예단―옮긴이)은 손과 얼굴에 먹칠을 하고 무대에 등장했고, 의상은 당시 대규모 농장의 노예들이 입는 옷감으로 요란하고 과장되고 익살스럽게 만들어 입었다. 불쌍한 노예가 입는 누더기 조각으로 익살스러운 느낌을 전달하지는 않았다. 가능한 일이 아니었기 때문이다. 의상을 희화화시킨 것은 다름 아닌 의상의 형태와 색깔이었다. 당시에는 세운 깃이 유행했기 때문에 배우의 머리 반은 깃에 묻혀 있었고 옆얼굴은 앞으로 튀어나온 깃에 가려 보이지 않았다. 연미복 꼬리는 거의 발뒤꿈치까지 내려왔고, 캘리코 커튼으로 만든 코트에는 구두약통만큼 커다란 단추가 달려 있었다. 신발은 낡아 빠지고, 꼴사납고, 둔중한데다가 제 사이즈보다 대여섯 사이즈가 더 큰 것처럼 보였다. 의상에는 다양한 변화를 주었는데 하나같이 요란해서 많은 사람들이 그 의상을 우습다고 생각했다.

 연예단은 매우 광범위한 흑인 사투리를 사용했다. 사투리를 유창하고 수월하게 사용했을 뿐만 아니라 그들이 사용하는 사투리는 유쾌하고 만족스럽고 재미있었다. 그러나 초기 연예단 중에는 의상도 요란하게 차려입지 않고 흑인 사투리도 사용하지 않는 단원이 한 명 있었다. 백인 사회 신사가 입는 흠잡을 데 없이 완벽한 정장용 의상을 입고 있었고 거드름을 피우면서 세련되고 인위적이며 고통스러우리만치 문법적인 언어를 사용했다. 순진한 마을 사람들은 이 배우를 고귀한 도시풍의 사회에서 실제로 볼 수 있는 인물로 생각하고 대단한 감탄을 퍼부었다. 깊이 생각하지 않고도 그런 어려운 언어를 유창하면서도 예술적으로 뱉어 내는 배우를 부러워했다. '본즈(Bones: 민스트럴 쇼에서 줄 양끝에 있는 어릿광대역을 하는 사람―옮긴이)'는 연예단의 한쪽 끝에, '반조(Banjo)'는 다른 쪽 끝에, 그리고 방금 묘사한 고상한 신사는 가운데 앉았다. 이 가운데 앉은 사람이 쇼의 변사였다. 그는 의상에서 풍기는 단정함과 우아함과 매너, 연설에 배어 있는 가장된 예절 등으로 나머지 단원과 구별되었고 특히나 '본즈', '반조'와는 완전히 대조적이었다. '본즈'와 '반조'는 주요 어릿광대였고 페인트와 과장된 옷차림을 사용해서 최대한 재미를 이끌어냈다. 입술은 밝은 빨간색으로 두껍고 길게 그려서 마치 잘 익은 수박에서 잘라 낸 수박조각처럼 보였다.

연예단의 기본 프로그램은 상당히 오랜 세월 동안 변화 없이 그대로 유지되었다. 초기 무대에는 커튼도 없어서, 관객은 기다리는 동안 바닥에서 비치는 조명을 뒤로 받으면서 일렬로 늘어선 빈 의자만을 쳐다보고 있어야 했다. 이내 연예단이 하나둘 등장하면서 진심어린 환영을 받았다. 연예단은 자신의 악기를 손에 들고 의자에 앉았다. 그러면 가운데의 귀족이 이렇게 말을 시작했다.

"신사 여러분, 늘 변함없이 건강한 모습으로 만나뵙게 되어 반갑습니다. 또한 우리가 서로 만나는 행운을 가진 이후로 여러분 하는 일이 번성하고 있다니 기쁩니다."

'본즈'가 이 말에 반응을 보이면서 최근에 자신의 몫으로 떨어진 커다란 행운에 대해 말한다. 그러면 중간에 '반조'가 끼어들어서 의문을 던진다. 그러면 두 사람 사이에 자신의 의견을 주장하거나 상대의 주장에 반박하는 유쾌한 고함소리가 터져 나온다. 다툼이 점점 열기를 띠면서 목소리는 갈수록 커지고 둘은 더욱 에너지가 넘치고 복수심에 불타게 된다. 급기야 두 사람은 벌떡 일어나 서로에게 다가가서는 주먹과 악기를 휘저으며 죽이겠다고 위협한다. 그때 가운데에 앉아 있던 고상한 사람이 평화를 유지하고 예의범절을 지키라고 두 사람에게 간청을 하지만 이러한 노력은 물론 모두 허사로 돌아간다.

때로는 그러한 다툼이 5분 이상 지속되기도 한다. 두 대결자는 6인치 정도도 떨어지지 않은 가까운 거리에서 코를 맞대고 상대방을 죽이고야 말겠다고 위협한다. 이렇듯 주변에서 늘 볼 수 있는 흑인 간의 싸움을 유쾌하고 정확하게 흉내내는 배우들의 몸짓을 지켜보는 관객은 공연장이 들썩거릴 정도로 왁자하게 웃음을 터뜨린다. 그러고 나면 두 반항자는 점점 뒤로 물러서면서 '다음번에' 운이 나빠 맞부딪치는 일이 생기면 가만두지 않겠다고 강력하게 위협한다. 그런 다음 의자에 털썩 주저앉아 관객들이 흥분 상태에서 벗어나 안정을 찾을 때까지 서로를 노려보며 으르렁거린다.

줄의 가운데 있는 귀족은 이때 '본즈'나 '반조' 중의 한 명에게 자신이 겪은 재미있는 경험을 은근히 상기시켜서 정신이 들게 한다. 케케묵은 종류의 경험이고 미국만큼이나 낡은 경험이다. 하지만 늘 이런 얘기는 당시의 관객을 즐겁게 만들었다. 그러고 나면 닳아빠진 옷을 입은 '반조'가 바다에서 폭풍우를 만나 겪어야 했던 위험에 대해서 말한다. 폭풍우가 너무나 오래 지속되었기 때문에 당연히 식량이 모두 고갈되었다고. 그때 가운데 있는 귀족이 그런데 어떻게 살아남았느냐며 걱정스러운 듯 묻는다.

'본즈'는 "계란을 먹고 살았지요."라고 대답한다.

"계란을 먹고 살았다고! 계란은 어디서 났는데?"

"폭풍우가 너무나 심한 날이면 매일 선장이 낳았지요."

처음 5년 동안은 이 농담을 하면 관객이 모두 뒤집어지도록 웃었다. 하지만 나중에는 너무나 많이 들어온 탓에 더 이상 아무런 반응도 보이지 않고 오히려 몹시 분개하며 책망하는 듯한 침묵 속으로 빠져들었다. 빛바랜 농담으로 관객의 싸늘한 시선을 받아야 했던 재간꾼들과 함께.

연예단은 좋은 목소리를 가졌기 때문에 그들의 독창과 합창을 듣는 것은 내게 언제나 즐거움이었다. 초반의 노래는 거칠고 익살스러웠다. 하지만 좀더 후반으로 가면 감성적인 노래가 소개되었다.

연예단의 쇼는 1840년대 초기에 생겨나서 약 35년간 번성했지만 차츰 성격이 변질되면서 부수적으로 흑인이 1~2명 등장하는 버라이어티 쇼가 되어 버렸다. 그 이후로 흑인 쇼는 완전히 죽었다. 내 마음속에 남아 있는 흑인 쇼는 웃지 않고는 못 배기는 굉장히 재미있는 것이었는데 없어지다니 안타깝다.

내가 말했던 것처럼 한니발에서 열린 첫 연예단 쇼를 관람했던 사람들은 세속적인 사람들이었다. 십여 년이 흘러 연예단 쇼가 미국에서는 독립기념일만큼이나 흔한 행사가 되어 버렸지만 어머니는 한 번도 본 적이 없었다. 이즈음 어머니의 연세는 예순 정도로 세인트루이스에 내려와 계셨다. 한니발의 터줏대감이자 어머니 나이 또래의 사랑스러운 여인인 베치 스미스(Betsey Smith) 이모와 함께였다. 사실 베치 이모는 한니발 시 전체 시민의 이모였다. 그녀의 달콤하고 너그럽고 인정 많은 성품과 매력적인 단순한 성격이 사람들의 마음을 끌었기 때문이다. 베치 이모도 어머니와 마찬가지로 한 번도 흑인 쇼를 본 적이 없었다.

이모와 어머니는 무척이나 활기에 넘쳤기 때문에 둘에게 나이는 아무런 문제가 되지 않았다. 두 사람은 잘 흥분했고, 색다른 것을 좋아했고, 교회에 다니는 사람에게 합당한 일이라면 무엇이든 몰두하고 싶어 했다. 서커스 행렬이 도시로 들어올 때면 어김없이 일찍 잠자리에서 일어났고 서커스단의 규정 때문에 천막 안으로 따라 들어가지 못하는 것을 못내 아쉬워했다. 독립기념일 행렬, 주일학교 행렬, 강좌, 집회, 캠프 모임, 교회에서의 영화 재상연 등이 있을 때마다 항상 따라다닐 만반의 준비를 갖추고 있었다. 사실상 비종교적이라고 판명될 리가 없는 일이라면 어떤 종류의 일에도 열성을 보였고 장례식도 빠뜨리는 법이 없었다.

어머니와 베치 이모는 세인트루이스에서 색다른 일이 하고 싶다며 내게 도움을 요청했다. 무언가 흥미 있으면서도 합당한 일을 원했다. 나는 두 분에게 합당한 종류의 일이라면 머캔타일(Mercantile) 도서관의 대형 홀에서 열리는 집회 밖에는 아는 것이 없다고 대답했다. 아프리카 대륙에서 막 돌아온 선교사 14명이 아프리카 원주민 음악을 들려주고 설명을 해 주는 집회였다. 두 분이 정말로 진지하게 교훈적이고 고상한 일을 원한다면 그 집회를 추천하고 싶다고 말했지만 마음속으로는 그들이 경박스러운 것을 원할 것이라 생각했다. 하지만 그게 아니었다. 두 분은 귀가 솔깃해져서 집회에 몹시 가고 싶어 했다. 나는 그들에게 사실을 곧이곧대로 얘기한 것이 아니었다. 하지만 그리 큰 문제가 되지는 않았다. 그 말이 진실이든 아니든 습관적으로 에누리해서 듣는 사람에게 진실을 말하려고 애쓸 필요는 없기 때문이다.

사실 내가 말한 선교사 집단은 크리스티 민스트럴〔Christy minstrel: 미국의 가수이며 배우인 에드윈 P. 크리스티(Edwin P. Christy)가 조직하여 영국과 미국에서 호평을 받은 연예 극단—옮긴이〕이었다. 이 연예단은 비슷한 종류의 연예단 중에서 가장 인기가 많은 최고의 팀이었다. 우리는 일찍 가서 맨 앞좌석에 자리를 잡았다. 넓은 바닥에 놓인 의자에 관객이 빈틈없이 자리하자 모두 1천6백 명이나 되었다. 곧 기괴한 모습의 흑인들이 화려한 의상을 입고 무대로 쏟아져 나왔다. 두 노부인은 놀라서 거의 입을 다물지 못했다. 나는 그들에게 아프리카 선교사들은 원래 저렇게 옷을 입는다고 설명했다.

그러나 베치 이모는 책망하는 어투로 "하지만 저 사람들은 검둥이

잖아."라고 말했다. 나는 "그건 중요하지 않아요. 그들도 미국인이에요. 미국 선교회에 고용되어 있거든요."라고 항변했다.

그러자 두 노부인은 검둥이들의 직업이 무엇이든 자신들이 한 떼의 검둥이가 하는 일을 지켜보는 일이 정당한지에 대해 의문을 던졌다. 그러나 나는 그들에게 주위를 돌아보면 세인트루이스에서 명망 있는 사람들을 찾아볼 수 있을 것이고, 만약 쇼가 합당하지 않다면 그들이 이 자리에 올 리가 만무하다고 설득했다.

그러자 두 노부인은 안심을 하고 아무렇지도 않은 듯 태연하게 공연을 즐기면서 공연의 색다른 멋에 매혹되기 시작했다. 그들이 원했던 것은 양심을 잠재울 수 있는 핑계였던 것이다. 이제 그들의 양심은 잠잠해져서 거의 죽었다고 말할 수 있을 정도가 되었다. 그들은 예술적 협잡꾼의 동작을 넋을 잃고 쳐다보았다. 가운데 있는 귀족이 말을 시작했다. 그는 앞서 말했던 그 오래된 농담을 다시 늘어놓았다. 생전 처음 이 자리에 온 두 노부인을 제외한 관객들은 백 번도 더 들은 터였다. 1천6백 명의 관객 위로 얼어붙은 듯 엄숙하고 분개해 마지 않는 침묵이 내려앉았다. 그리고 불쌍한 '본즈'는 침울한 분위기에서 의자에 앉아 자신 몫의 농담을 계속하고 있었다. 하지만 이 농담은 나의 경건한 두 초보 관객에게는 완전히 새로운 것이었다. '본즈'가 끝부분에 가서 "계란을 먹고 살았지요."라고 말하고 난 뒤 이어 폭풍우가 몰아칠 때 선장이 매일 "낳았다"는 설명을 하자 두 노부인은 머리를 뒤로 젖히고 마음껏 웃음을 터뜨리면서 너무나 우습다는 듯 포복절도했다. 그러자 그 많은 관객들은 뻣뻣이 굳어 있던 몸을 일으켜서 아직도 이 농담을 들어보지 못한 사람이 도대체 누구인지 보려고 했다. 하지만 두 초보관객의 떠들썩한 웃음은 그칠 줄 몰라서 다른 관객에게 전염이 되었고 이내 1천6백 명 관객의 요란스러운 웃음소리가 공연장을 온통 뒤흔들었다.

베치 이모와 어머니는 그날 크리스티 연예단의 성공을 이끈 주역이었다. 연예단의 모든 농담이 다른 관객에게 진부한 만큼이나 그들에게는 새로웠기 때문이다. 그들은 농담을 듣고 엄청나게 웃으면서 그 유쾌함을 다른 관객에게 전달했기 때문에 관객들이 공연장을 나설 무렵에는 너무 웃어서 온몸이 욱신거리면서 축 늘어질 정도였다. 하지만 자신들의 지친 영혼에 그토록 귀하고 소중한 즐거움을 준 순진한 두 노부인에게 감사하는 마음이 가득했다.

13

최근 나는 영국의 한 신사로부터 편지를 한 통 받았다.* 자신이 골상학(骨相學: 얼굴이나 머리뼈의 모양을 보고 그 사람의 성질이나 운명 따위를 판단하는 학문―옮긴이)에 심취해 있으며, 내가 이에 대해 글을 쓸 만큼 골상학에 관심을 기울이지 않는 이유를 도통 모르겠다는 내용의 편지였다. 나는 이렇게 답장을 보냈다.

안녕하십니까?
저는 골상학을 깊이 있게 연구해 본 적이 없습니다. 그러므로 이에 대한 의견을 피력할 만한 자격도 없을 뿐만 아니라 그럴 권리도 없습니다. 골상학에 대한 지식을 늘려 볼 요량으로 33~34년 전에 런던에서 실험을 좀 해본 적이 있습니다. 저는 파울러(Fowler) 씨에게 가서 가명을 댔습니다. 그

---
* 1906년 12월 26일에 저술

는 제 머리의 돌출된 부분과 들어간 부분을 검사하고는 분석표를 주었습니다. 이 분석표를 숙소인 랭햄 호텔로 가져와서 대단히 재미있게 훑어보았습니다. 저와 닮은 점이라고는 한 군데도 없으면서 저 자신인 체 행세하는 협잡꾼에 대한 분석표에서나 볼 수 있는 내용이었습니다. 저는 석 달을 기다렸다가 다시 파울러 씨를 찾아갔습니다. 이번에는 제 이름과 예명이 동시에 적혀 있는 카드를 보여 주었습니다. 이번에도 정교한 분석표를 가지고 왔습니다. 분석표에는 제 성격이 아주 자세하고 예리하고 정확하게 묘사되어 있었습니다. 먼젓번 분석표와 비슷한 곳이 한 군데도 없었습니다. 그때 경험으로 저는 골상학에 대해 편견을 가지게 되었고 이 편견은 지금까지 계속되고 있습니다. 이 편견이 사실 골상학 자체가 아니라 파울러 씨에 대한 것이라는 점을 알고 있습니다만 제가 인간인데다가 원래 편견이란 이런 것이 아닐까 합니다.

40~50년 전 미국에서 '파울러 앤 웰스(Fowler and Wells)'는 골상학 산업의 최고봉이었고 모든 사람들에게 무척 낯익은 이름이었다. 그들의 출판물은 널리 유통되어 진실을 추구하는 사람들과 개종자들이 이 출판물을 전국적으로 읽고 연구하고 토론했다. 우리 마을인 한니발을 가장 빈번하게 방문했던 무리 중에는 순회 골상학자도 끼어 있었는데 인기가 많아서 언제나 환영을 받았다. 그는 사람들을 모아 놓고 골상학의 신비에 대해 무료로 강의를 해 준 다음에 두당(頭當) 25센트를 받고 돌출된 부분을 만져 본 후 자신의 의견을 말해 주었다. 당시 사람들은 자신의 성격에 대한 골상학자의 해석에 거의 매번 만족했던 것 같다. 이 때 '해석'이라는 단어는 매우 적절한 말이다. 골상학자의 의견이란 것이 사실 명백하게 단순한 표면상의 사실을 단순하지 않은 기술적인 용어로 표현한 것이기 때문이다. 골상학에서는

사람의 머리에서 융기부(隆起部)를 찾아내어 특별하고 색다른 용어를 붙였다. 골상학자들은 이러한 용어를 입 밖에 내기를 좋아해서 자연스럽게 입을 통해서 터져 나왔고 이렇듯 세련된 용어를 사용함으로써 모든 사람의 질투와 감탄을 이끌어냈다. 사람들이 차츰 이 야릇한 용어에 익숙해져서 이를 강박적으로 사용하기 시작하면서 일상 대화에서도 상당히 흡족한 마음으로 그 용어를 남용하게 되었다. 단어의 의미를 확실하게 안다면 결코 그토록 만족스럽게 사용할 수는 없었을 텐데 말이다.

여기저기 떠돌아다니는 떠돌이 전문가가 마을 사람의 성격을 정확하게 파악했을 가능성은 거의 없다는 것이 내 생각이지만, 그들은 항상 현명했기 때문에 조지 워싱턴의 두개골과 고객의 두개골을 호의적으로 비교한 성격 분석표를 고객에게 주었다. 사람들은 골상학을 존중하고 이를 믿었다. 혹 골상학을 의심하는 사람의 목소리가 있더라도 그 소리는 땅에 묻혀 들리지 않았다는 것이 내가 받은 인상이다.

나는 골상학을 신뢰하는 분위기 속에서 자랐기 때문에 오랜 세월이 지난 후 런던에서 파울러의 광고를 우연히 접했을 때 그때의 영향력이 여전히 잔존해 있다는 것을 느꼈다. 나는 그의 이름을 보게 되어 반가웠고 그의 골상학을 개인적으로 실험해 볼 기회를 가질 수 있게 되어 기뻤다. 가명으로 그 사람에게 갔다는 사실은 소년 시절 골상학에 대한 내 믿음이 세월이 흐르면서 어느 정도 약화되었다는 상황적인 증거인 것 같다. 파울러는 자신이 벌이고 있는 사업을 상징하는 인상적인 물건에 둘러싸여 있었다. 즉 받침대 위에도, 책상 위에도, 선반 위에도 대리석처럼 하얀 형상에 머리카락은 한 오라기도 없는 해골이 빽빽이 들어차 있었던 것이다. 해골의 각 융기부마다에는 검은색 글씨로 그 어마어마한 용어가 적혀 있었다.

파울러는 나를 무덤덤하게 맞이하고는 내 머리를 무심하게 손가락으로 만져 보고 나서 매우 지루하고 단조로운 목소리로 내 특성에 대해 열거했다. 그는 내가 놀라운 용기를 가졌고, 대담하고 단호한 의지를 지닌 비범한 영혼을 소유했고, 대담무쌍하다고 했다. 나는 이 말에 깜짝 놀랐지만 기쁘기도 했다. 이전에도 내가 이런 특성을 소유했다는 점을 의심해 본 적이 없었기 때문이다. 하지만 파울러는 두개골의 다른 편을 더듬더니 자신이 '조심성'이라는 명칭을 붙인 융기부를 발견했다. 이 융기부는 마치 거대한 산과 같아서 상대적으로 내 용기를 눌러 언덕에 불과하도록 만들고 있다는 것이다. 비록 용기를 나타내는 융기 부위가 두드러졌지만 '조심성'이라 부르는 마테호른 때문에 거의 없는 것과 다름이 없었다. 그는 내 성격에서 마테호른의 존재를 배제할 수만 있었다면 세상에서 가장 용감한 사람이 될 수도 있었을 것이라고 말했다. 그러나 내 조심성이 워낙 경탄을 자아낼 만큼 우세하기 때문에 용기를 없애고 나를 거의 극도로 소심하게 만들었다고 덧붙였다. 그는 자신이 발견한 점을 계속해서 말했고 그 결과 백여 개의 위대하고 찬란한 자질이 드러났다. 하지만 이러한 자질들은 이내 가치를 잃고 무(無)로 돌아갔다. 백여 개의 자질 하나하나가 상반되는 결함과 짝을 이루어 그 효과를 잃어버렸기 때문이다.

게다가 다른 사람의 두개골에서는 융기부가 있어야 하는 자리인데 내 두개골에는 공동(空洞)이 있다고 말했다. 그에 따르면 이 공동은 홀로 독립되어 있어 고독을 의미하는데 엎친 데 덮친 격으로 이 완벽하게 외로운 고독을 보완하고 완화시켜 줄 융기부가 아예 없다고 했다. 그러한 공동을 가진 사람은 유머감각이 있을 수 없다는 말을 듣고 나는 정말 당혹스러웠다! 이 시점에 이르자 처음에는 시큰둥했던 그의 태도가 돌변했다. 자신이 발견한 새로운 사실에 대해 열변을 토하면서 점점 웅변조가 되었다. 유머를 상징하는 융기부가 너무 작아서 거의 눈에 띄지 않는 사람은 종종 보았지만 융기부가 있어야 하는 곳에 공동이 있는 경우는 자신이 그토록 오래 활동하는 동안 처음 보았다고 했다.

나는 마음에 상처를 받았고, 자존심이 상했고, 화가 났지만 감정을 안으로 숨겼다. 마음 속 깊은 곳에서는 이 진단이 잘못되었다고 믿고 있었지만 확신할 수가 없었다. 확신할 수 있으려면 그 사람이 나의 얼굴과 특이한 두개골의 모습을 완전히 잊어버릴 때까지 기다렸다가 다시 가서 한 번 더 보여 주고 지난번 의견과 동일한지 알아보아야 했다. 3개월 후에 나는 다시 그에게 가서 이번에는 본명을 대었다. 그는 다시 한번 깜짝 놀랄 만한 발견을 했다. 공동이 사라지고 그 자리에 마치 에베레스트 산만한 융기부가 들어서 있다는 것이었다. 유머를 상징하는 융기부가 그렇게 우뚝 솟아 있는 경우는 평생 처음이라고 했다! 그 사람 때문에 나는 골상학에 대해 편견을 가지게 되었다. 하지만 앞서 영국 신사에게 말했듯이 그 편견의 원인은 파울러에게 있는 것이지 그가 탐구했던 골상학 자체에 있는 것이 아니라고 말하는 편이 타당할 것이다.*

11년 전 유럽으로 향하는 배 위에서 윌리엄 T. 스테드(William T. Stead)가 내 오른손을 사진으로 찍어서 런던으로 돌아가 복사를 한 다음 내 이름을 숨긴 채 12명의 수상가(手相家)에게 보내어 손 주인의 성격에 대한 의견서를 보내 달라고 요청했다. 스테드는 그 중 6~7개 의견서를 잡지에 게재했는데 그들의 의견으로는 내 성격이 다른 사람

---

* 그 영국 신사는 진정한 신사가 아니었다. 내 편지를 신문사에 팔아넘겼다.(1907년 2월 10일 마크 트웨인 주)

과 별반 다른 것이 없다고 했다. 나 또한 단 한 가지 점만을 제외하고는 다른 사람과 두드러지게 다른 점은 없는 것 같았다. 내 기억이 정확하다면 다른 의견서에는 유머에 대한 언급이 전혀 없었고 단 한군데 의견서에서만 이 손의 소유자는 유머감각이 완전히 결여되어 있다고 기록하고 있었다.

2년 전 조지 하비(George Harvey)*가 내 두 손의 사진을 찍어서 이곳 뉴욕 시에서 평판이 자자한 전문 수상가 여섯 명에게 보냈다. 물론 내 이름을 숨기고 의견서를 부탁했다. 과거와 같은 결과가 반복되었다. 여섯 부의 의견서 중 한 부에 유머라는 단어가 등장했는데 손의 소유자에게는 유머감각이 없다고 단호하게 결론을 내리고 있었다. 파울러의 견해가 떠올랐다. 내가 유머감각을 가지고 있지 않다는 증거가 이제 압도적으로 많아졌고 논쟁의 여지 없이 명백해졌기 때문에 결국 이를 믿는 도리밖에 없다.

14

지난 30년 동안, 나를 기억하거나 자신의 아버지가 어린 시절이나 젊은 시절의 나를 기억한다고 주장하는 낯선 사람들로부터 매년 평균 십여 통의 편지를 받아 왔다. 하지만 이 편지들의 내용은 거의 대부분 실망스러웠다. 나는 편지를 쓴 사람도 그들의 아버지도 알지 못했다. 편지에 언급된 이름도 들어본 적이 없고 그들이 말하는 추억도 낯설기만 했다. 나를 다른 사람과 착각한 것이라 생각한다. 하지만 드디어

---

* 당시 마크 트웨인의 출판사인 하퍼 & 브라더스(Harper & Brothers)의 사장

오늘 아침* 소년 시절 귀에 익었던 이름을 거론한 편지를 받았다. 편지를 쓴 사람은 서너 주 동안 신문에 회자되었던 기사를 오려 보내면서 혹 자신의 형인 톤크레이(Tonkray) 선장이 '허클베리 핀'의 모델이냐고 물어 왔다.

나는 '허클베리 핀'은 톰 블랭큰십(Tom Blankenship)이었다고 답장을 보냈다. 편지를 쓴 사람은 분명 1840년대의 한니발에 대해서 알고 있기 때문에 톰 블랭큰십을 쉽사리 기억해 낼 수 있을 것이다. 톰의 아버지는 한때 마을 제일의 술고래였다. 하지만 후에 지미 핀(Jimmy Finn)의 술 마시는 실력이 인정을 받아서 두 사람이 마을 최고의 술고래 자리를 두고 경합했기 때문에 한번에 두 명의 최고 술고래가 있던 적도 있었다. 이 때문에 마을에서는 14세기 기독교 사회에서 동시에 두 명의 교황이 있었기 때문에 겪었던 그런 종류의 문제가 발생했다.

《허클베리 핀의 모험》에서 나는 톰 블랭큰십의 모습을 있는 그대로 묘사했다. 그는 무식하고, 불결하고, 항상 먹을 것이 부족했지만 여느 다른 소년과 마찬가지로 따뜻한 마음의 소유자였다. 그는 어디에도 구속되지 않는 자유를 누렸다. 그 사회에서 아이와 어른을 막론하고 진정으로 독립적인 유일한 사람이었다. 그래서 늘 평온하고 행복하게 지낼 수 있었고, 이런 이유로 우리 모두는 그를 부러워했다. 우리는 그를 좋아했고 그 또한 우리와 어울리는 것을 즐거워했다. 부모들이 그와 함께 놀지 못하게 했기 때문에 오히려 그 가치가 몇 갑절 증가해서 더욱 친하게 어울려 지냈다. 지금은 몬타나의 외딴 마을에서 치안판사로서, 훌륭한 시민으로서 크게 존경을 받고 있다는 소식을 4년 전에 들었다.

---

* 1906년 3월 8일에 저술

지미 핀은 마을 제일의 술고래였지만 배타적이지도, 까다롭지도, 비판적이지도 않았다. 오히려 민주적이라 할 수 있었다. 그는 버려진 무두질공장에서 돼지와 함께 잠을 잤다. 내 아버지가 한때 그를 교화시키려 한 적이 있었지만 실패하고 말았다. 아버지는 누군가를 교화하는 일에 그다지 능숙한 사람이 아니었다. 뿐만 아니라 사람을 교화시켜야겠다는 생각 또한 일시적이었다. 상당한 시간차를 두고 가끔씩 터져 나왔다. 언젠가 아버지가 인준 조(Injun Joe)를 교화시키려 한 적이 있었는데 그때도 역시 실패하셨기 때문에 우리는 뛸 듯이 기뻤다. 인준 조는 술에 취하기만 하면 재미있고 우리에게도 무척 후했지만 정신이 말짱할 때는 정말 따분한 사람이었기 때문이다. 우리는 아버지의 교화 시도를 엄청나게 근심스러운 마음으로 지켜보았지만 결국 별일이 없었기 때문에 모두 만족했다. 인준 조는 술에 취하는 일이 전보다 더 잦아졌고 결과적으로 통제할 수 없을 정도로 흥미진진해져 갔다.

내 기억으로는 《톰 소여의 모험》에서 인준 조를 동굴에서 굶어 죽게 만든 것 같다. 하지만 그것은 낭만주의 문학의 조건을 충족시키기 위한 것이었을 뿐이다. 실제로 인준 조가 죽은 곳이 동굴 안인지 밖인지는 지금 기억나지 않지만 그가 죽었다는 소식을 들었던 때는 내가 몹시도 불행을 느꼈던 때로 기억된다. 즉 막 잠자리에 든 어느 여름밤 엄청난 천둥과 번개가 치고 폭풍우가 몰아치고 홍수가 나서 거리가 온통 강으로 변하는 통에 평소에 좀 더 착하게 살걸 그랬다며 후회를 했던 그런 때였을 것이다. 나는 지금도 그 끔찍했던 천둥소리와 하늘에 번쩍이던 번개와 창문턱에 세차게 부딪치던 비를 기억한다. 그동안 받아 온 교육을 통해서 그 요란한 소동이 무엇을 의미하는지 너무나 잘 알고 있었다. 사탄이 인준 조를 데리러 왔던 것이다. 나는 한 가닥의 의심도 없이 그렇게 믿었다. 인준 조와 같은 사람을 지하세계로 데려갈 때면 으레 있을 법한 현상이었고 만약 사탄이 그보다 덜 스릴이 넘치는 방법으로 그를 데려갔다면 오히려 그 편이 더 이상하고 납득할 수 없었을 것이다.

내가 톤크레이 씨로부터 받았던 편지의 일부분을 여기에 소개하겠다.

> 분명 내가 누구인지 모를 겁니다. 내가 말하지요. 나는 어린 시절을 한 니발에서 보냈습니다. 당신과 나는 도슨 선생님이 운영하시는 학교에 같이 다녔고 샘과 윌, 앤디 등과 같이 공부했습니다. 나머지 친구들의 이름은 기억이 나질 않습니다. 나는 내 나이에 비해서 키가 작았는데 아마도 학교에서 제일 작지 않았나 싶습니다. 사람들은 내 이름을 줄여서 꼬마 알렉 톤크레이라고 불렀습니다.

나는 알렉 톤크레이란 이름은 기억하지 못하지만 편지에 거론된 아이들은 기억이 난다. 또한 도슨 선생님의 학교에 대해서는 완벽하게 기억한다. 학교의 모습이 궁금하다면 《톰 소여의 모험》에 등장하는 학교에 대한 묘사를 보면 좋을 것이다. 저 멀리 아이들의 천국인 카디프(Cardiff) 언덕으로부터 유혹하는 듯한 나른한 여름의 소리가 교실의 열어 놓은 창문을 통해서 흘러들어 와 공부하는 학생들의 중얼거리는 소리와 섞이면서 우리를 더욱 따분하게 만들었던 것으로 기억한다. 교실에서 가장 나이가 많았던 25세의 앤디가 기억나고, 나이가 가장 어리고 형제가 여섯 있었던 내니도 기억난다. 18세 아니면 20세였던 조지도 생각나는데 유일하게 라틴어를 공부하고 있었다. 그리고 나머지 25명의 아이들에 대한 기억도 어렴풋이 떠오른다. 하지만 도슨 선생님에 대한 기억은 뚜렷하다. 선생님의 아들인 선량한 테오도르도 생각난다. 사실 그는 진저리나게 화가 나도록 극단적으로 선량했다. 기회만 있었다면 물에 빠뜨려 버렸을 것이다.

학교에서 우리들은 무슨 일을 하든 평등했다. 내가 기억하는 한 질투의 감정은 마음속에 존재하지 않았다. 아치만 제외한다면 말이다. 아치는 10세 정도로 내 나이 또래였다. 우리는 여름 내내 맨발로 다녔는데, 아치가 신발을 신고 있었던 겨울에는 그런대로 그의 존재를 참을 수 있었다. 그가 가진 신의 선물이 눈에 띄지 않았기 때문에 잊고 지낼 수 있었던 것이다. 하지만 여름이 되면 아치는 눈의 가시였다. 시기의 대상이었다. 그는 손으로 발가락을 뒤로 완전히 젖힐 수 있어서 손을 놓으면 30야드 떨어진 곳에서도 '딱' 소리를 들을 수 있을 정도였기 때문이다. 이런 재주를 부릴 수 있는 학생은 아무도 없었다. 신체적인 특징에 관한 한 자신의 귀를 말처럼 움직일 수 있는 테오도르 에디를 제외하고는 적수가 없었다. 하지만 테오도르는 귀를 움직일 때 소리가 나지 않았기 때문에 아치의 진정한 적수가 될 수 없었다.

60년도 더 된 얘기다. 학교 친구 몇몇의 이름이 기억나고 그들의 얼굴까지도 잠시 희미하게 단속적으로 떠오른다. 그러고는 이내 사라져 버린다. 라틴계 학생이었던 조지의 모습이 떠오른다. 마르고 안색이 창백했는데 워낙 학구적이라 책에 빠지듯 책 쪽으로 몸을 구부리고 있던 모습이 생각난다. 조지의 긴 검은 생머리는 얼굴의 옆면에 마치 커튼처럼 턱 아래까지 드리워져 있었다. 머리카락이 거추장스럽다는 핑계를 대긴 했지만 실제로는 으스대고 싶은 마음에 고개를 획 돌려 한쪽 커튼을 머리 뒤로 넘기던 장면이 지금도 눈에 선하다. 머리카락을 이런 식으로 머리 뒤로 넘기는 것이 당시 소년들 사이에서는 대단한 유행이었다. 그래서 조지는 우리 모두의 시기의 대상이었다. 윌과 존의 노란 머리타래를 제외하고는 이러한 기술을 보여 줄 수 있는 머리카락을 가진 아이는 조지밖에 없었다. 내 머리카락은 짧은 곱슬인데다 숱이 많았고 동생 헨리도 마찬가지였다. 우리 둘은 고개를 돌려 머리카락 자락을 머리 뒤로 넘기고 싶은 마음에 온갖 종류의 기구를 사용해서 곱슬거리는 머리카락을 똑바로 펴려고 했지만 한 번도 성공하지 못했다. 때로 머리카락을 물로 적셔서 머리에 딱 붙도록 빗어 내리면 겨우 일시적으로 머리카락을 곧게 만들 수 있었다. 하지만 한 번 고개를 휙 돌리고 나면 머리카락은 다시 줄어들어 곱슬이 살아나곤 했으므로 그나마 잠시 동안의 행복도 사라지고 말았다.

조지는 모든 면에서 훌륭한 청년이었다. 그와 메리 모스는 어렸을 때부터 영원히 변하지 말자고 약속을 한 연인 사이였다. 그런 와중에 레이크넌 씨가 이주해 와서 주민이 되었다. 그는 자그마한 마을에서 즉시 중요한 지위를 차지했다. 변호사로서 명성을 날렸던 그는 학식이 있고 교양이 있었으며 고행에 가까워 보일 정도로 진지한 사람이었다. 대화에서나 처신에서나 위엄이 있었다. 다소 나이가 든 노총각이었지만 워낙 승승장구하는 인물이었기 때문에 사람들은 그를 상당한 경이의 눈초리로 쳐다보았고 마을 최고의 결혼 후보감으로 꼽았다. 한데 막 미모가 피어나던 아름다운 메리 모스가 그의 눈길을 끌었다. 그는 집요하게 청혼해서 마침내 결혼 승낙을 받아 내었다. 사람들은 메리 모스가 자신 때문이 아니라 부모를 기쁘게 해 주려고 그의 청혼을 받아들였다고 말했다. 어쨌든 두 사람은 결혼했다. 그리고 사람들은 다시 한번 레이크넌이 자신에게 적합한 배우자의 자격을 갖추게 하려고 메리 모스를 교육시키고 있다고 입방아를 찧었다. 사실일 수도 있고 그렇지 않을 수도 있었지만 마을에서 통상 수군거리는 흥미 있는 이야깃거리였다. 조지는 즉시 먼 곳으로 떠나 버렸고 사람들은 그가 상심 끝에 그곳에서 숨을 거두었다고 수군댔다. 그럴 만한 충분한 이유가 있었으므로 사실일 수도 있었을 것이다.

존 로바드(John RoBards)는 조지의 남동생이었다. 존은 비단결 같은 금발머리가 어깨 밑까지 찰랑이고 고개를 돌리면 황홀한 모습으로 머리카락이 돌아가는 체구가 작은 녀석이었다. 1849년 12세 되던 해에 존은 금광을 찾아 나선 일행 틈에 끼어서 아버지와 함께 평원을 가로질러 갔다. 서쪽으로 길을 재촉하던 마차 행렬의 출발 장면이 눈에 선하다. 우리는 모두 나가서 그들을 부러운 듯 쳐다보았다. 자그마한 녀석이 우쭐거리며 커다란 말 위에 앉아서 지나가고 그의 긴 머리카락이 바람에 펄럭이던 장면이 지금도 기억난다. 2년 후에 그가 상상할 수조차 없이 번쩍거리는 모습으로 금의환향했을 때 우리는 말할 수 없이 부러운 눈길로 그를 바라보았다. 그는 여행을 했던 것이다! 우리는 어느 누구도 집에서 40마일 이상 벗어나 본 적이 없었다. 하지만 존은 대륙을 횡단했고, 우리의 상상 속 신천지인 금광에 갔다 왔던 것이다. 게다가 배를 타고 진짜 바다, 그것도 3개의 대양을 항해했다. 태평양 남쪽을 돌아서 빙산과 눈보라와 겨울의 거친 강풍을 뚫고 곶을 돌아 다시 작열하는 적도의 물결을 타고 북상했다. 그의 그을린 얼굴은 지나온 길을 알려 주는 증거였다. 그 애처럼 여행할 수 있는 특권만 얻을 수 있다면 사탄에게 영혼이라도 팔았을 것이다.

4년 전 미주리 여행으로 외유 중에 있을 때 존을 만났다. 나만큼은 아니지만 그도 늙어 있었고 삶의 무게에 눌려 있었다. 그는 12세인 자기 손녀가 내 책을 읽은 후에 나를 만나고 싶어 한다고 했다. 참으로 가슴 아픈 시간이었다. 존의 손녀는 방 침대에 꼼짝없이 갇힌 채 죽음을 기다리고 있었기 때문이다. 그리고 존은 손녀가 곧 죽으리라는 것을 알고 있었다. 12세면 자신의 할아버지가 장대한 여행을 떠났던 나이가 아닌가! 존의 손녀에게서 나는 그때의 소년을 다시 한번 보는 것 같았다. 마치 그 먼 과거에서 돌아와서 황금기의 젊은이의 모습으로 내 앞에 나타난 것 같았다. 존의 손녀는 심장질환을 앓고 있었고 며칠 후에 짧은 삶을 마감했다.

존 가스(John Garth)도 학교 동기 중 하나였다. 그리고 가장 예쁜 학생이었던 헬렌이 있었다. 두 사람은 후에 성장해서 결혼했다. 존은 잘 나가는 은행가이자 저명하고 존경받는 시민이 되어서, 부와 명성을 쌓으며 살다가 몇 해 전에 사망했다. 미망인인 헬렌은 아직 생존해 있고 손자들이 남아 있다. 그녀가 주름달린 속치마를 입고 나는 맨발로 뛰어다니던 시절에 우리 둘은 학교 친구였다.

내가 9세였던 당시 헬렌의 아버지는 견습공 한 명과 장점이 많은 여자 흑인노예 한 명을 거느리고 있었다. 나는 그 선량한 견습공 소년과 착한 노예 여성을 향해 친절하거나 호의적인 마음을 품을 수가 없다. 그들이 내 생명을 구해 주었기 때문이다. 어느 날이었다. 나는 매어져 있지 않은 통나무 위에서 놀고 있었다. 통나무는 원래 부대(浮臺)에 매어져 있어야 했지만 그렇지 않았기 때문에 한쪽으로 기울었고 나는 그만 베어(Bear) 강에 빠지고 말았다. 물속에 두 번 들어갔다 나오고 다시 세 번째로 물속에 들어가서 수면 위로 손가락만 보일 때 노예 여성이 그 손가락을 붙잡아 나를 끌어냈다. 그러고 일주일도 채 지나지 않아서 나는 다시 물에 빠졌다. 이번에는 견습공 소년이 달려와서 물속에 뛰어들어 잠수를 한 후에 바닥을 더듬어 나를 끌어내고는 물을 토하게 해서 구해 주었다. 나는 실제로 수영하는 법을 배울 때까지 일곱 번 물에 빠졌다. 한 번은 베어 강에서, 나머지 여섯 번은 미시시피 강에서였다. 당시에 자기 자신보다 더 현명한 신의 섭리를 방해한 사람이 누구였는지 지금은 잊어버렸지만 나는 여전히 나를 물속에서 구해 준 사람들에 대해 유감을 품고 있다. 이 놀라운 이야기를 하트포드의 버튼 목사에게 들려주었지만 목사는 믿을 수가 없다고 했다. 그러던 목사는 바로 다음 해에 얼음 위에서 미끄러져 발목을 삐었다.

학교 학생 중에는 존 메레디스(John Meredith)도 있었다. 유독 자상하고 부드러운 성품의 소유자였다. 남북전쟁이 발발했을 당시 남부 연합측의 일종의 게릴라 대장이 되었는데 몬로 카운티의 시골 지역에 살고 있던 초기에는 아버지의 친구 가족이기도 했던 북군측 가족을 무자비하게 유린하고 죽였다는 이야기를 들었다. 학창 시절에 그토록 온화하던 친구가 그렇게 변했다니 믿기 힘들다.

학교에 다니던 학생 중에는 윌 보웬과 그의 두 살 터울 동생 샘도 있었다. 남북전쟁이 일어나기 전에 둘은 세인트루이스와 뉴올리언스에서 수로(水路) 안내인이 되었고 오래 전에 사망했다. 샘은 어렸을 때 호기심에 찬 모험을 감행한 적이 있었다. 매우 부유한 독일인 양조업자의 외동딸인 16세 소녀와 사랑에 빠졌던 것이다. 샘은 그녀와 결혼하고 싶었지만 두 사람 다 아버지가 결혼에 동의하지 않을 뿐만 아니라 집에서 쫓겨날 것이라고 생각했다. 사실 그녀의 아버지는 그럴 생각이 아니었지만 그들은 알지 못했다. 경솔했던 어린 커플은 몰래 도망가서 같이 살았다. 얼마 지나지 않아 아버지가 돌아가셨다. 유언장에는 전 재산을 사무엘 A. 보웬 부인에게 남긴다고 기록되어 있었다. 이 변변치 못했던 두 사람은 실수를 하고야 만 것이다. 둘은 프랑스 교회로 급히 가서 하급판사를 앞에 두고 결혼식을 올린 후에 결혼식 날짜를 몇 개월 전으로 소급해서 신고했다. 그러나 고인이 된 아버지에게 조카와 사촌을 비롯한 친척이 몇 명 있었는데 그들이 추적을 해서 속임수임을 밝혀 냈고 재산을 차지해 버렸다. 이렇게 해서 두 사람은 빈털터리가 되어 배를 운전해서 생계를 유지해야 했다. 몇 년 후에 샘과 다른 수로 안내인이 뉴올리언스에서 항해를 시작해서 북상 중일 때 황열병이 승객과 선원 사이에 번졌다. 수로 안내인 두 사람 모두 병에 걸렸기 때문에 배는 항해를 계속할 수 없어서 섬에 정박을 하고 교대할 사람이 도착하기를 기다렸다. 병에 걸린 두 수로 안내인은 배 안에서 죽음을 맞이하고 그 섬에 묻혔다. 강물이 무덤을 파헤쳐 시신이 파도에 휩쓸려 가지 않았다면 말이다.

15

메리 밀러(Mary Miller)에 대한 기억이 떠오른다. 첫사랑은 아니었지만 내 마음을 다치게 한 첫 여성이었다. 나는 그녀를 사랑했다. 내가 9세이고, 그녀가 18세였다. 하지만 그녀는 나를 업신여겼기 때문에 나는 정말 세상이 냉혹한 곳이란 생각을 뼈저리게 했다. 그 전에는 세상이 그토록 냉혹하다는 것을 실감하지 못했다. 하지만 이런 슬픔은 그다지 오래가지 않았다. 이내 사랑의 감정을 메리 밀러보다 한 살 위인 아티미시아(Artimisia)에게로 돌렸기 때문이다. 내 감정을 내비쳤을 때 그녀는 내 감정을 업신여기지 않았을 뿐만 아니라 나를 놀리지도 않았다. 매우 친절하고 부드러운 반응을 보였다. 하지만 그녀의 태도 또한 확고해서 아이랑 연애를 할 생각은 없다고 말했다.

그리고 학교 친구인 메리 러시(Mary Lacy)가 있었다. 러시는 나이가 많았기 때문에 나와는 다른 교실에서 공부했다. 그녀는 매우 씩씩하고 결단력이 있었으며 독립적이어서 사람들은 그녀가 다루기 힘들고 제멋대로라고 생각했다. 하지만 다 틀린 말이었다. 그녀는 결혼을 해서 즉시 정착을 했고 모든 면에서 모범을 보여서 마을에서 제일 존경받는 부인이 되었다.

지미 맥다니엘(Jimmie McDaniel)도 학교 친구였다. 그는 나와 나이가 엇비슷했다. 아버지가 과자 가게를 운영하고 있었기 때문에 톰 블랭큰십 다음으로 마을에서 가장 큰 부러움의 대상이었다. 그 아이가 과자를 먹는 것은 보지 못했지만 그럼에도 우리는 그가 수시로 과자를 먹을 것이라 생각했다. 그는 과자를 먹지 않는 척했고 좋아하지도 않는 척했다. 과자를 먹는 것을 막는 사람도 없고 과자는 넘쳐나서 원하는 만큼 먹을 수도 있었을 텐데 말이다. 하지만 사람들 앞에서 으스대기 위해 과자를 싫어하는 척하는 것임을 입증할 만한 증거가 있었다. 그는 마을에서 제일 이가 많이 썩은 아이였던 것이다. 내가 처음으로 우스운 얘기를 들려준 사람이 지미인 것으로 기억한다. 짐 울프와 고양이에 대한 얘기였다. 아직도 기억이 생생한 그 사건이 벌어진 바로 다음날 얘기를 해 주었는데, 지미가 너무 웃는 통에 이빨이 빠지지나 않을까 걱정이 될 정도였다. 나는 4년 전에 마을에서 그를 보았다. 시가 제조 상점에서 일하고 있었다. 무릎까지 내려오는 앞치마를 입고 있었고 수염은 거의 앞치마의 반까지 내려와 있었지만 단번에 알아볼 수 있었다. 결혼한 지 54년이 되었고 자녀와, 손자, 증손자, 그리고 그 후손을 많이 거느리고 있었다. 하지만 내가 고양이 얘기를 들려주었던 그 애송이 소년의 모습은 쾌활하고 작은 체구의 노인에게 여전히 남아 있었다.

아티미시아는 내 사랑을 거절한 후 곧 결혼했다. 석공이었던 리치몬드와 결혼을 했는데 그는 초기에 나의 감리교 주일학교 선생님이었고 내가 부러워하는 점 하나를 가지고 있었다. 언젠가 엄지손가락을 망치로 잘못 쳐서 손톱이 완전히 뒤틀어지고 굽고 뾰족해져서 마치 앵무새의 부리처럼 되었던 것이다. 지금 같으면 이런 손톱이 장신구 같다는 생각은 하지 않겠지만 그때는 마을에 아무도 그런 손톱을 가진 사람이 없었기 때문에 내게는 상당한 가치가 있는 부러움의 대상이었다. 그는 매우 친절하고 사려 깊은 주일학교 선생님으로 참을성이 많고 열정적이었기 때문에 어린 우리들 사이에서 인기가 많았다. 주일학교 선생님들은 가는 직사각형 모양의 판지에 성경 구절이 인쇄된 푸른색 표를 가지고 있었는데 성경을 두 구절 외우면 푸른색 표를 하나 얻을 수 있었다. 다섯 구절을 외우면 푸른 색 표를 세 개 얻을 수 있었고, 이 표를 가지고 책장에 가면 책 한 권을 일주일 동안 빌려 볼 수 있었다. 나는 2~3년 동안 종종 리치몬드 선생님의 영적인 보살핌을 받았는데 그는 한 번도 내게 심하게 한 적이 없었다. 나는 매 주일마다 똑같은 성경 구절 다섯 개를 외웠다. 선생님은 언제나 내가 외운 것에 만족해했다. 선생님은 내가 몇 개월 동안 일요일마다 똑같은 성경 구절을 외우고 있다는 사실을 눈치채지 못하는 듯했고, 나는 언제나 표를 얻어서 책과 교환할 수 있었다. 책장에는 매우 따분한 책들만 꽂혀 있었다. 나쁜 아이에 관한 책은 한 권도 없고 온통 훌륭한 아이들에 대한 것과 따분하고 재미없는 얘기책뿐이었다. 하지만 그나마 없는 것보다는 나았기 때문에 책을 읽고 반박하는 재미를 그런대로 맛볼 수 있었다.

  20년 전 리치몬드 씨는 톰 소여의 동굴을 사들여서 관광 휴양지를 조성하기도 했다. 1849년 황금을 쫓던 사람들이 우리의 작은 마을 한 니발을 지나갈 때 마을의 많은 어른들이 황금 열병에 걸렸고 소년들도 모두 그랬었다. 여름철 토요일 연휴가 되면 우리는 주인이 자리를 비운 작은 배를 빌려 타고 강을 따라 3마일 아래의 동굴 골짜기로 내려가서 우리 것이라는 푯말을 박아 놓고 금을 캐는 시늉을 했다. 처음에는 하루에 50센트 어치의 금을 캐고 나중에는 두서너 배씩 늘려 가

다가 점점 재산이 불어나는 상상에 빠졌기 때문에 그 고된 일도 마다 않고 해냈다. 정말 앞을 내다볼 줄 모르는 어리석기 짝이 없는 녀석들이었다! 우리는 이것을 놀이로 했고 결코 금이 있으리라는 생각은 하지 못했다. 한데 동굴 골짜기와 인근 언덕이 모두 금밭이었다니! 하지만 우리는 알지 못했다. 그것이 흙인 줄만 알고서 이 부유한 비밀을 평화롭게 남겨두고 가난하게 성장했고 생계를 유지하기 위해 온 세상을 돌아다녔다. 예언의 재능을 가지지 못했기 때문이다. 우리에게 그 지역은 온통 흙과 돌뿐이었지만, 그저 땅을 파서 과학적으로 다루기만 한다면 바로 금이 되는 것이었다. 즉 그 지역 전체가 시멘트 광산이었고 지금도 그곳에서는 시가 2백만 달러에 달하는 공장에서 최고 양질의 포틀랜드 시멘트를 하루에 5천 통씩 생산하고 있다.

레우엘 그리들리(Reuel Gridley)도 얼마간 우리 학교에 다녔다. 그는 나이 든 학생이었다. 아마 22세 아니면 23세 즈음이었을 것이다. 멕시코 전쟁이 터지자 그는 군대에 자원했다. 우리 마을에서 1개 보병부대를 모집했고 25세의 키 크고 잘생기고 건장한 힉크맨(Hickman) 씨가 대장이 되었는데, 옆에 칼을 차고 널따란 노란색 줄을 댄 회색 제복 바지를 입었다. 보병부대가 상큼한 제복을 입고 거리를 오가며 행군할 때면(연습을 위해서 하루에 몇 번씩 행군을 했다) 수업이 없을 때마다 소년들은 모두 행군 뒤를 따라다니곤 했다. 지금도 이러한 행군 행렬을 볼 때마다 동참하고 싶다는 과거의 열렬한 욕망이 다시금 느껴진다. 하지만 군대에서는 12~13세 소년을 필요로 하지 않았고, 나 또한 나이가 차서 전쟁에 나가 보기도 전에 이미 낯선 사람을 죽이는 데 대한 욕망이 사라져 버렸다.

그토록 멋있었던 힉크맨의 노년의 모습을 보았다. 여태껏 보아 왔던 사람 중에서 가장 늙어 보였다. 오랜 세월 전에 대량 살상을 위해서 자신의 병사를 훈련시키던 자신만만한 젊은 장군의 모습과는 너무나 대조적인 모습이었다.

레우엘 그리들리는 전쟁터로 나갔고 그 후로 15~16년간 아무런 소식도 듣지 못했다. 그러던 어느 날 카슨(Carson) 시의 보도에서 한 편집자와 실랑이를 벌이고 있을 때 "샘, 한 방 크게 날려. 내가 등 뒤에 있잖아." 하는 소리를 들었다. 바로 레우엘 그리들리였다. 얼굴을 봐서는 나인지 알지 못했지만 질질 끄는 듯한 말투로 알 수 있었다고 한다.

그즈음 그는 리스(Reese) 강 광산으로 내려갔고 광산 캠프에서 내기를 하다가 졌다. 내기에 대한 벌로 50파운드짜리 밀가루를 산 다음 도시를 가로질러 가서 음악이 연주되는 가운데 내기의 승자에게 건네주어야 했다. 물론 캠프에 있는 사람이 모두 모여 술을 마시면서 흥에 겨워 이 광경을 지켜보았다. 내기에서 이긴 사람은 밀가루 자루를 경매에 붙여서 미합중국 위생기금으로 기부한다고 선언했다. 이를 산 사람도 동일한 기금에 기부하기로 하고 다시 경매에 붙였다. 열기가 더해 가면서 밀가루 자루는 같은 기금의 조성을 목적으로 자꾸 반복해서 팔려 나갔다. 이러한 소식이 전보로 버지니아 시에 알려졌다. 그러자 버지니아 시에서도 열띤 성원이 일었고, 밀가루 자루를 가져와서 버지니아 시에서 경매를 벌여 달라는 전보를 레우엘 그리들리한테 보내 왔다. 그래서 그는 밀가루 자루를 가지고 버지니아 시로 갔다. 덮개가 없는 사륜 포장마차가 제공되었고 취주 악대가 나왔다. 밀가루 자루는 골드 힐(Gold Hill)에서 계속 팔려 나갔고 밤이 되면서 버지니아 시로 옮긴 후에도 계속 팔려 나가서 결국 2만~3만 달러의 위생기금이 조성되었다. 그리들리는 다시 밀가루 자루를 캘리포니아를 가로질러 운반한 후에 여러 도시에서 팔았다. 새크라멘토와 샌프란시스코에서도 대량 팔았다. 동부로 가져가서 뉴욕과 인근 여러 도시에서 팔았고 다시 세인트루이스의 커다란 바자회에도 가져갔다. 그곳에서도 계속 판매하다가 마침내는 작은 케이크로 만들어서 한 조각에 1달러를 받고 팔았다. 원래 밀가루는 10달러였지만 이러한 경매 열기를 거치면서 20만 달러 이상의 위생기금이 조성되었다.

  1845년 내가 10세였을 때 마을에 치명적인 홍역이 번져 아이들 목숨을 앗아갔다. 거의 매일 장례식이 있었고 마을의 어머니들은 공포로 거의 이성을 잃을 정도였다. 내 어머니도 정말 괴로워하셨다. 어머니는 파멜라, 헨리, 나 때문에 걱정이 되어 전염원에 가까이 가지 않게 하려고 무진장 애를 쓰셨다. 하지만 뒤돌아보면 당시에 나는 어머니의 판단이 잘못되었다고 믿고 있었다. 오히려 내 멋대로 하도록 내버려 둔다면 상황이 훨씬 나아질 것만 같았다. 지금 생각해 보면 그때 내가 홍역에 걸릴까 봐 겁을 먹었는지 아닌지는 기억할 수 없지만 분명하게 기억하는 것은 끊임없이 이어지는 죽음의 위협에 긴장하고 있던 탓에 너무나 지쳐 있었다는 점이다. 이러한 상태가 너무 지긋지긋해서 어떻게든 문제를 해결하고 싶어 안달이 났었다. 사는 것이 전혀 즐겁지가 않았고 양단간에 결정을 내리고 싶다는 생각을 밤낮으로 떨쳐 버릴 수가 없었다. 그래서 과감하게 이 불안을 끝맺기로 결심했다.

  윌 보웬은 생명이 위태로울 지경으로 홍역을 앓고 있었기 때문에 그에게 가까이 가서 홍역을 옮아 올 작정을 했다. 앞문을 통해서 윌의 집으로 들어가 들키지 않도록 경계를 하면서 방과 복도를 몰래 지나서 2층에 있는 집 뒤편의 윌의 방에 마침내 도달했다. 아무에게도 들키지 않은 채 윌의 방에 들어가는 데까지는 성공했지만 잠시 후에 윌의 어머니에게 붙잡혀 호되게 야단을 맞고 집에서 쫓겨났다. 윌의 어머니는 너무나 겁이 나서 거의 말을 이을 수 없었고 얼굴은 하얗게 질려 있었다. 나는 다음번에는 좀 더 치밀하게 계획을 세워 시도해야겠다고 다짐했고 실제로 그렇게 했다. 나는 윌의 집 뒤에 있는 길 주위를 서성거리다가 울타리 사이의 틈으로 상황을 살폈다. 그런 다음 뒤뜰로 몰래 들어가서 뒷길을 따라 방으로 들어간 후 아무도 모르게 윌 보웬의 침대 속으로 들어갔다. 침대에 얼마나 누워 있었는지는 기억이 나질 않는다. 다만 윌 보웬은 동무로서는 거의 쓸모가 없었다. 너무나 아팠기 때문에 내가 같은 침대에 누워 있다는 사실조차 알아차리지 못했으니까. 윌의 어머니가 오는 소리를 듣고 이불을 머리끝까지 뒤집어썼지만 소용이 없었다. 완연한 여름이었고 이불은 흐늘흐늘 얇았기 때문에 이불 속에 두 명이 누워 있다는 것쯤은 쉽게 알아차릴 수 있었다. 윌의 어머니는 나를 침대 밖으로 끌어내서 내 옷깃을 잡은 채 손수 우리 집으로 데리고 왔다. 어머니의 수중에 나를 인계할 때까지 절대 나를 손에서 놓지 않았고 내가 어떤 종류의 아이인지에 대한 자신의 생각을 쏟아 놓았다.

그러니 홍역이 비껴갈 리 만무했다. 홍역으로 나는 죽음의 문턱까지 갔었다. 더 이상 아무것에도 흥미가 없는 지경까지 갔었지만 오히려 굉장히 평온하고, 침착하고, 달콤하고, 기쁘고, 매혹적인 느낌이었다. 그때 죽어가는 것을 즐겼던 것이 내 삶에서 가장 즐거운 시간이었다. 사실상 나는 죽어가고 있었다. 내가 죽어간다는 말이 퍼졌고 가족들은 마지막 작별인사를 하라고 사람들에게 알렸다. 나는 침대 주위에 모인 사람들 모두를 알고 있었다. 추호의 의심도 없이 내가 죽을 것으로 생각하고 울고 있었다. 하지만 나는 아무런 느낌도 들지 않았다. 다만 약간의 흥미가 남아 있었다면 그것은 이런 감정적인 관심의 주인공이 바로 나라는 점에 만족하고 으쓱해졌기 때문이리라.

커닝햄 의사는 나를 위해 해 줄 수 있는 일은 아무것도 없다는 결론을 내리고는 뜨거운 재가 담긴 자루를 내 온몸에 올려놓았다. 내 가슴에도, 손목에도, 발목에도 말이다. 그런데 놀랍게도, 내편에서 생각하면 분명 애석하게도 의사는 나를 이 세상으로 끌어내와서 다시 살아가게 만들었다.

16

최근에* 불현듯 어린 시절 애인에 대한 말이 나오는 바람에 그녀에 대해 발설하고야 말았다. 그녀를 보지 못한 지 48년이 흘렀지만 그것이 대수겠는가. 그녀의 모습이 그대로 생생하게 떠오르고, 둘 사이에 엄청난 시간이 가로놓여 있음에도 그녀에 대한 관심은 여전히 살아 숨쉬기 때문이다. 처음 보았을 때 그녀의 나이는 15세가 채 되지 않았다. '존 J. 로우(John J. Roe)'라는 이름이 붙은 증기선에서 수로 안내인으로 일하고 있던 친척 영블러드의 초청으로 그녀는 세인트루이스에서 출발해서 미시시피 강을 따라 뉴올리언스로 가는 중이었다. 나는 '존 J. 로우'에서 조타수로 일한 적이 있기 때문에 당시 그 배에 대해 잘 알고 있었다. 그 배는 화물선이어서 승객을 태울 수 있는 허가증이 없었지만 배에는 항상 십여 명의 승객이 있었다. 승객들은 운임을 지불하지 않았고, 그 대가로 불행한 사태가 발생하더라도 이들에 대해 책임을 질 사람은 아무도 없었다.

그 배는 명랑한 분위기를 띤 오래된 예인선이었고 널따란 갑판이 있었다. 갑판에서 사람들은 달빛을 받으며 춤을 추거나 햇빛이 쏟아

---

* 1906년 7월 30일에 저술

지는 속에서 장난을 치기도 했다. 매력적이지만 세상에서 제일 느리다고 할 수 있을 만큼 느린 배였다. 강 상류에서는 결코 섬에 똑바로 닿을 줄 몰랐고 하류에서는 물살을 따라잡을 수도 없었다. 하지만 이 증기선은 사람들의 사랑을 받았다. 배의 선장인 마크 레벤워스(Mark Leavenworth)는 거인이었는데, 거인들이 대부분 그러하듯 인심이 후하고 성품이 좋았다. 그의 동생인 제브(Zeb) 또한 거인이었는데 형과 똑같은 자질을 가지고 있었고 한번 웃으면 그 소리가 빅스버그에서 멀리 네브래스카까지 들렸다. 그와 베크 졸리(Beck Jolly)가 그 배의 수로 안내인이었다.

졸리는 매우 준수하고, 상당히 우아하고, 꽤나 지적이었으며 붙임성이 있는 훌륭한 성품의 소유자였다. 또한 공작의 예절까지 몸에 지니고 있었다. 베크 졸리는 예쁘게 생겨서 바라보기만 해도 기분이 상큼했다. 하지만 지금은 달라졌다. 4년 전에 그를 보았는데 백발의 머리카락이 그나마도 얼마 남아 있지 않았고, 뺨의 살은 늘어져 두 겹이었고, 턱에는 깊은 주름이 잡혀 있어서 전체적으로 가스 탱크처럼 보였다.

'존 J. 로우'의 항해사, 조수, 급사장 등 선원들은 지위가 높든 높지 않든 모두 마음이 순박했고 우정이 넘치는데다가 인간적인 친절이 몸에 배어 있었다. 그들은 모두 인디애나 내륙의 농장에서 성장했기 때문에 농장의 단순한 사고방식과 정신을 증기선에 그대로 가져와서 정착시켰다. '존 J. 로우'가 항해에 나서면 증기선의 모습은 온데간데없이 사라지고 그저 농장 하나가 여기저기 돌아다니는 듯했다. 이보다 더 유쾌한 일은 세상 어디에서도 찾기 힘들 것이다.

그녀를 만날 당시, 나는 '존 J. 로우'라는 천국에서 떨어져 나와서 브라운 선장 밑에서 '펜실베이니아'라는 이름의 쾌속여객선을 조종하고 있었다. 항해 중에 '펜실베이니아'가 뉴올리언스에 도착했는데, 정박해 있을 때 배의 고물이 '존 J. 로우'의 선수루(船首樓)와 맞닿아 있다는 사실을 발견했다. 나는 고물 쪽으로 달려가 부인용 선실의 난간을 기어 오른 후에 '로우'의 널찍한 갑판으로 뛰어내렸다. 마치 오래 떠나 있었던 농장 집에 도착한 느낌이었다. 레벤워스를 비롯한 선박 위의 시골뜨기 촌놈들을 만나서 마치 피를 나눈 친척처럼 손을 흔드는 것이 내게는 커다란 기쁨이었다. 평상시대로 배에는 십여 명의 남녀노소 승객이 있었다. 모두들 '존 J. 로우'의 농부들에게 영향을 받아서 마음이 따뜻하고 호감이 가는 사람들이었다. 그때 승객들 가운데서 한 호리호리한 소녀가 내게 다가왔다. 미주리 내륙 외딴 곳에서 온, 내가 내 연인이라 말한 바로 그 소녀였다. 예전에는 한 번도 집 밖을 벗어나 본 적이 없는 솔직담백하고 쾌활한 아이였는데, 자신이 있던 초원 지대의 신선함과 향기를 그 먼 지역까지 가져온 듯했다.

그 후에 일어난 일은 몇 마디로 간추릴 수 있다. 사흘 동안 눈을 뜨고 있을 때면 소녀의 팔꿈치에서 4인치도 채 떨어지지 않은 곳에 난 늘 있었다. 그러다가 갑작스레 이 행복한 순간을 방해하는 사태가 벌어졌다. 레벤워스가 고물 쪽으로 나는 듯이 뛰어오면서 소리를 질렀다.

"펜실베이니아가 후진하고 있어."

나는 전속력으로 달렸다. 갑판에 도달하자 펜실베이니아는 선미 쪽으로 미끄러져 나아가고 있었다. 나는 훌쩍 뛰어 겨우 넘어갈 수 있었지만 공간이 충분하지 않았다. 발가락은 난간에 겨우 걸려 있었고 손가락 끝으로 마치 갈고리 마냥 겨우 난간 가로대를 걸고 있었다. 그때 고참 조타수가 나를 낚아채어 갑판으로 들어올렸다.

그 어여쁘고 매력적인 아이는 바로 로라 M. 라이트(Laura M. Wright)였다. 나는 땋아 내린 머리카락이 바람에 날리고 하얀 드레스가 바람에 한껏 부풀어 오르던 그녀의 앳되고 청순한 모습을 잊을 수가 없다. 지난 토요일 그 아이에 대해 말할 때도 이 장면이 너무나 생생하게 되살아났다. 나는 그때 이렇게 말을 맺었다.

"그 후로 그녀를 한 번도 보지 못했지. 그렇게 헤어지고 나서 48년 하고도 한 달 27일이 흘렀어. 그 이후로 우리는 한 번도 소식을 주고받은 적이 없어."

그런데 지난 수요일 페어헤이븐(Fairhaven)에서 집으로 돌아오자 로라 라이트로부터 편지가 도착해 있었다. 그 편지는 내 마음을 밑바닥부터 흔들어 놓았다. 땋은 머리와 복숭아빛 앳된 얼굴은 빵빵하게 부풀어 올랐던 짧은 드레스와 함께 사라져 버렸다. 48년 전의 쾌활하고 자그마한 소녀 대신에 세상살이에 찌들고 고생에 휘둘린 62세 미망인의 모습이 떠올랐다. 로라의 편지에는 자신과 불구인 37세 아들을 위해서 금전적인 도움을 달라는 내용이 적혀 있었다. 지금 학교 선생님으로 일하고 있는데 1천 달러가 필요하다고 했다. 나는 그 돈을 보내주었다.

참으로 끔찍한 세상이다. 악마 같은 세상이다. 그 아이를 알았을 때 그녀의 아버지는 미주리 한복판에 자리한 최고 재판소의 존경받는 판사였고 당시 그 지역 기준으로 부유한 사람이었다. 그렇던 소녀가 무슨 일을 했기에, 어떤 죄를 지었기에 노년에 가난과 고생으로 벌을 받아야 한단 말인가?

마침내 나는, 거의 50년 전* 14살짜리 자그마한 소녀였던 내 연인으로부터 소식을 받았다. 그 후 다시 소식이 끊겼다. 미주리의 옛 친

---

* 1906년 8월 31일에 저술

구들이 살고 있는 곳에서 잠시 떠돌았다는데 추적을 할 수가 없었다. 아마도 자신이 선생님으로 있는 캘리포니아의 집으로 다시 돌아갔을 것이라 생각하고 그곳으로 수표를 보냈다. 수표는 주인을 찾지 못해 떠돌다가 마침내 두 달 만에 미주리의 콜롬비아에 있는 그녀에게 도착했다. 로라는 자신의 성격이 그대로 드러나는 멋진 편지를 보내 왔다. 그 편지 덕택에 나는 62세가 넘은 부인에게서 다시 한번 옛 시절 14살짜리 자그마한 소녀의 모습을 보았다.

그녀가 '존 J. 로우'를 타고 항해를 나섰을 때였다. 한밤중, 쓰러진 나뭇가지에 배가 부딪치는 바람에 배는 얼마 안 있어 미시시피 강바닥으로 가라앉을 것 같았다. 선장은 급하게 배를 강 기슭으로 몰았고 강가에서는 커다란 소동이 있었다. 배 안에 타고 있던 사람들이 모두 배 밖으로 몰려나왔다. 최소한 그 순간만큼은 실종된 사람은 아무도 없는 듯했다. 그러다 수로 안내인인 영블러드가 어린 조카가 구조된 사람 속에 없다는 것을 발견했다. 그와 항해사인 데이비스 노인이 침몰하는 배로 뛰어들어가 로라의 선실에 이르러서는 잠긴 문을 두드리면서 당장 나오라고 소리를 질렀다. 시간이 없었다.

그때 로라는 아주 침착하게 후프 스커트(버팀살대를 넣은 스커트 — 옮긴이)에 문제가 생겨서 나갈 수가 없다고 했다. 구조하러 간 두 사람은 "후프 스커트 따윈 잊어버려. 놔두고 그냥 나와. 그까짓 것 때문에 시간 낭비하지 말고."라고 말했다.

하지만 그녀는 아까와 마찬가지로 침착한 어투로 스커트를 고쳐서 입기 전에는 절대 나갈 수 없다고 대답했다. 그녀는 결국 자신의 뜻대로 했고 마침내 느긋하게 완전히 옷을 차려입은 다음 배에서 내렸다.

오늘 아침 그녀의 편지를 읽으면서 이 일이 떠올랐다. 그러자 옛 시절로 다시 돌아간 듯했고 무모하고 충동적이었던 소년 시절을 다시 한번 사는 것 같았다. 이윽고 편지의 다음 구절에 이르렀을 때 나는 정말 깜짝 놀라서 마치 다른 사람 얘기를 읽고 있는 듯했다.

하지만 내 수다로 당신을 귀찮게 해서도 안 되고 귀중한 시간을 빼앗아도 안 되겠죠. 세상에서 가장 유명하고 유익한 사람에게 편지를 쓰고 있는 중이라는 사실을 잊고 있었어요. 내가 여전히 아덴(Arden)의 숲을 방황하고 있나 봐요.

그렇다면 내가 로라 라이트의 영웅이란 말인가! 생각조차 할 수 없는 일이다. 사람은 물론 다른 이의 영웅이 될 수 있고, 모호하게나마 자신이 그렇다고 이해하거나 최소한 그렇다고 믿을 수 있다. 하지만 절친한 친구에게 진정으로 영웅이 될 수 있다고 생각하는 영웅은 한 명도 없다고 나는 확신한다.

로라는 영블러드 가족을 방문 중이었다. 이를 생각하면 아주 옛날 비극적인 사건 하나가 떠오른다. 영블러드는 좋은 사람이었고 가족으로는 젊은 아내와 두 명의 어린 자녀가 있었다. 매우 행복하고 만족스러운 가족이었다. 그는 훌륭한 수로 안내인이어서 중요한 직책에 걸맞은 책임감을 가지고 있었다. 한데 미시시피 강을 운항 중 당직이었을 때 여객선에 화재가 났다. 그는 배를 상륙시킨 후에 승객이 모두 대피할 때까지 배의 타륜을 잡고 자리를 지켰다. 그동안 조타실을 포함해서 배의 일부분이, 그리고 이내 배 전체가 화염에 휩싸였다. 그는 흥판 위로 기어 나와서 목숨을 건졌다. 비록 불에 심하게 그슬리고 물집이 생기기는 했지만. 그로부터 1~2년 후 어느 날 밤, 그는 뉴올리언스에서 가족을 위해 볼일을 보러 나갔다가 소식이 끊겼다. 틀림없이 살해되었을 것이라는 추측이 돌았고 그 사건은 여전히 미궁으로 남아 있다.

  늙은 항해사인 데이비스는 매우 흥미진진한 인물이었다. 그는 60세가 넘었고 제멋대로 놔두었다면 머리카락과 수염은 백발이 되었을 것이다. 하지만 그는 두 손 놓고 있지 않았다. 머리카락과 수염에 염색을 했는데 일 년에 딱 네 번만 했기 때문에 그의 모습은 가관이었다. 염색이 잘 되면 머리카락과 수염은 밝고 매력 있는 초록색을 가끔 띠었다. 어떤 때는 짙은 보라색이었는데 봐줄만 했다. 어떤 때는 머리카락과 수염이 자라서 반이 백발인 채로 있었는데 그 효과는 인상적이었다. 특히나 얼굴에 붙어 있는 쪽 수염의 백발 부분은 빛을 받을 때는 거의 눈에 띄지 않아서 나머지 수염자락이 얼굴에 붙어 있는 것 같지 않아 보였다. 아니 오히려 아주 떨어져서 공중에 떠 있는 것 같았다. 선임 항해사였던 그는 괴짜에다가 욕을 엄청 잘했는데 이는 자신의 직책을 수행하는 데 아주 요긴하게 사용되었다. 그는 미시시피 강 주변에서는 어느 누구도 따라갈 수 없을 정도로 풍부한 어휘를 알고 있어서 다른 항해사들이 욕을 해 댈 때보다도 더 효과적으로 게으른 짐꾼들을 부추겨서 일을 시킬 수 있었다. 그가 사용하는 어휘는 야비하지 않았지만 그는 이 어휘들로 무척이나 신비하게, 강력하게, 무섭게 다그쳤기 때문에 강에서 일하는 그 어느 선원이 말하는 것보다 대여섯 배는 야비하게 들렸다.

  데이비스는 겨우 읽을 수 있을 정도였고 글을 쓸 수 있다고 남들을 속일 수 있을 정도까지만 글씨를 흉내낼 정도의 교육밖에는 받지 못했지만 부지런히 많은 양의 독서를 했다. 하지만 읽는 책은 단 한 권이었다. 리엘(Lyell)의 지질학이었는데 하도 옆에 끼고 다니면서 많이 읽어서 섬뜩하고 듣기 거북한 과학 용어가 입에서 술술 나올 지경이었다. 대체 그 단어의 의미가 무엇인지 알지도 못했고 관심조차 없었는데도 말이다. 그 엄청난 단어로부터 그가 원했던 것은 짐꾼들을 휘저어놓을 수 있는 에너지였다. 극도로 급박한 상황에 처하게 되면 자신의 오랜 습성에서 나오는 야비한 말들을 으스스한 지질학 용어와 함께 뒤섞어서 폭발하는 화산처럼 쏟아 내었다.

17

내가 교육을 받았던 곳은 한니발에 있는 보통 학교와 내 형인 오라이언의 신문사였다. 신문사에서는 직원들이 하는 일을 비롯해서 온갖 일을 다 했다. 마을 사람들은 내 글에 '감탄' 하지는 않았지만(내 형의 증언이다) 관심을 가졌다. 오라이언 클레멘스는 1825년 테네시 주 제임스타운에서 우리 가족의 장남으로 태어났다. 형과 나 사이에 누나인 마가레트가 있었는데 내가 태어난 곳인 미주리 주 플로리다의 마을에서 1839년 9세의 나이로 죽었다. 그리고 파멜라가 있었다. 그녀는 사무엘 E. 모페트(Samuel E. Moffett)의 어머니로 평생 시름시름 앓다가 1년 전에* 75세의 나이로 뉴욕 근처의 집에서 숨을 거두었다. 그 밑으로 형 벤자민이 있었는데 1842년 10세 때 죽었다.

오라이언 형은 테네시 동부 제임스타운의 둥근 언덕에 자리한 자그마한 통나무집에서 소년 시절을 보냈다. 바깥 세상에 대해서 아는 것이 없고 숲 주변에 살고 있는 야생 동물만큼이나 바깥 세상을 의식하지 않은 채 살아가는 소수의 미개인들 틈에서 말이다. 그 후 가족은 플로리다로 이주했고 형이 10세였을 때 다시 한니발로 옮겨 갔다. 15

---

* 1906년 3월 28일에 저술

~16세쯤 되었을 때 형은 세인트루이스로 보내져서 인쇄술을 익히게 되었다. 형이 가진 특징 중의 하나는 열정이었다. 이런저런 문제에 대한 열정으로 아침에 잠에서 깼고 하루 종일 그 열정에 매달렸다. 열정은 밤이면 수그러들었고 다음날 아침이면 옷을 입기도 전에 벌써 새롭고 신선한 열정에 불타올랐다. 형은 이런 식으로 평생 매년 365가지의 열렬한 열정을 탐색했다. 그날 발생한 대화재에 흥분해서 밤이 되어 화재가 진압될 때까지 불길과 연기를 만끽할 만반의 태세를 갖추고 이른 아침부터 이에 대한 기사를 쓰는 도중에 펜을 쥔 채로 책상에 앉아서 숨을 거둘 때까지 형의 이러한 탐색은 계속되었다. 그때가 72세였다. 하지만 형의 특징 중의 하나, 그것도 아주 분명한 특징을 나는 잊고 있었다. 그것은 깊디깊은 우울, 낙담, 절망이었는데 열정이 불타오르는 것과 더불어 매일 형의 곁을 떠나지 않는 감정이었다. 그러므로 형의 하루는 해가 뜨기 시작해서 한밤중이 될 때까지 찬란한 햇빛과 깜깜한 구름으로 분명하게 나뉘어 있었다. 형은 매일 어느 누구보다도 기쁨에 넘치고 희망에 찬 사람이었던 동시에 매일 어느 누구보다도 비참한 사람이었다.

세인트루이스에서 인쇄 견습생으로 있을 당시, 형은 후에 링컨 대통령의 첫 내각에 입각하는 에드워드 베이츠(Edward Bates)와 안면을 익혔다. 베이츠는 매우 좋은 사람이었고 존경할 만하고 고결한 사람이었으며 뛰어난 변호사였다. 형이 새로운 프로젝트를 가져올 때마다 매우 끈기 있게 그 프로젝트에 대해서 형과 함께 토론했다. 처음에는 논쟁과 저항할 수 없는 논리로 형이 제안하는 프로젝트를 무효화했지만 몇 주가 지나자 그러한 노력이 필요없다는 점을 깨닫게 되었다. 새로운 프로젝트를 가져오더라도 그대로 무시하면 당일로 흐지부지 된다는 점을 알아차렸던 것이다. 형은 자신이 변호사가 되고 싶어 한다고 생각했다. 하지만 베이츠 씨의 부추김을 받은 형은 겨우 일주일 정도 법학을 공부하다가 새로운 일을 찾겠다며 공부를 뒷전으로 미뤘다. 형다운 행동이다. 형은 연설자가 되고 싶다며 베이츠 씨의 가르침을 받았다. 베이츠 씨는 바닥을 걸어다니면서 영어책을 큰소리로 읽고 재빨리 영어를 불어로 옮기는 시범을 보이면서 형에게 이 연습을 하도록 권했다. 하지만 형은 불어를 할 줄 몰랐기 때문에 2~3일 동안 열성적으로 연습에 매달렸다가 이내 포기하고 말았다.

세인트루이스에서 인쇄 견습생으로 있는 동안 형은 이 교회 저 교회로 옮겨 다니면서 주일학교 선생님을 했다. 종파를 바꿀 때마다 주일학교도 옮겼다. 정치적인 입장에 있어서도 마찬가지여서 하루는 독립당원이었다가 하루는 민주당원이 되는 등 매주 정치판에 떠오르는 새로운 바람에 편승했다. 형은 평생 종파를 바꾸면서 배경의 변화를 즐겼다고 말해야 할 것이다. 그러나 어느 누구도 형의 솔직함과 성실함에 의혹을 제기하지 않았을 뿐만 아니라 사업과 돈 문제에 있어서도 형의 정직함을 의심하지 않았다. 지칠 줄 모르고 반복되는 변덕과 변화에도 불구하고 형이 수립한 원칙은 고귀했고 절대적으로 흔들릴 줄 몰랐다. 형은 인간의 육체를 지닌 가장 기이한 복합체였다. 충동에 따라 행동하고 뒤돌아보지 않았다. 무슨 일을 하든지 신념과 열정을 가지고 했고 자신이 하는 일에 대해 강한 자부심을 가졌다. 그리고 그것이 좋은 일이든 나쁜 일이든 상관없이 하루가 지나기 전에 깊이 뉘우치고 비탄에 잠겼다. 염세주의자는 만들어지는 것이 아니라 원래 그렇게 태어나는 것이다. 낙천주의자 또한 마찬가지다. 하지만 형은 염세주의와 낙관주의가 정확하게 똑같은 비율로 자리잡은 유일한 인물이었다. 근거 있는 원칙 몇 가지를 제외하고는 마치 물처럼 불안정했다. 말 한마디에 원기가 꺾이기도 하고 하늘을 찌르기도 했다. 불만스러운 말 한마디에 슬픔에 잠겼고 찬성하는 말 한마디에 행복해했다. 이러한 놀라운 현상이 어떻게 발생하는지에 대해서는 어느 누구도 해답을 찾지 못했다.

형에게는 사람의 이목을 끌 만한 특징이 또 있었는데 앞서 말한 특징은 사실 여기서 파생되었다. 인정을 받고자 하는 강렬한 욕구가 그것이었다. 너무도 인정받고 싶어 했고 모든 사람에게 인정받고 싶어서 안절부절못했다. 자신의 견해와 신념에 동의하지 않는 사람의 인정을 받기 위해서라면 순간적으로 자신의 견해와 신념을 기꺼이 버렸다. 하지만 근본적인 원칙은 항상 간직하고 있었다. 이 원칙만큼은 다른 사람의 인정을 받으려고 버리는 일이 없었다. 노예들과 노예 소유주들 틈에서 태어나고 성장했지만 형은 소년 시절부터 죽을 때까지 노예제도 폐지론자였다. 형은 늘 성실하고, 정직하고, 존경할 만했다. 하지만 중요성이 떨어지는 사소한 문제에 있어서는 종교와 정치적 견해처럼 설사 고양이에게 인정을 받지 못해도 견뎌 내지 못할 정도로 신념이 부족했다.

형은 항상 꿈을 꾸었다. 그는 타고난 몽상가였고 이로 인해서 이따금씩 곤경에 빠지곤 했다. 23, 4세 되던 해에 견습 생활이 끝나자 미리 연락을 하지 않고 한니발에 가서 가족을 깜짝 놀라게 해야겠다는 낭만적인 생각을 품었다. 미리 연락을 했더라면 우리 가족이 이사를 해서 먼젓번 집에는 낮고 걸걸한 목소리의 뱃사람이자 우리 가족 주치의였던 메레디스 박사 가족이 살고 있다는 것과 형이 쓰던 방은 메레디스 박사의 노처녀 딸 둘이서 쓰고 있다는 말을 했을 텐데 말이다. 형은 한밤중에 증기선을 타고 한니발에 도착했다. 그는 자신의 낭만적인 계획에 매우 흡족해했을 뿐만 아니라 마음은 이미 집을 기습한 듯한 흥분으로 한껏 고조되어 있었다. 형은 무슨 일이든 미리 즐겼다.

그것이 형의 기질이었다. 정작 일이 일어날 때까지 지그시 기다리지 못했다. 상상 속에서 일을 꾸미고 미리 즐거워해야 했다. 그러다 보니 때로는 의도했던 일이 상상했던 만큼 훌륭하지 않은 경우가 발생하였고 그럴 때면 그저 상상을 털어 버리고 현실을 잊어버렸다.

 형은 집 뒷문으로 들어가서 신발을 벗고 위층으로 기어 올라간 다음 아무도 깨우지 않은 채 노처녀들이 자고 있는 방에 도달했다. 어두컴컴한 가운데 옷을 벗고 침대 속에 들어가자 누군가의 몸이 무릎에 닿았다. 약간 놀라기는 했지만 이내 동생인 벤이라 생각하고 마음을 놓았다. 그때가 겨울인데다가 침대는 편안했고 벤이 옆에 있어서 더 아늑하다고 생각했기 때문에 아주 흡족해하면서 아침에 일어날 일에 대한 행복한 꿈에 젖어 금세 잠이 들었다. 하지만 이내 일이 터지고 말았다. 노처녀들은 버둥거리고 허우적거리면서 침대에 무엇인가 있다고 소리쳤다. 그 목소리를 들은 형은 온몸이 얼어붙었다. 몸을 전혀 움직일 수 없었다. 숨조차 쉴 수 없었다. 소리를 지르던 노처녀는 손으로 더듬더듬 형의 새로 기른 수염을 만지더니 "악, 남자다!"라고 비명을 질렀다. 이 소리를 듣는 순간 마비에서 벗어난 형은 침대에서 기어 나와 어둠 속을 더듬어 재빨리 옷을 찾았다. 두 명의 노처녀가 동시에 소리를 지르기 시작했기 때문에 형은 옷을 모두 집을 수가 없었다. 손에 닿는 옷만 집어 들고는 층계로 뛰어내려가려는 순간 또 한 번 꼼짝할 수 없는 사태가 벌어졌다. 아래층에서 노란색의 희미한 촛불이 층계를 따라 올라오고 있었기 때문이다. 형은 촛불을 들고 있는 사람이 메레디스 박사인 것 같다는 생각을 했고 사실 메레디스 박사였다. 박사는 옷은 걸치지 않고 있었지만 어찌 됐든 이런 경우에 대비해서 충분한 준비를 갖추고 있었다. 손에 식칼을 들고 있었던 것이다. 형은 메레디스 박사에게 소리를 질렀고 박사가 목소리를 알아차린 덕택에 형은 목숨을 건질 수 있었다. 박사는 내가 어렸을 때 그토록 감탄해 마지않던 깊디깊은 낮은 목소리로 그동안 일어난 변화에 대해 형에게 설명을 해 주면서 우리 가족이 사는 곳을 가르쳐 주었다. 그러면서 다음번에 이러한 모험을 감행하기 전에는 반드시 미리 연락을 하라는 불필요한 충고도 덧붙였다. 살아 있는 동안 형에게 두 번 다시 필요없는 그런 충고를 말이다.

18

아버지는 당시 그 지역에서는 꽤 큰 돈이었던 수천 달러를 아이라 스타우트에게 빌려 주었는데, 그의 정직하지 못한 행동으로 우리 가족은 수년 동안 몸서리쳐지는 가난과 궁핍을 겪어야 했다. 하지만 이러한 어려웠던 생활에서 벗어나서 다시 한번 편안한 생활을 할 수 있게 된 바로 그 시점에 세상일이 늘 그러하듯 우리 가족에게 재앙이 일어나고 말았다. 1847년 아버지가 돌아가셨던 것이다. 아버지는 막 검인 법정의 서기로 임명된 참이었다. 그다지 높지 않은 지위에 오르는 이러한 행운은 우리 가족에게는 충분했고, 사람들은 아버지가 존경을 받고 있기 때문에 종신토록 종사할 수 있으리라 말했다. 아버지는 2월 말경 선서를 하기 위해 카운티의 중심지인 팔미라(Palmyra)에 갔다가 말을 타고 12마일 떨어진 집으로 돌아오는 길에 빗발치듯 쏟아지는 진눈깨비 세례를 받고 반쯤 얼어서 집에 도착했다. 그리고 이내 늑막염이 발병해서 3월 24일 돌아가셨다.

이렇게 해서 우리는 찬란한 새로운 행운을 빼앗기고 다시 가난의 늪으로 빠져들었다. 세상은 항상 이런 식으로 돌아가게 마련이다. 우리 가족은 다시 무일푼이 되었다.

형은 아버지가 돌아가시고 2~3주가 지날 때까지도 집에 오지 않고 세인트루이스에 남아 있었다. 그는 견습을 막 끝낸 초보 인쇄업자로 임금을 받고 있었기 때문에 자신의 임금으로 어머니와 나보다 2살 아래인 헨리를 부양했다. 누이인 파멜라는 피아노 레슨을 해서 생활비를 보탰다. 그럭저럭 생활을 꾸려나갔지만 참으로 힘든 나날이었다. 내가 가족에게 부담만 되었던 것은 아니다. 아버지가 돌아가신 후 당장 학교를 그만두고 한니발 신문사에서 인쇄 견습공으로 일했다. 신문사의 편집장이자 소유주였던 아멘트 씨는 통상적으로 견습생에게 주는 보수 즉 급료 없이 하숙과 의류를 제공했다. 옷은 일 년에 두 벌이 지급되기로 되어 있었는데 두 벌을 받은 적은 한 번도 없었고 한 벌도 그나마 아멘트 씨의 옷이 멀쩡한 한 받지 못했다. 내 체구는 아멘트 씨의 반밖에 되지 않았기 때문에 그의 셔츠를 입으면 마치 서커스단 단원 같은 우스꽝스러운 느낌이 들었고 바지는 여러 번 접어 입어야 했다.

나 외에도 견습생이 두 명 더 있었다. 그 중 한 명인 웨일스 맥코믹(Wales McCormick)은 17~18세 정도였는데 몸이 거인이었다. 그가 아멘트 씨의 옷을 입으면 거의 질식할 지경이었다. 특히나 여름이면 더욱 심했다. 그는 무모하고 유쾌하고 사람에게 호감을 주는 인물이었다. 원칙도 없었지만 같이 있으면 즐거웠다. 견습공 세 명은 견습 초기에는 늙은 노예 주방장과 그녀의 예쁘장하고 밝고 싹싹한 어린 흑백 혼혈 딸과 함께 주방에서 밥을 먹어야 했다. 웨일스는 항상 다른 사람의 즐거움을 위해서가 아닌 자신의 즐거움을 쫓아 행동하는 습성이 있었기 때문에 이번에도 자신의 즐거움을 위해서 계속적으로, 집요하면서도 요란하게, 공들여서 주방장의 혼혈 딸에게 치근덕거렸다.

딸은 이를 정말 참담하게 생각했고 그녀의 어머니도 걱정이 되어 죽을 지경이었다. 그래서 "웨일스 씨, 웨일스 씨, 제발 좀 점잖게 지낼 수 없겠어요?"라고 말하곤 했다. 웨일스는 이러한 말을 듣고 나면 더욱 짓궂게 자신의 관심을 나타내곤 해서 랠프와 나는 배꼽을 쥐고 웃었다. 사실 늙은 어머니의 고민은 덧없는 것이었다. 노예를 소유하고 있는 사회에서는 관습상 웨일스가 원한다면 얼마든지 자기 딸에게 치근덕거릴 수 있다는 점을 그 어머니도 알고 있었기 때문이다. 하지만 딸의 고민은 정말 심각했다. 그녀는 고상한 성품을 가지고 있어서 웨일스의 도가 지나친 치근거림을 곧이곧대로 받아들였던 것이다.

주방의 식탁에서 먹는 음식은 그다지 다양하지 않았고 어차피 양도 충분하지 않았다. 그래서 우리 견습공들은 스스로의 기술로 먹을 것을 해결했다. 즉 우리 스스로 발견한 비밀스러운 통로로 거의 매일 밤 지하 저장실로 숨어 들어가서 감자, 양파 등을 인쇄소로 가져왔다. 우리는 인쇄소에서 짚으로 만든 요를 바닥에 깔고 잠을 잤고 훔쳐 온 감자를 난로에 구워 먹으면서 재미있게 지냈다. 웨일스는 자기만의 훌륭한 감자 요리 비법을 가지고 있었다. 웨일스 식으로 요리된 감자를 그 후에 딱 한 번 본 적이 있다. 1891년 말경 독일의 황제인 빌헬름 2세가 사적인 식사 자리에 나를 초대했을 때였다. 웨일스 식으로 요리된 감자가 식탁 위에 놓여지자 나는 너무 놀란 나머지 분별력을 잃고 정신 차릴 겨를도 없이 용서받지 못할 실수를 저지르고 말았다. 황제가 먼저 말하도록 기다리지 않고 내 편에서 먼저 황제에게 말을 걸면서 식탁 위의 감자에 대한 반가운 감정을 유쾌하고 시끌벅적하게 쏟아 놓았던 것이다. 황제는 내 행동에 충격을 받지 않은 듯, 화가 나지 않은 듯 보이려고 무던히도 애쓰고 있었지만 분명히 화가 나 있었다. 그곳에 참석했던 여섯 명의 귀족도 마찬가지였다. 그들은 모두 돌쳐럼 굳어서 말 한마디 하지 않았다. 등골이 오싹해지는 침묵이 잠시 계속되었고 아무도 감히 그 침묵을 깰 수 없었기 때문에 황제 자신이 깨지 않았다면 아마도 영원히 계속되었을 것이다. 그때 시간이 6시 30분이었는데 그 얼어붙은 분위기는 좀처럼 사라지지 않다가 자정이 되어 맥주를 주거니 받거니 하며 마실 때쯤 겨우 풀렸다.

앞에서 말했던 것처럼, 아멘트 씨는 답답하고 지독한 구두쇠였다. 견습공들이 지하실에서 1층으로 승격을 해서, 견습을 마친 페트 맥머레이(Pet MacMurray)와 함께 자신의 집 식탁에서 식사를 하게 되었을 때도 그의 구두쇠 노릇은 여전했다. 아멘트 부인은 당시 새색시였다. 결혼 상대자를 기다리며 오래 견딘 끝에 결국 아멘트의 아내 위치를 차지하게 된 그녀는 아멘트 씨의 말대로 바로 그 집에 딱 어울리는 그런 종류의 여인이었다. 우리에게 설탕통을 맡기지 않고 손수 우리의 커피에 설탕을 넣어 줄 정도였기 때문이다. 웨일스는 그녀가 실제로 설탕을 넣지 않고 넣는 흉내만 낼 뿐이라고 했다. 흑설탕을 한 숟갈 가득 커피 컵에 넣는 척했을 뿐 속임수라는 것이 그의 주장이었다. 설탕이 엉기게 만들기 위해서 먼저 숟갈을 커피에 담근 후에 설탕통에 넣었다가 꺼내게 되면 시각적으로는 설탕이 가득 쌓여 있는 것처럼 보이지만 사실은 살짝 덮여 있을 뿐이라는 것이다. 나한테도 이 말이 사실처럼 들렸지만 실제로 그렇게 하기는 상당히 어려운 것으로 미루어 보아 사실이 아니고 웨일스가 한 거짓말 중의 하나였다고 생각한다.

앞에서 웨일스가 무모하다고 얘기했었는데 사실 그는 무모했다. 유쾌한 젊은이에게 흘러넘치는 활기차고 힘찬 정신의 무모함이었다. 단 5분의 자신의 즐거움을 위해서 이 거대한 체구의 젊은이가 할 수 없는 일이라고는 없었다. 그가 다음번에는 어디서 어떤 일을 터뜨릴지 결코 알 수가 없었다. 또한 눈에 띄는 특징이 있었는데 한계를 모르는 불손함이 그것이었다. 그의 삶에서 진지한 구석이라고는 없었고 존중하는 것도 없는 듯했다.

당시에는 캠프벨라이트(Campbellite)라는 새로운 종파가 널리 퍼져 있었는데 유명한 종파 창시자가 켄터키에서 우리 마을로 온다고 해서 마을 사람들이 엄청나게 흥분한 적이 있었다. 많은 수의 농부와 그 가족들이 유명한 알렉산더 캠프벨을 직접 보고 가까이서 설교를 들으려고 수마일 떨어진 마을까지 마차를 타거나 혹은 걸어서 몰려왔다. 교회에서 설교를 하려 했지만 그토록 많은 군중을 수용할 만큼 큰 교회가 없었기 때문에 야외의 공공 광장에서 설교를 했고 나는 평생 처음으로 지구상에 이렇게 많은 사람이 모일 수도 있구나 하는 것을 깨달았다.

캠프벨은 이런 행사를 위해 특별히 준비해 두었던 연설을 했고 그 종파 사람들은 이 연설을 인쇄해서 간직하면서 되풀이해서 읽고 또 읽으며 외우고 싶어 했다. 그래서 돌아다니면서 인쇄 자금을 모금하기 시작하여 총 16달러를 모았다. 아멘트 씨가 16쪽짜리 12절판의 팸플릿 형태로 500부를 인쇄하고 노란 종이로 표지를 만들기로 계약을 했을 정도로, 당시로서는 꽤 큰 금액이었다. 인쇄소로서도 큰 거래여서, 이 팸플릿 작업을 통해 서적 인쇄소로 자리를 잡는 계기가 마련되었다. 게다가 16달러라는 큰 액수가 인쇄소에 들어온 일은 처음이었다. 당시 사람들은 흔히 인쇄 비용을 돈으로 지불하는 대신 물건, 설탕, 커피, 히코리 나무, 참나무, 순무, 호박, 양파, 수박 등으로 지불하고 있었다. 돈으로 지불하는 사람은 거의 없어서 간혹 그런 사람이 있으면 혹 무슨 문제가 있는 것은 아닌지 의심할 정도였다.

우리는 쪽별로 나누어 훌륭한 책을 만들었다. 8쪽을 조판하여 인쇄용 매뉴얼을 참조하면서 목요일에 인쇄를 했다. 그리고 나머지 8쪽을 정리해서 다시 조판하여 교정쇄를 찍었다. 교정쇄를 읽던 웨일스는 이내 대경실색했다. 실수를 찾았던 것이다. 토요일 정오가 가까웠기 때문에 시간적 여유가 별로 없었다. 토요일 오후는 휴일이어서 우리는 일에서 벗어나 낚시를 가고 싶었다. 이런 시점에 웨일스가 실수를 발견하고 우리에게 보여 준 것이었다. 행간을 띄지 않고 빽빽하게 인쇄된 줄에서 단어 두 개가 빠져 있었다. 게다가 앞으로 두세 쪽 안에는 글자들을 당겨 넣을 만한 여백이 없었다. 세상에, 이 일을 어찌할 것인가? 단어 두 개가 누락되었다고 모든 장을 다시 인쇄해야 하는가? 다시 인쇄하려면 한 시간은 족히 걸릴 것이다. 그리고 교정된 원고를 목사에게 보내서 읽을 때까지 기다려야 한다. 목사가 다시 실수를 발견하는 경우에는 그것을 또 고쳐야 한다. 그렇게 되면 오후의 절반이 그대로 날아갈 것이 뻔했다.

그때 웨일스가 번뜩이는 아이디어를 내놓았다. 빠진 단어가 들어가야 하는 줄에 Jesus Christ라는 단어가 있었다. 웨일스는 이를 프랑스식으로 J. C.로 줄였다. 이렇게 해서 누락된 단어를 넣을 공간을 확보하기는 했지만 특별히 경건한 문장에서 99% 경건한 단어를 빼는 꼴이 되고 말았다. 우리는 교정된 원고를 보내고 목사의 답변을 기다렸다. 오래 기다릴 생각은 아니었다. 원래 계획으로는 교정된 원고가 다시 돌아오기 전에 낚시를 갈 생각이었다. 그러나 우리는 그다지 동작이 빠르지 못했다. 위대한 알렉산더 캠프벨이 즉각 인쇄소에 모습을 드러냈는데, 그의 얼굴 표정은 인쇄소 전체에 암울한 기운을 던지기에 충분했다. 그는 우리가 있는 곳으로 성큼성큼 걸어왔다. 그의 말은 매우 간단했지만 무척 엄격했고 정확히 정곡을 찔렀다. 그는 웨일스에게 연설문을 읽어 주고는 "당신이 살아 있는 한 절대로 다시는 구세주의 이름을 줄이지 마시오. 모두 적어 넣어요."라고 말했다. 그는 자신의 말을 강조하기 위해서 이 충고를 서너 번 되풀이하고는 가 버렸다.

당시 우리 지역에서는 종교를 욕하는 사람들이 신성모독적인 발언을 하면서 구세주의 이름을 강조해서 부르는 나름대로의 방법을 사용하고 있었는데 이 방법이 웨일스의 정신에 깊게 각인되어 있었다. 웨일스는 낚시나 수영을 하는 것보다 이러한 방법을 시도해 보는 것을 더욱 즐겼다. 그래서 그는 자신이 예전에 했던 작업을 고치는 동시에 위대한 설교자의 훈계를 용의주도하게 넘어서기로 결정했다. 설교자의 감정을 상하게 했던 J. C.라는 문구를 의도적으로 Jesus H. Christ로 늘려 넣었던 것이다. 이 때문에 인쇄를 새로 해야 했지만, 웨일스는 이렇듯 시간이 오래 걸리고 지겹고 따분한 작업을 기꺼이 시도했다. 그는 자신의 이러한 시도가 엄청난 문제를 일으키리라는 점을 알고 있었다. 하지만 그렇게 하지 않을 도리가 없었다. 자신의 기질에 굴복해서 행동하는 수밖에 없었기 때문이다. 그가 어떤 처벌을 받았는지는 기억이 나지 않지만 여하튼 웨일스는 처벌 따위에 신경을 쓰지 않았다. 이미 자신이 의도했던 소기의 목적을 달성했기 때문이다.

19

내가 신문사에서 처음으로 견습공 생활을 하고 있을 때였다. 그곳에서 나는 이후 55년 동안 후회해 마지않을 일을 하고 말았다. 여름 오후, 강으로 소풍을 가거나 유쾌한 놀이를 하며 지내기에 딱 좋은 그런 날씨였다. 하지만 나는 갇혀 있는 신세였다. 다른 사람들은 모두 휴가를 즐기러 갔다. 외롭고 서글펐다. 나는 무언가 잘못을 저질러서 벌을 받고 있는 중이었다. 휴일을 반납하고 혼자서 오후를 보내야 했다. 그때 내게 위안을 주는 것이 딱 하나 있었는데 바로 신선하고 빨갛게 잘 익은 커다란 수박 반 통이었다. 나는 수박을 칼로 파면서 거의 귀로 국물이 삐져나올 정도로 실컷 먹었다. 얼마 후 빈 수박껍질만이 남게 되었다. 버리기는 아까웠지만 딱히 달리 재미있게 사용할 방법이 떠오르지 않았다. 열린 창문턱에 앉아서 3층 아래 도로의 횡단보도를 내려다보다가 누군가의 머리 위로 수박껍질을 던져야겠다는 생각이 퍼뜩 들었다. 하지만 그래도 되는지 의심이 갔고 양심의 가책을 느꼈다. 결과적으로 내가 겪게 될 즐거움은 상당한 반면에 다른 사람은 불쾌할 것이기 때문이었다. 하지만 기회를 잡기로 결정했다.

창문으로 내려다보면서 적당한 대상을 찾으려 했지만 허사였다. 적당한 듯해서 자세히 보면 무시무시한 결과를 가져올 듯한 사람이었기 때문에 자제를 해야만 했다. 하지만 마침내 제대로 찾았다. 동생 헨리였다. 헨리는 마을을 통틀어 최고의 아이였고 부아가 날 정도로 선량했다. 그는 물론 선량함이 흘러 넘쳤지만 이번에 자신을 구할 만큼은 아니었다. 나는 헨리가 다가오는 것을 흥미롭게 쳐다보았다. 헨리는 유쾌한 여름의 몽상을 즐기면서 신의 섭리가 자신을 보호하고 있다는 사실을 조금도 의심하지 않고 걸어오고 있었다. 내가 어디 있는지 알고 있었다면 그러한 맹신의 강도가 훨씬 줄어들었을 텐데 말이다. 가까이 다가올수록 헨리의 모습은 점점 더 작아 보였다. 내가 있는 곳 아래에 거의 다다랐을 때는 너무 작아 보여서 콧등과 번갈아 움직이는 발밖에 보이지 않았다. 나는 거리를 계산해서 수박껍질을 조준하고는 하얀 부분을 아래로 해서 떨어뜨렸다.

조준의 정확성은 감탄의 수준을 넘어서는 것이었다. 그가 여섯 발자국쯤을 남겨둔 시점에서 수박껍질을 떨어뜨리고 두 물체가 서로 가까워지는 장면을 지켜보는 것은 정말 재미있었다. 그가 일곱 발자국을 걸었거나 다섯 발자국만 걸었어도 조준은 실패로 돌아갔을 터였다. 하지만 그는 정확하게 여섯 발자국을 떼었고 수박껍질은 정확하게 그의 머리 위에서 부서져서 마치 스프레이처럼 사방으로 튀었다. 내려가서 그를 위로해 주고 싶었지만 안전하지 않을 것 같았다. 당장 나를 의심할 것이 뻔했기 때문이다. 어쨌든 그가 나를 의심할 것이란 생각을 해서 위험한 상황을 피하려고 죽 지켜보았다. 하지만 동생은 이 일에 대해서 이삼일 동안 아무 말도 하지 않았기 때문에 나를 의심하지 않는 것으로 깜빡 속고 말았다.

이것은 착각이었다. 그는 단지 확실한 기회를 노리고 있었을 뿐이었다. 보복으로 자갈을 내 머리에 던졌던 것이다. 덕택에 머리에 커다란 혹이 나서 한번에 모자 두 개를 쓰고 있어야 했다. 나는 이 일을 어머니에게 고자질했다. 나는 언제나 헨리가 어머니의 속을 썩이기를 바라고 일을 꾸몄지만 한 번도 성공하지 못했다. 하지만 어머니가 내 끔찍한 혹을 보게 될 이번만큼은 확실하다고 생각했다. 하지만 어머니는 대단치 않다고 말씀하셨다. 어떤 상황이었는지 물어볼 생각도 하지 않았다. 다만 내가 마땅히 벌을 받을 만하기 때문에 벌을 받은 것이고, 이번 일을 귀중한 교훈으로 받아들이고 취할 것을 취하는 것이 최상이라고 생각하셨다.

1849년경에 형은 세인트루이스의 인쇄소와의 관계를 청산하고 한니발로 와서 〈한니발 저널〉이라는 주간 신문을, 공장과 영업권을 포함해서 500달러의 현금을 지불하고 사들였다. 형은 마을에서 5마일 떨어진 곳에 사는 존슨이라는 이름의 늙은 농부에게서 10%의 이자를 지불하기로 하고 현금을 빌렸다. 신문사를 사들인 후에는 신문 구독료를 2달러에서 1달러로 인하했고, 광고료 또한 같은 비율로 인하했다. 한 가지 절대적이고 부정할 수 없는 확실한 진리를 구축한 셈이다. 즉 그는 신문 사업에서 한 푼의 이익도 남길 수 없게 되었다.

형은 나를 일하던 신문사에서 그만두게 하고 일주일에 3달러 50센트의 임금으로 자기 밑에서 일하도록 했다. 이 임금은 상당한 금액으로 형은 자기 자신을 제외하고는 누구에게나 너그럽고 후했다. 하지만 실제로 내게는 한 푼도 들이지 않았다. 자기 밑에서 일하는 동안 한 번도 임금을 지급하지 않았기 때문이다. 사업을 시작한 해의 연말이 되자 형은 재정 문제에 대한 대책을 세워야겠다는 사실을 비로소 깨달았다. 사무실 임대료가 싸기는 했지만 지불할 형편이 아니었기 때문에 곧 공장 전체를 우리 가족이 살고 있는 집으로 옮겨서 집을 엉망으로 만들었다. 형은 4년 동안 신문을 찍어 냈는데 지금 생각하면 어떻게 그럴 수 있었는지 전혀 알 수가 없다. 매년 말이 되어 돈을 긁어모으면 존슨 씨에게 지불해야 할 이자 50달러를 겨우 마련할 수 있었고 이 50달러는 잉크와 인쇄지 비용을 제외하고 형이 신문사의 소유주로 있는 한 만질 수 있는 유일한 돈이었다. 신문 사업은 완전히 실패였고 처음부터 실패할 수밖에 없는 일이었다.

마침내 형은 신문사를 존슨 씨에게 넘기고 아이오와 주 머스커텐(Muscatine)으로 가서 그곳에서 주간 신문사를 운영하면서 이익을 조금 남겼다. 결혼을 할 수 있을 정도의 이익은 아니었지만 큰 문제가 되지는 않았다. 형은 케오쿡(Keokuk)에서 불과 몇 마일밖에 떨어지지 않은 일리노이 주 퀸시에 사는 매력적이고 예쁜 소녀를 만나서 약혼을 했다. 늘 소녀들과 연애를 했지만 어쨌거나 약혼까지 간 적은 한 번도 없었다. 하지만 그 약혼은 불운 그 자체였다. 약혼 후 곧장 형은 케오쿡에 사는 소녀와 다시 새로운 사랑에 빠졌기 때문이다. 형은 자신이 케오쿡의 소녀와 사랑에 빠졌다고 생각했지만 내 생각에는 그 소녀가 의도적으로 형에게 접근한 것 같았다. 형은 궁지에 몰렸다. 퀸시의 소녀와 결혼을 해야 할지, 케오쿡의 소녀와 결혼을 해야 할지, 아니라면 모든 사람의 입장을 고려해서 둘 다와 결혼을 해야 할지 결정할 수가 없었다. 하지만 케오쿡의 소녀가 곧 문제를 해결했다. 결단력이 뛰어났던 그녀는 형에게 퀸시의 소녀 앞으로 편지를 써서 파혼을 통보하라고 했고, 형은 그 말대로 했다. 그러고는 케오쿡의 소녀와 결혼을 했고, 결국 힘들고 개선될 가능성이 전혀 없는 삶과의 투쟁을 시작했다.

머스커텐에서 생계를 유지하는 것이 완전히 불가능했기 때문에 형과 새 신부는 케오쿡에 정착했다. 새 신부가 친척들 근처에서 살기를 원했기 때문이다. 형은 그곳에서 물론 외상으로 자그마한 인쇄공장을 구입했고 구입 즉시 견습공조차도 생계를 위협받을 정도로 인쇄 가격을 인하했다. 이러한 일은 그 후로도 계속되었다.

나는 머스커텐으로 형을 따라 이사하지 않았다. 이사하기 직전 (1853년으로 생각된다) 어느 날 밤 감쪽같이 세인트루이스로 도망치고 말았다. 그곳에서 한때 〈이브닝 뉴스 Evening News〉의 조판실에서 일을 했고 그 후에는 세상 구경을 하기 위해 여행을 시작했다. 그때 처음 도착한 곳이 뉴욕이었는데 마침 소규모의 만국 박람회가 열리고 있었다. 나중에 거대한 급수소가 생겼고 지금은* 호화로운 공공 도서관이 지어진 5번가와 42번가가 만나는 곳이었다. 뉴욕에 도착했을 때 내 수중에는 주머니에 들어 있는 2~3달러 정도의 잔돈과 코트의 안감 속에 숨겨 둔 10달러짜리 지폐만이 있었다. 클리프(Cliff) 가에 있는 존 A. 그레이 & 그린(John A. Gray & Green)의 점포에서 형편없는 임금을 받는 일자리를 구했고 드웬(Duane) 가에 위치한 정말 볼품없

---

*1906년에 저술

는 직공을 위한 하숙집에 숙소를 마련했다. 회사에서는 살쾡이 은행(wildcat bank: 1864년 연방은행법 제정 이전에 지폐를 남발한 은행—옮긴이)에서 발행한 지폐의 액면가로 임금을 지불했는데 겨우 하숙비를 지불할 정도밖에는 되지 않았다. 간혹 필라델피아로 건너가서 몇 개월 동안 〈인콰이어러 Inquirer〉와 〈퍼블릭 레저 Public Ledger〉에서 편집보조원으로 일했다. 그러고는 비행기를 타고 워싱턴 관광을 했고 1854년에 2~3일 동안 밤낮으로 흡연차에 똑바로 앉은 채 미시시피 밸리로 돌아왔다. 세인트루이스에 도착하자 나는 완전히 탈진했다. 그곳에서 머스커텐으로 향하는 증기선 침대에 올라 옷을 그대로 입은 채 잠에 빠져들어 36시간을 내처 잤다.

나는 케오쿡에 있는 형이 운영하는 자그마한 직업소개소에서 거의 2년 동안 한 푼의 임금도 받지 못한 채 일을 했다. 형이 임금을 지불할 능력이 전혀 없었기 때문이었는데 어쨌거나 그곳에서 나는 딕 하이햄(Dick Higham)과 즐겁게 지냈다.

1856년이나 1857년의 어느 한겨울 날 오전, 케오쿡의 주 도로를 걷고 있을 때였다. 아주 혹독한 날씨여서 거리에는 거의 인적이 없었다. 가볍고 보송보송한 눈이 여기저기 흩날리고 이쪽저쪽으로 선회하면서 온갖 아름다운 모양을 만들어 내고 있었다. 하지만 쳐다보고 있기에는 너무나 추웠다. 바람에 종이 한 장이 날려서 나를 지나 어느 집 벽에 붙었다. 무언가에 끌리듯 그 종이를 집어들었다. 50달러짜리 지폐였다. 살면서 처음 본 큰 액수의 지폐였다. 나는 지폐의 주인을 찾는 광고를 냈고 주인이 광고를 보고 내 행운을 가져가 버리지 않았으면 해서 며칠 동안을 천 달러 가치 이상의 고독과 두려움과 고민으로 고통받았다. 주인이 나타나지 않은 채 나흘이 지나자 그러한 비참함을 더 이상 견딜 수가 없었다. 위험으로부터 돈을 지키기로 판단한 나는 당장 표를 끊어 신시내티로 가서 라이트슨 & 컴퍼니(Wrightson & Company)의 인쇄국에서 몇 개월을 근무했다.

하숙집의 하숙생들은 다양한 연령층과 성별로 이루어진 평범한 사람들이었다. 모두 활기차고 경박하고 수다스러웠다. 마음은 선량하고 삶은 즐거움으로 가득했다. 하지만 단 한 사람, 스코틀랜드인인 맥팔레인(Macfarlane)을 제외하고는 모든 일에 끔찍하리만치 무관심했다. 맥팔레인은 내 나이의 두 배인 40세였고 우리는 거의 모든 면에서 정반대였지만 처음부터 친구가 될 수 있었다. 나는 저녁이면 그의 방에 있는 화로 옆에서 시계가 밤 10시를 칠 때까지 그의 지칠 줄 모르는 얘기와 겨울 폭풍우의 웅성거리는 소리를 들으며 지냈다. 그 시간 즈음이면 그는 훈제 청어를 필라델피아에서 사귀었던 영국인 친구가 가르쳐준 방식대로 구웠다. 청어를 구워 먹고 나면 그가 잠자리에 들 시간이란 의미였고, 이는 내가 갈 시간이란 신호이기도 했다.

그는 6피트의 키에 다소 말랐으며 진지하고 성실했다. 유머감각이라곤 전혀 없었을 뿐만 아니라 유머를 이해하지도 못했다. 항상 미소 비슷한 것을 얼굴에 띠고 있었는데 그의 좋은 성품을 내보이는 역할을 했다. 하지만 웃는 소리를 듣는 순간 이런 생각은 싹 사라지고 말았다. 그는 나를 제외하고는 하숙집에서 친한 사람이 없었다. 모든 사람에게 예의바르고 유쾌한 태도를 취했는데도 말이다. 철학, 역사, 과학 서적 등 무거운 책을 수십 권 가지고 있었고 잘 보이는 곳에 항상 성경책과 사전을 꽂아 두었다. 청어를 구워 먹고 난 후에 그는 잠자리에서 두세 시간 동안 책을 읽었다.

그는 말이 많은 편이었지만 자기 자신에 대해서는 거의 말하지 않았다. 개인적인 질문을 하면 그다지 기분 나빠하지도 않았지만 대답도 하지 않은 채 그저 조용히 화제를 딴 데로 돌리곤 했다. 한번은 자신이 정식 학교교육을 거의 받지 못했고, 여태껏 배운 것은 모두 스스로 습득한 것이라고 내게 말했다. 그것이 자신에 대해 말한 유일한 내용이었다. 그가 총각인지, 홀아비인지, 이혼남인지 아무도 몰랐다. 그의 옷은 싸구려이기는 하지만 단정하고 손질이 잘 되어 있었다. 그는 아침 여섯 시에 하숙집을 나서면 저녁 여섯 시경이 되어야 돌아왔다. 손이 거친 것으로 봐서 보잘것없는 임금을 받으면서 하루에 10시간 동안 일해야 하는 기계 관련 직업에 종사할 것이라 짐작했지만 사실을 알 수는 없었다. 대체로 사람들은 자신의 직업과 관련된 전문적인 용어, 은어 등을 은연중에 말하기 때문에 직업을 짐작할 수 있게 마련이다. 하지만 맥팔레인의 경우는 결코 그렇지 않았다. 혹 그러한 경우가 있을까 하여 반 년 동안 계속 감시를 했지만 말이다. 하지만 이것은 단순한 호기심이었다. 나는 그의 직업이 무엇이든 상관없었다. 하지만 탐정처럼 멋지게 조사해 보고 싶었기에 그것이 여의치 않자 부아가 나기는 했다. 언제나 자신의 얘기를 쏙 빼놓고 말을 하는 것을 보면 대단한 사람이라는 생각이 들었다.

  그에게는 주목할 만한 특징이 또 있었다. 사전을 처음부터 끝까지 꿰뚫고 있는 듯 보였고 실제로 그렇다고 했다. 이에 대한 자부심 또한 대단해서 아무 영어 단어를 대어도 즉시 철자와 뜻을 말할 수 있다고 호언장담했다. 그의 콧대를 납작하게 해 줄 만한 단어를 찾으려고 수많은 시간과 노력을 쏟아부었지만 모두 허사였고 결국 기권하고 말았다. 이런 내 노력이 오히려 그의 자부심과 쾌감을 부채질했기 때문에 나는 하루라도 더 일찍 포기하지 않은 것이 후회스러웠다.

  그는 사전만큼이나 성경에도 익숙한 것 같았다. 자기 자신을 철학가이자 사색가쯤으로 생각하는 것이 눈에 보였다. 항상 진지하고 거창한 질문을 화제로 하여 말하곤 했다. 결론적으로 그의 말 속에는 마음과 양심이 담겨 있었고 자신의 말에 도취되는 헛된 쾌락을 추구하는 흔적은 찾아볼 수 없었다고 말하는 것이 그에 대한 공평한 견해라고 생각한다.

물론 그의 사고와 추론, 철학적 사색 등은 부분적으로 학습된 것이고 본격적인 훈련을 거치지 못한 정신의 산물이기는 했지만 우연히 신기하고 놀라운 생각을 하기도 했다. 예를 들어서 1856년 초, 다윈이 《인간의 유래 The Descent of Man》로 세상을 깜짝 놀라게 하기 14~15년 전에 이미 맥팔레인은 다윈과 같은 생각을 신시내티의 그 하숙집에서 내게 말했었다.

일반적인 맥락으로 보면 같은 이론이지만 물론 차이점은 있었다. 맥팔레인은 세상의 동물들은 수백억 년의 시간에 걸쳐서 소수의 미세한 미생물로부터 진화한 것이거나 태초에 조물주가 지구에 떨어뜨린 하나의 미생물로부터 진화해서 이 진화가 인간에 이를 때까지 궁극적인 완성을 향해서 위쪽으로 전진한 것이라 생각했다. 이렇게 발전을 거듭하던 체계가 결국 인간 단계에 이르러 비참하게 무너져서 붕괴되어 버렸다고 했다!

동물의 제국에서 인간의 마음만이 유일하게 사악한 것이라고 그는 말했다. 그래서 인간은 악의, 질투, 원한, 복수심, 증오, 이기심을 느낄 수 있고, 무절제를 사랑하는 유일한 동물일 뿐만 아니라, 개인적인 불결과 더러운 주거지를 참아낼 수 있고, 애국심이라 불리는 완전히 발달된 기본본능을 가지고 있고, 자신의 직계 종족을 약탈하고 학대하고 억압하고, 어느 종족의 소유물이라도 훔치고 그 종족을 노예로 삼는 유일한 동물이라고 했다.

인간의 지성은 인간에게 잔인함만을 부여해서 다른 동물보다도 더 낮은 지위로 강등시키는 역할을 할 뿐이며 모든 인간은 매일 지성을 이용해서 다른 사람의 희생을 딛고 자신만의 이익을 챙긴다는 것이 그의 주장이었다.

20

헌돈(Herndon) 대위의 아마존 탐험기를 읽으면서 코카나무에 대해 언급한 부분에 무척이나 흥미가 끌렸다. 그래서 아마존 강의 코카나무 근원지로 가서 코카를 모아 팔아 돈을 벌어야겠다고 결심했다. 이런 어마어마한 아이디어로 잔뜩 마음이 부풀어 '폴 존스(Paul Jones)'라는 뉴올리언스 행 증기선에 올라탔다. 그 배의 수로 안내인 중에 호레이스 빅스비(Horace Bixby)가 있었다. 그와 차츰 친해져서 그가 주간 당직일 때는 내가 배의 키를 잡는 일이 많았다. 그런데 막상 뉴올리언스에 도착하자 파라(Pará)로 떠나는 배는 있지도 않았고 앞으로 배편이 생길 가능성도 거의 없다고 했다. 신시내티를 떠나기 전에 가지고 있던 특별한 계획에 관련된 얘기는 꺼낼 엄두도 낼 수 없었다. 뉴올리언스에는 친구도 없고 수중에는 돈도 없었다. 호레이스 빅스비에게 가서 수로 안내인으로 만들어 달라고 하자 그는 500달러를 내되 100달러는 선금으로 달라고 했다. 그래서 배를 대신 조종해서 세인트루이스에 간 후에 매형에게 돈을 꾸어 계약을 맺었다. 매형이 생긴 지는 몇 년 되었는데 이름은 윌리엄 A. 모페트(William A. Moffett)였고 버지니아 출신 상인으로 모든 면에서 좋은 사람이었다. 그는 내 누이인 파멜라와 결혼했다. 18개월이 채 되지 않아서 나는 유능한 수로 안내인이 되었고 남북전쟁이 터져서 미시시피 강의 수로 교통이 정지될 때까지 그 일에 종사했다.

1858년에는 뉴올리언스와 세인트루이스를 오가는 빠르고 인기 있는 정기선인 '펜실베이니아 호'에서 클라인펠터(Kleinfelter) 선장의 지휘 아래 키잡이로 일했다. 내 주인이었던 빅스비 씨가 '펜실베이니아'의 수로 안내인 브라운 씨에게 나를 빌려주었기 때문에 약 18개월 동안 브라운 씨 밑에서 배의 키를 잡았던 것으로 기억한다. 그러던 1858년 5월, 그 유명한 증기선의 마지막 여행이 되어 버린 비극적인 사건이 발생했다. 나는 이 얘기를 내 책 중의 하나인 《미시시피에서의 생활Life on the Mississippi》에 풀어 놓았다. 하지만 그 책에서는 내가 꾼 꿈에 대해서 말한 것 같지 않다. 꿈 얘기를 활자화한다는 것은 불가능한 일이었다. 그 꿈에 대해서 어머니가 알까 봐 두려워서였는데 어머니는 내가 그 책을 펴낸 후에도 몇 년간 더 사셨다.

나는 '펜실베이니아 호'에 동생인 헨리의 취직 자리를 잡을 수 있었다. 경제적 이익은 없지만 장래성이 있는 자리였다. 헨리의 직책은 하급 선원이었는데 봉급을 받지는 않았지만 승진은 가능하여 즉시 3급, 2급 그리고 1급 선원 즉 사무장이 될 수 있었다. 내가 그 꿈을 꾼 시점은 헨리가 하급 선원이 된 지 석 달쯤 되었을 때였다. 배는 세인트루이스 항구에 정박해 있었다. 배가 정박해 있는 사흘 동안 수로 안내인과 키잡이는 할 일이 없었다. 하지만 하급 선원은 새벽녘에 일을 시작해서 밤에도 횃불을 밝히고 일을 계속해야 했다. 헨리와 나는 무일푼이었고 월급도 받지 못했기 때문에 항구에 정박해 있는 동안에는 매형인 모페트의 집에서 밤마다 숙식을 해결했다. 하지만 사실 숙식을 해결한 것은 나뿐이었고, 헨리는 밤 9시부터 11시까지 매형 집에 있다가 새벽일을 하기 위해 배로 돌아갔다.

꿈을 꾸던 날 밤이었다. 헨리는 평상시대로 밤 11시에 가족과 악수를 하면서 집을 나섰다. 작별할 때 악수를 하는 것은 가족의 관습은 아니었지만 당시 미주리의 관습이었다. 지금까지 살아오면서 클레멘스 가족의 일원이 자기 가족에게 입맞춤하는 것을 본 적은 없다. 단 한 사람을 제외하고는. 아버지는 한니발의 우리 집에서 죽음을 맞이할 때 딸의 목에 팔을 두르고 끌어당겨서 입맞춤을 하시고는 "나를 죽게 해 줘."라고 말씀하셨다. 나는 아버지의 마지막 말씀이 된 이 말 뒤에 엄습했던 죽음의 그림자를 기억한다. 가족 간의 작별은 항상 2층에 있는 거실에서 이루어졌고 헨리는 더 이상의 인사 없이 아래층으로 향했다. 하지만 이번에는 어머니가 헨리와 함께 층계 끝까지 가서 다시 한번 작별인사를 했다. 내가 기억하기로 어머니는 헨리의 태도에 있는 무엇인가에 마음이 걸린 듯 층계 끝에 서서 아들이 층계를 내려가는 모습을 지켜보셨던 것 같다. 헨리는 문에 다다르자 머뭇거리더니 층계를 다시 올라와 한 번 더 작별의 악수를 했다.

나는 꿈을 꾸다가 아침에 잠에서 깨어났다. 꿈이 너무나 선명하고 너무나 실제 같아서 정말 실제라고 생각했다. 꿈에서 나는 헨리의 시체를 보았다. 헨리는 금속관에 누워 있었다. 내 옷을 입고 있었고, 가슴에는 가운데 빨간 장미 한 송이가 있는 커다랗고 하얀 장미 꽃다발이 놓여 있었다. 관은 의자 두 개 위에 놓여 있었다. 나는 옷을 입고 문을 향해 걸어가면서 관 속에 누운 헨리에게 가 보리라 생각했지만 이내 마음을 바꾸었다. 어머니를 볼 수 없을 것 같다는 생각이 들었다. 잠시 기다리면서 이 엄청난 시련에 대한 마음의 준비를 해야겠다고 생각했다. 집은 13가의 위쪽 로쿠스트 가에 있었다. 집을 나와 14가까지 걸어가던 나는 순간 모든 것이 실제가 아니라 꿈에 불과하다는 생각이 들었다. 그 순간 복받치던 감사의 감정은 지금도 어느 정도 느낄 수 있다. 또한 결국 실제가 될 지도 모른다는 의심을 떨쳐 버릴 수 없었던 감정 또한 느낄 수 있다. 나는 뛰다시피 집으로 돌아와 층계를 한 번에 두서너 계단씩 오르면서 거실로 뛰어들어갔다. 관이 없었다. 나는 다시 한번 눈물나게 기뻤다.

우리는 평상시와 마찬가지로 별 사건 없이 뉴올리언스로 향했다. 아니다. 사건이 없었던 것은 아니다. 뉴올리언스로 가는 동안 나는 브라운 씨와 싸웠고, 열이 받은 브라운 씨는 나더러 뉴올리언스 해안에 남으라고 명령했다. 뉴올리언스에서는 항상 일자리를 구할 수 있었다. 저녁 7시부터 아침 7시까지 운송화물을 지키고 3달러를 받는 것은 나의 특권이었다. 35일에 한 번씩 사흘 밤을 일하는 직업이었다. 헨리는 자신의 임무가 끝나는 저녁 9시면 항상 나와 함께 보초를 섰고 우리는 보초 구역을 자주 돌면서 자정이 될 때까지 수다를 떨었다. 헨리와 헤어져야 했기 때문에 못내 마음이 놓이지 않던 나는 배가 떠나기 전날 밤 헨리에게 신신당부했다.

"배에 무슨 일이 생겼을 때 이성을 잃고 어리석은 행동을 해서는 안 돼. 재빨리 천막 갑판으로 가서 항구 쪽 조타실 뒤쪽에 묶여 있는 구명보트를 끌어내리고 항해사의 명령에 따르도록 해. 그러면 네가 큰 역할을 할 수 있어. 구명보트를 띄우고 나면 여자들과 어린아이들이 배에 타도록 도와주고 그 배에는 타지 마. 지금은 여름인데다가 강은 대체로 폭이 1마일 정도니까 헤엄을 치면 아무 문제없이 강가에 닿을 수 있어."

2~3일 후 이른 아침 멤피스 하류 쉽 아일랜드(Ship Island)에서 배의 보일러가 폭발하는 사고가 발생했다. 그 후에 일어난 일에 대해서는 이미 《미시시피에서의 생활》에서 얘기했다. 사고 소식을 들은 나는 다른 배를 타고 하루 늦게 '펜실베이니아 호'를 찾아갔다. 우리가 닿는 항구마다 재앙에 관한 소식을 접하게 돼서 멤피스에 도착할 즈음에는 모든 진상을 알게 되었다.

나는 커다란 건물의 바닥에 깔아 놓은 매트리스 위에 화상을 입고 누워 있는 삼사십 명의 사람들 틈에서 헨리를 발견했다. 어떤 몰지각한 사람이 헨리가 증기를 흡입했을 뿐만 아니라 몸 전체에 심한 화상을 입어서 얼마 살지 못할 것이라고 말했다. 의사와 간호사도 살 가망성이 있는 사람들만 치료하고 있는 중이라고 했다. 아닌 게 아니라 일손이 모자랐기 때문에 헨리와 같이 치명상을 입은 중상자들은 긴급한 환자가 없을 때만 틈틈이 치료를 받고 있었다. 하지만 그 지역에서 평판이 자자한 따뜻한 마음씨를 가진 나이 지긋한 의사 페이톤 씨는 나를 위로하고 헨리의 간호에 집요하게 매달려서 일주일 만에 헨리를 소생시켰다. 의사는 헨리의 상태에 대해서 구체적인 언질을 한마디도 하지 않고 있었는데, 어느 날 밤 11시경 나에게 헨리가 위험에서 벗어나 회복될 것이라고 말했다. 그러고는 이렇게 덧붙였다.

"자정에 이곳 여기저기에 누워 있는 이 불쌍한 사람들이 애도하고, 통곡하고, 절규하기 시작할 겁니다. 이런 소동이 헨리에게 좋지 않은 영향을 줄 수 있으니까 당직 의사에게 1/8 분량의 모르핀을 주라고 하세요. 하지만 헨리가 동요하는 눈치를 보일 때만 주어야 합니다."

오, 그 후에 일어났던 일은 생각조차 하기 싫다. 의과 대학도 졸업하지 않은 젊은 당직 의사가 실수를 하고 만 것이었다. 그는 모르핀을 1/8 분량만큼 잴 방법이 없었기 때문에 어림짐작으로 칼끝에 상당량의 모르핀을 모아 헨리에게 주었고, 이내 모르핀의 치명적인 부작용이 나타났다. 헨리는 새벽녘에 죽었다. 헨리가 시체 안치실로 옮겨지고 나는 잠시 대기실에 가서 그동안 쌓인 피로로 깜빡 잠에 빠졌다. 그러는 동안 일이 일어났다. 사망자를 위해 제공된 관은 칠을 하지 않은 흰색 소나무 관이었는데 멤피스에 거주하는 몇몇 부인들이 60달러의 기금을 모아서 금속관을 샀던 것이다. 내가 헨리의 시체가 있는 방으로 돌아갔을 때 헨리는 내 옷을 입은 채 열려진 관에 누워 있었다. 나는 몇 주 전에 꾸었던 꿈이 정확하게 현실로 재현되었다는 것을 직감했다. 딱 한 가지 점을 제외하고는 말이다. 하지만 그 한 가지도 곧 이루어졌다. 한 노부인이 가운데 빨간 장미 한 송이가 있는 커다랗고 하얀 장미꽃다발을 들고 와서 헨리의 가슴에 올려놓는 것이 아닌가.

꿈의 본질은 그림이고 그 그림이 너무나 선명하기 때문에 말이나 구체적이지 않은 사실보다도 기억에 훨씬 더 오래 남는다. 그 꿈을 꾼 지 그토록 많은 세월이 흘렀지만 나는 지금도 그 장면을 이 방, 내 앞에서 방금 일어난 일처럼 분명하게 볼 수 있다. 꿈 전체에 대해 말하지는 않으려 한다. 말하지 않은 내용도 있다. 꿈이 현실로 나타난 경우를 모두 얘기하지는 않았다는 의미이다. 하지만 시체 안치실에서의 사건 후에 일어났던 일에 대해 한 가지는 말해야 할 것 같다. 내가 관과 함께 세인트루이스에 도착했을 때는 아침 8시경이었다. 나는 매형의 사무실로 달려갔다. 그가 있기를 바라면서. 하지만 내가 사무실로 가는 동안 매형은 집에서 나와 배로 가는 중이었다. 길이 엇갈렸던 내가 다시 배로 돌아오자 관이 사라졌다. 매형이 관을 집으로 옮겨 갔던 것이다. 나는 급히 집으로 향했고 집에 도착했을 때는 사람들이 관을 차에서 내려서 층계로 옮기는 중이었다. 나는 그 행렬을 중지시켰다. 헨리의 얼굴 한 부분이 모르핀 때문에 당겨지고 일그러져 있었기 때문에 어머니가 그 얼굴을 보지 못하게 하기 위해서였다. 내가 위층에 올라갔을 때 나는 꿈속에서 보았던 의자 두 개가 놓여 있는 것을 보았다. 내가 몇 분만 늦게 도착했다면 관은 몇 주 전의 꿈에서처럼 그 의자 두 개 위에 놓여졌을 것이다.

21

 1861년 1월 26일 루이지애나 주가 연방에서 탈퇴했을 당시 나는 뉴올리언스에 있었고, 다음날 북부로 떠났다. 6월에 나는 미주리의 랄스 카운티(Ralls County)에서 톰 해리스(Tom Harris) 장군 휘하의 소위로 남부 연합에 가담했고 율리시스 그랜트(Ulysses Grant) 장군의 포로가 될 뻔한 지경을 겪기도 했다. 나는 퇴각이 계속되자 '피로로 인한 무기력'을 이유로 전장에 나간 지 2주 만에 사직했다.
 그러는 동안 형은 케오쿡에 있는 자신의 자그마한 직업소개소에서 쩔쩔매며 살고 있었다. 형 부부는 처가 쪽 식구와 함께 살고 있었는데 명목상으로는 하숙이라 했지만 하숙비를 지불할 능력은 없어 보였다. 직업소개소에서는 일을 해 주고 대금을 청구하지 않았기 때문에 형은 거의 일감이 없었다. 이익을 남기지 않고 일을 해 주는 것이 오히려 일의 질을 떨어뜨려서 가치를 상실하고 만다는 점과 고객들은 비용을 지불하는 한이 있어도 더 좋은 일자리를 구할 수 있는 소개소로 간다는 점을 형은 결코 이해할 수 없었다. 형은 시간이 많았기 때문에 '블랙스톤'을 인수하고 일반 대중에게 법률 서비스를 제공한다며 변호사 사무실 간판을 내걸었다. 수임료도 기꺼이 받지 않고 운영료 또한 스스로 해결하려 했지만 의뢰해 오는 사람은 하나도 없었다. 형은 언제나 그런 식으로 자유주의자였다.
 이내 형은 강을 따라 2~3마일 떨어진 알렉산드리아라는 작은 마을로 이사를 가서 다시 간판을 내걸었지만 여전히 수임 건은 없었다. 이 시기에 형은 매우 형편이 어려웠다. 당시 나는 수로 안내인으로 한 달에 250달러의 봉급을 받기 시작했기 때문에 형에게 일자리가 생긴 1861년까지 형을 부양할 수 있었다. 1861년 형의 옛 친구이자 당시 링컨 대통령의 첫 내각의 일원이었던 에드워드 베이츠가 형을 새로운 네바다 준주(準州 아직 주의 지위를 가지지 못한 지역―옮긴이)의 비서직에 앉혔다. 형과 나는 짐을 정리해서 육로 역마차를 타고 부임지로 향했다. 역마차 삯도 물론 내가 지불했고 꽤나 비쌌던 것으로 기억한다. 그동안 모은 돈 800여 달러를 가져갔는데 모두 은전이어서 무게 때문에 무척 고생을 했다. 고생을 시킨 물건이 또 있었는데 바로 '무삭제 사전(Unabridged Dictionary)'이었다. 무게가 거의 1천 파운드에 육박하는데다가 역마차 회사에서 초과 화물에 대해서는 온스 당으로 운임을 청구했기 때문에 운반 비용 또한 엄청났다. 사전 때문에 지불해야 했던 초과 운임 정도라면 당분간 한 가족을 부양할 수도 있었을 것이다. 게다가 이 사전에는 현대에 사용하는 단어는 수록되어 있지 않고 노아 웹스터(Noah Webster: 미국의 대표적 사전 웹스터를 만든 사람―옮긴이)가 아이였을 때나 사용했음직한 한물간 단어만 수록되어 있었기 때문에 어쨌든 좋은 사전도 아니었다.

새로운 네바다 준주의 정부 관리들은 희한한 집단이었다. 당시 주지사였던 나이(Nye)는 뉴욕 출신의 늙은 베테랑 정치인이었다. 사실 그는 좋은 정치가라기보다 모사꾼에 가까웠다. 머리는 백발이었지만 좋은 신체적 조건을 갖추고 있었는데, 사람을 끄는 친근한 얼굴에 마치 모국어를 구사하듯 모든 감정과 열정을 말할 수 있는 깊고 빛나는 갈색 눈을 가지고 있었다. 그는 사적인 자리에서나 정치적 연설 자리에서나 뛰어난 말주변을 자랑했는데 그의 눈은 이러한 혀를 능가했기 때문에 그에게는 상당한 무기가 되었다. 그는 약삭빠른 사람이어서 어떤 일이 벌어졌을 때 표면적으로 나타나는 사실을 넘어서서 그 내면에서 일어나고 있는 일까지 알아차렸다. 물론 그 문제를 예의 주시하고 있다는 사실을 다른 사람이 전혀 눈치 채지 못하게 한 채 말이다.

네바다 준주에는 못된 장난을 치는 사람들이 꽤 많았다. 당시 나는 이런 이들을 좋아했기 때문에 이와 관련된 사건을 얘기하는 게 조금도 기쁘지 않지만, 어쨌든 사실은 사실이다. 주지사 휘하의 관리들은 주지사를 상대로 못된 장난을 치고 싶어 했다. 그러나 주지사는 그리 호락호락한 사람이 아니었다. 마침내 칼슨 시와 버지니아 시의 우두머리 모략가들이 단결해서 당시에 선풍적인 인기를 끌었던 식초에 절인 굴로 만든 스튜와 샴페인을 차려 놓고 주지사를 초청했다. 이 스튜와 샴페인은 그 지역에서는 거의 볼 수 없는 사치스러운 음식이었고 상상 속에서나 존재할 법한 음식이었다.

주지사는 그 초청에 나를 데리고 갔다. 그는 깔보는 듯한 말투로 말했다.

"가소로운 계획이야. 속이려야 속일 수가 없지. 그 작자들의 속셈은 나를 취하게 만들어서 식탁 밑에 밀어 넣으려는 거야. 그렇게 되면 내가 웃음거리가 된다고 생각하는 거겠지. 하지만 그들은 날 몰라. 나는 샴페인을 자주 먹기 때문에 그따위 계략은 나한테 안 먹혀."

장난이 어떻게 끝날지는 새벽 두 시가 될 때까지 알 수 없었다. 두 시가 되었는데도 주지사는 차분하고, 상냥하고, 편안하고, 행복해하는데다 정신 또한 말짱했다. 샴페인을 너무 마셔 대서 웃을 때마다 샴페인이 엎질러지기는 했지만 말이다. 하지만 그때, 마지막으로 남아 있던 장난꾼마저도 완전히 취해 버려 이미 동료들이 내려가 있는 식탁 밑으로 기어 들어가고 말았다. 주지사는 "여긴 술이 없군. 샘, 가서 마실 것 좀 가져오게. 조금만 더 있다가 자러 가세."라고 말했다.

이날 이후로 장난꾼 공직자들은 주지사의 선거구 안의 변변치 않은 자리로 쫓겨나고 말았다. 주지사의 선거 운동을 도왔던 무해하고 천진한 사람들이었는데 말이다. 그들은 정말 미미한 봉급을 받게 되었고 생계를 유지하기 위해 힘든 시간을 보내야 했다.

형의 연봉은 1천8백 달러였는데 그 돈으로는 사전(辭典)을 부양하기에도 벅찰 지경이었다. 하지만 주지사 밑에서 일하다가 사직한 아일랜드 여성이 공직자에게는 숙박비로 일주일에 10달러만을 부과했기 때문에 형과 나는 그 하숙집에 머물렀다. 그나마 숙박비가 쌌기 때문에 내가 고향에서 가져간 은화로 상당 기간을 버틸 수 있었다.

이즈음 나는 은광을 찾아서 전국을 방황하고 다녔다. 그러다가 오로라(Aurora)를 떠났던 1862년 말이나 1863년 초에 버지니아 시의 〈엔터프라이즈Enterprise〉에서 저널리스트로서의 삶을 시작했고, 얼마 있다가 회기 중에 있는 국회의 활동을 보고하라는 임무를 받고 칼슨 시로 파견되었다. 그곳에서 써서 보낸 주간 기사는 매주 일요일 신문에 게재되었고 그 결과 월요일마다 국회의원들의 항의로 인해서 국회의 절차가 중단되는 사태가 발생했다. 국회의원들은 일제히 들고 일어나서 통신원의 특권에 의문을 제기했고 통신원의 비평에 대해 신랄하게 대응했다. 늘 그래왔듯이 달리 간단하게 표현할 도리가 없었기 때문에 복잡하기 짝이 없고 경멸적인 표현을 사용하여 통신원을 묘사하면서 말이다. 나는 이렇듯 낭비되는 그들의 시간을 절약해 줄 요량으로 미시시피 강에서 측심수(測深手)가 사용하는 구령인 '마크 트웨인(증기선의 안전 항행 수역으로 수심 두 길, 약 3.7미터 — 옮긴이)'을 필명으로 사용하기 시작했다.

형은 의회의원들 사이에 인기가 있었다. 의회의원들은 자신들끼리는 물론이고 대부분의 사람들을 신뢰할 수가 없었지만 형만은 믿을 수 있다고 생각했다. 형은 별 문제 없이 정직한 태도를 유지할 수 있었다. 그러나 이러한 태도는 금전적인 면에서는 전혀 도움이 되질 않았다. 의회의원을 설득하거나 겁을 주는 일에 도통 재능이 없었기 때문이다. 하지만 내 경우는 달랐다. 내가 하는 일이란 것이 매일 의회에 나가서 의원들의 활동을 지켜보고 어느 쪽에도 치우치지 않도록 공정하게 찬사와 비판을 가한 글을 아침마다 〈엔터프라이즈〉에 게재하는 것이었기 때문이다. 결과적으로 나는 영향력이 있었다. 나는 영향력을 십분 발휘하여 그 지역에서 사업을 하는 모든 회사가 한 단어도 누락시키지 않고 설립인가서를 작성하도록 규정한 법률을 의회에서 통과시켰다. 원래 설립인가서의 기록은 준주의 비서인 형의 직무였다. 법률이 통과되자 설립인가서는 정확하게 똑같은 단어들을 사용하여 작성되어야만 효력이 있게 되었고, 형은 설립인가서를 작성하는 데 100단어에 40센트, 각 인가서에 따른 인가증을 발행하는 데 5달러 등의 요금을 부과할 수 있는 권한을 갖게 되었다. 유료 도로에 대한 권리를 소유한 회사는 권리만 소유했을 뿐 유료 도로 자체를 소유한 것은 아니었기 때문에 설립인가서에 '권리를 소유'한 것이라는 점을 기록하고 기록에 대한 대가를 지불해야 했다. 광산업에 종사하는 사업체도 마찬가지였다. 덕택에 우리는 번창할 수 있었다. 이 일로 한 달 평균 1천 달러를 벌어들였던 것이다.

　나이 주지사는 종종 샌프란시스코로 내려가서 휴식을 즐겼기 때문에 준주를 비우는 일이 잦았다. 하지만 그가 워낙 유별나게 인기가 많아서 아무도 불평하지 않았다. 그는 젊은 시절에 뉴욕이나 뉴잉글랜드에서 역마차를 몰면서 사람들의 이름과 얼굴을 기억하고 승객들에게 호감을 주는 기술을 습득했다. 이러한 자질은 정치가에게는 상당히 귀중한 자산이었고 그는 이를 최대한 활용했다. 주지사가 되고 일 년 동안 네바다 준주에서 그와 악수를 하지 않은 사람이 없을 정도였고 그 후부터는 보기만 해도 즉시 사람을 알아보고 이름을 기억해 냈다. 약 2만 명에 이르는 네바다 인구가 그의 개인적인 친구였기 때문에 하고자 하는 일은 무엇이든 할 수 있었고 사람들은 그가 내린 어떤 결정에도 만족해했다. 주지사가 자주 자리를 비울 때마다 형이 주지사 대리로 일을 처리했고 사람들은 주지사 대리를 간단하게 줄여서 '주지사'라고 불렀다. 소위 주지사 부인이 된 형수는 주지사 아내로서의 지위를 즐겼다. 아마도 형수만큼 그 지위를 즐겼던 사람은 이 세상에 없을 것이다. 사회의 우두머리가 된 데 따른 형수의 흥분은 그대로 표출되었기 때문에 사람들은 형수를 적나라하게 비판하기도 하고 심지어 질시의 눈초리를 보내기도 했다. 형수는 주지사 아내와 사회의 우두머리가 된 자신의 지위에 딱 어울리는 집을 구하고 싶은 마음에 쉽게 남편을 설득해서 그러한 집을 짓게 했다. 형은 무엇이든 설득당할 수 있는 사람이었다. 형은 1만 2천 달러를 들여서 집을 짓고 치장했는데 당시에 그 지역 어느 누구도 자기 집에 그 정도의 비용을 들일 수는 없었다.

나이 주지사의 임기가 끝날 무렵이 되자 그가 어째서 위대한 뉴욕주를 떠나 산쑥투성이 사막 지대에 살기로 했는지에 대한 의문이 풀렸다. 미국 상원의원이 되고자 했던 것이다. 이제 필요한 조치는 준주를 주로 바꾸는 일이었다. 주지사는 아무 어려움 없이 이 일을 달성했다. 모래땅과 얼마 안 되는 인구로는 주 정부의 무거운 책임을 감당하기 버거웠지만 이는 아무런 문제가 되지 않았다. 변화를 원하는 사람들의 목소리가 강했기 때문에 주지사는 쉽게 목적을 이룰 수 있었다.

주지사가 인기가 있었던 만큼이나 형은 그 정직성으로 인해 사람들의 인기를 얻고 있었으므로 형에게도 출세를 할 가능성이 열렸다. 하지만 결정적인 순간에 타고난 변덕이 아무런 예고 없이 불현듯 일어나 일을 그르치고 말았다.

새로운 네바다 주에는 상원의원과 주 정부 비서실장 두 자리를 제외한 나머지 공직에 여러 명의 후보자가 있었다. 상원의원 직에는 나이가, 비서실장 직에는 형이 지명되리라는 데는 이견이 없었다. 형 외에는 비서실장 직에 이름이 거론된 사람이 없었다. 하지만 공화당이 전당대회에서 새로운 공직자들을 지명하는 바로 그 날 형은 특유의 변덕을 부렸다. 전당대회에 가기를 거부했던 것이다. 사람들이 형에게 나가라고 설득했지만 아무런 소용이 없었다. 자기가 전당대회에 얼굴을 내미는 것은 불공정하고 적절하지 못하게 영향력을 행사하는 것이고 자신이 지명될 것이라면 아무런 결함이 없는 상태에서 자유롭게 선택되어져야 한다고 말했다. 여기서 그쳤다면 문제가 해결될 수도 있었을 텐데 형은 같은 날 또 다른 변덕을 부리고 말았다. 오랜 세월 동안 형은 계속적으로 종파를 바꾸고 동시에 금주에 대한 생각도 바꾸는 습성이 있었다. 한동안 절대 금주(禁酒)를 신조로 삼고 실행에 옮겼다가도 어느 한순간 이를 뒤집곤 했다. 한데 지명 당일 위스키에 우호적이었던 당시의 태도에서 갑자기 돌변하여 절대 금주를 강력하게 주장하였던 것이다. 친구들이 애원했지만 허사였다. 아무리 설득을 해도 결코 술집의 문턱을 넘으려 하지 않았다. 다음날 아침 신문에 공직에 지명된 사람들의 이름이 실렸다. 형의 이름은 빠져 있었다. 한 표도 얻지 못했던 것이다.

주 정부가 들어서면서 형의 풍부한 수입은 중단되었다. 직업도 잃었다. 조치를 취해야만 했다. 다시 변호사 사무실 간판을 내걸었지만 의뢰인이 없었다. 이상한 일이었다. 설명하기가 어려웠다. 지금도 왜 그랬는지 설명할 길이 없다. 하지만 내 추측으로는 형의 성격으로 미루어 사건의 양측을 부지런히 조사했을 것이고 너무나 양심적으로 판단을 해서 논지를 펼쳤을 것이기 때문에 나중에는 형 자신도 배심원도 형이 누구 편에 서 있는지를 알 수 없었을 것이다. 의뢰인은 곧 형의 이러한 성격을 파악하고 미래에 있을 수 있는 재앙을 피하기 위해서 사건을 거두어 갔으리라 생각한다.

22

오늘 아침*에 은광을 찾아다니던 시절의 옛 친구인 캘빈 H. 히그비(Calvin H. Higbie)로부터 편지를 받았다. 44년 동안 한 번도 만나거나 연락을 취해 본 적이 없는 터였다. 히그비는 《고달픈 생활*Roughing It*》**에 등장하는 광산에 대한 장에서 내가 언급한, 자신과 내가 오로라(당시 우리는 그 지역을 에스메랄다로 불렀다)의 와이드 웨스트 광산에 풍부하게 매장되어 있는 흑연을 발견했던 일, 당시 광산법대로라면 열흘만 채광을 했더라도 그 풍부한 재산의 소유권을 영원히 획득할 수 있었음에도 히그비가 미지의 시멘트 광산을 찾는 가망 없는 일을 좇아 그곳을 떠났던 일, 경련성 류머티즘과 비틀거리며 걷는 병 등을 심하게 앓고 있던 존 나이(John Nye) 대장을 간호하기 위해 내가 워커 강까지 9마일을 갔던 일, 자신과 내가 어느 날 밤 에스메랄다로 다시 돌아왔지만 이미 광산에 사람이 몰려들어 한 푼도 건질 수 없었던 일 등을 기억하고 있었다.

1906년 3월 15일

사무엘 L. 클레멘스 귀하

뉴욕 시, 뉴욕

---

* 1906년 3월 26일에 저술
** 이 책은 히그비에게 바쳐졌다.

존경하는 선생님께

몇몇 사람들이 내게 와서 1860년대 초 네바다에서 우리가 함께 지냈던 일에 대한 회상을 써 보라고 했습니다. 그렇게 하기로 결정하고 마음에 떠오르는 사건을 몇 년 동안 적어 보았습니다. 확실하지 않은 것은 당신이 네바다의 오로라에 왔던 날입니다. 그리고 네바다에 도착한 후에 캘리포니아로 갔던 첫 번째 여행 날짜, 당신이 워커 강 근방에 사는 환자를 돌보고, 우리의 광산의 가치가 뛰어올랐던 날짜 또한 확실하지 않습니다. 내가 당신의 생각을 훔치려 한다는 생각은 꿈에도 하지 마십시오. 단지 당신이 언급하지 않은 사건에 대해서 말하려 할 뿐입니다. 글을 쓴 다음에 당신에게 보여 줄 생각입니다. 혹 이의가 있는지, 지울 것이 있는지, 덧붙일 것이 있는지 확인을 받으려고 말입니다.

나는 몇 년 전에 화재를 입었습니다. 이때 옛날 자료 모두가 불길에 휩싸였기 때문에 위의 날짜를 물어보는 것입니다. 화재를 입은 후로 2~3년 동안 아팠고 한 푼도 벌 수가 없었습니다. 경제 상태가 형편없어졌기 때문에 돈을 약간 벌 목적으로 글을 쓸 생각을 했습니다. 그리고 내 글에 대해서 당신의 솔직한 의견을 듣는다면 매우 기쁠 것이고 글을 쓰는 데 있어서 당신의 지혜를 들을 수 있다면 출판에 무척 가치 있는 일이 될 것입니다. 내가 했던 출간 문의에 대한 '헤럴드'의 답변서 사본을 아래에 첨부해 보냅니다.

형편이 되시는 대로 빨리 답변을 주신다면 무척 기쁘겠습니다. 항상 존경하는 마음을 갖고 있습니다.

〈첨부〉

1906년 3월 6일, 뉴욕
C. H. 히그비 귀하
그린 빌, 캘리포니아

선생님께

마크 트웨인과의 경험에 대한 귀하의 글을 받아 보기를 진심으로 원합니다. 그 글이 상상하는 것만큼 흥미를 끌 수 있다면 '헤럴드'는 기꺼이 충분한 대가를 지불할 것입니다. 물론 저희가 원고를 직접 검토하기 전에는 가격을 제시할 수 없습니다. 클레멘스 씨가 사실이라고 확증한 후에 원고를 보내 주신다면 저희의 결정을 신속하게 알려드리고 저희가 생각하는 가치만큼의 가격을 제시하겠습니다. 그러나 귀하께서 마음속으로 생각해 두고 있는 금액이 있다면 저희와 함께 의논해 주십시오.

뉴욕 헤럴드
조지 R. 마이너

나는 히그비에게 내가 대신 출판사와 협상을 하겠다고 편지를 썼다. 삽질을 하는 일에서는 그가 나보다 훨씬 낫겠지만 출판사를 다루는 기술에서야 내가 천만 배 낫기 때문이다.

44년 전, 실직자에게 직업을 구해 주려는 나의 거창한 계획의 첫 번째 수혜자가 바로 히그비였다. 나는 44년 동안 가끔씩 실직자에게 직업을 구해 주는 일을 했는데 항상 성공적이었기 때문에 이에 대해 상당한 자부심을 가지고 있다.

히그비와 나는 산기슭에 있는 정말 비좁고 갑갑한 숙소에서 함께 지냈다. 우리 둘과 난로만 들어가기에도 좁은 곳이었다. 아침 8시부터 저녁 8시까지 온도계는 화씨 50도(섭씨 10도 — 옮긴이)를 맴돌았다. 우리는 반 마일 떨어진 언덕의 끝 부분에서 봅 하울랜드, 호레시오 필립스와 동업으로 은광의 소유권을 확보하려 하고 있었다. 우리는 점심을 싸 가지고 매일 아침마다 은광에 가서 하루 종일 폭파하고 채굴하는 과정을 반복하면서 희망에 부풀었다가 절망했다가 다시 희망에 부푸는 과정을 되풀이했다. 하지만 얼마 지나지 않아서 채굴 자금이 바닥날 것이 분명했다. 완전히 파산해서 수중에 한 푼도 남지 않을 때를 대비해서 생계를 유지할 수 있는 다른 방법을 모색해야 한다고 생각했다. 그래서 나는 근처의 석영 공장에서 자루가 긴 삽을 가지고 모래를 퍼 담아 체로 치는 일자리를 구했다. 나는 자루가 긴 삽을 정말 싫어한다. 제대로 다루는 법을 도통 배울 수가 없다. 모래는 내 뜻과는 상관없이 체로 떨어지지 않고 다른 곳으로 쏟아지거나 머리 위로 떨어져 등을 타고 옷 속으로 들어가기 일쑤였다. 내가 했던 일 중에서 가장 혐오스러운 일이었지만 일주일에 10달러와 식사를 벌 수 있었다. 특히나 식사가 먹을 만했는데 베이컨, 콩, 커피, 빵과 당밀뿐만 아니라 마치 매일이 주일이기라도 하듯 마른 사과 스튜를 먹을 수 있었다. 하지만 이렇듯 호사스러운 생활은 명백한 두 가지 이유로 끝을 맺을 수밖에 없었다. 내 쪽에서는 그러한 힘든 노동을 도저히 견딜 수가 없었고, 회사 쪽에서는 모래를 삽으로 파서 등으로 쏟아 붓는 사람에게 임금을 지불할 이유가 없었던 것이다. 그래서 내가 그만두려 했던 바로 그 시기에 해고당하고 말았다.

히그비가 그 일을 맡았더라면 모든 일이 잘 되었을 것이고 모두 다 만족했을 것이다. 히그비는 마치 거인처럼 근육이 탄탄했다. 자루가 긴 삽을 마치 황제처럼 다룰 수 있었고, 맥박이 빨라지거나 숨을 헐떡이는 일 없이 연달아 12시간을 끈기 있게, 만족해하면서 일할 수 있었다. 그동안 그는 아무런 일감도 찾지 못했기 때문에 다소 의기소침해 있었다. 그는 가슴에 사무치는 소원을 터뜨리면서 "개척지에서 직업을 구할 수만 있다면!" 하고 말하곤 했다.

"개척지에서 어떤 일을 하고 싶은데?"

내가 물었다.

"응, 막노동. 하루에 5달러를 번대." 하고 그는 대꾸했다.

"네가 원하는 것이 그거라면 내가 알아봐 줄게."

내 장담에 히그비는 깜짝 놀랐다. 그러고는 이렇게 말했다.

"알고 있는 현장감독에게 말해서 내게 일자리를 마련해 주겠다는 거지? 근데 왜 지금까지 그런 말은 한 마디도 하지 않았어?"

"아니, 아는 감독은 없어."

"그럼 도대체 누굴 아는데? 어떻게 나한테 일자리를 구해 준다는 거야?"

"정말 간단해. 딴 궁리하지 않고 내가 시키는 대로만 하면 오늘 안으로 일자리를 구할 수 있어."

그는 무척 흥미를 느꼈다.

"시키는 대로 할게. 무엇이든 할게."

"가서 막노동을 하고 싶다고 말해. 노는 것에 싫증났을 뿐 아니라 원래 노는 데 익숙하지 못해서 참을 수가 없다고 말해. 단지 일이 하고 싶을 뿐이고 보수는 필요 없다고 말이야."

그는 놀라며 물었다.

"보수 없이?"

"그래, 보수 없이."

"임금을 하나도 못 받는단 말이지?"

"그럼, 한 푼도 못 받지."

"식사도 해결 안 되고?"

"그럼, 식사도 안 되지. 아무것도 안 받고 일하는 거야. 정말 한 푼도 받지 못해도 기꺼이 일하고 싶어 한다는 점을 이해시켜야 해. 감독은 그런 너의 모습을 기특하게 생각하게 되고 그러면 넌 일자리를 얻게 될 거야."

히그비는 화가 나서 이렇게 말했다.

"흥, 차라리 일 안 하고 말겠다."

나는 진지하게 말했다.

"너는 아까 무엇이든 하겠다고 말하고서는 벌써부터 빈정거리고 있잖아. 내가 시키는 대로 하겠다고 이미 말했으면서 말이야. 너는 항상 자신이 한 말을 지키는 사람이니까 당장 나가서 일자리를 구해."

그는 그러마고 답했다.

나는 무슨 일이 일어날지 정말 궁금했다. 내 계획에 대해 전적으로 자신감을 갖고 겉으로도 그렇게 표현하고 싶었지만 사실 정말 걱정이 되었다. 하지만 내가 파악하고 있는 인간의 본성으로 보아 히그비가 근육을 내보이면서 아무런 보수 없이 일을 하겠다고 말했을 때 생각도 해 보지 않고 내쫓을 사람은 아무도 없을 터였다. 시간이 꽤 흘렀는데도 그는 돌아오지 않았다. 나는 기분이 점점 나아지기 시작했다. 자신감이 생겼다. 해가 질 무렵 마침내 돌아온 히그비를 보면서 나는 내 계획이 적중한 것에 희열을 느꼈다.

히그비에 따르면 감독은 처음에 그의 제안을 어떻게 받아들여야 할지 몰라서 어리둥절해하다가 이내 정신을 가다듬고 분명히 매우 기뻐하면서 그토록 갈망한다면 일을 주겠다고 했다는 것이다.

히그비는 내게 "이렇게 얼마나 지내야 하는데?"라고 물었다.

나는 이렇게 대답했다.

"그 기간은 너한테 달려 있어. 마치 임금을 받고 일하는 것처럼 일을 하도록 해. 절대 불평을 하면 안 돼. 임금이나 식사를 제공받고 싶다는 눈치도 절대 보이지 마. 이렇게 하루, 이틀, 사흘, 나흘, 닷새, 엿새가 지날 거야. 감독의 성격에 따라 다르겠지. 어떤 감독은 한 이틀 만에 무너질 것이고 일주일을 버티는 감독도 있어. 이렇게 12일을 견딜 수 있는 사람을 만나기란 힘들어. 대부분 그 안에 너에게 미안한 마음이 들어서 임금을 주게 돼 있어. 자, 이번에 네가 만난 감독이 그 12일 감독이라고 치자. 그렇다면 그곳에서 12일 동안 있게 되지도 않을 거야. 왜냐하면 사람들이 저쪽 캠프에 일 잘하는 막노동꾼이 있는데 일하기를 너무 좋아해서 임금을 받지 않고 기꺼이 일을 한다고 소문을 내고 다닐 테니까. 정말 신기한 존재로 여겨질 거야. 너를 보려고 다른 공장에서 사람들이 올 거야. 물론 입장료를 받을 수도 있겠지만 절대 그러면 안 돼. 처음의 계획을 그대로 밀고 나가야 해. 다른 공장의 감독이 너를 관찰하고는 네가 두 사람 몫의 일을 한다는 것을 알아차리고 네게 한 사람 임금의 반을 지급하겠다고 제안할 거야. 하지만 그 제안을 받아들이지 말고 감독한테 말해. 너한테 똑같은 제안을 할 기회를 주는 것이지. 만약 감독이 그렇게 하지 않는다면 다른 감독의 제안을 받아들이면 돼. 히그비, 그렇게 하면 너는 3주 안에 광산이나 공장의 감독이 될 수 있어. 최고의 임금을 받으면서 말이지."

일은 정말 그렇게 되었다. 그 후로 나는 아무 일도 하지 않으면서 편안하게 생활할 수 있었다. 히그비가 일하고 있는 한 나는 일자리를 갖고 싶은 생각이 없었다. 우리 둘이 사는 데는 한 사람이 일하는 것만으로도 충분했다. 그래서 그 후로 상당기간 동안 나는 책과 신문을 읽고 여가를 즐기면서 저녁식사로는 마치 주일 때처럼 말린 사과 스튜를 먹으며 지낼 수 있었다. 이 생에서 이보다 더 좋은 직업이 있을 것 같지 않았다. 히그비는 한 번도 불평하지 않았을 뿐 아니라 한 번도 나가서 임금을 주지 않더라도 일을 할 수 있는 직업을 구하라고 내게 말하지 않고 나를 잘 먹여 살렸다.

그것이 아마 1862년이었을 것이다. 나는 그 해 말경에 히그비와 헤어지고 버지니아 시로 갔다. 〈엔터프라이즈〉의 윌리엄 H. 라이트(William H. Wright)가 대륙을 횡단해서 아이오와로 가족을 만나러 가는 3개월 동안 그를 대신해서 단독 기자로 일하라는 제안을 받았기 때문이다. 이 일에 대해서는 《고달픈 생활》에 실었다.

그리고 그 후 44년 동안 나는 히그비를 만나지 못했다.

23

새로운 네바다 주에 결투가 급작스레 유행하기 시작하더니, 1864년경에 이르자 너나 할 것 없이 모두 이 새로운 유행을 몸소 실천해 보고 싶어 했다. 결투에서 상대방이나 자기 자신을 죽이거나 불구로 만들지 않는다면 자존심을 결코 지킬 수 없다는 분위기가 조성되어 있었기 때문이다.

당시 나는 버지니아 시의 〈엔터프라이즈〉에서 2년 동안 편집자로 일하고 있었다. 물론 몇 가지 영역에서 야심을 가지고 있기는 했지만 결투라는 이 특정한 열광의 대상이 주는 유혹으로부터는 전적으로 등을 돌리고 있었다. 결투를 하고 싶은 생각도 없었고 결투를 일으킬 의도도 없었다. 이러한 태도에 대해 상당한 자부심을 느낀 것은 아니었지만 웬만큼 심적으로 안정되어 있었다. 물론 사회 분위기 탓에 스스로에 대해 부끄러움을 느끼기도 했고 다른 사람들도 그런 나를 부끄러워했다. 하지만 나는 충분히 잘 지내고 있었다. 이런 저런 일로 스스로에게 부끄러움을 느끼는 데는 언제나 익숙해 있었기 때문에 이러한 상황이 어색할 것도 없었다. 나는 잘 견뎌 냈다.

회사 직원 중에 프룬케트(Plunkett)와 R. M. 다게트(Daggett)는 결투를 하려고 했지만 사정이 여의치 않아서 그저 벼르고 있는 중이었다. 신문에 공헌하기 위해서라면 물불을 가리지 않고 몸을 던졌던 사람은 굿맨(Goodman)뿐이었다. 우리의 경쟁 신문사는 버지니아 〈유니온 Union〉이었다. 톰 피취(Tom Fitch)가 한참 동안 그곳의 편집인으로 일했는데, 그는 자신의 출신지를 따서 '은으로 만든 혀를 가진 위스콘신의 웅변가'라는 별명을 가지고 있었다. 그가 〈유니온〉의 편집인 칼럼에 자신의 웅변을 쏟아 놓자, 굿맨은 그를 밖으로 불러 내어 총알로 상대해 주었다. 굿맨의 결투 신청을 피취가 받아들였을 때 터져나왔던 직원들의 환호성이 기억난다. 우리는 밤늦게 달려가서 굿맨을 응원했다. 굿맨은 당시 24살에 불과했기 때문에 의당 29세인 내가 갖고 있는 지혜가 부족했지만, 내가 그의 나이가 아니라는 사실을 기뻐했던 것 못지않게 자신이 24살이라는 사실에 흐뭇해했다.

굿맨은 두 번째 결투를 하면서 그레이브스(Graves) 소령을 결투의 보조자로 선택했다. 그레이브스는 굿맨에게 결투 기술을 가르치러 왔다. 그는 '회색 눈을 가진 운명의 인물'인 워커(Walker) 밑에서 소령으로 근무하고 있었고 중부 지방에서 워커가 지휘하는 의사진행 방해 운동을 실행했던 인물이었다. 이 사실만으로도 소령에 대해서 알 수 있었다. 워커 밑에서 소령을 지냈다는 점과 투쟁을 겪으면서 워커의 신임을 얻었다는 사실로 미루어 볼 때 소령은 그저 용맹한 사람이 아니라 용맹이라는 단어가 나타내는 최고 수위에 도달한 사람이었다. 사실 워커 수하의 군인 모두가 그랬다.

소령은 당당하고 위엄 있고 인상 깊은 군인의 태도를 지닌 대단한 인물이었다. 천성적으로 또한 이후의 훈련으로 다듬어져서 예의바르고, 우아하고, 매력적이기까지 했다. 그의 눈동자는 신비스러운 힘을 가지고 있어서 경고할 목적이라면 그저 자신의 눈길을 경고하려는 사람이나 부대에게 돌리는 것만으로 충분했다.

   소령은 굿맨을 똑바로 서게 하고 연습 상대인 스티브 길리스(Steve Gillis)를 15보 떨어진 곳에 세운 후, 굿맨에게 오른쪽으로 몸을 돌려 상대를 보면서 그의 다리를 향해 총을 겨냥하라고 했다. 그러면서 이것이 총을 쏘는 정확한 자세라고 설명하면서, 총을 하늘을 향해 똑바로 쳐들다가 천천히 상대방을 향해서 내리는, 당시 버지니아에서 통상적으로 취하는 자세는 잘못된 것이라고 말했다. 굿맨이 총을 쥔 손을 서서히 올리면서 스티브의 가슴을 겨냥하자 소령은 "아니, 이건 현명한 일이 아니야. 네가 죽을 위험성은 감수해야 하지만 상대방을 살해할 위험성은 피해야 해. 결투에서 살아남는다 하더라도 결투에 대한 기억으로 평생 동안 고통 받으면서 밤에 잠을 잘 수 없는 지경이 되어서는 안 되거든. 상대방의 다리를 조준해. 무릎 아래를 말이야. 불구로 만들되 목숨만은 부지하게 해 주어야 해."라고 말했다.

   이러한 현명하고 탁월한 가르침 덕택에 굿맨은 상대방의 다리 아래쪽을 쏘아서 다리를 영구적으로 불구로 만들었다. 굿맨은 결투에서 한 움큼의 머리카락만을 잃었을 뿐인데 지금의 머리숱보다는 훨씬 많은 양이었다. 일 년 전에 굿맨을 뉴욕에서 보았는데 돔 마냥 쑥 튀어 나온 머리에 머리카락 몇 올만 겨우 남아 있었다.

   일 년 정도 지나서 나에게도 기회가 생겼다. 하지만 그때까지도 결투 기회를 찾아다니지는 않았다. 굿맨이 일주일 동안 휴가를 받아서 샌프란시스코로 떠나면서 나에게 주 편집인의 일을 맡기게 되었다. 하루에 사설을 하나씩 쓰면 되는 일이기 때문에 쉬울 것이라 생각했다. 하지만 완전한 오산이었다. 첫날부터 사설을 쓸 소재를 찾을 수 없었다. 고민을 거듭하던 중에 그날이 1864년 4월 22일이고 내일이면 셰익스피어가 탄생한 지 300년 되는 날이라는 생각이 떠올랐다.

이것보다 더 나은 주제가 어디 있겠는가? 나는 백과사전을 뒤지면서 셰익스피어가 어떤 사람인지, 무엇을 했는지 조사했다. 그리고 독자들이 셰익스피어의 작품을 읽어서 알 수 있는 것보다 훨씬 더 많은 사실을 알려주는 사설을 썼다. 사실 사설을 쓰기에는 셰익스피어가 한 일에 대한 정보가 턱없이 부족했다. 그래서 부족한 부분은 상상해서 채워 넣었는데 오히려 상상한 내용이 셰익스피어가 실제로 달성했던 훌륭한 일들보다도 더 중요하고 탁월해 보였고 읽을 만했다.

하지만 다음날 다시 똑같은 문제에 봉착했다. 더 이상 쓸 얘기가 없었다. 이 지역 사람들에게 적합한 사설을 쓸 만한 주제거리를 과거의 역사에서도 미래에 일어남직한 일에서도 찾을 수가 없었다. 딱 한 가지만 제외하고 말이다. 바로 버지니아 〈유니온〉의 소유주인 레어드(Laird) 씨에 대해서 쓰는 것이었다. 〈유니온〉의 편집인도 샌프란시스코에 갔기 때문에 레어드 씨가 편집을 맡고 있었다. 당시 지역 신문 편집인 사이에서는 서로 비판을 가하는 일이 상당히 유행했다. 나 또한 이 관례에 따라 레어드 씨를 흔들었고 다음날 그는 매우 신랄한 방식으로 나를 공격해 왔다. 따라서 우리는 레어드 씨가 당연히 결투 신청을 해 올 것이라 예측했다. 그 지역의 결투자들이 재수립하고 재구성하고 향상시킨 결투 예절에 따르면 어떤 사람이 상대방을 비난하는 말을 했다면 똑같이 공격적으로 말을 받아치는 것만으로는 충분하지 않았다. 도전장을 내는 것이 결투 예절에 맞았다. 그래서 우리는 도전장을 하루 종일 기다렸다. 하지만 도전장은 오지 않았다. 시간이 흘러도 도전장이 오지 않았기 때문에 기다리던 사람들은 우울해졌다. 하지만 나는 기뻤다. 시간이 흐를수록 기분이 점점 더 나아졌다. 그들은 이해할 수 없었지만 나는 이해할 수 있었다. 다른 사람이 낙심했을 때 스스로 유쾌해지는 것이 바로 내 기질이었던 것이다.

상황이 이렇다 보니 예절이니 절차니 하는 따위는 잊어버리고 우리 쪽에서 먼저 레어드 씨에게 도전장을 낼 필요가 있었다. 이렇게 결론이 나자 사람들은 다시 쾌활해지기 시작했지만 나는 반대로 생기를 잃어 갔다. 하지만 이러한 일은 친구들 손에 달려 있어서 그들이 최선이라고 생각하는 방법을 따를 수밖에 없게 마련이다. 나 대신 다게트가 도전장을 썼다. 상황에 꼭 들어맞는 호소력 있는 결투 용어를 나보다 훨씬 잘 알고 있었기 때문이다. 다게트는 레어드 씨를 끌어들일 작정으로 강렬한 독설로 가득찬 불미스러운 욕설을 레어드 씨에게 퍼부었다. 결투의 보조자로 결정된 스티브 길리스가 도전장을 전달했고 우리는 답변을 기다렸다. 하지만 도전장은 오지 않았다. 동료들은 분개했지만 나는 침착함을 잃지 않았다. 스티브가 이번에는 훨씬 더 격렬한 도전장을 전달했고 우리는 다시 기다렸다. 하지만 아무 일도 일어나지 않았다. 나는 아주 편안한 느낌이 들기 시작했다. 도전에 대해서 스스로 흥미를 갖기 시작했다. 그 전에는 아무런 느낌도 없었다. 하지만 도전이 거부될 때마다 나에 대한 거창하고 귀중한 평판이 쌓여 갔고 이에 대한 쾌감 또한 점점 증가하는 것 같았다. 자정이 되자 기분전환을 위해서 결투보다 더 바람직한 일은 없을 것 같다는 생각을 하기 시작했다. 그래서 나는 다게트를 재촉해서 계속 도전장을 보내도록 부추겼다. 하지만 도가 지나쳤다. 레어드가 도전을 받아들였던 것이다. 레어드가 도전을 받아들일지도 모른다는 생각을 했었는지도 모르겠다. 여하튼 레어드는 신뢰할 수 없는 사람이었다.

  동료들의 기쁨은 말로 표현할 수 없을 정도였다. 그들은 내가 유언장 쓰는 일을 도와준 후에(이 또한 불쾌한 일 중의 하나였다) 나를 집에 데려다 주었다. 나는 한잠도 자지 않았다. 아니 자고 싶지 않았다. 생각할 일이 많지만 시간은 네 시간도 채 남지 않았다. 그 비극적인 사건의 결행 시간은 5시로 결정되어 있었기 때문에 4시부터 한 시간 동안은 총을 가지고 연습을 하면서 총구를 상대방에게 겨냥하는 방법 등을 습득해야 했다. 4시가 되자 우리는 마을에서 1마일 정도 떨어진 골짜기에 가서 헛간 문을 표적으로 연습을 했다. 헛간 문 가운데에 울타리 가로대를 세워 놓고 레어드 씨라고 했다. 하지만 가로대는 레어드 씨 대용이 될 수 없었다. 그는 가로대보다 더 길고 더 말랐다. 하지만 일단 가로대를 겨냥해서 총을 쏘았다. 빗나갔다. 이번에는 헛간 문을 향해 쏘았다. 역시 빗나갔다. 표적을 놓쳐 버리고 나면 위험에 처하게 마련이다. 나는 완전히 낙담했고 풀이 죽었다. 그때 근처 골짜기에서 총 쏘는 소리가 들렸다. 레어드 씨 패거리들이 레어드 씨를 연습시키기 위해서 나와 있었던 것이다. 그들은 내 총소리를 들었을 것이고 물론 산등성이까지 와서 내가 어떻게 하고 있나 관찰했을 수도 있다. 만약 레어드가 산등성이 너머로 헛간 문이 긁힘 하나 없이 멀쩡한 것을 보았다면 앞서 한밤중에 비참한 결투 승낙을 받기 전까지의 나만큼이나 결투를 하고 싶어 안달이 날 것이었다.

한데 바로 그 순간 참새만한 작은 새가 날아가 30야드 앞의 산쑥 덤불 위에 내려앉았다. 스티브가 총을 홱 뽑아들더니 새의 머리를 쏘아 버렸다. 그는 사격의 명수였다. 나보다 백 배 천 배 나았다. 우리는 새를 가져오려고 달려 내려갔고 공교롭게도 산등성이로 올라오던 레어드 무리와 맞부딪쳤다. 레어드의 결투 보조자가 총알에 날아간 새의 머리를 보자 안색이 창백해지면서 풀이 죽어 말했다.

"누가 그랬어?"

내가 미처 대답하기도 전에 스티브가 사실을 말하듯 아주 침착하게 "클레멘스가 했지."라고 답했다.

보조자는 "와! 대단한걸! 얼마나 멀리 있었는데?" 하고 물었다.

"응, 그렇게 멀지는 않았어. 한 30야드쯤."
"정말 놀라운 솜씨인걸. 확률은 어때?"
스티브는 시큰둥한 태도로 이렇게 말했다.
"응, 다섯 번에 네 번 정도지!"
나는 이 장난꾸러기가 거짓말을 하는 것을 알고 있었지만 아무 말도 하지 않았다. 그러자 보조자는 대꾸했다.
"정말 대단한 실력이구나! 나는 쟤가 교회조차 못 맞힐 줄 알았는데!"
그는 눈치를 살피며 이렇게 말했지만 나는 한 마디도 하지 않았다. 레어드 무리는 작별 인사를 하고는 다리가 후들거리는 레어드를 데리고 집으로 갔다. 집으로 간 레어드는 어떤 조건이든 들어주겠다면서 결투를 취소하자는 자필 쪽지를 보내 왔다.

이렇게 해서 나는 정말 우연히 목숨을 건질 수 있었다. 새가 어떤 생각으로 신의 섭리를 방해했는지는 모르겠지만 나는 아주 편안하고 만족스러웠다. 나중에 들은 얘기지만 레어드는 표적을 여섯 번 중에 네 번 적중시킨다고 했다. 결투가 그대로 진행되었더라면 그는 내 몸에 수없이 총 구멍을 만들었을 것이다.

아침이 되자 내가 결투 도전장을 냈고 스티브 길리스가 이를 전달했다는 소문이 온 마을에 퍼졌다. 새로운 법에 따르면 결투자는 각 건마다 최대 2년까지 징역을 살아야 했다. 노스 주지사는 손수는 아니지만 가까운 친구를 통해서 우리에게 메시지를 보내 왔다. 첫 역마차를 타고 당장 떠나는 것이 좋겠다는 내용이었다. 첫 역마차는 다음날 새벽 4시에 출발할 예정이었다. 우리가 떠나고 난 후에 물론 수색을 하겠지만 그저 흉내만 낼 것이었다. 하지만 첫 역마차가 떠난 후에도 떠나지 않고 계속 남아 있다면 새로운 법의 첫 번째 희생자가 될 판이었다. 판사는 이 법의 희생자가 나타나기를 간절히 원했기 때문에 우리를 꼬박 2년 동안 가두어 둘 속셈이었다. 절대 사면을 해 줄 사람이 아니었다.

이제 네바다에서는 더 이상 우리를 환영하는 분위기가 아닌 것 같았다. 그래서 우리는 숙소에 머물면서 하루 종일 몸을 사리고 있었다. 스티브가 딱 한 번 우리의 또 다른 결투 상대자를 만나기 위해서 호텔로 갔을 때를 제외하고는 말이다. 내가 사설을 쓰는 편집인의 자리에 있을 때 레어드 말고도 내가 뜯어고치려 했던 사람이 또 있었다. 바로 커틀러(Cutler) 씨였다. 사실 나는 사설을 쓰기 위해 주위를 둘러보고 몇 명을 골라서 온화한 비난과 불찬성의 뜻을 글을 통해 내비쳤기 때문에 사설 집필을 그만두었을 때는 말채찍질 네 건과 결투 두 건이 기다리고 있었다. 우리는 말채찍질에는 관심이 없었다. 명예가 될 만한 거리가 조금도 없었기 때문이다. 하지만 결투에 대해서는 통보를 하는 것이 명예로운 행동이었다. 커틀러 씨는 칼슨 시에서 와서 호텔에 머물면서 사람 편에 도전장을 보냈었다. 스티브가 그를 진정시키러 호텔에 갔다. 스티브는 체중이 95파운드(약 43kg—옮긴이)밖에 나가지 않았지만 자신의 체중과 온갖 과학적인 요소를 실은 그의 주먹은 어느 누구라도 때려눕힐 수 있다는 것이 당시 지역에 퍼져 있던 정설이었다. 스티브가 내 결투의 보조자라는 것을 알게 된 커틀러는 침착해지고 이성적이 되면서 기꺼이 귀를 기울였다. 스티브는 커틀러에게 15분 내로 호텔에서 나가고 30분 내에 마을을 벗어나지 않으면 가만두지 않겠다고 했다. 이 말에 커틀러가 마음을 고쳐먹고 칼슨으로 떠났기 때문에 결투는 성공적으로 취소되었다.

그 후로 나는 결투에는 전혀 개입하지 않았다. 뿐만 아니라 전적으로 결투에 반대한다. 현명하지 못하고 위험천만한 일이라 생각한다.

죄받을 만한 행동이다. 누군가가 지금 나에게 결투를 신청한다면 그 사람에게 가서 친절하고 용서하는 몸짓으로 그의 손을 잡고 조용하고 으슥한 곳으로 데려가 죽여 버릴 것이다. 하지만 여전히 다른 사람의 결투에는 늘 큰 흥미를 갖고 있다. 사람이라면 자신이 겪은 적 있는 영웅적인 행동에는 어쩔 수 없이 관심을 갖게 마련이다.

24

네바다를 떠난 후에 나는 샌프란시스코의 〈모닝콜 Morning Call〉에서 기자 생활을 했다. 아니 기자 이상이었다. 신문사의 유일한 기자였던 것이다. 업무량은 한 사람이 감당하기에는 조금 지나칠 정도였지만 두 사람이 매달릴 만한 분량은 아니었다. 물론 소유주인 바네스(Barnes) 씨의 생각이었지만 말이다.

아침 9시면 어김없이 경찰서에 도착해서 한 시간가량 머물면서 전날 밤 발생한 싸움에 대해 취재해야 했다. 주로 아일랜드 사람끼리, 중국 사람끼리 기분전환을 위해 이따금 벌이는 싸움이었다. 매일 일어나는 일의 성격이 전날 일어난 일과 정확하게 같았기 때문에 업무는 정말 미칠 지경으로 단조롭고 따분했다. 내가 아는 범위 내에서 이런 일로 그래도 이익을 얻는 사람이 있었다면 그것은 바로 법정 통역사뿐이었을 것이다. 그는 영국 사람으로 56가지의 중국 방언에 능통해 있었다. 그는 10분마다 방언을 바꾸어 가며 통역을 해야 했는데 워낙 생동감 있게 이루어지는 일이라 기자와는 달리 항상 정신을 바짝 차리고 있어야 했다. 기자들이야 상급 법원을 찾아가서 전날 내려진 결정을 기록하기만 하면 되었다. 그런 후에는 마을을 이쪽 끝에서 저쪽 끝까지 훑으면서 기삿거리가 될 만한 자료를 수집했다. 화재가 발생하지 않으면 직접 일으키기까지 하면서.

밤에는 극장 여섯 군데를 순서대로 돌아다녔다. 일주일에 7일, 일년이면 365일 동안 말이다. 각 극장마다 5분간 머물면서 연극과 오페라를 흘끗 훑어보고는 이것을 가지고 기사를 썼다. 그동안 수백만 번 써 왔던 것과는 다른 무엇인가를 쓰기 위해 1년 내내 매일 밤 자신의 영혼을 괴롭히며 글을 써야 했다. 그때부터 시작해서 40여 년이 지난 지금까지도 극장을 쳐다보기만 하면 그때 그 괴로움이 북받쳐 오른다.

아침 9~10시에 시작해서 밤 11시까지 힘들여 자료를 긁어 모으고 나서 펜을 들어 그 허섭스레기에 살을 붙여 글을 만들었고 가능한 한 많은 지면을 채웠다. 이는 끔찍한 고역이었고 영혼이 담기지 않은 일이었고 흥미조차 없는 일이었다. 게으른 사람에게는 정말 지옥의 노동이었는데 나는 천성적으로 게을렀다. 지금의 내 모습은 40년 전보다 더 게을러지지는 않았는데 그때 이미 게으름의 한계에 도달했기 때문이리라.

마침내 사건이 터졌다. 어느 일요일 오후 몇 명의 깡패가 기독교인 손님에게서 매주 나오는 빨랫감을 지고 가는 한 중국인을 쫓아가면서 돌을 던지는 장면을 목격했다. 경찰관은 이 장면을 흥미진진하게 쳐다보기만 할 뿐 수수방관하고 있었다. 나는 상당한 온정과 성스러운 분개를 느끼면서 이 사건에 대한 기사를 썼다. 전날 밤 썼던 기사는 아침이 되면 읽고 싶지 않은 것이 보통이었다. 가슴이 움직이지 않은 기사였기 때문이다. 하지만 이 기사는 살아 있는 가슴에서 나온 것이었다. 그 안에 불꽃이 있었고 나는 그것이 문학이라 생각했다. 나는 다음날 아침 신문을 뒤적이며 그 기사를 열심히 찾았다. 없었다. 다음날도, 그 다음날도 기사는 실리지 않았다. 조판실로 올라가서 확인한 결과 활자판째 구석에 처박혀 있었다. 바네스 씨가 교정쇄에 들어간 기사를 읽어 보고 없애 버리라 했다고 한다. 잘 기억은 나지 않지만 바네스 씨는 나에게인지, 감독에게인지 이유를 말해 주었는데 상업적으로는 납득이 가는 얘기였다. 〈모닝콜〉은 그 당시 뉴욕 〈선Sun〉과 같은 성격의 신문으로 직업 세탁부가 주 독자층이었다. 즉 가난한 사람들이 구독하는, 유일하게 값이 싼 신문이었다. 가난한 사람에 의지해서 발행이 되고 있었기 때문에 그들의 입장을 존중하지 않으면 살아남을 수가 없었다. 그들은 주로 아일랜드인이었다. 즉 가난한 아일랜드 사람들이 바로 〈모닝콜〉의 버팀목이자 후원자였다. 그들이 없이는 단 한 달도 버틸 수 없었다. 한데 그들은 중국인을 몹시도 증오했다. 따라서 내가 시도했던 것과 같은 공격은 전체 아일랜드인이라는 벌집을 쑤셔서 신문에 치명타를 날릴 수 있었다. 〈모닝콜〉은 중국인에게 돌을 던지는 깡패들을 비난하는 기사를 발표할 여력이 없었던 것이다.

당시에 나는 도도했다. 아직도 그렇지만. 그러나 사실 그때는 현명하지 못했다. 지금은 수정을 거쳤지만 말이다. 그저께 뉴욕 〈선〉에 런던 통신원의 글이 실렸는데 이를 통해서 내가 속한 시대의 위상을 파악할 수 있었다. 통신원은 지난 12개월 동안 미국에서 일어난 몇몇 사건에 대해서 언급하면서, 발군의 상업계 종사자에 의해 자행된 거대 보험회사의 엄청난 부패, 필라델피아, 세인트루이스, 기타 대도시 지방자치체에서의 비양심적인 대규모 수뢰 사건, 위대한 펜실베이니아 철도에서의 엄청난 수뢰 사건, 그리고 미국 이곳 저곳에서의 알려지지 않은 상업적 부정 행위 등을 거론했고 급기야는 최근에 업톤 싱클레어(Upton Sinclair: 언론비평가—옮긴이)에 의해 폭로된 가장 거대하고 치명적인 부정 행위가 얽힌 쇠고기 기업합동(Beef Trust) 사건을 들추어 냈다.

그 통신원에 따르면 유럽에서는 미국에 정직한 사람이 단 한 사람이라도 남아 있는지 의아해하기 시작했다고 한다. 사실 일 년 전만 해도 미국에서 유일하게 정직한 사람은 나뿐이라는 자부심을 가지고 있었다. 하지만 이제 그러한 자부심도 송두리째 뿌리 뽑혀서 미국에서 정직한 사람은 단 한 사람도 없다는 것이 내 신념이 되어 버렸다. 나는 지난 1월까지 그럭저럭 버티다가 드디어 대부분의 비양심적인 사람들처럼 나 자신도 납세자이기를 포기하기로 결정했다. 나를 계승할 만한 사람을 생산해 내려면 50년은 족히 걸릴 것이라 믿고 있기 때문에 미국으로서는 커다란 손실이 아닐 수 없다. 어쨌든 나는 돈 문제가 관련되는 한 미국의 전 인구가 부패했다고 생각한다. 내가 이미 죽은 몸이라는 사실을 기억하기 바란다. 살아 있는 입으로 이런 말을 공공연하게 하는 것은 무분별한 짓임을 나도 잘 알고 있다.

그러나 앞서 말했듯이 나는 40년 전에는 지금보다 더 도도했다. 〈모닝콜〉과 같은 신문사의 노예로 일하는 자신의 상황에 깊은 수치심을 느꼈다. 내가 좀 더 도도했더라면 그 자리를 박차고 나와서 차라리 굶어죽고 말았을 것이다. 다른 영웅들처럼 말이다. 하지만 나는 그러지 못했다. 나는 다른 사람들처럼 영웅이 되기를 꿈꾸었지만 한 번도 실천하지 못했고 어떻게 시작해야 하는지도 몰랐다. 굶주리면서 시작할 수는 없었다. 살아오면서 거의 굶어 죽을 뻔한 일이 한두 번 있었지만 기억해 내기조차 싫다. 내가 사직을 한다면 다른 직업을 구할 수 없으리라는 점을 알고 있었다. 너무나 잘 알고 있었다. 그래서 나는 모멸감을 삼키고 자리를 지켰다. 전에는 내 일에 대해서 털끝만한 흥미가 있었을지 모르지만 이제는 전혀 없었다. 일은 꾸준히 했지만 아무런 흥미도 없었다. 당연히 이에 따른 결과가 나타났다. 업무를 등한시하기 시작했던 것이다. 앞서 말했던 것처럼 한 사람이 하기에는 업

분량이 너무 많았다. 지금 생각해 보면 두세 사람 몫은 충분히 됐을 만한 분량이었다. 바네스 씨조차도 조수를 두라고 말했을 정도였다.

회계실에 성품이 좋고 친절하지만 그다지 지적이지는 못한, 체구가 엄청나게 큰 인물이 있었다. 주급을 거의 받지 못했고 숙식도 혼자서 해결했다. 어느 누구도, 무엇도 존중하는 법이 없는 회계실의 한 버릇없는 소년이 항상 이 백인 부랑자를 조롱하면서, 상당히 적절한 호칭이라 생각되는 '스미기 맥글루랄(Smiggy McGlural)'이라는 이름을 붙여 주었다. 나는 스미기를 조수로 채용했고 그는 고마워하면서 선뜻 수락했다. 그는 나보다 열 배는 더 열성적으로 일했다. 비록 지적이지는 않았지만 〈모닝콜〉의 기자에게는 그다지 정신적 활동이 필요하지 않았기 때문에 완벽하게 일을 처리했다. 나는 점점 더 많은 일을 맥글루랄에게 맡기면서 더욱 게을러졌고 한 달도 채 되지 않아서 그가 거의 대부분의 일을 처리하게 되었다. 그가 업무를 전부 맡아서 혼자 힘으로 감당할 수 있게 되자 내 존재가 필요 없게 되었다는 것이 명확해졌다.

결국 예상했던 불미스런 사건이 발생하는 결정적인 순간이 왔다. 바네스 씨가 나를 해고했던 것이다. 내 생애 동안 유일하게 해고를 당한 경우였고 무덤에 있는 이 순간에도 마음이 아프다. 그는 나를 무례하게 해고하지는 않았다. 그렇게 하는 것 자체가 그의 성품에 어긋나는 일이었기 때문이다. 그는 온화한 얼굴과 예절바른 태도를 지닌 체구가 크고 잘생긴 사람이었고 옷매무새도 흠잡을 데가 없었다. 그는 누구에게도 무례하거나 거친 말을 할 수 없는 사람이었다. 그는 나를 조용한 곳으로 데려가서는 사직할 것을 권고했다. 마치 아버지가 아들을 위해서 조언을 하는 것과 같은 태도였기 때문에 나는 이에 따랐다.

나는 이제 갈 곳 없이 다시 세상에 내던져졌다. 장로교파의 훈련을 받은 나로서는 〈모닝콜〉이 스스로 재앙을 초래했다는 점을 알았다. 나는 섭리가 행해지는 방법을 알고 있었기 때문에 〈모닝콜〉이 그 죄의 대가를 치르게 될 것이라고 생각했다. 처벌이 언제, 어떤 형태로 이루어질지 예측할 수는 없었지만 조만간 분명히 이루어질 것이었다. 처벌이 바네스 씨에게 내려질지 신문사에 내려질지도 알 수 없기는 마찬가지였다. 하지만 바네스 씨가 유죄인데다가 내가 받은 장로교파의 훈련으로 판단해 보면 처벌은 항상 죄가 없는 사람에게 내려지기 때문에 언젠가 바네스 씨의 범죄로 인해서 고통을 받게 되는 것은 신문사일 것이라 확신했다.

정말 그랬다! 4월 네 번째 주*에 실린 신문 사진에는 폐허가 된 도시 가운데 〈모닝콜〉 건물이 마치 워싱턴 기념비처럼 우뚝 서 있었다. 몸체는 온데간데없고 뼈대만 덩그러니 남아 있었다! 그때 난 이렇게 말했다.

"섭리가 이루어지는 방법은 정말 놀랍구나!"

그렇게 될 줄 알았다. 40년이라는 긴 세월 동안 한 번도 섭리가 이루어질 것이라는 확신을 잃은 적이 없었다. 내가 예상했던 것보다 시간을 더 끌기는 했지만. 어떤 사람들은 겨우 해고된 기자와 신문사와의 40년간 해결되지 않은 문제 때문에 40만 인구가 사는 도시 전체를 파괴해야 하는지에 대해 의문을 가질 것이다. 하지만 내게는 전혀 이상할 것이 없는 일이다. 나는 장로교파의 교육과 훈련을 받은 장로교도이기 때문이고 섭리에 따라 일이 처리되는 방법을 잘 알고 있다. 성서 시대에는 한 사람이 범죄를 저지르면 가축과 사람을 포함해서 나라 전체를 멸망시키는 일이 일어났다. 신은 특별히 선호하는 대상이

---

*1906년. 이 해 대지진이 일어났다.

없었기 때문에 벌을 주려는 대상과 관련이 있는 것 또한 줄줄이 멸망시켰던 것이다. 한번은 이런 일이 있었다. 매그놀리아(Magnolia)에서 열린 어느 기도 모임에서 한 사람이 악담을 퍼붓고는 집으로 돌아갔다가 9개월 동안 혹독한 대가를 치러야 했다. 그에게는 아내와 일곱 자녀가 있었는데 모두가 갑작스럽게 끔찍한 병에 걸리고 고통을 겪다가 하나 둘씩 죽어가서 마침내 그 혼자 남게 되었다. 그 남자를 처벌하는 것이 신의 주된 의도였다는 것을 나는 알고 있다. 만약 그에게 두뇌가 있다면 비록 다른 사람을 희생시켰지만 그것은 그를 벌하려는 신의 뜻이었음을 알아차렸을 것이다.

25

옛날 〈모닝콜〉의 회계실은 1층에 있었고 바로 위층에는 유나이티드 스테이츠 민트(United States Mint)의 교장 사무실이 있었는데 브레트 하트(Bret Harte)가 교장의 개인 비서로 일하고 있었다. 편집부 직원과 기자의 숙소는 3층에 있었고 조판실은 4층과 꼭대기 층에 있었다. 스미기 맥글루랄이 온 후로는 브레트 하트의 사무실에서 그와 함께 많은 시간을 보냈다. 하트는 〈캘리포니아인 The Californian〉에 많은 글을 기고하고 있었고 나 또한 그곳에 기고하고 있었다. 하트와 나는 다른 기고가들과 함께 재미있는 시간을 보내기도 했다. 하지만 이러한 사교는 스미기 맥글루랄이 온 이후에 본격적으로 이루어졌다. 그전까지는 전혀 시간 여유가 없었기 때문이다. 첫 30일 동안은 스미기가 내게 퍽이나 이로운 존재였다. 그러다가 재앙과 같은 존재로 바뀐 것이다.

브레트 하트를 처음 발굴한 사람은 민트의 교장인 스웨인(Swain) 씨였다. 하트는 1850년대에 23, 4세의 나이로 캘리포니아에 와서 유레카에 있는 야영지에서 금을 캐는 일을 하면서 방랑 생활을 했었다. 그는 야영지에 있는 학교에서 학생을 가르쳤고 또 신문 구실을 했던 주간 신문 나부랭이의 편집도 했다. 유레카와 잭애스 굴치(Jackass Gulch)에서 그는 캘리포니아 삼림지대의 풍경과 역마차, 마부, 승객, 갱외 광부의 옷과 몸짓, 노름꾼과 그들의 여인들을 관찰하여 사진 같은 정밀한 묘사로 글을 남기는 방법을 배웠다. 또한 구태여 주의 깊게 생각하지 않더라도 자신이 광부의 일에 대해서는 소질이 없다는 점을 깨닫고 전문가처럼 글을 쓰는 방법을 열심히 배웠다. 그는 광부들의 별스럽고 재미있는 사투리, 그가 직접 고안해 낼 때까지 지구상이나 천상의 누구도 쓰지 않았던 사투리를 가지고 미국과 유럽을 매혹시키는 방법을 배웠다. 그러고는 조금씩 샌프란시스코로 접근하면서 〈황금시대 The Golden Era〉 사무실에서 주급 10달러를 받고 조판공으로 일하기 시작했다.

하트의 일은 활자를 짜는 것이었지만 누가 부탁하지 않았는데도 자신의 문학 작품을 신문에 실으면서 노동을 노동처럼 생각하지 않고 스스로 즐겼다. 하지만 원고를 남기지 않았기 때문에 편집인이자 소유주인 조 로렌스(Joe Lawrence)는 그의 원고를 결코 볼 수가 없었다. 하트는 활자를 가지고 작업하는 동안 자신의 문학을 머릿속에서 뽑아내어 구성했다. 〈황금시대〉는 표면적으로 또한 자칭 문학 잡지였지만 거기에 실리는 문학은 매우 나약했고 체계가 없었을 뿐만 아니라 그저 문학적인 형식만을 보일 뿐이었다. 민트의 교장인 스웨인 씨는 〈황금시대〉의 글에서 새롭고 신선하고 생기가 넘치는 어조를 발견하고는 조 로렌스에게 그 어조의 주인공이 누구인지 물었다. 하트가 그토록 적은 임금을 받고 그와 같은 장소에서 썩고 있다는 현실이 안쓰러웠던 스웨인 씨는 하트를 빼내어 괜찮은 봉급에 할 일은 거의 없는 자신의 개인비서로 고용하면서 마음 내키는 대로 재능을 개발하라고 말했다. 하트가 이 말에 기꺼이 따르기 시작하면서 그의 재능은 꾸준히 개발되었다. 브레트 하트는 내가 알고 있는 사람 중에서 가장 유쾌하기도 하고 가장 불쾌하기도 한 사람이었다. 그는 허영심이 심했고, 저속했고, 위선적이었다. 그리고 자신의 이러한 독특한 특성을 옷차림으로 계속 표현해 보였다. 천연두 자국이 심하게 남아 있기는 했지만 상당히 예쁘장하게 생긴 얼굴을 하고서 그럴 만한 여유가 있을 때나 없을 때나 어느 누구보다도 눈에 띄게 유행에 앞서가는 옷차림을 했다. 나름의 훌륭한 안목을 가지고 옷을 골랐는데, 무척 눈에 띄면서도 너무 요란스럽지도 눈에 거슬리지도 않았다. 옷차림에는 항상 한 가지 포인트를 효과적으로 현명하게 주어서 유행을 따르는 다른 사람들과 구별되어 두드러져 보였다. 주로 넥타이가 그 역할을 했는데 늘 강렬한 단색을 착용했다.

그에게는 진지한 성격이라고는 없었다. 나는 그가 감정을 느낄 기관을 가지고 있지 않기 때문에 감정을 갖는 것 자체가 불가능한 것이라 생각했다. 그의 심장은 단순히 박동하는 것 외에는 아무런 기능도 없다는 것이 내 생각이었다. 그가 2층에서 개인비서로 일하고 나는 3층에서 운세가 기울어가는 기자로 일하면서 스미기 맥글루랄로 인해서 파멸의 그림자가 가까이서 어렴풋이 모습을 드러내기 시작하던 시기에 우리는 가깝게 지내기 시작했다.

샌프란시스코에서 활동하던 시절, 브레트 하트는 디킨스를 성공적으로 모방한 작가로 자신이 평가받고 있는 것에 대해 결코 부끄러워하지 않았다. 오히려 자랑스러워했다. 자신을 미국에서 디킨스를 가장 잘 모방한 작가로 스스로 생각하고 있다고 말하는 것을 내가 직접 들은 적도 있다. 그만큼 당시 미국에서는 야심차게 드러내놓고 디킨스를 모방하려는 사람들이 상당히 많았다. 하트가 쓴 장편소설 《가브리엘 콘로이 *Gabriel Conroy*》는 마치 디킨스가 손수 쓴 것처럼 너무나 디킨스다운 소설이었다.

젊었을 때 삶으로부터 도망칠 수 없다는 것은 안타까운 일이다. 브레트 하트가 36년 전에 새로운 조명을 받으며 세상의 눈길을 끌면서 동부에서 생활을 시작했을 때는 가치 있고 존중받는 삶을 살았고 스스로 자부심을 가질 수 있는 삶을 영위했었다. 그러다가 가난, 빚, 굴욕, 불명예, 괴로움으로 가득찬 비참한 이력을 얻게 되었고, 이 이력이 가져온 세계적인 명성은 그에게는 틀림없이 무척이나 혐오스러운 것이었다. 그 명성이 가난과 자신의 특징이 갖는 비천함을 어떤 예술의 힘으로도 숨길 수 없을 지경으로 두드러져 보이게 만들었기 때문이다.

그는 행복했고, 야심만만했고, 희망에 가득차 있었고, 밝고 명랑했고, 끓어오르는 활기찬 기쁨을 소유했었다. 그러나 이러한 모습의 브레트 하트는 샌프란시스코에서 죽었다. 그 후의 브레트 하트는 시체에 불과했다. 전 미국 대륙을 화려하게 휩쓸었던 것도, 마차를 보내는 예의를 보이지 않았다는 이유로 시카고 연회에 참석하기를 거부했던 것도, 좌절을 겪던 중에 〈월간 레이크사이드 *Lakeside Monthly*〉의 방대한 계획에 따라 다시 동부 여행을 시작했던 것도 사실은 브레트 하트가 아니라 그의 시체였다. 해서 당시로서는 엄청나게 큰 금액인 1만 달러에 〈월간 애틀랜틱 *Atlantic Monthly*〉과 1년 동안 자신의 두뇌에 떠오르는 정신적 산물 모두를 주기로 계약을 했지만 그만한 값어치를 할 만한 것이라곤 아무것도 제공하지 못하고 그 해가 끝나기도 전에 돈을 써 버린 후에 사람들로부터 돈을 꾸고 여성에 의지해서 살아간, 살았으되 죽은 것과 마찬가지인, 무덤에 가서야 그칠 수 있는 암울하고 괴로운 삶을 살았던 것은 바로 브레트 하트가 아니라 그의 시체였다.

26

신은 어린아이와 바보를 보호한다는 속담이 있다. 이는 사실이다. 내가 실험을 해 보았기 때문에 안다.

나는 극도로 위험한 상황에 처했을 때 신비스러운 신의 개입으로 구제를 받은 적이 몇 번 있다. 현명한 사람들이 자신들의 계획을 위해 내 만만한 구석을 노리고 던져 놓은 함정 속으로 아무런 의심 없이 걸어 들어갔다가 아무런 상처도 받지 않은 채 그대로 나왔던 적이 종종 있었던 것이다. 40년도 더 거슬러 올라가* 샌프란시스코에서 있었던 일이다. 새벽 두 시에 일을 끝내고 12레인이 있는 대규모 볼링장으로 자리를 옮겼다. 나는 겉치레로, 그야말로 예의상 초청을 받았다. 이는 정중하지만 그다지 집요하게 와 달라는 초청은 아니었다는 의미이다. 하지만 내가 초청에 대한 감사의 표시와 더불어 볼링에 대해 아는 것이 아무것도 없다면서 거절을 하자 원기 왕성한 젊은이들은 당장 열의를 띠면서 꼭 같이 가자고 조르기 시작했다. 이 말에 우쭐해진 나는 함정을 전혀 눈치채지 못한 채, 순진하고 감사하게 초청을 받아들였다. 나에게는 레인 하나가 통째로 주어졌다. 젊은이들은 내게 게임에 대해 설명해 주었고 또 30분 동안 게임을 해서 그 동안 가장 스

---

*1907년에 저술

트라이크를 적게 기록한 사람이 굴 요리와 맥주를 사야 한다고 했다. 이 말로 나는 심각한 고민에 빠졌다. 그 내기는 내게 파산을 의미했기 때문이다. 애당초 이러한 점을 눈치채지 못했던 것이 후회되었다. 하지만 뒤로 물러서는 것은 내 자존심이 허락하지 않았다. 그래서 남기로 결정하고 될 수 있는 한 만족스럽고 기쁜 표정을 보이려고 애썼다. 내가 의도했던 만큼 내 모습이 만족스러워 보이지는 않았을 것이다. 하지만 다른 사람들은 이를 개의치 않을 만큼 기뻐 보였다. 자신들의 사악한 쾌감을 숨길 수가 없었던 것이다. 그들은 내게 서는 자세와 몸을 구부리는 방법, 공을 겨냥하고 던지는 방법 등에 대해 설명해 주었고 이내 게임이 시작되었다.

결과는 놀랄 만한 것이었다. 게임에 대해 무지했기 때문에 내가 던진 공은 제멋대로 굴렀다. 하지만 어찌됐든 30분 동안 공을 굴릴 때마다 나는 스트라이크를 기록했다. 다른 사람들은 일찌감치 손을 놓았고 그들의 쾌감도 같이 사라졌다. 그들도 가끔씩 스트라이크를 기록하기는 했지만 그마저도 드물게 나타나서 내 경이적인 기록을 따라오기에는 턱없이 부족했다. 30분이 지나자 젊은이들이 백기를 들었다. 그들은 코트를 입고 내 주위에 모여들더니 정중하지만 충분히 확실한 어투로 자신들의 생각을 말하기 시작했다. 자신들은 내가 정직하고 명예로운 사람이라 착각하고 온갖 신뢰를 보여 주었는데 그런 친절하고 우호적인 친구들을 경험으로 닳고 닳은 베테랑인 내가 등쳐먹으려고 속인 것이 아니냐는 것이었다. 거짓말을 하지 않았다는 사실을 그들에게 확신시킬 수가 없었다. 이미 그들이 생각하는 내 특성이란 것은 사라져 버렸기 때문에 그들은 내 말을 믿으려 하지 않았다. 그때 볼링장의 주인이 한동안 아무 말도 하지 않고 서 있다가 나를 변호하기 시작했다.

"여러분, 미스터리처럼 보이지만 설명을 듣고 나면 납득이 갈 겁니다. 이것은 홈이 파져 있는 레인입니다. 그저 공을 마음에 드는 방향으로 아무렇게나 굴리기만 하면 나머지는 홈이 알아서 하지요. 공이 매번 제일 가운데 핀의 북동쪽 커브를 치기 때문에 스트라이크가 나지 않을 재간이 없습니다."

이 말은 사실이었다. 젊은이들은 실험을 해 보았고 무슨 짓을 해도 스트라이크가 나는 것을 막을 수 없었다. 내가 그들에게 게임에 대해서 아는 것이 전혀 없다고 했을 때 그것은 완전한 사실이었다. 하지만 그들은 내 말을 믿지 않았다. 살아오면서 내내 그랬다. 내가 관습과 원칙에서 벗어나서 진실을 얘기할 때마다 듣는 사람은 거의 불문율처럼 그 말을 믿으려 하지 않았다.

의심할 줄 모르는 천성 때문에 나는 함정에서 빠져나오기 위해 여러 차례 신의 도움을 필요로 했다. 30년 전 엘미라(Elmira)의 은행가 두 명이 '퀘이커(Quaker)'라는 게임을 하자며 나를 초청했다. 그 게임에 대해 한 번도 들어본 적이 없었던 나는 그것이 머리를 써야 하는 게임이라면 사양하겠다고 말했다. 그러자 그들은 단순한 확률 게임이라며 전혀 머리를 쓸 필요가 없다고 말했다. 나는 한번 시도해 보기로 했다. 게임은 오후에 네 명이 하기로 했다. 게임 장소로는 커다란 창문이 있는 1층 방을 선택했다. 그리고 그들은 딴 마음을 먹고 돌아다니면서 나를 속일 궁리를 하기 시작했다.

나는 정각에 도착했고 우리는 게임을 시작했다. 게임을 감독하겠다며 모여든 열렬한 구경꾼 무리를 거느리고 말이다. 구경꾼들은 창문에 코를 박은 채 밖에 서 있었다. 은행가들은 내게 게임에 대해 설명을 해 주었다. 내가 기억하는 한 게임의 법칙은 이랬다. 테이블 위에 멕시코 달러를 한 무더기 쌓는다. 그 중 12개의 발행일은 짝수이고 50

개는 홀수이다. 은행가들이 무더기에서 동전 하나를 꺼내서 손 밑에 감추면 나는 '짝수'인지 '홀수'인지 맞춰야 한다. 내 추측이 맞으면 동전은 내 것이 된다. 만약 틀리면 1달러를 잃게 되는 것이다. 나는 처음에 '짝수'라고 대답했고 맞는 추측이었다. 다음번에도 '짝수'로 추측해서 돈을 땄다. 네 번째까지 '짝수'라는 추측이 맞아떨어졌다. 나는 '짝수'가 마음에 들었기 때문에 계속하는 것이 좋겠다는 생각이 들었고 그렇게 했다. 그래서 '짝수'를 12번 말하고 12달러를 벌었다. 나는 그들이 은밀히 바라고 있던 대로 하고 있었던 것이다. 인간 본성에 대한 자신들의 경험으로 그들은 나처럼 순진해 보이는 사람은 첫 번째 추측에서 답을 맞혔다면 계속 그 답을 말할 것이라 생각했다. 또한 순진한 사람은 처음에는 항상 '홀수'가 아닌 '짝수'를 선택하리라는 것이 그들의 추측이었다. 순진한 사람이 '짝수'를 말해서 12번을 연속해서 이겼다면 '짝수' 동전은 12개뿐이라는 사실을 간과한 채 끝까지 '짝수'를 고집할 것이라 생각했다. 그래서 짝수 날짜를 가지고 내가 12번을 이길 수 있게 하고 그 다음부터 하나씩 홀수 날짜를 내놓기 시작해서 내가 50달러를 잃을 때까지 계속하고 구경꾼들에게 앞으로 일주일 동안의 웃음거리를 만들어 줄 작정이었던 것이다.

하지만 일이 그렇게 돌아가지는 않았다. 마지막 '짝수'를 맞히고 도합 12달러를 버는 순간 나는 게임이 너무 단조롭고 일방적이어서 전혀 재미가 없었다. 내가 그 장소를 나오자 창문에 붙어 있던 구경꾼들 사이에서 웃음이 터졌다. 나는 그들이 왜 웃는지 도통 알 수가 없었고 어쨌거나 관심도 없었다. 이 일을 통해서 나는 현명할 뿐만 아니라 사람의 마음을 꿰뚫어 보는 능력이 뛰어나다는 시기 어린 평판을 얻었다. 하지만 내게 적당한 평판은 아니었다. 나는 사람의 마음을 꿰뚫어 보는 데는 황소만큼도 재주가 없기 때문이다.

25년 동안 나는 지속적으로 성실하게 인류에 대한 연구에 헌신했다. 다시 말해서 나 자신의 연구에 헌신했는데 내 개인 안에 온 인류가 집약되어 있기 때문이다. 많든 적든 인류의 모든 구성요소 중에서 내가 가지고 있지 않은 것은 없다는 것을 깨달았다. 다른 사람에게 있는 같은 구성요소를 놓고 비교할 때 상대적으로 양이 적다 하더라도 그래도 조사를 할 수 있을 만큼은 되었다. 다른 사람과의 접촉을 통해 보더라도 내가 가지지 않은 자질을 가진 사람은 한 명도 없었다. 다른 사람과 나 사이의 작은 차이점으로 다양성이 생기고 단조로움에서 벗어날 수 있지만 그것뿐이다. 넓은 의미에서 인간은 모두 유사하다. 그러므로 나 자신을 주의 깊게 관찰하고 다른 사람과 비교해서 그 차이점에 주목함으로써 다른 이들이 획득하고 알아낸 것보다 더 정확하고 포괄적으로 인류에 대한 지식을 습득할 수 있다.

  인류의 특성 모두를 여기서 생각해 보려는 것은 아니다. 다만 한두 가지만을 가볍게 건드려 보고 싶다. 우선 나는 왜 사람들이 나쁜 당구대보다 좋은 당구대를 좋아하는지, 굽은 당구채보다 곧은 당구채를 좋아하는지, 이가 나간 공보다 둥근 공을 좋아하는지, 기울어진 테이블보다 평평한 테이블을 좋아하는지, 무디고 반응이 없는 벽보다 민감한 벽을 좋아하는지 궁금하다. 내가 이러한 문제에 대해 궁금해하는 이유는 좋지 않은 당구 도구도 최고의 도구만큼이나 당구와 관련된 필수적인 사항을 제공하기 때문이다. 그 필수사항 가운데 하나는 재미이다. 도구에서 얻는 재미의 정도에 차이가 있다면 사실상 시원찮은 도구에서 얻는 재미가 더 크다. 좋지 않은 도구가 좋은 도구보다 선수나 구경꾼에게 30% 이상 더 큰 즐거움을 전달한다. 당구의 또 다른 필수사항은 기술이다. 도구를 통해서 선수들은 자신의 멋진 기술을 구사하고 이를 과시함으로써 구경꾼의 경탄을 자아내는 완전한 기회를 가질 수 있게 되는데, 좋지 않은 도구를 사용할 때 구경꾼들의 경탄은 더한 법이다. 이런 면에서 보자면 시원찮은 당구 도구가 좋은 도구에 뒤처질 이유가 없다. 당구의 또 하나의 필수사항은 내기를 걸어서 게임에 흥미를 더해 주어야 한다는 것이다. 이때 좋지 않은 도구를 가지고 내기를 한다면 그 흥미는 배가되게 마련이다. 이런 면에서 본다면 좋은 도구가 좋지 않은 도구에 비해 우세한 점이 없다. 나는 경험상 시원찮은 도구라도 좋은 도구만큼 귀중하다는 것을 알고 있다. 경매에서 7달러에도 판매되지 않는 도구라도 당구의 필수사항을 충족시키는 한 1천 달러를 호가하는 도구에 결코 뒤지지 않는다.

나는 이러한 교훈을 40년도 더 전에 캘리포니아의 잭애스 굴치에서 습득했다. 잭애스 굴치는 한때 풍요롭고 번성했던 광산 막사였다. 그러다가 금 매장량이 점점 고갈되면서 사람들이 하나둘 떠나고 마을은 급속하게 쇠퇴하기 시작했다. 내가 한창 나이일 때 이 마을은 사라져 버렸다. 은행, 시청, 교회, 도박장, 신문사, 벽돌 보도가 깔린 거리가 있었던 곳에는 평화롭고 매혹적인 고독과 넓게 깔린 아름다운 초록 잔디가 남아 있을 뿐이었다. 여섯 채 정도의 집만이 여기저기 흩어져 있고 여전히 남아 있는 한 술집에서는 건강을 잃어 피폐해진 한 사람이 죽음과 싸우고 있었다. 이 술집에는 장인의 다락방에 있는 것과 같은 종류의 당구 도구 세트가 놓여 있었다. 공은 이가 나갔고 천에는 꿰매고 기운 자국이 여기저기 있고 당구대의 표면은 울퉁불퉁하고 당구채는 머리가 없고 휘었다. 그러나 마을에 고립된 버림받은 광부들이 여기서 벌이는 게임은 서커스와 오페라의 대단원을 합쳐 놓은 것보다 더 재미있었다. 그 당구대에서 캐롬(carom: 치는 공이 잇따라 두 개의 목표 공을 맞추는 것 — 옮긴이)을 기록하려면 상당히 비범한 기술을 발휘해야 했다. 힘과 거리를 정확하게 측정해야 하고 테이블의 울퉁불퉁한 경사면을 고려해야 하고 도구로 인해 파생될 수 있는 위협적인 특이한 성질에 대처해야 하기 때문이었다.

내 경험으로 끔찍한 도구를 가지고 하는 게임에서는 다른 어떤 게임에서도 맛볼 수 없는 황홀한 기쁨을 만끽할 수 있다. 27년 전 아이들이 아직 어렸을 때 가족이 함께 로드아일랜드 뉴포트(New Port) 근처 베이트맨스 포인트(Bateman's Point)에서 여름을 보낸 적이 있다. 그곳은 아주 안락한 숙소로 상냥한 엄마들과 어린아이들이 바글거렸지만 남성은 찾아보기 힘들었다. 남성은 나 말고 젊은이가 하나 더 있어서 우리는 함께 즐겁게 지낼 수 있었다. 히긴스(Higgins)라는 이름의 그 젊은이는 매우 유쾌하고 사교성이 있었다. 숙소에는 예전에 볼링장이었던 곳이 있었다. 레인은 하나였고 60년 동안 한 번도 수리를 한 적이 없는 듯 보였지만 공의 상태는 꽤 좋았다. 공은 자몽만한 크기에서부터 거의 들 수 없을 정도로 무거운 유창목(癒瘡木)으로 만든 큰 공까지 크기 별로 도합 41개가 있었다. 히긴스와 나는 매일 볼링 레인에서 경기를 했다. 처음에는 핀에 돌발사태가 발생하면 즉시 대처하기 위해 한 명이 항상 레인 끝에 가서 기다렸다. 하지만 그럴 필요가 없었다. 볼링 레인의 표면은 워낙 울퉁불퉁해서 어떤 기술을 사용하더라도 공이 레인 위를 굴러가게 할 수조차 없었던 것이다. 작은 공이든 큰 공이든 마찬가지였다. 공은 반 정도 가고 나면 어김없이 레인에서 벗어나서 쿵쿵 엄청난 소리를 내면서 레인 가장자리를 따라 나머지 거리를 굴러 내려갔기 때문에 사냥터 관리인이 기어 나와 피신할 정도였다. 어쨌거나 우리는 끈질기게 버텨서 결실을 거두었다. 우리는 레인을 조사하고 여러 가지 특이한 점을 파악하고 기록했다. 그래서 공을 홈에 도착하게 해서 핀을 하나둘씩 쓰러뜨릴 수 있는 방법을 조금씩 터득하기 시작했다. 이렇듯 조금씩 기술을 향상시키던 우리는 마침내 35개의 공을 가지고 핀을 모두 쓰러뜨리는 기록을 수립할 수 있게 되었다. 경기도 진행되었다. 35개의 공을 가지고 핀을 모두 쓰러뜨리지 못하는 사람이 그 경기에서 지는 것이었다. 공 모두의 무게를 달면 아마도 500파운드 아니 1톤은 족히 되었을 것이라 생각한다. 어쨌든 날씨가 무척 더웠고 35개의 공을 홈으로 던지고 나면 땀에 흠뻑 젖어서 몸이 탈진하곤 했다.

낮에 햇빛 아래에서 놀 대로 놀고 나면 밤에는 촛불 두 개를 켜 놓고 게임을 했다. 레인의 길이가 50~60피트였기 때문에 핀을 볼 수가 없어서 위치를 알려면 촛불이 필요했다. 우리는 경기를 끝내고도 아쉬운 마음에 마지막에는 36번째 공으로 눈에 보이지 않는 핀을 쓰러뜨리는 시늉을 하고서야 경기를 끝냈다. 촛불을 켜고 하는 경기를 끝까지 하고 나면 이번에는 왼손으로 54번 던지는 경기를 했다. 때로는 핀을 한 개도 잡지 못하고 공 15개를 연속으로 흘려보내기도 했다. 우리는 뉴욕 최고의 볼링장에서 사람들이 맛볼 수 있는 재미의 다섯 배 이상을 그 낡은 볼링 레인에서 만끽할 수 있었다.

타는 듯이 무더웠던 어느 날 겸손하고 예의바른 정규군 장교가 우리의 숙소에 나타나서 자기 소개를 했다. 그는 약 35세쯤으로 체격이 다부지고 군인답게 꼿꼿하고 똑바른 자세를 하고 있었고, 무지했던 그 옛날의 제복 속에 꼭꼭 밀폐되어 있었다. 무거운 금속으로 만들어진 제복은 7월보다는 오히려 1월에 입어야 어울릴 듯 보였다. 그는 낡은 볼링 레인과 반짝거리는 공이 일렬로 홈통에 놓여 있는 것을 보고는 해보고 싶은 마음에 눈이 반짝거렸고 우리는 그가 우리의 밥이라고 생각했다. 그래서 그에게 한번 공을 굴려 볼 것을 정중하게 권했고 그는 감사의 마음을 감추지 못했다. 우리는 게임에 대해 설명해 주면서 공이 41개가 있는데 횟수는 얼마든지 늘려서 계속 할 수가 있고 스트라이크를 기록할 때마다 상품을 받을 수 있다고 했다. 우리는 상품이 무엇인지는 말하지 않았다. 그럴 필요가 없었기 때문이다. 그는 우습다는 듯한 웃음을 흘렸지만 곧 직업에서 오는 몸에 밴 예절에 따라 웃음을 감추었다. 그러고는 자신은 중간 크기 공 두 개와 작은 공 하나를 고르고 싶고 더 이상은 필요하지 않을 것 같다는 말을 덧붙였다.

그리고 그는 시작했다. 정말 놀라운 사람이었다. 그가 굴린 공은 절대 레인 위를 구르는 법이 없었다. 공을 15개 던졌지만 핀의 근처에도 가지 못하자 그의 분노가 옷을 헤집고 나타나기 시작했다. 분노를 얼굴에 떠오르지 않게 하려고 무던히 애썼지만 공을 15번 더 던지고 나자 얼굴 표정을 통제할 수 없게 되었다. 한마디도 하지 않았지만 모든 구멍이란 구멍으로 무언의 욕설이 뿜어져 나오고 있었다. 그는 코트를 벗어도 되겠느냐고 했고 우리는 그렇게 하라고 했다. 그는 독하게 마음을 먹고 코트를 벗었다. 비록 보병장교였지만 공을 마치 대포 쏘듯이 연달아 내던지는 것으로 보아 포병대 장교로 오인할 수도 있을 법했다. 그는 곧이어 스카프를 풀었고 잠시 후에는 조끼를 벗었다. 그러고는 용감하게도 계속 공을 던졌다. 히긴스는 웃음을 참느라 질식을 할 지경이었다. 나도 마찬가지였다. 하지만 웃는 것은 예의바른 태도가 아닐 것이었다. 그의 용기는 정말 가상했다. 말은 한마디도 하지 않은 채 계속 게임에 몰두했다. 41개의 공을 4번이나 반복해서 굴렸다. 마침내 포기하는 도리밖에 없었다. 더 이상 다리가 후들거려서 서 있을 수도 없었기 때문이다. 그는 옷을 입고 정중하게 작별인사를 하고 요새로 한번 찾아오라고 말하며 걸음을 옮겼다. 그러다가 다시 돌아와서는 이렇게 묻는 것이었다.

"한데 스트라이크를 잡으면 어떤 상품을 주십니까?"

우리는 아직 결정하지 못했다고 털어놓을 수밖에 없었다. 그는 상품의 종류를 그다지 서둘러서 결정할 필요는 없을 것 같다고 진지하게 말했다.

볼링 경기의 필수사항에 관한 한 나는 베이트맨스 포인트의 볼링 레인이 미국에서 가장 훌륭한 곳이라 믿고 있다. 기술이 필요하기 때문이고, 내기를 할 수 있는 기회를 주기 때문이다. 그리고 낯선 사람에게 경기를 시킬 수만 있다면 최고의 전문가가 최고의 레인에서 벌이는 최고의 게임을 볼 때보다도 더 유익하고 유쾌한 즐거움을 얻을 수 있기 때문이다.

27

페인 씨에게서 짐 길리스(Jim Gillis)가 죽었다는 소식을 들었다.* 짐 길리스는 75세의 나이로 오랜 투병생활 끝에 캘리포니아에서 2주 전에 숨을 거두었다. 그는 얼마 전에 병문안을 간 페인 씨와 굿맨 씨도 알아보지 못했다. 스티브 길리스도 명랑하면서도 조용하게 죽음을 기다리며 병상에 누워 있었다. 그는 숲이 울창한 잭애스 굴치 지역에서 다른 형제들과 함께 성장했고 나는 40년 전 그의 가족을 잘 알고 지냈다. 스티브, 조지, 빌리는 여러 명의 손자를 두었지만 짐만은 끝까지 총각으로 남았다.

나는 짐 길리스가 그의 가족이나 친한 사람들이 생각하는 것보다 훨씬 훌륭한 인물이었다고 생각한다. 그는 총명한 상상력을 가지고 있어서 아주 쉽게 준비 없이 즉흥적으로 일을 잘 꾸몄다. 상황이 어떤

---

* 1907년 5월 26일에 저술

방향으로 진행되는지 걱정하지 않고 진행되는 대로 얘기를 만들어 갈 수 있었고 얘기가 만족스럽게 끝날지, 전혀 끝을 맺을 수 없을지 또한 전혀 개의치 않았다. 짐은 타고난, 그것도 매우 유능한 익살꾼이었다. 훈련을 받은 적이 없었음에도 얼마나 말주변이 좋았는지를 기억해 보면 그가 누군가에게 발탁되어 몇 년간 저술 훈련을 받기만 했더라면 인기 있는 작가가 될 수 있었을 것이라 확신한다. 그 자신은 스스로의 천재성을 느끼지 못했을 가능성이 크다. 뿐만 아니라 친한 사람조차도 그랬던 것 같다. 사실 좀더 강력한 표현을 사용하자면 친한 사람은 천재성, 최소한 문학적인 천재성은 절대 발견하지 못한다. 천재에 너무나 가까이 다가가 있는 까닭에 초점에서 벗어나서 그의 천재성의 정도를 가늠할 수 없는 것이다. 천재와 자신 사이에 존재하는 엄청난 차이점도 인식할 수가 없다. 그들은 천재를 객관적으로 올바르게 바라보는 것은 고사하고 편협한 관점으로만 바라본다.

항상 가까이에서 성 베드로 성당을 보아 왔고 한 번도 로마 밖으로 나가 본 적이 없는 사람에게는 베드로 성당의 크기가 그다지 인상적일 수 없다. 로마 평야 저 멀리서부터 다가와서 로마를 희미하고 특징 없는 물체쯤으로 보았던 이방인의 눈에만 장엄하게 홀로 우뚝 솟아 있는 위대한 대성당이 시야에 들어오는 것이다. 수천 명의 천재들이 스스로에게든 다른 사람에게든 그 천재성이 알려지지 않은 채 죽어간다. 남북전쟁이 일어나지 않았다면 링컨도 그랜트도 셔먼도 셔리단도 발굴되지 못했을 것이고 세인의 눈길을 끌지도 못했을 것이다. 나는 한 세대 전에 썼지만 아직 출판하지 않은 《스톰필드 선장의 천국 방문기 Captain Stormfield's Visit to Heaven》란 작은 책에서 이러한 문제를 다루었다. 천국에 도착한 스톰필드는 무적의 군사 천재인 카이사르, 알렉산더, 나폴레옹 등을 열렬하게 만나고 싶어 한다. 하지만 천국에 산 지 오래된 사람이 전하는 말에 따르면, 직업이 구두수선공이었던 위대한 군사 천재에 비교한다면 그들은 군사 천재의 위치에 도저히 미치지 못하는 수준이어서 무명의 하사 계급을 받았을 뿐이라고 했다. 구두수선공은 세상 사람에게 알려지지 않은 채 뉴잉글랜드의 한 마을에서 살다가 죽었고 지상에서는 한 번도 전투를 겪어 본 적이 없다고 했다. 지상에 있을 때는 그의 군사적 천재성이 발견되지 않았지만 천국에서는 그를 알아보고 지상에서 마땅히 받았어야 하는 엄청난 영예를 수여했다는 것이다.

나는 잭애스 굴치에 있는 짐 길리스의 통나무집에서 그의 패거리인 딕 스토커(Dick Stoker)와 함께 3개월을 지냈다. 잭애스 굴치는 내가 앞서 말했던 대로 평화롭고 조용하고 꿈결 같고, 멋진 나무가 울창한 낙원이었다. 이따금씩 짐은 영감을 받곤 해서 커다란 나무 장작불을 등지고 일어나 등 뒤로 손을 깍지 낀 채로 딕 스토커를 주인공으로 하는 정교한 거짓말 즉 방탕한 로맨스를 즉흥적으로 들려주곤 했다. 짐은 늘 자신이 하고 있는 얘기는 로맨스가 아니라 엄연한 역사적인 사실이라고 진지하게 말했다. 머리가 희끗희끗하고 성품이 좋은 딕 스토커는 파이프를 문 채 앉아서 이 엄청난 거짓말을 편안하게 듣고 있었고 한 번도 이의를 제기하는 법이 없었다.

내 책 중의 하나에서(《허클베리 핀의 모험》으로 생각된다) '타오르는 수치의 비극'이라는 제목을 붙여 짐의 즉흥적인 이야기를 사용했는데 출판하기에 적합하도록 상당히 손을 보아야 했기 때문에 원작은 많이 손상되었다. 짐이 말을 하는 동시에 계속 즉흥적으로 꾸며가면서 이 얘기를 들려주었을 때, 나는 여태껏 들어 본 얘기 중에 가장 파격적으로 재미있는 얘기라고 생각했다. 이런 얘기가 책 속에 들어가면 얼마나 빛이 바래고 힘을 잃는가! 인쇄되지 않은 형태의 얘기는 얼마나 엄청나고 멋진가!

짐은 일 년에 한 번 샌프란시스코로 내려가서 자신의 거친 광산복을 벗어 버리고 15달러짜리 싸구려 기성복을 사 입은 후에 한쪽 귀로 기울어지도록 모자를 쓴 채 마치 왕처럼 만족스러운 표정으로 몽고메리 거리를 어슬렁어슬렁 걸어다녔다. 우아한 옷차림을 한 행인들이 조롱하듯 쳐다보는 눈초리쯤은 짐에게는 아무것도 아니었다. 아니, 전혀 눈치 채지 못하는 것 같았다. 언젠가 조 굿맨과 나, 그리고 몇몇 친한 친구들이 짐을 뱅크 익스체인지(Bank Exchange) 당구장으로 데려간 적이 있었다. 그곳은 샌프란시스코의 부유하고 유행의 첨단을 걷는 젊은이들이 드나드는 곳이었다. 시간은 밤 열 시였고 20개의 테이블이 다 차 있었다. 우리는 짐이 이 유명한 장소를 관찰하고 즐길 수 있도록 할 요량으로 당구장 여기저기를 걸어다녔다.

가끔 멋스럽게 차려입은 젊은이들이 짐과 짐의 옷에 대해서 조롱하는 말을 툭툭 던졌다. 우리는 짐이 이들에게 대꾸하지 않기만을 바랄 뿐이었다. 하지만 희망은 어긋났다. 짐은 즉시 예의 주시하고 있다가 그 말을 한 당사자를 찾았다. 체구가 크고 옷을 잘 차려입은 젊은 신사였다. 짐은 그 앞으로 다가가서 턱을 세운 채 우뚝 섰다. 짐의 태도와 행동에는 오만한 자부심이 배어 있었다. 짐은 당당하게 이렇게 말했다.

"나에 대해 말했나 보군. 사과를 하든지 대결을 해야겠어."

근처에서 당구를 치던 대여섯 명이 이 소리를 듣고 주위를 두리번거리더니 당구채의 끝을 바닥에 내려놓고 결과가 궁금한 듯 흥미진진한 표정으로 두 사람을 쳐다보았다. 짐의 상대방은 빈정거리며 웃음을 터뜨리고는 이렇게 말했다.

"오, 그래? 내가 거절하면 어쩔 건데?"

"몽둥이찜질로 버릇을 고쳐 줘야지."
"그래? 그렇게 될 수 있을지 모르겠군."
짐의 태도는 진지하고 침착했다.
"내가 너에게 도전하는 거야. 너는 나와 싸워야 해."
"오, 그렇단 말이지! 친절하게 시간을 말해 보시지."
"지금 당장."
"정말 빠르군. 어디서?"
"여기."
"굉장한데. 무기는?"
"산탄이 장전된 쌍권총. 30피트 떨어져서."

끼어들어야만 하는 순간이었다. 굿맨이 젊은 바보를 옆으로 데리고 가서 말했다.

"넌 상대를 몰라. 너는 지금 정말 위험한 일을 하고 있는 거야. 저 사람이 농담하는 것처럼 보이겠지만 농담하는 게 아냐. 그런 류의 인간이 아니라니까. 진담이야, 진담. 네가 대결을 거절하면 그 자리에서 너를 죽여 버리고 말걸. 그가 말한 조건을 받아들여. 지금 당장. 흘려버릴 시간이 없다니까. 결투를 하든지 사과를 하란 말이야. 물론 사과를 할 때는 두 가지를 사과해야겠지. 그가 너에게 아무 짓도 안 했는데 너는 그를 모독했어. 그것이 첫 번째 이유야. 두 번째 이유도 명백해. 너는 당연히 너에게 아무 짓도 하지 않은 사람을 죽이고 싶지 않을 테고 너 또한 죽고 싶지 않을 테니까. 사과를 하되 그가 시키는 방식대로 사과를 해야 해. 네가 생각할 수 있는 사과 이상의 강력하고 철저한 사과가 될 거야."

그 젊은이는 짐의 입술에서 말이 떨어지자마자 그 말을 받아서 사과를 했다. 사람들이 두 사람 주위에 모여들어 귀를 기울였다. 사과의 성격은 굿맨이 예측했던 것과 정확하게 맞아떨어졌다.

나는 짐의 죽음을 애도한다. 참으로 좋고 변함없는 친구였다. 남자답고 너그러운 친구였다. 정직하고 영예스러우며 사랑스러운 성품을 지닌 친구였다. 그는 스스로 싸움을 시작하지는 않았지만 싸움을 해야만 하는 상황에서는 철저한 자세로 덤벼들었다.

28

나는 샌프란시스코의 광산에서 돌아와 얼마 동안 버지니아 〈엔터프라이즈〉에 글을 쓰다가 설탕 재벌에 대한 기사를 쓰라는 요청을 새크라멘토 〈유니온〉으로부터 받고 샌드위치 아일랜드(Sandwich Islands: 지금의 하와이 ― 옮긴이)로 파견되었다. 호놀룰루에 있을 때는 쾌속범선인 호네트(Hornet)의 생존자들이 피골이 상접한 채 도착하는 사건이 발생했다. 천정이 없는 배에서 열흘 치의 식량만 가진 채 43일의 항해 끝에 도착한 사람들이었다. 나는 밤낮으로 이 사건에 매달려서 완벽한 기사를 작성했고 출항하는 범선에 부탁하여 〈유니온〉으로 원고를 보냈다. 캘리포니아에서는 유일하게 사건 전체를 다룬 기사였기 때문에 〈유니온〉은 원고료로 그때 시세의 10배를 지불했다.

약 4~5개월 후에 캘리포니아로 돌아갔다. 극장을 몇 군데 소유하고 있는 토마스 맥과이어(Thomas McGuire)가 지금이야말로 강연 분야에 뛰어들어 돈을 벌 수 있는 절호의 기회라고 말했기 때문이다. 나는 샌드위치 아일랜드에 대해 강연하기로 결정하고 다음과 같은 광고를 내보냈다.

"입장료 1달러, 7시 30분에 문이 열리고 8시가 되면 소동이 시작됩니다."

꼭 맞는 예언이었다. 8시에 정말 소동이 시작되었다. 처음으로 관객들 앞에 홀로 선 나는 엄습해 오는 공포로 인해 머리끝부터 발끝까지 마비된 것 같았다. 이러한 상태가 한 2분 지속되었고 마치 죽은 것처럼 처참한 기분이 들었다. 이 순간에 대한 기억은 결코 사라지지 않지만 그 대신 얻은 것도 있었다. 관중 앞에 섰을 때 느끼는 공포에 면역이 되어 이후 있을 강연에 큰 도움이 되었던 것이다.

유머를 구사할 때 반복은 강렬한 위력을 발휘한다. 같은 유머 내용을 정확한 표현을 사용해서 진지하고 열성적으로 일정 간격을 두고 5~6번 반복하면 웃음은 결국 터지게 되어 있다. 나는 40년 전 샌프란시스코에서 두 번째 강연을 시도하면서 이것이 진리라는 것을 깨달았다. 첫 번째 강연은 만족할 만큼 성공적이었다. 두 번째 강연을 준비하면서는 처음 15분이 유머러스하지 않기 때문에 걱정이 되었다. 앞부분의 어정쩡한 분위기가 그대로 강연의 지배적인 분위기로 굳어진다면 참담할 수 있기 때문에 본격적인 강연에 앞서 청중을 웃게 만들어서 초반부터 유쾌하고 친근한 분위기를 유지시킬 필요성이 있었다. 이러한 생각을 염두에 두고 나는 대담한 계획을 준비했는데 워낙 대담한 계획이라 이를 실천에 옮길 만한 용기가 있기나 했던 건지 지금 생각해도 의심스럽다. 샌프란시스코에서는 지난 5~6년 동안 모든 사람이 오랫동안 들어 와서 이미 식상해 버린 어리석고 별 의미 없는 일화가 나돌고 있었다. 이 케케묵은 일화를 사람들에게 들려주는 것은 마치 목숨을 걸어야 하는 것처럼 위험천만한 일이었다. 하지만 나는 이 일화로 강의를 시작해서 청중이 웃음을 터뜨릴 때까지 단순하게 반복하기로 결심했다.

청중이 1천5백 명은 족히 되어 보였다. 또한 나는 이 지역의 한 신문사에서 상당 기간 기자로 일을 했었기 때문에 안면이 있는 청중도 수백 명에 달했다. 청중은 나를 좋아했고, 그럴 수밖에 없었다. 그들은 나에게 감탄하고 있었다. 마치 내 얘기는 늘 새롭고 훌륭하다는 태도여서 불쾌한 일화를 들려준다면 그들은 유감스러워하고, 실망하고, 마음속으로 화가 치밀어 오를 것이었다. 나는 사륜마차를 탔을 때의 광경을 묘사하는 것으로 얘기를 시작했다.

"다음날 평원에 위치한 작은 역에서 한 사람이 올라탔습니다. 그는 유쾌한 수다를 한참 떨고 나서는 이렇게 말했습니다. '원하신다면 정말 재미있는 얘기를 들려드리겠습니다. 호레이스 그릴리(Horace Greeley)가 이 길을 한 번 지나간 적이 있습니다. 칼슨 시를 떠나면서 마부인 행크 몽크(Hank Monk)에게 자기가 플레이서빌(Placerville)에서 강연 약속이 있기 때문에 정말 빨리 가고 싶다고 말했습니다. 행크 몽크는 채찍을 휘두르며 엄청난 속도로 마차를 몰기 시작했습니다. 이 멋진 길을 마차가 덜커덩거리며 달리자 호레이스는 마차 지붕에 머리를 찧었고 코트 단추마저 흔들려 떨어져 나갔습니다. 호레이스는 마부에게 좀 살살 가자고 말했습니다. 아까처럼 그렇게 급하지는 않다고요. 하지만 행크 몽크는 이렇게 말했습니다. "호레이스 씨, 자리에 앉아 계세요. 제시간에 도착하게 해 드리겠습니다." 그래서 물론 그렇게 할 수밖에는 없었답니다!'"

나는 무덤덤한 목소리로 단조롭게 어떤 단어도 강조하는 일 없이 얘기를 전했다. 그러고는 잠시 쉬면서 청중으로부터 웃음이 터져 나오기를 기대하는 듯한 표정을 지었다. 물론 웃음은 터져 나오지 않았고 그 비슷한 것도 보이지 않았다. 쥐 죽은 듯 고요한 침묵만이 흘렀다. 눈길이 닿은 청중들의 표정에는 슬픔마저 내비쳤고 모욕적인 표정을 짓는 사람도 있었으며 분노를 내보이는 사람도 있었다. 내 친구들과 나를 아는 사람들은 수치스러워했고 청중 모두는 마치 구토제를 먹은 사람들 같아 보였다.

나는 당황해하는 것처럼 보이려 했고 꽤나 잘했다. 잠시 동안 아무 말도 하지 않은 채 청중에게 동정을 구한다는 듯한 무언의 호소의 몸짓으로 손을 만지작거리며 서 있었다. 많은 사람들이 나를 측은하게 생각한다는 표정을 하고 있었다. 하지만 일부는 발끈해 있었다. 나는 육로 여행에 대한 더 상세한 얘기를 더듬거리며 다시 하기 시작했다. 마치 처음에 얘기를 잘 전하지 못했기 때문에 이번에 좀 더 능숙하게 말한다면 사람들이 좋아할 것이라 생각하는 사람처럼 태도를 취하면서 다시 얘기를 시작했다. 내가 똑같은 일화로 다시 돌아간다는 사실을 깨달은 청중들 사이에 분노가 끓어오르는 것이 보였다. 그때 나는 이렇게 말했다.

"우리가 평원에 위치한 줄레스버그를 막 떠난 후에 마부는 옆에 앉은 나에게 이렇게 말했습니다. '원하신다면 정말 재미있는 얘기를 들려드리겠습니다. 호레이스 그릴리가 이 길을 한 번 지나간 적이 있습니다. 칼슨 시를 떠나면서 마부인 행크 몽크에게 자기가 플레이서빌에서 강연 약속이 있기 때문에 정말 빨리 가고 싶다고 말했습니다. 행크 몽크는 채찍을 휘두르며 엄청난 속도로 마차를 몰기 시작했습니다. 이 멋진 길을 마차가 덜커덩거리며 달리자 호레이스는 마차 지붕에 머리를 심하게 찧었고 코트 단추마저 흔들려 떨어져 나갔습니다. 호레이스는 마부에게 좀 살살 가자고 말했습니다. 아까처럼 그렇게 급하지는 않다고요. 하지만 행크 몽크는 이렇게 말했습니다. "호레이스 씨, 자리에 앉아 계세요. 제시간에 도착하게 해 드리겠습니다." 그래서 물론 그렇게 할 수밖에는 없었답니다!'"

나는 말을 다시 멈추고는 만족스럽고 기대감에 찬 표정을 지었다.

하지만 아무런 소리도 들리지 않았다. 강연장에는 마치 무덤 같은 적막이 흘렀다. 나는 다시 당황한 듯한 표정을 짓고 손을 만지작거렸다. 울 것 같은 표정을 지으면서 상당한 침묵이 흐른 후에 다시 한번 더듬거리고 망설이며 육로 여행 얘기를 꺼내기 시작했다. 청중들은 더 이상 참을 수 없다는 듯 술렁거렸다. 하지만 나는 일화가 이토록 재미있는데도 사람들이 알아차리지 못하는 데는 필시 특별한 이유가 있을 것이라 확신하면서 반드시 재미있다는 점을 확인시켜 주겠다고 다짐한 사람처럼 다시 얘기를 시작했다.

"우리가 덴버에서 온 사람 하나를 태우고…."

맨 앞줄에 앉아 있던 청중들이 갑자기 내 의도를 알아차렸는지 웃음을 터뜨렸다. 그리고 그 웃음은 뒷좌석 끝까지 전해졌다. 청중들은 마침내 엄청나게 소란스러워질 정도로 웃어 댔다.

그동안 마음을 졸이느라 거의 탈진 상태에 있던 나에게는 천상의 소리였다. 내가 정교한 형태의 풍자를 시도하고 있는 중이라는 점을 청중에게 이해시키려면 이곳에 서서 밤새 같은 일화를 반복해서 들려주어야 할지도 모른다고 확신하는 단계에까지 거의 이르렀었기 때문이다. 하지만 일화를 단조롭게 반복하면 언젠가는 틀림없이 청중들에게서 웃음을 이끌어 낼 수 있으리라는 신념에는 변함이 없었다.

29

나는 캘리포니아와 네바다에 위치한 모든 주요 도시에서 강연을 했고 샌프란시스코에서 한두 번 더 강연을 해서 돈을 좀 벌고는 강연 자체를 그만두었다. 그러고는 샌프란시스코에서 출발하여 서부로 항해하면서 세계를 일주할 계획을 세웠다. 〈데일리 알타 캘리포니안 *Daily Alta Californian*〉의 소유주가 여행기 저술을 제안해 왔다. 글 한 편당 2천 단어 정도로 50회를 쓰기로 계약했고 원고료는 한 편 당 20달러로 책정되었다.

나는 세인트루이스로 가서 어머니에게 작별인사를 했다. 그러고 난 후 여행을 시작했는데, '퀘이커 시티(Quaker City)' 유람선의 덩컨(Duncan) 선장이 세운 여행 계획에 심취해 있었기 때문에 여기에 참여했다. 여행을 하는 동안 나는 50편의 글을 써서 〈알타〉로 보냈다. 그 중 6편은 배달이 되지 않았기 때문에 계약을 이행하기 위해 새로 써야 했다. 이 여행에 대한 강연 내용을 준비해서 샌프란시스코에서 강연을 했고 상당히 만족스러울 만큼의 금전적인 이익을 얻었다. 그러고는 국내 각 지역을 순회했는데 그 과정에서 나는 아연실색하지 않을 수 없었다. 나라는 존재가 사람들의 기억에서 완전히 잊혀지고 있었던 것이다. 나는 이러한 기이한 사태의 원인을 추적했고 곧 막대한 부를 거머쥐고 있는 〈알타〉의 알뜰한 소유주가 한 편에 20달러를 지불한 내 모든 글에 대한 판권을 취득하여 이 글에서 한 문단이라도 발췌한다면 고소하겠다고 위협하고 있다는 사실을 알게 되었다!

나는 여행에 대한 책을 내기로 하고 동부 하트포드에 있는 출판사와 계약을 맺었는데 이 책을 내려면 여행 중에 썼던 글 모두가 필요했다. 은밀하게 판권을 획득한 소유주가 글을 사용하지 못하게 한다면 나는 무척 불편한 상황에 놓일 터였다. 그리고 이는 현실로 나타났다. 소유주는 자기 회사에서 내 글을 묶어 책으로 출판해서 원고료로 지불한 돈을 거둬들일 생각이라고 말했다. 나는 만약 〈알타〉가 정당하고 정직하게 행동하고 또 글의 전문이나 일부분을 다른 출판사에서 사용할 수 있도록 했다면 나는 순회 강연으로 1만 달러를 벌 수 있었을 것인데 〈알타〉가 그렇게 하지 않음으로써 강연을 망쳐 돈을 벌 수 없게 됐다고 말했다. 그러자 소유주는 자신이 책을 출판하고 10%의 인세를 지불하겠다는 협상안을 내놓았다. 나는 그 협상안의 조건에 그다지 끌리지 않았기 때문에 생각한 대로 말했다. 책의 판매는 샌프란시스코 지역에 한정될 것인데 인세만 받아서는 3개월간의 숙박비도 제대로 충당하지 못하지만, 내가 예전에 뉴욕 〈트리뷴Tribune〉에 여섯 편의 여행기와 〈헤럴드Herald〉에 한두 편의 여행기를 쓴 적이 있어 대서양 연안 도시에 어느 정도 이름이 알려져 있기 때문에 동부 지역 출판사와의 계약이 이행된다면 내게 훨씬 경제적으로 이익이라고 말이다.

결국 〈알타〉의 소유주는 책을 내려는 계획을 포기하고 다음과 같은 조건을 내세웠다. 책의 서문에 '판권'을 양보하고 출판을 허락해 준 〈알타〉에 감사하는 글을 실어 달라는 것이었다. 나는 감사의 표현은 할 수가 없다고 했다. 강연에서 나오는 이익을 무산시킨 〈알타〉에 진심으로 감사할 수는 없는 일이었다. 상당한 논쟁이 오고 간 후에 결국 내 의도가 관철되었다.

이러한 소동을 겪은 후, 어쨌든 나는 〈알타〉에 보낸 여행기에 그다지 비중을 두지 않았다. 이 글들은 신문 연재를 위한 내용이지 책으로 엮어질 수 있는 것은 아니라는 사실을 깨달았기 때문이다. 이 여행기는 여기저기 옮겨 다니던 중에 틈틈이 짬나는 대로 쓴 것이었기 때문에 구성이 치밀하지 못했다. 아마 책에는 10편에서 12편 정도를 사용했을 것이다. 《철부지의 해외 여행기The Innocents Abroad》의 나머지 부분은 60일 동안 썼고 만약 연재했던 글이 없었더라도 2주일 정도만 더 작업하면 책을 완성할 수 있었을 것이다. 당시 나는 상당히 젊었다. 매일 밤 11시나 12시부터 시작해서 밤새워 글을 썼고 60일 동안

20만 단어 이상을 썼으니 계산해 보면 하루 평균 3천 단어 이상을 썼던 셈이다. 1897년 런던의 테드워스 스퀘어(Tedworth Square)에 살면서 《적도를 따라서 Following the Equator》를 쓸 때는 하루 평균 1천8백 단어, 여기 플로렌스(1904)에서는 네다섯 시간 작업에 1천4백 단어 정도를 썼다.

나는 《철부지의 해외 여행기》를 1868년 3월과 4월에 썼고 이 책은 1869년 8월에 출간되었다. 그로부터 3년 후 내가 예전에 10년 동안 근무한 적이 있는 신문사의 굿맨 씨가 동부에 들렀다. 함께 브로드웨이를 걷고 있는데 그가 내게 이렇게 물었다.

"어쩌다가 올리버 웬델 호움즈(Oliver Wendell Holmes)의 헌정사를 도용해서 당신 책에 넣게 된 거요?"

나는 그가 농담을 하는 것이라 생각했기 때문에 대수롭지 않게 대답했다. 하지만 그는 진심이라고 말했다.

"당신이 도용했는지 아닌지를 묻고 있는 것이 아니에요. 우리가 같이 서점에 가면 확인할 수 있을 테니까. 내 질문은 어떻게 하다가 도용하게 되었느냐는 거예요."

나는 이 질문에 답변할 수가 없었다. 정말 알 수가 없었기 때문이다. 난 훔치지 않았다고 맹세할 수 있었다. 그래서 자존심도 상하지 않았고 정신도 괴롭지 않았다. 마음속으로는 분명 굿맨이 다른 책과 혼동을 한 것이고 더 이상 변명이 불가능한 상황으로 자신을 몰고 가고 있다고 생각했다. 그래서 속으로 쾌재를 부르면서도 그가 안쓰럽게 생각되었다. 우리는 서점에 들어가서 《철부지의 해외 여행기》와 올리버 웬델 호움즈의 시선집을 보여 달라고 했다. 파란색 바탕에 금색 글씨가 박힌 고상한 작은 책자였다. 굿맨 씨는 두 책의 헌정사를 펴 보였다.

"읽어 봐요. 두 번째 책의 저자가 첫 번째 책의 저자 것을 도용한 것이 분명하죠?"

나는 너무도 수치스러웠고 무어라 말할 수 없을 만큼 충격을 받았다. 우리는 계속 걸었지만 그의 원래 질문에 대해서 어떤 대답도 할 수가 없었다. 호움즈 박사의 헌정사를 읽은 기억도 나지 않았다. 시는 알고 있지만 헌정사는 정말 생소했다.

나는 수개월이 지날 때까지 이 비밀에 대한 단서조차 잡을 수 없었다. 하지만 단서는 매우 희한하게, 그러면서도 무척 자연스럽게 나타났다.

내가 버지니아 시에 살고 있을 당시 감독교회 목사였던 라이징(Rising) 박사로부터 편지가 왔다. 편지에서 라이징 박사는 6년 전에 샌드위치 아일랜드에서 있었던 특정한 일들에 대해 언급했는데 호놀룰루 호텔에 얼마나 읽을거리가 없었는지에 대해서도 말했다. 처음에는 이 말의 의미를 제대로 알지 못했다. 아무런 생각도 떠오르지 않았다. 하지만 불현듯 생각이 났다! 호놀룰루의 호텔에는 책이 딱 한 권밖에 없었는데 그 책이 바로 호움즈 박사의 시선집 시리즈 제1권이었다. 나는 2주 동안 이 책의 내용을 샅샅이 읽을 수 있었다. 하와이의 메인 아일랜드 주변을 말을 타고 달리다가 안장이 닿는 부분에 온통 종기가 돋았기 때문인데 돋은 종기마다 관세를 매겼다면 나는 필시 파산하고 말았을 것이다. 종기 덕택에 나는 옷을 벗고 계속되는 통증에 시달리면서 방에 갇혀 있어야 했다. 시가와 작은 시선집 외에는 친구도 없이 말이다. 물론 나는 시선집을 집어 들자마자 다 읽어 버렸다. 처음부터 시작해서 끝까지 읽고, 다시 중간부터 시작해서 양 방향으로도 읽었다. 한마디로 그 책의 저자에게 한없이 고마움을 느끼면서 책이 나달나달해질 때까지 읽었다.

　반복이 어떤 영향을 미칠 수 있는지를 보여 주는 예이다. 읽은 내용을 기억하려는 의도는 전혀 없이 단지 즐기기 위한 목적으로 읽었다 하더라도 상당 기간 동안 매일 매 시간 꾸준하게 읽었을 때 발생할 수 있는 영향력의 예를 말이다. 그 영향력은 1~2년 동안 내 기억의 저편 희미한 곳에서 길을 잃고 있다가 내게 헌정사가 필요한 시점에 모습을 드러냄으로써 마치 그 내용이 나의 행복한 상상력의 산물이기나 한 듯한 착각을 하게 만든 것이다.

　나는 미숙했고 무지했다. 인간 정신의 신비는 내게는 여태껏 밀봉된 책과 같았다. 나는 자신이 용서받을 수 없는 구제불능의 죄인으로 생각되었다. 해서 호움즈 박사에게 편지를 써 이 불명예스러운 일의 전모를 밝히면서 이러한 죄를 범할 의도는 전혀 없었고 끔찍한 증거에 맞닥뜨릴 때까지도 죄를 범했다는 사실을 전혀 알지 못했다는 점을 믿어 달라고 애타게 간청했다. 애석하게도 그때 받은 그의 답장은 잃어버리고 없다. 차라리 삼촌을 잃고 마는 것이 더 나을 듯한 심정이다. 삼촌은 여분으로 더 있었고 나에게 그다지 소중하지 않은 삼촌도 많았지만, 호움즈 박사의 답장은 가격을 따질 수 없을 정도로 소중했고 삼촌보다도 중요했던 것은 물론 여분도 있을 수 없었던 것이다. 편지에서 호움즈 박사는 그 사건을 호탕하게 흔쾌히 웃어 넘기면서 유쾌한 내용의 상당히 긴 글을 통해서, 의식하지 못한 상태에서 발생한 표절은 죄가 아니고, 자신 또한 그런 실수를 매일 범하고 있고, 지구상의 모든 사람이 글을 쓰고 말하면서 그런 실수를 매일 그것도 한두 번이 아니라 입을 열 때마다 범하고 있다고 했다. 또한 우리가 갖고 있는 표현이라는 것은 독서를 통해서 다양하게 형성된 정신적 그림자이기 때문에 완전히 독창적인 표현이란 있을 수 없다고 했다. 아울러 우리의 기질, 특성, 환경, 우리가 받는 교육 등을 통해 발생하는 약간의 변화를 제외하고는 우리 자신만의 표현이란 있을 수 없는데 그 약간의 변화로 자신과 다른 사람이 구별되기 때문에 그것을 자신만의 특별한 스타일로 규정짓고 있다는 것이다.

그때 이후로 지난 30여 년의 시간 동안 나는 호움즈 박사의 말이 진리였다는 사실을 스스로 깨닫고 있다.

30

약간 시간을 뒤로 돌려보자. 작가로서의 나의 경험은 일찍이 1867년에 시작되었다. 그 해 1월 나는 샌프란시스코를 떠나 뉴욕으로 왔는데, 샌프란시스코에서 〈불리틴 *The Bulletin*〉의 기자로 일할 때 알고 지내던 찰스 H. 웨브(Charles H. Webb)가 나에게 단편을 모아서 책을 한 권 내면 어떻겠냐고 제안했다. 그는 후에 〈캘리포니아인〉의 편집을 맡았던 인물이다. 나는 당시 책을 출판하기에는 미미한 평판을 가지고 있었지만 그 제안에 귀가 솔깃했고 흥분되었다. 그래서 단편들을 모으는 수고를 대신 해 줄 부지런한 사람만 있다면 기꺼이 해 보겠다고 했다. 스스로 하기는 정말 싫었다. 이 지구상에 살기 시작한 그날부터 마땅히 있어야 할 부지런함이란 것이 내게는 도통 없었다.

웨브는 내가 대서양 연안 도시에서 어느 정도의 명성을 가지고 있다고 말했지만 나는 그 명성이란 것이 매우 빈약한 것임을 너무나 잘 알고 있었다. 웨브가 말한 명성은 〈뛰어오르는 개구리 *The Jumping Frog*〉라는 글을 통해 얻은 것이었다. 1864년인가 1866년인가에 아르테무스 와드(Artemus Ward)가 강연 여행 중에 캘리포니아를 거쳐 간

적이 있었는데 내가 그때 샌프란시스코에서 〈뛰어오르는 개구리〉 얘기를 해 주었고 그는 그 얘기를 글로 써 보라고 제안했다. 자신이 작은 책을 하나 출간할 생각인데 어느 정도의 정가를 매길 수 있도록 만들려면 원고를 좀 더 보충해야 하니까 완성된 원고를 자신의 출판사인 뉴욕 소재 칼레톤 출판사에 보내 보는 것이 어떻겠냐는 거였다.

원고를 완성해서 때맞춰 출판사에 보냈지만 정작 와드는 원고에 그다지 비중을 두지 않았고 인쇄 비용을 들이면서까지 자신의 책에 포함시키고 싶어 하지 않았다. 하지만 쓰레기통에 버리는 대신에 헨리 클랩(Henry Clapp)에게 선물로 주었고 클랩은 망하기 일보직전인 자신의 문학 신문 〈새터데이 프레스 *The Saturday Press*〉의 장례식을 장식할 목적으로 원고를 실었다. 〈뛰어오르는 개구리〉는 그 신문의 제일 뒤쪽에 실렸는데 장례식을 장식한 다른 모든 작품 중에서 가장 유쾌한 작품이란 평을 받아서 당장 미국과 영국의 신문에 일제히 게재되었다. 정말 대단한 인기를 얻었는데 웨브가 단편집을 제안했던 당시에도 인기는 여전했다. 하지만 인기가 있는 것은 단지 개구리뿐이지 내가 아니라는 점을 나는 알고 있었다. 나는 여전히 무명이었다.

단편을 조합하는 일을 웨브가 맡고 나섰다. 그가 단편들을 배열해서 결과물을 내게 건네주었고 나는 그 원고를 들고 칼레톤 출판사를 찾아갔다. 내가 다가가자 직원은 카운터 너머로 몸을 구부려 무엇을 원하는지 친절하게 물었다. 하지만 내가 책을 사려는 것이 아니라 팔러 왔다는 사실을 알고 나자 직원의 체온은 갑자기 영하로 떨어졌고 그 덕택에 내 입천장에 박혀 있던 오래된 금도금이 줄어들어 이빨이 떨어져 나오는 줄 알았다. 내가 칼레톤 씨를 만날 수 있겠냐고 부드럽게 묻자 그는 칼레톤 씨는 개인 사무실에 있다고 냉랭하게 대꾸했다. 그리고 나는 좌절과 괴로운 순간을 겪어야 했다. 하지만 어찌되었든 얼마 후에 경계를 통과해서 그 성스러운 곳에 들어갈 수 있었다. 아, 맞다. 이제야 그곳에 어떻게 들어갈 수 있었는지 기억이 난다! 내가 칼레톤 씨를 만날 수 있도록 웨브가 시간 약속을 했었다. 그렇지 않았다면 그 경계를 절대 넘지 못했을 것이다. 칼레톤은 자리에서 일어나서 퉁명스럽게 시비조로 말했다.

"그래, 무얼 도와드릴까요?"

나는 내 책을 출판하기 위해서 그 자리에 왔다는 점을 먼저 상기시켰다. 칼레톤은 거드름을 피우기 시작했고 마침내 무슨 신(神) 나부랭이나 된 것처럼 감정이 점점 더 격해졌다. 그의 마음 저 밑바닥에 가라앉아 있던 것들이 분수처럼 터져 나왔고 쏟아지는 분수 때문에 나는 그의 모습을 볼 수가 없었다. 물론 이것은 말의 홍수였다. 말 뿐이었지만 너무나 빗발치듯 쏟아져 내리는 통에 주변을 온통 깜깜하게 만들었던 것이다. 그는 마침내 방 전체를 둘러보라는 듯 오른손을 당당하게 저으면서 이렇게 말했다.

"책, 책이라고요? 저 책장을 봐요! 저 원고가 다 출판을 기다리고 있는 원고라고요. 나한테 원고가 더 필요하겠소? 미안하지만 아니오. 안녕히 가시오."

내가 그를 다시 본 것은 21년이 흐른 후였다. 당시 나는 루체른에 가족과 함께 머물고 있었다. 그는 나를 찾아와서 진심에서 우러난 악수를 청하고 불쑥 이렇게 말했다.

"저는 다분히 보잘것없는 사람인데다가 죽을 때까지 뗄 수 없는 엄청난 꼬리표를 달고 있습니다. 다시 말씀드려서 저는 선생님의 책을 거절했고 이 때문에 19세기 최고 멍청이로 홀연히 우뚝 서게 되었습니다."

매우 멋진 사과였다. 나는 그에게 그런 내 생각을 전달하면서 꽤 지난 복수이기는 하지만 생각해 낼 수 있는 그 어떤 복수보다도 더 달콤한 복수를 그에게 하게 된 셈이라고 말했다. 지난 21년 동안 매년 새로우면서도 점점 잔인하고 비인간적인 방법으로 그의 목숨을 빼앗는 상상을 했지만 비로소 나는 평온하고, 행복하고, 심지어는 기쁨에 넘치기까지 하게 되었다. 그러므로 그를 귀하고 소중한 친구로 받아들이고 다시는 그를 죽이지 말아야겠다고 생각했다.

칼레톤의 사무실에서 있었던 일을 웨브에게 말하자 그는 칼레톤 아니라 어느 누구도 그 책의 출판을 좌절시키지는 못할 것이라고 큰소리치더니 10%의 인세로 자신이 출판하겠다고 했다. 그래서 결국 그 책은 웨브의 손에서 출판되었다. 그는 파란색과 금색으로 치장해서 매우 예쁘고 작은 책을 만들어 냈다. 제목은 '캘리베러스군(郡)의 명물 뛰어오르는 개구리와 기타 단편들(The Celebrated Jumping Frog of Calaveras County, and Other Sketches)'이라 붙이고 정가를 1.25달러로 정했다. 그는 잡다한 출판물을 인쇄하는 곳에서 판을 만들고, 인쇄와 제본을 거쳐서 '아메리칸 뉴스 컴퍼니(American News Company)'를 통해 출판했다.

6월에 나는 '퀘이커 시티'를 타고 유람 여행을 했다. 11월에 여행을 끝내고 돌아와 워싱턴에 있을 때 하트포드의 '아메리칸 퍼블리싱 컴퍼니(American Publishing Company)'에 있는 엘리샤 블리스(Elisha Bliss)로부터 편지 한 통을 받았다. 5%의 인세를 받는 조건으로 유람 여행에 대한 책을 쓰라는 제안이었다. 인세가 싫다면 원고를 전달하는 즉시 1만 달러를 지급하겠다고 했다. 나는 이 문제를 A. D. 리차드슨(Richardson)과 상의했다. 그러자 그는 "인세로 받게."라고 대답했고 나는 그의 조언에 따라서 블리스와 계약을 마쳤다.

수중에 돈이 떨어졌기 때문에 책을 쓰는 동안 입에 풀칠할 만한 돈벌이가 있을까 싶어 워싱턴으로 갔다. 거기서 우연히 윌리엄 스윈튼(william Swinton)을 만나서 함께 돈을 벌 궁리를 하기 시작했다. 우리가 시작한 일은 요즈음 신문 세계에서 흔한 소위 신디케이트(Syndicate)의 시조로 이 지구상의 첫 번째 신문 신디케이트였다. 규모는 작았지만 새로운 사업에서는 흔한 현상이었다. 우리는 목록에 12개의 신문을 올렸다. 모두 무명에다가 가난하고 외딴 곳에 멀리 흩어져 있는 주간 신문들이었다. 그토록 작은 신문사들에서 워싱턴 통신원을 보유하고 있는 것은 자랑스러운 일이었고 우리로서는 그들이 그런 식으로 느껴 주는 것이 다행이었다. 그들은 우리에게서 일주일에 두 건의 글을 한 건당 1달러에 가져갔는데, 우리는 일주일마다 각각 글 한 편씩을 써서 복사하여 각 신문사에 보냈다. 결과적으로 일주일에 24달러를 번 셈이었는데 우리가 묵던 변변찮은 싸구려 숙소에서의 생활비는 충당할 만한 돈이었다.

  스윈튼은 내가 본 사람 중 가장 사랑스러운 인물이었고 우리는 함께 끝없이 만족하며 기쁨에 넘치는 생활을 했다. 스윈튼은 세련된 성품에 타고난 신사였고 고등교육을 받은 사람이었다. 또한 아름다운 정신의 소유자로 마음과 말이 순수했다. 스코틀랜드인 장로교파로 오래된 진정한 골수종파에 속해 있어서 정직하고 신실하게 신앙 생활을 했고, 그 속에서 평화와 마음의 평온을 찾았다. 그에게는 악덕이라고는 없었다. 딱 하나 그와 엇비슷한 이름으로 불리는 스카치위스키를 향한 동경심을 빼고는 말이다. 그가 스코틀랜드 사람이기 때문에 나는 이것이 악덕이라 생각하지 않았다. 스코틀랜드 사람에게 스카치위스키는 다른 종족에게 우유만큼이나 순진한 음료이기 때문이다. 허나 스윈튼에게는 위스키에 대한 동경이 미덕이었을지 모르지만 그다지 경제적이지는 못했다. 위스키만 아니었어도 일주일에 24달러는 우리에게 넉넉한 액수일 수도 있었다. 하지만 우리는 위스키 때문에 늘 아슬아슬하게 생활했고 어느 한 신문사에서 대금이 늦게 도착하기라도 하면 반드시 고충이 뒤따랐다.

    돈이 모자라서 쩔쩔맸던 경우가 생각난다. 하루는 3달러가 필요했고 그것도 그날 꼭 있어야 했다. 그 돈이 왜 있어야 했는지는 지금 기억이 나질 않지만 여하튼 있어야 했다는 것은 생각난다. 스윈튼은 내게 나가서 구해 보라고 하고 자신도 나가 보겠다고 했다. 그는 우리가 돈을 구할 수 있으리라는 점을 의심조차 하지 않는 듯 보였다. 종교의 영향인 것을 알고 있었지만 나는 그런 확신이 없었다. 솔직히 그 돈을 어디에 가서 구해야 할지도 몰랐기 때문에 그에게 그렇게 말했다. 내 생각에 그는 마음속으로 나의 연약한 믿음을 부끄러워했던 것 같다. 그는 불안해하거나 걱정하지 말라고 하면서 단순하고 확신에 찬 목소리로 "신이 공급하실 거야."라고 말했다. 그는 신이 공급하실 것이라 굳게 믿고 있는 것처럼 보였지만 나는…. 아니, 그 얘기는 그만두어야겠다. 여하튼 그의 말이 채 끝나기도 전에 나는 그의 강한 믿음에 영향을 받아 신이 정말 공급하실 것이라는 확신에 차서 밖으로 향했다.

    한 시간 가량 길을 이리저리 배회하면서 돈을 마련할 궁리를 했지만 딱히 방법이 떠오르지 않았다. 그러다가 당시 신축 호텔이었던 에비트 하우스(Ebbitt House)의 커다란 로비에 들어가서 자리를 잡았다. 곧 개 한 마리가 어슬렁거리며 다가와 멈추어 서더니 나를 쳐다보았다. 그 개는 눈으로 나에게 이렇게 말했다.

    "넌 상냥하니?"

    나는 그렇다고 눈짓으로 대답했다. 그러자 그 개는 꼬리를 우아하게 흔들면서 앞으로 다가와 턱을 내 무릎 위에 올려놓고 갈색 눈을 들어 사랑스러운 눈길로 나를 쳐다보았다. 마치 소녀처럼 예쁘고 사랑스러운 동물이었고 털은 비단과 벨벳처럼 매끄러웠다. 나는 개의 매끈한 갈색 머리를 쓰다듬었고 늘어진 귀를 어루만져 주었으며 이렇게 우리는 이내 한 쌍의 연인처럼 친해졌다. 이 때 그 지역의 영웅이었던 마일스(Miles) 장군이 푸른색과 금색의 화려한 제복을 입고 사람들의 감탄하는 눈길을 받으며 걸어 들어왔다. 그는 개를 보더니 멈춰 섰다. 그의 눈에서 빛이 났고 그 우아한 개에게 마음이 움직이는 것 같아 보였다. 그는 다가와서 개를 쓰다듬으며 말했다.

"멋진 개로군요. 놀라워요. 나에게 파시죠."

정말 엄청난 일이었다. 스윈튼의 예측이 정확하게 맞아 떨어진 것이다. 나는 곧 그러마고 했다. 그러자 장군은 "얼마를 원하십니까?"라고 물었다.

"3달러요."

장군은 적잖이 놀랐다.

"3달러요? 겨우 3달러라고요? 이 개는 정말 보통 개가 아닙니다. 50달러는 족히 나갈 겁니다. 나라면 100달러에도 팔지 않을 겁니다. 이 개의 가치를 알지 못하는 것 같군요. 원한다면 가격을 다시 한번 생각하시죠. 당신에게 손해를 입히고 싶지는 않습니다."

하지만 그가 전후 사정을 알았더라면 자신이 내게 손해를 입히는 것이 아니라 오히려 내가 그에게 손해를 입히고 있다는 사실을 깨달았을 것이다. 나는 조용히 똑같은 말을 반복했다.

"아니, 3달러요. 그것이 이 개의 가격입니다."

"좋아요. 정 그러시다면."

장군은 이렇게 말하면서 내게 3달러를 주고는 개를 데리고 위층으로 사라졌다.

한 10분쯤 있다가 온화한 얼굴을 한 중년 신사가 들어와서 테이블

밑이며 이곳저곳을 두리번거리기 시작했다. 나는 그에게 물었다.

"개를 찾고 계십니까?"

슬프고 근심에 차 있던 그의 얼굴이 기쁨으로 반짝였다.

"예, 보셨습니까?"

"조금 전에 여기 있었는데 한 신사를 따라갔습니다. 원하신다면 제가 그 신사를 찾을 수 있을 것 같습니다."

그렇게 고마워하는 표정은 여태껏 본 적이 없다. 그렇게 해 달라고 말할 때에는 목소리에까지도 감사의 마음이 배어 있었다. 나는 기꺼이 그러겠지만 시간이 좀 걸릴 것이기 때문에 괜찮다면 수고비를 좀 주면 어떻겠냐고 말했다. 그는 매우 기쁜 마음으로 그렇게 하겠다고 말하고는 계속 '매우 기쁜 마음'이란 말을 되풀이하면서 얼마면 되겠냐고 물었다.

나는 "3달러입니다."라고 말했다.

그는 놀라면서 말했다.

"세상에. 너무 적어요! 기꺼이 10달러를 드리겠습니다."

하지만 나는 "아니오. 3달러면 됩니다."라고 말하고는 뒷말은 기다리지도 않고 층계를 향해 걸었다. 왜냐하면 3달러가 신이 공급해 주실 것이라고 스윈튼이 말한 금액이었고 약속된 금액보다 한 푼이라도 더 취하는 것은 신을 모욕하는 일이 될 것이기 때문이었다.

호텔 직원에게서 장군의 방 번호를 알아내었다. 내가 방에 도착했을 때 장군은 개를 쓰다듬으며 몹시 기뻐하고 있었다. 나는 "미안합니다만 개를 다시 데려가야겠어요."라고 말했다.

그는 매우 놀란 듯 보였다.

"다시 데려간다고요? 어째서죠? 이제 내 개인데요. 당신이 내게 이 개를 팔았고 금액도 당신이 정했잖소?"

"맞습니다. 하지만 그 사람이 개를 다시 원하기 때문에 돌려주어야 합니다."

"그 사람이라뇨?"

"개의 주인 말입니다. 그 개는 내 것이 아니었어요."

장군은 앞서보다 더 놀란 것처럼 보였다. 잠시 동안 목소리도 나오지 않는 듯했다.

"당신은 알면서도 다른 사람의 개를 팔았다는 얘기를 하고 있는 겁니까?"

"그래요. 내 개가 아니라는 것을 알고 있었어요."

"그렇다면 왜 내게 팔았죠?"

나는 이렇게 대답했다.

"참 호기심 어린 질문이네요. 당신이 개를 원했기 때문에 팔았습니다. 당신이 개를 사겠다고 했죠. 부정하실 수 없을 겁니다. 나는 개를 팔려고 애쓰지 않았습니다. 아니 팔 생각조차 하지 않았죠. 하지만 조금이나마 당신의 편의를 봐준다는…."

그는 내 말을 중간에 자르고 이렇게 말했다.

"내 편의를 봐주기 위해서라고요? 그런 이상한 궤변은 처음 들어 봅니다. 자기 것도 아닌 개를 팔다니…."

이때 나도 그의 말을 자르며 끼어들었다.

"이러한 종류의 논쟁에는 타당성이라곤 없습니다. 당신 입으로 이 개가 아마도 100달러 가치는 있을 것이라고 말했죠. 나는 단지 3달러만 달라 했고요. 불공정한 것이 있었나요? 당신은 더 내겠다고 했죠. 알고 계실 겁니다. 그런데도 나는 3달러만 요구했습니다. 부정하진 못하시겠죠."

"도대체 그것이 이 일과 무슨 관련이 있다는 거요? 문제의 핵심은 당신이 이 개의 주인이 아니라는 거예요. 모르겠어요? 싸게 팔기만 한다면 자신의 소유가 아닌 재산을 팔아도 무방하다고 생각하는 것 같은데 그렇다면 이제…."

나는 이렇게 말을 이었다.

"더 이상 이 문제로 다투지 맙시다. 내가 주인이 아니라 하더라도 당신이 지불한 가격이 완전히 정당한 것이라고는 절대 말할 수 없을 겁니다. 그러니까 이 문제로 말다툼을 벌이는 것은 단지 말장난일 뿐입니다. 지금은 개 주인이 개를 돌려받고 싶어 하기 때문에 돌려주어야 합니다. 내게 선택의 여지가 없다는 것을 모르겠습니까? 입장을 바꿔 놓고 생각해 보십시오. 당신 것이 아닌 개를 팔았다고 생각해 보세요…."

장군은 이렇게 말을 받았다.

"그런 어리석은 논리로 더 이상 내 머리를 혼란하게 하지 말아요! 개를 데려가고 나를 쉬게 내버려 둬요."

그래서 나는 3달러를 돌려주고 개를 아래층으로 데려가서 주인에게 인계한 후 수고비로 3달러를 받았다.

나는 명예롭게 행동했기 때문에 양심을 훌륭하게 지킨 채 그 자리를 떠날 수 있었다. 개를 팔아서 받은 3달러는 결코 사용할 수 없었을 것이다. 하지만 원래 주인에게 개를 찾아 준 대가로 받은 3달러는 내가 번 것이기 때문에 정당한 내 돈이었다. 내가 아니었다면 주인은 개를 돌려받지 못했을 수도 있었다. 과거와 마찬가지로 나는 지금도 내 원칙을 고수하고 있다. 나는 항상 정직했고, 그렇지 않을 수 없다는 것을 잘 알고 있다. 나는 의심스러운 방법으로 취득한 돈은 절대 사용할 수 없다.

이 얘기는 일부 진실을 바탕으로 지어낸 것이다.

31

계약대로라면 《철부지의 해외 여행기》의 원고를 1868년 7월에 인도해야 했다. 나는 그 원고를 샌프란시스코에서 완성했고, 계약 시간 안에 넘겨주었다. 그런데 블리스는 책에 대해 이런 저런 얘기를 하다가 어느 날부턴가 연락이 없었고, 계약상의 출판 날짜가 지나갔지만 아무런 해명도 하지 않았다. 나는 전국을 순회하며 강연을 하고 있었는데 하루에도 평균 30번 정도씩 "당신 책은 언제 나오나요?"라는 난문에 대답해야 했다.

이 질문에 대해 새로운 답을 만들어 내는 데도 진력이 났고 점점 질문 그 자체에도 끔찍하리만치 진력이 났다. 그런 질문을 하는 사람은 그 누구를 막론하고 당장 적이 되었고 나의 적개심은 여지없이 그대로 드러났다.

강연 스케줄을 소화하자마자 급히 하트포드로 가서 물어보았다. 블리스는 출판이 지연되고 있는 것은 자신의 잘못이 아니고, 자신은 책을 출판하고 싶지만 회사의 임원이 워낙 고루해서 출판을 겁내고 있다고 해명했다. 출판사에서 원고를 검토했는데 대다수의 사람들이 원고 속에 유머러스한 요소가 있다는 데 의견을 같이했고, 자기 출판사에서는 그러한 성격의 책을 한 번도 출판한 적이 없다고 했다. 임원들은 이 책의 출판으로 출판사의 평판이 심각하게 손상을 입지 않을까 염려하고 있기 때문에 계약의 이행을 승인하지 않고 있다고 했다.

임원 중의 하나인 드레이크 씨가 나에게 자신의 경마차를 함께 타자고 초청했고 나는 이에 응했다. 그는 측은한 구세대 유물 같은 인물이었고 행동과 말 또한 측은하기 짝이 없었다. 그는 물론 미묘한 목적을 가지고 있었지만 목적을 입 밖으로 내는 데는 상당히 뜸을 들였다.

하지만 마침내 말을 꺼냈다. 그는 블리스가 이미 설명했던 것처럼 출판사의 어려움과 고민에 대해 말했다. 그러고는 출판사 문제를 내 처분에 맡긴다면서 《철부지의 해외 여행기》의 원고를 거둬 가고 계약을 해지해 달라고 했다. 나는 그럴 수 없다고 말했다.

그런 후에 나는 블리스에게 작업을 완성하지 않으면 나름대로 조치를 취하겠다고 경고했다. 경고를 받은 블리스는 책을 꾸미기 시작했고 나는 교정쇄를 읽었다. 그러고 나서 또 아무런 해명도 없이 긴 시간이 흘렀다. 마침내 7월 말(1869년이라 생각된다)에 나는 자제심을 잃고 블리스에게 전보를 쳐서 24시간 안에 책의 판매에 들어가지 않으면 손해 배상 청구를 하겠다고 했다.

이 경고로 모든 문제가 끝을 맺었다. 요구된 시간 안에 6권의 책이 제본되어 판매대에 올려졌고, 판촉 활동이 활발하게 진행되었다. 9개월 안에 출판사는 내 책으로 인해 빚에서 벗어날 수 있었고 마침내 7만 7천 달러의 이익을 기록했다. 이것을 내게 말해 준 사람은 블리스였는데 이 말이 사실이라면 그는 65년 만에 처음으로 진실을 얘기한 것이리라. 그는 1804년생이었다.

하지만 나는 웨브에게로 돌아가야 했다. 1867년 11월 '퀘이커 시티' 유람 여행에서 돌아왔을 당시 웨브는 《뛰어오르는 개구리》가 언론으로부터 호평을 받고 있기 때문에 판매가 순조로우리라 믿었지만 '아메리칸 뉴스 컴퍼니'로부터 계좌보고서를 받고는 그렇지 못하다는 것을 알게 되었다고 했다. 웨브는 책을 제작하는 데 자신의 사재를 털어 넣었고 지금은 '아메리칸 뉴스 컴퍼니'의 부정직한 발뺌으로 한 푼도 건질 수 없는 지경에 이르렀기 때문에 엄청난 곤란을 당하고 있다고 말했다.

나는 웨브의 처지가 안쓰러웠고 나를 도와주다가 돈을 잃게 된 것에 마음이 아팠던 동시에 어느 정도는 그가 내게 인세를 지불할 수 없게 된 것에 속이 쓰렸다. 나는 《철부지의 해외 여행기》의 계약을 '아메리칸 퍼블리싱 컴퍼니'와 했는데 2~3개월이 경과한 후 아마도 내가 계약을 위반하고 있는 것 같다는 생각이 들었다. 그 계약에는 1년 정도의 기간 동안 다른 출판사와 책을 출판할 수 없다는 규정이 있었기 때문이다. 물론 그 규정에는 계약서가 작성되기 이전에 출판한 책은 포함되지 않았다. 그 점은 누구라도 알 수 있는 것이었다. 하지만 나는 알지 못했다. 나란 사람은 원래 귀중한 사실이라고는 어떤 것도 아는 법이 없고 게다가 다른 사람한테 물어보는 일도 없기 때문이다.

무지의 소치로 나는 내가 블리스와의 계약을 위반하고 있으며, 당연히 《뛰어오르는 개구리》의 발매를 금지시키고 영원히 절판시켜야 한다고 생각했다. 그래서 웨브를 찾아가 이 문제를 의논했다. 그는 다음과 같은 조건으로 나의 편의를 봐주는 데 기꺼이 동의했다. 나는 밀린 인세와 '아메리칸 뉴스 컴퍼니'가 보유하고 있는 책 모두에 대한 인세를 포기하고 웨브에게 8백 달러를 현금으로 지불하기로 했다. 또한 책의 인쇄판의 폐기를 감독하는 일을 웨브가 맡아서 하되 그 일의 대가로 활자 주물공이 활자합금에 대해 지불해야 하는 가격만큼을 주기로 했다. 당시 활자합금은 1파운드에 9센트의 가격이었는데 인쇄판은 전체 무게가 약 40파운드에 달했다. 이러한 세부사항을 훑어보면 웨브가 거래에 소질이 있다는 점을 누구라도 알 수 있을 것이다.

이 일 이후로 웨브는 내 시야에서 오랫동안 사라졌다. 하지만 그 사이 '아메리칸 뉴스 컴퍼니'의 매니저를 통해서 새로운 사실을 알게 되었다. 나는 그에게 근심스럽게 웨브가 처한 곤경과 그 경위에 대해 말했다. 아울러 웨브가 회사로부터 한 푼도 받지 못했다는 점도 상기시켰다. 하지만 매니저는 내 얘기를 납득할 수 없다면서 회사는 웨브에게 정기적으로 수표와 함께 보고서를 보냈다고 했다. 그의 사무실에 가서 장부와 계좌를 검토한 결과 그의 말이 사실임을 알게 되었다. 웨브는 처음부터 자신과 나의 몫을 회사로부터 정기적으로 수금해서 자신의 주머니 속에 넣었던 것이다. 웨브와 내가 협상을 할 당시 그가 나에게 주어야 할 인세는 6백 달러에 달했다. 웨브가 나에게서 받은 《뛰어오르는 개구리》의 재고는 계속 판매되고 있었고 그 수익 또한 그의 주머니로 들어갔다. 이 책에 대해서 내게 돌아와야 하는 인세는 6백 달러 이상이었다.

웨브는 나를 발굴함으로써 처음에는 대중을 만족시켰지만 후에는 나를 속였다. 그러나 내가 미국이란 국가와 문학계의 귀중한 자산이라는 점과 이러한 자산을 취득하게 된 것은 전적으로 웨브의 공이라는 것이 당시의 일반적인 생각이었다.

웨브와 그의 훌륭한 서비스는 기억에서 점점 잊혀져 갔다. 대신 블리스와 '아메리칸 퍼블리싱 컴퍼니'가 나타나 웨브와 똑같은 과정을 밟았으며 급기야는 더 큰 감사의 대상이 되었다. 세월이 흐름에 따라서 이런 식으로 대단한 서비스를 제공하는 출판사들이 캘리포니아, 네바다 등지에서 속속 생겨났다. 마침내 나는 신에 의해 창조된 인간들 중 나만큼 사기를 많이 당한 인물도 없을 것이라고 굳게 믿는 지경에 이르게 되었다.

웨브는 자신을 문학인이라 믿었다. 자신의 작품을 출판하는 어리석음을 범하지만 않았더라면 세상이 그의 이러한 망상을 인정했을지도 모를 일이다. 그의 산문은 혼을 뺄 만큼 유치했고 그의 시는 산문과 구별이 되지 않았다. 2년 전, 잔머리를 너무 굴리는 바람에 죽게 될 때까지도 그는 자신의 평범한 생각을 간헐적으로 계속 쥐어짜냈다. 그는 가련한 인물이었고 사기꾼으로 타고났을 뿐만 아니라 그렇게 훈런받았다. 사기꾼으로서는 꽤나 괜찮았고 어느 정도 성공도 했지만 블리스와 비교한다면 그렇게 뛰어난 사기꾼도 되지 못했다. 그는 블리스와 동시대 사람이었지만 사기 행각에 관한 한 블리스는 마치 개기 일식처럼 웨브의 존재를 능히 가리고도 남았기 때문이다.

32

1866년 나는 캘리포니아와 네바다에서 강연을 시작했다. 1867년에는 뉴욕에서 한 번 미시시피 밸리에서 몇 번의 강연을 했다. 1868년에는 서부 전체를 순회했고, 그 다음 2~3년 동안에는 동부를 순회했다.

당시에는 '문화운동단체' 시스템이 한창 인기를 끌고 있었고 보스톤에 위치한 제임스 레드패스 사무국(James Redpath's Bureau)이 북부 지역과 캐나다를 관장하고 있었다. 레드패스 사무국은 6~8명의 강연자 그룹을 전국의 문화운동단체에 공급했는데 각 강연자 당 보수는 하루 평균 100달러 정도였고 사무국은 10%의 수수료를 받았다. 대개 한 시즌에 각 강연자는 110일 정도 강연을 했다. 레드패스 사무국의 명단에는 꽤나 이름이 나 있는 강연자들이 포함되어 있었고 또한 25~50달러 정도의 이름이 별로 알려져 있지 않거나 미미한 평판만을 가지고 있는 강연자도 20~30명 정도 있었다. 연단에 설 수 있는 기회를 잡으려면 기술이 필요했는데 레드패스 사무국이 바로 그 기술을 공급했다. 문화운동단체마다 하나같이 거물급 강연자를 간절하게 원했다. 레드패스 사무국은 인기 있는 강연자 한 명에 별반 인기 없는 강연자를 몇 명 끼워서 보내는 조건으로 이러한 문화운동단체들의 소원을 들어주었다. 이 같은 거래로 문화운동단체는 몇 년 동안 버틸 수 있었다. 하지만 종국에 가서는 모두 소멸되고 강연 사업 자체가 폐지되었다.

레드패스 씨가 사업에서 강조한 것은 정직, 성실성, 친절, 용기였다. 두려움이 없었던 그는 혈투가 벌어졌던 캔사스 시절에 오사와토미 브라운(Ossawatomie Brown)의 오른팔이었다. 그는 소규모의 대담한 부하들을 휘하에 거느리고 있었는데 '약탈자(jayhawkers)'들의 지속적인 공격 대상이 되었다. 약탈자들은 노예제도에 찬성하는 미주리 출신 게릴라였다. 약탈자를 이끌어서 레드패스를 끝까지 추격하고 그러다가 반대로 추격을 당하기도 했던 저돌적인 게릴라의 이름이 무엇인지는 생각이 나지 않는다. 전쟁이 터진 후 이 두 사람은 서로 가까운 거리에 있었으면서도 결코 같은 전장에서 만나는 일이 없었다.

그로부터 10~12년이 흘러 레드패스는 보스턴에서 미국의 강연 사업을 이끄는 우두머리로 자리를 굳혔다. 캔사스에서 활약했던 시절로부터 15~16년이 흐른 후 그는 대중적인 강연자인 나의 에이전트가 되었다. 당시 11월의 어느 날 밤 보스턴에 있는 트레몬트 호텔(Tremont Hotel)에서 언론사 초청 만찬이 있어서 참석했다. 나는 테이블 중앙 근처에 앉았고 나와 의장 사이에 레드패스가, 반대편에는 한 낯선 사람이 앉았다. 나는 그 낯선 사람에게 몇 번이나 말을 하려 했지만 말을 잊은 듯했기 때문에 더 이상 귀찮게 하지 않기로 했다. 그는 눈에 띄게 내성적인 사람이었고 더욱이 어젯밤 잠까지 설쳤을지도 모를 일이었기 때문이다.

연설을 위해 처음으로 지명을 받은 사람은 레드패스였다. 그의 이름이 호명되자 낯선 사나이는 깜짝 놀라며 관심을 보였다. 그는 레드패스에 시선을 꽂고 연설을 한 마디도 놓치지 않았다. 레드패스는 과거 캔사스에서 있었던 감동적인 사건에 대해서도 언급했다.

"용맹스러운 약탈자 대장에게 세 번이나 붙잡힐 뻔했습니다. 한번은 사실 나를 붙잡기도 했습니다. 하지만 내가 누군지 모르고 놓아 주더군요. 지금 레드패스를 잡으러 가는 길이기 때문에 하찮은 미꾸라지를 잡느라고 시간을 낭비할 수 없다면서 말입니다."

다음번에는 낯선 사나이가 호명되었다. 그의 이름이 호명되자 이번에는 레드패스가 깜짝 놀랐다. 그 낯선 사나이는 레드패스를 향해 애정이 깃든 듯한 눈길을 보내고 점잖게 말했다. 아니 상냥하게라고까지 말할 수 있겠다.

"내가 그 약탈자 대장이었다는 사실을 아셨을 겁니다. 이제 당신을 만나고, 마음을 열어 친구라 부르게 되어 기쁩니다."

그러고는 미련이 남은 듯한 애석한 목소리로 이렇게 덧붙였다.

"하지만 내가 그때 당신을 알아볼 수만 있었다면 나는 당신이 속한 사회에 정말 떠들썩한 행복을 가져다 줄 수도 있었을 겁니다."

나는 보스톤 밖으로 강연 여행을 떠날 때마다 유쾌한 무리와 동행했고, 위원회에서 나를 숙소까지 데려다주고 간 후에는 담배를 피우며 재미있게 대화를 나누는 시간을 가졌다. 위원회 사람들은 항상 공식 실크 배지를 달고 역으로 마중 나와서 나를 강연장까지 데려다 주었다. 그러고는 연단 뒤의 의자에 일렬로 앉아 있었다. 초창기에는 그들의 우두머리가 나를 청중에게 소개하곤 했다. 하지만 그 소개란 것이 너무나 조잡스러운 입발림이어서 나는 너무나 낯이 뜨거운 상태로 매우 불리하게 강연을 시작해야 했다. 정말 어리석은 관습이었다. 진정한 의미의 소개란 찾아보기 힘들었다. 소개하는 사람들은 거의 하나같이 바보들이었고 준비한 소개 글이란 것은 상스러운 찬사와 따분한 언행을 뒤범벅한 것이어서 우스꽝스럽기 짝이 없었다. 그래서 첫 해 이후에 나는 늘 내 소개를 스스로 했다. 물론 케케묵은 유머를 사용해서 말이다. 하지만 위원회 의장들은 이러한 시도를 탐탁치 않게 여겼다. 마을 사람들 앞에 당당하게 서서 짤막하지만 그 대단한 연설을 하는 것은 그들이 가진 삶의 즐거움이었고 그들에게서 이 즐거움을 빼앗는 것은 그들의 인내의 한계를 넘어서는 행동이었기 때문이다.

나를 스스로 소개하는 방법은 얼마 동안은 강연을 시작하는 데 매우 효과적으로 작용했다. 하지만 결국 실패하고 말았다. 처음 이 방법을 사용하기 시작했을 때, 청중들이 내가 강연자가 아니라 소개하는 사람에 불과하다고 추측할지도 모를 일이기 때문에 소개 글을 매우 주의 깊게 힘들여서 작성해야 했고 상당히 진지하게 전해야 했다. 소개의 끝부분에 이르렀을 때 내가 강연자이고 여태껏 자신의 얘기를 한 것이라고 말하면 효과는 상당히 만족스러웠다. 하지만 앞서 말했던 것처럼 효과는 잠시 뿐이었다. 이 방법이 신문에 실리고 난 후에는 계속 사용할 수가 없었다.

다음에 나는 캘리포니아에서의 경험을 토대로 새로운 소개법을 시도했다. 이 방법은 레드 도그(Red Dog) 마을의 구부정하고 몸집 큰 광부에 의해 진지하게 실행되었다. 위원회는 싫다는 광부에게 연단에 올라가 나를 소개하라고 강요했다. 그는 연단에 우뚝 서서 잠시 생각에 잠기더니 이렇게 말했다.

"나는 이 사람에 대해서는 아무것도 모릅니다. 하지만 최소한 딱 두 가지는 압니다. 하나는 그가 교도소에 있어 본 적이 없다는 겁니다. 그리고 또 다른 하나는 (잠시 침묵하다가 슬픈 목소리로) 그 이유를 모른다는 겁니다."

이 방법도 잠시 동안 꽤 괜찮았다. 하지만 신문에서 이를 게재하여 단물을 빼먹고 난 후 다시 사용할 수 없게 되었다.

33

   우리는 매 시즌마다 새로운 강연 원고를 작성한 후 그에 대한 평가를 받기 위해 보스톤의 '스타 코스(Star Course)'에서 2천5백 명의 청중을 앞에 두고 발표를 해야 했다. 이 발표는 국내의 모든 문화운동단체가 강연의 상업적인 가치를 판단하는 기준이 되었다. 우리는 보스톤이 아닌 지방 마을을 돌면서 한 달가량 연습을 하고 필요한 교정을 거친 후 보스톤에 모습을 드러냈다.
   지방 청중은 까다로웠다. 지방에서 잔잔하게 호의를 얻은 표현이라면 도시에서는 그야말로 우레와 같은 반응을 얻었다. 지방에서의 괜찮은 성공은 도시에서는 의기양양한 승리를 의미했다. 따라서 우리가 마침내 본격적인 연단인 음악당에 첫발을 내딛었을 때 어떤 평가를 받게 될지 미리 가늠할 수 있었다. 하지만 때로 '사업에 초보'인 강연자들은 '지방에서 시험 삼아 시도해 보는' 일이 얼마만큼 가치 있는지 몰라서 아무런 시험을 거치지 않은 강연 내용을 가지고 음악당에 나타나는 수가 있었다.
   한번은 유머작가인 코르도바(Cordova)가 곤경에 빠지는 일이 벌어졌다. 그의 연설 광고를 본 후에 우리 중 몇몇이 무척 심기가 상했던 기억이 난다. 그는 잡지에 형편없이 유머러스한 얘기를 실었다가 독자의 호의적인 반응을 얻고 상당히 이름이 알려지게 되었다. 그러더니 갑자기 강연계에 등장해서 우리의 영역을 침범하려 했던 것이다. 우리 중 몇몇은 상당히 불편한 심정이 되어 강연을 하려는 의욕을 거의 잃었다. 우리는 지방의 약속을 연기시키고 강연장을 찾아 청중석 앞줄에 자리를 잡고 기다렸다. 강연장은 꽉 찼다. 코르도바가 등장하자 우리가 생각하기에는 다분히 도가 지나친 거의 꼴사나울 정도의 환영이 쏟아졌다. 시기를 하지도 않았고 심지어는 부러워하지도 않았다고 생각한다. 하지만 어쨌거나 마음이 쓰렸다. 그가 원고에 적힌 유머러스한 얘기를 읽으려 한다는 사실을 알고 나자 기분이 좀 나아지고 희망적이 되었지만 여전히 걱정스러웠다. 그는 천으로 장식한 커다란 틀을 설치해 놓고 그 뒤에 머리 위로 조명을 받으며 서 있었다. 상당히 멋진 광경이었고 인상적이기까지 했다. 청중은 그가 재미있으리라 확신하고 있었기 때문에 그의 말 한마디 한마디를 믿고 성심껏 웃어 주었다. 너무도 성심껏 웃어 주고 있었기 때문에 우리는 매우 낙담했고 견디기가 힘들었다. 하지만 그가 낭독하는 방법을 모른다는 사실을 알아차렸기 때문에 나는 여전히 그가 실패하고 말 것이라 믿고 싶었다.

아니나 다를까, 웃음이 누그러들기 시작했다. 웃음이 움츠러지고 자발성을 잃더니 웃음과 웃음 사이의 간격이 점점 벌어졌다. 둔탁하고 단조로운 목소리가 울릴 때 이제 청중 사이에는 차가운 침묵만이 흘렀다. 온 강연장은 10여 분 동안 내내 아무런 감정도 없이 얼어붙어 있었다. 우리는 한숨을 깊게 내쉬었다. 무참히 패배한 동료 강연자를 위한 연민의 한숨이어야 했지만 사실은 그렇지 않았다. 우리는 모든 인간이 그렇듯이 비열하고 이기적이었기 때문에 우리에게 아무런 해가 되지 못할 형제의 실패를 바라보는 만족의 한숨을 내쉬고 있었다. 이제 그는 절망에 빠졌다. 손수건으로 연신 얼굴을 훔쳤고 목소리와 태도는 한풀 꺾여서 동정을 구하고, 도움을 청하고, 자선을 빌고 있었다. 보기에 정말 가슴 아픈 광경이었다. 하지만 청중들은 여전히 냉랭한 태도를 보이면서 그를 기이한 듯 쳐다보고 있었다.

강연장에는 커다란 시계가 걸려 있었다. 대부분의 사람들은 이제 원고를 읽어 내려가는 강연자를 더 이상 보지 않고 시계로 시선을 고정시켰다. 우리는 비참한 경험을 통해서 이것이 무엇을 의미하는지 알고 있었다. 어떤 일이 벌어질지 우리는 알고 있었지만 강연자는 모르고 있음이 분명했다. 이제 9시가 가까워오고 있었다. 청중들의 반은 시계를 쳐다보고 있었고 강연자는 여전히 쩔쩔매고 있었다. 9시 5분 전이 되자 2백여 명의 청중들이 일제히 일어나서는 출입구를 향해서 마치 파도가 휩쓸려 가듯 나가는 것이 아닌가! 일순간 강연자의 온몸이 마비되는 것 같아 보였다. 얼마 동안 숨이 막혀서 헉헉거리며 공포로 파랗게 질려 서 있다가 쓸쓸히 몸을 돌려 마치 몽유병 환자처럼 비틀비틀 무대 위를 방황했다.

운영진이 비난받아 마땅한 일이었다. 교외로 가는 막차가 9시에 출발하기 때문에 누가 연단에서 강연을 하더라도 청중의 반은 자리에서 일어나 가 버릴 것이라는 사실을 그에게 미리 말해 줬어야 했다. 그 후로 코르도바는 다시는 청중 앞에 서지 못했다.

34

1861년 형과 나는 역마차를 타고 대륙을 횡단했는데 그때 그레이트 솔트 레이크(Great Salt Lake) 시에서 2~3일 정도를 머물렀다. 당시 유타 준주의 주지사가 누구였는지는 기억이 나질 않지만 여하튼 자리를 비웠었다. 나라의 외곽 지역으로 가서 그곳을 주로 승격시킨 후에 미국 상원의원이 되어 중심지로 돌아갈 작정으로 고초를 사서 했던 정치가 출신 주지사에게는 흔한 일이었다. 주지사가 자리를 비운 동안 그 역할을 대리했던 준주의 비서는 프랭크 풀러(Frank Fuller)로 우리가 그곳에 머무는 동안 여러 가지 편의를 제공해 주었다. 그는 민첩하고 에너지가 넘치는 활동적인 사람이었고 무슨 일에든 다른 사람보다 열 배 이상의 관심을 쏟을 수 있는 그런 정열적인 인물이었다.

 나는 그 후 5~6년 동안을 태평양 연안에 있었고 1867년 1월 이스머스(Isthmus)를 경유해서 본토로 돌아왔다. 뉴욕에 도착했을 때 그곳에서 사업을 하고 있던 풀러를 만나게 되었다. 그는 나를 만난 것에 대해 진심으로 기뻐하면서 자신의 아내를 소개시키고 싶어 했다. 그의 아내에 대해서는 들어본 적도 없고 그에게 아내가 있다는 사실 조차도 알지 못했었다. 어쨌거나 그는 내게 자신의 아내를 보여 주었다. 상냥하고 친절하며 매력적인 여인이었다. 게다가 자신의 딸들을 보여 주는데 나는 정말 깜짝 놀랐다. 여하튼 풀러는 놀라운 요소로 가득찬 사람이었다. 그의 딸들이 어린 소녀였다면 그것은 충분히 납득이 갈 만한 일이었다. 하지만 그토록 젊어 보이는 사람에게 그렇게 장성한 딸들이 있다는 것은 믿기가 힘들었다. 순탄한 삶을 살아가는 사람이 겉보기에 나이조차도 들어 보이지 않는 멋진 선물을 받은 경우일 것이다. 풀러 주지사(그의 뉴욕 친구들은 그를 그렇게 불렀다.)는 폭풍우처럼 몰아치는 열정으로 가득찬 사람이었다. 그는 하루에 한 가지씩 열정을 쏟는 일을 만들었고 항상 폭풍우처럼 무섭게 그 열정에 매달렸다. 그는 나더러 뉴욕에서 가장 큰 홀을 잡아서 샌드위치 아일랜드에 대한 강연을 해야 한다며 사람들이 내 강연을 듣고 싶어 난리일 것이라고 말했다. 이 남자의 놀라운 에너지에는 전염성이 있었다. 잠시 동안 나는 그에게 거의 설득당해서 뉴욕 전체가 내 강연을 듣고 들썩거릴 것이라는 착각에 빠질 뻔했다. 하지만 내가 더 잘 안다. 뉴욕 사람들은 나에 대해서 들어본 적도 없고 들으려 기대조차 하지 않을 뿐만 아니라 듣고 싶어 하지도 않는다는 것을 말이다. 그가 내 속에 지펴 놓은 불길이 식기가 무섭게 나는 계속 항변했다. 하지만 소용이 없었다. 그는 내가 아무런 어려움 없이 명예와 부를 거머쥘 수 있다고 확신하고 있었다. 자신에게 모두 맡기고 호텔에 가서 푹 쉬라고, 그러면 열흘 내로 명예와 부를 내 발밑에 가져다 주겠다고 했다.

어찌할 도리가 없었다. 나는 하는 수 없이 설득당하고 말았지만 정신을 모두 잃지는 않아서 아주 작은 홀을 빌리고 가격도 사이드 쇼 수준으로 줄이자고 제안했다. 하지만 그는 내 말을 한 귀로 흘리면서 뉴욕에서 가장 큰 쿠퍼 인스티튜트(Cooper Institute)의 지하 홀을 빌릴 것이라 했다. 그곳은 3천 명이 앉고 그 반수 정도의 사람이 설 수 있는 넓은 홀이었다. 한 사람당 1달러를 받고 입실을 시킨 후에 그 장소가 꽉 차서 사람들이 질식할 정도가 되면 한 사람당 2달러를 받고 내보내 주겠다고 큰소리를 쳤다. 그는 자신의 계획을 실행하는 데 물불을 가리지 않았다. 계속 앞질러 생각했다. 그는 나에게 손해 날 일이 없다고 주장했지만 나는 수익을 거둘 수 없을 것이라고 우려를 나타냈다. 그러자 그는 "그냥 신경 쓰지 마세요. 수익이 없다면 그건 내 문제예요. 만약 수익이 있다면 그건 당신 몫이고요. 손해를 본다 하더라도 내가 볼 것이고 당신에게는 입도 뻥끗하지 않을 거예요."라고 말했다.

그는 기어이 쿠퍼 인스티튜트를 빌렸고 신문의 광고란에 몇 줄을 싣는 통상적인 방법으로 강연을 광고하기 시작했다. 광고가 사흘간 계속 게재되는 동안에 강연에 대해서는 어느 누구도, 어느 신문사도 한 마디 언급조차 하지 않았다. 나는 초조했다. 그러면 그는 "밑에서 진행되고 있는 중이에요. 겉으로는 절대 알 수가 없지요. 그냥 놔둬요. 잘될 거예요."라고 말하는 것이었다.

그래서 나는 일이 스스로 잘 되어 가도록 내버려 두었다. 한 일주일이 경과할 때까지는 말이다. 강연 날은 3~4일 이내로 다가왔다. 나는 일이 밑에서 진행되도록 가만히 두 손 놓고 앉아 있을 수가 없었다. 계속되는 의심과 괴로움으로 풀러에게 가서 좀더 열성적으로 광고를 해야 한다고 말했다.

그는 그러마고 했다. 그러더니 광고 문구를 인쇄한 자그마한 물건 50개를 한 묶음으로 줄에 매달았다. 버스에 매달기 위한 것이었다. 아마 버스에 달려서 이리저리 흔들리며 댕그랑거리는 광고물을 본 적이 있을 것이다. 하루 이틀은 뉴욕 끝에서 끝으로 가는 버스 안에 앉아서 댕그랑거리는 물건을 쳐다보는 일만 했다. 누군가가 한쪽 끝을 잡아당겨서 인쇄된 글귀를 읽어 주기를 바라면서 말이다. 최소한 그런 일이 한 번은 있었다. 한 남자가 손을 뻗어 인쇄된 물건을 보더니만 친구에게 "샌드위치 아일랜드에 대한 마크 트웨인의 강연이라고? 도대체 누구지?"라고 말하고는 이내 집어던지고 주제를 바꾸는 것이 아닌가.

더 이상 버스를 타는 일은 할 수가 없었다. 정말 미칠 것 같았다. 나는 풀러에게 가서 이렇게 말했다.

"당일 쿠퍼 인스티튜트에 올 사람은 당신과 나밖에는 없을 거예요. 우리는 엄청난 손해를 입고 말 거예요. 무슨 조치를 취해야만 해요. 정말 자살하기 일보직전이에요. 무료 입장객이라도 동원해야 해요, 풀러. 무료 초대권 수천 장을 찍어 내야 한다니까요. 나하고 아무 상관도 없는 텅 빈 장소에 서야 하는 일이 발생한다면 죽음이에요."

그는 습성대로 열성적인 태도를 보이면서 "알겠어요. 신경을 쓸게요. 무료 입장객을 동원하죠. 당신이 연단에 섰을 때 당신 앞에는 그 어느 누구도 본 적이 없는 가장 까다롭고 가장 지적인 청중들이 가득할 거예요."라고 장담했다.

그는 자신의 말을 지켰다. 그는 뉴욕에서 30마일 반경에 있는 모든 공립학교 교사에게 초대장을 흠씬 뿌렸고 그들은 모두 강연 장소에 나타났다. 쿠퍼 인스티튜트에는 초대 인원의 1/3도 채 들어가지 못했다. 강연은 7시 30분에 시작될 예정이었다. 나는 너무 걱정이 돼서 강연장에 7시에 도착했다. 강연장에서 멀리 떨어져 있을 수가 없었기 때문이다. 그 커다랗고 텅 빈 매머드 동굴을 보고 죽기를 원했다. 하지만 건물에 다가갔을 때 주변 1/4마일 부근의 모든 도로가 사람으로 가득차 있었고 교통은 완전히 막혀 있었다. 이 많은 사람들이 쿠퍼 인스티튜트에 들어가려 한다는 사실이 믿기지 않았다. 하지만 바로 그 일이 벌어지고 있었다. 나는 건물의 뒤쪽으로 돌아서 무대 문을 통해 안으로 들어갔다. 지성의 중심부, 즉 학교에서 몰아 온 밝은 표정의 사람들이 좌석이며, 통로며, 심지어는 커다란 무대에까지 가득차 있었다. 나는 그 엄청난 인파를 뚫고 연단까지 올라가느라 무진 애를 써야 했다. 마침내 청중 앞에 섰을 때는 무대조차도 사람으로 꽉 차 있었다. 작은 아이 하나 더 들어올 틈도 없었다.

나는 이루 말할 수 없을 정도로 행복했고 흥분되었다. 나는 손을 휘저으며 샌드위치 아일랜드 얘기를 청중들에게 해 주었고 그들은 아주 만족해하며 웃고 환호성을 질렀다. 1시간 15분 동안 나는 천국을 경험했다. 온몸으로 신성한 희열을 발산했다. 강연 후에 정산을 한 결과 우리 수중에는 35달러가 남았다.

풀러는 마치 자신의 예측대로 부와 명예를 거머쥐기라도 한 것처럼 기뻐했다. 무척이나 기뻐했고 엄청나게 열광했다. 며칠 동안은 입도 다물지 못했다.

"부는 아직 안 왔어요. 아직. 하지만 괜찮아요. 나중에 올 거예요. 하지만 명성은 이미 얻었어요, 마크. 일주일 내로 당신은 미국에서 가장 유명한 사람이 될 거예요. 틀림없어요. 이건 정말 엄청난 성공이에요."

이 일로 해서 그는 4~5백 달러는 족히 손해를 보았을 것이지만 이에 대해서는 한 마디도 하지 않았다. 오히려 마치 동화 속에 나오는 황금알을 낳아 부화시키기라도 한 것처럼 행복해하고 만족스러워하고 기뻐했다.

명성에 관한 한 그의 말이 맞았다. 나는 그 강연으로 인해서 상당한 명성을 쌓을 수 있었다. 뉴욕 신문들도 일제히 나에게 찬사를 보냈다. 지방 신문도 그러한 찬사를 옮겨 실었다. 문화운동단체에서도 연락을 해 오기 시작했다(당시는 문화운동단체의 강연 시스템이 최절정에 달했을 때였다.). 나는 레드패스와 손을 잡고 시즌 끝 무렵에 강연에 합세했다. 서부로 가서 하룻밤에 100달러를 받고 6~8주 동안 매일 강연을 했다. 풀러의 예측이 모두 맞아 떨어진 셈이었다. 나는 명성뿐만 아니라 부 또한 얻었던 것이다. 그의 말을 전적으로 믿었던 것은 아니지만 상관없다. 현실로 일어났으면 된 것 아닌가. 어쨌든 중요한 것은 격정에 이끌린 프랭크 풀러와 그의 실성한 계획으로 인해 부와 명예가 이루어졌다는 점이다.

이 모든 것이 38~39년 전의 일이다.* 그때 이후로 몇 년에 한 번씩 두세 번 프랭크 풀러와 아주 잠깐 마주친 적이 있다. 그는 여전히 젊었다. 머리도 세지 않았고 나이가 든 흔적이란 찾아볼 수가 없었다. 항상 열정적이고 생기가 넘쳤다. 그러던 작년 가을 풀러의 아내의 오빠 톰슨 씨가 끔찍하게 살해당하는 일이 발생했다. 강도가 밤에 복면을 하고 톰슨 씨 방에 몰래 들어가서 곤봉을 가지고 무참하게 때려 죽

---

* 1906년 4월 11일에 저술

였던 것이다. 2개월 전쯤 길거리에서 풀러와 마주쳤는데 너무나 늙어 보이고 위축되어 있어서 거의 알아보지 못할 뻔했다. 오빠가 살해된 사건으로 인해서 아내가 충격을 받아 죽어가고 있다고 했다. 극도의 신경쇠약에 걸려서 며칠밖에는 살 수가 없다는 것이었다. 그래서 나는 그를 따라 병문안을 갔다.

그녀는 여러 개의 베개에 겨우 지탱한 채로 소파에 앉아 있었다. 그러면서 가끔 고개를 젖혀 머리를 베개에 기댔다. 숨쉬기조차 힘들어 했다. 그러한 장면을 너무도 여러 번 보아 왔기 때문에 나는 마음이 아팠다. 내 아내도 그렇게 두세 달을 앉아서 밤낮으로 힘겹게 숨을 쉬며 버텼었다. 마취제를 맞아 몽롱해지고 탈진할 때면 풀러 부인처럼 목을 잠시 뒤로 젖혀서 2~3분의 토막 잠을 자곤 했다.

그 후 다시는 풀러 부인의 살아 있는 모습을 보지 못했다. 3일 후에 영원한 안식에 들어간 것이다.

35

연단에 서서 대중에게 즐거움을 선사하는 '낭독회'를 처음 도입한 사람은 찰스 디킨스였던 것으로 생각된다. 그는 고국 영국에서 상당한 인기를 끌었던 이 아이디어를 1867년 미국으로 들여왔다. 미국에서도 인기가 굉장해서 그가 강연하는 곳은 언제나 붐볐고, 해서 한 시즌에만 20만 달러를 벌어들였다. 시즌 동안 디킨스의 강연을 한 번 들은 적이 있다. 12월에 스타인웨이 홀(Steinway Hall)에서였는데 그곳에서 나는 인생의 진정한 행운을 맞이할 수 있었다. 부에 대해서 말하는 것이 아니다. 내 삶의 행복을 이룰 수 있는 진정한 행운이었다. 그날 나는 '퀘이커 시티' 유람 여행 때 사귄 친구인 찰리 랭돈(Charley Langdon)을 만나기 위해 성 니콜라스 호텔로 갔고 그곳에서 사랑스럽고 수줍음 많고 매력적인 젊은 아가씨인 그의 여동생을 소개받았다. 그녀의 가족들은 디킨스의 낭독회에 갔고 나 또한 그들과 동행했다. 40년 전의 일이다. 그날 이후로 지금 이 순간까지 그 아가씨는 내 마음에서 결코 떠난 적이 없다.

디킨스 씨는 출판된 자신의 책에 등장하는 장면을 읽었다. 멀리서 보기에는 작고 마른 체구에 다소 별스러운 복장이 눈길을 끌었다. 검은 벨벳 코트를 입고 단춧구멍에는 커다랗고 화려한 빨간 꽃을 꽂고 있었다. 그는 붉은색 천으로 꾸민 오두막집 아래 강렬한 조명을 비스듬히 받으며 서 있었는데 마치 전시실에서 위대한 미술 작품에 강한 조명을 비추는 것과 같은 장치였다. 디킨스가 숨겨져 있는 조명으로부터 강렬한 빛을 받으면서 연출을 하고 있는 동안 청중들은 어둑어둑한 곳에 앉아 그 장면을 유쾌하게 바라보고 있었다. 디킨스는 힘 있고 활기차게 감동적인 효과음을 내면서 낭독을 했다. 그는 자신의 작품을 낭독하는 데 그치지 않고 연기를 하고 있었다. 스티어포스(Steerforth)가 폭풍우 속에서 죽어가는 장면을 낭독할 때는 기막히게 생생하고 행동에 에너지가 넘쳐서 청중들은 그야말로 발이 땅에 닿지 않을 정도로 열광했다.

디킨스의 낭독회는 유행처럼 번져 많은 사람들이 모방하려 애썼지만 내 기억으로는 궁극적으로 어느 누구도 성공하지 못했다. 대중을 상대로 한 낭독회는 한동안 사라졌다가 디킨스가 처음 도입한 때로부터 20여 년 이상이 지난 후에야 다시 시작되었다. 그러고는 작가 낭독회(Authors' Readings)라는 기이하고 엉성한 형태로 한동안 간신히 지속되다가 소멸했다.

강연과 낭독은 완전히 별개의 것이었다. 강연자는 메모나 원고나 책 등을 사용하지 않았다. 대신 강연 내용을 모두 외워서 4개월의 겨울 시즌 동안 똑같은 말을 매일 밤 반복했다. 이미 수년 동안 강연회가 전국적인 인기를 끌고 있던 1868년에 나는 강연 무대에 서기 시작했고* 이때는 강연회의 인기가 최고 절정에 도달해 있었다. 각 도시마다 시민들끼리 조직을 만들어서 시즌이 아닐 때는 돌아오는 겨울철을 위한 강연 과정을 짰다. 그들은 보스톤 강연 대행사의 목록을 보고 도시의 규모와 강연료 지불 능력에 따라 스스로 강연자를 선택했다. 한 과정은 보통 8~10차례의 강연으로 이루어졌다. 문제는 경비를 충당할 수 있느냐였기 때문에 시즌이 끝나고 나서 잔액을 남길 필요는 없었다. 매우 작은 도시에서는 50달러 정도의 강연료를 받는 강연자로 버티면서 간혹 눈길을 끌기 위해서 100달러 정도의 강연료를 받는 2급 강연자를 한두 명 초청했다. 웬만한 규모의 도시는 100달러짜리 강연자를 주로 초청하면서 인기를 끌기 위해서 존 B. 고흐나 헨리 워드 비처, 애나 디킨슨, 웬델 필립스와 같은 저명 강연자도 초청했다. 대도시에서는 스타급 강연자를 고용했는데 애나 디킨슨의 강연료는 하루에 400달러였고, 헨리 워드 비처도 마찬가지였다. 고흐도 대략 그 정도였는데 어떤 때는 500~600달러를 부르기도 했다.

나는 세 시즌 동안 강연 생활을 했다. 거래법을 배우기에는 충분한 시간이었다. 이후 지친 방황의 세월을 접고 신혼집에 정착해서 14~15년 동안 가정이라는 아늑한 은신처에서 지냈다. 그러는 사이 투기가와 돈벌이에 혈안이 된 사람들이 부를 축적할 목적으로 강연자 고용 사업을 잠식하기 시작하여 5년여 만에 강연 사업 자체를 사장시켰

---

* 앞에서는 1866년에 강연을 시작했다고 언급한 바 있다.

다. 내가 1884년 한 시즌 동안 강연을 하려고 연단에 돌아갈 때까지 10년 동안 강연은 제대로 이루어지지 않았고 강연이나 낭독에 대해서는 아무것도 모르는 세대가 전방으로 진출해 있었다. 청중은 상대하기 힘들었고 강연자들은 훈련돼 있지 않았기 때문에 나는 그들과 지내는 데 간혹 어려움을 겪어야 했다.

낭독을 직업으로 삼아 본 적은 없지만 한번 시도해 보고 싶었다. 메이저 폰드(Major Pond)를 고용해서 수수료를 주고 나를 수행하게 했고 주급 600달러에 케이블을 조수로 고용해서 모험을 시작했다.

정말 형편없었다! 최소한 처음에는 그랬다. 낭독할 책을 제대로 선택하기는 했지만 연구를 하지는 않았다. 단지 디킨스처럼 연단에 나가서 책을 읽으면 될 것이라 생각했다. 그래서 그렇게 했고 보기 좋게 망쳐 버렸다. 글로 적힌 것은 말로 표현하기 위한 것이 아니다. 형태가 문학적이고, 경직되어 있고 고정되어 있다. 교훈을 줄 목적이 아니라 즐거움을 줄 목적으로 사용되는 말로는 적절하고 효과적으로 옮겨지지 않는다. 글을 유연하게 만들고, 작은 단위로 쪼개고, 구어체로 만들고, 즉흥적인 형태의 보통 말로 바꾸어야 한다. 그렇지 않으면 청중들은 전혀 재미를 느끼지 못하고 따분해한다. 책을 가지고 일주일 동안 실험을 해 보고 나서 다시는 연단에 책을 가져가지 않았다. 대신 작품을 모두 암기하고 연단에서 의미를 전달하는 데 방해가 되는 정확한 표현과 형식을 버리고 유연성 있는 얘기로 바꾸어 전달했다.

내가 낭독용으로 사용했던 것은 《고달픈 생활》 가운데 사투리로 된 장의 일부분이었다. 그 부분을 암기한 후에 연단에서 낭독을 하면서 수정을 가했고 매일 밤 조금씩 변화시켰다. 처음에는 연단에 서는 것이 두려웠지만 나중에는 이를 좋아하고 즐기게 되었다. 한 시즌이 끝날 무렵이 돼서도 작품이 심각하게 변해 있다는 사실을 알아채지 못하고서 말이다. 십여 년 후 어느 날 뉴욕의 한 응접실에서 십여 명의 남녀 친구들이 읽어 달라고 부탁하는 통에 예전 낭독회에서 사용했던 부분을 펼쳐 들었다. 그런데 읽어지지가 않았다. 큰소리로 낭독할 수가 없었다. 나는 한 5분 정도를 씨름하다가 책을 덮고 기억나는 대로 해 보겠다고 말해야만 했다. 내 기억력은 마치 비상용과 같았다. 몇 년의 세월이 흘렀음에도 연단에서 사용했던 얘기의 형태를 그대로 충실하게 재연할 수 있었다. 나는 지금도 그 형태를 기억한다.

　내가 낭독한다고 말하는 것은 물론 기억으로부터 전달하는 것이다. 책을 그대로 읽으면서 효과를 기대할 수는 없다. 여기에는 많은 이유가 있지만 한 가지 이유만으로도 충분한 설명이 될 수 있다. 책을 보면서 낭독하는 것은 다른 사람의 이야기를 간접적으로 말하는 것이다. 다른 사람 흉내를 낼 뿐 낭독하는 사람이 개입되지 않는다. 즉 인위적인 역할에 머무르게 되는 것이다. 반면에 책을 보지 않고 얘기를 하게 되면 낭독자는 인물에 몰입하게 되고 곧 그 사람 자체가 되게 된다. 배우의 경우처럼 말이다.

36

　1870년 2월 초 나는 올리비아 L. 랭돈(Olivia L. Langdon)과 결혼했고 뉴욕의 버팔로에 주거지를 정했다. 내일*이 결혼 36주년이 되는 날이다. 아내는 22개월 동안 끊임없는 투병 생활을 하다가 1년 8개월 전에 이탈리아의 플로렌스에서 세상을 떠났다.

---

* 1906년 2월 1일에 저술

내가 아내를 처음 보았던 것은 증기선 '퀘이커 시티' 안에서 그녀의 오빠 찰리의 특별 객실에 있는 상아 조각상의 형태를 통해서였고, 당시 22세였다. 그리고 그녀를 직접 본 것은 다음해 12월 뉴욕에서였다. 그녀는 마른 체격에 아름다웠고 만년 소녀 같았다. 소녀와 여성의 모습을 동시에 가지고 있었는데 삶의 마지막 순간까지 그랬다. 연민, 에너지, 헌신, 열정, 그리고 끝없는 애정의 꺼질 줄 모르는 불길이 무덤 아래에서도 불타오른다. 아내는 육신은 항상 약했지만 정신에 의지해 살아갔고 무엇도 그녀의 희망과 용기를 꺾을 수는 없었다.

아내는 빙판에서 넘어지는 바람에 부분적으로 몸에 마비가 와서 16세부터 앓기 시작했고 여생 동안 한 번도 건강을 되찾을 수 없었다. 사고 이후로 아내는 2년 동안 침대에서 일어나지 못했을 뿐만 아니라 등을 대고 눕는 것 외에는 어떤 자세로도 누울 수 없었다. 그동안 훌륭한 의사란 의사는 모두 불렀지만 아무런 차도가 없었다. 다행히 의사 뉴튼(Newton)을 만나게 되어 2년 만에 기적적으로 다시 걷게 되었다.

완벽한 진실, 완전한 정직, 철저한 솔직함은 아내의 타고난 성격이었다. 사람과 사물에 대한 아내의 판단은 확실하고 정확했다. 본능이 빗나가는 법은 거의 없었다. 그러면서도 친구와 낯선 사람의 행동에 대한 판단에는 항상 관대함이 있었다. 내가 여태껏 보아 온 사람들 중에서 가장 완벽한 인물이었다. 가장 위엄을 갖춘 인물이라는 점도 보태야겠다. 아내의 인물됨과 기질은 존경의 대상이었을 뿐만 아니라 주변 사람을 제압하기도 했다. 어떤 하인도 그녀를 시중드는 일을 게을리 하지 않았고, 그녀가 눈길을 주기만 하면 선택을 받은 하인들은 끝까지 남아서 무슨 일이든 성심껏 했다.

아내는 항상 명랑한 동시에 그 명랑함을 다른 사람에게까지 전파했다. 우리가 가난과 빚에 허덕이며 생활했던 9년 동안 아내는 항상 나를 절망에서 벗어나 삶의 밝은 면을 볼 수 있도록 해 주었다. 우리의 달라진 환경에 대해서 그녀가 불평하는 소리는 한 번도 들어본 적이 없다. 아이들도 마찬가지였다. 아내가 아이들을 그렇게 가르쳤기 때문에 아이들은 엄마로부터 불굴의 정신을 배웠던 것이다. 아내가 자신이 사랑하는 사람에게 부여하는 사랑은 존경의 형태를 띠었고 그 사랑은 그대로 친척, 친구, 집안의 하인 등에 의해 돌아왔다.

결혼으로 그녀와 나의 기질과 성격이 하나로 엮인 것은 참으로 기이한 조합이었다. 아내는 자신의 넘쳐나는 사랑을 키스와 포옹으로 쏟아냈고 사랑스러운 말로 나타냈는데, 이런 풍부한 표현 방법이 내게는 늘 놀라움의 대상이었다. 날 때부터 애정의 표현이나 포옹에 소극적이었던 나에게 그녀의 표현 방법은 마치 난공불락의 요새에 부딪치는 파도와 같았다. 나는 무엇이든 자제하는 분위기 속에서 성장했다. 임종의 자리에서 딱 한 번 키스하는 것을 제외하고는 한 번도 아버지쪽 가족들이 다른 가족에게 키스하는 것을 본 적이 없었다. 우리 마을도 키스에 인색하기는 마찬가지였다. 마을에서 키스와 포옹은 극도로 흥분한 피아노 연주와 함께 구혼의 마지막을 장식할 때나 볼 수 있게 마련이었다.

아내는 사심없이 웃을 줄 아는 소녀였다. 그다지 자주 일어나는 일은 아니었지만 웃음이 한번 터지면 마치 음악처럼 듣는 사람을 감동시켰다. 내가 그녀의 웃음소리를 마지막으로 들은 것은 그녀가 1년 이상 앓느라 침대를 떠나지 못하고 있을 당시에 내가 써 준 쪽지를 읽었을 때였다.

내일은 결혼 36주년이 되는 날이다. 우리는 뉴욕의 엘미라(Elmira)에 있는 장인의 집에서 결혼식을 올렸고 다음날 랭던 가족 모두와 또 결혼식을 축하해 주었던 비처 가족과 트위첼 가족과 함께 특별 열차를 타고 버팔로로 갔다. 우리 부부는 버팔로에 가정을 마련하기로 했고 나는 버팔로 〈익스프레스 *Express*〉의 편집인 겸 신문사의 공동 소유주로 일할 참이었다. 버팔로에 대해서는 아는 것이 없었지만 친구를 통해서 집을 장만해 두었다. 친구에게는 편지를 보내 편집인의 얄팍한 월급으로 살아갈 만한 하숙집을 알아보라고 부탁했었다. 버팔로 역에 9시에 도착해서 마중 나와 있는 마차에 나눠 탔다. 한데 마차가 마치 미국 전역을 도는 것처럼 느껴졌다. 도시의 구석이란 구석은 다 돌았고 거리란 거리는 모두 거치는 듯싶었다. 나는 친구에게 지리도 제대로 알지 못하는 곳에 하숙집을 정했다며 대놓고 면박을 주었다. 하지만 공모가 있었던 것이다. 내 신부는 알고 있었지만 나는 까마득히 몰랐다. 장인인 저비스 랭돈이 유행의 거리인 델라웨어 애비뉴(Delaware Avenue)에 우리를 위해서 새집을 장만하고 요리사와 하녀 그리고 활달하고 기운이 넘치는 젊은 아일랜드인 마부를 고용해 두었던 것이다. 우리를 태운 마차가 도시 전체를 뺑뺑 돌았던 것은 마차 가득한 사람들이 집에 가서 불을 밝히고 따끈한 저녁식사를 할 수 있도록 준비할 시간을 벌기 위해서였다. 마침내 그 우아한 집에 도착했을 때 아무것도 몰랐던 나는 더 이상 참을 수 없는 수위에 이르고 말았다. 나는 서슴지 않고 친구에게 내 형편으로는 턱도 없는 호화로운 집을 구하다니 어떻게 이렇게 어리석을 수가 있냐며 분통을 터뜨렸다. 그때 장인이 예쁜 상자를 열어 집문서를 꺼내 보였다. 이렇게 해서 한 편의 코미디는 유쾌하게 끝을 맺었고 우리는 모두 따뜻한 저녁식사를 즐길 수 있게 되었다.

일행은 자정에 출발했고 새집에는 우리만 남았다. 그때 요리사인 엘렌이 아침 장 볼 것을 물어보기 위해 들어왔다. 우리는 둘 다 비프스테이크를 무게로 파는지 크기로 파는지조차 몰랐다. 해서 우리의 무지를 그대로 드러낼 수밖에 없었고 엘렌은 아일랜드인 특유의 웃음을 터뜨렸다.

모든 일이 수월하고 신속하고 아무런 장애물도 없이 진행된 것처럼 들리겠지만 사실은 그렇지 못했다. 결혼 과정은 그다지 순조롭지도 편안하지도 않았다. 대단한 구애 작전이 있었는데 나는 아내에게 서너 번 청혼을 했지만 그때마다 퇴짜를 맞았다. 강연을 하느라 미국 전역을 돌아다녀야 했던 중에도 이따금씩 엘미라에 가서 집요한 구애를 계속했다. 한번은 찰리를 통해서 초대를 받아 내고는 일주일 정도 그 집에 머물렀다. 기분 좋은 주였지만 곧 작별을 해야 할 시간이 다가왔다. 다시 초청을 받아 내고 싶었지만 도통 방법을 떠올릴 수가 없었다. 어떤 꾀를 생각해 내도 통할 것 같지 않았다. 내가 스스로 속일 수 없다고 생각하면 다른 사람을 속일 수 있는 가능성은 전혀 없다. 하지만 정말 생각지도 않게 행운이 찾아왔다. 과거에는 정말 자주 일어났으나 오늘날에는 거의 찾아볼 수 없는 신의 섭리가 작용한 경우였다.

나는 뉴욕으로 떠날 준비를 갖추었다. 한 민주당원의 마차가 내 트렁크를 실은 채 현관 밖에서 기다리고 있었고 마부인 바니는 손에 고삐를 쥔 채 앞 마부석에 앉아 있었다. 저녁 8~9시경이었기 때문에 밖은 어두웠다. 찰리와 나는 현관문에서 가족들에게 작별인사를 하고 밖으로 나와 마차에 올라탔다. 우리는 마부 뒤쪽 빈 자리에 앉았는데 마차의 끝부분을 바라보는 임시 좌석으로 고정돼 있지 않은 자리였다. 내게는 정말 더할 나위 없이 운이 좋은 자리였지만 앉을 당시에는 그 사실을 알지 못했다. 찰리가 담배를 피워 물었다. 그때 마부가 말에게 채찍을 갖다 댔고 말은 갑자기 앞으로 뛰어올랐다. 찰리와 나는 마차의 뒤쪽으로 거칠게 튕겨 나갔다. 어둠 속에서 찰리가 피우던 시가의 빨간 끄트머리가 공중에 곡선을 그리며 떨어지는 것이 보였다.

그 어두컴컴한 광경 속에서 보이는 것이라고는 그것밖에 없었다. 그러고는 이내 정확하게 머리 정수리를 어딘가에 부딪치고는 그대로 의식을 잃고 쓰러졌다. 인부들이 돌로 만든 배수구를 수리하고 있었다고 한다. 네 개의 돌이 연결된 부위의 움푹 파여진 부분을 마차가 지나가는 바람에 머리를 부딪친 것이었다. 움푹 파여진 부분에는 새 모래가 반쯤 차 있었기 때문에 이것이 완충 역할을 하여 심하게 부딪치지는 않았고 타박상이나 쇼크도 없었다. 나한테는 아무런 문제가 없었던 것이다.

찰리도 심하게 부딪쳤지만 내 걱정을 하느라고 자신이 다친 것을 의식하지 못했다. 온 가족이 뛰쳐나왔고 마차에 있던 테오도르 크레인은 브랜디 병을 들고 나왔다. 그는 내 목을 죄어서 기침을 하게 할 작정으로 두 입술 사이에 브랜디를 부어 댔다. 하지만 나는 여전히 의식을 찾지 못했다. 사실 나는 스스로를 조절하고 있는 중이었다. 내 주위에서 안쓰러운 듯 수군거리는 소리를 듣고 있자니 기분이 좋았다. 내 인생에서 손꼽을 만한 행복한 순간이었다. 내가 부상을 모면했다는 점을 빼고는 아무것도 잘못된 것이 없었다. 그저 조만간 다치지 않았다는 사실이 발각되어 또 떠나야 하는 처지가 될까 봐 겁이 났다. 나를 들기가 너무 무거워서 바니와 랭든 씨, 테오도르, 찰리가 힘을 합해서 끌다시피 나를 집으로 들여 갔다. 드디어 집에 들어온 것이다. 이것은 승리였다. 무한정 기숙을 해도 안전했다. 신의 섭리는 이렇게 찾아왔다.

그들은 나를 응접실의 안락의자에 눕혔고 주치의를 불렀다. 가련한 노인네 의사를 밤중에 불러내는 일은 그다지 합당한 일은 아니었지만 어쨌거나 그것이 그의 일이었고 난 무의식 상태에 있어야 했기 때문에 말릴 수가 없었다. 크레인 부인은 타박상을 줄이는 데 효능이 있는 액체가 든 병을 가지고 왔다. 하지만 나한테는 소용이 없을 것이란 점을 나는 알고 있었다. 그녀는 약을 내 머리 위에 붓고 손으로 주변을 톡톡 두드리면서 마시지를 했다. 지독한 액체가 산불 같은 감각을 주면서 등뼈를 타고 조금씩 흘러내렸다. 하지만 나는 만족했다. 크레인 부인이 피곤해하자 그녀의 남편인 테오도르가 그녀에게 쉬라고 말하고 리비더러 잠시 그 일을 맡으라고 했다. 난 날아갈 것 같았다. 크레인 부인이 치료를 계속했더라면 난 곧 회복해야만 했을 것이다. 하지만 리비의 손동작을 받을 수만 있다면 영원히 무의식 속에 있어도 좋았다. 그녀의 손동작은 무척이나 기분이 좋았고, 말할 수 없이 편안했고, 더할 나위 없이 황홀해서 페리 데이비스의 '진통제'와 비슷한 그 어느 끔찍한 약도 제어할 수 없는 아픔조차도 누그러뜨릴 것 같았다.

드디어 늙은 가족 주치의가 도착해서 자신이 교육받은 실질적인 방법으로 내 상태를 파악하려 했다. 그는 타박상이 있는지, 혹이 있는지, 부은 곳이 있는지 살펴보고는 다친 곳이 없다고 말했다. 일찍 잠자리에 들어 푹 자고 나면 아침에는 괜찮아질 것이라고 했다. 하지만 그렇지 못했다. 아침이 되었는데 전혀 괜찮아지지 않았다. 아니, 괜찮아지고 싶은 생각이 없었다. 다만 휴식이 필요하다면서 의사의 보살핌은 더 이상 필요하지 않다고 말했다.

그 사건으로 해서 3일 동안을 더 지체할 수 있었고 내 계획에 많은 도움이 되었다. 나의 구애를 한 발짝 진척시킬 수 있었기 때문이다. 그 다음 방문으로 계획은 더욱 진척되었고 우리는 부모님의 동의가 있어야 한다는 조건으로 결혼을 약속했다.

개인적인 면담에서 랭돈 씨는 내가 이미 알고 있는 점 즉 내가 거의 전적으로 무명의 인물이라는 점을 지적했다. 찰리를 제외하고는 주변의 어느 누구도 나에 대해 아는 사람이 없고 찰리는 너무 젊어서 사람을 판단하기에는 믿음직스럽지 않다고 했다. 내가 대륙의 다른 편 출신이기 때문에 그곳 사람만이 나의 사람 됨됨이에 대해서 알 것이므로 추천인을 내세울 수 있겠냐고 했다. 그러고는 그 사람들에게 편지를 써서 답변을 얻을 때까지 조용히 기다리라고 했다.

  시간이 지나 답변이 도착했다. 연락을 받고 가서 다시 한번 랭돈 씨와 사적인 면담을 했다. 나는 랭돈 씨에게 2명의 성직자를 포함해서 6명의 저명인사의 이름을 알려 줬었다. 결과는 가망이 없어 보였다. 두 명의 성직자와 은행 직원은 모두 결점에 솔직했다. 나를 인정하지 않은 것은 물론이고 불필요하게 그리고 과장되게 열심히 내 결점을 들추어냈다. 성직자 한 명(스테빈)과 전 주일학교 교장(그 사람 이름을 기억해낼 수 있으면 좋겠다)은 비관적인 확신에 덧붙여서 내가 술고래로 죽음을 맞이할 것이라 썼다. 이것은 예측할 수 없는 먼 미래에 대한 예언이었다. 얼마나 오랫동안 기다려야 그 예언이 이루어질지 알 길이 없었다. 지금까지 기다렸지만 그 예언이 이루어지려면 아직도 먼 것 같다.

  편지를 읽고 나서 한동안 침묵이 흘렀다. 슬픔과 엄숙함만이 흘렀다. 나는 할 말을 찾을 수가 없었다. 랭돈 씨도 분명 같은 기분이었다. 마침내 그는 잘생긴 얼굴을 들고, 맑고 정직해 보이는 눈길로 나를 쳐다보며 말했다.

  "이 사람들은 도대체 어떤 사람들인가? 자네는 친구도 없는가?"

  "분명 없습니다."라고 나는 대답했다. 그러자 그는 이렇게 말했다.

  "이제 내가 자네 친구가 되어 주겠네. 내 딸을 데려가게. 그들보다는 내가 자네를 더 잘 알고 있는 것 같아."

  이렇듯 내 운명은 극적으로 행복하게 자리를 잡았다. 그 후에 내가 애정 어린 표현을 사용해서 감탄해 마지않으면서 열렬히 조 굿맨에 대해서 애기하는 소리를 듣던 장인은 굿맨이 어디에 사느냐고 물었다. 태평양 연안의 도시에 산다고 대답하자 그는 "그래, 그 사람은 자네 친구인 것 같구먼. 그런가?"라고 물었다.

"정말 그렇습니다. 가장 친한 친구입니다."

"그렇다면 그때 도대체 무슨 생각을 했던 건가? 왜 그의 이름을 대지 않았지?"

나는 이렇게 말했다.

"왜냐하면 다른 편에 선 사람들이 단도직입적으로 말했던 것처럼 그 또한 곧이곧대로 애기했을 테니까요. 다른 사람들은 나에 대해 온갖 나쁜 말을 했지만 굿맨은 나에 대해 온갖 좋은 말만 했을 겁니다. 아버님께서는 물론 편견이 없는 증언을 원하셨습니다. 그러한 증언은 굿맨에게서는 얻을 수 없다는 것을 저는 알고 있었습니다. 저는 다른 사람에게서 편견 없는 증언을 얻으시리라 믿었고 아마도 그러셨을 것입니다. 제가 예상했던 것보다 확실히 칭찬이 적긴 했지만 말입니다."

우리는 1869년 2월 4일 약혼식을 올렸다. 약혼반지는 단순하고 묵직한 금반지였고 약혼식 날짜를 그 안에 새겼다. 일 년 후에 나는 그 반지를 그녀의 손가락에서 빼서 결혼날짜인 1870년 2월 2일을 새겨 넣었다. 그 후 반지가 그녀의 손가락을 벗어나는 일은 한순간도 없었다.

이탈리아에서 죽음이 그녀의 사라져 버린 젊은 시절을 복구시켜 놓았을 때 그녀는 아름답고 우아하게, 신부였을 때의 모습 그대로 누워 있었다. 사람들이 우리 아이들에게 물려주려고 그녀의 손가락에서 반지를 빼려 했지만 내가 빼지 못하게 했다. 반지는 그녀와 함께 묻혔다.

약혼 시절 초기에 나의 첫 번째 책인 《철부지의 해외 여행기》의 교정쇄가 도착해서 나는 아내와 함께 원고를 읽었다. 그리고 아내는 그 날로부터 죽음을 맞이하기 3~4개월 전까지 거의 30년 이상을 나의 충실하고 영리하고 부지런한 편집인이 되어 주었다.

37

우리의 첫 아이 랭돈 클레멘스는 1870년 11월 7일에 태어나서 22개월을 살았다. 그 아이의 질병의 원인은 다름 아닌 나였다. 아내가 아이를 돌보라고 맡겼는데 바깥 공기를 쏘여 준다며 천정이 없는 마차에 태워 장거리 드라이브를 했던 것이다. 쌀쌀하고 냉랭한 아침이었지만 모피로 잘 감싸 주었고 조심성 있는 사람의 보살핌을 받고 있기 때문에 아무런 해가 없을 줄 알았다. 하지만 난 곧 나만의 생각에 빠져들었고 내 책임에 대해서 까마득하게 잊고 말았다. 모피가 떨어지고 아기의 다리가 그대로 드러났다. 얼마 있다가 마부가 이를 보았고 나는 아이를 다시 잘 감싸주었다. 하지만 너무 늦었다. 아이는 거의 꽁꽁 얼어 버렸던 것이다. 서둘러 집으로 돌아왔다. 내가 한 일에 경악을 금치 못했고 결과가 두려웠다. 그 끔찍한 아침에 있었던 일은 지금도 머릿속에 남아 언제나 내게 죄책감을 안겨 준다.

수지는 1872년 3월 19일에 태어났다. 수지가 어렸을 때는 뉴욕 엘미라의 동쪽 언덕에 있는 쿼리(Quarry) 농장에서 여름철을 보냈고 나머지 계절에는 하트포드의 집에서 보냈다(우리는 1871년 10월 하트포드로 이사 와서 집을 지었다.). 다른 아이들처럼 수지는 명랑하고 행복하고 놀이를 좋아했다. 하지만 보통 아이들과는 달리 때로 자신 안으로 숨어 들어가 수수께끼와 같은 심오한 문제에 대한 해답과 인간 존재의 비애를 찾으려 했기 때문에 자라면서 내내 그녀와 얘기를 나누는 사람들을 당황하게 만들곤 했다. 수지는 일곱 살 때 이미 인간의 덧없는 삶

속에서 일어나는 미친 듯이 반복되는 사건에 짓눌리고 상처받았다. 마치 억압받고 당혹스러워하는 성숙한 성인처럼 말이다. 수많은 사람이 태어나고 먹을 것을 위해서 일하고 땀 흘리고 고군분투한다. 언쟁을 벌이고 비난하고 싸운다. 서로 앞다투어 조그만 이권을 차지하려 한다. 그러면서 슬슬 나이를 먹기 시작하고 질병이 뒤따른다. 수치와 굴욕이 자존심과 허영에 상처를 입힌다. 사랑하는 사람을 빼앗기고 삶의 즐거움은 고통받는 슬픔으로 바뀐다. 고통, 근심, 비참함의 무게는 해가 거듭될수록 점점 무거워진다. 마침내 야망이 죽고 만다. 자존심이 사라진다. 허영이 무너진다. 그러고는 드디어 세상이 부여한 것 중에서 유일하게 독성이 없는 선물을 받는 순간에 도달하면서 세상에서 사라진다. 자신이 전혀 중요하지 않은, 아무것도 이루어 놓은 것이 없는, 실수와 실패와 어리석음만을 저지른, 존재했었다는 흔적조차 찾을 수 없는, 자신이 사라진 것에 대해 단 하루 애도를 표하고는 영원히 잊어버리고 마는 그런 세상에서 말이다. 이어 다른 수많은 사람들이 그 자리를 차지하고 그들이 했던 것과 똑같은 일을 하면서 똑같이 무익한 길을 걷다가 똑같이 사라져 간다.

"엄마, 이게 다 무엇 때문이죠?"

수지는 이러한 것들을 육아실에 홀로 남아 오랫동안 곰곰이 생각한 끝에 더듬더듬 이렇게 묻곤 했다.

일 년 후, 수지는 또 다른 어둠의 수렁 속에서 혼자서 더듬거리며 자신의 길을 찾아나가고 있었다. 일주일 동안 아내는 수지가 기도를 하는 저녁 시간마다 육아실에 갈 수가 없었다. 그녀는 몹시 안타까워하면서 예전처럼 매일 밤 육아실에 가서 수지가 기도하는 소리를 들을 수 있기를 바랐다. 아내는 수지가 무언가 반응을 보이고 싶어 하나 말로 표현하는 데 어려움을 겪고 있음을 알아차리고는 무엇이 문제인지 물었다. 수지는 가정교사인 푸트(Foote) 양에게서 인디언과 그들의 종교적 믿음에 대해서 배웠는데 인디언은 하나의 신이 아니라 여러 신을 믿는 것 같았다고 설명했다. 수지는 여기에 대해서 곰곰이 생각하기 시작하면서 기도를 멈추게 되었던 것이다. 그러면서 엄마에게는 자신이 이제 예전과 '똑같은 방법으로는' 기도하지 않는다고 돌려 말했다. "얘기를 좀 해 보렴, 애야." 하는 엄마의 말에 수지는 이렇게 대답했다.

"엄마, 인디언들은 자신들이 알고 있는 것을 믿었어요. 하지만 이제 인디언들이 틀렸다는 것을 우리는 알아요. 이 말은 곧 우리가 틀릴 수도 있다는 얘기예요. 그래서 나는 신과 천국이 정말로 있으면 좋겠다고 아니면 좀 더 좋은 것이 있으면 좋겠다고 기도하고 있어요."

나는 이 감동적인 기도 내용을 수지가 말한 그대로 적어 두었고 이 말에 대한 존경심은 세월과 함께 성장해서 그때 이후로 내 머릿속에서 사라지지 않는다. 스스로 터득한 품위와 순박함은 아이의 것이지만 그 말에 담긴 지혜와 비애는 모든 연령층의 사람에 속한 것이다.

일 년 전으로 거슬러 올라가서 수지가 7살 때였다. 아내는 몇 번이고 수지에게 "자, 자, 수지, 작은 일 때문에 울어서는 안돼."라고 말하곤 했다.

엄마의 이 말을 수지는 곰곰이 생각하게 되었다. 수지는 장난감이 깨지고, 천둥과 번개와 비 때문에 소풍이 취소되고, 육아실에서 잡은 쥐가 길들여져서 친구가 되었는데 고양이에게 죽음을 당하는 등의 엄청난 재앙(처럼 보이는 일) 때문에 상심하고 있었다. 그런데 엄마에게서 뜻밖의 이상한 사실을 듣게 된 것이었다. 설명할 수 없는 어떤 이유 때문에 그 정도의 일은 엄청난 재앙이 아니라는 것이다. 왜지? 재앙의 크기는 어떻게 재는 거지? 커다란 재앙과 작은 재앙을 구별하는 방법이 있어야만 했다. 이때 적용할 수 있는 법칙이 무엇이지? 수지는 이 문제를 열심히 오래 생각했다. 2~3일 동안 곰곰이 생각한 끝에 간혹 최고의 해답을 찾아 낸 듯했지만 이 또한 이내 좌절되고 말았다. 그래서 수지는 엄마에게 도움을 청하기로 했다.

"엄마, '작은 일'이 어떤 거예요?"

단순한 질문 같았다. 처음에는. 그러나 막상 답변을 말로 표현하려 하자 생각지도, 예측하지도 못한 어려움이 나타나기 시작했다. 그 어려움이 곱절로 증가하는 바람에 다시 한번 수지는 궁금증을 해소하는 데 실패하고 말았다. 엄마의 설명하려는 노력은 답보 상태에 머물렀다. 그러면 수지는 예를 들어서 엄마를 도우려고 했다. 한번은 이런 일이 있었다. 아내가 시내에 갈 채비를 했다. 오래 전에 수지에게 사 주겠다고 약속한 장난감 시계를 사는 것도 시내에 가는 이유 중 하나였다.

"엄마가 시계 사오는 것을 잊어버리면 그것은 '작은 일'인가요?"

엄마가 시계 사오는 것을 잊어버리지 않을 것을 알고 있었기 때문에 시계에 대해서는 걱정하지 않았다. 수지는 그저 엄마의 대답으로 수수께끼를 풀어서 당혹스러운 어린 마음에 휴식과 평안을 갖고 싶었던 것이다.

물론 그 희망은 꺾이고 말았다. 불행의 정도와 크기는 외부 사람이 측정할 수 있는 것이 아니라 불행에 영향을 받는 사람에 의해 측정되는 것이기 때문이다. 왕관을 잃어버린 것은 왕에게는 엄청난 일이지만 아이에게는 전혀 중요하지 않은 일이다. 장난감을 잃어버린 것은 아이에게는 커다란 일이지만 왕의 눈으로 보자면 전혀 상심할 일이 아니다. 우리는 결국 이를 근거로 수지의 의문에 대한 결론을 내렸고 수지는 그 후에 발생하는 자신의 재앙에 대해 스스로의 잣대로 측정할 수 있도록 허락을 받았다.

수지는 또한 도덕 문제에 관한 훌륭한 판단력을 가지고 있었고 이에 합당한 행동을 했다. 심지어 희생을 치르는 한이 있더라도 마찬가지였다. 수지가 여섯 살이고 동생인 클라라가 네 살 때였다. 두 아이는 성가시도록 많이 싸웠다. 이 습관을 고치기 위해서 벌을 세웠지만 소용이 없었다. 그래서 이번에는 상을 주기로 했다. 싸우지 않고 하루를 보내면 캔디를 주었다. 대신 아이들 스스로 자신의 행동에 대한 목격자가 되게 하였다. 한번은 캔디를 받아 든 수지가 주저하더니 자신은 받을 자격이 없다며 돌려주었다. 클라라는 자기 몫의 캔디를 가졌다. 하나는 싸움을 했고 다른 하나는 싸움을 하지 않은 셈이니 증거가 상충된 것이다. 하지만 둘 중에서 더 신빙성이 있는 목격자는 싸움을 했다는 쪽일 테니까 싸움을 한 것이고 따라서 둘 다 캔디를 얻을 수 없게 된 상황이었다. 클라라가 불리한 상황이 되었지만 수지는 이렇게 말했다.

"클라라가 그때 마음속으로 우리가 싸움을 하는 것이라고 생각했는지 아닌지는 잘 모르겠어요. 하지만 저는 마음속으로 옳지 않다고 느꼈어요."

이는 상당히 공정하고 고결한 견해였고 여섯 살짜리 아이가 내린 결론이라고 하기에는 지나치게 예리한 분석이었다. 클라라를 다시 한 번 심문해서 증거를 검토하는 것을 제외하고는 달리 방법이 없었다. 해서 의문점을 다시 검토했고 클라라의 잘못이 어느 정도 입증되었지만 그에 대한 벌은 내리지 않기로 했다. 물론 그 사이에 클라라가 사탕을 다 먹어 버리긴 했지만 말이다.

38

 수지를 생각할 때마다 떠오르는 사람이 있다. 존 브라운 박사이다. 그는 숭고하고 아름다운 영혼의 소유자로 수지의 어린 시절 위대한 친구였고 수지의 숭배자였으며 수지를 위해서라면 무엇이든 기꺼이 해 주는 사람이었다.
 1873년 수지가 14개월이 되던 때 우리는 런던에서 에딘버러로 갔다. 매일같이 점심, 차, 저녁으로 이어지는, 우리에게는 완전히 새로운 종류의 생활을 6주 동안 하고 나서 휴식을 취하고 도피하려는 목적으로 도망가다시피 떠난 여행이었다. 우리는 조지 가에 있는 한 가족 호텔에 은신처를 정하고 편안하게 지낼 준비를 갖추었다. 하지만 운 좋게도 그런 일은 일어나지 않았다. 곧장 아내에게 의사가 필요하게 되었기 때문에 나는 《랩과 친구들Rab and His Friends》의 저자가 여전히 진료를 하고 있는지 알아보려고 진료실을 찾아 나섰다. 다행히 여전히 진료를 하고 있었다. 그래서 그에게 왕진을 부탁했고 그로부터 6주 동안 우리는 그의 집 아니면 우리가 머무는 호텔에서 매일 함께 지냈다.
 그는 온화하고 매력적인 얼굴의 소유자였다. 내가 알고 있는 사람들 중에서 가장 아름다운 얼굴을 가졌을 게다. 부드럽고 온화한 성인의 얼굴에는 가슴을 가득 채우고 있는 사랑의 빛이 평화롭게 빛나고 있었다. 박사는 스코틀랜드에 있는 모든 사람의 사랑을 받았다. 아니 나라의 경계가 없다는 편이 옳았다. 몇 년 후에 박사가 병에 걸려서 진료를 포기해야만 하는 사태가 발생했을 때였다. 출판인인 더글러스 씨와 다른 친구들은 수천 달러의 기금을 조성해서 박사와 박사의 미혼 여동생을 지원하려는 계획을 세웠다. 이 기금은 신속하게 조성되었을 뿐만 아니라 모금이 너무 빨리 끝나 버려서 멀리 떨어져 있는 친구들은 기부를 할 기회조차 갖지 못했다. 대중적인 호소도 하지 않았고 인쇄를 해서 알리지도 않았다. 다만 개인적인 편지로 기부금을 요청했을 뿐이었다. 기부를 하지 못한 사람들로부터 이곳 저곳에서 불평이 쏟아졌다. 이러한 종류의 불평은 세상에서 참 보기 힘든 현상이 아닐 수 없다. 아니 상당히 특이한 현상이라서 여기에 언급할 만하다고 생각한다.

수지와 박사는 서로 왁자지껄 떠들며 뛰놀았다. 매일 그는 자신의 위엄을 숙여서 아이와 '곰' 놀이를 했다. 누가 곰이었는지는 기억이 나질 않지만 아마 수지였던 것 같다. 응접실의 한쪽 구석에 소파가 놓여 있었고 소파 뒤로는 수지의 방으로 통하는 문이 있었다. 수지는 소파 뒤에 서서 박사를 기다렸다. 그렇게 서 있으면 삐죽 나와 있는 노란 머리 꼭대기가 보였다. 놀이의 규칙으로는 수지는 투명이었기 때문에 이렇게 본 것은 본 것이 아니었다. 이제 생각하니 수지가 곰이었던 것이 틀림없다. 수지가 소파 뒤에서 튀어나와서 박사가 제정신을 잃을 정도로 몇 번 놀랐던 일이 기억나기 때문이다.

박사가 기괴하고 쾌활한 얘기를 말해 보고 싶어 했다는 사실이 믿기지 않을 것이다. 그토록 온화하고 조용한 성품을 가진 사람에게 그러한 일은 도통 어울리지 않는 것 같기 때문이다. 여하튼 나는 그에게 얘기를 가르치려 애썼고 그는 완벽하게 소화하기 위해서 2~3일 동안 최선을 다했다. 하지만 결코 성공하지 못했다. 박사가 얘기를 시도하려는 모습을 봤다면 에딘버러에서 그를 알고 있는 사람이나 심지어 개조차도 모두 놀라서 경기를 일으켰을 것이다.

박사는 세상에서 가장 사랑스러운 피조물이었고 그의 노처녀 누이동생도 그와 꼭 같았다. 우리는 6주 동안 매일 그의 마차를 타고 같이 왕진을 다녔다. 그때면 그는 한 바구니 가득 포도를 가져왔고 우리는 책을 가져왔다. 첫 번째 왕진 장소에 도착하면 그는 마차에서 내리면서 "내가 잠시 사라져서 마차 안의 인구가 줄어든 동안 즐겁게 지내십시오."라고 말하곤 했다. 이 왕진 조직은 처음에 결성된 그대로 끝까지 유지되었다.

39

아이일 때 수지는 열정적인 기질을 가지고 있었고 이러한 기질을 스스로 다스리는 방법을 배우기 전까지는 수없이 자책해야 했고 눈물도 많이 흘려야 했다. 하지만 이후로는 열정적인 기질이 건전한 소금이 되어서 수지의 사람 됨됨이는 더욱 강해지고 건전해졌다. 이러한 기질로 인해 위엄을 갖춘 훌륭한 인물로 성장할 수 있었고 자만심으로부터 벗어날 수 있었다. 오래 전에 사라진 세월을 다시 생각해 볼 때, 내가 그토록 아름다웠던 수지의 어린 삶 속에 있었던 사건들을 마음에서 떠나보내지 못하는 것과 수지가 범한 몇 번의 자그마한 잘못을 끄집어내어 나무라지 않는 것은 당연할 뿐만 아니라 용납될 만한 일인 것 같다.

1880년 여름 수지가 막 여덟 살이 되었을 때였다. 우리 가족은 뉴욕 엘미라에서 3마일 떨어진 높은 언덕 꼭대기의 쿼리 농장에서 여름을 보내곤 했다. 건초를 자르는 계절이 다가오고 있었고 수지와 클라라는 그때를 손꼽아 기다리고 있었다. 그들에게는 의미가 큰 행사였기 때문이다. 그들은 마차 위 건초더미 꼭대기에 앉아서 집으로 돌아올 수 있도록 약속을 받아냈다. 그들 또래의 아이들에게 그토록 소중한 이 위험한 특권을 수지와 클라라는 난생 처음 누릴 수 있게 된 터였다. 따라서 둘의 흥분이란 걷잡을 수 없는 지경이었다. 입만 뻥긋했다 하면 오로지 그 획기적인 모험에 대해서만 얘기했다. 하지만 그토록 중요한 날 바로 그 아침에 수지에게 불행한 일이 벌어졌다. 갑작스레 감정이 폭발한 수지는 부삽인지 막대기인지를 가지고 클라라에게 벌을 주었다. 어쨌든 수지가 저지른 잘못은 육아실에서 허용할 수 있는 범위를 분명히 넘어서는 중대한 잘못이었다. 집의 규칙과 관습에 따라서 수지는 잘못을 고백하고 여기에 합당한 처벌의 종류와 양을 결정하기 위해 어머니에게 갔다. 처벌이란 것이 원래 한 가지 목적과 기능 즉 잘못을 저지른 사람이 다시는 똑같은 잘못을 저지르지 않겠다고 기억하도록 경고를 주는 역할을 할 때만 의미가 있는 것이기 때문에, 아이도 자신이 선택하는 처벌은 기억할 만하고 효과적인 것이어야 한다는 점을 충분히 이해하고 있었다. 수지와 아내는 여러 가지 처벌에 대해서 얘기했지만 어떤 처벌도 적절할 것 같지 않았다. 이번 잘못은 평상시와 달리 심각한 것이었기 때문에 기억 속에 위험 표시를 확실히 세워 놓아서 없어지지 않게 할 수 있는 강한 처벌이어야 했던 것이다. 언급된 처벌 중에는 건초 마차를 타는 기회를 박탈하는 것도 있었다. 이 처벌이 수지에게 가장 치명타가 될 것은 뻔했다. 마침내 아내는 처벌 목록을 하나하나 언급하면서 "수지야, 어떤 처벌을 받아야 할 것 같니?"라고 물었다.

수지는 곰곰이 생각하더니 기가 죽어서 "엄마는 어떤 것이어야 한다고 생각하세요?"라고 물었다.

"수지, 너의 결정에 맡기는 것이 좋겠다. 네가 스스로 선택을 하렴."

어머니의 이 말로 수지는 갈등을 하고, 깊게 생각하고, 이리저리 궁리했다. 그러고는 그녀를 아는 사람이라면 누구라도 짐작할 만한 대답을 했다.

"엄마, 건초 마차로 하겠어요. 다른 처벌을 받아서는 다시는 잘못을 저지르지 않겠다는 생각을 해 낼 수 없지만 건초 마차를 타지 못한다면 쉽게 해 낼 수 있을 거예요."

이 세상에서 진정한 처벌, 예리하고 지속적인 처벌은 애꿎은 사람에게만 떨어지게 마련이다. 클라라를 괴롭힌 것은 내가 아니었지만 불쌍한 수지가 건초 마차를 타지 못한 것에 대한 기억 때문에 나는 26년 동안 비통함을 느끼는 처벌을 받고 있다.

수지는 다른 사람에 대해 사려가 깊고 인정이 많았다. 이는 의심할 여지없이 후천적으로 습득한 것이다. 태어나면서부터 이런 사람은 아무도 없는 것 같기 때문이다. 수지가 어린아이였을 때 아내는 수지의 부채(일본 부채로 5센트짜리였다)를 빌려서 잠깐씩 더위를 식히고는 고맙다는 말과 함께 다시 돌려주곤 했다. 수지는 엄마가 주인에게 돌려주지 않을 수만 있다면 부채를 계속 쓰리라는 것을 알았다. 또한 부채를 계속 쓰라고 해도 엄마는 말을 듣지 않으리라는 것도 알았다. 어떻게든 방법을 강구해야만 했다. 그래서 수지는 생각해 냈다. 자신의 저금통에서 5센트를 꺼내 패트릭에게 주면서 시내에 가서 일본 부채를 사다 달라고 부탁했던 것이다. 이러한 사려 깊고 세심한 행동으로 아내는 쾌적한 여름을 보낼 수 있었다. 자신의 저금통을 헐지 않고 위층에 가서 좀더 비싼 부채를 가져올 수도 있었지만 수지는 엄마가 일본 부채를 좋아한다는 인상을 받고 이 일이 지혜로운 일인지 어리석은 일인지 망설이지 않은 채 자신의 느낌에 따라 행동하고 만족해했다. 정말 아이로서 칭찬받을 만한 일이다.

아직 아이였을 때 수지는 간혹 유별나고 재미있고 깜짝 놀랄 만큼 풍부한 표현을 사용했다. 아홉 살이나 열 살쯤 되었을 때의 일이다.

엄마 방에 들어간 수지는 아직 아기인 동생 진이 육아실에서 울고 있는데 유모를 불러야 하는지를 물었다. 몹시 보채는 모습을 상상한 엄마가 "아기가 심하게 우니?"라고 묻자 수지는 이렇게 대답했다.

"음, 아니오. 울적하고 외로운 울음이에요."

수지의 막 피어나는 성격의 상당부분을 차지했던 섬세한 감정을 드러내는 사건을 이것저것 떠올리는 것이 내게는 큰 기쁨이다.

40

수지가 13살이 되었다. 구릿빛이 도는 갈색 머리카락을 땋아 등 뒤로 늘어뜨린 가냘프고 자그마한 소녀였던 수지는 아마도 집에서 가장 바쁘게 움직이는 사람이었을 것이다. 다방면에 걸친 공부를 하고 건강을 위해서 운동과 레크리에이션에 참여하는 일 외에도 스스로 사랑에서 우러난 마음으로 결정하여 아빠에 대한 전기를 쓰기 시작했다. 수지는 자신의 방에서 밤마다 이 작업을 하면서 원고를 몰래 숨겨 두었다. 얼마 있다가 아내가 이를 발견하고는 몰래 빼내서 나에게 보여주었다. 그러고는 수지에게 아빠가 정말 기쁘고 뿌듯해한다고 말해 주었다. 그때를 생각하면 아직도 더할 나위 없는 기쁨을 느낀다. 이전에도 많은 사람에게서 찬사를 받았지만 수지의 찬사만큼 나를 감동시킨 것은 없었고 그만한 가치로 내게 다가온 것도 없었다. 긴 세월이 흐른 후에 읽어도 수지의 글은 내게는 왕의 메시지이고 그 당시 받았던 것과 똑같은 사랑스러운 놀라움을 가져다 준다. 비천한데다 포상을 받으리라고는 꿈에도 생각하지 못한 사람이 자신을 귀족의 서열로 격상시켜 주는 왕의 칙령을 보았을 때 느낄 만한 그런 느낌이 든다.

그 글을 열심히 써 내려간 고사리 손이 다시는 나를 어루만지지 못한다는 생각을 할 때마다 떠오르는 비애감과 함께.

지난 옛 시절 아침식사와 저녁식사 자리에서 내가 전기를 위해 포즈를 취했던 일이 몇 번 있었다. 분명하게 기억이 난다. 수지가 이를 눈치챘던 것 또한 기억이 난다. 어느 날 아침에 식탁에서 내가 상당히 뽐내면서 매우 현명한 말을 하자 조금 후 수지가 엄마에게 은밀히 아빠가 전기에 실리기 위해 그런다고 말했던 것이 기억난다.

수지가 나에 대해 묘사한 글은 한 줄도 한 단어도 바꿀 수가 없다. 그래서 지금부터 가끔씩 그 글을 수지가 쓴 그대로 인용하려 한다. 어린아이의 아름다운 마음, 정직한 마음에서 나온 색다르고 재미있고 천진난만한 글 그대로를. 이러한 수지의 글은 그 자체로 매력이 있고 아름답다. 문학의 통상적인 모든 법칙을 거스를지는 모르지만 여전히 문학으로 후한 대접을 받을 만한 가치가 있다.

철자법이 절망적인 경우가 자주 있지만 그래도 수지의 글이기 때문에 참아 줄 수 있다. 나는 그 또한 사랑하기 때문에 욕되게 할 수 없다. 나에게는 그런 철자법조차 금과 같다. 수지의 철자법을 고치는 일은 정제하는 것이 아니라 도금하는 것이다. 망치는 것이다. 수지의 철자법이 소유한 자유와 융통성을 빼앗아 경직되고 뻣뻣하게 만드는 것이다. 철자법이 정말 엉망일 때도 나는 충격을 받지 않았다. 수지의 철자였고 나름대로 최선을 다한 것이었기 때문이다. 그보다 더 나은 글이라곤 내게 있을 수 없다.

수지는 언어를 쉽게 배웠다. 역사와 음악을 비롯해서 무엇이든 쉽게 빨리 완벽하게 배웠다. 철자법만 제외하고는. 나중에 철자법도 익히기는 했다. 설사 수지가 철자법을 익히는 데 실패했더라도 나는 별반 슬퍼하지 않았을 것이다. 내가 이루어낸 커다란 성취 중의 하나가 완벽한 철자법이기는 하지만 그다지 크게 가치를 둘 필요가 없다고 생각한다. 60년 전* 내가 학생이었을 때 학교에는 두 가지 상이 있었다. 하나는 철자법이 우수한 학생에게, 다른 하나는 상냥한 학생에게 주는 상이었다. 이 상을 수상한 학생들은 얇고 부드럽고 둥근 은 조각으로 만들어진 메달을 받았는데 달러 동전 크기만 했다. 위에는 흐르는 듯한 이탤릭체로 '우수한 철자법' 또는 '상냥함'이라는 단어가 새겨져 있었다. 메달을 받은 학생들은 항상 이를 목에 걸고 다녔는데 전교생의 부러움의 대상이었다. 이 메달을 일주일 동안 목에 걸어 보는 특권을 갖기 위해 시도를 해 보지 않은 학생은 아무도 없었지만 그런 기회를 가졌던 사람은 존 로바드와 나뿐이었다. 존 로바드는 변함없이 어찌할 도리 없이 상냥했다. 아니 악마적으로 지독하게, 분통 터지게 상냥했다고 말해야겠다. 그것이 바로 우리가 존 로바드의 특성에 대해서 가지고 있던 감정이었다. 이렇게 해서 존 로바드는 항상 상냥함 상을 받았고 나는 철자법 상을 받았다. '항상'이란 표현이 다소 과장된 것이기는 하다. 메달을 받지 못한 적도 몇 번 있었기 때문이다. 그저 똑같은 메달을 받는 것에 진력이 났기 때문에 변화가 필요했다. 그래서 몇 번 메달을 교환했다. 결코 철자법에 능숙하지 못했던 존 로바드에게는 철자법 선수가 된 것 같은 느낌이 만족스러웠고 나 또한 기분 전환을 위해서 상냥한 사람이 되어 보는 것도 꽤나 괜찮았다. 하지만 이러한 변화는 오래가지 못했다. 무슨 일이 일어나고 있는지 눈치챈 아이들이 우리의 배신 행위를 일러바치지 않았다면 그들은 인간이 아니었을 테니까. 선생님은 우리에게서 당장 메달을 빼앗았고 빼앗길 때마다 그 주 금요일 오후가 되어서야 다시 찾을 수 있었다.

---

*1906년에 저술

수지가 전기를 쓰기 시작한 것은 1885년이었다. 당시 나는 50대였고 수지는 13세였다. 그녀의 전기는 이렇게 시작했다.

우리는 매우 행복한 가족이다. 우리 가족에는 아빠, 엄마, 진, 클라라 그리고 내가 있다. 내 글은 아빠에 관한 글이다. 아빠에 대해서 무엇을 써야 할지 알지 못해서 곤란을 겪을 일은 없을 것이다. 아빠는 매우 인상적인 사람이기 때문이다.

아빠의 외모는 그동안 여러 차례 묘사되었지만 그다지 정확하지 않았다. 아빠는 아름다운 반백의 머리카락을 가지고 있다. 너무 숱이 많지도 않고 너무 길지도 않고 적당하다. 코는 콧날이 오똑한 로마 코인데 아빠를 더 잘생겨 보이게 만든다. 또한 친절한 푸른 눈과 작은 콧수염이 있다. 멋진 형태의 머리와 옆얼굴을 가졌다. 매우 훌륭한 모습이다. 한마디로 특출하게 잘생긴 사람이다. 아빠의 모습은 모두 완벽하다. 특출한 치아를 가지지 않은 점을 제외하고는 말이다. 아빠의 피부는 희고 턱수염은 기르지 않았다. 아빠는 매우 좋고 매우 재미있는 사람이다. 아빠에게는 좀 급한 성질이 있지만 그건 우리 가족 모두 가지고 있다. 아빠는 내가 여태껏 보아온 사람 중에서 가장 사랑스러운 사람이다. 그리고 참, 멍한 사람이기도 하다. 아빠는 우리에게 엄청나게 재미있는 얘기를 들려준다. 아빠가 벽에 걸린 그림에 대한 얘기를 들려주는 동안 클라라와 나는 아빠 의자의 손잡이에 앉아 있곤 한다.

아이들에게 얘기를 들려주던 시절이 생생하게 기억난다. 매우 까다롭고 엄격한 청중이었다. 내 어린 딸들은.

하트포드 집의 서재 한쪽에는 책 선반이 벽난로에 맞닿아 있었다. 벽난로 양쪽으로 책 선반이 놓여 있었고 선반에는 여러 가지 장식품이 진열되어 있었다. 한쪽 끝에는 고양이의 얼굴을 그린 유화액자가 있었고 다른 쪽 끝에는 실물 크기의 아름다운 젊은 소녀의 얼굴이 그려진 인상주의 수채화가 있었다. 우리는 그 그림의 소녀를 꼭 그렇게 생겼다고 해서 에멜라인이라고 불렀다. 이 두 그림 사이에는 골동품이 12~15점 정도 놓여 있었고 엘리후 베더(Elihu Vedder)의 유화인 〈젊은 메두사〉가 걸려 있었다. 이따금씩 아이들은 얘기를 지어 달라고 했다. 이것은 거의 즉흥적이어서 준비할 시간이 거의 없었다. 해서 나는 진열되어 있는 자질구레한 장식품과 그림 세 장을 가지고 이야기를 꾸며 냈다. 항상 고양이에서 시작해서 에멜라인으로 끝나야 했다. 변화를 주기 위해서 반대 방향으로 얘기를 꾸미는 것은 허용되지 않았다. 일렬로 늘어선 자질구레한 장식품을 제자리에서 벗어나도록 이야기를 꾸며도 안 되었다.

아이들에게 얘기를 만들어 들려주어야 했던 나는 처음부터 어려움을 겪었다. 아이들은 잡지에 있는 그림을 가져와서 이를 바탕으로 얘기를 만들어 달라고 하면서 그 포동포동한 손으로 나머지 부분을 가려 버렸다. 내가 다른 곳에서 아이디어를 얻지 못하게 하려고 말이다. 얘기는 완전히 독창적이고 신선해야 했다. 가끔 아이들은 등장인물 한두 명, 어떨 때는 십여 명을 일러 주면서 당장 격렬하고 흥미진진한 삶을 만들어 내라고 요구하곤 했다. 또한 자신들이 새로운 일이나 낯선 동물 등에 관해서 듣게 되는 때면 다음 번 얘기에 반드시 집어넣겠다는 다짐을 나한테서 받아 내곤 했다.

아빠가 좋아하는 놀이는 당구이다. 피곤하고 쉬고 싶으실 때마다 밤늦게까지 주무시지 않고 당구를 치신다. 당구가 머리를 식혀 주는 것 같다. 아빠는 담배를 거의 쉬지 않고 엄청나게 피우신다. 그리고 정확하게 작가의 정신을 가지고 있어서 정말 단순한 것도 이해하지 못하는 경우가 있다. 우리 집의 도둑 경보장치는 자주 고장이 난다. 경보장치는 마호가니 방 창문이 닫혀 있을 때에도 울리는 경향이 있기 때문에 한번은 식당에서 경보장치를 떼어내야 했다. 드디어 아빠는 도둑 경보장치가 이제야 제대로 작동이 되는 것 같다며 한번 시험을 해 보겠다고 하셨다. 그래서 경보장치를 다시 달고는 내려오셔서 마호가니 방 창문을 열었다. 경보장치는 결국 울렸다. 언뜻 보기에는 제대로 작동이 되는 것 같았어도 말이다. 아빠는 절망해서 위층으로 올라가 엄마에게 말했다.

"리비, 마호가니 방에서는 작동이 되질 않겠어. 막 창문을 열고 확인했거든."

그러면 엄마는 이렇게 말씀하셨다.

"이봐요, 청년. 창문을 열면 당연히 경보장치가 울리죠!"

"그래서 창문을 열어 봤다니까. 울리는지 알아보려고!"

엄마는 아빠에게 창문이 닫혀 있는 동안에 경보장치가 울리는지 알아보려면 창문을 열어서는 안 된다고 설명하려 애썼지만 허사였다. 아빠는 이해할 수가 없었다. 그러고는 불가능한 일을 옳은 것으로 믿게 만들려 한다며 엄마에게 짜증을 내셨다.

전기 작가치고는 정말 솔직담백하지 않은가. 수지는 나를 매끄럽게 만드는 작업을 하지 않았다. 수지 또한 오래 전에 알아차린 것처럼 나는 수수께끼와 복잡한 문제에 대해서는 오늘날까지도 완전히 돌머리이다. 복잡한 문제를 만나면 짜증이 난다. 그리고 짜증은 점점 커져서 분노가 된다.

어느 날 겪었던 당혹스러운 사건이 생각난다. 당시 나의 사업상 에이전트였던 F. G. 휘트모어(Whitmore)가 시내에서 자신의 마차로 나를 집까지 데려다 주었다. 그는 마차 출입구를 지나 축사를 향해 마차를 몰았다. 여기는 길이 하나만 나 있었는데, 이 길은 출입구에서부터 곧게 뻗어 축사 근처의 꽃밭을 둥그렇게 도는, 마치 스푼이 놓인 것처럼 생긴 길이었다. 꽃밭에 다가가면 길은 갈라져서 꽃밭을 따라 고리처럼 돌게 되어 있었다. 마치 스푼이 꽂혀 있는 대접처럼 말이다. 나는 마차의 오른쪽에 앉아 있었다. 꽃밭에 가까이 가자 집이 있는 오른쪽 편에 앉아 있었던 나는 휘트모어가 스푼 꽂힌 대접을 왼쪽으로 돌려고 하는 것을 보았다. 나는 이렇게 말했다.

"휘트모어, 그리로 가면 안 돼. 오른쪽으로 가야 해. 그래야 집 현관문 바로 옆에 도착하게 돼."

휘트모어는 "어디로 가든 그렇게 돼요. 꽃밭을 어느 쪽으로 돌든 상관없다니까요."라고 말했다.

나는 그가 어리석다고 계속 설명했지만 결국 그의 고집을 꺾지 못했다. 그래서 "그래 한번 가 봐. 어떻게 되나 한번 보자고."라고 퉁명스럽게 말했다.

그는 왼쪽으로 돌았고 마침내 나를 문 앞에 내려놓았다. 정확하게 도착하겠다고 장담한 쪽으로 말이다. 그때는 그 사실을 믿을 수가 없었고 믿기지 않기는 지금도 마찬가지이다.

내가 "휘트모어, 이건 우연이었을 뿐이야. 다시는 할 수 없을 걸." 하고 말하자 그는 할 수 있다고 말하고는 마차를 몰고 거리로 나갔다가 다시 돌아와서 정말 해냈다. 나는 이 이상한 결과 때문에 망연자실해졌고 온몸이 마비된 것 같았다. 하지만 믿을 수가 없었다. 그가 다음번에 또 할 수 있으리라고는 믿지 않았다. 하지만 그는 해냈다. 그는 매번 같은 길을 하루 종일이라도 갈 수 있다고 말했다. 그 무렵 내 성질이 풀렸기 때문에 나는 그에게 집에 가라고 하면서 비용은 내가 댈 테니 보호시설에 당분간 가 있는 것이 어떻겠냐고 말했다. 앞으로 일주일 동안은 그의 모습을 보고 싶지 않았다.

나는 화가 나서 이층으로 올라가 동정을 얻고 휘트모어에 대한 적개심을 갖게 할 요량으로 아내에게 이 얘기를 하기 시작했다. 하지만 내 얘기가 계속되자 아내는 요란하게 웃음을 터뜨리는 것이 아닌가. 그녀의 두뇌는 수지의 것과 같았다. 수수께끼나 복잡한 문제를 두려워하지 않았다. 둘의 정신은 분석적이었다. 내 정신은 종류가 다르다는 점을 나타내려 애쓰면서 누군가 내 편에 서 줄 사람이 언제고 나타나기를 희망했지만 그런 일은 결코 일어나지 않았다. 나는 한 번도 경쾌하게 앞장서서 마차가 갈 길을 가리킬 수가 없었다. 반드시 멈추어서 스푼 손잡이를 떠올리고 말과 마차의 위치를 생각하고 마차 안에서의 내 위치를 생각해야 했다. 그러고는 그 지경까지 생각이 미쳐 있는데 막상 마차가 왼쪽으로 돌아 버리면 일은 엉망진창이 되고 말았다. 현관에 다다른 후에도 어떻게 마차가 나를 제대로 내려줄 수 있는지 도저히 알 수가 없었다.

수지가 언급한 도둑 경보장치가 진지하고 심각하게 경탄할 정도로 자신의 임무를 다했던 적이 한 번 있었다. 칠흑같이 깜깜하고 황량한 3월의 어느 날 새벽 2시경에 경보가 울렸던 것이다. 나는 즉시 일어났다. 이번에는 고장이 아니라는 것을 직감했기 때문이다. 화장실 문은 내가 누워 있는 쪽으로 나 있었다. 나는 화장실로 들어가 등을 켜고 호출표시장치를 살피고는 경보를 껐다. 그러고는 침대로 돌아왔다. 그때 아내가 시비를 걸었다.

"뭐예요?"

"지하실 문이었어."

"도둑이라고 생각해요?"

"응, 물론이지. 그러면 주일학교 교장선생님이라고 생각해?"

"아뇨. 그 사람이 뭘 원할 것 같아요?"

"보석이겠지. 하지만 이 집의 지리를 잘 모르니까 보석이 지하실에 있다고 생각하는 거야. 잘 알지도 못하는데다가 나한테 아무런 해도 끼치지 않은 도둑을 실망시키고 싶지 않아. 하지만 나한테 물어볼 만큼 상식이 있다면 지하실에는 석탄과 야채밖에는 없다고 말해 줄 수도 있을 텐데 말이야. 하기야 우리 집 지리를 잘 알아서 정말로 석탄과 야채를 찾고 있는 건지도 몰라. 일반적으로 생각해 볼 때 아마 야채를 찾고 있는 걸 거야."

"내려가서 살펴볼 작정이에요?"

"아니, 난 전혀 도움이 안 돼. 스스로 고르라고 해. 어차피 난 무엇이 어디에 있는지도 모르는걸."

그러자 아내가 말했다.

"하지만 1층으로 올라온다고 생각해 봐요."

"괜찮아. 그가 1층으로 통하는 문을 여는 순간에 알 수 있어. 경보가 또 울릴 거거든."

그때 끔찍한 경보음이 다시 울렸다. 나는 말했다.

"그가 올라왔나 봐. 그럴 거라고 당신한테 말했잖아. 난 도둑과 도둑이 사용하는 방법에 대해서 훤히 알고 있다니까. 도둑들은 상당히 체계적이거든."

나는 내가 옳은지 확인하러 화장실에 들어갔다. 내가 옳았다. 나는 경보장치를 내려서 경보음을 끈 후에 침대로 돌아왔다. 아내가 말했다.

"그가 이제는 무얼 찾는 거라고 생각해요?"

"자기가 원하는 야채를 다 가졌으니까 올라와서 아내와 아이들에게 갖다줄 냅킨 고리며 자질구레한 물건을 가져가려는 거야. 도둑한

테도 가족이 있거든. 항상 가족을 생각해서 생활필수품 몇 점을 집어 가. 그러고는 그 물건을 보면서 우리를 기억하는 거지. 그러면 다시는 우리 집에 오지 않을 거야."

"내려가서 도둑이 뭘 원하는지 볼 거죠?"

"아니, 나는 아까만큼 흥미가 없는걸. 도둑들은 경험이 많아서 자신들이 뭘 원하는지 알거든. 나는 전혀 도움이 되지 않아. 내 생각에는 도둑이 도자기하고 자질구레한 장식품을 원하는 것 같아. 우리 집에 대해서 잘 안다면 찾는 것이 모두 식당에 있다는 것도 알 거야."

아내는 강하게 감정을 실어서 말했다.

"이리로 올라오면 어떡해요!"

"괜찮아. 우리에게 경고를 할 거야."

"그러면 우리는 어떻게 해야죠?"

"창문으로 기어나가야지."

아내는 다소 반항적으로 "그렇다면 도둑경보가 도대체 무슨 소용이에요?"라고 항변했다.

"여보, 경보기가 아직까지는 유용하게 쓰이고 있다는 걸 당신도 봤잖아? 도둑이 이곳으로 올라온 후에도 계속 유용하게 작동할 거라고 내가 설명도 해 줬잖아."

그것이 끝이었다. 더 이상 경보는 울리지 않았다. 이내 나는 이렇게 말했다.

"그가 실망했나 봐. 야채와 자질구레한 장식품만을 가지고 가 버린 거라고. 불만족스러웠을 거야."

우리는 잠이 들었고 나는 다음날 뉴욕행 8시 29분 열차를 타야 했기 때문에 아침 7시 45분에 눈을 떴을 때 서둘러야 했다. 아래층으로 내려오자 1층 전체에 불이 환하게 켜져 있었다. 내 새 코트와 오래된 우산, 한 번도 신어 본 적이 없는 새 발명특허 가죽 신발이 없어졌다. 집 뒤편으로 나 있는 커다란 창문이 활짝 열려 있었다. 나는 창문을 통해서 숲을 거쳐 언덕 아래로 내려가며 도둑의 자취를 추적했다. 추적하기란 그다지 어렵지 않았다. 그가 원하지 않았던 가짜 은 냅킨 고리며, 내 우산이며, 자질구레한 물건들이 가는 길에 뿌려져 있었기 때문이다. 나는 의기양양하게 집으로 돌아와서 아내에게 도둑이 낙심했다는 사실을 증명해 보였다. 나는 처음부터 그러리라 짐작했었고 도둑이 사람들이 있는 곳으로는 올라오지 않으리라 생각했었다.

41

아빠의 걸음걸이는 특이하고 우리는 그런 걸음걸이가 좋다. 아빠에게는 어울리지만 대부분의 사람에게는 어울리지 않는 걸음걸이다. 아빠는 생각할 때나 식사 중간에 항상 방을 왔다 갔다 하신다.

그 당시 먼 친척뻘 되는 부인이 우리 집을 방문한 적이 있었다. 일주일 동안 머물 예정으로 왔는데 그녀를 즐겁게 해 주려는 우리의 노력은 수포로 돌아가고 말았다. 우리는 그 이유를 알 수가 없었다. 그녀는 짐을 챙겨서는 다음날 아침 떠나 버렸다. 우리는 수없이 추측을 했지만 무엇이 문제인지 당시에는 알 수가 없었다. 나중에야 알게 되었는데, 바로 식사 중간에 왔다 갔다 걸어다니는 내 습관 때문이었다. 부인은 자신이 머무는 것을 내가 참을 수 없어 한다고 생각했던 것이다.

독자도 이미 추측하고 있겠지만 '청년'은 아내가 나를 부르는 애칭이었다. 점잖게 비꼬는 표현이기도 했지만 애정 어린 호칭이기도 했다. 나는 확실히 나보다는 훨씬 더 젊은 사람에게나 적합한 정신적, 물리적 특이성을 가지고 있었다.

아빠는 매우 강한 언어를 사용하신다. 하지만 처음 엄마랑 결혼하셨을 때는 그렇게 강하지 않았으리라 생각한다. 아빠가 아는 부인이 사람들의 말을 자꾸 자르는 습성이 있었다. 아빠는 엄마에게 이렇게 말씀하셨다.
"'신께서 "빛이 있으라"고 말씀하셨을 때 당신 부인이 그곳에 없어서 정말 다행입니다.' 라고 그 부인 남편에게 말해야겠어."

내가 앞서 얘기했던 대로다. 정말 솔직한 전기작가 아닌가. 나의 결점을 덮어 두지 않고 좋은 특성과 함께 똑같은 비중으로 드러내고 있다. 물론 수지가 인용한 그 말을 내가 하기는 했다. 하지만 많은 세월이 지난 지금도, 만약 말 많은 부인이 창조주를 방해했다면 우리가 빛을 가질 수 없었을 것이라고 반쯤은 믿고 있다.

나의 강한 언어에 대한 수지의 언급이 마음에 걸리기 때문에 짚고 넘어가야겠다. 결혼 생활 초기 10년 동안은 집안에 있을 때 지속적으로 말조심을 해 왔지만 외부에 있을 때나 집에서 멀리 떨어져 있을 때 상황이 너무 심해서 참기 힘들다 싶으면 격한 말을 해서라도 위안을 구해야 했다. 나는 세상 어떤 다른 사람보다도 아내의 존경과 인정을 소중하게 생각했다. 내가 튀어나오는 말을 부분적으로 억누르는 위선자에 불과하다는 사실을 아내가 알아차리게 되는 날이 올까 봐 두려웠다. 10년 동안 나는 격한 말을 억제하는 데 엄청난 주의를 기울였기 때문에 내 노력이 거의 성공했다고 믿어 의심치 않았다. 그래서 죄를 짓고 있으면서도 순진무결하다 가정할 때 느낄 수 있는 기쁨을 느낄 수 있었다.

그러나 마침내 나의 참모습이 드러나고 마는 사태가 발생했다. 어느 날 아침 볼일을 보려고 화장실에 들어갔는데 부주의하게도 문을 2~3인치쯤 빼끔히 열어 놓고 말았다. 문을 꼭 잠그는 주의를 기울이지 않은 것은 처음이었다. 사실 까다롭게 신경을 써서 문을 잠글 필요가 있었다. 면도하는 일이 내게는 커다란 골칫거리였기 때문인데 격한 말의 도움을 빌지 않고는 무사히 면도를 끝마칠 수가 없었던 것이다. 하지만 이번에는 자신이 그대로 노출된 상태였는데도 그럴 가능성에 대해서는 전혀 무방비 상태였다. 그날따라 면도날을 가지고 하는 작업에는 특별한 고충이 없었다. 부적절하게 투덜거리고 웅얼거리기는 했지만 그다지 시끄럽거나 강경한 말을 내뱉지 않고 그럭저럭 면도를 끝낼 수 있었다. 문제는 셔츠였다. 등 뒤에 단추가 있도록 스스로 디자인한 셔츠였다. 하지만 단추가 없었다. 나는 순간적으로 성질이 났고 따라서 소리뿐만 아니라 표현에 있어서도 격한 말이 터져 나왔다. 화장실 문이 견고할 뿐 아니라 굳게 닫혀 있으리라 생각했기 때문에 전혀 거침이 없었다. 창문을 활짝 열어젖히고 셔츠를 집어던졌다. 셔츠는 사람들이 교회를 가면서 감탄할 수도 있는 시야 내에 서 있는 관목 위에 떨어졌다. 셔츠와 통행인 사이에는 50피트 정도의 잔디만이 놓여 있을 뿐이었다. 여전히 화가 나서 씩씩거리면서 다른 셔츠를 꺼내 입었다. 단추가 또 없었다. 내 말은 돌발사태 발생 빈도에 비례해서 점점 더 강렬해졌다. 셔츠를 다시 창문 밖으로 집어던졌다. 너무 화가 났다. 세 번째 셔츠를 살펴볼 수도 없었다. 화를 버럭 내면서 다시 입었다. 또 단추가 없었다. 다시 집어던졌다. 그러고는 몸을 곧추 세우고 마음속에 쌓인 것을 모두 모아서 마치 기병대가 돌격하듯 엄청난 말들을 쏟아 내고 퍼부었다. 그리고 이런 어마어마한 맹공격의 절정에서 빼끔히 열려 있는 문을 보는 순간, 내 온몸은 그대로 얼어붙었다.

화장실에서의 볼일을 마치는 데는 상당한 시간이 걸렸다. 불필요하게 시간을 늘리면서 이러한 상황에서 할 수 있는 최선의 방책에 대해 생각하려 했다. 아내가 잠들어 있기를 바랐지만 그렇지 않다는 것은 잘 알고 있었다. 창문으로 도망갈 수도 없었다. 셔츠를 버리기에나 충분할 뿐 너무 좁았다. 마침내 아무 일도 없었던 사람처럼 은근슬쩍 방을 통과하기로 마음먹었다. 반쯤 가는 데는 성공했다. 안심할 수가 없었기 때문에 아내가 있는 쪽은 보지도 않았다. 사실과 달리 아무것도 하지 않은 것처럼 보이기는 정말 어려운 법이다. 게다가 내가 하고 있는 일이 제대로 되어가고 있는지에 대한 확신이 앞으로 나아가면서 점점 희미해졌다. 나는 아내에게서 가장 멀리 떨어져 있는 왼쪽 문을 목표로 삼았다. 집을 지은 이후로 한 번도 열어 본 적이 없는 문이었지만 그때 내게는 축복받은 피난처 같았다. 그러고 보니 아내가 그날 아침 누워 있던 침대가 바로 이 침대였다. 내가 지금 누워서 매일 평온하게 나 자신의 역사를 구술하고 있는, 정교하게 조각된 검은색 베네치아 풍의 침대 틀에 우리 가족 모두 누울 만큼 공간이 충분하면서 덩굴 모양의 기둥과 머리 판, 발 막음 판에 천사가 조각되어 있어 잠자는 사람에게 평화와 쾌적한 꿈을 가져다주었던 바로 이 침대 말이다. 나는 방 한가운데서 멈춰 설 수밖에 없었다. 더 나아갈 기운이 없었다. 나를 비난하는 눈길에 노출돼 있다고 느꼈다. 심지어 침대에 조각된 천사들마저 쌀쌀한 눈초리를 보내고 있었다. 누군가가 등 뒤에서 계속 쳐다보고 있다고 생각될 때의 기분이었다. 얼굴을 그쪽으로 돌려야만 했다. 어쩔 수가 없었다. 그래서 얼굴을 약간 돌렸다. 침대는 예전과 다름없이 놓여 있었다. 나는 그대로 노출되어 있었다. 아무런 보호막도 없이 그대로. 나는 침대 쪽으로 몸을 돌릴 수밖에 없었다. 그리고 그때 보았던 장면은 오랜 세월이 흐른 지금도 여전히 생생하게 기억 속에 남아 있다.

 하얀 베개 위로 검은 머리를 누인 젊고 아름다운 얼굴을 보았다. 예전에는 본 적이 없는 무언가가 담긴 우아한 눈을 보았다. 그 눈은 분노로 이글거리고 있었다. 나는 허물어져서 가루가 될 것만 같았다. 비난하는 그 눈길 때문에 점점 작아져서 무(無)로 돌아갈 것만 같았다. 나는 아무 말도 못하고 그 자리에 외롭게 서 있었다. 정말 길디긴 시간이었다. 그때 아내의 입술이 열리면서 내가 화장실에서 했던 말이 흘러나왔다. 완벽한 재현이었지만 말투 자체는 부드럽고, 어설프고, 미숙하고, 우스꽝스럽게 부적절하고, 터무니없이 나약해서 그 엄청난 말에는 도통 어울리지 않았다. 마치 격렬한 단어가 연약한 음악에 끼워 맞춰진 것 같았다. 그토록 가락이 맞지 않고 불협화음을 내는 부적절한 말은 평생 결코 들어본 적이 없었다. 나는 웃음을 참으려 애썼다. 내가 죄를 지었고 자비와 연민이 정말 필요한 순간이었기 때문이다. 나는 웃음이 터져 나오려는 것을 꾹 참았고 어느 정도 성공을 거두고 있었다. 아내가 아주 진지하게 "자 이제 그 소리가 어떻게 들렸는지 알겠죠?"라고 말할 때까지는 말이다.

 나는 폭발했다. 내 웃음소리가 공기 중에 잔뜩 퍼져서 계속 울리고 있었다.

 "오, 리비, 정말 그렇게 들렸다면, 하나님 용서해 주십시오. 나는 다시는 하지 않겠소!"

 그러자 아내도 웃을 수밖에 없었다. 우리 두 사람은 경련을 일으키듯 웃음을 터뜨렸고 완전히 탈진해서 정신적 화해를 할 때까지 웃어 댔다.

 아침식사를 하는 자리에서였다. 클라라는 6살이었고 수지는 8살이었다. 아내는 격렬한 언어에 대해 경계하는 말을 했다. 하지만 두 아이는 이구동성으로 따졌다.

"엄마, 왜죠? 아빠도 쓰시는걸요!"

나는 깜짝 놀랐다. 내 언어에 대한 비밀은 은밀히 감추어져서 드러나지 않으리라 생각했었다.

"어떻게 알았지, 요 꼬마 악동들아?"

아이들은 이렇게 대답했다.

"아빠가 홀에 서서 조지에게 무언가 설명을 할 때 기둥 너머에서 자주 들어요."

아빠는 최근 《왕자와 거지 The Prince and the Pauper》를 쓰셨다. 의심할 여지없이 아빠의 최고 걸작품이다. 몇몇 사람들은 아빠가 옛날 방식대로 글을 쓰기를 바랐다. 어떤 이들은 아빠에게 "'허클베리 핀'을 상당히 재미있게 읽었습니다. 옛날 방식으로 돌아간 걸 보니 기쁩니다."라고 편지를 보내기도 했다. 나는 이 말이 싫다. 아빠의 참모습을 아는 사람이 너무 적다는 사실을 받아들이기가 힘들기 때문이다. 그들은 마크 트웨인을 유머 작가로 생각한다. "이발사만이 손질할 수 있는 붉은빛 도는 갈색 머리 뭉치에 로마 코, 짧고 억센 콧수염, 고생으로 찌든 슬픈 얼굴, 여러 개의 까마귀 발" 등등. 이것이 사람들이 아빠를 생각하는 방식이다. 나는 아빠가 친절하고 동정심 많은 본성을 보여 주는 책을 썼으면 좋겠다. 이번 《왕자와 거지》에는 부분적으로 그런 면이 보인다. 책에는 사랑스럽고 매력적인 아이디어가 가득하다. 언어도 그렇다! 완벽하다. 가장 감동적인 장면은 거지 왕자가 귀족과 함께 말을 타고 행렬을 하면서 엄마를 보았을 때와 그 다음에 이어지는 부분이다! 엄마는 손바닥을 밖으로 내젓는 아들을 보고 달려오지만 호위병이 엄마를 거칠게 밀쳐 버린다. 거지 왕자는 "나는 이 여자를 모르오."라며 엄마에게서 등을 돌렸던 자신의 수치스러운 행동을 떠올리면서 얼마나 마음이 아팠는지, 위엄이 얼마나 상처받았는지, 자존심이 얼마나 타버려 재가 되었는지. 정말로 아름답고 감동적인 장면이다. 아빠는 이 장면을 정말 훌륭하게 묘사했다. 《왕자와 거지》에는 감동적인 장면이 가득하다. 하지만 유머러스한 구석도 있다. 대관식 장면이다. 감동적인 대관식에서였다. 어린 왕이 왕관을 다시 찾은 직후에 아빠는 옥새에 대한 언급에 유머를 사용했다. 여기서 거지는 자신은 옥새를 "호두를 깨는 데 쓴다."고 대답했던 것이다. 얼마나 재미있고 멋진 표현인가! 아빠가 쓰시는 글에는 유머가 들어 있지 않은 것이 없다. 앞으로도 계속 그럴 것이라 생각한다.

아이들은 아내가 내 원고를 편집하는 작업을 항상 도왔다. 아내는 농장의 현관에 앉아서 손에 연필을 쥐고 원고를 큰소리로 읽곤 했다. 그러면 아이들은 의심스러운 눈초리로 경계를 게을리 하지 않으면서 엄마 곁을 지켰다. 특히나 만족스러운 구절이 나올 때마다 엄마가 그것을 지워 버릴 것이라고 생각했기 때문이다. 아이들이 그렇게 의심을 할 만한 충분한 근거가 있었다. 아이들에게 무척이나 만족스러운 구절에는 격렬한 듯한 요소가 들어 있어서 교정이나 삭제가 절대적으로 필요했고 엄마는 영락없이 이런 구절을 끄집어내었던 것이다. 나는 스스로의 즐거움을 위해서 또 아이들의 편을 들고 싶어서 내 편집인의 순진한 신뢰를 자주 배신했다. 아이들이 짧은 순간이나마 즐거워할 수 있도록 박식하고 언변이 뛰어나면서 지독스러운 등장인물의 말을 자주 끼워 넣고는 아내가 연필을 가지고 무자비하게 감행하는 치명적인 작업을 지켜보았다. 또한 종종 아이들 편에 서서 삭제시키지 말아 달라고 함께 애원하고 떼를 쓰면서 간절히 원하는 척하기도 했다. 3대 1의 매우 불공정한 일이었지만 정말 재미있어서 유혹을 도저히 뿌리칠 수 없었다. 우리 셋은 가끔 승리를 거두기도 했고 그럴 때마다 떨 듯이 기뻐했다. 그러고 나서 나는 아무도 몰래 그 부분을 삭제하곤 했다. 여하튼 소기의 목적은 달성한 셈이니까.

클라라와 나는 《톰 소여의 모험》에 등장하는 채찍질에 대해서 아빠가 할머니를 속였다고 굳게 믿고 있다. "회초리를 나에게 줘라." 회초리가 공중으로 올라갔다. 절체절명의 위기에 처했다. "오, 뒤 좀 보세요!" 노부인은 획 뒤를 돌아보면서 재빨리 치마를 움켜쥐었다. 소년은 즉시 도망을 쳐서 높은 울타리를 훌쩍 넘어 사라지고 말았다.

수지와 클라라의 생각이 정확하게 맞다. 그리고 수지는 이렇게 말했다.

우리는 아빠가 '꾀부리고 학교 빼먹기'를 매일 했다는 것도 안다. 학교에 가지 않기 위해서라면 언제라도 죽을 만큼 아플 준비가 되어 있었다!

이러한 사실의 폭로는 모질기 짝이 없는 것이지만 맞는 말이다. 수지가 나를 볼 수 있었던 것처럼 다른 사람에게도 그렇게 내 모습이 그대로 드러났다면 이 생애에서 너무나 많은 노력을 낭비한 것이리라.

할머니는 아빠를 학교에 보낼 수가 없었다. 그래서 일을 배우라고 인쇄소에 보냈다. 아빠는 인쇄소에서 일하면서 서서히 공부를 해서 어릴 때 더 많이 공부했던 사람들만큼 배울 수가 있었다.

수지는 나를 칭찬하는 부분에서도 결코 과열되는 법이 없었다. 합당한 판단력과 전기작가의 침착함을 유지하면서 칭찬과 비판을 공정하고 균등하게 분배한 점이 돋보인다.

42

　우리는 예의범절 때문에 많은 것을 잃는다. 물론 얻는 것도 있기는 하지만 잃는 것이 더 많은 것만큼은 틀림없다. 한 가지 예가 생각난다. 한번은 목사이자 절친하고 오랜 친구와 보스톤까지 걷기 시작했다. 거의 30마일을 걷고 나서 밤 9시경이 되자 피곤하고 추운데다가 다리의 통증으로 거의 죽을 지경이었다. 뒤꿈치 피부가 벗겨져 나가고 다리의 힘줄은 줄어들 대로 줄어들어서 절룩거릴 때마다 날카로운 고통이 전해졌다. 하지만 목사는 멀쩡했다. 오히려 참기 어려울 정도로 유쾌하고 즐거워 보였다. 간간이 작은 농장이 있기는 했지만 우리가 부르거나 문을 두드리기만 하면 모두들 지하실로 숨어 버렸다. 당시에는 흉악한 방랑자들이 길에서 떠도는 일이 많았기 때문이다.

　밤 10시경까지 몸을 질질 끌면서 반 마일을 더 걸어서, 마침내 말할 나위 없이 감사하게도 한 마을에 도착했다. 여관에 들어가자마자 나는 즉시 커다랗고 불이 이글거리는 난로 뒤의 의자에 털썩 주저앉았다. 무척이나 만족스러웠다. 뼛속까지 기쁨에 절어서 아무런 방해도 받지 않기만을 바랐다. 하지만 목사는 앉아 있고 싶어 하지 않았다. 소진될 줄 모르는 활력에 넘쳐 있었다. 12시간의 수다에도 그의 입은 다물어질 줄을 몰랐다. 이곳 저곳을 기웃거리고 휘젓고 다니면서 질문을 했다.

　여관 안은 자그마하고 아늑했다. 한쪽에는 페인트 칠을 하지 않은 카운터가 놓여 있고 그 뒤에는 역시 칠하지 않은 백송 선반이 세 개 있고 그 위에는 술과 파리가 담긴 병 십여 개가 뒹굴고 있었다. 석판화가 벽에 걸려 있는 것을 제외하고는 아무런 장식도 없었고 카펫도 깔려 있지 않았다. 벽에 걸려 있는 석판화는 우박이 쏟아지는 폭풍우 속의 경마 모습을 담고 있는 듯했는데 알고 보니 우박이 아닌 파리똥이었다. 그곳에 두 사람이 있었다. 한 사람은 늙은 술주정뱅이로 내 맞은편에 앉아 있다가 가끔 난로의 빨갛게 달아오른 곳에 가래를 뱉어 내면서 난로 주위를 배회했다. 또 한 사람은 혈기가 왕성한 젊은이로, 백송 칸막이에 의자를 뒤로 기울여 기대고 턱을 가슴에 묻은 채 너구리 가죽 모자를 푹 눌러쓰고 있었는데 너구리의 꼬리가 왼쪽 귀를 지나 아래로 처져 있었다. 발뒤꿈치는 의자의 발판 위에 놓여 있었고 장화의 윗부분에 총이 감겨 있었다. 그는 이따금씩 5피트 정도 떨어진 난로를 향해서 자세를 전혀 흐트러뜨리지 않은 채 총을 쏘아 댔다.

 이 두 사람은 우리가 들어온 이후로 딴에는 예의를 갖춘답시고 웅얼거리며 우리의 인사를 받은 것 외에는 말 한 마디 하지 않고 미동도 하지 않았다. 목사는 이곳 저곳 돌아다니면서 내게 귀찮게끔 말을 시켰지만 나는 오랜만에 찾은 행복을 방해받고 싶지 않아서 대꾸도 않고 있었다. 결국 목사는 다른 사람에게 접근해야 했다. 목사는 예리하게 관찰하는 능력을 가지고 있었다. 두 사람 다 어리벙벙하고 죽은 듯 조용하게 있었음에도 관찰을 해 보면 벽에 기대고 있는 사람은 마부 같아서 말 얘기를 하면 반쯤은 흥미를 끌 수도 있겠다는 낌새를 차렸다. 해서 목사는 이렇게 말했다.

 "마부양반, 이 근처에서 꽤나 좋은 말〔馬〕의 종자를 키워 냈겠군요."

 젊은이는 즉시 허리를 폈다. 얼굴이 유쾌하게 빛났다. 그는 발을 바닥에 붙이고 몸을 꼿꼿이 세운 다음 너구리 꼬리를 등 뒤로 돌리면서 커다란 손을 펴서 무릎 위에 올려놓고 키가 큰 목사를 올려다보며 긴장을 풀었다.

"에이, 꽤나 좋다는 말은 웃기지도 않죠. 꽤나 좋다니, 택도 없어요."

그는 다른 사람에게 불쾌감을 줄 의도는 전혀 없는 선량한 젊은이임에 틀림없었다. 하지만 이 짧은 문장 속에서 그가 엮어 낸 모독적인 말은 놀라운 것이었다! 그리고 그 문장으로 말이 끝난 것이 아니었다. 아니 단순한 시작에 지나지 않았다. 그는 5분여 동안 말[馬]에 관한 통계에 대해 열변을 쉽게 술술 쏟아 내었다. 마치 심홍색 용암이 분출하듯 모독적인 말이 이글이글 타오르며 쏟아져 나왔다. 그의 본래 말투가 워낙 그랬다. 하지만 그는 정작 자신의 말투가 모독적이라는 사실을 알지도 못했다.

그의 일장 연설이 끝나자 무거운 침묵이 흘렀다. 목사는 완전히 대경실색했다. 그가 말을 잊기는 처음이었다. 참 독특하고 기가 막힌 상황이었다. 내가 이전에 느꼈던 행복은 비교도 되지 않았다. 피부가 까진 뒤꿈치는 아무것도 아니었다. 설사 오만 군데의 살갗이 다 까진다 하더라도 유쾌했을 것이다. 예의에 어긋나는 일이기 때문에 겉으로는 웃지 않았다. 움직이지도 않았고 아무런 눈치도 주지 않았다. 단지 가만히 앉아서 지나친 기쁨으로 인해 차츰 죽어가고 있었다. 목사는 애원하듯이 나를 쳐다보면서 이렇게 말하는 것 같았다. "친구를 이렇듯 격심한 궁지에 버려 두지 말게. 나를 좀 구해 주게." 하지만 나는 아무것도 하지 않았다. 마부는 다시 한번 얘기 보따리를 풀었다. 또 한번 유창한 모독적인 언사와 굉장한 음담이 너무나 자연스럽게 감미롭게 무고하게 온몸으로 스며나왔기 때문에 그것을 죄라고 부르기에는 어폐가 있었다.

절망한 목사는 말[馬]보다는 부드럽고, 평범하고, 덜 흥미 있는 주제

즉 보스턴까지 가는 길과 거리에 대한 질문으로 젊은이의 말을 막으려 했다. 냉랭한 주제를 끌어들이면 젊은이의 그 지독스러운 말을 더 이상 들을 필요가 없으리라 믿고 희망하면서 말이다. 하지만 착오였다. 마부는 곧 다시 말에 관한 주제로 항해해 들어가 비를 몰고 왔고, 빗발치듯 천둥치듯 번개치듯 그 찬란한 모독적인 언사를 퍼부었다.

목사는 다시 한번 전방으로 나서서 마부의 말을 막으려 했다. 이 또한 실패였다. 목사는 절망감에 휩싸여 마치 피난처처럼 난로 옆의 술주정뱅이에게 와서는 절름거리고 통증이 있는 내 나리의 상태에 대한 지루하고, 무미건조하고, 자극적이지 않은 말을 끄집어냈다. 엎친 데 덮친 격으로 동정심이 많고 친절한 술주정뱅이 또한 기다렸다는 듯이 마치 베수비오 화산이 폭발하듯 먼지와 모독적 언사를 입에서 내뿜으며 '등유'를 다리에 바르면 치료 효과가 있다는 말을 해 댔다. 그러고는 타박상과 찰과상에 등유가 거의 기적적인 치유 능력이 있다는 점을 마부에게 확인하려 했다. 마부는 악취를 풍기면서 열성적으로 대답했다. 이 두 하수구로부터 쏟아져 나오는 이루 말할 수 없는 물결에 휩싸여 할 말을 잃은 채 목사는 한 5분간을 그렇게 멍하니 서 있었다.

마침내 이 상황에서 벗어날 수 있는 기발한 생각이 목사의 머릿속에 떠올랐다. 어슬렁어슬렁 카운터로 걸어가더니 주머니에서 편지를 꺼내어 한번 훑어보고는 다시 봉투에 넣어서 카운터 위에 올려 놓았다. 그러고는 연필로 뭔가를 긁적거리다가 짐짓 잊어버린 것처럼 가장하면서 봉투를 그대로 두고는 카운터에서 멀어졌다. 자신이 던진 미끼에 젊은이가 걸리는 것을 보았을 때 목사의 싫증난 눈에는 옅은 기쁨이 번졌다. 마부는 카운터로 슬금슬금 걸어가서 봉투를 집어들고 읽기 시작했다. 그리고 침묵이 흘렀다! 마부는 정말 깜짝 놀란 듯, 하지만 기뻐하면서 말을 이었다.

"아니, 목사님이셨어요? 왜 진작 말씀 안 하셨어요? 그런 줄은 꿈에도 몰랐어요."

그는 아주 민첩하게 곧장 달려가서는 자고 있던 요리사와 가정부를 깨워서 순식간에 우리를 위해서 부산을 떨게 만들었다. 그러고 나서 기쁨에 넘치는 이 연설자는 경의를 표하기 위해 목사를 자리에 앉히고 그 지방의 온갖 교회 문제에 대해 말하기 시작했다. 막힘 없이 처음부터 끝까지 야비한 말투가 한동안 계속되었다. 대단한 솜씨였다! 이 마지막 엄청난 큰 화재에 비교한다면 그의 이전 얘기는 반딧불이의 빛에 불과했다!

우리가 침대가 두 개 있는 방으로 들어왔을 때 목사는 감사하는 심정을 억제하며 이렇게 말했다.

"어쨌거나 단 한 가지 위안이 되는 것이 있기는 하네. 자네가 이 일을 인쇄할 수는 없다는 것이지."

물론 그의 말은 옳았다. 어쨌든 이 사건은 엄청나게 재미있었다. 그러나 그들이 남을 해하려는 의도가 없었기 때문에 재미있었다. 그렇지 않았다면 재미도 없었을 것이고 메스껍기만 했을 것이다. 다음날 아침 열렬한 성격의 마부는 아침을 먹고 있는 식당으로 뛰어들어와서 웃느라고 사족을 못 쓰면서 근엄하고 단정한 집주인과 그녀의 작은 딸에게 연못에서 얼어 죽은 거위를 어떻게 발견했는지에 대해서 말했다. 그의 말은 어젯밤과 똑같이 엄청났다. 식당에 모여 있던 사람들은 거위에 대해서는 지대한 관심을 보였지만 그의 말투에는 전혀 관심을 기울이지 않았다. 그들은 그 말투에 완전히 익숙해져서 별로 귀에 거슬리지도 않았던 것이다.

43

 형 얘기를 좀 더 해 볼까 한다. 샌프란시스코에 살고 있던 1860년대 어느 날, 캠프 씨로부터 비밀 정보를 받았다. 캠프 씨는 전략적인 투기로 엄청난 부를 축적한 후에 다른 투기 전략으로 번 돈을 다시 잃고 마는 과정을 6개월 단위로 반복하는 대담한 인물이었다. 그는 내게 헤일 앤 노크로스(Hale and Norcross)의 주식을 좀 사라고 말했다. 나는 한 주당 300달러에 50주를 샀고 증거금으로 20%를 걸었다. 이 투자로 인해 갖고 있던 돈이 바닥났다. 나는 형에게 편지를 써서 주식의 반을 사라고 말하고는 반만큼의 돈을 보내 달라고 했다. 기다리고 또 기다렸다. 형은 생각해 보겠다는 편지를 보내왔다. 주가는 매우 활기차게 오르고 있었다. 점점 높아져서 한 주당 1천, 2천, 마침내는 3천 달러에 도달했다. 그리고 또 배가 되었다. 그러니 형으로부터 돈이 도착하지 않아도 별반 신경 쓸 필요가 없었다. 한데 주가가 갑자기 돌아서더니 곤두박질치기 시작했다. 그때 급하게 편지를 썼다. 형은 오래 전에 돈을 옥시덴탈 호텔(Occidental Hotel)로 보냈다고 했다. 그들에게 문의를 해 보았지만 받은 적이 없다고 했다. 여하튼 주식은 곤두박질쳐서 내가 처음에 샀던 금액으로까지 떨어졌다. 그러고는 증거금을 갉아먹기 시작하더니 마침내 발을 뺐을 때 나는 심한 타격을 입었다.

 형이 보낸 돈의 행방을 알았을 때는 이미 늦었다. 심부름을 하는 사람이 수표를 보내야 하는데도 금을 보냈고 호텔 직원은 금을 금고에 넣어 두고는 까마득히 잊어버렸던 것이다. 그리고 치명적인 결과가 초래되었거나 말거나 금은 내내 금고에 얌전하게 보관되어 있었다. 다른 사람 같으면 돈을 편지에 동봉하지 않고 소포로 보냈다는 말을 전달했을 테지만 형은 도통 그렇게 할 생각을 하지 못했다.

나중에 캠프 씨는 내게 또 기회를 주었다. 우리 가족이 가진 테네시 땅을 20만 달러에 사겠다고 한 것이다. 반은 현금으로 나머지 반은 장기 약속어음으로 지불하겠다고 했다. 그의 계획은 유럽에서 포도를 재배하고 와인을 제조하는 지역의 주민들을 이주시켜 테네시 땅에 살게 하면서 그 지역을 와인 산출 지역으로 만들겠다는 것이었다. 그는 롱워스 씨의 테네시 산 포도에 대한 만족스러운 평가에 대해서도 이미 알고 있었다. 나는 3명의 상속인 가운데 하나인 형의 서명을 받기 위해서 계약서를 형에게 보냈다. 하지만 타이밍이 너무 좋지 않았다. 일시적인 그 변덕스러운 기질이 발동한 형은 나라를 와인으로 타락시키는 데 일조하지는 않겠다는 답장을 보내 왔다. 그리고 캠프 씨가 유럽에서 온 가난한 사람들과 공정하고 정직하게 거래를 할지 안 할지를 어떻게 알 수 있느냐고 반박했다. 그래서 캠프 씨는 모든 거래를 취소하고 다시는 땅에 대해 언급하지 않았다. 갑작스레 20만 달러의 값어치를 갖게 되었던 땅은 하루아침에 과거의 가격 즉 무(無)로 돌아가고 말면서 세금만 물어야 했다. 나는 그 후로 몇 해 동안 세금과 기타 경비를 지불하다가 테네시 땅을 포기하고 그 후로는 금전적이든 다른 목적이든 어떤 이익도 취하지 않았다. 어제*까지는 말이다.

어제까지 나는 형이 그 땅을 야금야금 다 처분했을 것이라 생각하고 있었다. 한데 어제 테네시에서 한 신사가 옛날 기록을 정정하면서 우리가 여전히 1천 에이커의 땅을 가지고 있음을 보여 주는 지도를 가져왔다. 이 땅은 1847년 아버지가 돌아가시면서 우리에게 남겨 주셨던 십여만 에이커 중의 일부분으로 석탄이 매장된 지역 안에 있었다. 그 신사는 뉴욕에 거주하는 명망 있고 부유한 신사 한 사람을 데

* 1906년 4월 5일

리고 와서는 제의를 했다. 뉴욕의 신사가 모든 경비를 지불하고 소송 문제를 전담하여 만약 석탄이 매장되어 있다면 석탄에서 나오는 이익을 3등분해서 테네시 신사, 뉴욕 신사, 나머지는 생존해 있는 상속자인 샘 모페트와 그의 누이 그리고 내가 각각 균등하게 나누어 갖는 것으로 하자고 했다.

나는 이번에야말로 테네시 땅을 영원히 싹 처분해서 다시는 생각도 하지 않게 되기를 희망했다. 그야말로 착각으로 점철된 땅이었다. 아버지는 착각으로 그 땅에 모든 걸 거셨고, 그 착각에 따라 우리에게 그 땅을 물려주셨다. 나는 그간 축적된 착각을 모두 제거하고 싶어서 가능한 한 빨리 나머지 땅을 처분하고 싶었다.

나는 1867년 1월 동부로 왔다. 형은 칼슨 시에 일 년을 더 머물렀던 것 같다. 그곳에서 형은 1만 2천 달러짜리 집과 가구를 3천5백 달러에 팔아 버렸다. 그런 후에 아내와 함께 증기선 일등석을 타고 뉴욕으로 왔다. 어딘가에 정착을 해야만 했던 것이다. 이때가 1871년경이었다. 형 부부는 뉴욕에서 매우 비싼 호텔에 묵으며 비싼 방식으로 도시를 여행했다. 결국 케오쿡으로 다시 쫓겨 가게 되었을 때는 1861년 케오쿡에 이주해 가야 했을 때와 마찬가지로 무일푼이 되었다. 형은 태평양 연안에서 이주해 온 이래 변호사 일로 생계를 유지하려고 애썼지만 고작 두 건만을 맡았을 뿐이었다. 그 사건조차도 수임료를 받지 않고 진행했는데 양 당사자가 형의 도움을 받지 않고 법정 밖에서 문제를 해결했기 때문에 결과에 대한 기록도 남아 있지 않았다.

나는 어머니를 위해 케오쿡에 집을 사 드리고 일정 금액을 어머니와 형에게 매달 보냈었다. 그들은 모두 그 집에 함께 살았다. 형은 〈게이트 시티 *Gate City*〉라는 신문사의 조판실에서 괜찮은 봉급을 받고 원하는 일을 할 수도 있었다. 하지만 주지사의 부인 비슷한 노릇을 한

번 해 보았던 형수는 그러한 체면 손상을 받아들일 수 없었다. 차라리 적선으로 살아가는 것이 형수에게는 더 나았던 것이다.

그래서 앞서 말했던 것처럼 부부는 동부로 왔고 형은 뉴욕 〈이브닝 포스트 Evening Post〉에서 주급 10달러를 받고 교정인으로 일했다. 조그마한 단칸방을 얻고 그곳에서 음식을 해 먹으면서 주급으로 생활했다. 이윽고 형은 하트포드에 와서 내게 신문사 기자 자리를 알아봐 달라고 했다. 다시 한번 내 계획을 실행할 기회가 온 것이다. 나는 아무런 소개서 없이 형에게 하트포드 〈이브닝 포스트〉에 가서 보수를 받지 말고 사무실을 쓸고 닦는 등 온갖 종류의 일을 하라고 시켰다. 돈은 필요 없고 다만 일이 필요하니까 일만 하게 해 달라고 간청하면서 말이다. 6주 안에 형은 주급 20달러를 받는 편집 담당 직원이 될 수 있었고 그곳에서 그만큼의 값어치를 했다. 그러자 곧 몇 군데의 다른 신문사에서 더 나은 봉급으로 이직을 제안했다. 나는 형에게 〈이브닝 포스트〉 관계자에게 가서 이 사실을 말하게 했다. 신문사에서는 형의 봉급을 인상시켜 주면서 붙잡았다. 형이 살아오면서 했던 일 중에서 가장 유쾌한 일이었다. 그리고 수월한 일이기도 했다. 형은 모든 면에서 편안해했다. 하지만 불운이 찾아왔다. 하기야 언젠가는 오고야 말 불운이었다.

부유한 정치가들이 주주로 있는 회사가 버몬트 주 루트랜드에서 새로운 공화당 일간 신문을 창간하려고 하면서 형에게 연봉 3천 달러의 편집장 직을 제안했다. 형은 받아들이고 싶었다. 형수 또한 마찬가지였다. 아니 형보다 몇 갑절 더 받아들이고 싶어 했다. 내 간청과 설득은 아무런 소용이 없었다.

"형은 물처럼 약해. 그 사람들이 그 사실을 당장 알아차릴 거야. 형이 배짱이 없다는 것을 쉽게 알아차리고는 마치 노예를 부리듯이 형을 부려먹을 거야. 6개월 정도는 버틸지 모르지만 그 이상은 힘들어. 해고할 때도 신사를 해고하듯 점잖게 하지 않을 거라고. 마치 집에 들어온 부랑자를 내쫓듯이 내쫓고 말 거야."

정말 그런 일이 일어나고 말았다. 그래서 형과 형수는 다시 피난처인 케오쿡으로 가야만 했다. 케오쿡에서 형은 다시는 변호사 사무실을 열지 않겠다면서 자신의 건강을 고려해 보건대 실외에서 하는 일을 해야겠다는 내용의 편지를 보내왔다. 형의 연로한 장인이 케오쿡 위쪽을 흐르는 강가에 조그만 땅과 집을 가지고 있는데 그곳을 매입한 후에 양계장을 시작해서 케오쿡에 닭과 계란, 심지어는 버터까지도 공급을 해 볼까 하는 것이 형의 계획이었다. 나는 양계장에서 버터를 만들어 낼 수 있는지는 몰랐다. 형은 그곳이 3천 달러 정도라고 했고 나는 그 돈을 보냈다. 형은 닭을 키우기 시작했고 매달 나에게 상세한 보고서를 보내왔다. 보고서에 따르면 케오쿡 사람들에게 한 쌍당 1.25달러에 닭을 팔 수 있을 것 같았다. 하지만 한 쌍을 키우는 데 드는 비용이 1.60달러인 것으로 되어 있었다. 이러한 사실을 알고도 형은 별로 낙담하지 않는 것 같았기 때문에 나는 내버려 두었다. 그러는 동안 형은 내게서 매달 정기적으로 1백 달러씩을 꾸었다. 이제 엄청나게 엄격한 형의 사업 방식을 살펴보면(형은 대규모 사업을 이끄는 자신의 능력에 자부심을 가지고 있었다), 매달 초 나에게서 100달러를 선금으로 받자마자 그 100달러에 연리 6%의 이자 석 달 치를 보탠 금액에 해당하는 약속어음을 보내왔다. 물론 나는 약속어음을 보관하지 않았다. 누구에게도 아무런 가치도 없는 것이었기 때문이다.

앞서 말했던 것처럼 형은 닭을 키워서 발생한 이익과 손실에 대한 상세한 보고서를 매달 보내왔다. 최소한 닭 수의 감소에 대한 기록은 빼놓지 않았다. 그리고 여기에는 여러 가지 경비가 포함되어 있었다.

닭 사료, 아내의 모자, 자신의 장화 등등. 심지어는 자동차 경비, 그리고 중국인에게 복음을 전하는 일이 만족스럽지 않을 경우 그들을 저주하는 선교사들을 돕기 위한 3센트의 기부금도 포함되어 있었다. 어느 날 그 상세한 목록 안에 교회 안 가족 지정석 임대료 25달러가 포함되어 있는 것을 보고 나는 아연실색했다. 당장 형에게 연락해서 종교를 바꾸고 지정석을 팔라고 말했다.

이 가금 실험이 겨우 1년 아니면 기껏해야 2년 정도 갔던 것 같다. 총 6천 달러의 돈이 내 주머니에서 빠져나갔다. 형이 농장을 처분할 수 없었기 때문에 그의 장인이 친절하게도 자기희생의 정신을 발휘해서 다시 농장을 회수해 간 것 같다는 것이 나의 추측이다.

형은 다시 변호사 일로 돌아왔지만 내가 아는 한 이름만 변호사였을 뿐 고객은 한 명도 없었다.

어머니는 1890년 여름에 돌아가셨다. 얼마간의 돈을 저축해서 나에게 남겨 주셨다. 내가 드린 돈이었기 때문이다. 나는 그 돈을 형에게 주었고 형은 고맙다면서 내가 그동안 충분히 자신을 부양했으니까 이제는 부담을 덜어주고 싶고, 그동안 든 비용의 얼마간이라도, 아니 전액을 모두 갚게 되길 바란다고 했다. 그래서 형은 하숙을 쳐서 부자가 되겠다는 생각으로 집을 늘리는 데 그 돈을 다 써 버렸다. 또 실패하고 말았다. 형수는 이 계획을 성공시키려고 엄청난 노력을 했다. 성공하기 위해서라면 무슨 일이든 했을 것이다. 형수는 좋은 사람이었고 매우 친근한 사람이었다. 마음이 불편할 정도로 허영심이 매우 컸지만 실용적인 면도 갖추고 있어서 상황이 형수에게 불리하게 돌아가지만 않았다면 하숙집으로 이익을 남길 수도 있었을 것이다.

형은 내게서 가져간 돈을 갚기 위해 여러 가지 일을 꾸몄지만 그때마다 자금을 요구했고 나는 그때마다 그저 지켜보기만 했다. 하지만 그들은 한 번도 계획을 성공시킬 수 없었다. 형은 급기야 신문사를 시작해 보려 시도했다. 미친 생각이었기 때문에 나는 당장 거의 무례하다 싶을 정도로 사납게 형을 몰아세웠다. 형은 나무를 박음질하는 기계를 고안하기도 했다. 독창적이고 유용한 발명품이었다. 이를 통해서 약간의 재산을 만들어 편안하게 살 수도 있었을 것이다. 하지만 신의 섭리는 또 한 번 형이 하는 일을 훼방놓았다. 형은 자신의 발명품으로 특허를 신청했는데 이미 같은 제품이 특허를 받아서 사업에 착수해 번성하고 있다는 사실을 깨닫게 되었다.

형은 나에게 진 빚을 갚는 수단으로 여러 가지 계획을 연달아 30년 동안 줄기차게 실행했지만 단 한 건도 성공을 거두지 못했다. 이 긴 30년의 세월 동안 형은 엄청난 정직성을 인정받은 덕택에 다른 사람의 돈을 관리하면서도 봉급은 하나도 받지 못하는 자리에 있었다. 모든 자선단체의 출납원으로 일했던 것이다. 미망인과 고아의 돈과 기타 재산을 관리하면서 다른 사람의 돈은 한 푼도 잃지 않았지만 자신을 위해서만은 한 푼도 벌어 본 적이 없었다.

정치적인 신념만 해도 그랬다. 어느 날 아침 불현듯 공화당원이 되어서 그날 밤 있을 대중 모임에서 선거 연설을 하기로 하고 연설을 준비했다. 그러다가 점심때가 되면 민주당원이 되어서 그날 밤 민주당원들이 횃불 행진에 들고 나갈 천에 흥미진진한 표어를 적어 넣겠다고 했다. 그래서 형이 야외에서 공화당쪽 유세 연설을 하는 동안 자신이 만든 민주당의 표어가 앞을 지나가기도 했다.

그는 참으로 이상야릇한 사람이었다. 하지만 이러한 기이함에도 불구하고 자신이 속해 있는 모든 사회로부터 사랑을 받았다. 사람들의 가슴 깊은 곳에서 훌륭한 사람으로 커다란 존경을 받고 있었다.

약 25년 전에 나는 형에게 편지를 보내 자서전을 써 보라고 제안했다. 모든 일을 사실 그대로 쓰되 자신을 부각시키기 위해서 스스로를 과시하거나 자신에게 흥미 있는 사건만을 자랑스럽게 쓰는 일이 없도록 하라고 했고, 수치스러워서 기억에서 태워 버리고 싶은 사건도 포함시키라고 했다. 여태껏 이러한 작품이 출판된 적은 없었기 때문에 이런 식으로 자서전을 쓰기만 한다면 매우 귀중한 문학작품이 될 것이라고도 했다. 나 자신은 시도할 수 없지만 형이 성공하기를 진심으로 소망한다고 말했다. 지금 생각해 보면 형에게 완전히 불가능한 일을 하라고 짐을 지운 것이었다. 나는 지금 이 자서전의 구술 작업을 3개월 동안 매일 하고 있다.* 인생에 있어서 수치스러운 사건만도 1천5백~2천 가지를 생각해 냈지만 어느 것 하나도 아직은 책에 실을 마음의 준비가 되어 있지 않다. 내가 이 자서전을 끝낼 무렵이 되어도, 만약 끝낼 수 있더라도 그 사건들은 여전히 털끝 하나 건드려지지 않은 채일 것이라 생각한다. 아니 설사 그 모든 사건을 자서전에 넣는다 하더라도 교정을 하는 과정에서 반드시 삭제할 것이라 믿고 있다.

형은 자서전을 써서 내게 보내왔다. 하지만 너무나 실망스럽고 당황스러웠다. 자서전에서 형은 자기 자신을 계속해서 영웅으로 만들었을 뿐만 아니라 자신이 비영웅적인 입장에 놓이게 되는 사건은 모두 쏙 빼 버렸다. 내가 자서전을 써 오면서 해야만 했고 지금도 하고 있는 것처럼 말이다. 내가 알고 있는, 분명하고 고통스럽게 비영웅적인 사건들이 얼마간 존재했지만 이 사건들은 그의 자서전 속에서 색채를 달리했다. 완전히 안팎이 뒤집혀서 무절제하리만치 자랑스러운 사건이 되었다.

우리 가족이 1898년 비엔나에 살고 있을 때 케오쿡으로부터 형의

---

* 1906년 4월 6일에 저술

죽음을 알리는 전보가 도착했다. 형의 나이 72세였다. 쌀쌀한 12월의 이른 아침에 부엌에 내려와서 불을 피우고 식탁에서 무언가를 쓰려고 앉아 있다가 의자 위에서 그대로 죽었다고 했다. 연필을 손에 쥐고 단어를 쓰다가 말고 중간에 멈춘 채로 말이다. 길고, 고되고, 가슴 아프고, 실익이 없었던 삶의 포로 상태로부터 신속하게 고통없이 해방되었다는 표시였다.

44

1872년 경 나는 《고달픈 생활》을 썼다. 그 전에 나는 《철부지의 해외 여행기》를 5%의 인세로 책 한 권당 약 22센트를 받기로 하고 출판했었다. 몇몇 좋은 출판사에서 《고달픈 생활》에 대한 출간 제의가 들어왔다. 15%의 인세를 제안하는 곳도 있었고 책을 통해서 얻게 되는 광고 효과에 만족하고 들어오는 이익금 전액을 주겠다는 곳도 있었다. 나는 블리스를 엘미라로 불러들였다. 내가 책의 출판에 대해서 지금만큼만 알고 있었더라도 제작 비용을 제외한 이익의 75~80%를 요구했을 것이고 이것이 공정한 거래가 되었을 것이다. 그러나 당시 나는 출판업에 대해서 아는 것이 없었고 배우는 일에도 게을렀다. 나는 블리스에게 그의 출판사를 떠나고 싶은 생각은 없고 도가 지나친 조건을 원하지도 않는다고 했다. 그리고 제작 비용을 제외한 이익의 50%는 가져가야겠다고 말했다. 블리스는 정확하게 맞는 얘기라고 맞장구를 쳤다.

블리스는 호텔로 가서 계약서를 꾸며서 오후에 집으로 가져왔다. 하지만 착오가 있었다. 계약서에는 '이익의 반'이 아닌 7.5%의 인세로 기록되어 있었다. 나는 이해가 가지 않는다면서 해명을 요구했다. 그는 물론 그러겠다며 다만 일을 간단하게 만들기 위해서 인세로 계산한 것이라 했다. 7.5% 인세는 10만부의 책이 팔리는 경우 이익의 반 조금 넘는 액수가 되고 그 후부터는 출판사의 몫이 내 몫보다 약간 많아질 것이라 했다.

나는 좀 의심스럽고 수상쩍었기 때문에 맹세할 수 있느냐고 물었다. 블리스는 즉시 손을 들어올리더니 자신이 썼던 단어를 그대로 반복하여 맹세를 했다.

이것이 그릇된 맹세였고 7.5% 인세는 이익의 1/4도 안 된다는 사실을 안 것은 그로부터 9~10년이 지나서였다. 하지만 그 사이 나는 블리스와 7.5% 인세로 몇 권의 책을 더 출판했으니까 사기를 당해도 단단히 당한 셈이었다.

1879년 유럽에서 집으로 돌아왔을 때 《도보 여행기 A Tramp Abroad》라는 책을 탈고했다. 내가 블리스를 부르자 그는 책에 대해 의논한다며 집으로 왔다. 나는 그 인세라는 것이 도통 마음에 들지 않으니까 이번에는 계약서에 반드시 '이익의 반'이라는 구절을 집어넣고 인세에 대해서는 언급도 하지 말라고 말하면서 이 조건이 수락되지 않는다면 책을 다른 출판사에 가져가겠다고 했다. 그는 내 말이 옳고 공정하기 때문에 당연히 그 말을 계약서에 넣겠다고 말하고는 만약 이사들이 반대해서 트집을 잡는다면 출판사에서 작품을 거둬서 자신이 스스로 출판을 하겠다고 했다. 하지만 나는 이 계약의 진짜 주체가 블리스이고 그가 서명을 하면 계약서가 그대로 효력을 발휘한다는 점을 알고 있었다. 블리스가 서명한 계약서는 지금 당구대 위에 놓여 있다. 그는 《철부지의 해외 여행기》가 출간된 이후로 이사들을 찍 소리도 못하게 만들었고 내게는 이사들이 자신의 말을 듣지 않으면 나를 데리고 회사를 떠나겠다고 협박해서 이사들이 하고 싶어 하지 않는 일들을 하게 만든다고 몇 번 말했었다.

그 말을 단순하게 곧이곧대로 믿었던 나는 블리스에게 그가 서명을 한 계약서라면 회사에서 문제 삼지 않을 것이라고 상기시켰다. 그러자 블리스는 빠진 이빨을 드러내 웃으면서 내가 간과하고 있던 사항 하나를 지적하는 것이 아니겠는가. 즉 계약은 개인인 엘리사 블리스와 작성한 것이기 때문에 '아메리칸 퍼블리싱 컴퍼니'는 계약서 안에 전혀 언급되어 있지 않다는 것이었다. 그가 회사를 협박할 수 있었던 이유는 바로 그것이었다.

블리스는 그 후에 계약서를 이사들에게 가져가서 이익의 1/4을 자신의 몫으로 주고 자신과 아들 프랭크의 봉급을 인상해 달라고 했고, 그 조건을 충족시킬 수 없다면 회사를 떠나서 책을 스스로 출판하겠다고 으름장을 놓았다고 했다. 이사들은 그의 요구를 수락하고 계약서를 받았다고 했다. 블리스가 자신의 입으로 이런 얘기를 했다는 것은 그 말이 사실이 아니라는 피할 수 없는 증거이다. 책이 출판되기 6주 전에 블리스는 딱 한 번 진실을 말한 적이 있는데 이로 인해 너무 긴장을 한 탓인지 죽고 말았다.

책이 출판되고 3개월이 지난 시점에 회사의 주주를 대상으로 하는 연례 모임이 있었고 나는 책의 반쪽 주인으로 참석했다. 초창기부터 회사의 이사이자 내 이웃이기도 했던 뉴턴 케이스(Newton Case)의 집에서 모임이 열렸다. 여기서 회사의 사업보고서가 낭독되었는데 이로 인해 놀라운 사실을 알게 되었다. 책은 모두 6만 4천 부가 판매되었고 이익의 반인 내 몫은 3만 2천 달러였다. 1872년 블리스는 '이익의 반'이라고 맹세하며 책 권당 20센트 조금 넘는 7.5% 인세로 나와 계약을 했는데 초반부의 인세는 이익의 1/6도 채 안 되었다. 당시 상황이 좀 좋지 않기는 했지만 이익의 반이 되려면 한 부당 50센트는 되어야 했다.

블리스가 죽고 없기 때문에 그가 10년 동안 나를 상대로 사기를 친 문제를 해결할 수가 없었다. 그가 죽은 지 이제 25년이 넘어간다. 그를 향한 쓰디쓴 내 감정은 점점 희미해져서 사라지고 말았다. 오직 연민을 느낄 뿐이다. 다만 지옥 불길을 더 활활 타오르게 할 부채를 보낼 수 있다면 그렇게 할 것이다.

아메리칸 퍼블리싱 컴퍼니의 파렴치한 행동으로 내가 피해를 입은 것이 회계장부에 그대로 드러나자 나는 홀연히 일어서서 뉴턴 케이스와 이사들에게 훈시를 했다. 하지만 그것으로 끝이었다. 이제 내 권리를 회복하고 출판사와 문제를 평등하게 해결할 수 있는 기회가 온 것이었지만 나는 물론 그것을 알아차리지 못했다. 더 이상 기회일 수가 없을 때까지 그것이 기회인지를 깨닫지 못하는 것이 내 습성이었던 것이다. 나는 이제 출판사에 대해서 알 만한 것은 다 알고 있는데 그때도 그랬어야만 했다. 내 개인적인 이익을 위해서 출판사의 수익에 대해 반환 청구를 했어야 했고 인세와 수익의 반 사이의 차이에 대한 반환을 청구해서 회사의 주머니에서 돈을 꺼내게 만들어 내 주머니에 채워 넣어서 회사가 나를 벗겨먹는 행위를 청산하도록 했어야 했다. 하지만 나는 마땅히 했어야 하는 일에 대해 아무런 생각이 없었기 때문에 당연히 그런 행동을 취하지 않았다. 그저 부패한 환경에서 내 체면이 손상되는 일이 없도록 할 수 있는 방법과 수단에 대해서만 생각했다. 나는 내 책을 출판사의 손아귀에서 빼내어 다른 출판사에 가져가고 싶었다. 얼마 후에 나는 뉴턴 케이스의 집으로 찾아가서 회사가 《고달픈 생활》, 《도금시대》, 《톰 소여의 모험》 등의 작품을 통해 부당 이익을 취했으므로 계약을 파기하고 내 책을 자유롭게 풀어 줄 것을 요구했다.

케이스 씨는 이의를 제기했지만 나는 그에게 내 말을 수정할 수 없다고 잘라 말했다. 또한 그와 나머지 '성서 계급(Bible Class)'이 1872년 블리스에 의해서 자행된 사기 행각을 알면서도 묵인했다는 사실을 완전히 파악하고 있다고 말했다. 케이스 씨는 내가 이사회를 '성서 계급'이라 부르는 데 이의를 제기했다. 그러자 나는 이사회가 특히나 작가를 사취할 의도를 가지고 있다면 기도로 회의를 시작하는 일은 하지 않아야 한다고 말했다. 케이스 씨가 사기 행각을 알고 있었다는 주장을 부인하고 분개하리라 예상했지만 그는 그러지 않았다. 그러자 나는 내 주장에 일리가 있다고 생각하고 계속 되풀이해서 그의 신학교에 대해 가혹한 말을 해 댔다.

"당신은 7만 5천 달러를 그곳에 투자하고 상당한 칭송을 듣고 있소. 반면에 내가 한 일은 흔적도 없이 사라져서 언급도 되지 않고 있잖소. 하지만 분명히 나도 기여를 했소. 당신이 그곳에 집어넣은 돈의 일부분은 내 주머니에서 훔친 것이니까."

그는 이러한 찬사에 대해서 감사를 표시하지 않았다. 그는 감사할 줄 모르는 무딘 사람이었다.

나는 계속해서 계약을 파기하려고 시도했지만 케이스 씨는 이사회의 승인을 받는 일이 불가능할 것이라 말했다. 회사 수입의 9할이 내 책에서 나오기 때문에 내 책이 없어진다면 사업 자체가 모든 가치를 상실하고 말 것이기 때문이었다. 나중에 이사 중의 한 명이었던 한 판사는 내 말이 맞았다는 점을 시인하면서 블리스가 사기 행각을 벌일 때 회사에서 모두 알고 있었다고 말했다.

앞서 말했듯이 나는 이 출판사와 과거의 불미스러웠던 일을 깨끗이 청산했어야 했다. 하지만 나는 그렇게 하지 않았다. 그저 그 악취 나는 환경에서 발을 빼어 다음 책을 보스턴의 제임스 R. 오스굿(James R. Osgood)에게 가져갔을 뿐이다. 그 책은 《미시시피에서의 옛 시절 *Old Times on the Mississippi*》*이었다. 오스굿은 내 비용으로 책을 제작하고, 예약 출판을 하고, 자신의 서비스에 대한 비용을 내게 부과하려 했다.

오스굿은 이 지구상에 존재하는 어느 누구보다 자상하고 사랑스럽고 매력적인 사람이었지만 예약 출판에 대해서 아는 것이 하나도 없었기 때문에 엄청난 실수를 하고 말았다. 그는 사교적인 사람이었고 우리는 당구를 치면서 매일 밤마다 재미있게 지냈다. 그러는 동안 오스굿의 직원들이 대신 사업을 운영했는데 우리 중 어느 누구도 직원들이 어떤 방법으로 어떤 일을 벌이고 있는지 묻지 않았다. 이 책은 출간되기까지 오랜 시간이 걸렸다. 그리고 마침내 내 비용으로 모든 작업이 끝났을 때 내가 이미 5만 6천 달러를 지불했다는 사실을 깨닫게 되었다. 그 돈이었다면 블리스는 도서관이라도 지을 수 있었을 것이다. 5만 6천 달러를 다시 내 주머니로 찾아오는 데 꼬박 일 년이 걸렸다. 그리고 그 후로는 그다지 많은 수입이 파생되지 않았다. 이렇게 해서 내 스스로 사업을 꾸려나가려 했던 첫 번째 노력은 실패로 돌아갔다.

오스굿은 다시 한번 시도했다. 《왕자와 거지》를 출판했던 것이다. 아름다운 책을 만들었지만 그 책으로부터 얻은 이익은 1만 7천 달러에 불과했다.

오스굿은 이번에는 책 판매업을 통해서 성공할 수 있으리라 생각했다. 출판업에 대한 훈련도 받고 있는 중이었다. 예약 출판에 대한 쓰

---

* 《미시시피에서의 생활 *Life on the Mississippi*》의 초기 제목

린 경험을 가지고 있었지만 다시 한번 시도해 보고 싶어 했다. 나는 그에게 주로 시시한 단편들을 모은 《도둑맞은 하얀 코끼리The Stolen White Elephant》를 주었다. 나는 그가 6개월 동안 1만 부도 팔지 못할 것이라 장담했지만 그는 내 말을 일축하면서 5달러를 걸었다. 그는 5달러를 벌기는 했지만 정말 억지로 얻어 낸 것이었다. 하지만 그 책을 마지막으로 더 이상 그에게 책을 주지 않은 것은 잘못이었다고 생각한다. 오스굿에게는 그것이 세 번째가 아닌 첫 번째 노력의 결실이었던 것이다.《왕자와 거지》에서 실패를 한 후에도 계속 그와 거래를 했어야 했다. 그를 상당히 좋아했던 것이 그 이유인데 그가 실패를 한 관계로 나는 다른 출판사를 물색해야 했다.

45

그러는 동안 나는 외부에서 꾸준히 모험을 하고 있었다. 각별한 옛 친구가 1만 5천 달러에 어떤 특허권을 인수하라고 했다. 가치가 없는 특허인데다가 그로 인해 그 친구는 1~2년째 돈을 잃고 있었지만 내게 이런저런 얘기를 해 주지 않았기 때문에 자세한 사항에 대해서는 몰랐다. 만약 내가 특허권을 산다면 자신이 대신 제품 제작과 판매를 하겠다고 말했다. 그래서 나는 그의 제안에 따르기로 했다. 그러고는 매달 500달러씩 현금이 지출되기 시작했다. 갈까마귀가 30일마다 꼬박꼬박 신성한 궤에서 돈을 낚아채 날아올라갔지만 무언가를 물고 다시 돌아오는 일은 없었고 비둘기가 행동을 개시하는 조짐도 보이지 않았다. 어느 시점에선가 나는 친구와의 계약을 파기하고 특허권을 찰스 L. 웹스터(Charles L. Webster)에게 넘겼다. 찰스는 내 조카와 결혼한 사람으로 능력 있고 정열적인 젊은이처럼 보였다. 찰스는 연봉 1천5백 달러를 받고 매달 갈까마귀를 보내는 일을 계속했고 결과는 마찬가지였다.

마침내 나는 4만 2천 달러를 잃고 내가 오랫동안 미워하고 그 가족이 망하기를 바랐던 사람에게 특허권을 줘 버렸다. 그러고는 다른 모험을 찾아서 두리번거렸다. 같은 친구가 다른 특허에 또 손을 댔다. 나는 그 특허에 8개월 동안 1만 달러를 허비했다. 그러고는 그 특허 또한 알고 지내던 사람에게 주려고 했다. 그는 매우 고마워했지만 이내 주려는 의도를 의심해서 받으려 하지 않았기 때문에 그대로 소멸시켜 버렸다.

그 사이 또 다른 옛 친구가 놀라운 발명을 했다. 1파운드의 석탄으로 만들어 낼 수 있는 증기량의 99%를 뽑아 내 활용하는 엔진을 발명했던 것이다. 나는 석탄과 증기에 대해 모르는 것이 없는 전문가 리처드 씨를 찾아가서 물어보았다. 그는 이 기계에 대해서 매우 의심스러워하는 듯했다. 이유를 물었더니, 석탄 1파운드로 생산할 수 있는 증기의 양은 소량으로 알려져 있는데 99%라는 수치는 무언가 잘못 해석을 한 것 같다는 답변이 나왔다. 그는 책을 펴서 숫자로만 적혀 있는 페이지를 펴 보여 주었는데 숫자를 보니 속이 울렁거리고 머리가 어질어질했다. 나는 조금 실망했다. 하지만 책이 잘못되었을지도 모른다는 생각이 들었기 때문에 발명가를 주급 35달러에 고용해서 모든 비용을 지불하고 기계를 만들게 했다. 기계를 만드는 데는 족히 수 주가 걸렸다. 그는 며칠에 한 번씩 나를 찾아와서는 경과를 보고했고 나는 처음부터 그의 입냄새와 걸음걸이를 보고 주급 35달러를 위스키에 소비하고 있다는 것을 알아차렸다. 하지만 나머지 돈을 어떻게 충당하는지는 알아낼 수가 없었다.

마침내 이 사업에 5천 달러를 소비하고 나서야 기계가 완성되었지만 작동이 되질 않았다. 1파운드의 석탄에서 증기 1% 만을 뽑아 냈을 뿐이었다. 이는 정말 아무것도 아니었다. 차 주전자도 그 정도는 할 수 있었다. 알고 지내는 가족에게 기계를 사라고 제안했지만 소용이 없었다. 나는 기계를 던져 버리고 다시 새로운 돈벌이를 찾아 두리번거렸다. 하지만 증기에 열광을 한 나머지, 새로운 종류의 증기 도르래를 장착한 제품을 제조하고, 판매하고, 일대 혁명을 일으킬 목적으로 설립된 하트포드 소재 한 회사의 주식을 샀다. 이 증기 도르래로 16개월 안에 내 주머니에서 3만 2천 달러가 빠져나갔고 그 주식은 휴지조각이 되었기 때문에 나는 무직자가 되어 다시 세상에 홀로 내던져졌다.

하지만 또 한 가지를 찾았다. 스크랩북을 발명했던 것이다. 내 생각으로는 세계에서 유일하게 합리적인 스크랩북이었다. 특허를 내고 제품의 생산을 각별한 옛 친구에게 맡겼다. 그는 이를 통해서 돈을 꽤 벌었지만 조금 있다가 드디어 내 몫을 받을 무렵이 되었을 때 회사가 망하고 말았다. 친구가 아무 말도 하지 않았기 때문에 나는 회사가 망하리라는 것을 몰랐다. 어느 날 그는 나에게 회사에 5천 달러를 빌려 달라고 하면서 기꺼이 7%의 이자를 지불하고 또한 안전하게 회사의 약속어음을 주겠다고 했다. 하지만 나는 보증인을 요구했다. 그는 무척이나 놀라면서 보증인을 세울 수만 있다면 어디에서고 돈을 꿀 수가 있기 때문에 특별히 나에게 꿀 필요도 없다고 했다. 나는 이 말이 일리가 있다고 생각하고 5천 달러를 꿔 주었다. 내게 돈을 가져간 지 사흘 만에 그들은 망했고 2~3년이 지나서야 겨우 2천 달러를 돌려받았다.

그 5천 달러에는 얽힌 사연이 있다. 1872년 초반 캘리포니아에 있던 조 굿맨이 내게 편지를 써서, 그의 친구이자 내 친구이기도 한 존

P. 존스 상원의원이 하트포드에서 '여행자 사고 보험 회사'의 경쟁 사업체를 시작하면서 자신에게 1만 2천 달러에 주식을 사라고 제안했는데 돈을 잃지는 않을 것이라 장담했다고 전했다. 또 굿맨은 이 기회를 나에게 주겠다고 제안하면서 내가 투자를 한다면 존스가 손실을 막아 줄 것이라고 말했다. 그래서 나는 주식을 인수하고 그 회사의 이사가 되었다. 오랜 세월 '트래블러스 컴퍼니(Traveler's Company)'의 보험 계리사로 일하고 있던 존스의 처남인 레스터(Lester)가 우리 회사로 이직해서 사업을 시작했다. 이사는 모두 5명이었고 우리는 1년 반 동안 모든 이사회 모임에 참석했다.

18개월이 지나자 회사는 산산조각이 났고 내 수중에서 2만 3천 달러가 빠져나갔다. 당시에 존스는 자신이 매입한 뉴욕 소재 세인트 제임스 호텔에 얼마간 체류하고 있었다. 나는 레스터를 그곳으로 보내서 2만 3천 달러를 가져오라고 시켰다. 하지만 레스터는 돌아와서 존스가 너무나 많은 사업에 투자했기 때문에 상당히 쪼들리는 상태라서 좀 기다려 주면 좋겠다는 말을 했다고 전했다. 레스터가 혼자 상상해서 말했으리라고는 의심하지 않았다. 하지만 사실이 그랬다. 그는 존스에게 한 마디도 전하지 않았던 것이다. 어쨌든 레스터의 말은 그 당시 타당하게 들렸다. 왜냐하면 존스가 남부 주 전반에 걸쳐서 인공 얼음 공장을 지었다는 사실을 나도 알고 있었기 때문이다. 공장에 백만 달러 정도가 소요되었고 남부 사람들은 얼음에 감탄하도록 교육을 받고 자라지 않았기 때문에 사지도 않았고 그래서 얼음 공장 사업이 완전히 실패했다는 것을 알고 있었다.

또한 존스의 세인트 제임스 호텔이 더 이상 수익을 내지 못하고 있다는 사실도 알고 있었다. 존스는 오늘날까지도 그렇지만 99%가 순수한 관용으로 똘똘 뭉쳐 있는 마음이 넓은 사람이었기 때문에 그의 호텔은 지붕부터 지하실까지, 지구의 구석구석에서 모여든 가난한 지인들로 꽉 차 있었다. 배관공, 벽돌공, 실패한 성직자, 그리고 사실상 호텔 사업에 대해서 아무것도 모르는 온갖 다양한 사람들로 말이다. 또한 호텔 방마다 존스의 초청을 받아서 돈벌이가 되는 직업을 얻으려고 지구의 네 귀퉁이에서 모여든 다른 가난한 지인들이 꽉 차 있어서 일반 대중이 투숙할 방이 없다는 것도 알고 있었다. 그리고 존스가 도시를 건설하고 철도를 놓을 공간을 확보하고 도시 전방에 귀중한 항구를 건설할 작정으로 캘리포니아 주의 땅을 일부 샀기 때문에 부채에 허덕이고 있다는 사실도 알고 있었다. 그러므로 나는 한동안 기꺼이 기다리기로 했다.

몇 달이 지나는 동안 레스터는 간간이 자청하여 존스를 만나러 갔다. 하지만 아무런 소득이 없었다. 사실 레스터는 존스를 무서워하고 있었고 존스가 너무나 많은 부담을 지고 있는 상황에서 내 문제로 존스를 괴롭히는 일에 대해 마음이 쓰였던 것이다. 그래서 존스를 만나서 내 문제에 대해 말한 것처럼 나를 속이는 방법을 선택했던 것이다. 2~3년이 흘러서 엘미라 석탄 회사의 슬리(Slee) 씨가 회사 문제에 대해 존스 씨에게 말을 하겠다고 했고 나는 이에 동의했다. 슬리는 존스를 방문해서 재치 있고 외교적인 방식으로 내 문제를 끄집어냈다. 하지만 그가 본론에 들어가기도 전에 존스는 슬리를 올려다보며 "그 돈이 클레멘스에게 지불되지 않았다는 거요?"라고 말했다. 그는 즉시 2만 3천 달러짜리 수표를 끊어 주면서 바로 현금으로 찾을 수 있을 것이라고 했다.

이것이 1877년 봄에 있었던 일이다. 나는 수표를 주머니에 넣고 또다시 갑작스런 행운을 찾기 시작했다. 독자들은 내 모험에 대해 듣고 나서 내가 당장 기회를 찾았을 것이라고 결론을 내릴 것이다. 하지만 그렇지 않았다. 나는 불에 덴 아이였다. 심사숙고를 하느라 아무 일도 꾸미지 못했다. 하울리(Hawley) 장군이 사무실로 오라고 불렀다. 나는 주머니에 수표를 넣은 채 사무실에 갔다. 그곳에는 한 젊은이가 있었는데 예전에 한 신문사의 기자로 있다가 지금은 다른 사업을 하고 있다고 했다. 그레이엄 벨(Graham Bell)과 함께 있었는데 전화라는 새로운 발명품을 판매하기 위한 대행인으로 일하고 있다는 것이었다. 그는 이 새 발명품에 엄청난 행운이 따를 테니까 주식을 매입하라고 했다. 하지만 사양했다. 더 이상 무모한 일을 벌이고 싶지 않았기 때문이다. 집요한 유혹을 간단하게 물리치고는 수표를 그대로 주머니에 둔 채 그곳을 빠져나왔다. 그러고는 다음날 그 중 5천 달러를 친구에게 꾸어 주었는데 공교롭게도 그 친구는 사흘 후에 파산하고 말았다.

그 해 말경에 나는 집에서 사무실까지 전화선을 설치했다. 내가 사는 도시에서는 유일한 전화였고 개인 집에 설치된 세계 첫 번째 전화였다.

내게 주식을 팔지 못했던 그 젊은이는 하트포드의 한 늙은 점원에게 5천 달러어치의 주식을 팔았다. 점원이 일생의 반 동안 모은 전 재산이었다. 급하게 부자가 되고 싶을 때 사람들이 얼마나 어리석을 수 있는지, 얼마나 파괴적인 위험을 무릅쓰게 되는지, 참으로 기이한 노릇이었다. 그 얘기를 들었을 때 나는 그가 몹시 측은했다. 내 경험에 대해서 얘기해 줄 기회가 있다면 그를 구해 줄 수도 있을 텐데라고 생각하며 아쉬워했다.

1878년 4월 10일 우리는 유럽으로 떠났다. 14개월을 유럽에서 지내고 돌아왔을 때 제일 먼저 눈에 띈 것은 정복을 입은 하인을 대동하고 호화스러운 사륜마차를 타고 돌아다니는 그 점원이었다. 그는 가지고 있던 전화 주식으로 돈을 삽으로 긁어모아야 할 만큼 재산을 불렸던 것이다. 풍부한 정보를 지닌 경험 많은 사람들이 줄곧 실패를 하는 반면에 무지하고 아무 경험도 없는 사람들이 단번에 성공 — 그것도 너무 자주, 너무 불공평하게 — 하는 것을 보면 세상은 참 요지경 속이다.

46

앞서 말했던 것처럼 나는 조카사위인 웹스터를 불러와서 연봉 1천5백 달러에 첫 번째 특허 사업을 수행하게 했다. 그 사업으로 나는 4만 2천 달러의 손해를 보았기 때문에 그만두는 것이 좋겠다는 결론을 내렸다. 그리고 젊은 웹스터에게 내 책을 출판하는 일을 해 보는 것이 어떻겠냐고 제안했다. 그는 일을 배우는 동안 연봉 2천5백 달러는 받아야 한다고 생각했다. 나는 하루 이틀 정도 그 문제에 대해 생각하고 연구했다. 내가 아는 한 전혀 생소한 견해였다. 인쇄업체에서 일하는 견습생들에게는 봉급이 없다는 점이 생각났다. 이곳 저곳에 물어본 결과 견습생이 보수를 받는 직업은 석공, 벽돌공, 양철장이 정도였다. 심지어 변호사나 의사조차도 견습 기간 동안에는 보수를 받지 않았다. 내 기억으로 강에서 일하는 견습 수로 안내인은 봉급의 형식으로 한 푼도 받지 못할 뿐 아니라 기존 수로 안내인에게 거액의 돈을 현금으로 지불해야 하고, 나 또한 그랬었다. 나는 그때 1백 달러를 꾸어서 빅스비에게 줬다. 신학을 공부하는 사람의 말에 따르자면 노아조차도 처음 6개월 동안은 봉급을 받지 않았다고 한다. 부분적으로는 날씨 때문이었고 또 항해법을 배우고 있는 중이었기 때문이란다.

이러한 생각과 조사를 거친 결과, 웹스터의 인생을 위해서 내가 완전히 새롭게 투자를 하는 것이라 믿기로 했다. 아무런 도구도 없이, 증명된 가치도 없이, 장래의 가망성에 대한 보장도 없이 뉴욕에서 새로운 생활을 시작하는 젊은 시골뜨기가 눈도 꿈쩍하지 않은 채 다른 사람의 비용으로 일을 배우고 아일랜드 다음으로 지구상에서 가장 다스리기 힘든 나라를 통치하는 미국의 역대 어느 대통령의 봉급보다도 더 많은 연봉을 요구하기는 하지만 도망가지만 않는다면 투자할 만한 가치가 있다고 생각했다. 자신의 이익을 추구하는 웹스터의 태도가 다른 사람의 이익을 보호하는 것으로 전환될 수만 있다면 내게는 충분한 행운일 것이라 믿었다.

나는 웹스터를 내세워 출판사를 세우고 명칭을 웹스터 앤 컴퍼니(Webster and Company)라고 붙였다. 유니온 광장 아래 어느 건물 2층에 사무실을 얻고 조수를 고용했다. 웹스터는 얼마동안 조수를 한 명 더 두었는데 이 사람은 오랫동안 예약 출판 사업에 종사했던 사람으로 이에 대해 훤하게 알고 있어서 웹스터를 가르칠 수가 있었다. 물론 그에 따른 수업료도 내가 지불했다. 1884년 초반의 일이다. 나는 웹스터에게 상당한 액수의 자본과 《허클베리 핀의 모험》 원고를 건네주었다. 웹스터는 총관리자였다. 전국에 걸쳐 에이전트를 지명하는 것이 그의 일이었다. 당시에 지역 에이전시는 16곳이었고, 여기에는 순회판매를 담당하는 순회판매자들이 속해 있었다.

주의 깊었던 웹스터는 내가 언급한 세세한 사항을 실행하기 전에 계약서를 작성해서 서명한 후에 밀봉해야 한다고 했다. 스스로 이런 생각을 해 보지 못했지만 분별 있는 생각인 것 같았다. 웹스터는 자신의 변호사를 선임해서 계약서를 작성하게 했다. 당시 나는 웹스터에게 너무나 감명을 받아서 관대함이 용솟음치는 바람에 깊이 생각해 보지도 않고 봉급 외로 사업 이익의 1/10을 주려고 했다. 물론 웹스터는 감사의 말과 함께 재빨리 사양했다. 이로써 그에 대한 내 감명은 한 단계 격상했다. 앞으로 9개월 안에 봉급의 2~3배를 벌 수 있는 동업자 수준의 이익을 제공한 것이라는 점을 나는 잘 알고 있었지만 그는 몰랐다. 《허클베리 핀의 모험》에 대한 나의 모든 예측을 냉정하고 현명하게 평가절하했던 것이다. 이것이 바로 웹스터에게서 내가 새로 발견한 진면목이었다. 흥분하는 법이 없고, 이성을 잃는 법이 없고, 주의 깊은데다가, 자신이 알지 못하는 분야에서는 어떤 위험도 감수하지 않는 그런 인물이었다. 다른 사람이 비용을 지불하는 경우를 제외하고는 말이다.

웹스터는 《허클베리 핀의 모험》으로 성공을 거두었고 다음 해에 나에게 5만 4천5백 달러짜리 수표를 주었다. 여기에는 내가 원래 그에게 건네주었던 1만 5천 달러의 자본금이 포함되어 있었다.

웹스터는 자신이 나를 발굴해서 세상에 내놓았다는 생각을 가지고 있었지만 적당히 겸손할 줄도 알았다. 자신의 달걀을 놓고 입방아를 찧는 일은 웨브나 블리스보다 훨씬 덜했다.

47

내 책이 아닌 다른 사람의 책을 출판하려는 생각은 추호도 없었다. 하지만 이 현명한 판단이 흔들리는 사건이 발생했다. 바로 그랜트 장군의 회고록 사건이었다. 1884년 11월 첫째 주 어느 날 밤, 강연을 마치고 집을 향해서 걷고 있었다. 비 오는 밤이었고 근처에 사람도 거의 없었다. 전등과 전등 사이의 암흑 속에 두 희미한 물체가 내 쪽으로 걸어오고 있었다. 그런데 그 중 한 사람이 "그랜트 장군이 자신의 회고록을 손수 써서 출판하기로 했다는 사실을 알고 있나요? 그렇게 하겠다고 오늘 여러 차례 강조해서 말했답니다."라고 말하는 것이 아닌가.

그것이 내가 들은 전부였다. 정말 좋은 기회라고 생각했기 때문에 엿들었다는 것쯤은 아무렇지도 않았다. 아침에 나는 그랜트 장군을 찾아갔다. 장군은 아들과 함께 서재에 있었다. 장군은 내게 "내가 계약서에 서명을 마칠 때까지 앉아서 입 다물고 있게."라는 뜻의 말을 했고 자신이 쓰려는 책에 대한 계약서라는 말을 덧붙였다.

아들인 프레드 그랜트가 계약서를 읽으면서 마지막 검토를 하고 있었다. 계약 조건이 만족스럽다고 아들이 말하자 장군은 책상 앞으로 다가가 펜을 집었다. 그냥 서명을 하도록 내버려 두었더라면 내게는 더 나았을지 모른다. 하지만 나는 그렇게 하지 않았다.

"사인하지 마십시오. 우선 아드님에게 계약서를 내게 읽어 주라고 하십시오."

프레드는 계약서를 읽었고 나는 적절한 시기에 방해를 하게 되어 천만다행이라고 말했다. '센추리 컴퍼니(Century Company)'가 상대방 출판사였다. 계약서에는 장군에게 10%의 인세를 지불하는 것으로 되어 있었다. 물론 말도 안 되는 조건이었다. 하지만 이 제안은 정직하지 않은 것이 아니라 무지에서 온 것이었다. 거대한 센추리 컴퍼니는 잡지 출판에 관한 한 훤해서 그 계통에서는 그들에게 가르칠 사람이 없을 정도였다. 하지만 그 당시 센추리 컴퍼니는 예약 출판 경험이 전혀 없었기 때문에 소매 쪽을 제외하고는 책을 판매할 방법을 알지 못했을 것이다. 그렇지 않다면 그랜트 장군에게 아무런 이름도 명성도 없는 저자에게 통상 주는 인세로 책을 쓰라고 하지는 않았을 터였다.

나는 출판사 측이 완전히 잘못했고, 계약 조건이 불공정하다고 말하면서 "10%를 지우고 20%라고 적어 넣으세요. 아니면 순수익의

75%라고 기입하는 것이 더 좋습니다."라고 덧붙였다.

　장군은 완강히 이의를 제기하면서 출판사에서 그러한 조건에 동의할 리가 만무하다고 말했다. 나는 미국 내의 명망 있는 출판사라면 어디라도 그 정도는 기꺼이 지불할 것이기 때문에 그들의 동의 여부는 중요하지 않다고 설명했다. 무명의 작가에게조차도 10%의 인세를 지불한 예는 극히 드문데다가, 이 계약은 그랜트 장군과 같은 거물에게 10% 인세를 지불하는 것에 그치지 않고 그 인세에서 직원 채용, 사무실 임대료 등의 부대 비용에 대한 사소한 세금까지 제하는 것으로 되어 있기 때문에 말이 되질 않는다고 했다. 그랜트 장군이 수익의 3/4을 가져야 하고 출판사는 나머지 1/4을 가지고 운영 비용을 충당해야 한다고 말했다.

　내 말로 장군은 고민에 빠졌다. 자신이 마치 출판사를 약탈하는 입장에 놓인 것 같다고 했다. 장군은 요지부동이었고 이러한 엄청난 조건으로 자신의 책을 기꺼이 출판할 수 있는 출판사의 이름을 대라고 요구했다. 나는 하트포드의 아메리칸 퍼블리싱 컴퍼니의 이름을 대었다. 그러고는 6시간 안에 전보로 답변을 받아 낼 것이고 증거 서류가 더 빨리 필요하다면 내가 직접 하트포드까지 가서 가져오겠다고 했다.

　장군은 여전히 망설였지만 아들은 마음이 동하기 시작했다. 아들은 센추리 측 계약서 서명을 24시간 연기하고 상황을 검토해 보자고 했다. 또한 이 문제는 감정상의 문제가 아니라 순수하게 사업적인 문제이기 때문에 이러한 관점에서만 검토해야 한다고도 말했다. 감정에 대해 언급한 데는 그럴 만한 이유가 있었다. 워드와 함께 운영했던 중개업 회사가 파산하는 바람에 그랜트 장군은 수중에 가지고 있던 돈을 모두 잃었다. 생계를 어떻게 유지해야 할지 막막하던 참에 센추리 컴퍼니의 로스웰 스미스가 남북전쟁의 위대한 전투에 대한 잡지 기사

네 편을 부탁하면서 기사 한 편당 500달러를 지불했다. 그 제안은 절망에 빠진 나이 든 영웅에게는 마치 물에 빠진 사람에게 주어진 지푸라기와 같았다. 그랜트 장군은 감사한 마음으로 출판사의 제안을 받아들였다. 실상 그의 기사는 한 편당 1만 달러의 가치는 쉽게 되는 것이었지만 그는 알지 못했다. 유쾌하게 힘들이지 않고 몇 자 긁적이기만 해도 한 편에 500달러가 생긴다는 것이 그에게는 엄청난 조건이었던 것이다.

이러한 이유로 그랜트 장군은 은인을 저버리기가 정말 싫었다. 군대에서 길들여진 정신과 훈련에 따르면 이것은 배신 행위였다. 내 기억이 정확하다면 장군의 첫 번째 기사로 해서 센추리의 구독 부수는 10만 부에서 22만 부로 증가했다. 이로 인해서 바로 그 해 센추리 광고란의 가격은 두 배 이상 뛰었다. 내 추측으로는 아무리 줄여서 생각하더라도 광고만으로 그 해에 8천 달러의 수익을 올렸을 것이다. 나는 이런 얘기를 장군에게 전하면서 구독이 몇 년 동안 지속될 것까지 고려한다면 장군의 기사는 한 편당 500달러가 아닌 1만 달러의 값어치가 있다고 말했다. 사실 한 편당 2만 5천 달러의 값어치가 있다고 말할 수도 있었다.

나는 아메리칸 퍼블리싱 컴퍼니를 강력하게 권하기 시작했다. 그곳이 센추리 컴퍼니보다 먼저 지원했기 때문에 기회를 주어야 한다고 설득했다. 그랜트 장군한테는 생소한 소리처럼 들렸을 것이다. 하지만 '그랜트 앤 워드'가 한창 번성하던 때에 내가 장군의 사무실을 찾아가서 점심을 함께 하면서 회고록을 써서 아메리칸 퍼블리싱 컴퍼니에 주라고 졸랐던 사실을 상기시켰다. 당시에 장군은 이 제안을 매우 단호하게 거절하면서 자신은 돈이 필요하지 않고 문학적인 소질도 없기 때문에 회고록을 쓸 수는 없다고 말했다.

생각을 할 시간을 벌기 위해서 다음날 아침으로 계약 건을 미루기로 했다. 그 사이에 나는 많은 생각을 했다. 아메리칸 퍼블리싱 컴퍼니라면 그랜트 장군의 회고록을 출판하면서 기꺼이 순수익의 3/4을 장군에게 주고 1/4을 자신의 몫으로 하리라는 것을 나는 잘 알고 있었다. 예약 출판 경험을 가지고 있는 출판사 중에서 그러한 조건으로 기꺼이 책을 출간하지 않을 출판사는 한 곳도 없다는 점도 너무나 잘 알고 있었다.

그때까지만 해도 프랭크 블리스와 아메리칸 퍼블리싱 컴퍼니에 책을 건네 주어서 그 비열한 인간들의 소굴을 부자로 만들어 줄 생각이었지만 이내 딴 맘이 생겼다. 회사가 나를 수 년 동안 수탈해먹고 그 수익으로 신학자를 배출하는 온상을 지었는데 지금 내가 그들에게 품고 있는 원한을 더욱 살찌우려 한다는 데에 생각이 미쳤다.

장군과 프레드와의 두 번째 회의에서 장군은 자신의 성품대로 겸손의 미덕을 보였다. 셔먼 장군이 '스크라이브너스(Scribner's)'를 통해서 자신의 회고록을 두 권으로 출판했는데 이는 당시에 상당히 화제가 되었던 사건이었다. 그랜트 장군이 물었다.

"회고록으로 생긴 수익이 2만 5천 달러였다고 셔먼이 말해 주었네. 내 책으로도 그 정도 수익을 얻을 수 있다고 생각하나?"

나는 당연히 그렇게 생각할 뿐만 아니라 그보다 훨씬 더 큰 이익을 얻을 수 있다고 대답했다. 셔먼의 책은 소매용으로 출판되었지만 장군의 책은 예약 출판하기에 적당하고 또 그렇게 출판을 해야 한다고 말했다. 예약 출판 방식이 적합한 책은 그다지 많지 않지만 셔먼이나 그랜트 장군처럼 걸출한 사람의 회고록에는 이 방식이 완전히 적합하다고 설명했다. 제대로 책을 만들어 내기만 한다면 예약 출판이 소매용 출판에 비해 8~10배의 수익을 낼 수 있다고도 했다.

장군은 자신의 회고록이 2만 5천 달러의 이익을 거둘 수 있다는 점을 의심했다. 이유를 묻자 자신이 이미 시험을 해 본 결과 불가능하다는 판정을 받았다고 했다. '로스웰 스미스'에 가서 자신의 회고록을 2만 5천 달러에 사라고 제안을 했더니 출판사 측에서 너무 놀라서 숨조차 쉬지 못하더라는 것이었다.

그때 내게 한 가지 생각이 떠올랐다. 내가 직접 출판을 하면 어떨까 하는 생각이었다.

"장군님, 제게 회고록을 파시죠. 제가 출판하겠습니다. 제가 그 가격의 2배를 드리겠습니다. 제 주머니에 수표책이 있습니다. 지금 5만 달러를 받으시고 계약서를 쓰시죠."

그랜트 장군은 이 제안을 즉각 거절하면서 이런 일은 들어본 적도 없다고 했다.

"우리는 친구 사이인데 내 책으로 해서 돈을 잃게 된다면…"

그러고는 말을 멈추었다. 잠시 후 장군은 더 이상 자세한 얘기는 할 필요가 없다면서 친구에게 위험부담을 안으라고 할 수는 없다고 말했다. 그래서 내가 말했다.

"제가 처음에 말씀드렸던 대로 20% 인세 또는 순수익의 75%가 장군에게 돌아가는 조건으로 책의 출판을 저에게 맡겨 주십시오. 그러면 1/4에 해당하는 제 몫에서 봉급 등 모든 운영 경비를 충당하겠습니다."

장군은 이 말에 껄껄 웃으면서 모두 제하고 나면 나에게 남을 수익이 얼마나 되겠느냐고 물었다. 나는 6개월 안에 10만 달러는 거둬들일 수 있을 것이라고 대답했다.

장군은 자신이 문인을 상대하고 있다는 점과 전통적으로 문인들이 엉뚱하고, 낭만적이고, 실용적이지 못하고, 사업을 수행하는 데 있어서 언제 불행이 닥칠지 예측하지 못한다는 점을 인식하고 있었다. 장군은 나래를 편 내 상상력에 가치를 두지 않는다고 말하지는 않았다. 자상한 성격 때문에 내 마음을 아프게 하는 말은 할 수가 없었던 것이다. 하지만 무엇을 생각하는지 얼굴에 열 배는 더 강조되어 나타났기 때문에 차라리 말로 표현하는 편이 나을 뻔했다. 장군은 그러한 꿈을 꾸는 근거를 대 보라고 했다. 나는 이렇게 대답했다.

"장군 작품의 상업적인 가치와 내 것과의 차이점이 그 근거입니다. 내 첫 번째 두 책은 한 권당 3.5달러에 각각 15만 부가 팔렸습니다. 제본 상태에 따라서 정가가 더 비싼 책도 있었습니다. 장군 책의 상업적인 가치는 제 책의 네 배는 쉽게 초과합니다. 그러므로 책은 60만 부가 팔릴 것이고 이를 통해서 장군은 50만 달러, 저는 10만 달러의 순수익을 올릴 수 있다는 계산이 쉽게 나옵니다."

우리는 이 문제에 대해서 오랫동안 의논을 했다. 마침내 그랜트 장군은 절친한 친구인 필라델피아 〈레저 *Ledger*〉의 조지 W. 차일스(George W. Childs)에게 뉴욕에 와서 의견을 말해 달라는 전보를 쳤다. 차일스가 도착했다. 나는 웹스터의 출판 기계가 충분하고 잘 정비되어 있다고 그를 설득했다. 드디어 차일스는 "책을 클레멘스에게 주게."라는 평결을 내렸다. 그래서 계약서가 작성되고 서명을 마쳤으며 웹스터는 새로운 일거리를 갖게 되었다.

48

내가 처음 그랜트 장군을 본 것은 1866년 가을이나 겨울 즈음 워싱턴에서 있었던 리셉션에서였다. 그는 당시 군대의 장군으로 복무하고 있었다. 나는 군중 틈에 끼어 장군과 악수를 나누었을 뿐 대화를 할 기회는 갖지 못했다. 셔리단(Sheridan) 장군을 처음 본 것도 그곳에서였다.

그리고 다음에 그랜트 장군을 본 것은 그가 대통령으로 재임하던 첫 임기 동안이었다. 네바다 주 상원의원인 빌 스튜어트가 대통령을 만나러 가는 데 나에게 함께 가자고 제안했다. 우리가 찾아갔을 때 대통령은 잉크가 잔뜩 묻은 작업복을 입고 짧은 린넨 총채를 들고 있었다. 당시 나는 '퀘이커 시티'를 타고 세계 여행을 하면서 뉴욕 〈트리뷴〉에 기고했던 글로 인해서 약간의 평판을 얻고 있었다. 악수를 한 후에 침묵이 흘렀다. 무슨 말을 해야 할지 난감하기만 했다. 그래서 침묵한 채로 단지 장군의 근엄하고 무표정한 얼굴만을 쳐다보다가 불쑥 말을 꺼냈다.

"대통령 각하, 전 상당히 당황스럽습니다. 대통령께서도 그러십니까?"

그는 미소를 짓기는 했지만 엄한 이미지는 바뀌지 않았고 나는 일방적으로 말을 하고는 물러나왔다.

그 후 십수 년이 흐르는 동안 그를 보지 못했고 그 사이 나는 유명세를 타기 시작했다.

1879년 장군은 유럽과 아시아 국가를 순방하는 여행에서 돌아왔다. 샌프란시스코에서 시작해서 동쪽으로 이동하며 몇몇 도시에서 장군의 귀환을 환영하는 행사가 열렸다. 시카고에서는 장군이 처음 진두지휘를 했던 군대인 테네시 군의 퇴역군인들이 개최하는 연회가 열릴 예정이었다. 준비 위원회에서는 그 연회에 참석해서 부인들에게 축배인사를 해 줄 수 있는지 타진하는 전보를 나에게 보내왔다. 나는 답신을 보내 연회에서 부인들에게 할 수 있는 축배의 인사말은 예전에 이미 다 해 버렸기 때문에 더 이상 할 말이 없다고 대답했다. 하지만 그러한 연회에서 늘 등한시해 온 사회 계층인 아기들을 위한 축배의 인사말이라면 초청을 승낙하겠다고 했다. 위원회의 승인이 떨어지고 나는 축배의 말을 준비해서 시카고로 갔다.

 엄청난 행렬이 있을 예정이었다. 물론 행렬을 볼 수 있는 최고의 장소는 연단이었다. 그래서 연단이 비어 있을 때 나는 그곳에 앉을 수 있기를 바라는 마음에서 연단 위를 어슬렁거렸다. 연단은 대중들의 눈길이 머무는 곳이고 아래에는 셀 수 없이 많은 사람들이 운집해 있었기 때문에 눈에 잘 띄는 장소였다. 곧 두 명의 신사가 연단 위에 올라 앞으로 나왔다. 한 사람은 그랜트 장군이었고 또 한 사람은 시카고 시장인 카터 해리슨이었다. 나는 시장을 알고 있었다. 시장은 내게 다가와서 장군을 만나 보겠느냐고 묻고는 나를 데리고 장군에게 가서 "장군, 클레멘스 씨를 소개합니다."라고 말했다. 우리는 악수를 했다. 통상 있을 수 있는 약간의 침묵이 흐른 후에 장군은 "나는 당황스럽지 않습니다. 당신은요?"라고 말했다.

 그가 심각한 문제뿐만 아니라 사소한 문제에 대해서도 뛰어난 기억력을 가지고 있다는 사실을 보여 주는 사례였다.

 연회는 모든 면에서 내가 참석한 연회 중 가장 뛰어난 것이었다. 총 600여 명이 참석했는데 테네시 군대의 퇴역군인들이 주 구성원이었다. 그 자체만으로도 내가 경험한 것 중에서 가장 훌륭한 행사였을 것이지만 감탄할 만한 요소는 또 있었다. 셔먼 장군을 비롯하여 전쟁에서 살아남은 거의 모든 위대한 장군들이 연단 위 그랜트 장군 주변에 한꺼번에 둘러앉아 있었던 것이다.

 밤 10시경이 되어서 연설이 시작되자 나는 테이블에서 일어나 연회장 앞쪽에 자리를 잡았다. 보기 드물게 명망 있고 유능한 연설자들

사이에 빌라스 대령과 잉거솔 대령이 있었다. 빌라스 대령은 위스콘신 출신으로 웅변가로 유명했고 잉거솔 대령 역시 자신의 출신지인 일리노이에서 엄청난 인기를 누리고 있었다.

이러한 영광스러운 자리에서 내가 연설을 한다는 것은 상당히 모험이었다. 내가 마지막 연사였는데 새벽 두 시가 되어서도 차례가 돌아오지 않았다. 마침내 내 차례가 되었다. 나는 입구에까지 가득 들어차 있는 남녀노소 대부분의 공감을 얻을 수 있는 연설을 해야 했다.

나는 연설이 잘 진행되기를 바랐고 사실 그랬다. 연설을 하는 동안 셔리단 장군의 어린 쌍둥이와 미리 계산해 둔 다른 다양한 요소들이 관객의 흥을 돋우었다. 하지만 단 한 가지 두려운 점이 있었는데 만에 하나 재앙이 터졌을 경우에는 수습할 방법이 없었다.

그것은 연설의 마지막 문장이었다.

나는 그로부터 50년 후 2억의 인구를 거느린 미국을 그리고 있었다. 그리고 그 위대한 시대의 대통령, 장군 등이 지금 이 나라의 광활한 전 지역에 뿔뿔이 흩어져 이런 저런 모양의 요람에 누워 있다고 말하고는 다음과 같이 마무리지었다.

"하지만 미래의 영광스러운 최고 사령관은 지금 미국 어딘가의 요람에서 앞으로 자신에게 부여될 위엄과 책임감을 느끼지 못한 채 이 순간 자신의 전략적인 정신을 온통 엄지발가락을 입으로 가져갈 방법을 찾는 데 쏟고 있을 것입니다. 물론 오늘 밤 이 자리에 모이신 영예스러운 내빈에게 결례를 범하려는 의도는 전혀 없이 말입니다…."

예측했던 대로 이 부분에서 청중의 웃음이 그치더니 몸서리쳐지는 침묵이 흐르기 시작했다. 좀 지나쳤던 것이 분명했다.

나는 이러한 침묵이 진정되기를 잠시 기다렸다가 청중을 향해 이렇게 말했다.

"그 아기가 좀 더 장성한다면 그의 성공을 의심하는 사람은 거의 없게 될 것입니다."

이 말이 청중들을 누그러뜨렸고 마침 그랜트 장군이 해산하려는 움직임을 보였기 때문에 청중들이 이에 적극 호응하면서 나는 겨우 위기를 모면할 수 있었다.

49

기존 계약에 따라서 웹스터는 연봉 2천5백 달러를 받고 있었다. 워낙 조심스러운 인물이라 모험을 극히 싫어했기 때문에 사업 이득을 받는 조건을 받아들이지 않았었다. 나는 이제 사업 이익의 1/10을 주겠다고 웹스터에게 제안했고 나머지 세부사항은 그대로 두기로 했다. 이에 대해서 웹스터는 다음의 제안을 했다. 봉급을 연봉 3천5백 달러로 인상하고 그랜트 장군의 책에서 나오는 수익의 10%를 달라고 하면서 나한테는 내 몫의 수익인 7%에서 사업에 필요한 자본을 대라고 했다.

나는 만족스러운 제안이라고 말했다.

그러자 그는 친구인 위트포드 변호사에게 계약서를 작성하라고 부탁했다. 어떤 계약서고 마찬가지겠지만 난 그 계약서를 도통 이해할 수가 없어서 숙련된 사업가인 처남 랭돈 장군에게 나 대신 계약서를 검토해 달라고 했다. 처남이 읽고 괜찮다고 해서 우리는 계약서에 서명하고 이를 밀봉했다. 나중에 밝혀진 일이지만 계약서에는 그랜트 장군 책에서 나오는 수익금의 1/10뿐만 아니라 사업에서 발생하는 총 이익의 10%가 웹스터에게 돌아가고 단 손실이 발생했을 경우에만 수익금을 가져가지 않는 것으로 되어 있었다.

그랜트 장군의 회고록이 찰스 L. 웹스터 앤 컴퍼니를 통해서 출간될 예정이라는 뉴스가 발표되었다. 이 뉴스는 미국 전역에서 상당한 화젯거리가 되었다. 모든 국민이 기뻐했고 이러한 감정은 그대로 온갖 신문을 통해 쏟아져 나왔다. 한때 젊은 웹스터는 태내의 아기처럼 무명의 인물이었지만, 이제는 유명 인사가 되었다. 국내의 온갖 신문에 그의 이름이 실렸다. 그는 젊고 인간적이었기 때문에 당연히 이러한 일시적인 유명세를 명성으로 오인했다. 그 결과 웹스터는 이러한 명성에 맞게 자신의 모양새를 갖추어야 했다. 새로 획득한 위엄을 어린애처럼 즐기는 모습은 참으로 보기에 유쾌했다. 웹스터가 가장 먼저 한 일은 수수한 사무실에서 나와 국내의 가장 명성 있는 출판인이라는 새롭고 중요한 위치에 적합한 좀 더 나은 사무실을 확보하는 것이었다. 그가 새로 마련한 사무실은 상업적 측면에서 귀족적인 위치라고 할 수 있는 유니온 스퀘어를 바라보고 선 높은 건물의 2층과 3층이었다. 먼젓번 사무실에는 커다란 방 두 개가 있었지만 이제는 층 전체가 사무실이었다. 사실 웹스터가 정말 필요로 했던 것은 사무실 일을 할 수 있을 정도의 여유 공간이 있는 길 뒤편의 아늑한 방 한 칸이었다. 창고도 지하실도 필요하지 않았다. 그 놀라운 책을 만들어 내는 데 호사스러운 장소가 필요한 것도 아니었다.

빈정대는 말로 웹스터를 대한 일은 나의 실수였다. 그의 자만심에 깊은 상처를 남겼던 것이다. 웹스터는 아무런 지적인 무기를 갖추고 있지 않았기 때문에 되받아쳐 싸울 수가 없었다. 정신적으로 무장되어 있지 않은 사람을 공격하는 것은 기독교인답지 않은 행동이기 때문에 되도록 자제하려 했지만 그럴 수가 없었다. 그의 자만심을 견뎌낼 수 있을 정도로 내가 통이 커야 했는데 그렇지 못했던 것이다. 아니, 나 자신의 자만심에 대해서도 통이 크지 못했다. 게다가 웹스터에게는 특히 나를 화나게 만드는 결점이 한 가지 있었다. 그는 자신이 알지 못하는 문제가 거론되었을 때 그 문제에 대해 잘 알지 못한다고 말해서 자신을 방어하려 하지 않았을 뿐만 아니라 입을 가만히 다물고 있을 정도의 분별력조차도 가지고 있지 못했다. 오히려 듣는 사람 입장에서 그가 주제에 대해서 무언가를 알고 있는 듯한 생각이 들게 하는 말을 하곤 했다. 그의 무지는 마치 담요처럼 전 지구를 덮었고 어느 곳에서고 구멍이란 찾을 수가 없었다. 하루는 응접실에서 조지 엘리엇(George Eliot)과 '그녀의(her)' 문학에 대한 대화가 시작되었다. 나는 웹스터가 끼어들려 하는 것을 눈치챘다. 그의 머리를 벽돌이나 성경책 등으로 내리쳐서 무의식에 빠뜨려 구하고 싶은 마음이 굴뚝같지만 그럴 수가 없었다. 그렇게 하면 틀림없이 사람들의 주목을 끌 것이기 때문에 나는 그의 엄청난 말이 잦아들기를 기다렸다. 드디어 곧 대화 사이에 공백이 생겼다. 이때 웹스터는 아주 침착하게 만족해하며 이렇게 말했다.

"나는 편견 때문에 그의(his) 작품을 읽지 않았습니다."

우리가 새로운 사무실에 제대로 정착하기도 전에 웹스터는 여태까지의 계약을 폐기하고 새 계약을 맺자고 했다. 여하튼 그러기로 했다. 아마도 나는 계약서를 읽지도 않았을 것이고 다른 사람에게 검토해 봐 달라고도 하지 않았을 것이다. 그저 계약서에 서명을 하고 더 이상 계약 문제로 성가시지 않기만을 바랐을 것이다. 예전의 계약에서 웹스터가 나에게 고용된 하인이었다면 새 계약에서 나는 그의 노예, 봉급 한 푼 없는 완벽한 노예였다. 나는 사업체의 9할을 소유했고 모든 자본금을 댔다. 모든 손실을 감당해야 했고 모든 책임을 져야 했다. 하지만 독점적인 주인은 웹스터였다. 이러한 새로운 조건으로 인해서 나의 빈정거리는 태도도 바뀌어야 했다. 예전처럼 더 이상 지시를 내릴 수가 없었다. 제안을 해도 그것이 받아들여질 가능성이 희박해졌다.

그랜트 장군은 건강이 좋지 않았지만 마치 건강한 사람처럼 회고록 저술에 임해서 꾸준하고 확실한 진행을 보이고 있었다.

웹스터는 스스로 최고 자리에 올라서 전국 16개의 에이전시에 소환장을 보내 자신에게 와서 계약서에 서명하라고 했다. 에이전트들은 모두 모였다. 웹스터는 마치 하나님이 시나이 산에서 십계명을 내리듯 에이전트들에게 규정을 전달했다. 에이전트들은 놀랍게도 훌륭하게 참아 내었다. 웹스터가 요구한 채권을 제공하고, 계약서에 서명한 후에 돌아갔다. 일반적인 경우라면 젊은이의 오만함에 분개했을 테지만 그때 상황은 일반적인 경우가 아니었다. 에이전트들은 자신이 서명한 계약서가 각각 수천 달러 이상의 가치를 지니고 있다는 사실을 알고 있었기 때문에 적개심을 누를 수 있었다.

웹스터를 혹평할 자리도 때도 아니지만 그래도 해야겠다. 의무이기 때문이다. 내가 아닌 다른 사람을 향해 더 많은 적의를 표현하는 것이 이 자서전의 목적은 아니다. 나는 생존해 있지 않다. 나는 죽었다. 독자들 앞에서 사실을 있는 그대로 얘기하고 싶다. 내가 살아 있다면 자서전을 평상시대로 썼어야 할 것이다. 내가 지금 느끼고 있는 것과 마찬가지로 웹스터를 향해 적대감을 느꼈겠지만 이 적대감을 자유롭고 정직하게 표현하는 대신에 이를 숨겼어야 했을 것이다. 그래서 독자들을 현혹시키고 결국은 성공하지도 못했을 것이고 말이다. 독자들은 행간의 적의를 읽을 것이고 나를 훌륭하다고 생각하지 않을 것이다. 이 자서전을 내가 무덤에 묻힌 후에 발간하려는 이유는 가장 유쾌한 부분을 틀어막는 일없이 내 안에 있는 모든 것을 쏟아놓는 만족감을 얻고 싶기 때문이다. 내가 죽은 후에 알려질 얘기를 한다면 나는 대부분의 역사가보다 더 솔직할 수 있다. 역사가들은 아무리 노력을 하더라도 자신이 죽었다고 느낄 수 없지만 나는 느낄 수 있기 때문이다. 역사가들은 죽은 체 가장하겠지만 나는 그럴 필요가 없다. 또한 그들은 자신을 나타내는 무덤 속의 시체가 의식적인 실체라고 믿고 있기 때문에 자신이 다른 사람에 대해 한 말을 인식할 뿐만 아니라 수치심을 느낄 것이라 생각하여 완전히 솔직하게 표현하지 못하고 움츠러들 것이다. 그들은 영원의 존재를 믿기 때문이다. 그들은 죽음이란 단지 잠을 자는 것과 같아서 죽음 후에 이내 영혼이 깨어나 아래 세상에서 일어나는 일들을 알게 될 뿐 아니라 자신이 사랑하는 사람과 미워하는 사람의 기쁨과 슬픔에 대해 계속 관심을 쏟게 된다고 믿는다.

하지만 나는 이미 오래 전에 영원에 대한 신념뿐만 아니라 관심조차 잃었다. 사람들이 듣는다면 충격을 받을 얘기이기 때문에 생전에는 누설할 수 없었다. 그 얘기를 들었을 때 사람들의 충격이 어떠할지 알기 때문이고, 또한 이를 통해 받게 될 나의 개인적인 고통을 피하기 위해서다. 우리가 영원의 존재를 믿을 때는 그럴 만한 이유가 있어야 한다. 하지만 정보나 심지어는 그럴 듯한 구실에 바탕을 둔 어떤 이유도 찾을 수 없다. 애당초 이유 자체가 존재하지 않기 때문이다. 사람들이 이런 꿈같은 얘기를 믿겠다고 선택한 이유는 내가 알 수 없는 이런 저런 이유로 영원을 갈망하기 때문이다. 하지만 내게는 그런 갈망이 없다. 나는 이 생을 살아 보았고 그것으로 충분하다. 다른 생은 또 다른 실험일 뿐이다. 여기에 대해서는 큰 기대를 하지 않아야 한다. 만약 내가 이러한 실험의 보조 역할을 면제받을 수만 있다면 당연히 감사해야 할 것이다.

내가 무덤에서 말을 하게 될 때 말을 하는 것은 영혼이 아니다. 그것은 무이다. 공허이다. 느낌도 아니고 의식도 아니다. 무엇을 말하는지

조차 모른다. 그것이 말인지조차 의식하지 못한다. 그런 까닭에 있는 그대로 자유롭게 말할 수 있는 것이다. 그 말이 고통을 낳고, 불편을 초래하고, 어떤 형태로든 죄를 짓는다는 것을 알지 못하기 때문이다.

내가 웹스터에 대해서 자유롭게 말할 수 있는 이유는 이 책을 펴낼 편집자들이 충분한 판단력과 자비를 베풀어서 책을 통해 고통을 받을 가능성이 있는 사람들이 모두 무덤에 누워 안식을 취하는 날까지 이러한 내용들을 편집을 거듭하면서 추리고 추려 내리라 기대하기 때문이다. 그 후에는 모든 내용을 넣어 출간을 해 달라. 이것이 나의 바람이고 그때가 되면 그 내용들은 아무런 해를 끼치지 않을 것이다.

50

미국 역사상, 최고의 위엄을 갖춘 '장군(General)'이란 직위를 가졌던 장교는 단 한 명이었다. 아니 아마 두 사람이었을 것이다. 누구인지는 기억할 수 없지만 말이다. 미국 혁명과 남북전쟁 사이의 긴 세월 동안 장군이란 직위는 존재하지 않았다. 이는 본질상 특별한 성격을 갖는 직위였다. 미국의 군사 계급에는 포함되어 있지 않았다. 의회 법령에 의해 특별하게 선택된 사람에게만 수여되었고, 상속받을 수도, 승진에 의해서 계승받을 수도 없는 자리였다.

그랜트 장군에게 수여된 적이 있었지만 대통령이 되는 바람에 반납했었다. 곧 죽음의 문턱에 이르게 된 그를 모든 국민이 동정과 애도가 가득한 눈으로 바라보고 있을 때였다. 국가에서는 그에게 감사의 마음을 표현하기 위해 어떤 소원이라도 들어주려 했다. 장군으로 죽는 것이 가슴 속 깊은 가장 간절한 소망이라는 사실이 친구에게 알려졌다. 국회의 회기 마지막 날 그에게 장군의 직위를 수여하는 법안이 마지막 순간에 상정되었다. 시간이 없었다. 메신저가 백악관으로 파견되었다. 국회의장이 국회의사당에 급히 도착했다. 의사당은 엄청난 염려와 흥분으로 들끓었다. 하지만 온갖 노력에도 불구하고 결국 시기를 놓치고 말았다. 법안에 대한 투표가 진행되고 있는 동안 국회의 회기가 끝났던 것이다. 그런데 어떤 생각 깊은 사람이 시계를 30분 뒤로 돌려놓았기 때문에 법안이 가까스로 통과될 수 있었다! 국회의장이 즉시 이 법안에 서명을 마쳤다.

법안이 통과되었다는 뉴스가 전보로 그랜트 장군에게 전해졌다. 전보가 장군의 손에 쥐어질 때 나 또한 몇몇 사람들과 함께 그 자리에 있었다. 그곳에 있는 사람들 모두 얼굴 가득 강렬한 흥분과 기쁨의 감정을 드러냈지만 그랜트 장군만은 예외였다. 전보를 읽고 난 후에도 그의 엄격한 표정에는 아무런 변화가 없었다. 감정의 양으로 치자면 그곳에 있는 사람들의 감정을 모두 합친 것보다 컸지만 그는 그것을 모두 억누르고 아무런 흔적도 보이지 않았던 것이다.

회고록 원고의 교정쇄는 그랜트 장군에게 보내질 때마다 내게도 왔다. 장군은 이 사실을 알고 있었다. 나는 때때로 교정에 대해서 무심코 언급하기는 했지만 자세한 얘기를 하지는 않았다. 하지만 내가 회고록의 문학성에 대해서 한 마디도 하지 않기 때문에 장군이 실망하고 불안해한다는 사실을 가족을 통해서 차츰 알게 되었다. 내가 하는 한 마디의 격려가 장군에게는 커다란 도움이 될 것이란 얘기도 들었다. 나는 콜럼버스의 요리사가 콜럼버스로부터 자신의 항해가 어떻냐는 질문을 받았을 때 놀랐던 것만큼이나 놀랐다. 그랜트 장군이 어떤 일을 하든 다른 사람의 도움이나 격려를 필요로 하리라는 생각을 나는 전혀 하지 못했다. 그는 매우 겸손한 사람이었고 이것이 또 하나의 예였다. 그는 새로운 일, 미지의 바다로의 모험을 감행하면서 격려의 말이 필요했던 것이다. 다른 평범한 사람들처럼 말이다. 장군이 내 의견을 듣고 싶어 한다는 것은 내겐 커다란 찬사였다. 그래서 기회를 엿보아 어색하게 들리지 않도록 주의하면서 수완 좋게 대화의 방향을 회고록 쪽으로 몰고 갔다.

우연히 나는 장군의 회고록과 시저의 '전기(戰記)'를 비교해 본 적이 있었기 때문에 이에 대한 의견을 낼 만한 지식을 가지고 있었다. 두 책은 모두 똑같이 얘기의 명확성, 직접성, 단순성, 수수함, 명백한 진실성, 친구와 적 모두에 대한 공정성과 정의, 군인다운 솔직함, 화려한 언어의 지양 등 고귀한 장점들을 지니고 있었고, 나는 이러한 점을 장군에게 그대로 얘기했다. 진심이었다. 나는 두 책을 나란히 같은 수준에 두었고 지금도 그 생각에는 변함이 없다. 내 이러한 판단에 그랜트 장군이 기뻐했다는 사실은 나중에 알았다. 그도 알고 보면 단지 인간이고 저자였다는 사실을 단적으로 보여 주는 예이다. 저자는 독자의 찬사에 상당한 가치를 둔다. 비록 능력이 의심스러운 사람으로부터 나온 찬사라 하더라도 말이다.

그랜트 장군은 병마와 꾸준히 싸워 가면서도, 영웅에 걸맞게 헌신적으로 펜을 놀려 마침내 회고록을 완성했다. 그러고는 마운트 맥그레고로 거처를 옮기고 그곳에서 서서히 죽음을 맞이했다. 마지막에 가서는 말을 할 수가 없어서 할 말이 있는 경우에는 연필과 종이를 사용해야 했다.

임종에 임박해서 그를 한번 찾아갔다. 그는 근심이 역력한 표정을 지으면서 책이 출간되면 가족에게 어느 정도 경제적 도움이 되겠느냐고 연필로 내게 물었다.

나는 책의 순회판매가 열렬하게 진행되고 있으며 예약 신청과 예약료가 신속하게 들어오고 있고, 판촉행사는 아직 반밖에 진행되지 않았지만 현 상태에서 중지한다 하더라도 가족에게 20만 달러는 돌아갈 것이라고 말했다. 그는 연필로 고맙다고 했다.

내가 그랜트 장군의 집에 들어갈 때 남부 연합의 대장이었던 버크너(Buckner)를 보았다. 버크너와 그랜트는 1840년경 웨스트포인트 사관학교의 동기 사관생도였다. 그들은 얼마 후 발발한 멕시코 전쟁에서 함께 싸웠다. 전쟁이 끝나고 당시 일반 군대의 지휘관이었던 그랜트는 오레곤으로 가라는 전출 명령을 받았다. 얼마 안 있어 사임한 그랜트는 동부로 갔는데 뉴욕에 도착했을 때는 무일푼이었다. 그랜트는 길거리에서 버크너를 우연히 만나 그에게 50달러를 꾸었다. 이후 1862년 2월 버크너는 도넬슨(Donelson) 요새의 남부 연합 수비대 지휘관으로 있었는데 그랜트 장군이 이 요새를 공격해서 1만 5천 명의 포로를 사로잡았다. 그 후로 23년이 흘렀고 두 군인은 마운트 맥그레고에서 다시 만나게 된 것이었다.

방문객이 몇 명 더 있었고 상당한 농담이 오고 갔다. 버크너도 단단히 한몫을 하고 있었다. 그는 다음과 같은 얘기도 했다.

"나는 그랜트를 존경해 마지않는다네. 사관학교 생도 시절까지 거슬러 올라갈 수 있지. 내가 알고 있는 사람들 중에서 가장 장점과 미덕을 많이 소유한 사람이지만 단 한 가지 치명적인 단점이 있어. 워낙 뭐든지 잘 꾸는데다가 꿀 때는 상대방이 가지고 있는 것 전부를 원한다는 것이지. 내가 가난했을 때 그는 내게 50달러를 꾸었고 내가 부유했을 때는 1만 5천 명을 꾸어 갔어."

그랜트 장군은 7월 23일 마운트 맥그레고에서 숨을 거두었다. 회고록은 12월 10일에 출간되었는데 내 예측은 정확하게 맞아 떨어졌다.

초기에 그랜트 장군에게 회고록이 60만 부 팔릴 것이라고 말했는데 실제로 그랬다. 대형 8절판 2권짜리 세트로 30만 세트가 팔렸던 것이다. 그랜트 장군 부인에게 지불한 첫 번째 수표는 20만 달러였고, 몇 개월 후 지불한 수표는 15만 달러였다. 그 후에 지불한 수표에 대해서는 기억이 나지 않지만 모두 합해서 50만 달러 정도였을 것이다.

웹스터는 전성기를 맞이했다. 기고만장함이 하늘을 찌를 듯했다. 구태의연한 똑같은 상황이 벌어지고 있었다. 웹스터는 책이 팔려나가는 것은 바로 자기 공이라고 생각했다. 그랜트 장군의 위대한 이름이 도움이 되기는 했지만 책이 엄청난 성공을 거둔 주 요인은 자신에게 있다고 생각했다. 웹스터가 단지 인간이고 출판업자에 지나지 않는다는 반증이다. 출판업자는 너나 할 것 없이 모두 콜럼버스이고 성공적인 저자는 그들의 미국 대륙이다. 마치 콜럼버스처럼 원래 발견하려 했던 것을 발견한 것이 아니라는 점은 출판업자에게 아무런 문제도 되지 않는다. 그들이 기억하는 것이라고는 자신들이 미 대륙을 발견했다는 점뿐이다. 자신들이 인도의 어느 한 구석을 발견하기 위해 출발했었다는 점은 까마득히 잊어버린 채 말이다.

그랜트 장군의 부인이 책을 통해서 50만 달러를 벌었다는 것은 내게는 크게 놀랄 일이 아니었다. 오히려 놀라운 점은 바로 부인이 빚더미에 앉게 되지 않은 것이었다. 우리에게 웹스터 같은 인물이 하나밖에 없었다는 것이 부인을 위해 천만다행이 아닐 수 없었다.

51

이 고통스러운 일을 끝맺어야겠다. 찰스 L. 웹스터가 당시에 가장 위대한 출판업자였고 내 이름은 출판사 구성원으로 어느 곳에도 등장하지 않았음에도 대중들은 고집스럽게 계속해서 회사의 실체가 나라고 생각하고 웹스터는 그림자에 지나지 않는다고 생각하는 분개할 상황이 계속 전개되고 있었고, 이것이 웹스터를 완전히 망가뜨리는 요인이 되었다. 책을 출판하고 싶은 사람은 모두 웹스터가 아닌 나에게 의뢰했다. 나는 훌륭한 책 몇 권을 받아들였지만 웹스터가 번번이 거절했다. 그가 주인이었던 것이다. 하지만 누군가가 웹스터에게 직접 원고를 가져가서 책을 출판하고 싶다고 하면 그는 자신에 대한 찬사에 마음이 혹해서 원고를 검토해 보지도 않고 출판을 했다. 자신의 생계를 도맡을 수 있는 일 하나도 제대로 쥐고 있을 주변머리도 없었던 것이다.

웹스터는 내가 쓴 《아서왕 궁전의 코네티컷 양키A Connecticut Yankee in King Arthur's Court》의 출간을 될 수 있는 한 계속 미루다가 남몰래 출간을 했기 때문에 그러한 책이 나왔다는 사실이 세상에 알려지는 데는 2~3년이나 걸렸다. 게다가 하웰스와 내가 쓴 《문학적 유머The Literary of Humor》의 편집을 의도적으로 최대한 미루고 쉬쉬하며 출간을 하는 바람에 미국 사람 중에 이러한 책이 있다는 것을 알고 있는 사람이 있을까 의심이 갈 정도였다.

윌리엄 M. 라판(William M. Laffan)이 내게 연락을 해서 볼티모어의 월터스 씨가 자신의 값비싼 예술 소장품을 자세하게 설명하는 호화스러운 책을 만들려고 한다는 말을 해 주었다. 삽화를 그려 줄 화가를 파리에서 데려와서 정확하게 자신의 취향에 맞는 책을 자비로 만들려 한다는 것이었다. 또 이 책의 출판에 24만 달러를 쓸 생각이고 호화스러운 책의 성격에 어울릴 만한 상당한 정가를 매겨 출간하고 싶어 한다고 했다. 게다가 책의 판매 수익은 한 푼도 원하지 않는다고 했다.

출판업자는 정말 아무 일도 할 필요가 없고 그저 책을 배포하고 수익만 통째로 챙기면 되는 일이었다.

나는 웹스터를 당장 볼티모어로 보내겠다고 말했다. 하지만 그럴 수가 없었다. 웹스터가 꼼짝도 하지 않았기 때문이다. 월터스 씨가 나 말고 웹스터에게 의뢰했더라면 웹스터는 기를 쓰고 볼티모어로 내려갔을 터이고 책은 아무 문제 없이 출간되었을 것이다. 하지만 월터스 씨는 사람을 잘못 골랐다. 웹스터는 자존심이 상해서 월터스 씨의 책을 거들떠보지도 않았다. 웹스터는 다른 재능은 부족했던 반면에 자존심은 엄청났다.

웹스터는 잔인하리만치 극심한 두통에 시달리고 있어서 새로운 독일제 약 페나세틴으로 고통을 달랬다. 의사가 복용량을 제한했지만 웹스터는 약을 다량으로 구할 수 있는 방법을 찾았다. 그러고는 점점 복용량과 복용 빈도를 높여서 항상 약에 취해 반쯤은 꿈을 꾸는 사람처럼 몽롱한 상태에서 지냈다. 사무실에도 아주 가끔 얼굴을 비출 뿐이었고 그나마 사무실에 와서는 사업을 위험하게 하는 방향으로 자신의 권위를 행사했다. 자신의 행동에 대해 전혀 책임을 질 수 없는 상태였다.

조치를 취해야만 했다. 웹스터가 고용한 출판사 담당 변호사 위트포드는 이렇듯 위험한 요소를 제거할 방법이라고는 그로부터 출판사를 매입하는 방법밖에 없다고 했다. 하지만 어떻게 매입한단 말인가? 웹스터는 자신 몫의 돈은 즉각 챙겨 갔다. 뿐만 아니라 오래 전부터 책 판매 수익금에 대한 나의 몫 10만 달러까지 흥청망청 써 버렸다. 사업은 허덕이다 못해 그야말로 죽어가고 있었다. 통틀어 1.50달러의 값어치도 되지 않았다. 그런데 수익의 1/10을 지불해야 한다면 도대체 얼마를 지불하란 말인가? 여러 번의 회의와 의사소통 끝에 웹스터가 1만 2천 달러를 받고 사업에서 손을 떼기로 해서 수표를 지불했다.

한동안 웹스터를 대신해서 프레드릭 J. 홀이란 젊은이가 사업 매니저로 일했다. 불쌍한 홀은 의욕은 좋았지만 매니저로서는 완전히 무능했다. 처음에는 젊은이 특유의 영웅적인 희망에 부풀어서 업무를 추진해 나갔지만 곧 난관에 부딪쳐 좌절하고 말았다. 그 경위는 이렇다.

시인 스테드맨(Stedman)은 몇 년 전에 《미국문학집 The Library of American Literature》이라는 책을 8절판짜리 9~10권으로 묶어 편집했다. 신시내티 소재의 한 출판사에서 이 책을 성공시키려 무던히도 애를 썼지만 그 가족까지 쫄딱 망하고 말았다. 스테드맨이 책을 내자고 나한테 제안을 했다면 틀림없이 이렇게 대답했을 것이다.

"예약 신청을 받아서 할부로 판매한다 해도 이 책은 4% 이상의 인세는 지불할 가치가 없소. 사실상 인세는 고사하고 빼도 박도 못할 상황에 처하게 될 것이오. 이런 책에는 현금으로 수십만 달러의 자본이 필요한데 우리는 십만 달러도 없소."

하지만 스테드맨은 이 책을 내게 가져오지 않고 웹스터에게 가져갔다. 웹스터는 기분이 우쭐해져서 8%의 인세에 책을 받았다. 이로써 찰스 L. 웹스터 앤 컴퍼니가 자멸의 길로 접어드는 확실한 계기를 마련한 셈이 되었다. 우리는 치명적인 작업량을 감내하면서 2~3년을 버텼다. 웹스터가 물러나간 후에는 불쌍한 홀이 이 책을 가지고 씨름을 했고 급기야는 위트포드가 이사로 있는 은행에서 돈을 빌려야 했다. 약속어음의 형태로 빌려서 내가 배서를 했고 정기적으로 갱신을 했다. 내가 이탈리아에 체류할 때도 갱신을 하기 위해 어음을 보내왔는데 나는 어음을 검토하지 않고 배서를 해서 보냈다. 한데 차용했던 돈에 내가 알지도 못하고 동의하지도 않았는데 추가금이 덧붙여져 있다는 사실을 발견하게 되었다. 몹시 괴로웠다. 나는 홀에게 사업 상태에 대해 포괄적인 보고를 받고 싶다고 써서 보냈다. 다음번 우편물에 포괄적인 보고서가 도착했는데 이 보고서에는 출판사의 자산이 부채를 9만 2천 달러 초과하는 것으로 되어 있었다. 기분이 나아졌다. 하지만 그럴 상황이 전혀 아니었다. 보고서를 다른 방향에서 생각해 봤어야 했기 때문이다. 불쌍한 홀은 곧 우리에게 더 많은 돈이 필요하고 그것도 당장 필요하고 그렇지 않으면 출판사를 잃을 것이라 편지를 보냈다.

나는 뉴욕으로 갔다. 내가 저술 활동을 해서 벌었던 2만 4천 달러까지 모두 쏟아 부었다. 그러고는 돈을 빌릴 수 있는 곳이 있는지 주위를 돌아보았다. 아무 데도 없었다. 이것이 바로 그 공포의 1893년 중반의 일이었다. 나는 돈을 빌리려고 하트포드에 갔지만 한 푼도 구할 수 없었다. 소액 대출이라도 받을 생각으로 집과 땅과 가구를 저당 잡히려 했다. 재산은 16만 7천 달러 정도였기 때문에 소액 대출을 받기에는 충분해 보였다. 그러나 헨리 로빈슨(Henry Robinson)은 내게 "클레멘스, 결단코 이 재산으로는 3천 달러도 빌릴 수 없을 걸세."라고 말했다. 상황이 그렇다면 정부 채권 한 바구니를 줘도 돈을 빌릴 수가 없다는 것을 나는 알고 있었다.

웹스터 앤 컴퍼니는 망했다. 회사는 내게 약 6만 달러, 내 아내에게 약 6만 달러의 부채가 있었다. 그뿐이 아니었다. 96명의 채권자에게 평균 1천 달러 정도의 부채를 졌다. 아내의 수입이 끊기고 책에서 나오던 내 수입도 끊겼다. 우리는 은행에 고작 9천 달러만을 가지고 있었다. 채권자에게 줄 돈이라고는 한 푼도 없었다. 헨리 로빈슨은 이렇게 말했다.

"웹스터 앤 컴퍼니에 속한 모든 재산을 채권자에게 넘겨 주고 회사 재산의 청산으로 인정해 달라고 요청하게. 그들은 그렇게 할걸세. 채권자들은 부채가 자네 개인이 아닌 회사에 있다는 것을 이해하고 있거든."

그렇게 곤궁에서 벗어날 수 있다는 생각은 하지 못했었다. 아내에게 일의 상황에 대해 설명하자 아내는 한 마디도 들으려 하지 않았다. 그녀는 이렇게 말했다.

"이것은 내 집이에요. 채권자에게 줘요. 당신의 책도 당신의 재산이니까 채권자에게 넘겨요. 당신이 생각할 수 있는 모든 방법을 동원해서 부채를 줄여요. 그리고 부지런히 일해서 당신의 목숨이 붙어 있는 한 나머지 부채를 갚도록 해요. 절대 겁내지 말아요. 우리는 모두 갚게 될 거예요."

이 말은 마치 예언처럼 들렸다. 로저스 씨*가 이때쯤 개입하여 채권자들에게 설명했다. 그는 채권자들이 클레멘스 부인의 집을 가질 수는 없다고 말했다. 클레멘스 부인은 분명 우선 채권자이고, 자신의 채권액인 6만 5천 달러 상당의 웹스터 약속어음을 포기할 것이라고 말했다. 또한 내 책은 웹스터 앤 컴퍼니의 자산이 아니었기 때문에 채권자들이 가질 수 없고 대신 웹스터 앤 컴퍼니에 속해 있던 모든 자산은 가질 수 있다고 말했다. 그리고 내가 회사에 빌려 주었던 6만 달러는 말끔히 잊어 버리고 출판사의 나머지 부채를 액면가 그대로 갚을 수도 있지만 반드시 이를 이행해야 할 의무는 없다고 했다.

---

* 헨리 H. 로저스(Henry H. Rogers)

52

로저스 씨가 세상을 떠난 지 수 개월이 흘렀지만 나는 여전히 그에 대한 나의 감정과 평가를 말로 표현할 수 없다. 아직도 그가 무척 가까이에 느껴지고 그의 영혼은 아직도 나에게 영향을 미치고 있다.

일생 동안 나는 하찮은 사기꾼의 손쉬운 먹이가 되어 왔다. 사기꾼이 와서 거짓말을 하고 강탈하고 자기 갈 길을 가면, 다른 사기꾼이 와서 남은 것을 싹 쓸어가기 시작했다. 16년 전 이러한 작자 중 하나에 걸려서 고통을 받고 있을 때 나를 구해 주었던 사람이 다름 아닌 로저스 씨였다. 우리는 낯선 사이로 만나서 30분 만에 친구가 되었다. 그와의 만남은 예측하지 못한 우연이었지만 기억할 만한 행운의 사건이었다. 그때 그는 나를 곤경에서 끌어내었을 뿐 아니라 이후에 훨씬 더 아찔했던 곤경에서도 구해 주었다. 그러면서도 내 자애심(自愛心)을 다치게 하지도 않았고 자존심에 상처를 입히지도 않았다. 무척 정교하게 일을 진행시켰기 때문에 거의 내가 한 일처럼 느껴질 정도였다. 그러면서도 내게 은혜를 베풀었다는 표시도 암시도 언질도 전혀 하지 않았다. 나는 그토록 위대하게 행동을 하는 사람을 예전에는 한 번도 본 적이 없다. 나는 그러한 위대한 행동의 근처에도 가지 못한다. 이는 인간이 가진 가장 고귀한 특성에 속한다. 거저 얻을 수 있는 것은 아무것도 없고 무언가를 받으면 거기에 50%를 더 붙여서 지불해야 하는 곳이 이 세상이다. 은혜를 입으면 열 배로 갚아야 한다. 사실 은혜도 일종의 빚이라서 협박과 마찬가지로 계속 축적된다. 되갚으면 갚을수록 더욱 강요당하게 마련이다.

로저스 씨는 위대한 사람이었다. 어느 누구도 여기에 이의를 제기할 수 없을 것이다. 그는 여러 가지 측면에서 위대한 사람이었지만 내가 앞서 말했던 훌륭한 특징에 있어서 특출하게 위대했다. 하지만 그를 알지 못하는 사람에게 내가 알리고 싶은 것은 다름 아닌 그의 마음이다.

1890년대 초 웹스터 앤 컴퍼니가 파산했을 당시 채무는 자산을 66% 초과한 상태였다. 그 채무에 대해서 나는 법적인 책임은 없지만 도덕적 책임은 있었다. 외부에서는 공황이 계속되었다. 회사들이 여기저기서 붕괴되었고 채권자는 남아 있는 한도 내에서 자산을 택하고 나머지 채권은 포기해야 했다. 내 오랜 사업 친구들은 "사업은 사업이고 감정은 감정일세. 그리고 이 일은 사업이야. 자산을 채권자에게 넘기고 협상을 하게나. 채권자들은 자신의 채권액의 30%도 채 받지 못할 걸세."라고 충고했다.

로저스 씨는 확실히 사업가였고 아무도 이를 부정하지는 않았다. 인쇄된 보고서만으로 그를 접했던 사람들은 이 문제에 대한 그의 태도를 나름대로 예측했다. 하지만 그것은 착각이었다. 로저스 씨는 내 아내 편을 들었다. 그는 상황을 분명하게 파악해서 다른 유사한 상황과 다른 점을 분별해 낼 수 있는 유일한 인물이었다. 실질적으로 그가 한 말은 이랬다.

"사업에는 정당화된 자체의 법칙과 관습이 있습니다. 하지만 문인에게는 평판이 곧 생명입니다. 돈이 없는 채로는 살아갈 수 있지만 인격이 없는 채로는 살아갈 수 없습니다. 그러므로 빚은 한 푼까지도 벌어서 갚아야 합니다."

자신이 문인이기도 했던 조카 고(故) 사무엘 E. 모페트도 당연히 같은 생각을 가지고 있었다. 하지만 이 자리에서는 로저스 씨를 기억하고, 그가 만든 이후 온 세상에 회자되어 온 썩 적절한 말을 인용하려 한다.

"명예에는 한계라는 규칙이 없다."

채무에 대한 대책이 세워졌다. 나는 여유만만한 생활을 거두고 다시 일을 시작해야 했다. 책을 써야 했고 강연을 다시 시작해야만 했다. 아내는 4년 안에 채무를 청산할 수 있다고 말했다. 로저스 씨는 좀더 조심스럽고 좀더 보수적이면서도 좀더 자유로운 입장을 취했다. 그는 7년을 시작으로 해서 원하는 만큼 시간이 걸려도 좋다고 했다. 물론 농담을 한 것이었다. 그가 재미를 위해서 유머를 사용하지 않을 때라고는 잠자고 있을 때뿐이었다. 나는 아내가 말한 4년보다 그가 말한 7년이 더 근접한 수치가 아닌가 싶어 내심 두려웠다.

어느 날 우연히 들은 말로 해서 큰 충격을 받고 상당히 마음이 흔들렸던 적이 있었다. 로저스 씨 옆에 있던, 사업 실무의 베테랑 두 사람이 나눈 대화에서 나온 얘기였다.

"클레멘스 나이가 몇이지?"

"58세."

"58세에 실패한 사람의 95%는 재기가 불가능해."

"98% 이상이라고 하는 편이 더 나을걸."

며칠 동안 이 대화가 머릿속을 맴돌면서 우울한 예감이 들어 몹시도 괴로웠고 나 자신 또한 이 대화를 반박할 만한 이유를 찾을 수가 없었다. 100명 중에서 58세에 실패해서 결국 재기하지 못한 사람이 98명이라면 내가 99번째, 100번째가 될 확률은 얼마인가? 하지만 우울한 상태는 그리 오래가지 않았다. 곧 사라졌다. 아내가 내 고민을 알아채고는 항상 곁에 두고 있는 종이와 연필을 꺼내 아주 분명하고 확신 있게 빚을 청산하는 데 4년이 걸린다는 점을 밝혀 내고 성공적인 결과를 제시했다. 아내의 말이 옳다는 것을 알 수 있었다. 정말 아내의 말은 항상 옳았다. 통찰력, 지혜, 정확한 계산, 문제의 모든 측면을 볼 수 있는 훌륭한 판단력에 있어서 로저스 씨를 제외하고는 내가 알고 있는 세상 어느 누구도 아내를 대적할 수 없었다.

세부적인 사항을 준비하고 전 세계를 도는 강연회의 계획표를 작성하는 데 상당한 시간이 걸렸다. 마침내 준비 작업이 마무리되었고 1년간의 강연 계획이 잡힌 상태에서 1895년 7월 중순 강연을 시작했다.

그러는 동안 로저스 씨는 채권자에 관련된 문제를 처음부터 관리하고 있었다. 채권자는 총 96명이었다. 그는 채권자들을 만나고, 회의를 하고, 언쟁을 벌이고, 설득을 했지만 결코 싸우지는 않았다. 아내는 하트포드에 지어서 자신의 명의로 되어 있는 집을 채권자에게 넘기고 싶어 했지만 로저스 씨는 받아들이지 않았다. 또한 내 저작권이 채권자에게 넘어가는 것 또한 허락하지 않았다. 출판사가 퇴락할 때 아내는 출판사를 구해 보려고 약속어음을 받고 6만 5천 달러를 빌려 주었다. 로저스 씨는 이를 근거로 아내를 우선 채권자로 해서 약속어음의 청산에 대한 권리를 갖게 하려 했다. 그가 자신의 의견을 굽히지 않았기 때문에 채권자들은 마침내 그의 의견을 수용했다.

로저스 씨는 저작권의 포기를 제외하고 단 두 가지를 주장했다. 채권자는 현재로서는 웹스터의 자산으로 만족해야만 하고, 또 회사의 나머지 부채를 갚을 수 있도록 내게 시간을 주어야 한다는 점이었다. 그러고는 자신의 뜻을 관철시켰다. 그의 이론은 명확했고 태도와 목소리에는 사람을 압도하는 힘이 있었을 뿐만 아니라 친절함과 진실성이 눈을 통해 나타났기 때문에, 생각하는 능력이 있고 느낄 수 있는 가슴이 있는 사람이라면 누구라도 설득할 수 있었다. 96명의 채권자 중에서 단지 3~4명만이 타협이 불가능한 엄격한 조건을 들고 나와서 내 편의 봐주기를 거부했다. 나머지 채권자들은 얼마든지 시간 여유를 갖고 자유롭게 일하라고 하면서 어떤 방식으로든 방해하지 않고 어떤 행동도 취하지 않겠다고 말했다. 나는 앞서 말한 3~4명에 대해 결코 그들의 적의를 원망하지도 않았고 별다른 언급을 하지도 않았다. 이 자서전에서는 빼고 말이다. 자서전에서도 내가 그들에게 앙심을 품었다거나 원한을 가졌다고 말하는 것이 아니다. 다만 그런 사람들이 있었다고 솔직하게 말하고 있을 뿐이다. 게다가 이 말이 그들을 다치게 하지도 않을 것이다. 이 책이 인쇄되기도 전에 그들은 지옥에 있을 것이라 굳게 믿고 있기 때문이다.

로저스 씨는 그 와중에도 먼 미래를 내다보고 있었다! 그가 내 저작권을 보호해서 내 가족에게 귀속시켜 두려고 애쓰고 있을 때도 나는 그가 왜 저작권 문제를 그토록 중요하게 생각하는지 이해할 수가 없었다. 그는 저작권이 커다란 자산이라고 말했다. 그냥 줘 버릴 수도 없을 만큼 전혀 자산이 되지 못한다고 내가 대꾸하자 그는 기다리라고 말하면서 공황 상태가 진정되고 사업이 살아나면 알게 될 것이라 했다. 저작권은 과거보다는 앞으로 더욱 가치를 가지게 될 것이라고 했다.

이것은 재정 문제에 정통한 재정가, 자본가의 생각이었다. 철도, 석유, 은행, 철, 구리, 전신 등에 관한 전문가의 의견이었다. 하지만 그가 책에 대해서 무엇을 알 수 있겠는가? 저작권의 가치에 대한 그의 의견이 경험 많은 오랜 출판사의 의견과 상충된다면 어찌되는가? 사실 상충되었다. 웹스터 출판사의 파산으로 내 책 중 일곱 권이 내 수중에 떨어졌고, 나는 그 책을 1급 출판사 3군데에 제공했지만 거절당했다. 로저스 씨가 나와 아내의 방식대로 저작권을 처리하도록 그대로 두었다면 저작권은 출판사에 넘어갔을 것이다.

나는 로저스 씨가 베풀어 준 친절과 훌륭한 서비스에 감사하지만 무엇보다도 감사한 일은 내 저작권을 보호해 준 점이었다. 이로 해서 나와 내 가족은 궁핍에서 건져지고 끝까지 편안하고 풍족한 생활을 보장받을 수 있었다.

로저스 씨는 위대한 특징을 많이 가지고 있었지만 그 중에서 내가 가장 존경했던 점이자 내게 부족했기 때문에 항상 나를 책망하는 근거가 되었던 점은 그의 이타적인 태도였다. 그는 진정한 친구나 명분이 관련되었을 때는 앞으로 나와 어려움을 감수하고 이를 타개하려 노력했다. 나는 태어나면서부터 게으르고, 꾸물대고, 무심했기 때문에 이러한 그의 모습은 내게 항상 경이로움이었고 즐거움이었다. 그는 어떤 일이든 회피하는 일이 없이 두뇌와 두 손을 항상 부지런히 움직였다. 가장 바쁠 때 가장 행복하고, 일과 의무가 가장 무거울 때 가장 마음이 가벼워 보였다.

아내와 클라라와 나는 1895년 7월 15일에 전 세계를 도는 강연 여행을 시작했다. 13개월 동안 강연으로 돈을 벌었고 그 사이 《적도를 따라서》를 집필하여 출판했다. 우리는 책과 강연으로 수입이 생기는 즉시 로저스 씨에게 보냈다. 그는 채권자에게 갚을 의도로 돈을 은행에 넣어 두고 모으기 시작했다. 우리는 그에게 소액 채권자에게는 즉시 채무를 변제하도록 부탁했지만 그는 그렇게 하려 하지 않았다. 그는 강연을 다 마치고 난 총 수익을 채권자에게 동등한 비율로 분배해야 한다고 말했다.

1898년 말이나 1899년 초에 로저스 씨는 비엔나에 있는 나에게 "채권자에게 채무 전액을 지불했고 1만 8천5백 달러가 남았소. 이 돈을 어떻게 했으면 좋겠소?"라는 전보를 쳐 왔다.

나는 페더럴 스틸(Federal Steel)의 주식을 사라고 했고 로저스 씨는 1천 달러를 제외하고 모두 주식에 넣었다가 두 달 만에 125%의 차익을 남기고 다시 꺼냈다.

이제 이 얘기를 마무리하려 한다. 정말 감사한 일이다! 이렇듯 견디기 힘든 얘기를 정말 수백 번이고 글로 남기려 했었지만 도저히 그럴 수가 없었다. 채 반도 끝내기 전에 항상 속이 메스꺼웠다. 하지만 이번에는 두 손을 꽉 쥐고 번민 속에서 방을 이리저리 거닐면서도 내 속에 있던 것을 그대로 드러내었다. 다시는 이에 대해 말할 필요가 없기를 희망하면서.

53

과거 35년 동안* 내 문학적 조선소에는 완성되지 않은 채 햇빛에 그을리며 방치된 선박이 항상 2척 이상 남아 있었다. 대개는 4~5척 정도 되었다. 사업성과는 거리가 먼 얘기이지만 목적 없이 그렇게 했던 것이 아니라 다분히 의도적인 것이었다. 책이 저절로 술술 쓰이는 한 나는 흥미를 유지하면서 성실하게 집필했고 결코 중간에 그만두는 일은 없었다. 하지만 머릿속으로 상황을 생각해 내야 하고 모험을 고안해 내야 하고 대화를 이끌어내야 하는 작업을 해야 하는 순간에 이르면 나는 원고를 옆으로 미뤄두고 마음속에서 지워 버렸다. 그러고는 한 2년 동안 빈둥거리며 휴식을 취하고 나서 다시 검토하여 작품에 대한 흥미가 다시 살아나 술술 써 나갈 수 있는지 판단했다.

책을 써 내려가다 보면 중간 즈음에 이르러 곧 싫증이 나고 더 이상 앞으로 나아갈 수 없게 되는데 이럴 때는 휴식을 취해서 힘과 흥미를

---

*1906년 8월 30일에 저술

다시 살아나게 하고 고갈된 자료를 다시 강화해야 한다. 이 소중한 법칙을 우연히 발견하게 된 것은 《톰 소여의 모험》의 중간 부분에 도달했을 때였다. 원고를 400페이지 정도 써 내려갔을 때 얘기가 갑자기 멈추어 버리더니 더 이상 앞으로 나아가기를 거부했다. 날이 바뀌어도 상황은 마찬가지였다. 나는 낙심했고 고민에 빠졌고 끝없이 경악했다. 분명 얘기는 끝나지 않았는데 왜 작업을 계속할 수 없는지 이유를 도통 알 수가 없었기 때문이다. 이유는 간단했다. 탱크가 고갈되었던 것이다. 비어 버렸던 것이다. 탱크 안에 저장된 자료가 소진되었던 것이다. 얘기는 자료 없이 진행될 수 없다. 무에서는 아무것도 쓸 수가 없다.

원고를 책상 한구석에 2년 동안 방치해 두었다가 어느 날 꺼내어 마지막 부분을 읽어 보았다. 그때 말랐던 탱크가 그저 내버려 두기만 했는데도 저절로 다시 차올라 있다는 엄청난 사실을 발견하게 되었다. 잠자는 동안 심지어 다른 작업을 하는 동안에도 탱크가 차는 일은 계속되었고 이러한 무의식적이고 유익한 두뇌 작업이 진행되고 있다는 사실을 인식하지 못하는 상황에서도 계속되었던 것이다. 나는 그때 완전히 자료가 풍부해져서 계속 책을 쓸 수 있었기 때문에 아무런 고충 없이 《톰 소여의 모험》을 완성할 수 있었다.

그때 이후로 책을 쓸 때 탱크가 고갈되는 상황이 발생하면 고민하지 않고 원고를 한쪽 귀퉁이에 밀어둔다. 2~3년 안에 아무런 수고 없이 탱크가 다시 차올라서 쉽고 간단하게 작품을 완성할 수 있다는 사실을 잘 알고 있기 때문이다. 《왕자와 거지》를 쓸 때도 집필 중간에 탱크가 고갈되어 작업을 중단했었다. 그러고는 2년 동안 손가락 하나 까딱하지 않았다. 《아서왕 궁전의 코네티컷 양키》를 쓸 때도 2년이라는 휴식기가 있었다. 다른 책을 쓸 때도 이와 유사한 기간이 있었다.

《어느 것이지?Which Was It?》라는 작품을 쓸 때는 그런 기간이 두 번 있었는데 사실상 두 번째의 기간은 지금 4년째로 상당 기간 지속되고 있다. 이러다가도 탱크가 다시 차오르면 원고를 다시 집어 들어서 흥미가 끊기는 일없이 순식간에 나머지 반을 써 내려갈 수 있다는 점을 알고 있다. 하지만 그렇게 하지 않으려 한다. 펜을 놀리는 일이 귀찮아졌기 때문이다. 천성이 게으른데다가 구술로 버릇이 더 나빠지고 말았다. 다시는 펜을 손에 잡지 않을 것이다. 따라서 그 책은 완성되지 못하리라. 사실 그 작품의 아이디어가 신선해서 완성된다면 독자에게 상큼한 놀라움을 안겨줄 것이기 때문에 작품이 미완성으로 남는다는 것이 안타깝기는 하다.

4년 전에 3만 8천 단어까지 쓰고는 파기해 버린 작품도 있었다. 언젠가 완성시킬지 모른다는 두려운 생각이 들었기 때문이다. 허클베리 핀과 톰 소여 그리고 짐 또한 그 얘기의 주인공이었다. 하지만 이 삼총사는 이 세상에서 할 일을 다 했기 때문에 영원한 휴식을 취하게 해야 한다고 나는 믿고 있다.

1893년 프랑스 루앙에서는 잡지용으로 계산해서 1만 5천 달러 가치의 원고를, 1894년 초반 파리에서는 1만 달러 가치의 원고를 없애 버렸다. 원고가 기준에 미달되었기 때문인데, 원고 더미가 수중에 있으면 팔려는 유혹에 넘어갈지도 몰라 두려웠다. 보통은 유혹이 없을 것이고 나 또한 기준이 의심스러운 작품을 출간할 생각은 하지 않을 테지만 당시 워낙 엄청난 부채에 시달리고 있었고 내 처지를 개선하고 싶은 유혹이 너무나 강했기 때문에 원고를 소각시키고 말았다. 아내 또한 단순히 반대하지 않는 것에 그치지 않고 원고를 없애라고 강력하게 권했다. 다른 관심사보다는 내 평판에 더욱 신경을 썼기 때문이다.

당시 아내는 내가 또 다른 유혹을 물리칠 수 있도록 도와주었다. 유머러스한 정기간행물에 편집인으로 내 이름을 사용하는 대가로 1년에 1만 6천 달러씩 5년 동안 준다는 제안이었다. 나는 그 유혹을 물리치라고 부추겨 준 아내에게 찬사를 보냈다. 사실상 그다지 유혹이 될 만한 일은 아니었지만 유혹이 되었더라도 아내의 태도에는 변함이 없었을 것이다. 내 상상력은 좋은 상태에 있을 때는 자유분방하고 호사스러운 것들을 많이 생각해 낼 수 있지만 유머러스한 정기간행물의 편집자 직을 수행하면서는 자유분방하고 호사스러운 생각을 전혀 할 수가 없다. 이는 내게 가장 슬픈 직업이 될 터이다.

더 이상 집필하기를 거부한 작품도 몇 편 있다. 몇 년 동안 방치되어 있지만 집필을 계속할 수가 없다. 책으로 만들 가치가 없기 때문이 아니라 단지 얘기를 풀어내기 위한 올바른 형식이 존재하지 않기 때문이다. 소설에는 그 소설에 적절한 형식이 단 한 가지 존재한다. 그 형식을 찾는 데 실패하면 소설은 빛을 볼 수 없다. 십여 가지의 그릇된 형식을 시도해 볼 수는 있지만 얼마 안 가서 올바른 형식이 아니라는 사실을 발견하게 되고, 그렇게 되면 소설은 그 시점에서 멈추어 더 이상 진척될 수 없게 마련이다. '잔 다르크' 이야기에서 나는 그릇된 출발을 여섯 번 했다. 그 결과를 알려줄 때마다 아내는 매번 똑같은 치명적인 비평 즉 침묵으로 일관했다. 아내는 한마디도 하지 않았지만 아내의 그런 침묵은 천둥의 목소리로 말하는 것과 같았다. 마침내 올바른 형식을 찾았을 때 나는 그것이 올바르다는 점을 대번에 인식했고 아내가 무슨 말을 할지도 알았다. 아내 또한 의심이나 주저함 없이 올바른 형식이 틀림없다고 말했다.

간단하고 짧은 소설 한 편을 써 보려고 12년 동안 여섯 번 시도를 해 본 적이 있다. 출발만 제대로 한다면 4시간 안에 쓸 수 있다는 점을 알고 있었다. 하지만 여섯 번 실패했다. 어느 날 런던에서 로버트 맥클루어(Robert McClure)를 만나 이 소설에 대해 언급하면서 그 내용을 잡지에 실어 이를 소설로 가장 잘 엮을 수 있는 사람에게 상을 주는 것이 어떻겠냐고 제안했다. 그리고 무척 흥분한 가운데 30분 동안 계속 그 내용을 들려주었다. 그러나 그는 "스스로 얘기를 다 하셨습니다. 지금 한 말을 그대로 종이에 적기만 하면 될 것 같습니다."라고 말했다.

나는 이 말이 사실이란 것을 알았다. 결국 나는 4시간 만에 소설을 매우 만족스럽게 완성시킬 수 있었다. 〈죽음의 웨이퍼 The Death Wafer〉라는 제목을 단 이 작품을 완성하는 데는 12년하고 4시간이 걸렸다.

올바른 출발이 필수적인 것은 확실하다. 너무나 여러 차례 입증이 된 사실이라 의심할 여지조차 없다. 25년 전인가 30년 전에 정신적인 텔레파시의 경이로움에 바탕을 둔 소설을 쓰기 시작했다. 수천 마일 떨어진 두 사람의 정신을 동시에 작동시켜 전선 없이 자유롭게 대화할 수 있는 체계를 고안해 낸다는 얘기였다. 나는 잘못된 방향으로 네 번 출발을 했지만 진척이 되질 않았다. 세 번은 100쪽을 쓰고 난 후에 실수를 알아차렸고 네 번째 쓸 때는 400쪽을 쓴 후에 실수를 알아차렸다. 그러고는 아예 쓰는 작업을 포기하고 모두 소각시켰다.

54

'1601'은 1876년경 어느 여름 날 쿼리 농장에서 연구를 하고 있을 때 트위첼(Twichell)에게 썼던 편지이다. '1601'의 사본을 본 지 수년이 되었다. 편지를 썼던 비교적 젊은 시절에 재미있었던 만큼 지금도 재미있을지 궁금하다. 매우 두터운 편지였다. 나는 편지를 둘둘 말아 싸서 하트포드에 있는 트위첼에게 보냈다. 그리고 그 해 가을 하트포드에 있는 집으로 돌아왔을 때 트위첼과 나는 토요일마다 탤코트(Talcott) 탑까지 10마일을 걸어갔다 오는 운동을 시작했는데 이때 그 편지를 가져가곤 했다. 길 한편으로는 6마일가량 히코리 나무숲이 펼쳐져 있었고 가까이에는 용담(龍膽)꽃이 만발한 장소가 펼쳐져 있었다. 탑에서 돌아오는 길에 우리는 용담을 모았고, 히코리 나무에서 떨어진 낙엽이 쌓여 만들어진 황금빛 융단 위에 누워서 주변의 시적인 배경에 힘입어 그 편지를 꺼내어 읽곤 했다. 우리는 연회에서 술을 따르는 사람의 고통에 대해 읽으면서 온몸을 뒤틀며 웃어 댔다. 지금도 그렇게 웃을 수 있는지 모르겠다. 우리는 그때 정말 젊었다! 아마도 그 편지에는 당시 우리가 생각했던 만큼 웃을 만한 거리가 그다지 많지 않았을지도 모른다.

겨울에 딘 세이지(Dean Sage)가 찾아왔을 때 트위첼은 몸이 근질거려 더 이상 숨길 수가 없어서 그에게 편지를 보여 주었다. 세이지는 편지가 무척이나 재미있어서 다른 사람들의 반응이 궁금해졌다. 비밀을 지키겠다고 약속했기 때문에 편지를 누구에게도 보여 줄 수 없었지만 그의 말을 빌리자면 개에게라도 보여 주고 싶은 마음에 의도적으로 흡연 기차 복도에 떨어뜨리고는 근처에 앉아서 사람들의 반응을 살폈다. 편지는 기차 안에 있던 이 사람 저 사람에게로 옮겨 다녔다. 세이지는 가서 자신의 것이라고 가져오고는 편지에 문학적인 가치가 있다는 점을 확신했다. 그래서 브룩클린에서 몰래 12부를 인쇄해서 한 부를 버팔로의 데이비드 그레이에게 보내고 한 부는 일본의 한 친구에게, 한 부는 영국의 휴톤 경에게, 또 한 부는 알바니의 유대교 랍비에게 보냈다. 그 중 특히 유대교 랍비는 매우 학식이 있고 유능한 비평가인데다가 옛 문학을 사랑하는 사람이었다.

'1601'은 일본과 영국에서 비밀리에 인쇄되었고 우리는 조금씩 그 소식을 듣기 시작했다. 학식 있는 랍비는 이 작품이 지금은 퇴행한 엘리자베스 시대 영어를 모방한 걸작이라고 말했다. 또한 시인인 데이비드 그레이(David Gray)는 내게 매우 귀한 찬사를 남겼다. 그의 찬사는 이렇다.

"작품에 귀하의 이름을 다십시오. 부끄러워하지 마십시오. 위대하고 훌륭한 문학작품이고 후세까지 살아남을 가치가 있으며 살아남을 것입니다. 귀하가 쓴 《철부지의 해외 여행기》는 지금 잊혀졌지만 이 작품은 살아남을 것입니다. 주저하지 마십시오. 두려워하지 마십시오. 상속인에게 귀하의 묘비에 '그는 불후의 '1601'을 썼다'라고만 새겨 넣으라고 유언장에 기록하십시오."

1891년 우리가 유럽으로 항해를 떠났을 때 이 편지의 사본을 내 서재 서랍 안에 깊숙이 넣어 두었다. 안전한 장소라 생각했기 때문이다. 우리는 거의 10년을 나가 있었고 사본을 원하는 사람이 있을 때마다 나는 미국에 돌아가면 주겠노라고 약속했다. 내가 전 세계를 돌며 강연을 할 때에도 공공연하게 '1601'을 보내 주겠노라고 약속을 했다.

마침내 집에 돌아왔지만 그 귀중한 걸작품의 흔적은 집 어느 곳에서도 찾아볼 수 없었다. 그래서 원고 사본을 보내 주겠다는 약속은 아직도 지키지 못하고 있다. 2~3일 전에 원고를 찾아서 지금은 뉴욕에 있는 집에 안전하게 보관되어 있지만 그 걸작품을 다시 한번 검토해서 정말 걸작인지 아닌지를 확인할 때까지는 약속을 지키지 않으려 한다. 25년 전에는 그렇지 않았으나 지금은 좀 미심쩍은 마음이 들기 때문이다. 그때 당시 나는 '1601'이 영감을 받아서 쓴 것이라고 믿고 있었다.

《아서왕 궁전의 코네티컷 양키》는 옛날 영국에서 노동에 시달리며 아무런 보호도 받지 못하던 가난한 사람들의 척박한 생활 상태를 상상해 본 결과였다. 이들의 척박한 상태는 당시에 특권과 엄청난 부를 움켜쥔 교회의 문명화된 총아들의 생활 상태와 자연스럽게 대조가 되었다. 작품을 통해서 단지 아서왕 시대의 영국의 생활상뿐만 아니라 중세 시대의 영국 생활을 현대 기독교 세계 및 현대 문명에서의 생활과 비교하려고 의도했다. 물론 현대의 생활에 우세하도록 말이다. 러시아와 벨기에의 왕궁을 제외한다면 현대 기독교 국가 어느 곳에서도 이러한 우세는 존재하는 것이 사실이다.

벨기에의 왕궁은 14년 동안 국왕 레오폴드 2세라는 짐승의 소굴이었다. 그는 돈 때문에 콩고 주(지금의 콩고민주공화국—옮긴이)의 50만 명에 달하는 외롭고 무기력하고 가난한 원주민을 매년 불구자로 만들고, 살해하고, 굶기고 있다. 게다가 영국을 제외한 기독교 국가의 무언의 동의에 의해 이러한 일이 자행되고 있고 그 어느 국가도 이러한 잔학 행위에 제지를 가하지도 목소리를 높이지도 않는다. 이들 중 13개국이 엄숙한 협정을 통해 비참한 원주민들을 보호하고 지위를 향상시켜 주도록 서약을 했는데도 불구하고 말이다. 14년 동안 레오폴드는 지난 1천 년 동안 지구상의 모든 전쟁터에서 죽어간 사람들보다 더 많은 생명을 고의로 파괴했다. 이 엄청난 진술로 해서 나는 그들의 표적이 되었고 동시에 수백만 명의 생명 또한 그들의 사정권 안에 들게 되었다. 태양이 비춘 이래 가장 발전하고 가장 문명화된 세기가 이렇게 입으로만 경건을 말하는 위선자를 만들어 냈다는, 인간 역사의 어느 곳에서고 견줄 만한 대상을 찾을 수 없을 뿐만 아니라 지옥에서조차 수치스러워 할 피비린내 나는 악마를 만들어 냈다는 등골 오싹한 오명을 지녀야 한다니 참으로 야릇한 일이 아닐 수 없다.

중세 시대 빈민들의 생활 상태는 매우 열악했지만 지난 14년 동안 콩고 주 사람들의 생활 상태에 비교한다면 그야말로 천국 자체이다. 앞서 러시아에 대해서도 언급했다. 중세에 전체 기독교 국가에서의 생활은 잔인하고 비참했지만 오늘날 러시아에서의 생활만큼은 아니다. 러시아에서는 지난 300년 동안 막대한 인구가 학대로 인해서, 또한 교수형에 처해야 마땅한 왕관 쓴 암살자와 약탈자를 생산해 낸다는 더러운 목적을 위해서 땅에 묻혀 죽어 갔다. 비참한 생활을 이어가고 있는 3천만 명의 러시아 국민은 우리가 그토록 불쌍하게 생각하는 중세 시대의 빈민들보다 훨씬 더 척박하게 살아가고 있다. 요즈음 사람들은 별 거리낌 없이 러시아를 중세적이면서 중세 시대에 정체되어 있다고 말하지만 이는 아첨에 불과하다. 러시아는 중세 시대보다 훨씬 뒤처져 있다. 전제군주제도가 존재하는 한 중세 시대를 따라잡을 수조차 없다.

55

나는 문학, 음악, 연극 등에서 비평가들이 하는 일이 모든 직업의 일 중에 가장 저급하고 진정한 가치가 없는 일이라고 믿고 있다. 찰스 더들리 워너와 내가 《도금시대》를 세상에 내놨을 때 〈데일리 그래픽 *Daily Graphic*〉의 편집자가 미리 한 부를 달라고 부탁했다. 그러고는 〈월간 애틀랜틱〉에 발표하기 전에는 절대 자신의 잡지에서 출판 소식을 발표하는 일은 없을 것이라고 맹세했다. 이 비열한 인간은 그 후로 사흘 만에 책에 대한 서평을 실었다. 그의 개인적인 맹세를 믿고 책을 건네 준 것이기 때문에 항의도 할 수 없었다. 그에게 무언가 실질적인 조건을 요구했어야만 했다. 나는 그의 서평이 책의 장점이나 결점을 주로 다룬 것이 아니라 대중에 대한 나의 도덕적인 태도를 다룬 것이라고 생각한다. 그는 서평에서 책의 반은 워너가 썼음에도 내 이름을 사용해서 선전을 하고 이에 따라 신용을 획득한 행동은 자신의 평판을 사용해서 대중을 우롱한 것이라고 주장했다. 사실 내 이름을 사용하지 않고서는 신용이 얻어질 수 없기 때문에 이러한 내 행동이 독자들에 대한 중대한 사기극이라는 내용이었다. 〈그래픽〉은 이런 종류의 주제에 대해 언급할 만한 매체가 못 되었다. 세계 최초로 유일하게 삽화를 게재한 일간신문이라는 특징은 있었지만 다른 특징은 없었고 편집도 조악하고 엉망인데다가 책이나 다른 예술 작품에 대한 비평이란 것이 하찮기 짝이 없었다. 모두들 이 사실을 알고 있었음에도 국내의 비평가들은 차례로 〈그래픽〉의 비평을 베껴서 단지 표현만을 바꾼 후에 나를 부정직한 행동의 소유자로 매도했다. 심지어 중서부에서 가장 중요한 저널인 위대한 시카고 〈트리뷴〉조차도 새로운 의견을 생각해 내지 않고 부정직 운운하는 〈그래픽〉의 하찮은 견해를 그대로 수용했다. 하지만 대응하지 않고 그대로 놔두기로 했다. 우리에게 비평가가 있고, 선교사가 있고, 국회의원이 있고, 유머리스트가 있는 것은 모두 신의 뜻이기 때문에 우리는 그 짐을 져야만 한다.

나의 개인적인 외모에 대해서 처음으로 묘사한 비평가는 어리석기 짝이 없고 용서할 수 없는 잘못으로 가득한 묘사를 통해 내 외모가 비참하리만치 형편없다는 결론을 이끌어 내었다. 이 묘사는 신문에 실려 전국을 돌아다니면서 사반세기 동안이나 줄기차게 사용되었다. 나를 직접 본 적이 있는 비평가들조차도 펜을 들어 이러한 거짓말을 타파할 용기를 보이지 않는 것이 내게는 이상할 뿐이었다. 내 외모에 대한 이 거짓말이 1864년 태평양 연안의 도시에 퍼지기 시작하면서, 사람들은 내 외모를 당시 순회 강연을 하던 페트롤리움 V. 내스비(Petroleum V. Nasby)의 외모와 견주었다. 그 후로 25년 동안 비평가들이 내 외모를 묘사할 때마다 내스비의 외모를 들먹였다. 나는 내스비를 잘 알고 있었다. 그는 음식 탐이 많은 사람이었다. 사실 내스비를 닮았다고 하면 어느 누구라도 나보다 더 불쾌해하면 했지 덜하지는 않았을 것이다. 외모에 대한 이러한 비평은 가슴속 깊은 곳까지 상처를 주었다. 비평가들이 아무런 근거도 없이 이 지긋지긋한 실수를 해마다 계속했기 때문에 오늘날까지도 가슴속 깊이 아픔으로 남아 있을 뿐만 아니라 수지를 포함한 내 가족에게도 오랫동안 고통이 되었다. 내게 특별히 친근하게 대하면서 찬사를 보내는 듯한 태도를 보이던 비평가들은 감히 내 옷에 대해 언급하는 이상의 선은 넘지 않았다. 그들은 내 옷에 대해 갖가지 기분 좋은 찬사를 늘어놓은 후 불현듯 내스비 얘기로 마무리를 했다.

어제* 내 옛날 수첩 주머니에서, 오려 내 보관한 기사 하나를 찾았다. 39년 전 날짜가 적혀 있는 이 기사는 당시 내가 보관할 생각으로 오리면서 골똘히 생각하고 비탄에 잠기며 느꼈던 쓰디쓴 감정으로 인해 종이와 잉크 모두 노랗게 변해 있었다. 그 기사를 여기에 옮겨 놓겠다.

필라델피아 〈프레스〉의 통신원이 스커일러 콜팩스(Schuyler Colfax: 그랜트 대통령 시절 미국의 부통령—옮긴이)가 주최하는 리셉션에 대한 기사를 쓰면서 워싱턴 통신원에게 이렇게 말했다. "뛰어난 유머리스트인 마크 트웨인이 참석했다. 모습이 마치 사자와 같다. 마크는 총각이고 흠잡

---

* 1906년 2월 7일에 저술

을 데 없는 취향을 가지고 있다. 그의 눈같이 흰 조끼를 보면 워싱턴의 세탁부와 얼마나 끊임없이 다툼을 벌이고 있는지 알 수 있다. 하지만 그러한 청결과 부드러움이 전에는 결코 드러난 적이 없기 때문에 그의 영웅주의가 확고하게 자리잡았음을 알 수 있다. 그가 낀 연보라색 장갑은 터키의 규방에서 훔쳐 온 것일지도 모른다. 너무나 아담한 사이즈였다. 모습이나 이목구비에서 마크는 내스비를 얼마간 닮았다. 하지만 내스비가 철저하게 금발이라면 트웨인은 황금빛이면서 황색빛이 깃든 따뜻한 금발이다."

56

웨이크맨(Wakeman) 선장을 처음 알게 된 것은 39년 전이었다. 그와 두 번의 항해를 같이 하면서 급속히 친구 사이가 되었다. 그는 건장하고 잘생기고 균형 잡힌 몸집을 지닌 강한 사람이었다. 햇볕에 그을린 얼굴, 석탄처럼 까만 머리카락과 구레나룻, 누구도 말대꾸하지 않고 복종을 하게 만드는 그런 종류의 눈을 가지고 있었다. 그는 최상의 인간적인 본성을 가진 사람이었다. 마음이 따뜻하고 동정심이 많고 충성스럽고 사랑스러운 영혼의 소유자였다.

그는 머리 꼭대기부터 발끝까지 선원이었다. 이는 참으로 적절한 표현이 아닐 수 없다. 바다에서 태어나서 65년 동안 모든 대륙과 온갖 섬 구석구석을 돌아다녔지만 우연히 돌발사태가 발생한 경우를 제외하고는 육지에 발을 디뎌 본 적이 없기 때문이다. 그는 평생 정식 학교교육을 받아 본 적이 없이 간접적으로 세상에 대한 지식을 습득했는데, 어느 것 하나 정확한 것이 없었다. 또한 말이 많았으며 무진장 흥미로운 인물이었다. 폭넓고 상스러운 발언에 관한 한 그가 살아 있는 동안에는 감히 필적할 자가 없었다. 그가 허세를 부리는 소리를 듣는 것은 내게는 짜릿한 기쁨이었다. 그는 암송을 통해서 성경을 알고 있었고 깊고 진지하게 종교적이었다. 늘 성경을 공부해서 성경 안에서 항상 새로운 것, 신선한 것, 예기치 못한 즐거움과 놀라움을 발견했다. 그러고는 자신의 발견에 대해 말하는 것을 즐겨서 무식한 사람들에게 자세하게 설명을 늘어놓곤 했다. 게다가 지구상에서 성경에 등장하는 기적의 비밀을 진정으로 알고 있는 것은 자신뿐이라고 믿었다. 각 기적에 대한 분별 있고 합리적인 설명을 자신이 할 수 있다고 믿으면서 좀더 불운한 사람들에게 자신이 터득한 점을 가르치기를 즐겼다.

나는 책 속에서 그에 대해 많이 얘기했었다. 그 중 하나는 자신의 유색인종 동료를 죽인 살인자를 친차(Chincha) 군도로 데려간 다음 항구에 모인 배의 각 선장들을 모아 놓은 자리에 끌고 나가 재판을 받게 한 얘기였다. 그는 살인자를 체포해서 손수 처형을 할 작정이었지만 그곳에 모인 선장들이 정해진 형식에 맞추어 법에 따라 재판을 받게 하자고 설득했다. 그는 상당히 망설이기는 했지만 그 정도까지는 물러섰다. 그러나 처형까지는 도저히 양보할 수가 없었던지 살인자를 스스로 교수형에 처해 버렸다. 살인자의 목에 올가미를 씌우고 나뭇가지에 줄을 던져서 묶고는 아무런 관련도 없는 성경 구절을 낭독함으로써 생명이 끊어지기도 전에 미리 반쯤 죽을 듯한 처절함을 경험하게 만들었다.

그는 매우 매력적이고 유쾌한 인물이었다. 53세 때 쾌속범선의 선장으로 뉴잉글랜드의 항구를 출발한 그는 케이프 혼을 돌아 샌프란시스코에 갈 예정이었다. 자신의 배 안에 승객이 있으리라고는 생각지도 못한 채였다. 항구에서 떠난 지 몇 주가 지났을 때, 배의 구석구석을 검사하던 그의 눈에 스물네댓 정도에 예쁜 옷을 입은 아름다운 아가씨가 포동포동한 팔을 괸 채 자고 있는 모습이 발견되었다. 그는 가던 길을 멈추고 서서 쳐다보다가 그녀의 모습에 매혹되고 말았다. 그러고는 이렇게 말했다.

"천사다. 천사가 확실해. 눈을 떴을 때 눈동자가 파란색이면 결혼할 테다."

아가씨의 눈동자는 파란색이었고 그래서 두 사람은 샌프란시스코에 도착하자마자 결혼식을 올렸다. 아가씨는 그곳의 학교에서 학생들을 가르칠 예정이었지만 계획이 바뀌었다. 선장은 오클랜드에 외양으로는 집이지만 실상은 배나 다름없는 자그마한 집을 지었다. 그곳에서 두 사람은 항해와 항해 사이의 기간 동안 이상적인 결혼 생활을 했다. 두 사람은 서로 헌신하고 존경했고, 곧 태어난 두 딸로 선박 천국을 이루었다.

웨이크맨 선장은 상당히 방대한 상상력을 지니고 있었다. 한번은 내게 천국에 다녀온 얘기를 해 주었다. 나는 그 얘기를 기억해 두었다가 한두 달 후에 글로 남겼다. 1868년 전반부의 일이다. 약 4만 단어 정도의 작은 책이 되었는데 나는 이 책에 《스톰필드 선장의 천국 방문기 Captain Stormfield's Visit to Heaven》라는 제목을 붙였다. 5~6년 후 하웰스에게 원고를 보여 주자 그는 두말없이 "출판합시다."라고 말했다.

하지만 나는 출판하지 않았다. 대신에 이 원고를 로드아일랜드 크기 정도의 작고 보잘것없는 싸구려 천국을 상상해서 묘사한 익살스러운 내용의 《열린 천국문 The Gates Ajar》으로 바꾸었다. 나는 먼저 과거 1천9백 년 동안 죽은 수많은 기독교인의 1% 중에서 겨우 1/10 정도만 수용할 수 있는 천국을 상상했다. 그러고는 정원을 늘렸다. 적당하고 합리적인 방대한 규모의 천국을 짓고 기독교인 수를 요즈음 공동

묘지 양의 10%까지 늘렸다. 또한 자발적으로 친절을 발휘해서 앞선 시대 동안 죽은 이교도의 1% 중에서 1/10을 천국에 넣어 주었다. 사실 천국과 아무런 연관이 없는 사람들이지만 그저 측은한 생각이 들어서 친절을 베푼다는 생각으로 그곳에 머물게 했다. 책의 마지막 부분으로 가면 천국은 내 수중에서 말할 수 없이 커져서 그 광활한 영토를 마일로 측정하는 것을 포기하고 오직 광년으로 측정해야 했다!

38년이 흐르는 동안 나는 빛바랜 오래된 원고를 몇 번이고 꺼내어 출판을 할 생각으로 검토를 했지만 항상 결론은 그대로 놔두자는 것이었다. 그러나 이제 이 자서전에 넣기로 한 것이다.* 그러므로 이 원고는 이제 앞으로 50년간은 빛을 보지 못할 것이다. 그때가 되면 나 또한 땅에 묻힌 지 오래되어 원고가 어떻게 되든 결과에 대해서 더 이상 염려하지 않게 될 것이다.**

나는 30년도 더 전에 하트포드에서 트위첼에게 웨이크맨에 대해 말해 주곤 했는데 곧 신기한 일이 발생했다. 트위첼은 평상시 휴가 습관 대로 가명으로 휴가를 떠났다. 그래야 온갖 종류의 그렇고 그런 인물들을 만날 수 있는데다가 자신이 성직자라는 사실을 그들이 알지 못하여 재미있게 지낼 수 있기 때문이다. 그는 태평양 연안으로 가는 우편선박을 타고 이스머스(Isthmus)를 향해 남쪽으로 떠났다. 이 노선의 여객선은 거의 운항을 중단했기 때문이다. 트위첼은 또 다른 승객을 발견하고 전혀 성인처럼 보이지 않는 모습에 끌려 당장 그에게 접

---

*3시간 후 나는 그 원고의 뒷부분 3분의 2를 태워 버렸다.(마크 트웨인 주) 그는 아무것도 태우지 않았다.(엮은이 주)
**1년 후 마크 트웨인은 마음을 바꾸어서 〈스톰필드 선장의 천국 방문기로부터의 발췌〉를 〈하퍼스Harper's〉 1907년 12월호와 1908년 1월호에 게재했고 이후 한 권의 책으로 묶었다.

근했다. 그 승객이 워낙 당당하고 생생하게 상스러운 말을 하는 것을 듣고 피터스라는 가명을 쓰던 트위첼은 "혹시 샌프란시스코의 네드 웨이크맨 선장이 아니십니까?"라고 물었단다.

그의 추측은 옳았고 두 사람은 나머지 항해 기간 동안 꼭 붙어 지냈다. 어느 날 웨이크맨은 트위첼에게 성경을 읽어 본 적이 있느냐고 물었다. 트위첼이 중얼거리며 확실한 답변을 하지 않자 웨이크맨은 성경을 읽어 보라고 설득하기 시작했다. 그러고는 트위첼에게 성경의 기적을 이해하는 방법을 가르쳐 주겠다는 사명감에 불타서 여러 기적들 가운데 바알 신의 예언자들과 이삭의 대결에 대해 상세하게 설명하기 시작했다. 트위첼은 이삭이 아니라고 말할 수도 있었지만(실제로는 이삭이 아니라 엘리야였다.—옮긴이) 자신이 상관할 성질의 문제가 아니었기 때문에 정정하지 않고 그대로 듣고 있었다. 트위첼이 전한 이 얘기는 정말 즐거운 것이었다. 나는 이 얘기의 전문을 내 책 중의 하나에 실었는데, 어느 책인지는 기억이 나지 않는다.

57

나는 하늘에 계신 아버지께서 원숭이에게 실망했기 때문에 인간을 만든 것이라고 믿는다. 또한 인간이 또는 고등 지능과 문화를 가진 존재가 자신의 특별한 흥미, 훈련, 경험과는 동떨어진 문제에 대해 의견을 내놓는다면 이 의견은 틀림없이 너무나 어리석고 가치 없는 의견이 될 것이기 때문에 하늘에 계신 아버지께서 다시 인간 존재에게 실망을 하게 되고 원숭이보다 별반 나은 것이 없다고 생각하게 될 것이라 믿는다. 의회는 저자나 출판인으로 구성된 것이 아니라 변호사, 농장주, 상인, 제조업자, 은행가 등으로 이루어져 있다. 이 의원들은 자신들과 관련된 위대한 산업에 영향을 미치는 법안이 상정되면 즉각적이고 총명한 관심을 기울인다. 이러한 문제에 개인적으로 깊은 관심을 가지고 있는 의원들이 많아서 온 힘과 정력을 기울여 법안에 찬성하거나 반대하기 위해 벌떡 일어나서 싸울 준비를 갖추고 있다. 또한 이 법안과 관련된 내용에 정통한 사람들이 의회에 참석하여 법안을 설명하고 토론할 뿐만 아니라 법안에 무지한 사람들에게 올바른 정보를 제공하고 문제를 설명한다.

결과적으로 미국과 영국 두 나라에서는 저작권법만이 유독 철저하게 절망스럽고 어리석은 법으로 남아 있을 수밖에 없다. 두 나라의 의회는 75년이나 80년 전, 저작권에 대해서 마치 태내의 아기만큼이나 철저하게 무지했던 그 시절의 상태 그대로이다.

당시 의회에는 철도에 대해 알고 있는 의원이 없었다. 단지 스티븐슨(증기기관을 발명한 영국 철도의 선구자―옮긴이)의 설명만이 철도에 대해 알 수 있는 유일한 자료였다. 그런데 의원들은 스티븐슨을 비현실적이고 반미치광이인데다 심지어 바보 같은 시인이라 생각했다. 철도에 대한 사전 지식도 경험도 부족했기 때문에 의원들은 스티븐슨의 생각을 이해할 수 없었다. 스티븐슨에게는 너무도 간단한 설명이, 선의의 입법자들에게조차 마치 안개와 같았다. 의원들의 생각에는 스티븐슨이 토로하는 말들은 완전히 무의미한데다가 헛된 꿈이나 미친 생각을 담은 수수께끼에 불과했다. 하지만 여전히 의원들은 신사답게 친절하고 인간적인 태도를 취하면서 인내심을 가지고 자선을 베푼다는 심정으로 스티븐슨의 말을 경청했다. 마침내 스티븐슨은 불같이 분개하면서 이성을 잃고 말았다. 철도 위에서 증기기차를 시속 12마일이라는 불가능한 속도로 달리게 할 수 있다는 사실을 다시는 세상에 증명하려 하지 않겠다고 선언하기에 이르렀던 것이다! 그리고 끝이었다. 그런 일이 있은 후에 입법자들은 더 이상 자신들의 견해를 예의바르게 자제하는 일 없이 생각대로 떠벌리며 스티븐슨을 몽상가에 괴짜, 미치광이라고 불렀다.

저작권 또한 스티븐슨이 직면해야 했던 것과 똑같은 상황에 늘 처해야 한다. 입법을 하기 위해 모인 입법자들 자체가 저작권에 대해서 완전히 무지할 뿐만 아니라 배우려는 마음조차도 가지고 있지 않다. 출판사의 주주가 되어서 저작업과 서적 사업에 개인적인 관심을 갖기 전까지는 말이다. 하지만 현대의 지질 연대 동안에는 그러한 일이 전혀 벌어질 것 같지 않다.

입법자가 저자인 경우에는 저자들의 입장을 이해하는 수도 있지만 매우 드문 일이다. 게다가 출판인의 입장을 이해하는 사람은 아무도 없다. 어떤 사람이 의회의 저작권 위원회 앞에 나설 만큼 능력을 갖추고 상당한 가치의 정보를 제공할 수 있으려면 저자이면서 출판인이어야 하고, 두 산업의 고뇌와 시련을 경험한 사람이어야 한다. 거대한 기업체의 이익에 관련된 문제에 있어서는 이를 지적으로 다룰 수 있는 경험과 개인적인 고통으로 유능하게 무장한 사람들이 국회에서 수없이 귀중한 연설을 행했다. 그러나 내가 알고 있는 한 상당한 권위를 가진 출판인 어느 누구도 입법부에 앉아서 자신이 수행하고 있는 사업의 이익에 대해 기억할 가치가 있는 또는 기억되어져야 하는 연설을 한 적이 없다. 내가 아는 한 저자 중에서는 입법부에서 자신의 직업의 이익을 위해서 인상적인 연설을 한 사람이 단 한 명 있었는데 바로 마콜리(Macaulay)였다. 그의 연설은 오늘날까지도 저자들과 출판인들 사이에서 위대한 연설로 여겨지고 있다고 생각한다. 하지만 마콜리의 연설은 주제에 대해 철저하게 무지했을 뿐만 아니라 변변찮고 미숙한 추론을 사용했기 때문에 저자이자 출판인인 사람의 입장에서 보면 하늘에 계신 아버지께서 원숭이를 버리고 인간으로 대체함으로 해서 원숭이에게 부당한 처사를 했다는 부동의 증거가 되었다.

간단한 예를 생각해 보자. 한 세기에 단지 20명의 바보만이 태어나고 그들 각자가 특별한 재능을 발휘해서 아무도 작성할 수 없었던 제품을 만들었다. 이를 통해서 그 바보와 그의 뒤를 이은 후손들 6명 정도가 경제적 지원을 받을 정도의 수입을 확보할 수 있었다고 가정한다면, 온 기독교 국가의 어떤 의회에서도 그 변변찮은 수입에 연수를 제한해서 그 후에는 제품에 대해 아무런 권리도 없는 사람들이 그 수입을 즐길 수 있도록 하려는 시도는 꿈에도 하지 않을 것이다. 의원들이라면 누구나 개인적 경험과 유전 요인으로 인해서 바보들에 대해 친근한 감정을 품고 있으며 동시에 동정의 마음을 가지고 있기 때문이다. 하지만 저작권에서는 그러한 일이 버젓이 벌어지고 있다. 영국이든 미국이든 42년이라는 저작권 유효기한*을 넘길 때까지 기억되는 책을 써 낸 작가를 1세기에 20명 이상 배출하지 못했다. 그럼에도 의원들은 42년이라는 기한에 탐욕스럽게, 강력하게, 병적으로 집착해서 마치 1백 년 동안 저작권이 유효하면 누군가가 20여 명 작가 가족의 저작권을 강탈하여 부당한 이익을 얻을지도 모른다는 정신 나간 추론을 하는 듯 보인다. 이보다 더 철저하고 끝을 모르는 어리석은 생각이 있을 수 있겠는가? 심지어 원숭이조차도 이 정도 수준까지는 내려오지 않는다.

한 세기 동안 우리는 22만 권의 책을 출판했다. 하지만 여전히 시장에 나와 있어서 독자의 눈에 띄는 책을 모아 보아야 욕조 하나나 채

---
* 1959년 현재는 56년이다.

울까 말까 한다. 그렇다면 저작권 유효기한이 1천 년이 되더라도 상황은 마찬가지 아니겠는가. 1천 년으로 책정해도 완전히 안전할 뿐만 아니라 존경을 받을 만한 처사가 될 것이다.

7년 전* 내가 영국에 있을 때 상원의 저작권 위원회에 불려간 적이 있었다. 저작권 유효기한에 8년을 덧붙여서 50년으로 만들려는 법안을 고려하고 있는 중이었다. 대부분의 질문을 한 사람은 유능한 상원의원 중의 한 명인 스링(Thring) 경이었는데 개인적인 훈련과 경험이 없는 문제에 대해서 한 인간이 얼마나 무식할 수 있는지를 보여 주는 매우 현저한 예인 것 같았다.

정말 긴 시간 토론이 오고 갔지만 한 가지 상세한 예만을 소개하고자 한다. 스링 경은 정당한 저작권 유효기한이 얼마라고 생각하느냐고 물었다. 나는 1백만 년 즉 영원이라고 대답했다. 그 대답이 그를 분개하게 만든 것 같았다. 확실히 그를 화나게 했다. 그는 아이디어는 전혀 재산이 될 수 없기 때문에 단순히 아이디어로 이루어진 책은 재산으로 구분될 수도 없을 뿐만 아니라 재산으로서 보호받을 수도 없는 것이 오래 전부터 이어져 온 통설이라는 사실을 알고 있느냐고 물었다. 나는 그 사실은 누구라도 알고 있는 것이라 대답하면서 언젠가 그 엄청난 맹신이 생겨났고 겉보기에 지적인 사람들이 그 맹신을 검토하는 수고를 거치지 않았기 때문에 그것이 존중할 가치가 전혀 없다는 사실을 깨닫지 못한 채 지금까지 맹목적이고 열성적으로 받아들여져 왔다고 주장했다. 그리고 그 사실이 여러 지적인 사람들을 통해 주장되어 왔음에도 불구하고 앤 여왕 시대 이후로 의회에서 전혀 고려해 본 적이 없는 것 또한 사실이라고 말했다. 그러고는 앤 여왕 시

---

* 1906년에 저술

대에 영구적인 저작권을 14년이라는 세월로 한정시킨 것은 저작권의 재산으로서의 가치를 인정하기 시작한 것이라고 말하면서 저작권 유효기한에 어떠한 종류의 제약을 가하는 것 예를 들어서 14년이라는 제한을 가하는 것일지라도 이는 책을 구성하는 아이디어가 재산이라는 사실을 인정한 것이 아니겠냐고 주장했다.

스링 경은 이러한 추론에 전혀 동요하지 않았다. 전혀 수긍하지 않았다. 단순히 아이디어를 모아 놓았을 뿐인 책은 어떤 의미로든 재산이 아니기 때문에 어떤 책도 영구적인 재산으로서의 가치를 지닐 수 없고 따라서 국가의 이익과 복지를 담당하는 입법부에서 그러한 은혜를 부여할 수는 없다고 말했다.

나는 그 의견에 반론을 제기해야겠다고 말하면서 영구적인 저작권은 영국에서 이미 존재했었고 국가의 이익과 복지를 보호할 사명을 띠고 있는 의회에 의해서 수여된 바 있다고 주장했다. 증거를 대라는 그의 말에 나는 구약서와 신약서, 기타 몇몇 종교 서적이 영국에서 영구적인 저작권을 부여받았다고 말했다. 가난했던 저자들의 굶주린 미망인과 아이들이 영구적인 저작권을 누리지 못하고, 무절제한 편애를 받지 않아도 배불리 잘살 수 있는 옥스퍼드 대학 출판사의 재산이 되어 버렸다고 말했다. 토론을 이끌어 낼 만한 주장이 아닌 것은 알고 있었지만 나는 짐짓 태연한 척했다.

그런 후에는 내 안에 내재되어 있는 점잖고 겸손한 태도로, 책이 아이디어로 이루어졌기 때문에 진정한 재산이 아니라는 전제에 반대하는 주장을 속속들이 폈다.

스링 경은 부동산을 예로 들었다. 나는 이 지구상의 아무리 조그만 땅도 아이디어의 결과가 아닌 것은 없으며 아이디어가 없다면 아무것도 아니라고 말했다. 그에게 무수히 많은 예를 들 수도 있었다. 만약 어떤 사람이 무지하고 아무짝에도 쓸모없는 개를 데려다가 훌륭한 사냥개로 혹은 훌륭한 양치기 개로 훈련을 시켰다면 그 개는 이제 귀중한 재산이기 때문에 어느 정도의 이익을 남기고 팔 수 있을 것이고 이렇게 취득한 가치는 아이디어를 실제적이고 지적으로 적용한 결과라고 말해 줄 수도 있었다.

아이디어라고 불리는 영감이 없었다면 철도도 전보도 인쇄 기술도 축음기도 전화도 그 외에 지구상에서 재산이라 불리는 어떠한 것도 존재할 수 없었을 것이라고 말해 줄 수도 있었다. 하지만 온갖 곳에서 영구적인 권리를 향유하고 있는 신성한 재산인 부동산도 다른 재산과 마찬가지로 그 가치는 아이디어에 바탕을 두고 있으며 부동산에 새로운 아이디어가 적용되기 때문에 매번 가치가 상승하는 것이라는 말만을 해 주었다.

그러고는 이러한 예를 들었다. 우연히 20명의 백인이 아프리카 중부로 여행을 떠났다. 그들은 눈에 보이는 광활한 지역 전체 중에서 버려진 굴 깡통만큼의 가치를 가진 땅이 단 한 뼘도 없다는 사실을 깨닫게 되었다. 그런데 일행 중에 아이디어로 똘똘 뭉쳐서 미래를 예측할 수 있는 사람이 있어서 언젠가 먼 훗날 철도가 이 지역을 통과할 것이고 지금의 야영지에서 도시가 번성하고 산업이 발달하게 되리라는 점을 인식할 수도 있을 것이다. 그 사람이 정말 현명해서 그 지역에 사는 부족의 추장들을 불러 모아서는 총 12자루와 위스키 한 통을 주고 땅 전체를 매입한 후에 집으로 돌아와서 자식에게 그 방대하고 영구적인 이익을 물려주는 증서를 남길 수도 있을 것이다. 때가 되어 도시가 세워지면서 땅의 가치가 상상할 수 없을 정도로 급상승하여 그 사람의 자식들이 엄청난 부자가 되는 일이 발생할 수도 있을 것이다.

세상에 진정한 정의가 존재한다면 책 속의 아이디어가 바로 부동산과 지구상의 다른 모든 재산에 가치를 창출시킨 요인이라는 점을 인식할 것이고 그렇다면 저자의 자식들도, 영국의 양조업자의 자식이나 집과 땅의 소유자나 영구적인 성서 저작권을 소유한 사람의 자식들과 마찬가지로 아버지의 아이디어의 결과를 정당하게 받을 자격이 있다는 점을 깨달을 것이다.

58

자서전을 구술하는 데에는 커다란 고충이 따른다. 앉아서 구술을 시작하려 할 때마다 부딪치게 되는 내용의 복합성 때문이다. 때때로 글의 내용이 한꺼번에 스무 방향에서 넘쳐나면 순식간에 이러한 나이아가라 폭포에 매몰되어 가라앉고 질식해 버리고 만다. 한 번에 한 가지 내용만을 구술할 수 있기 때문에 스무 개 중에서 무엇을 선택해야 할지 알 수가 없다. 하지만 여하튼 선택은 해야만 한다. 어쩔 도리가 없다. 나머지 19개의 내용이 다시는 스스로 모습을 드러내지 않을 것이기 때문에 영원히 사라져 버린다는 점을 알면서도 하나를 선택해야 한다. 선택을 할 때에는 마지막 순간에 떠오른 가장 최근 내용 즉 아직 식을 기회를 갖지 못해서 따끈따끈한 내용이 주로 선택된다. 이번에는 아마추어가 쓴 두어 편의 습작품이 선택되었다. 내 견해를 구하려고 보내온 작품이다. 지금까지의 경험으로 짐작컨대 아마추어들은 겉으로는 정직하고 냉철한 판단을 바라는 것처럼 보이지만 실상은 전혀 그렇지 않다. 정말로 그들이 원하고 기대하는 것은 찬사이고 격려이다. 하지만 아마추어 작가들에게 찬사와 격려를 해 주기는 거의 불가능하다는 것이 내 경험으로 터득한 결론이다.

지금 읽은 작품 두 편이 만약 알지 못하는 사람에게서 온 글이라면 읽는 고통을 감수하지 않고 늘 해 오던 방식대로 내게 편집인의 훈련이 부족하기 때문에 내 작품이 아닌 다른 사람의 작품을 판단할 만한 자격이 없노라고 말하면서 읽지도 않은 채 돌려주었을 것이다. 하지만 오늘 아침에 도착한 이 글은 친구에게서 온 경우이므로 그렇게 할 수는 없었다. 글을 읽고 난 결과는 보통 때와 같았다. 문학작품이 아니었다. 고기를 포함하고는 있지만 겨우 반쯤 요리되어 있을 뿐이었다. 확실히 고기가 있기 때문에 전문가의 손길을 거치기만 한다면 매우 만족할 만한 요리로 완성될 수도 있을 터였다. 사실 내가 읽은 두 글 중의 하나는 거의 문학이 될 수 있는 경지까지 가기는 했다. 그러나 아마추어의 손길이 치명적으로 많이 노출되었고 그것이 글을 망치고 말았다. 내가 호의적인 평을 하기만 한다면 작가는 자신의 글을 잡지에 기고할 생각이라고 했다.

감탄을 강요하는 이러한 얄팍한 대담무쌍함에는 근거가 있다. 우쭐대고 무모한 대담성은 다른 분야에는 나타나지 않고 오직 한 분야 즉 문학에서만 나타난다. 아마추어들은 훈련을 거치지 못한 펜으로 쓴 미숙하기 그지없는 글을 잡지마다 기고한다. 즉 다시 말해서 수년 동안 아니 심지어는 수십 년 동안 더 낮은 계급에서 힘들고 정직한 훈련을 묵묵히 받으면서 계급과 자리를 구축해 온 문학 장군에게만 제한되어 있는 자리를 달라고 한다.

이러한 무례한 행동은 오직 문학 분야에만 존재한다고 확신한다. 구두 제조 훈련을 받지 않은 사람은 구두 제조인의 감독이 될 수 없다. 아무리 무지한 문학 지망자라도 그 정도는 알고 있을 것이다. 양철장이, 벽돌공, 석공, 인쇄업자, 수의사, 푸줏간 주인, 차장, 조산원 등 인간이 빵과 명성을 얻기 위해서 갖는 모든 다른 직업을 갖기 위해서는 견습 기간이 필요하다는 것쯤은 알고 있을 것이다. 하지만 문학에 이르면 이러한 지혜는 온데간데없이 사라지고 견습도 필요 없고, 경험도 필요 없고, 훈련도 필요 없고, 다만 의식 있는 재능과 사자의 용기만이 필요하다고 생각한다.

59

오늘 아침*에 도착한 전보에는 키플링(Kipling)의 시가 한두 편 실려 있었고, 남아프리카에서의 힘의 균형을 정복자 보아인 들의 수중에 넘기려는 영국 정부의 새로운 완화 정책에 항의하는 내용이 담겨 있었다. 키플링이란 이름과 그의 말은 살아 있는 어떤 사람의 이름과 말보다도 내게 강한 영향력을 준다. 하지만 17여 년 전만 해도 그 이름은 내게 아무런 의미가 없었고 단지 그의 말만이 나를 움직였다. 당시 키플링의 이름은 이곳과 인도에 어느 정도 알려지기 시작했지만 영국 밖의 세상에는 그다지 알려지지 않았다. 그는 미국으로 건너와서 이곳 저곳을 여행하면서 인도의 정기간행물 회사와 연락을 주고받고 있었다. 키플링은 원기 넘치는 풍부하고 눈부신 글을 썼지만 인도 바깥에서는 그를 아는 사람이 거의 없었다.

그는 뉴욕을 거쳐 가는 길에 나를 만나기 위해서 엘미라를 거쳐 쿼리 농장까지 지루하고 힘든 여행을 했다. 사실 농장으로 먼저 전화를 했어야 했다. 그랬다면 내가 그가 묵고 있던 호텔에서 1/4마일밖에 떨어져 있지 않은 랭든 집에 있다는 것을 알 수 있었을 텐데 말이다.

---

* 1906년 8월 11일에 저술

하지만 그는 당시 24세의 젊은이로 충분히 충동적인 나이였기 때문에 물어볼 생각도 하지 않고 먼지 나고 푹푹 찌는 여행을 감행했던 것이다. 그는 농장에서 내 어린 딸 수지를 보았고 수지는 날씨와 환경이 허락하는 한 그를 편안하게 해 주었다.

사람들은 베란다에 옹기종기 앉았고, 키플링은 휴식을 취하면서 원기를 회복하는 동안 자신의 얘기로 다른 사람들의 기운을 돋웠다. 키플링의 얘기는 그들에게 익숙한 얘기의 수준을 뛰어넘어서 마치 발자국처럼 강렬하고 분명한 인상을 오래도록 간직하게 했다. 그들은 그 후에도 키플링의 얘기에 대해 놀라운 듯 말했고 자신들이 비범한 사람을 만났다는 사실을 깨달았다. 그리고 키플링이 비범하다는 것을 인식한 사람은 자신들뿐이라고 생각했다. 하지만 그들이 키플링이 가진 위대한 요소를 모두 깨닫고 있는 것 같지는 않았다. 그때까지만 해도 키플링은 무명인사였고 그 후 일 년 동안은 여전히 무명인 채로 있었다. 다만 수지가 그의 명함을 흥미 있는 물건처럼 소중하게 간직했을 뿐이었다.

키플링은 그날 오후 나와 함께 두어 시간을 보냈다. 그리고 헤어질 때가 되었을 때 내가 그로 인해 놀란 것만큼이나 그도 나로 인해 놀랐다. 나는 그가 지금까지 만난 그 어떤 사람보다도 많은 것을 알고 있다고 믿었고 반대로 그는 내가 지금까지 만난 그 어떤 사람보다도 아는 것이 없다는 것을 알았다. 하지만 그는 이 말을 입 밖에 내지 않았고 나도 그가 그러지 않으리라 예측했다. 그가 떠나고 나자 랭돈 부인이 방문객에 대해서 알고 싶어 했다. 나는 이렇게 말했다.

"내가 잘 모르는 사람이지만 매우 뛰어난 사람임에 틀림없습니다. 나는 그 반대편 사람이고요. 세상의 모든 지식을 우리 둘이서 나누어 가지고 있다고 할 수 있습니다. 그는 알려져 있는 모든 지식을 가지고 있고 나머지 지식은 내가 가지고 있기 때문이죠."

나는 그를 잘 몰랐고 12개월 동안은 온 세상도 마찬가지였다. 그러다가 갑자기 그의 이름이 유명세를 타더니 전 세계적으로 유명해졌다. 그날부터 오늘날까지 그만의 특유한 특징이 있다. 나라의 우두머리가 아닌데도 입에서 말이 떨어지기가 무섭게 세상에 알려진다는 점, 그리고 그의 목소리는 느려터진 배나 철도를 통해서 옮겨지는 것이 아니라 항상 전보를 타고 특급으로 옮겨 다닌다는 점이 그것이다.

키플링이 엘미라를 방문하고 1년가량 지난 어느 날 아침 조지 워너(George Warner)가 손에 작은 책을 든 채 하트포드의 내 서재를 찾아와서는 루드야드 키플링(Rudyard Kipling)에 대해서 들어본 적이 있느냐고 물었다. 나는 모른다고 대답했다.

조지는 내가 곧 키플링에 대해서 듣게 될 것이라고 말하면서 그가 낼 목소리는 크고 지속적이 될 것이라 했다. 조지는 '솔직한 얘기(Plain Tales)'라는 제목의 작은 책을 나더러 보라며 두고 갔다. 새롭고 영감을 주는 인상적인 향기가 가득한 책이어서 세계에 신선한 입김을 불어넣어 많은 나라를 소생시킬 것이라고 말하면서 말이다. 1~2일 후에 조지가 런던 〈월드World〉를 한 부 가져왔는데 그곳에 실린 키플링의 글에는 그가 미국을 여행한 적이 있다는 사실이 언급되어 있었다. 그 내용에 따르면 그는 엘미라를 거쳐 간 것으로 되어 있었다. 게다가 그가 인도에서 왔었다는 사실에 나와 수지는 관심이 갔다. 수지는 방으로 가서 거울 틀 속에 넣어 두었던 그의 명함을 가져왔다. 같은 사람이었다.

나는 나 자신의 책에 대해서는 잘 모르지만 키플링의 책에 대해서는 알고 있다. 어쨌거나 다른 사람의 책보다는 잘 알고 있다. 내게 있어서 키플링의 책은 결코 색이 바래는 법이 없다. 항상 그 색깔을 유지하며 항상 신선하다. 어떤 작품에도 비할 데 없는 〈정글북*The Jungle Book*〉은 영원히 필적할 작품이 없을 것이고, 《킴*Kim*》을 제대로 이해하고 얼마나 위대한 책인지 깨닫기 위해서는 인도로 여행을 갈 만한 가치가 있다는 것이 내 생각이다. 《킴》만큼 인도의 깊고 섬세하고 황홀한 매력에 젖어 있는 작품은 없다. 나는 이 책을 매년 읽는다. 이렇게 해서 별 수고 없이 인도로 다시 돌아간다. 내가 유일하게 꿈꾸며 다시 보기를 가슴 깊이 갈망하는 인도로.

60

무랫 할스테드(Murat Halstead)가 죽었다.* 매우 호감이 가는 사람이었다. 80세 가까이까지 산 그는 60여 년을 부지런히 고되게 노예처럼 편집 일에 매달려 일했다. 그의 삶과 내 삶은 매우 신기하게 대조적이다. 나는 11세를 넘어선 1847년 3월 24일 아버지가 돌아가셨을 때부터 1856년 말까지, 남들이 보지 않을 때는 부지런을 떨지 않고 투덜거리고 진저리치며 마지못해 일을 했다. 기록을 보면 이렇게 한 10년 동안 일했다. 나는 지금 73세가 되어가고 있는데 그때 그 10년 이후로는 어떤 일도 하지 않았다고 믿고 있다. 위대하고 명예로운 이름으로 태평양 연안 도시에서 기자로 게으르게 일했던 2~3년을 제외한다면 말이다. 그렇다면 50년 전에 인쇄소를 뛰쳐나왔을 때 영원히 노동자이기를 그만두었다고 말하는 편이 실질적으로 옳은 말일 것이다.

미시시피 강에서 수로 안내인으로 일했던 것은 내게는 일이 아니었

---

* 1908년 7월 7일에 저술

다. 아주 유쾌하고 활기차고 모험으로 가득찬 놀이였고, 나는 이 놀이를 무척 즐겼다. 훔볼트 산맥의 은광에서의 일은 실제로 아무런 일도 하지 않았기 때문에 단순히 놀이에 불과했다. 에스메랄다의 은광에서의 작업도 일이 아니기는 마찬가지였다. 일을 한 사람은 히그비와 로버트 하우랜드였고 나는 그저 옆에 앉아서 감탄만 하고 있었기 때문이다. 그곳 석영 공장에서 삽질하는 일을 하긴 했는데 그것은 정말 스스로 해야 하는 노동이었지만 2주 후에 나의 의지뿐만 아니라 내게 임금을 지불하는 사람들의 의지에 따라 그만두었다. 광산에서의 경험은 이렇게 해서 10개월 동안 지속되다가 1862년 9월 말경에 끝이 났다.

그러고는 네바다 주 버지니아에서, 그 후에는 샌프란시스코에서 기자 생활을 했다. 나태한 월급쟁이 생활을 2년 넘게 하고 나서 간청에 따라 〈모닝콜〉을 사직했다. 소유주의 간청에 따라 말이다. 그 후 버지니아 소재 〈엔터프라이즈〉에서 2~3개월 동안 샌프란시스코 특파원으로 일했고, 길리스 가족 아들들과 함께 잭애스 굴치의 광산에서 3개월을 보냈고, 샌드위치 군도로 가서 새크라멘토 〈유니온〉의 통신원으로 5~6개월을 일했고, 1866년 10월부터는 강연자로서의 경력을 시작했다. 그날 이후로 지금까지 나는 아무 노동도 하지 않고 생계를 유지할 수 있었다. 책과 잡지를 쓰는 일은 언제나 놀이였지 노동인 적이 없었기 때문이다. 나는 이 일을 마치 당구인 것처럼 즐겼다.

어째서 똑같은 60년이란 시간을 무랫 할스테드는 노예처럼 편집일에 매달리며 보내고 나는 유쾌하게 게으름을 피우면서 보내게 되었는지 그 이유가 궁금하다. 상당히 부당한 이유가 있는 듯하다. 인간 세계에 법칙이 있어서 정작 그럴 만한 자격이 있는 사람은 가치 있는 것을 소유하지 못하고 자격이 없는 사람은 무엇이든 소유하는 것 같다. 이는 다분히 정신 나간 법칙이다. 적어도 내게는 그렇게 보인다.

30여 년 전 4월 10일의 일이다. 나는 가족과 함께 증기선 '홀사티아(Holsatia)'를 타고 막 항해를 시작하려 하고 있었다. 하지만 출발 직전에 좀더 정박해 있으면서 날씨의 변화를 살펴보기로 결정이 났다. 많은 수의 사람들이 승객에게 작별인사를 하고 예인선으로 내려갔다. 어둑할 무렵 우리가 항해를 시작하기로 결정을 했을 때 그들은 이미 떠난 후였다.

예인선이 가 버리고 보니까 무럇 할스테드가 여전히 우리와 함께 남아 있었다. 아내와 딸에게 작별인사를 하려고 나왔는데 이젠 별 수 없이 항해를 하는 도리밖에 없었다. 항해는 14일 동안 계속될 예정이었는데 할스테드는 당시 입고 있던 옷밖에는 여유 옷이 있을 리 없었다. 정말 다행스럽게도 배에 그만한 몸집의 사람이 딱 한 사람 있었다. 그 사람의 이름은 바야드 테일러(Bayard Taylor)였다. 그는 꼭 할스테드만한 몸집에 유별나게 체구가 큰 사람이었는데 옷을 많이 가져왔기 때문에 기꺼이 자신의 오랜 친구와 나누어 입겠다고 했다.

자정이 가까워서 그들과 함께 흡연실에 있다가 매우 흥미로운 사실을 알게 되었다. 두 사람은 10년 동안 서로 만나지 못했는데 모두 상대방이 그토록 건장하고 활달하게 건강을 유지하고 있다는 데 깜짝 놀란 상태였다. 수년 동안 상대방이 죽었을 것으로 생각하고 있었던 것이다. 마지막으로 헤어졌을 당시 둘 다 의사에게서 사형 선고를 받은 상태였기 때문이다. 모두 심장질환이 원인이었고 2년을 넘기지 못할 것이라 했다. 의사는 그들에게 조용한 삶을 살면서 뛰지 말고 걸으라 했고, 반드시 그래야 하는 경우를 제외하고는 층계를 오르지 말라고 했으며, 가능하다면 갑작스럽게 놀라거나 흥분하는 일을 피하라고 했다. 그들은 갑작스럽고 격렬하게 흥분하는 일이 한 번만 있어도 그대로 삶을 마감하리라고 알고 있었기 때문에 10년 동안 설설 기면서 빨리 걷지도 뛰지도 않으며 살아왔다. 층계를 올라야 할 일이 있을 때도 자갈 실은 화물차의 속도로 올라갔고 흥분할 만한 일을 결사적으로 피해 왔다. 어쨌든 그날 밤 배에서의 두 사람은 마치 한 쌍의 코끼리처럼 활달한 상태였고, 서로 상대방이 그때까지 살아올 수 있었다는 사실에 놀라워하고 있었다.

알고 보니 두 사람 다 엄청난 사건을 겪은 상태였다. 두 사람에게 거의 동시에 갑작스럽고 격렬하게 놀랄 만한 일이 발생했던 것이다. 하지만 더욱 놀랄 일은 그들이 그 사건을 겪고서도 죽지 않았다는 점이다. 사건은 '홀사티아'가 항해를 떠나기 일주일 전에 발생했다. 할스테드는 신시내티 〈코머셜Commercial〉의 편집자이자 소유주였다. 건물 고층에 위치한 자신의 편집 책상에 앉아 있는데 자정 즈음 강력한 폭발이 근처에서 일어나 건물이 바닥부터 흔들리고 온 유리창이 덜덜 떨었다. 할스테드는 폭발로 인해서 흥분하지 않도록 침착하게 생각하고 차분하게 조치를 취할 겨를도 없이 6층의 계단을 35초 내로 뛰어 내려와서는 숨을 헐떡이며 거리에 서서 이렇게 말했다고 한다.

"난 이제 죽었구나."

그러고는 정말 그렇게 될까 봐 엄청난 두려움에 떨었다고 한다. 하지만 아무 일도 일어나지 않았다. 그날 이후로 할스테드는 해방되었다. 그리고 일주일 동안 그는 흥분거리를 찾아다니고 굶주린 사람처럼 음식을 먹어 대면서 잃어버린 지난 10년을 보충했다고 한다.

바야드 테일러가 겪은 일은 그의 성격과도 같았다. 어느 날 시골길을 가다 모퉁이를 돌아 철길을 건너려던 찰나에 급행열차가 나타나 궁둥이 부분을 아슬아슬하게 지나쳤고, 열차가 돌진하면서 생겨난 허리케인 같은 바람이 그를 옆 동네로 날려 버렸다. 그는 마침내 죽음이 다가왔다고 생각하며 슬퍼하고 애통해했다. 그러고는 자신의 심장에 손을 얹고서 또 한번 놀랐다. 심장이 여전히 뛰고 있었던 것이다. 그는 벌떡 일어나서 옷의 먼지를 털고는 기쁨에 넘쳐 찬송을 하며 할스테드가 그랬던 것처럼 잃어버린 10년의 세월을 보충하기 위해 흥밋거리를 찾아 길을 떠났다.

61

나는 초반에 브레트 하트를 좋아했고 다른 사람들도 마찬가지였다. 하지만 차츰 마음이 바뀌었고 다른 사람들도 그랬다. 그는 지속적으로 친구로 지낼 수 없는 사람이었다. 아주 나쁠 뿐만 아니라 감정도 없고 정말 변변치 않은 사람이었다. 그의 아내는 더할 나위 없이 좋은 여인이고 훌륭한 아내이고 정겨운 친구였는데 하트는 영사가 되어 유럽으로 가면서 아내와 어린 자녀들을 남겨두고 떠나서 26년 후에 죽을 때까지 다시는 돌아오지 않았다.

그는 구제 불가능일 지경으로 돈을 꾸어 댔다. 친구 모두에게서 돈을 꾸었다. 게다가 꾼 돈을 갚는 일은 절대로 없었다. 언제나 약속어음을 써 주었지만 그것으로 끝이었다. 나는 1878년 4월 10일 유럽으로 향했다. 유럽에 도착하기 하루 전날 밤, 같은 배로 선교를 위해 독일로 가는 바야드 테일러를 위한 만찬이 벌어졌다. 나는 만찬석에서 한 신사를 만나 금세 친해졌고, 둘이서 많은 얘기를 나누었다. 우연히 브레트 하트에 대한 얘기가 나오자 그 신사는 상당한 불만을 토로했다. 그는 하트의 글에 무척이나 감탄한 나머지 직접 만나고 싶어 했다고 한다. 그래서 만남이 이루어졌고 그때부터 브레트 하트가 돈을 꾸는 일이 시작되었다. 신사는 부자였기 때문에 기꺼이 돈을 빌려 주었다. 동부에 있던 8년 동안 하트는 돈을 여러 차례 꾸어서 총액이 3천 달러에 이르렀다. 신사는 하트의 약속어음이 하트 자신에게 고통일 것이라는 생각 때문에 자신도 고통을 느꼈다고 한다.

그래서 아주 유쾌할 것 같은 아이디어를 떠올렸다. 어음을 소포로 만들어서 1877년 12월 24일 크리스마스 선물로 하트에게 보냈던 것이다. 그러고는 이런 행동을 하게 한 따뜻하고 친근한 형제애의 감정을 생각해서 받아 달라는 쪽지를 동봉했다. 다음날 하트는 소포를 다시 신사에게 보내면서 체면이 손상된 것에 대해 불같이 화를 내고, 공식적으로 우정을 무효로 하자고 선언하는 편지를 보내 왔다. 하지만 약속어음을 언제 지불하겠다는 언급은 편지 어디에도 없었다.

하트는 1870년 전국에 걸쳐 상당한 인기를 얻자 로드 아일랜드의 뉴포트에 집을 마련했다. 그곳은 소위 미국식 귀족의 산실이었을 뿐만 아니라 영국 귀족들이 유산으로 물려받은 작위를 미국의 아가씨와 현금으로 바꾸러 왔던 경매 시장이기도 했다. 하트는 1년 만에 1만 달러를 다 써 버리고는 푸줏간 주인, 빵집 주인한테까지 빚을 진 채 뉴포트를 떠나서 부인과 어린 자녀와 함께 뉴욕에 정착했다. 뉴욕에 체류했을 때도 늘 상류사회 사람들과 만찬을 즐겼는데 다른 남자 손님들과는 달리 아내를 동반하는 일이 전혀 없었다. 내가 알고 있는 거친 표현을 다 동원하더라도 이런 식으로 행동하는 남편을 적절하게 표현하기에는 턱없이 부족하다.

하트가 2~3개월 동안 뉴욕에 거주할 때 하트포드에 들러서 우리와 함께 밤을 지낸 적이 있다. 자신은 돈도 없고 장래도 없다고 했다. 뉴욕의 푸줏간 주인과 빵집 주인에게 250달러를 꾸었기 때문에 더 이상 꿀 수도 없다고 했다. 또한 집세가 밀려서 집주인이 가족을 거리로 내몰겠다고 위협하고 있다고도 했다. 그래서 나에게 250달러를 꾸기 위해 온 것이었다. 그렇다면 단지 푸줏간 주인과 빵집 주인의 돈 문제만 해결하고 집주인과의 문제는 그대로 남지 않느냐고 말했더니 그럼 5백 달러를 꾸겠다고 해서 나는 그 돈을 빌려 주었다. 그런데도 남은 기간 동안 우리 집에 머물면서 우리의 집이며, 가구며, 집의 실내 장식 등에 대해 신랄하게 빈정댔다.

하웰스는 어제,* 하트가 자신이 만나 본 사람 중에서 가장 쾌활하고 재치가 있는 사람으로 손꼽힌다고 말했다. 만나고 있는 동안에는 그가 비열하고 부정직하다는 사실을 잊게 만드는 매력이 있다고도 했다. 하트가 총명한 재치를 소유하고 있다는 것은 맞는 말이지만 하웰스는 하트의 성격을 제대로 파악하지 못하고 있다. 그의 성격은 다양하지도 폭이 넓지도 못하고 빈정거림과 야유만 남아 있을 뿐이었다. 빈정거릴 일이 없을 때는 결코 번뜩이는 일도 없고 다른 사람을 즐겁게 해 주는 일은 더더욱 없었다.

한번은 하트가 완벽하게 쾌활한 중국인이 등장하는 희곡을 썼다. 다른 사람이 썼더라면 반드시 성공했을 희곡이었다. 하지만 하트는 미리 뇌물을 받지 않으면 새로운 희곡에 대해 호의적인 견해를 한 마디도 말하지 않는다고 뉴욕 희곡 비평가들을 빈번히 공공연하게 비난했기 때문에 그들의 원성을 샀다. 비평가들은 호시탐탐 기회를 노리다가 하트의 희곡이 무대에 올려지자 맹렬하게 공격을 가하면서 작품을 모욕하고 무자비하게 조롱했다. 연극은 실패했고 하트는 그 책임이 비평가에게 있다고 생각했다. 얼마 후에 하트는 나에게 함께 힘을 합해서 희곡을 쓰자고 제안했다. 각자가 몇몇 등장인물을 맡아서 얘기를 써 내려가자는 제안이었다. 하트는 이 작업을 위해서 하트포드

---

* 1907년 2월 4일에 저술

에 내려와 2주일을 머물렀다. 그는 수중에 돈이 떨어져서 먹을 것이 동나기 전에는 절대 일을 하지 않았다. 하지만 한번 일을 시작하면 일시적이나마 원조물자가 확보될 때까지 그대로 앉아서 어느 누구보다도 열심히 일했다.

하트가 내려온 다음날 아침 우리는 당구 방으로 가서 희곡을 쓰기 시작했다. 각자 자신이 맡은 등장인물의 이름을 짓고 그들을 묘사했다. 그러고 나서 그는 막과 장별로 시나리오의 윤곽을 그려 나갔다. 하트는 주저하거나 우유부단한 구석 없이 신속하게 일했다. 그가 한두 시간 안에 해 낸 작업 분량은 내가 수주일 동안 고통스럽고 어렵게 작업해야 하는 분량이었는데 그렇게 힘들게 완성한다 해도 가치 없는 것이 되기 일쑤였다. 하지만 하트의 작업은 훌륭했을 뿐만 아니라 신속했기 때문에 유용했다. 정말 놀라운 일이 아닐 수 없었다.

작품 내용을 구체적으로 채워 넣는 단계가 되었다. 하트는 대사를 재빨리 채워 나갔다. 나는 내가 맡은 등장인물이 대사를 할 때를 제외하고는 달리 할 일이 없었다. 하트가 필요한 말의 성격을 말해 주면 나는 표현을 제공하고 그는 그 표현을 적었다. 우리는 이런 방식으로 2주 동안 매일 2~4시간씩 작업해서 훌륭하고 연기가 가능한 코미디를 만들었다. 그러나 비평가들은 꿈쩍도 하지 않았다. 희곡에서 하트가 맡았던 부분은 최상이었지만 작품이 무대에 올려지자 비평가들은 내가 맡았던 부분을 의심스러울 정도로 지나치게 칭찬했고 하트가 맡은 부분에 대해서는 더할 나위 없이 신랄한 비판을 퍼부었다. 결과적으로 작품은 실패하고 말았다.

14일 동안 하트는 우리 집에 있는 모든 것을 잘난 척 빈정대면서 한껏 즐겼다. 나는 아내를 위해서 마지막 날까지 꾹 참았다. 한데 당구 방에서 그가 급기야 내 화를 돋우고 말았다. 사소하고 막연하면서도 은근히 비꼬는 말을 내 아내를 겨냥해서 하는 것 같았다. 그는 내 아내에 대해 한 말이 아니라고 부정했고, 내 기분이 괜찮았다면 그 말을 곧이곧대로 믿었겠지만 내 기분이 그렇지 못했기 때문에 변명도 들어보지 않은 채 강하게 반응했다.

"하트, 자네 아내는 훌륭하고 사랑스러운 사람일세. 자네 아내가 내 아내의 친구라고 말하면서 나는 칭찬을 아끼지 않는다네. 하지만 모든 면에서 볼 때 자네는 그녀에게 비열한 남편일 뿐이네. 그녀를 비웃고 자주 비아냥거리며 말하지 않는가. 다른 여성에게도 계속 그렇게 하듯이 말일세. 하지만 자네의 특권은 거기까지네. 내 아내에 대해서는 말을 아껴야 하네. 자네는 결코 비아냥거릴 처지가 아니네. 우리가 아무 대가 없이 자네를 재워 주고 먹여 주었음에도 자네는 그렇게 똑똑한 척 비아냥거리고만 있을 참인가. 그런 태도를 좀 자제해야만 할걸세. 10년 동안 자신의 침대조차 소유해 본 적이 없다는 사실을 기억하면서 말일세. 자네는 우리 침실의 가구와 테이블용 집기와 하인, 마차, 썰매, 마부의 복장 등 사실상 집의 구석구석과 모든 집 구성원에 대해 비아냥거리는 말을 했네. 재치 있어 보이려는 건전하지 못한 욕심에서 모욕적인 말을 능사로 했지만 자네는 그럴 처지가 아니네. 자네가 처한 상황에서 그러한 비판은 절대 할 수가 없네. 자네는 가족을 가장 어엿하고 독립적으로 부양할 수 있을 만한 재능과 명성을 가지고 있네. 하지만 자네는 타고난 농땡이꾼이고 누더기를 걸친 게으름뱅이일세. 하긴 다 누더기는 아니지. 그 불타는 듯한 빨간 넥타이 말일세. 하지만 그것도 자네 돈을 지불하고 산 것은 아니지. 자네 수입의 9할은 모두 다른 사람에게서 빌린 돈이 아닌가. 사실 훔친 것이나 다름없지. 처음부터 갚을 의향이라곤 전혀 없었으니까. 남편도 없이 땀 흘려 일하는 미망인 여동생의 하숙방에 기숙하면서 동생을 우려먹질 않나, 게다가 채권자들이 감시하고 있기 때문에 감히 이웃에 얼굴도 내밀 수 없는 처지가 아닌가. 자네 그 동안 어디에서 지냈나? 아무도 모르지. 자네 가족조차도 모를 걸세. 하지만 나는 알고 있네. 저지대의 숲과 늪지대에서 생활하면서 다른 부랑자와 마찬가지로 지냈지. 아무런 부끄럼 없이 그렇게 말하지 않았는가. 자네는 이 집에 있는 모든 것에 대해 빈정거렸지만 이 집에 있는 모든 것은 모두 정직하게 값을 지불한 것이라는 점을 기억하면서 좀 더 신경을 써서 행동해야 할걸세."

하트는 당시 내게 1천5백 달러의 빚이 있었고 후에 3천 달러를 더 꾸었다. 그러고는 나에게 약속어음을 주었지만 나는 그것을 보관할 만한 박물관을 소유하지 않았기 때문에 받지 않았다.

62

에드워드 에버레트 헤일(Edward Everett Hale)이 쓴 책은 남북전쟁이 막 발발하려 꿈틀거리고 북부와 남부가 달려들어 서로의 목을 깨물기 위해 몸을 잔뜩 웅크리고 있던 암울한 시기에 언론에 발표되어 상당히 감동적인 센세이션을 일으켰다. 《조국 없는 사람 *The Man Without a Country*》이라는 책이었다. 브레트 하트는 가볍고 색깔이 없는 그런 종류의 사람, 즉 조국이 없는 사람이었다. 아니 사람이라는 말은 너무 과하다. 조국이 없는 무척추동물이었다. 그의 조국에 대한 열정은 굴이 양식장에 대해 갖는 열정보다도 못했다. 하트와 비교한 것에 대해 굴에게 용서를 빌어야겠다. 그에게는 조국에 대한 깊은 열정이라곤 없었고 그나마 열정에 대해 알고 있던 것도 모두 다른 책에서 습득한 것이었기 때문에 자신의 책에 삽입한 것은 모두 모방한 열정이었다. 하트에게는 마치 배우가 가슴으로는 느끼지 못하더라도 인위적으로 무대 위에서 열정을 흉내내는 것과 같은 그런 거짓투성이의 열정이 많았다.

1876년 11월 7일에 하트는 하트포드의 내 집에 불쑥 나타나서 다음날인 선거일까지 머물렀다. 선거일에도 그는 평상시처럼 조용하고 차분했다. 의심할 여지도 없이 미합중국에서 그토록 조용하고 차분한 유권자는 하트밖에 없었을 것이다. 나머지 국민들은 선거 구역을 놓고 흥분해 있었다.

공화당은 사실상 당선된 것이나 다름없는 민주당의 틸든(Tilden)으로부터 대통령 직을 강탈해서 헤이스(Hayes)에게 주기 위해 냉혹한 사기 행각을 벌였고 이러한 사기 행각에 종지부를 찍기 위한 정치적 불길이 미국 내에 활활 타오르고 있었다.

나는 정열적인 헤이스 쪽 사람이었다. 당시에는 매우 젊었기 때문에 당연한 일이었다. 이 사건 이후로 나는 국민의 정치적 견해는 거의 가치가 없는 것이지만 만약 조금이라도 가치가 있다면 그것은 젊은 사람이 아닌 나이 든 사람에게서 찾을 수 있다고 확신하고 있다. 나는 다른 유권자와 마찬가지로 흥분해 있었고 자극되어 있었다. 나는 불쑥 찾아와서 우리 집에 머무르겠다는 하트의 말을 듣고 놀랐다. 하지만 그다지 크게 놀란 것은 아니었다. 그가 워낙 부주의한 인물이기 때문에 아마도 날짜를 혼동하여 선거일을 잊어버렸을 것이라 생각했다. 아직 실수를 만회할 시간이 충분했기 때문에 나는 그에게 뉴욕으로 돌아가서 투표를 하라고 말했다. 하지만 그는 선거에 관심이 없기 때문에 투표를 피하고 비평가에게 대답할 구실을 만들기 위해서 우리 집에 온 것이라고 했다.

그는 자신이 왜 투표하기를 싫어하는지 이유를 밝혔다. 영향력 있는 친구를 통해서 틸든과 헤이스로부터 똑같이 영사 자리를 약속받았다는 것이다. 선거 결과와 상관없이 선거에 대한 그의 관심은 절대 그 범위를 벗어나지 않았다. 자신은 양측 후보 어느 누구에게도 투표를 할 수 없다고 했다. 상대편 후보가 그 사실을 알아차리면 영사 자리에 대한 약속을 파기할 수도 있기 때문이라 했다. 우리 정치계에 대한 희한한 풍자가 아니겠는가! 영사 후보자가 누구에게 투표를 하건 대통령이 무슨 상관이겠는가? 영사의 직위는 정치적인 자리가 아니다. 그러므로 영사의 자격 여부는 머리끝부터 발끝까지 그 자리에 적합한 인물인지에 따라 결정되어야 한다. 정치계가 완전히 건전하다면 한 개인의 정치적 신념이 어떻든 전혀 중요하지 않다. 하지만 결국 국민에 의해서 패배했던 사람이 대통령 직에 올랐고 조국이 없는 사람이 영사의 직위에 오르게 되었다.

우리는 모두 한두 번쯤 어리석게 큰 실수를 저질러서 무분별하게 행동하고 말을 할 때가 있다. 나도 예외는 아니었다. 십여 년 전의 일이다. 어느 날 우연히 플레이어스 클럽(Player's Club)에 가게 되었고 여섯 명의 젊은이들이 구석에 아늑하게 무리지어 앉아 펀치를 마시며 얘기를 나누는 장면을 목격했다. 나도 그 무리에 끼어 대화를 거들었다. 그때 바로 내 옆에 앉아 있던 젊은이가 브레트 하트의 이름을 거론하면서 마치 그곳에서 발언권을 가진 유일한 사람인 양 진심에서 우러나는 듯한 말을 했다. 아무도 끼어들지 않고 흥미 있게 듣고 있었다. 젊은이의 얘기는 강렬하고 진정한 열정에서 우러나는 것이었고 주제는 하트 부인과 딸들에 대한 칭찬이었다. 그는 하트의 가족이 뉴저지의 작은 마을에서 어떻게 살아가고 있는지, 얼마나 열심히, 성실하게, 쾌활하게, 만족스럽게 일하면서 생활을 꾸려가고 있는지 말했다. 그동안 나는 다른 사람처럼 열심히 듣고 있었다. 젊은이가 과장하지 않고 진실을 말하고 있다는 사실을 알고 있었기 때문이다.

그러나 곧 젊은이는 버려진 가족의 허울뿐인 가장, 브레트 하트를 칭찬하는 말로 넘어갔다. 가족의 행복에 있어 단 한 가지 브레트 하트가 없는 것만이 안타까운 점이라고 했다. 가족들이 갖고 있는 아버지와 남편을 향한 사랑과 존경은 보고 듣기에 아름다운 것이라고 했다. 또한 하트가 고국에서 강제로 떠밀려 나갔기 때문에 안타까워 한다고 했다. 하트 자신의 슬픔 또한 곰곰이 생각해 보면 아름답다고 했다. 증기선이 도착할 때마다 편지를 보내는 하트의 성실함 역시 눈물겹다고 하면서 휴가 때마다 항상 집에 오고 싶어 하지만 봉급이 너무 적어서 그럴 여유가 없다고 했다. 그럼에도 편지에는 항상 다음 배에는 그리고 또 다음 배에는 오겠다고 약속을 한다고 했다. 도착한 배에 하트가 보이지 않을 때 가족이 실망하는 모습을 바라보기가 안타깝다고 했다. 하트의 고귀한 자기 희생이 돋보인다고 했다. 더욱 이기적인 사람이었다면 대서양을 건너는 항해에 투자했겠지만 하트는 매달 봉급의 일정 부분을 가족에게 보내기 위해 자신이 하고 싶은 일을 거부할 정도로 고귀한 자기 희생 정신을 가진 사람이라고 했다.

이때까지 나는 판이 커지기를 기다렸다가 한꺼번에 터뜨렸다. 어쩔 도리가 없었다. 젊은이가 잘못 알고 있음을 간파한 것이다. 그에게 올바른 사실을 알려 주는 것이 내 임무인 것 같았다. 나는 이렇게 말했다.

"이런, 집어치우게나! 간단하게 말해서 브레트 하트는 가족을 버렸어. 아마 가족에게 편지를 썼을 수는 있겠지. 하지만 내 눈으로 확인하기 전에는 믿을 수가 없어. 버려진 가족에게로 몹시 오고 싶어 할지도 모르지만 그를 아는 사람이라면 아무도 그 말을 믿지 않을 걸세.

하지만 단 한 가지 전혀 의심할 여지가 없는 진실이 있기는 하지. 그는 결코 가족에게 한 푼도 보내지 않았을 것이고 앞으로도 전혀 보낼 의향이 없다는 거지. 브레트 하트는 오늘날 지구상에 살고 있는 사람 중에서 가장 비열하고 한심한 허풍선이일세…."

말을 하는 도중에 내 주위를 둘러싼 얼굴들이 몹시 동요하며 서로 흘끔거리는 모습을 보고 무슨 일인가가 벌어지고 있다는 것을 희미하게 아주 막연하게 느끼고 있었다. 그 일의 장본인은 바로 나였지만 정작 나는 무슨 이유인지 알지 못했다.

하지만 내가 마지막 문장의 중반쯤에 도달했을 때 누군가가 나를 잡더니 귀에 대고 이렇게 말하는 것이 아닌가.

"제발 입 좀 다물어요! 이 젊은이가 스틸이란 말이오. 하트의 딸의 약혼자라니까."

63

한 개인의 기질은 불굴의 법이기 때문에 어느 누가 찬성하지 않더라도 존중되어져야 한다는 것이 내 신념이다. 내게 있어서 기질은 명백하게 신의 법이고 지고의 법이기 때문에 모든 인간의 법보다 우선한다. 그런데 이 모든 인간의 법은 유일하고 분명한 어떤 목적과 의도를 가지고 있다는 것이 또한 나의 신념이다. 그 유일한 목적과 의도란 신의 법에 반항하고, 이를 망가뜨리고, 품위를 떨어뜨리고, 조롱하고, 짓밟는 것이다.

우리는 매복해 있다가 인정사정없이 파리의 목숨을 앗아가 버리는 거미가 잘못을 저질렀다고는 생각하지 않는다. 그 행위를 살해 행위라고 부르지 않는다. 우리는 거미가 스스로 자신의 기질과 천성을 만들어 내지 않았기 때문에 천성의 법이 요구하고 명령하는 대로 행동한 것은 비난받을 일이 아니라는 점을 인정한다. 심지어 다음과 같은 점도 인정한다. 어떠한 기술이나 교묘한 생각을 가지고도 거미를 교화시킬 수 없고 살해 행위를 그만두도록 설득할 수도 없다는 점을 말이다. 우리는 포악한 기질의 법칙에 복종한다는 이유로 호랑이를 비난하지도 않는다. 그 법칙은 신이 부여한 것이고 호랑이는 그것에 복종해야 하기 때문이다. 우리는 양과 염소에게 "너희들은 간통을 저지르지 말지니"라고 명령하지도 않는다. 신이 그들에게 "너희들은 간통을 저지를 것이다."라고 말하여 간통이 그들의 내재된 천성 즉 그들의 기질 안에 깊이 새겨져 있기 때문이다.

무수히 많은 동물들에게 분포되어 있는 각각의 분명한 기질을 분류하고 언급해 나가다 보면 각 종을 구분짓는 내용은 특별하고 눈에 띄는 어느 한 특징으로 결정된다는 점을 발견하게 된다. 또한 동물이 가지고 있는 이러한 모든 특징과 그 특징이 나타내는 미묘한 차이는 인간에게도 역시 분포되어 있다는 점을 발견하게 된다. 우리가 통상 하등동물이라 부르는 동물들의 기질은 이러한 특징 1~3개 정도로 이루어져 있다고 말할 수 있다. 하지만 인간은 복잡한 동물이기 때문에 온갖 특징으로 채워져 있다. 우리는 토끼에게서 온순하고 소심한 특징을 어김없이 발견한다. 용기, 오만, 적극성은 찾으려야 찾을 수 없다. 그래서 토끼에 대해 언급할 때 항상 토끼가 온순하고 소심하다는 점을 기억한다. 토끼가 설사 다른 특징을 가지고 있더라도 그 특징이 우리의 머릿속에 떠오르는 법은 없다. 집파리나 벼룩을 생각할 때는 갑옷 입은 기사와 호랑이도 따라잡을 수 없는 눈부신 용기를 기억하고 심지어 인간까지도 포함한 전체 동물 세계에서 둘째가라면 서러워할 그 뻔뻔스러움과 오만을 기억한다. 설사 다른 특징을 가지고 있더라도 내가 앞서 말한 특징들에 가려서 결코 빛을 보지 못할 것이다.

인간은 이러한 동물들의 후손이다. 인간이 가지고 있는 모든 특징은 동물에게서 받은 것이고 따라서 그에 따른 신의 법을 물려받았다. 하지만 앞서 말했듯이 인간의 특징은 동물의 특징과 확연히 구별된다. 인간에게는 같은 종족의 다른 구성원에게도 유사하고 분명하게 공통적으로 나타나는 특징이 없다. 집파리가 무한히 용감하다고 말한다면 집파리 전체 종족을 묘사할 때도 이 특징을 언급할 수 있다. 어떤 동물이라도 대부분 단 한 가지 특징으로 분명하고 만족스럽게 묘사할 수 있다. 그러나 인간은 그렇지 않다. 인간은 토끼처럼 모두 겁쟁이가 아니고, 집파리처럼 모두 용감하지도 않고, 양처럼 모두 얌전하지도 순진하지도 않고, 거미와 벌처럼 모두 잔인하지도 않고, 원숭이처럼 모두 까불거리지도 않고, 공작새처럼 모두 허영심이 강하지도 않다.

인간은 한 가지 표현으로는 묘사할 수 없기 때문에 각 개개인을 따로 묘사해야 한다. 어떤 이는 용감하지만 어떤 이는 겁쟁이고, 어떤 이는 부드럽고 친절하지만 어떤 이는 사납고, 어떤 이는 자부심과 허영심이 대단하지만 어떤 이는 겸손하다. 거대한 동물 세계에 산재해 있는 다양한 특징들이 한두 가지씩 강약의 다양한 정도 차이를 갖고 본능이라는 형태로 인간 한 명 한 명 안에서 집중적으로 존재하는 것이다. 어떤 인간에게는 사악한 특징이 얼마 없어서 감지되지 않는 반면에 고귀한 특징이 두드러져 보인다. 그러면 우리는 그 훌륭한 특징을 가지고 그 사람을 묘사하고 칭찬한다. 우스운 일이 아닐 수 없다. 그 사람은 자신이 소유한 특징을 만들어 내지 않았고 자기 속에 스스로 쌓지도 않았다. 그대로 물려받은 채 태어난 것이다. 그 특징은 신이 그에게 부여한 법칙이기 때문에 발버둥쳐도 결국 복종하지 않을 수 없다. 때로 타고난 살인자나 악당도 있다. 세상 사람들은 그들에게 온갖 비난을 쏟아 붓는다. 하지만 그들도 자신의 본성의 법칙에 복종했을 뿐이다. 설사 거역하려 애썼더라도 실패했을 것이다. 참으로 기이하면서도 유머러스한 사실은, 기고 날고 헤엄치고 네 다리로 다니는 동물들은 단지 본성의 법칙 즉 신의 법칙에 복종했을 뿐이어서 죄가 없기 때문에 그들이 행하는 모든 유쾌하지 못한 일들을 우리가 당연히 용서한다는 것이다. 모든 유쾌하지 못한 특징을 동물로부터 물려받은 우리 자신에 대해서는 동물들이 갖는 면책특권을 물려받지 못했다고 주장할 뿐만 아니라 신의 법칙을 무시하고, 폐지하고, 깨는 것이 우리의 의무라고 외치면서 말이다. 이러한 주장은 설득력이 없을 뿐만 아니라 전혀 유머러스하지도 않고 오히려 극도로 기괴하기까지 하다.

옛날부터 받아 온 훈련과 내재된 습관에 따라서 나는 브레트 하트에 대해 비난과 책망을 일삼아 왔고 이를 입에 담을 때마다 그에 대한 감정을 느껴 왔다. 그렇지만 화가 가라앉고 나면 그를 비난할 생각이 들지 않는다. 하트 자신의 본성의 법칙이 다른 사람 것보다 더 강했고 그는 그것에 복종할 수밖에 없었던 것이리라. 인간 종족은 무자비한 말과 쓰디쓴 비난을 받기에 적절한 표적이 아니며 오히려 인간에게 적합한 가장 정당한 감정은 동정이라는 것이 나의 신념이다. 인간은 자신의 약하고 어리석은 특징을 스스로 만들지도 않았고 계획하지도 않았기 때문이다.

64

1890년 온테오라(Onteora)에 있는 메리 메이프스 더지(Mary Mapes Dudge)의 집을 방문했다. 해질 무렵 도착했을 때는 따분한 여행으로 잔뜩 지쳐 있었다. 하지만 따분한 기분은 오래가지 않았다. 더지 부인이 집에서 손수 만든 진수성찬을 차려 주었고 유쾌한 일행이 자리를 함께 했기 때문이다. 아마도 20명이 좀 넘었던 것 같다. 이렇듯 커다란 만찬 자리에서는 으레 화를 돋우는 일이 발생하게 마련이다. 사람들은 모두 옆에 있는 사람과 대화를 했는데 모두들 동시에 말을 하는 바람에 자신의 말을 들리게 하려고 필사적으로 점점 더 목소리를 높여 갔다. 마치 반란이고 폭동 같았다. 마침내 소음의 양이 도저히 참을 수 없는 지경에 이르자 나는 내 옆에 앉은 더지 부인에게 이렇게 말했다.

"제가 이 소동을 잠잠하게 만들겠습니다. 그렇게 할 수 있는 방법은 단 한 가지밖에 없는데 제가 그 기술을 알고 있습니다. 일단 부인의 머리를 제 쪽으로 기울여 주셔야 합니다. 제 말이 무척 흥미가 있는 것처럼 보이도록 말입니다. 제가 낮은 목소리로 말하겠습니다. 그러면 옆에 있는 사람들은 제 말을 들을 수가 없기 때문에 더욱 듣고 싶어 할 겁니다. 제가 한 2분 정도만 중얼거리면 대화가 차례로 끊기고 침묵이 흐르면서 마침내 제가 중얼거리는 소리를 제외하고는 아무 소리도 들리지 않게 될 겁니다."

그리고 나는 매우 낮은 목소리로 얘기를 시작했다.

"제가 11년 전 시카고에서 그랜트 장군을 기념하는 축제에 참석했을 때였습니다. 첫날밤 커다란 연회가 열렸는데 600명이나 되는 전역 군인들이 참석했습니다. 내 옆에 앉은 신사의 이름은 아무개 씨였습니다. 그는 청력이 매우 약했기 때문에 보통 목소리로 말을 하지 않고 귀먹은 사람들이 흔히 가지고 있는 습성처럼 말을 할 때 소리를 질렀습니다. 그는 자신의 포크와 나이프를 한 번에 5~6분 동안 생각에 잠긴 듯 조용하게 다루었습니다. 그러다가는 갑자기 상대방이 미국에서 떨어져 나갈 만큼 소리를 질러 댔습니다."

이즈음 해서 더지 부인의 식탁, 최소한 내 바로 근처에 앉아 있던 사람들이 잠잠해지면서 침묵이 조금씩 긴 테이블의 양방향으로 퍼져 나갔다. 나는 낮은 목소리로 여전히 웅얼거리면서 말을 이어 갔다.

"아무개 씨가 조용하게 있는 동안 반대편에 있던 한 남자가 자기 옆에 있던 사람에게 자기 얘기의 마지막 부분을 말하게 되었습니다. 그는 아주 낮은 목소리로 말을 했습니다. 주위가 몹시 시끄러웠지만 나는 그 사람의 얘기에 관심이 끌려서 귀를 쫑긋 세우고 목을 쭉 뽑고 숨을 죽였습니다. 얘기를 모두 들을 수는 없었지만 참으로 재미있는 얘기였습니다. 나는 그가 이렇게 말하는 것을 들었습니다. '이때 그가 그녀의 긴 머리카락을 잡았습니다. 그녀는 소리를 지르면서 애원을 했습니다. 한데 그는 그녀의 목을 자신의 무릎에 올려놓고 면도날을 가지고 끔찍하게도 쉭….'"

"시 — 카 — 고가 마음에 드십니까?!!!"

30마일 밖까지 들릴 정도로 아무개 씨가 끼어든 상황을 나는 그대로 재현했다. 내 얘기가 이 부분에 이르렀을 즈음에는 더지 부인의 식당은 숨죽일 정도로 너무나 조용해서 말을 한 마디라도 하면 그 말이 바닥에 쿵 떨어지는 소리를 들을 수 있을 정도였다. 내가 그렇게 소리를 지르자 만찬 테이블에 앉아 있던 사람들이 마치 한 사람처럼 동시에 벌떡 일어서는 바람에 천정에 머리를 박아 천정을 망가뜨리고 말았다. 하지만 천정은 마른 나뭇가지와 회반죽만으로 만들어졌기 때문에 부스러기가 머리 위에 그대로 떨어지기도 하고 음식에 들어가서 음식이 먼지투성이가 되기는 했지만 아무도 다치지는 않았다. 이런 소동이 있은 후에 만찬 테이블에 앉아 있는 사람들에게 내가 왜 그런 방법을 사용했는지 설명하고, 이 사건에서 배울 점을 취해 가슴 깊이 간직해서 다음부터는 한꺼번에 제각기 소리 지르지 말고 한 번에 한 사람씩 말할 기회를 주고 나머지 사람들은 감사한 마음으로 침착하게 경청하자고 요청했다. 사람들이 내 요청을 기꺼이 들어주었기 때문에 우리들은 나머지 저녁 시간을 재미있게 보낼 수 있었다. 이 시기가 내 생애 최고의 시절이었던 것 같다. 이렇게 새로운 법칙을 만든 이유는 내가 혼자서 좌중을 압도할 수 있는 상황을 마련하기 위해서였다. 나는 나 자신의 말하는 소리를 듣는 것을 좋아한다.

65

우리는 12년 전 이탈리아 플로렌스에 있는 빌라에 산 적이 있다.* 빌라 비비아니(Villa Viviani)였다. 이 빌라는 세티그나노(Settignano) 교외에 있는 언덕 위에 플로렌스와 거대한 계곡을 바라보며 상큼하고 당당하게 서 있었다. 우리의 좋은 친구이자 걸어서 12분 거리에 있는 거대한 성의 주인인 로스 부인이 빌라를 관리했다. 로스 부인은 여전히 그곳에 살면서 우리에게 여러모로 도움을 주고 있다. 빌라 비비아니에서 지냈던 그 해는 우리가 지금 머물고 있는 빌라 쿠아르토(Villa Quarto)에서 보낸 5개월과 대조적이었다. 내 오래된 원고와 산발적으

---

* 1904년 빌라 쿠아르토에서 저술

로 쓴 일기 중에서 당시에 대한 유쾌한 기억을 떠올리는 글을 찾아서 여기에 소개하려 한다.

우리는 1892년 플로렌스를 통과해서 독일로 가는 길에 빌라를 구입하기 위한 협상을 시작했고 협상은 우리가 출발하고 난 후에 친구가 마무리했다. 3~4개월 후 플로렌스로 돌아왔을 때는 심지어 하인과 저녁식사까지 모든 것이 준비되어 있었다. 말로 하면 한 문장으로 끝이지만 이 한 문장 뒤에는 어느 게으른 사람이 계획하고 일하느라 무척이나 애쓴 흔적이 숨어 있다.

플로렌스에서 3마일 떨어진 곳 언덕 한편에 서 있는 빌라의 위치는 완벽했다. 빌라가 서 있는 계단식 대지는 꽃으로 뒤덮인 채 비탈진 올리브 숲과 포도원을 굽어보고 있었다. 오른쪽으로 언덕의 불쑥 솟은 곳 뒤편으로는 피에졸리(Fiesole) 시가 가파른 계단식 대지 위에 자리하고 있었다. 바로 앞쪽에는 으리으리한 로스 성이 버티고 있었다. 성의 벽과 작은 탑에는 잊혀진 시절이 남긴 원숙한 세월의 흔적이 풍부히 남아 있었다. 플로렌스 옆 먼 평야에는 대성당의 빛바래고 거대한 둥근 천정이 마치 묶여 있는 기구처럼 가운데 우뚝 버티고 서 있었다. 오른쪽에는 메디치 성당의 좀더 작은 원형 천정이 있었고 왼쪽에는 팔라조 베치오(Pallazzo Vecchio)의 하늘 높이 솟은 탑이 있었다. 지평선 주위로는 우뚝 솟은 푸른 언덕의 가장자리가 빙 둘러 굽이치고 있었다. 이러한 전경에 9개월 동안 익숙해진 후에도 나는 이 전경이 지상에서 가장 아름다울 뿐만 아니라 눈과 영혼을 가장 만족시키는 경치라고 생각했고 지금도 여전히 그렇다. 해가 질 때면 플로렌스는 분홍색과 보라색, 황금색 바다 속에 완전히 잠겨 온갖 날카로운 선들은 어렴풋하고 아스라하게 바뀌었고 견고한 도시는 꿈의 도시가 되었다. 자연과의 교감 속에 황홀함으로 취하게 하는 광경이었다.

1892년 9월 26일

플로렌스에 도착했다. 이발을 했다. 실수였다. 오후에 빌라로 옮겼다. 관리인이 저녁에 트렁크 몇 개를 올려 왔다. 관리인은 후작 소유의 농장에 살면서 그곳 관리를 맡고 있다. 중년의 남자이고 여느 농부와 다를 것이 없다. 말하자면 햇빛에 그을고, 잘생기고, 좋은 성품에, 예의바르고, 전혀 공격적인 느낌을 주는 일 없이 완전히 독립적이다. 관리인은 트렁크를 옮겨 주고 요금을 너무 많이 요구했다. 내 정보원에 따르면 이것이 관습이라고 했다.

9월 27일

오늘 아침 나머지 트렁크가 도착했다. 관리인은 이번에도 과다한 요금을 청구했다. 이것이 관습이란 얘기를 또 들어야 했다. 관습을 어기고 싶지는 않다. 랜도 마차(포장이 앞뒤에서 처지는 좌석이 마주 있는 사륜마차—옮긴이), 말, 마부를 고용했다. 마부에게는 한 달 480프랑에 팁을 주고 거처를 제공하기로 했다. 랜도 마차는 한때 번성하던 때가 있었는데 그 무게가 30톤에 달했다. 말들은 연약하기 짝이 없어서 무거운 랜도 마차 끌기를 거부했다. 이따금씩 멈추어 서서 빙빙 돌면서 놀라고 의심스러운 태도로 마차를 살폈다. 이렇게 해서 시간이 지체되었지만 길을 가는 사람들에게는 볼 만한 구경거리였다. 사람들은 밖으로 나와서 주머니에 손을 집어넣은 채 둘러서서 쑥덕거렸다. 40톤짜리 랜도 마차는 저런 말이 몰 수 있는 것이 아니라는 말이 들렸다.

10월 1일

마부가 부엌에서 식사를 하고 있는 것을 보고 나서 한 달 30프랑의 식비를 포함시키도록 계약서를 다시 꾸몄다. 마부가 윗마을에서 식사를 한다 해도 어차피 이 금액만큼은 들 것이다. 나는 이렇게 하면 마부의 한 달 식비 200프랑 중에서 30프랑을 절약할 수 있다고 생각했다. 30프랑이라도 절약하는 것이 아무것도 절약하지 않는 것보다 낫지 않은가.

일기에 적힌 내용을 보면서 내가 예전에 현명하지 못하게 처신했던 일이 생각났다. 마부인 비토리오에게 매달 팁을 주기로 했기 때문에 얼마나 줘야 하는지 알고 싶었다. 그래서 마부의 주인에게 직접 물어보았다. 주인은 한 달에 30프랑이 적절하다고 대답했다. 후에 30프랑이 과다한 금액이기는 하지만 관습상 그 정도 준다는 말을 들었다. 하지만 그 달 말, 마부는 15프랑의 초과 팁을 요구했다. 이유를 묻자 마부는 주인이 자신의 팁을 가져간다고 말했다. 주인이 비토리오의 면전에서 팁을 가져간 사실을 부인하자 비토리오는 움츠러들었다. 그러나 주인이 자리를 뜨고 나자 마부는 이내 다시 팁을 인상해 달라고 했다. 우리는 마부를 좋아하고 믿었기 때문에 한 달에 45달러의 팁을 주었고 주인이 여기서 2/3를 가져간다는 마부의 말을 결코 의심하지 않았다. 우리들은 시민들로부터 주인이 하인의 팁의 상당부분을 가지는 것이 관습이고 또한 주인이 그 사실을 부인하는 것 또한 관습이라는 얘기를 들었다. 주인은 매우 융통성 있는 사람으로 영어를 천사장처럼 말하는 상당히 유능하고 호감이 가는 수다쟁이였고, 누구라도 그에게 불만을 가질 수 없도록 만드는 인물이었다. 그러나 그가 빌려 준 마차는 너무 무거웠다. 언덕을 오르려면 가벼워야 하는데도 말이다. 결국 9개월 동안 말이 절뚝거리고 다녀야 했다. 내가 까다로운 사람이었다면 애당초 가벼운 마차를 가져오게 했을 것이다.

위대한 공화정 시대에 오래되고 고귀한 세레타니(Cerretani) 가문이

수세기에 걸쳐서 이 빌라에 살았다고 한다. 10월경 우리는 예전에는 맡아본 적이 없는 코를 찌르는 듯한 의심스러운 악취를 맡기 시작했다. 슬슬 걱정이 되었다. 나는 악취의 원인이 개에게 있다고 가족에게 설명했다. 개가 바람 부는 쪽에 있는 경우에는 그런 냄새가 나게 마련이라고 말이다. 하지만 나는 전혀 개 때문이 아니라는 점을 알고 있었다. 오히려 그 냄새가 옛날에 빌라에 거주했던 세레타니 집안 사람들이 집 지하의 어딘가에 매장되어 있기 때문에 나는 것이라고 믿었다. 그들을 끄집어내어서 공기를 쐬게 하는 것이 좋을 듯했다. 하지만 내 판단은 어긋났다. 가족들 몰래 악취의 근원을 추적해 본 결과 조상 때문이 아니었다. 해로운 종류의 악취가 아니었던 것이다. 지하 저장실 중에서 우리가 접근할 수 없었던 부분에 저장되어 있던 와인 때문이었다. 이로써 우리의 상상력은 막을 내렸고 유쾌하지 못한 냄새는 쾌적한 냄새로 변했다. 물론 그러기까지 집에 끔찍한 소독약을 오랫동안 흠씬 뿌리고 가족들은 대부분 뜰에서 텐트를 치고 지내야 했다. 그리고 그 독한 소독약 냄새가 빠지고 지독한 악취가 완전히 사라지기까지는 두 달이 걸렸다. 악취가 사라지고 나자 와인 특유의 향내가 찾아왔다.

10월 6일

이곳에서 나는 불리한 위치에 놓여 있다. 집에 있는 사람 중 네 명은 이탈리아어만을 말한다. 한 명은 독일어만 하고, 나머지 사람들은 불어와 영어, 그리고 불경스런 언사를 한다. 나는 이 모든 언어를 말할 수는 있지만 정말 수박 겉핥기식일 뿐이다. 앤젤로는 특허를 낼 수 있을 정도의 프랑스어를 구사한다. 자신이 직접 만든 프랑스어인 탓에 아무도 이해할 수 없고 비슷한 소리도 들어본 적이 없는 것이다. 앤젤로는 자신의 모국어인 이탈리아어보다 자신만의 프랑스어를 선호했다. 특유의 프랑스어를 말하기를 좋아했고 자신이 말하는 소리를 듣는 것을 좋아했다. 그에게는 음악과 같았다. 내 가족들은 미숙한 이탈리아어를 집 안에서 사용하고 싶어 했지만 앤젤로는 태도를 바꾸려 하지 않았다. 무슨 말로 말을 걸든 대답은 항상 자신만의 독특한, 귀에 거슬리는, 기괴한 프랑스어로 했다. 마치 석탄을 삽으로 떠서 활송(滑送) 장치(석탄 등을 아래로 떨어뜨리는 관―옮긴이)에 쏟아 넣는 듯한 소리가 난다. 처음에는 내가 알고 있는 몇 안 되는 이탈리아어 단어와 표현을 앤젤로에게 써먹어서 숙달시키려 했다. 그러나 앤젤로가 부분적으로 이해하지 못하거나 원하지 않았기 때문에 내 이탈리아어를 거둬들일 수밖에 없었다. 하지만 나는 연습을 거듭하면서 준비를 하고 있는 중이다. 어느 날 만반의 준비를 갖추어서 앤젤로가 만족스럽지 못한 프랑스어가 아닌 모국어로 말을 하게 할 것이다. 이 아이를 엄마의 젖에 흠뻑 빠지게 만들 것이다.

10월 27일

첫 번째 달이 지나갔다. 우리는 이제 이곳의 생활에 익숙해졌고, 플로렌스의 빌라에서의 생활이 그지없이 이상적이라는 데에 의견을 같이했다. 날씨는 훌륭하고, 바깥의 경치는 사랑스럽고, 밤낮으로 조용하고 평화롭고, 세상과 걱정으로부터의 차단이 꿈처럼 만족스럽다. 집안일도 없고, 계획을 세울 필요도 없고, 시장 보는 일도 감독할 필요가 없다. 모든 일이 저절로 돌아간다. 우두머리도 없기에 하인들은 각자 자신이 맡은 일만을 신경 쓰면 되고 아무런 감독도 행하지 않는다. 하인들은 꼼꼼하게 작성한 청구서를 일주일에 한 번 제출한다. 그러고 나면 조용하게 일상이 다시 시작된다. 위층에는 소음도 야단법석도 다툼도 혼동도 없다. 아래층에서 어떤 일이 벌어지고 있는지는 아무도 모른다. 오후 늦게는 도시에서 친구들이

와서 노천에서 차를 마시며 세상 돌아가는 얘기를 들려준다. 커다란 태양이 플로렌스에 가라앉으면 매일 일어나는 기적이 시작된다. 사람들은 숨을 죽이고 그 광경을 쳐다본다. 말을 하는 시간이 아니다.

66

1896년 8월 18일 하트포드의 집에서 수지가 세상을 떠났다. 클라라와 아내와 나는 세계를 돌아 7월 31일 영국에 도착한 후 길드포드(Guildford)에 집을 마련했다. 수지, 케이티, 진이 미국에서 도착해야 할 시기가 일주일가량 지났는데 사람 대신 편지가 도착했다.

수지가 약간 아프기는 하지만 대수롭지 않다고 했다. 하지만 우리는 불안했고 최근 소식을 알고 싶어 전보를 쳤다. 금요일의 일이었다. 하루 종일 답변이 없었다. 배는 다음날 정오에 사우스앰프톤(Southampton)을 출발할 예정이었다. 혹 나쁜 소식이 있을 경우를 대비해서 클라라와 아내는 짐을 싸기 시작했다. 마침내 전보가 도착했다. "아침 전보를 기다리세요."라는 내용이었다. 마음이 놓이질 않아서 다시 전보를 쳤다. 나는 그날 밤 좋은 소식이 도착할지 모른다는 희망을 가지고 문이 닫힐 때까지 우체국에서 기다렸다. 하지만 아무런 연락도 없었다. 우리는 새벽 1시까지 집에서 답장을 기다리며 조용히 앉아 있었다. 무엇을 기다리는지도 알지 못한 채. 그러고는 가장 이른 아침 기차를 타고 사우스앰프톤에 도착했는데 전보가 와 있었다. 회복하기까지 오래 걸리겠지만 확실히 회복할 수 있다는 내용이었다. 내게는 커다란 위안이 되었지만 아내에게는 그렇지 못했다. 아내는 잔뜩 겁을 먹고 있었다. 클라라와 아내는 수지를 간호하기 위해서 당장 배에 올라 미국으로 향했다. 나는 좀 더 큰 집을 물색하기 위해 길드포드에 남았다.

그것이 1896년 8월 15일이었다. 3일 후 클라라와 아내가 바다를 반쯤 건넜을 즈음 별다른 생각 없이 멍하니 식당에 서 있는 나에게 우체부가 전보를 손에 쥐어 주었다.

"수지가 오늘 평온하게 세상을 떠났습니다."

아무런 마음의 준비가 되어 있지 않은 상태에서 그런 청천벽력 같은 소식을 듣고도 목숨을 부지할 수 있는 것은 인간 본질이 가진 신비 중의 하나이다. 합당한 설명이라면 단 하나 뿐이다. 지식인들은 충격으로 아연실색하지만 더듬더듬 단어의 의미를 모은다. 그러고는 완전한 의미를 깨닫기를 간절히 바란다. 그러나 엄청난 상실감으로 정신이 마비된다. 정신과 기억이 모두 마비되어 버려서 모든 자세한 사항을 한데 모아 상실의 모든 내용을 알게 되기까지는 수개월, 수년이 걸릴 것이다. 어떤 사람의 집이 불에 탔다. 수년 동안 소중하게 사용되었고 여러 가지 유쾌한 일이 있었지만, 지금은 폐허가 되고 연기 나는 잔해만 남아 있을 뿐이다. 차츰차츰 며칠이 지나고 몇 주가 지나고 처음에는 집을, 다음에는 물건을 그리워한다. 그리고 생각해 보면 그 물건이 집에 있었다는 것을 알게 된다. 그 물건은 항상 소중했다. 단 하나밖에 없는 것이었다. 그런데 그 집에 있었다. 돌이킬 수 없이 잃어버리고 만 것이다. 가지고 있을 때는 중요하다는 사실을 깨닫지 못했지만 없어지고 나서 뒷걸음치고 머뭇거릴 때에야 비로소 깨닫는다. 잃어버린 소중한 것에 대해 완전히 깨달으려면 수년이 걸릴 것이다. 그때까지는 자신에게 닥친 재앙의 크기를 알지 못한다.

8월 18일은 나에게 끔찍한 소식을 안겨 주었다. 아내와 클라라는 무슨 일이 일어났는지 알지 못한 채 대서양 한복판에서 믿기지 않는 재앙을 맞이하러 가고 있었다. 친척들과 친구들은 그들이 엄청난 충격을 그대로 받지 않도록 최선을 다했다. 배는 밤에 도착했지만 마중을 하러 나가서 아침까지 모습을 보이지 않다가 클라라를 먼저 만났다. 선실로 들어온 클라라는 아무 말도 하지 않았다. 아니 할 필요도 없었다. 아내는 클라라를 보며 말했다.

"수지가 죽었구나."

아내와 클라라가 엘미라에 도착한 때는 밤 10시 30분이었다. 그곳에 수지가 있었다. 13개월 전에 우리에게 손을 흔들어 작별인사를 했던 것처럼 반짝이는 빛을 받으며 손을 들어 반갑게 맞이하지 않고, 자기가 태어난 집에 놓인 관 속에 하얗게 예쁘게 누워 있었다.

수지는 삶의 마지막 13일을 자기가 어린 시절을 보냈고, 이 세상에서 자신에게 늘 가장 소중한 장소였던 하트포드의 집에서 지냈다. 수지의 곁에는 그녀의 성실한 옛 친구이자 그녀를 갓난아이 때부터 봐왔고 함께 긴 여행을 했던 트위첼 목사와 삼촌과 숙모, 마부인 패트릭, 수지가 8세 되던 해부터 우리 가족의 시중을 들던 케이티, 우리와 수년 동안 함께 지낸 존과 엘렌, 그리고 진이 있었다.

아내와 클라라가 미국으로 출발했을 즈음 수지는 위험한 상태가 아니었다. 한데 3시간 후에 갑자기 상태가 악화되기 시작했다. 수막염이었다.

그날 저녁 마지막으로 식사를 하고 다음날 아침 뇌척수막염이 악화되었다. 통증과 의식이 혼탁한 상태에서 바닥을 좀 걷더니 더 이상 걷지 못하고 침대에 쓰러졌다. 전에 엄마가 입고 있는 것을 본 적이 있는 가운이 옷장에 걸려 있는 것을 보고 그것이 죽은 엄마라고 생각하고 가운에 입을 맞추며 울었다. 정오쯤 병으로 인해 눈이 멀었고 삼촌을 붙들고 몹시 슬퍼했다.

더 이상 말을 덧붙일 필요 없이 진의 편지에서 아래 문장을 그대로 인용하려 한다.

"오후 1시경, 수지 언니는 마지막 말을 남겼습니다."

수지가 마지막으로 했던 말은 단 한마디였다. 그녀는 손으로 더듬거려 케이티를 끌어당기고는 얼굴을 어루만지면서 말했다.

"엄마."

파괴와 상실의 황량한 시간에 죽음의 그림자가 자신을 점점 둘러싸올 때에 수지가 아름다운 환영을 볼 수 있었다면, 그래서 그녀의 마음에 자리잡은 구름 낀 거울에 놓인 마지막 환영이 엄마의 환영이었다면, 삶에서 그녀가 느꼈던 마지막 감정이 엄마를 보았을 때의 기쁨과 평화였다면 얼마나 다행한 일인가.

2시경에 수지는 마치 잠자는 것처럼 다시는 움직이지 않았다. 무의식 상태에 빠져서 2일하고 5시간을 있다가 숨을 거두었다. 수지는 그때 24살 5개월이었다.

23일 우리 모두의 경이와 숭배의 대상이었던 수지가 영원한 휴식을 위해 안장되는 모습을 어머니와 동생들이 지켜보았다.

67

내일은 6월 5일이다.* 내 삶에 재앙으로 각인된, 아내의 죽음을 겪은 날이다. 허물어진 건강을 되찾아 주겠다는 희망을 가지고 아내를 데려갔던 플로렌스에서 2년 전 일어난 일이다.

---

* 1906년에 저술

1904년 초반 플로렌스에서 시작한 이 자서전의 구술 작업은 시기가 워낙 뒤숭숭했기 때문에 곧 중지되어 1906년 1월이 되어서도 재기되지 못했다. 비참했던 22개월 간의 슬픈 사건과 경험들, 그 고통의 세월을 어떻게 말해야 할지 알 길이 없었기 때문이다. 지금 아내가 겪었던 질병에 대해서 간략하게 설명을 하려 한다. 아직까지는 그 이상의 얘기는 도저히 할 수가 없다.

　아내는 한순간도 건강한 적이 없었다. 그러한 건강 상태로 13개월 간의 세계 여행은 매우 무리인 것 같았지만 어쨌든 무사히 마칠 수 있었다. 1895년 7월 15일 엘미라에서 서부행 기차를 탔을 때는 엄청나게 뜨거운 여름의 열기를 견뎌야 했다. 23일 동안 나는 밤마다 강연을 했다. 이 괴로운 상황에도 불구하고 아내는 여행을 시작했을 때와 마찬가지의 건강한 모습으로 밴쿠버에 도착했다. 샌드위치 섬에서는 5개월 동안 쉼 없이 여름이 계속되었지만 아내의 건강은 오히려 호전된 것 같았다. 우리는 남위 34도의 오스트레일리아, 시드니에 10월에 도착했다. 그곳에 여름이 시작될 때였다. 우리가 오스트레일리아, 뉴질랜드, 태즈마니아(Tasmania)에 머물 때는 내내 여름이었다. 물론 스리랑카 또한 항상 그렇듯이 펄펄 끓는 여름이었다. 영국인 거주민의 말에 따라 봄베이는 겨울이리라 생각했지만 막상 1월에 도착했을 때는 7월 중순 엘미라를 출발한 다음 경험한 기후와 똑같았다. 우리에게는 겨울의 인도가 여전히 여름이었던 것이다. 3월 17일 한 영국인 의사가 캘커타를 거쳐 속히 인도를 떠나라고 했다. 더운 기후가 언제라도 시작될 수 있는데 우리에게 위험할 수 있다고 했다. 그래서 우리는 배를 타고 남아프리카로 향했다. 이때도 아내의 건강은 꾸준히 호전되고 있었다. 클라라와 아내는 프리토리아를 제외하고는 남아프리카에서의 내 강연 일정을 모두 따라다녔지만 단 하루도 아픈 적이 없었다.

우리는 마침내 그 대대적인 강연 계획을 1896년 7월 14일에 마치고 다음날 영국으로 가는 배에 올라타서 31일에 사우스앰프톤에 도착했다. 14일 후에 아내와 클라라는 수지가 아프다는 연락을 받고 수지를 간호하기 위해 집으로 항해를 시작했고 얼마 후 관에 누워 있는 수지를 보게 된 것이다.

숫자가 줄어든 식구가 영국으로 왔다. 우리는 1900년 10월까지 런던, 스위스, 비엔나, 스웨덴을 돌며 살다가 다시 런던으로 돌아와 살았다. 그러고는 집으로 돌아오는 배를 탔는데 아내의 건강 상태는 전에 없이 좋아 보였다. 16세 때 내가 앞서 말했던 사고를 당한 이후로 처음이었다.

우리는 뉴욕에 집을 마련했다. 다시 한번 아내의 노고가 시작되었다. 집이 컸기 때문에 집안일은 상당한 노동이었다. 하지만 아내는 가정부를 두려 하지 않았다. 또한 사교 생활 역시 아내에게는 커다란 짐이었다. 한겨울 분주한 뉴욕의 사교 시즌에 나의 서신 왕래 수는 비서와 내가 감당할 수 있는 한계를 넘어섰다. 아내는 우리의 짐을 덜어주려 애썼다. 어느 날 나는 손수 32장의 편지를 썼는데 안타깝게도 아내 또한 같은 수의 편지를 썼다는 것을 알게 되었다. 다른 일을 하면서 편지까지 썼던 것이다. 이 모든 일들이 아내에게는 너무나 무거운 부담이 되었다.

9년 반 동안 유럽에서 조용하고 힘들이지 않는 생활을 하다가 이렇듯 힘든 생활을 한 영향이 다음해 6월에 나타나기 시작했다. 다시 3개월 동안 안정과 은둔 생활을 하고 나서 건강이 회복된 듯했다. 하지만 허드슨 강가의 리버데일에 상당히 큰 집을 마련하면서 집안일이 또다시 아내의 짐이 되었다. 1902년 초 아내는 신경쇠약으로 고생했지만 곧 위험에서 벗어난 것처럼 보였다.

  6월 말 우리는 여름을 나기 위해서 요크 하버(York Harbor)의 외곽에 집을 구했다. 로저스 씨가 당시 미국에서 가장 빠른 요트를 가지고 와서 강에 정박시켜 놓았다. 아내와 진과 내가 요트에 탑승하기 위해 갔지만, 아내가 하인을 데려오지 않았다는 사실을 알게 되었다. 로저스 씨를 불편하게 할까 봐 우려했던 것이다. 너무나 안된 일이었다. 게다가 진의 건강이 좋지 않았기 때문에 많은 손길이 필요한 상황이었다. 결국 이 모든 일이 아내의 몫으로 돌아갈 것이었다. 내가 도와봤댔자 어리석고 무지하고 가치 없는 도움밖에는 주지 못할 테니 말이다. 하지만 되돌리기에는 너무 늦은 상태였다. 모든 가구와 짐을 기차로 운반해서 요크 하버까지 오도록 아내가 이미 조치를 취한 후였기 때문이다.

  훌륭한 날씨였고 우리는 반짝이는 바다 위를 마치 새처럼 지나갔다. 하지만 아내는 이러한 즐거움을 만끽할 수 없었다. 아래 선실에 머무르면서 진을 돌보아야 했기 때문이다. 진 때문에 충분한 휴식이나 수면을 취할 수도 없었다.

  아내는 쉴 수 있는 절호의 기회가 와도 쉬려 하지 않았다. 쉴 수가 없었다. 아니 쉴 의지 자체가 없었다. 아내는 육체 속에 증기 엔진 같은 영혼을 가지고 있었다. 그 엔진은 지칠 줄 모르는 에너지로 육체를 괴롭혔다. 언제나 육체가 가진 힘의 한계를 넘어서까지 일했다. 기어이 다시 심장에 이상이 생기기 시작했다. 아내는 급속도로 불안해했다. 2주일이 경과하자 마차를 타고 외출하는 일조차 무서워하기 시작했다. 마차 쪽으로 빠른 속도로 접근해 오는 물체가 있으면 소스라치게 놀랐다. 경사를 내려가는 것도 두려워했다. 아무리 완만한 경사라도 마찬가지였다. 거의 느끼지도 못할 만큼 완만한 경사에도 마부에게 말을 천천히 몰아 달라고 신신당부하곤 했다. 그러고도 마음이 놓이질 않아 공포에 가득찬 표정으로 고통스럽게 마부를 지켜보았다. 말이 잠시라도 비껴 가게 되면 한 손으로 나를 잡고 다른 한 손으론 마차를 잡고 공포로 정신이 혼미해질 지경이 되었다. 7월 내내 이러한 상태가 계속되었다.

68

8월 6일경 요크 하버에 커다란 축제가 벌어졌다. 미국 대륙에 지방자치제 정부가 들어선 것을 축하하는 250주년 기념 축제였다. 2~3일 동안 낮에는 신기하고 즐거운 행렬과 대규모 모임, 웅변 등의 행사가 열렸고 밤에는 불꽃놀이가 이어졌다.

항상 젊었던 아내는 이러한 일에 강한 관심을 보였다. 3일 동안 아내는 낮에는 마차를 타고 밤에는 보트를 타고 돌아다니면서 진행되는 행사를 보고 듣고 즐겼다. 아내는 지나치게 무리를 하고 있었고 급기야는 징후가 나타나기 시작했다. 폐막식날 밤의 웅장한 행사를 보지 말라고 할 수가 없었기 때문에 우리는 행사장에서 2~3마일 떨어진 광장에서 불꽃놀이를 지켜보았다. 하지만 그 전에 아내를 저지했어야 했다. 아내는 이미 지나치게 무리를 했던 것이다.

다음날 오후는 아내가 한 개인으로서 친근하게 이 세상의 일과 연관을 맺은 생애 마지막 날이었다. 어린 소녀 시절부터 온 마음을 다해서 그토록 적극적으로 즐겨 온 인생을 마무리하는 날이었다. 그리고 이 세상에서 그녀 존재의 마지막 부분을 여는 서두이기도 했다. 만약 그날이 평범하고 무색이었을지라도 마지막이라는 사실 때문에 잊지 못할 것이다. 하지만 아내 인생의 마지막 부분은 평범하지 않았다. 무색이지 않았다. 그날은 내 기억 속에 뚜렷이 두드러지게 새겨져 있다.

다음날인 8월 11일, 나는 울음소리에 잠을 깼다. 아내가 방 반대편 벽에 기대 선 채로 숨을 헐떡거리며 울고 있었다. 그러고는 "내가 죽어가고 있어요."라고 아내는 말했다.

나는 아내를 침대에 눕히고 의사를 불렀다. 의사는 신경쇠약 증세라고 말하면서, 절대적으로 안정을 시키고 격리시켜서 세심하게 간호를 해 주어야 한다고 했다. 그것이 시작이었다.

그 후 60일은 우리에게는 근심의 나날이었다. 10월에 들어서면서 아내를 리버데일로 데려갈 수 있는지가 문제가 되었다. 로저스 씨의 요트를 사용할 수는 없는 노릇이었다. 아내가 바다 항해를 견뎌낼 수 없을 터였다. 결국 환자용 자동차라는 다소 빈약한 장치를 사용해 보기로 결정했다. 이 자동차를 빈약한 장치라고 부른 이유는 이 차가 친구, 간호사, 의사 등이 타기에는 공간이 넓고 편리한 반면에 단 한 가지 커다란 결점이 있었기 때문이다. 환자의 침대가 고정되어 있어서 기차가 덜컹거리거나 방향을 틀 때마다 따라서 움직였다. 침대를 그물 침대처럼 탄력성 있는 로프로 천정과 연결했다면 환자가 움직임이나 떨림을 느끼지 못할 것이었다. 어쨌든 우리는 이 자동차를 보스톤 근처까지 운반할 특별 열차를 물색했다. 그러고는 뉴욕의 중앙 기차역에서 정기 급행열차로 옮겨 탔다. 이렇게 해서 무사히 리버데일에 도착할 수 있었다.

건장한 영국인 집사가 아내를 위층 침실로 올려 갔다. 담당 간호사가 아내 곁을 지켰다. 간호사가 아내가 있는 침실의 문을 닫는 시점부터 모든 진실은 영원히 그 방 안에 갇히게 되었다. 의사가 하루에 한 두 번 와서 몇 분 정도 그 방에 머물렀다. 아내에게 거짓말을 해야 할 필요가 있는 경우에 의사는 그 역할에 충실했다. 간호사 또한 필요한 경우에는 거짓말로 둘러댔다. 클라라가 매일 낮에 3~4시간 동안 엄마를 돌보았는데 클라라로서는 매우 힘든 일이었다. 매일 클라라는 십여 가지의 위험한 진실을 가슴속에 묻고 성스러운 거짓말로 엄마의 생명과 희망과 행복을 살리려 애썼다. 전에는 엄마에게 한 번도 거짓말을 해 본 적이 없었지만 간호를 하게 된 이후에는 엄마에게 한 번도 진실을 말한 적이 없었을 게다. 클라라가 정직하다는 믿음이 엄마의 마음속에 굳게 자리잡고 있다는 것이 우리에게는 천만다행이었다. 재앙을 막기 위해 우리가 매일 했던 일은 바로 진실을 감추고 거짓말을 하는 것이었다. 엄마는 결코 클라라의 말을 의심하지 않았다. 클라라는 일어날 것 같지 않은 일도 차분하게 의심을 일으키지 않고 말할 수 있었다. 하지만 아주 사소한 일이라도 내가 말을 했다면 상황은 달라졌을 것이다. 나는 아내에게서 결코 클라라와 같은 평판을 얻을 수 없었다. 나는 아내의 침실에서 아무런 정보도 흘리지 않았다. 이렇게 할 수 있었던 것은 아내의 침실에 하루에 딱 한 번 겨우 2분 동안만 있을 수 있었기 때문이다. 간호사가 손에 시계를 들고 문에 서서 기다리고 있다가 시간이 되면 나를 내보냈다.

내 방은 커다란 욕실을 사이에 두고 아내가 있는 방 옆에 있었다. 서로 말로 대화를 나눌 수 없었던 아내와 나는 편지를 주고받았다. 매일 밤 아내가 누워 있는 침대 가까이로 통하는 욕실 문 아래로 편지를 밀어 넣었다. 편지에는 그즈음 일어나는 사건에 대해서는 아무런 언급도 하지 않았고 아내에게 아무런 해가 되지 않을 내용만을 적었다. 아내는 하루에 한두 번 답장을 썼다. 처음에는 꽤 장문의 답장을 썼지만 달이 거듭됨에 따라 아내의 기력은 점점 약해졌고 나중에는 작은 종이쪽지에 떨리는 글자로 사랑의 메시지를 남겼다. 아내는 이 세상을 떠나는 날까지 이 일을 계속했다.

69

앞서 클라라의 입장이 어려웠다고 말했다. 정말 그랬다. 그즈음 나는 친구들에게 보내는 편지에서 클라라의 어려운 상황에 대해 설명하곤 했다. 1902년 말 요크 하버에서 돌아온 지 두 달 반 되었을 때 수지 크레인(Susy Crane) 숙모님께 보낸 편지에도 그러한 내용이 있었다.

크리스마스가 되기 며칠 전 진이 눈 속에서 스키 활강을 즐기는 등 한껏 놀다가 들어와서는 털옷을 입은 채 앉아서 식은땀을 흘리더니 심한 오한을 호소했다. 당장 의사가 달려왔으나 크리스마스 이브부터 진은 극심하게 앓기 시작했다. 폐렴이었다. 그때부터 숙모님께 편지를 쓰는 시점까지 진의 병세는 심각했다. 다행히 아내는 무언가 잘못되고 있다는 점을 전혀 눈치 채지 못했다. 아내는 클라라에게 매일 진의 건강, 기분, 옷, 직장, 소일거리 등에 대해서 물어보았다. 클라라는 아주 자세하게 얘기를 들려주었다. 물론 모두 거짓말이었다. 클라라는 매일 엄마에게 진이 어떤 옷을 입었는지 말해야 했다. 클라라는 진이 가지고 있는 옷들로 얘기를 꾸며내다가 한계에 이르자 궁리 끝에 진의 옷장에 상상의 옷을 걸어 두고 세 배, 네 배로 옷의 가짓수를 늘려 나갔다. 가족의 수입보다 많은 돈을 옷에 쓰는 것이 아니냐며 엄마가 걱정스러운 언급을 하면서부터 좀 자제하긴 했지만 말이다.

진에게는 전문적인 간호사가 필요해서 토빈(Tobin)이란 이름의 간호사를 고용했다. 진의 방은 아내가 있는 방의 반대편 끝에 있었기 때문에 아내에게 들키지 않은 채 의사와 간호사가 드나들 수 있었다. 1

월 중순경에 진은 걸어다닐 수 있을 정도로 회복되었다. 의사가 환경을 바꿔보라고 권했기 때문에 진은 케이티와 간호사와 함께 남쪽에서 몇 주 머물렀다. 의사는 6주 동안 머물 것을 권했지만 진도 케이티도 도저히 간호사와 함께 있을 수 없다며 기한을 다 채우지 못하고 리버데일로 돌아왔다.

진이 없는 동안에도 아내는 진이 건강하게 그 지역의 다른 젊은 아가씨들처럼 즐거운 나날을 보내면서 집에 있다고 생각하고 행복해했다. 클라라는 진의 일거수일투족에 대해서 엄마에게 매일 보고했다. 어느 날은 진이 나무를 조각하느라 바쁘다고 했고, 어느 날은 어학 공부를 열심히 하고 있다고 했고, 어느 날은 클라라 자신이 쓴 글을 타자로 쳐 주느라 정신이 없다고 했다. 시간이 지남에 따라 클라라는 진의 옷을 가지고 겪었던 만큼 진의 일과를 꾸며 대느라 지쳐 있었다.

여기 수지 숙모님께 보낸 편지를 옮겨 놓겠다.

〈클라라의 일과〉

저녁 9시, 잠자리에서
1902년 12월 29일, 리버데일

수지 숙모님! 두 시간 전 클라라가 저에게 자신의 일과에 대해 자세히 말해 주었습니다. 너무나 자세하게 얘기해 주어서 내용을 모두 옮길 수가 없습니다. 환자를 돌보는 것이 얼마나 힘든 일인지 요크 하버에서 겪어 보아서 아시겠지만, 이 불쌍한 아이는 매일 몇 번씩이나 함정에 빠지지 않으려고 무던히도 애쓰고 있습니다.

(오늘 진의 반대편 폐에도 폐렴이 옮겨 갔습니다. 의사는 오늘밤이 고비가 될 거

라고 했습니다. 아침에 의사를 불러왔는데 오늘 밤은 꼬박 새워야 할 겁니다.)

클라라는 진 때문에 오늘 뉴욕에서 있었던 월요일 수업에 가지 못했습니다. 하지만 괘념치 않고 실내복을 입은 채 엄마 방에 들어갔습니다.

아내: 클라라, 왜 수업에 가질 않았니?

클라라: 갈 거예요.

아내: 그렇게 입고서?

클라라: 아뇨.

아내: 기차 시간을 맞추지 못하겠구나.

클라라: 아뇨. 다음 기차를 탈 거예요.

아내: 그러면 어떡하니. 수업에 너무 늦어 버리지 않니?

클라라: 아뇨, 수업이 한 시간 늦춰졌어요.

아내: (흡족한 듯. 그러다가 불현듯) 하지만 클라라, 수업이 늦어지면 햅굿 부인과의 점심 약속에 늦을 텐데.

클라라: 아니오. 기차가 보통 때보다 15분 일찍 출발해요.

아내: (흡족해하며) 햅굿 부인에게 전후 사정 얘기를 해라. 클라라. 정말 너를 힘들게 하고 싶지는 않지만 점심식사가 끝나고 내 심부름으로 몇 가지 좀 사다 줄 수 있겠니? 별 것 아닌 것을 가지고 리온(Lyon) 양*에게 부탁하기가 좀 미안하구나.

클라라: 괜찮아요. 제가 할게요. (엄마에게서 사야 할 물건의 목록을 받아 적습니다.)

아내: (생각에 잠긴 듯) 이름이 뭐였더라? 토빈? 토비? 아니 토빈이다. 토빈 양.

---

*마크 트웨인의 비서

클라라: (온몸이 굳어져 왔지만 전혀 내색하지 않은 채 대답했습니다. 토빈 양은 진의 담당 간호사입니다.) 토빈 양이오? 그게 누군데요?

아내: 간호사야. 훌륭하고 수다스럽지 않다고 하더라. 본 적 있니?

클라라: (절망적으로. 이런 긴급한 상황에서 무슨 말을 해야 할지 몰라 하며) 본 적이 있냐고요? 토빈 양이오? 아니오, 누군데요?

아내: (클라라가 마음 놓게도) 나도 잘 몰라. 의사가 얘기를 꺼내면서 칭찬하더구나. 우리 집에 간호사가 더 필요해서 그런 것인가 생각했다. 하지만 아무 대꾸도 하지 않았더니 더 이상 얘기를 하지 않더구나. 셰리 양만으로도 충분해. 다른 간호사는 필요 없어. 의사가 그 얘기를 다시 꺼내면 그렇게 얘기해라. 이제 옷을 갈아입어야 할 시간이구나. 그리고 얘야, 햅굿 부인에게 내가 말한 것을 반드시 전하도록 해라.

(클라라는 무사히 방에서 나왔고 복도에서 기다리고 있던 간호사 셰리 양을 보았습니다. 두 사람은 서로 몇 가지 거짓말에 대해 입을 맞추었습니다. 클라라는 진의 방 주위를 배회하다가 잠깐 진을 보러 갔습니다. 오후 3~4시경에는 리온 양이 뉴욕에서 사 가지고 온 물건을 받고 할 말을 연습한 후에 엄마 방으로 갔습니다.)

아내: 정말 고맙구나. 이렇게 부슬부슬 비가 내리고 길이 질척한 줄 알았다면 사다 달라고 부탁하지 않았을 텐데. 몸이 젖었지?

클라라: 아뇨, 괜찮았어요.

아내: 오가는 길 모두 택시를 탔니?

클라라: 기차역에서 수업에 갈 때는 말고요. 수업이 끝날 때까지는 날씨가 좋았어요.

아내: 자, 이제 햅굿 부인이 말한 내용을 모두 얘기해 보렴.

(클라라는 새로운 일과 놀랄 일, 대답하기 어려운 질문을 유도하는 얘기를 피하면서 엄마에게 긴 얘기를 들려주었습니다. 물론 점심 메뉴도 자세하게 묘사했습니다.)

아내: 조개라고! 12월 말에 조개라니? 조개가 확실하니?

클라라: 조개라고 말하지 않았는데요. 굴을 말한 거예요.

아내: (마음을 가라앉히고) 이상하구나. 진은 무엇을 하고 있니?

클라라: 타자를 칠 일이 있다고 말했어요. (물론 거짓말입니다. 진은 거의 살아 있다고 볼 수 없는 지경입니다.)

아내: 진은 오늘 외출을 했니?

클라라: 점심 먹은 후 아주 잠깐 동안이요. 다시 나가려고 했지만….

아내: 진이 외출했었는지 어떻게 알았니?

클라라: (시간을 좀 벌면서) 케이티가 말해 주었어요. 비가 오는데 다시 나가려고 했지만 내가 그냥 집에 있으라고 했어요.

아내: (감격해하며) 클라라, 정말 잘했다! 정말 현명하게 진을 돌보고 있구나. 정말 훌륭하다. 나는 여기 묶여 있어서 진을 돌봐 줄 수가 없다. (클라라가 쑥스러워할 때까지 칭찬을 계속했습니다.) 존 하웰스는 어제 어떤 것 같았니?

클라라: 좋아 보였어요. 물론 커다란 식당에 단둘이 앉아 있어서 무척 쓸쓸해 보이기는 했지만요.

아내: 어째서 둘뿐인데?

클라라: 음, 참 아빠를 세지 않았네요.

아내: 하지만 진도 세지 않았잖니?

클라라: (다시 한번 들통날 뻔한 위기를 넘기며) 아뇨, 물론 셌어요. 하지만 진은 아무 말도 하질 않아요. 아무 말도.

아내: 진이랑 같이 산책했니?

클라라: 조금요. 그러다가 더지 가족을 만나서 함께 놀러 갔어요.

아내: (놀라며) 일요일에?

클라라: (잠시 망설이다가) 매주 일요일마다 놀러가지는 않아요. 지난 일

요일에는 가지 않았어요.

(아내는 클라라와의 대화에 만족한 것이 분명했습니다. 몇 주 전에 진이 말하길, 일어날 것 같지 않은 일에 대해 엄마에게 거짓말을 하고 이를 믿게 할 수 있는 사람은 클라라뿐이라고 했습니다. 이것은 클라라가 전에 엄마에게 한 번도 거짓말을 한 적이 없기 때문입니다.)

아내: 마크 홈버그(Mark Homburg)는 언제 왔니?

클라라: 존이 막 떠날 때요.

아내: 피아노 소리를 듣고 싶어 계속 기다리고 있었다. 음악이 없으면 그가 심심해하지 않을까? 그를 피아노 앞으로 데려가지 그랬니?

클라라: 제안을 했는데 머리가 아프다고 했어요. (물론 거짓말입니다. 피아노가 진의 방에서 너무 가까운 곳에 있었기 때문에 피아노를 치면 진에게 방해가 되었습니다.)

수지 숙모님, 자세한 얘기를 모두 적지는 못했습니다. 클라라가 기적처럼 즉흥적으로 핑계를 대고 거짓말을 해서 곤경을 가까스로 모면하는 아슬아슬한 순간에 대해서 말입니다. 이 모든 일들은 가슴 찢어지게 아프고 비통한 상황만 아니라면 재미있을 텐데요.

숙모님이 저희를 방문하는 날이 오기를 오랫동안 바라고 있습니다. 하지만 의사가 아내는 보지 못하게 할 겁니다. 만약 허락한다면…. 하지만 그런 일은 없을 겁니다.

12월 30일 새벽 6시.

진의 방에 갔다 왔습니다. 사방이 조용합니다. 진은 자고 있습니다. 토빈 양이 "진은 밤새 아주 잘 자고 있어요."라고 속삭였습니다. 의사와 클라라가 밤에 두어 번 찾아와서 둘러보고는 아무 일 없는 것을 확인하고 잠자리에 들었답니다.

S L C

70

클라라가 이렇듯 교묘하게 얘기를 꾸며 내는 일을 2년 가까이 계속했다고 생각하면 그녀가 맡은 일이 얼마나 어렵고 위험한 일이었는지 느낄 수 있을 것이다. 여기 또 다른 편지 하나를 옮겨 놓겠다.

〈조셉 H. 트위첼 목사에게 보낸 편지〉

허드슨 강변의 리버데일에서
1902년 모진 해의 마지막 날에

조에게

아침 10시입니다. 당신이 보낸 훌륭한 안부편지를 어제 받았습니다. 어제 낮에 인상적인 사건이 있었습니다. 아내를 2분 조금 넘게 보았습니다. 간호사가 손에 시계를 쥐고 있는데 2분을 초과한 것은 3개월 반 만에 처음 있는 일이었습니다.

아내는 눈부시게 빛나고 있었습니다! (나는 "진이 폐렴으로 7일째 누워 있어요."라고 말해서 일을 그르치는 일은 물론 하지 않았습니다.)

〔이 주에 우리가 아내에게 사실을 감추기 위해 행했던 나머지 전략들은 하퍼스에서 출판한 내 크리스마스 얘기 《천국이었나? 아니면 지옥이었나? *Was it Heaven? Or Hell?*》에 실려 있습니다. 8~9월에 요크 하버에서 쓴 글인데 대부분 실제 상황이 되었습니다. 이 얘기에서는 엄마와 딸이 아파서 자리에 누워 있고 두 명의 나이 지긋한 아주머니가 의사의 도움을 받아 두 환자를 돌보는 것으로 되어 있습니다. 얘기를 간결하게 할 생각으로 의사가 등장하는 부분을 최소화시켰지만 말입니다.〕

리버데일 집에서 거짓말을 하는 일을 담당하고 있는 사람은 의사와 클라라, 간호사 셰리 양입니다. 내가 오늘 2~3분 동안 아내를 다시 본다면 아내가 이렇게 물을지도 모릅니다. "오늘 아침을 먹으면서 누구랑 얘기했어요? 남자 목소리를 들었는데요." (그러면 나는 무척 당황할 겁니다. 그 남자는 의사였습니다. 2~3마일 떨어져 살고 있는데 진 옆에서 밤을 새웠고 아내에게는 정오나 돼서 찾아가기로 되어 있습니다.) 아침을 먹고 있는데 이 질문을 하려고 아내가 셰리 양을 보냈습니다. 우리 셋은 의논을 하고 나서 낯선 사람으로 하자고 결론을 내렸습니다. 그래서 나는 낯선 사람을 집어넣어 각본을 짰습니다.

어제 아침 의사는 다른 곳의 왕진을 가려고 9시에 떠났다가 다시 돌아와서 평상시대로 정오에 아내를 찾았습니다. 허나 오늘 아침에는 다른 환자가 반 마일 정도 떨어진 곳에 있었기 때문에 아침식사를 하고 곧장 아내를 보면 시간을 절약할 수 있겠다고 생각했습니다. 그래서 아내의 양해를 구했습니다. 의사는 조용히 있어야 했지만 아마 악마가 사주를 했던 모양입니다.

"클레멘스 씨가 지난 번보다 부인이 훨씬 좋아 보인다고 말하던데요."

아내는 즉시 의사의 말을 받았습니다.

"예? 남편을 보셨어요? 어제 오후에 다녀가신 이후에 남편을 또 만난 적이 있으세요?"

다행히도 의사는 동요하지 않고 침착하게 대답했습니다.

"내가 이 방에 들어오기 바로 전에 복도에서 마주쳤습니다."

그래서 그는 방 밖으로 나오자마자 셰리 양을 찾아서 이 얘기를 내게 해 주라고 했습니다. 문제의 소지를 확실하게 제거하기 위해서 의사는 나를 찾아내서 직접 이 얘기를 해 주었습니다. 그리고 클라라에게도 말했습니다. 클라라가 맡은 시간은 오전이 아니었지만 셰리 양이 그날 아내에게 줄 음식에 대해서 주방장과 의논을 하러 내려간 동안 자리를 대신 지키게 되었기 때문입니다.

나는 매일 오후마다 잠깐씩 아내를 만나고 있습니다. 환자를 다룰 때는 급한 상황에서도 명민하고 민첩하고 유능하게 거짓말을 할 수 있어야 함에도 그런 상황에서 내가 얼마나 서투르게 거짓말을 해 왔는지 깨달으면서 불안해하며 서 있습니다.

평판이 어떤 힘을 발휘하는지 한번 보십시오. 클라라는 살아오면서 아내에게 사실만을 얘기했기 때문에 지금 그 보상을 받고 있습니다. 클라라는 매일 3시간 30분 동안 엄마에게 거짓말을 하지만 아내는 그 말을 대번에 모두 믿습니다! 하지만 설사 내가 아내에게 사실을 얘기한다 해도 확실한 증거 없이는 그다지 진가를 발휘하지 못합니다.

진이 앓아 눕게 되면서 클라라의 임무는 더욱 무거워졌습니다. 물론 우리는 자신에게 위험이 닥쳐서 의사가 곁에서 밤새 지키고 있다는 사실을 진이 모르기를 바랍니다. 어제 동이 틀 무렵 클라라는 의사가 지시한 사항을 진의 간호사에게 전달하면서 지친 바람에 평소의 명민한 태도와는 달리 진이 들리도록 말을 전했습니다. 진이 즉각 반응했습니다. "의사가 여기서 뭘 하는 건데? 엄마 병세가 악화됐어?" 그러자 클라라는 정신을 차리고 "아니, 의사가 어제 밤늦게 전화를 해서 오늘 아침 6~7시에 뭘 좀 하라고 지시한 거야."라고 말했습니다.

클라라가 그토록 무거운 짐을 지지 않았으면 좋겠습니다. 그저께의 일입니다. 진의 양쪽 폐가 모두 감염되었고 맥박이 빨라지면서 40도가 넘는 고열이 계속되었습니다. 진 때문에 우리는 모두 걱정으로 제정신이 아니었습니다. 모두들 멍하게 정신이 나간 채로 이리저리 서성댔습니다. 가슴속은 참담한 심정으로 찢어졌지만 클라라는 겉으로 웃으면서 엄마에게 진이 이렇듯 화창한 겨울에 더지 가족들과 눈 속에서 스키를 타며 얼마나 잘 지내고 있는지 얘기를 해야 했습니다!

조! 아내는 근래 없이 행복합니다. 한 주일 동안 내내 그랬습니다. 정말 대단한 한 주였습니다! 우스꽝스러운 일, 비애감, 비극으로 가득찬 한 주였습니다!

진은 밤새 잘 자고 고비를 잘 넘기고 있습니다.

다른 사람들이 저를 초대하지 않도록 해 주십시오. 갈 수가 없습니다. 기존의 약속을 모두 취소하고 일 년 동안은 약속을 만들지 않을 것입니다.

아내를 면회할 시간이 다되어 갑니다. 아내의 방에서 무슨 소리가 나는지 들으러 가야겠습니다. 몇 개월 만에 처음으로 아내가 옛날 소녀 때처럼 웃음을 터뜨리는 소리를 들었습니다. 내가 말 한마디만 잘못해도 아내의 혈관을 흐르는 피가 얼어 버리겠지요.

영원한 벗, 마크

10월 말* 우리는 아내를 배로 옮겼다. 유능한 간호사인 셰리 양이 동행했다. 11월 9일 플로렌스에 도착했다. 아내는 처음부터 사형선고를 받은 상태였지만 그 자신은 꿈에도 생각하지 못하고 있었다. 우리 또한 생각하지 못했다. 아내는 살아오면서 여러 번 아팠지만 기적적인 회생 능력을 발휘해서 언제나 안전하게 위험에서 벗어났기 때문이다. 우리는 두려움과 불안과 걱정으로 가득찼지만 희망을 잃었다고는 생각하지 않는다. 최소한 마지막 2~3주까지는 말이다. 희망을 잃는 것은 아내답지 못한 일이다. 그래서 마침내 아내가 측은한 표정으로 나를 바라보며 "내가 나을 수 있다고 생각해요?"라고 말했을 때 이것

---

* 1903년

은 결코 아내의 입에서 나올 말이 아니었다. 배신이었다. 그녀가 가진 희망은 사라져 가고 있었고 나는 그것을 느낄 수밖에 없었다.

나는 좀 더 좋은 환경을 제공하면 아내의 심신이 모두 좋아지지 않을까 하는 희망으로 5개월 동안 다른 빌라를 물색하고 있었다. 완벽한 조건을 갖춘 빌라를 찾지 못해 애타 하고 있던 중에 6월 4일 토요일 마침내 모든 조건을 갖춘 빌라가 있다는 소식을 들었다. 오후에 진과 나는 그곳으로 가서 둘러보았다. 그러고는 만족해하면서 아니 기뻐하면서 집으로 돌아왔다.

오후 5시에 집에 돌아왔고 그 소식을 전하기 위해 7시까지 기다렸다. 나는 당시 하루에 2~3번 15분 동안 아내의 방에 머물 수 있었는데 마지막 면회 시간이 7시였다. 그리고 밤 9시경에 잠깐 들어가서 밤 인사를 하는 특권을 받았다. 저녁 7시에 나는 아내의 침대 밑에서 빌라의 구석구석을 설명하고는 아내가 원한다면 내일 구입할 것이고 아내가 여행을 견뎌 낼 수 있게 되면 곧 이사를 가겠다고 말했다. 아내는 기뻐하고 만족해했다. 그리고 그 얼굴은 눈처럼, 대리석처럼 하얗게 빛이 났다.

71

1904년 6월 5일 일요일 밤 11시 15분. 아내가 죽은 지 두 시간이 되었다. 있을 수 없는 일이다. 내 생명이었던 아내가 가 버리다니. 아내는 내 풍요로움이었다. 나는 결국 아무것도 없는 극빈자가 되었다.

얼마나 갑작스러운 일이었던가! 꿈에도 예측하지 못했다! 오늘 오후만 해도 클라라와 진과 나는 복도에서 즐거운 마음으로 아내에 대해 얘기했다. 클라라는 "지난 3개월 동안을 봤을 때 오늘 엄마의 상태가 제일 좋아 보여요."라고 말하다가는 미신을 떨쳐 버리기라도 하듯 "아차!" 하며 입을 다물었다.

  불과 4시간 전만 해도 클라라와 진이 저녁을 먹는 동안 나는 아내의 침대 옆에 앉아 있었다. 아내는 명랑하고 밝아 보였다. 근래 비참했던 몇 주 동안에 보기 드물었던 표정이었다. 너무 쉽게 지쳐 버리기 때문에 말하는 것이 금지되어 있었지만 아내는 말을 하고 싶어 했다. 아내는 진과 내가 둘러본 빌라에 대해 호기심이 가득했다. 그러고는 사람들에 대해서 궁금한 것을 모두 물어보았다. 아내의 옛날 모습을 보는 듯했다. 그리고 미소를 짓기까지 했다! 그녀만의 자연스러운 미소를 말이다. 우울하고 쥐죽은 듯 조용하게 두려움으로 보낸 몇 주 간의 구름 사이로 쏟아져 들어오는 햇살이었다. 나는 기분이 우쭐해지면서 불가능한 일 즉 아내가 다시 걸어서 우리의 친구가 되어 주는 일을 상상했고 그것이 곧 실현되리라 믿었다! 아내는 우리가 한 달 전에 물색해 두었지만 거의 포기하고 있었던 시골집 얘기를 꺼내면서 마치 충분히 건강을 되찾아서 곧 가기라도 할 것처럼 말해 나를 깜짝 놀라게 했다. 이래서 나는 다시 한번 기분이 좋아졌고 우리를 위해 행복이 기다리고 있다고 믿게 되었다. 그러자 아내는 이내 무력감을 느끼면서 우리가 갈 수 없다 하더라도 괜찮고 이곳에 만족하며 더위도 참을 만하다고 말했다. 나는 오늘보다 더 더운 날은 결코 없을 것이고 당신 방은 지금처럼 항상 선선할 것이라고 위로했다. 가련하고 지친 영혼이었다. 얼마나 자신의 삶을 사랑했던가! 22개월 동안을 방 안에 갇혀 외로움과 육체적 고통에 괴로워하면서 희망을 찾기 위해 우리의 눈동자를 살피며 얼마나 열렬하게 간절히 살고 싶어 했던가! 쓰디쓴 비참한 시간 동안 마음속으로는 결코 그러지 못하리라는 것을 알면서도 그녀에게 분명히 완쾌될 수 있다고 얼마나 충실하게 거짓말을 했던가! 단지 4시간 전만 해도…. 하지만 지금은 저기 창백한 얼굴로 미동도 하지 않은 채 누워 있지 않은가!

나는 아내가 활기를 띠고 생기가 도는 것에 깜빡 속아서 허용된 시간보다 오래 머물렀다. 통상 말 한마디 정도와 입맞춤만이 허용되었지만 나는 30분이나 더 남아 있었다. 그러고는 나 자신을 책망하면서 잘못했다고 말했다. 아내는 괜찮다고 하면서 34년 동안 늘 그랬던 것처럼 자연스럽고 넉넉하게 나를 어루만져 주었다. 그리고 "다시 올 거예요?"라고 물었다. 나는 늘 그래 왔던 것처럼 9시 30분을 떠올리며 "응, 밤 인사하러 올게."라고 대꾸했다. 평상시처럼 나는 문에 잠시 서서 몸을 안으로 구부려 아내에게 입맞춤을 던졌고 아내도 맞받아 입맞춤을 던졌다. 아내의 얼굴은 새로운 미소로 온통 환하게 빛났다. 그 순간이 그 사랑스러운 얼굴을 마주할 수 있는 내 생애 마지막 순간이라고는 꿈에도 생각하지 못했다. 하지만 그것이 마지막이었다.

한동안 나는 내 방에 앉아 생각에 잠겼다. 마음을 짓누르고 있던 짐이 야릇하게도 사라지고 깊은 만족감이 가득찼다. 그토록 힘들게 지내온 몇 개월 만에 처음으로 영혼이 안식을 얻는 듯했다. 그러다가 기분이 점점 좋아지면서 희열을 느끼기 시작했다. 이러한 기쁨을 누리면서 나는 8년 전 아내의 가슴에 결코 치유될 수 없는 상처를 남겼던 수지의 죽음 이후로 거의 하지 않던 일을 했다. 피아노로 다가가서 별스럽고 재미있는 흑인 찬송가를 불렀다. 내가 부를 때면 수지와 아내를 제외하고는 아무도 좋아하지 않던 옛 노래였다. 그때마다 수지는 늘 다가와서 경청하곤 했다. 수지가 죽고 나자 나는 그 노래에 대한 흥미를 잃었다. 옆에서 경청해 주는 수지 없이는 힘과 감정을 노래에 담을 수가 없었던 것이다. 하지만 그 잃어버렸던 힘과 감정이 다시 살아났다. 완전히. 그리고 마치 8년이란 세월이 나로부터 떨어져 나간 것처럼 기운이 넘쳤다. "주님이 나를 부르시네! 주님이 천둥소리로 나를 부르시네!"의 중간 부분을 부르고 있을 때 진이 살금살금 방으로 들어와 앉았다. 놀랍고 쑥스러웠다. 노래를 멈췄다. 하지만 진이 계속해 달라고 간청했다. 쑥스러웠던 느낌은 사라졌고 노래는 유쾌하고 감동적이었다. 어렵게 조금씩 나는 잊혀진 가사들을 생각해 내며 계속 불렀다. 진은 하인이 와서 불러 낼 때까지 앉아서 노래를 들었다. 잠시 후에 밤 인사를 하려고 아내의 방으로 향했다. 9시 15분이었다. 늦으면 안 되었다. 하지만 그 순간 아내가 마지막 숨을 몰아쉬고 있었다니!

층계 밑에서 나를 부르러 나오는 리온 양을 만났다. 아무렇지 않게 생각했다. 그저 우리 늙은 케이티가 아내가 피곤하니까 오늘 밤은 안정을 시켜야겠다고 작정했나 보다고 생각했다. 층계를 내려가면서 나는 아내에게 해 줄 말을 생각했다.

"여보, 진이 내게 칭찬을 해 주었소. 그동안 한 번도 들어보지 못했는데. 마지막으로 들은 것이…."

아니다. 그 말을 하면 안 된다. 수지의 이름을 말하면 아내의 가슴은 찢어지고 잠을 자지 못할 것이다. 하지만 아내는 이미 자고 있었다. 그러나 나는 꿈에도 생각하지 못했다!

아내는 몸을 앞으로 약간 숙인 채 침대에 똑바로 앉아 있었다(아내는 누워 있을 수 없게 된 지 수개월 되었다.). 그리고 케이티가 침대 한 편에서, 간호사가 반대편에서 아내를 받치고 있었다. 클라라와 진은 침대 발치에 정신이 나간 표정으로 서 있었다. 나는 침대로 다가가 몸을 구부려 아내의 얼굴을 들여다보았다. 아내에게 말을 걸었다고 생각한다. 모르겠다. 하지만 아내는 아무 말도 하지 않았다. 이상해 보였다.

이해할 수가 없었다. 아내를 계속 쳐다보면서도 무슨 일이 일어나고 있는지 정말 몰랐다! 그때 클라라가 "정말이야? 케이티, 정말이야? 그럴 리가 없어."라고 소리쳤다. 케이티는 울음을 터뜨렸다. 그때서야 나는 알았다.

9시 20분이었다. 겨우 5분 전에 아내는 내 노랫소리를 들으면서 간호사에게 "남편이 나를 위해 밤 작별인사로 노래를 불러 주고 있네요."라고 말했다 한다. 아내에게 임종이 임박해 있는지 아무도 몰랐다. 아내는 이 말을 남기고는 행복해하면서 이 세상을 떠났다. 아내가 그토록 두려워하던 고통과의 싸움을 하지 않게 되었으니 얼마나 감사한 일인지 모른다. 지난 4개월 동안 아내는 다섯 번이나 한 시간 이상씩을 숨을 쉬기 위해 격렬하게 싸워야 했다. 아내는 숨을 쉴 수 없어 죽을지 모른다는 끔찍한 두려움 속에 살았다.

아내는 내가 알고 있는 사람들 중에서 가장 아름다운 영혼을 가진 사람이었고 가장 고결한 사람이었다. 그리고 이제 그녀는 떠났다.

72

선이든 악이든 우리는 계속해서 유럽을 교육시키고 있다. 우리는 한 세기하고도 25년 동안 교사의 자리를 굳건히 지켜 왔다. 누가 뽑아 준 것도 아니었다. 우리가 그저 선택했다. 우리는 앵글로색슨족이다. 지난 겨울* '지구 종말 클럽(the Ends of the Earth Club)'이라는 단체가 주최한 연회에서 고위 군사장교직에 있다가 은퇴한 의장은 크고

---

* 1906년 9월에 저술

열정에 가득찬 목소리로 "우리는 앵글로색슨족이다. 앵글로색슨족은 원하는 것이 있을 때 그냥 갖는다."라고 선언했다.

의장의 선언에 박수가 쏟아졌고 이내 장내에 메아리쳤다. 아마 75명의 민간인과 25명의 육해군이 참석했던 것 같다. 위대한 감정이 섞인 이 선언에 대한 폭풍우 같은 경탄이 잦아드는 데에는 꽤 시간이 걸렸다. 그러는 동안 이 주장을 자신의 오장육부로부터 쏟아 놓았던 예언자는 온몸으로 행복의 빛을 발산하면서 번쩍거리며 서 있었다. 그 빛이 얼마나 강렬했던지 사방에서 황도십이궁〔황도(黃道)를 중심으로 하여 남북으로 8도의 폭으로 퍼져 있는 상상의 구대(球帶)—옮긴이〕을 발산하면서 서 있는, 역서에서나 볼 수 있는 인물처럼 보였다. 무척이나 행복에 젖어 있고 극도의 기쁨을 누리고 있어서 웃고 또 웃는 바람에 고통스럽고도 위험스럽게 내장이 파열되고 속이 드러나 당장 꿰매야 할 정도라는 사실을 까마득히 모르고서 말이다.

이 군인의 위대한 말을 평범한 영어로 해석하자면 "영국인과 미국인은 도둑이고, 강도이고, 해적이다. 우리는 이 모든 것을 합쳐 놓은 우리의 모습을 자랑스럽게 생각한다."이다.

참석한 모든 영국인과 미국인 중에는 벌떡 일어나 앵글로색슨족인 것을 또한 인간 종족의 구성원인 것을 수치스럽게 생각한다고 말할 만한 품위를 가진 사람이 없었다. 나 또한 이 역할을 수행할 수 없었다. 이 미숙한 집단을 깨우치기 위해 분개함으로써 웃음거리가 될 수는 없었고 또 그들은 결코 이해하지 못할 것이기 때문에 나의 우월한 도덕성을 과시할 수도 없었다.

군인 예언자의 악취 나는 주장에 사람들이 그토록 유쾌하게 곧이곧대로 열광하는 장면을 목격하니 놀랍기만 했다. 의심할 여지없이 뜻밖의 새로운 사실에 대한 폭로로 들렸다. 국민들의 비밀스런 속 감정이 고집불통의 사고에 의해서 표현되고 노출된 것처럼 보였다. 국민을 대표하는 성격을 가진 모임이었기 때문이다. 모임에는 한 나라의 문명에 활기를 부여하고 이를 조종하는 주요 인물들 즉 법률가, 은행가, 상인, 제조업자, 언론인, 정치가, 군인, 선원 등이 모두 참석해 있었다. 연회에 참석하고 있는 것은 명백히 미국 자체였고, 그들은 국가를 대신해서 말할 만한 권위와 자격을 갖추고서 사적인 도덕성을 공개석상에서 표현했다.

이렇듯 기이한 감상적 발언이 처음부터 환영을 받은 것은 깊이 생각하면 괜히 그랬다고 후회하게 될 경솔한 반응은 아니었다. 이는 그날 저녁 나머지 시간 동안 청중들이 흥미를 잃어 가고 지겨워한다는 사실을 깨달을 때마다 연설자가 위대한 앵글로색슨의 도덕성을 자신의 진부한 이야기에 주입시켜서 청중의 열광적인 격동을 다시 한번 불러일으키곤 했다는 사실로도 입증된다. 결국 드러난 것은 인간 종족의 모습일 뿐이었다. 사적인 도덕과 진정한 도덕, 공공의 도덕과 인위적인 도덕 등 두 세트의 도덕을 가지고 있는 것이 인간 종족의 특성이다.

우리의 공공의 좌우명은 "우리는 신을 믿는다."이고, 이 우아한 단어들이 지폐 위에서는 항상 경건한 감정으로 떨고 흐느껴 우는 것 같다(미국 돈에는 '우리는 신을 믿는다' 라는 구절이 새겨져 있다.―옮긴이). 그러나 이와 같은 공공의 좌우명은 "앵글로색슨족은 원하는 것이 있을 때 그냥 갖는다."가 우리의 사적인 좌우명이라는 사실을 그대로 드러낸다. 우리가 주장하는 공공의 도덕성을 감동적으로 표현하자면, 우리는 우아하고 애정 어린 각양각색의 형제들이 하나가 되어 이루어진 한 나라라는 당당하면서도 점잖고 친근한 표어로 압축하여 표현할 수 있다. 하지만 우리의 사적인 도덕성은 "오라, 활기차게 나아가라!"

라는 성스러운 구절에서 빛을 발견한다.

우리는 유럽 군주제에서 제국주의를 도입했고 애국심에 대한 기발한 견해 또한 도입했다. 누구라도 분명하고 현명하게 정의내릴 수 있는 애국심의 원칙을 가지고 있기라도 하다면 말이다. 의심할 여지없이 이제는 우리가 이러한 것을 유럽에 가르쳐야 하고 그 외의 다른 사항들 또한 교육시켜야 한다.

1세기 이상 전에 우리는 자유에 대한 견해를 유럽에 전파했고 이는 프랑스 혁명의 발생을 도와 우리에게 그 유익한 결과에 대한 공헌도를 주장할 수 있게 했다. 그 후로도 우리는 유럽에 많은 가르침을 주었다. 우리가 아니었더라면 유럽의 특정 나라들이 엄청난 세금의 축복을 결코 경험하지 못했을지 모른다. 우리가 아니었더라면 '유로피언 푸드 트러스트(European Food Trust)'가 현금을 확보하기 위해 세상을 중독시키는 기술을 습득하지 않았을지 모른다. 우리가 아니었더라면 유럽의 '보험 신탁(Insurance Trust)'이 이익을 위해 미망인과 고아를 부려먹는 최상의 방법을 발견하지 못했을지 모른다. 우리가 아니었더라면 유럽에서 오랫동안 지체되어 온 선정적이고 흥미 위주의 황색 저널리즘이 앞으로 몇 세대 동안 계속 지연되었을지도 모른다. 꾸준히, 지속적으로 우리는 유럽을 미국화하고 있다. 그리고 언젠가는 그 일을 완성할 수 있을 것이다.

73

3주 전에* 영국에서 전보가 도착했다. 내달 26일에 명예 학위를 받으러 옥스퍼드 대학에 오라는 초청장이었다. 물론 나는 뜸들이지 않고 초청을 즉각 수락했다. 이젠 더 이상 여행을 하지 않을 뿐만 아니라 무슨 일이 있어도 다시 바다를 건너는 일은 없을 것이라고 지난 2년 동안 단호하게 말해 왔다. 하지만 이 기분 우쭐하게 만드는 초대장이 도착했을 때 어떻게 그런 결심을 재빨리 꺾지 않을 수 있었겠는가? 영국으로 건너와서 상을 수상하라는 초청이라면 별 망설임 없이 거절할 수도 있었을 것이다. 그러나 대학 학위는 완전히 다른 문제이다. 아무리 멀어도 언제라도 달려갈 만한 포상이다. 나는 새로운 학위를 받게 된 것을 어린애처럼 기뻐했다. 마치 인디언이 전리품으로 머리 가죽을 획득했을 때처럼 말이다. 실상 내 기쁨을 감추는 데는 인디언보다 더한 고통이 따랐다.

어렸을 때 길거리에서 닳아빠진 옛날 피카윤(스페인령 북미에서 사용된 동전—옮긴이)을 발견했던 때가 생각난다. 내가 번 돈이 아니었기 때문에 가치가 더 컸다. 그리고 10년 후에 케오쿡의 길거리에서 50달러짜리 지폐를 주웠을 때 내가 번 돈이 아니라는 생각을 하니 지폐의 가치가 엄청나게 커졌던 기억이 난다. 8년 남짓 후에 샌프란시스코에서 석 달 동안 일거리가 없어 돈이 떨어졌을 때 커머셜 가와 몽고메리 가가 만나는 건널목을 건너다가 10센트짜리 동전을 줍고서 공짜로 얻었기 때문에 내 손으로 100달러를 벌었을 때보다 훨씬 더 기뻐했던 기억이 난다. 일생 동안 수십만 달러를 벌었지만 내게는 모두 액면가 이상의 가치로 여겨지지는 않았고 언제 어떻게 획득했는지 자세한 사항은 기억마저 아득하고 많은 경우가 기억에서 완전히 사라졌다. 하지만 직접 벌지 않고 얻은 세 번의 횡재에 대한 기억은 얼마나 강렬한지 모른다!

---

* 1907년 5월 23일에 저술

지금 내게 주어지는 대학 학위도 별다른 노력 없이 얻는 것이기 때문에 같은 종류의 기쁨을 누릴 수 있다. 지금까지 돈을 주운 경우와 학위를 거저 받은 경우는 모두 세 번씩이었다. 학위의 경우 두 번은 예일 대학에서, 한 번은 미주리 대학에서 받았다. 예일 대학에서 예술 석사학위를 받았을 때 나는 떨 듯이 기뻤다. 예술에 대해서는 아는 것이 없었기 때문이다. 예일 대학에서 문학 박사학위를 받았을 때도 이에 못지않게 기뻤다. 자신의 문학을 제외하고는 누구의 문학에 대해서도 가르칠 만한 능력이 없었기 때문이고, 아내가 도와주지 않았다면 내 작품조차도 제대로 건사할 수 없었을 것이기 때문이다. 그리고 미주리 대학에서 법학 박사학위를 받았을 때 또 한 번 넘치는 기쁨을 맛보았다. 어떻게 하면 법을 피할 수 있는지를 제외하고는 법에 대해 아는 것이 없었기 때문에 내게는 명백하게 이득이 되는 일이었다. 이제 옥스퍼드 대학에서 내게 문학 박사학위를 수여하려 한다. 이 또한 내게 명백하게 이득이 되는 일이다. 내가 문학에 대해 모르는 것만큼을 현금으로 환산한다면 억만장자가 될 수도 있을 것이기 때문이다.

　나는 길고 긴 세월 동안 일 년에 한 번씩 어김없이 가슴속 깊이 묻혀 있는 오래된 상처로부터 날카로운 아픔을 느껴왔다. 그 깊은 상처를 옥스퍼드 대학에서 치유한 것이다. 나는 한 세대 동안 미국에서 배출한 역대 문학인 가운데서 가장 폭넓은 인기를 누려 왔다는 것을 비공식적으로 잘 알고 있다. 또한 그 시기 동안 내내 소설가란 직업에 있어 대적할 사람이 아무도 없는 정상의 위치를 차지하고 있었다는 것 또한 비공식적으로 잘 알고 있다. 그래서 미국의 대학이 내게는 학위 하나 주지 않으면서 10년 안에 세상에서 잊혀지고 말 그다지 중요하지 않은 사람들에게 250여 개의 학위를 수여하는 광경을 지켜보는 것은 내가 매년 겪어야 하는 고통이었다! 지난 35~40년의 세월 동안 나는 미국의 대학이 9천~1만 개의 학위를 수여하면서 매번 나를 간과하는 현실을 겪어야 했다. 학위를 수여받은 수많은 사람 가운데 국외에까지 이름이 알려진 사람은 50명도 되지 않았고 그런대로 유명한 사람도 100명이 채 되지 않았다. 이러한 무관심 속에서 나보다 덜 요란스러운 사람은 그대로 스러져 갔을 테지만 나는 그렇지 않았다. 그저 내 수명을 좀 단축시켰고 내 기질을 좀 약하게 만들었을 뿐이다. 하지만 다시 기운을 차릴 것이다. 가운을 갖춰 입고 학위를 받았으나 지금은 잊혀져 버린 수천 명의 사람들 중에서 옥스퍼드로부터 학위를 받은 사람은 10명을 넘지 않을 것이다. 미국에서도 다른 기독교 국가에서도 옥스퍼드 대학의 학위는 대서양 어느 쪽의 어떤 대학에서 수여하는 학위보다도 위엄이 있을 뿐만 아니라 외국이건 국내건 간에 다른 학위 25개를 받는 것만큼의 가치가 있다는 점을 나는 매우 잘 인식하고 있다.

나는 이제 35년 동안 쌓아 온 울분과 상처 입은 자존심을 깨끗이 털어 버리고 이 문제를 잊으려 한다. 그리고 가뿐한 마음으로 다른 것에 대해 말하려 한다.

74

15년 전* 독일에서 열린 조그마한 만찬 파티에서 마리 코렐리(Marie Corelli)를 만났다. 나는 그녀를 보자마자 싫은 감정이 생겨서 저녁식사 시간 내내 언짢았다. 헤어질 무렵이 되어서는 단순히 싫었

---

* 1907년에 저술

던 감정이 급기야 강한 반감으로 커져 있었다. 이번에 영국에 도착했을 때, 호텔에 그녀의 편지가 와 있었다. 따뜻하고, 애정 어리고, 유창하고, 설득력 있는 편지였다. 편지에 마음이 끌려 15년 동안 쌓여 있던 반감이 눈 녹듯 사라져 버렸다. 아마도 이 여인을 잘못 판단했던 것이라는 가책이 들었다. 나는 당장 그녀의 러브레터에 답장을 보냈다. 그녀의 집은 셰익스피어의 고장인 스트래트포드(Stratford)에 있었다. 그녀는 바로 답변을 보내 와서 매우 재치 있는 말로 29일 런던으로 오는 길에 자신의 집에 들러서 점심을 같이 먹자고 했다. 쉬운 일 같았다. 여행 중에 들르는 일은 그다지 힘들지 않을 것 같았기에 초청을 승낙했다.

나는 "추정은 좋다, 그러나 발견은 더 좋다."라는 오래되고 현명하고 엄격한 내 격언을 짓밟았다. 추정은 끝났다. 편지는 보내 버렸다. 발견할 시간은 없었다. 비서가 일정표를 검토한 결과 29일 11시에 옥스퍼드를 출발하고 오후에 스트래트포드를 출발하면 저녁 6시 반이 되어야 런던에 도착할 수 있었다. 이 계획대로라면 7시간 30분 동안 발이 쉴 시간도 없고 뒤 이은 시청에서의 연설을 하기 전에 휴식을 취할 시간도 없었다. 당연히 넋이 나갔다. 이대로라면 시장이 주최하는 연회에 영구차에 실려 도착할 터였다.

나는 희망이 없어 보이는 일을 시작했다. 자기 자신을 과시할 목적으로 세운 계획을 취소하는 인정을 베풀어 달라고 양심 없는 바보를 설득했던 것이다. 그녀는 꿈쩍도 하지 않았다. 그녀를 아는 사람이라면 누구라도 그녀의 태도를 짐작할 것이다. 그녀는 자신의 포로를 확보하기 위해서 28일 옥스퍼드에 왔다. 나를 놓아 달라고 그녀에게 간청했다. 애원하고 또 애원했다. 백발에 72세의 나이로 300야드마다 멈추고 10분을 쉬는 길디 긴 기차 여행을 하게 되면 완전히 기력이 쇠해서 병원에 가야 될 것이라고 애원했다. 소용이 없었다. 아아, 차라리 샤일록(셰익스피어의 희곡인《베니스의 상인》에 등장하는 악독한 고리대금업자―옮긴이)에게 간청을 하는 편이 나았으리라! 그녀는 내가 참석하기로 한 약속을 취소할 수 없었다고 말했다. 완전히 불가능했다고 말하면서 이렇게 덧붙였다.

"제 입장을 좀 생각해 보세요. 저는 루시 양과 다른 부인 두 명과 신사 세 명을 초대했어요. 점심 약속을 취소하면 그들에게 엄청난 불편을 끼치게 될 거예요. 의심할 여지없이 그들은 이 초대 때문에 다른 초대를 거절했을 테니까요. 나만 해도 이 약속 때문에 약속을 세 개나 취소했거든요."

나는 이렇게 맞섰다.

"어느 편이 더 큰 재앙이겠소? 당신이 초대한 6명의 손님이 불편을 겪는 것이겠소, 아니면 시장이 초대한 300명의 손님이 실망하는 것이겠소? 게다가 이미 약속을 세 개나 취소했다면 당신에게는 약속을 취소하는 것이 퍽 쉬울 테니 이 고통 받는 친구에게 인정을 베푼다는 생각으로 이번 약속까지 취소해 주면 되겠구려."

전혀 소용이 없었다. 그녀는 비정했다. 감옥에 갇힌 어떤 죄수의 심장도 마리 코렐리의 심장만큼 단단하고 녹을 줄 모르고 동요하지 않고 냉혹하고 타협할 수 없게 완고하지는 않을 것이다. 그녀의 심장을 쇠막대기로 치면 불꽃이 튈 것이라 생각한다.

그녀의 나이는 50 정도이지만 흰머리 한 올 없다. 몸매는 뚱뚱하고 볼품이 없다. 게다가 천박한 동물의 얼굴에 16세 소녀에게나 어울릴 법한 옷을 입고 있다. 모든 연령의 사람을 통틀어 가장 사랑스럽고 가장 매력적인 사람인 척하며 순수한 우아함을 측은한 마음이 들 정도로 어색하게 흉내내고 있지만 결국 그녀는 안팎으로 가장 불쾌한 사기꾼으로 오늘날의 인간 종족을 잘못 대표하고 있다. 그녀에 대해서 좀 더 많은 말을 하고 싶지만 그래봐야 헛된 일일 것이다. 오늘 아침에는 어떤 형용사도 빈곤하고 약하고 무기력하게 느껴질 뿐이다.

결국 나는 기차를 타고 자동차를 한두 번 갈아타면서 스트래트포드에 갔다. 그녀는 마차를 가지고 기차역으로 마중을 나와서 나를 셰익스피어 교회에 데려가려 했지만 나는 이 계획을 취소시켰다. 그녀는 집요하게 고집했지만 나는 그날의 일정 자체가 다른 일정을 덧붙이지 않더라도 충분히 피곤한 일이라고 말했다. 그녀는 교회에 나를 환영하러 나온 사람들이 매우 실망할 것이라고 말했지만 나는 적개심이 목까지 차올랐고 가능한 한 불쾌한 감정을 드러내고 싶은 유치한 마음에서 한 발짝도 물러서지 않았다. 특히나 그때쯤 되니 마리에 대해 매우 잘 파악할 수가 있어서 내가 만약 교회에 간다면 분명 연설을 해야만 하는 덫이 준비되어 있으리라는 점을 예측할 수 있었다. 나는 그간 끊임없이 말을 했기 때문에 이빨이 이미 흔들리고 있었고 여기서 더 떠들어 댄다면 틀림없이 엄청난 고통을 느낄 터였다. 게다가 마리는 자신을 광고할 기회를 결코 놓치지 않을 것이기 때문에 이 행사를 신문에 실으려 할 것이고 그녀의 희망을 저버릴 기회를 잡을 수가 없었던 나는 이러한 그녀의 계획을 달성하는 데 기여하는 최고의 미끼가 될 것이었다.

그녀는 자신이 하버드 대학의 설립자가 한때 살았던 집을 구입했다고 말하면서 그 집을 미국에 증정할 계획이라고 했다. 이 또한 자신에 대한 선전이었다. 아닌 게 아니라 그 집에 사람들이 모여 있을 것이기 때문에 집을 둘러볼 겸 같이 가자고 했다. 나는 그 망할 집을 보고 싶지 않았다. 물론 이런 단어를 사용하지는 않았지만 악의에 찬 심정으로 대꾸했다. 그녀는 내 뜻을 이해했다. 그녀가 몰던 말까지도 내 말을 이해하고 깜짝 놀랄 정도였다. 말들이 벌벌 떠는 것을 보았다. 그녀는 아주 잠깐만 머무르면 된다고 간청했다. 그러나 이때쯤 나는 그녀의 잠깐이 어느 정도인지 파악할 수 있었고 그녀 자신을 선전할 기회가 도사리고 있으리라 생각했기 때문에 단호하게 거절했다. 마차를 타고 지나가면서 집을 쳐다보자 인도에 사람이 가득했다. 마리가 연설을 예정해 놓았던 것이 분명했다. 하지만 나는 사람들의 환호에 대해 인사를 하면서 그곳을 그냥 지나쳐 마리의 집에 도착했다. 매우 매력적이고 넓은 영국식 집이었다.

나는 극도로 피곤했기 때문에 곧장 침실로 가서 단 15분 동안만이라도 휴식을 취하고 싶다고 말했다. 그녀는 다정하게 생각해 주는 척하며 당장 그래야 한다고 너스레를 떨었다. 하지만 능숙하게 나를 응접실로 이끌고 가서는 손님들에게 소개를 시켰다. 소개가 끝나고 제발 쉬러 가게 해 달라고 얘기하자 아주 잠깐이면 되니까 자신의 정원을 구경하라고 했다. 나는 그녀의 정원을 돌아보고 입으로는 칭찬을, 가슴으로는 혹평을 했다. 그러자 그녀는 정원이 또 있다면서 그곳으로 나를 끌고 갔다. 나는 피로로 쓰러질 지경이었지만 전처럼 또 한번 칭찬과 혹평을 동시에 하고 이제 모든 일이 끝나기를 희망했다. 하지만 그녀는 나를 속여서 쇠창살문으로 끌고 가서는 문을 열고 널찍한 공터로 밀어 넣었다. 그곳에는 군사학교 생도 50명이 교사의 통솔 아래 모여 있었다. 또 다른 자기 광고였다.

그녀는 내게 생도들이 기대하고 있는데 짧게 연설을 해 줄 수 있느냐고 물었다. 나는 간단하게 그러마고 말하고 교사와 악수를 하고 잠깐 대화를 나눈 후에 집으로 돌아왔다. 15분간 휴식을 취하고 오찬 모임을 위해 내려갔다. 오찬 모임이 끝나갈 무렵 이 무자비한 여인은 손에 샴페인 잔을 들고 자리에서 일어나 연설을 하는 것이 아닌가! 물론 나를 재료로 삼아서였다. 신문 기삿거리를 만들기 위한 자기 광고의 일환이었다. 그녀가 연설을 끝마치자 나는 대단히 고맙다고 말하고는 가만히 앉아 있었다. 그렇게 행동할 수밖에 없었다. 자리에서 일어나 답변 연설을 한다면 그녀에 대해 감사와 찬사의 말을 하면서 예의를 차려야 할 터인데 내 안에는 그따위 것이라고는 조금도 남아 있지 않았기 때문이다.

나는 쏟아지는 빗속에서 저녁 6시 30분에 런던에 도착했고 30분 후에 잠자리에 들었다. 뼛속까지 피곤에 절어서. 하지만 어쨌거나 하루가 지났고 이제는 편안하다. 내가 지내 온 72년의 세월 동안 가장 혐오스러운 날이었다.

이제 나 자신이, 저급하면서 혹독하게 추한 영혼을 즐겁게 해 줄 뿐만 아니라 스스로 그러한 영혼을 나타내 보일 수 있는 사람이라는 사실을 털어놓았다. 나는 스스로, 그리고 독자들을 통해 이러한 내 모습을 드러내는 의무를 이행해 왔다. 아무튼 내 영혼은 마리 코렐리가 속한 집단에서를 제외하고는 천사 조상으로부터 이 세상에 내려온 어떤 영혼보다도 상냥하다고 주장하고 그렇게 우기고 있음에도 불구하고 말이다.

나는 그날 밤 시장의 연회에서 연설을 했고 연설은 그야말로 엉망이었다.

75

2~3주 전* 어느 날 오후 엘리노 글린(Elinor Glyn)이 찾아왔다. 우리는 서재에서 오래 대화를 나누었다. 상당히 유별난 성격의 대화였

다. 이 책이 인쇄될 즈음이면 그녀의 유명세가 약해져 있을지도 모르기 때문에 그녀에 대한 한두 마디 정도의 정보를 이곳에 적어 넣겠다. 그녀는 영국인이고 작가이다. 신문 보도에 따르면 자신이 집필하려는 로맨스의 주인공에 꼭 맞는 인물을 찾기 위해 미국을 방문 중이라고 했다. 굉장하고 갑작스러운 유명세의 주인공이 나를 찾아왔던 것이다.

그녀를 유명하게 만든 작품은 《3주Three Weeks》라는 소설이었다. 이 소설의 주인공은 좋은 집안 태생의 훌륭하고 재능 있고 교양이 있는 젊은 영국 신사이다. 그는 자신이 재능도 영감도 없는 평범한 목사 딸과 사랑에 빠졌다고 생각한다. 그러다가 미국으로 외유를 나온 중에 우연히 극도로 이국적이면서 깊은 신비의 그림자가 드리워져 있는 총명하고 아름다운 여인을 만난다. 이후 그는 그녀가 사랑하지도 않는 사람과 결혼했고 자녀는 없다는 것, 또 그녀의 남편은 왕이나 왕 비슷한 지위를 가진 사람으로 난폭하고 인정 없는 동물이라는 것도 알게 된다.

젊은 영국인과 여인은 첫눈에 사랑에 빠진다. 목사의 딸에 대한 주인공의 감정은 탈색된다. 단지 색채만 탈색된 것이 아니라 신비스러운 낯선 이를 향한 열정의 용광로 속에서 즉시 타 버린다. 열정이란 표현이 적절하다. 한 쌍의 낯선 남녀가 서로에게 느꼈던 감정은 열정이었다. 사랑이라는 위대한 이름으로 불릴 만한 가치가 있는 유일하게 진실한 사랑이었다. 젊은이가 목사 딸에게 가졌던 감정은 단지 스쳐지나가는 일시적인 느낌에 지나지 않았다.

젊은 영국인과 여왕 같은 여인은 산으로 몰래 도망가서 외딴 곳에 호화스러운 집을 마련한다. 두 사람은 자신들이 서로를 위해서 고귀

---

* 1908년 1월 13일에 저술

하고 성스럽게 창조되었기 때문에 자신들의 열정은 성스러운 것이며, 이러한 뜻을 담아 자신들을 창조한 창조주의 명령에 복종하는 것이 자신들의 임무라고 생각한다. 두 사람은 창조주의 명령에 즉각 복종하고 계속 복종의 생활을 이어 나갔다. 독자가 강렬한 즐거움을 느끼기도 하고 불만을 품을 수도 있을 정도로 창조주의 명령에 복종하는 과정이 몇 번이나 거의 소모적으로 묘사된다. 물론 독자의 상상력에 맡겨진 부분이 약간 있기는 하다. 창조주의 명령을 어길 때마다 별의 가르침을 받아 사건을 마무리하는 방법으로 독자의 상상력을 끌어들였다.

이 책의 숨은 요지는 자연의 법칙이 가장 중요하다는 것이다. 즉 자연의 법칙은 인간의 법칙이 인간 삶에 주제넘게 간섭하여 가하는 뻔뻔한 속박에 우선한다는 것이다.

엘리노 글린은 한 폭의 그림처럼 아름다웠다! 파란 눈동자에 빼어난 영국인의 피부색을 지녔고 매우 독특하고 보기 드물고 매력적인 색조의 붉은 머리카락을 왕관처럼 늘어뜨렸으며 날씬하고 젊고 흠잡을 데 없는 몸매를 지닌, 반박의 여지없이 아름다운 여인이었다. 게다가 최상의 옷을 완벽한 취향으로 갖춰 입고 있었다. 매력적이지는 않았다. 아름다움과 젊음, 우아함, 지성, 쾌활함의 매력 외에는 그 어떤 매력도 없었다. 매력이 있는 듯 행동하는 그녀의 노력은 가히 가상하다고 할 수 있었고 사실 그러한 행동을 매우 잘해 냈다. 하지만 설득력이 없었다. 숨을 가쁘게 만들지도 않았으며 내 심장까지 도달하지도 않았다. 심장은 그저 평온하고 무감각한 그대로였다. 그녀가 쓴 소설 속 남자 주인공이었다면 그녀를 엄청나게 경모하면서 앉아서 그녀를 쳐다보고 그녀가 말하는 것을 들을 것이다. 하지만 언제고 원한다면 자신의 순수함을 회복하고 그 외로운 집에서 도망칠 수도 있을 것이다.

나는 앞뒤를 재지 않고 솔직하게 그녀와 대화를 나누었다. 마치 눈삽처럼 냉정하게, 상징화하지 않고 사실대로 솔직하게 말이다. 그녀 또한 솔직했다. 여태껏 아름다운 미모를 지닌 낯선 여성과 했던 대화 중에서 가장 고약한 대화였다. 그녀는 자신의 책에 대한 내 의견을 물었다. 나는 문학적인 솜씨는 훌륭하다고 말하면서 성관계에 대한 인간의 법칙은 상위법인 자연의 법칙을 분명히 방해한다는 그녀의 의견에 상당히 동의한다고 말했다. 내가 믿는 자연의 법칙은 오로지 명백한 신의 법칙을 의미했다. 바로 신 자신이 법칙을 만들었기 때문에 이 신성한 기원에 의해서 자연의 법칙은 인간의 모든 법보다 우선한다. 나는 그녀의 음란한 한 쌍의 연인은 자신의 기질과 취향의 법칙에 복종한 것이므로 명백히 공표되어 있는 신의 법칙에 복종한 것이고 따라서 신의 눈으로 볼 때 분명히 죄가 없다고 말했다.

물론 그녀가 내게 원했던 것은 자신의 작품에 대한 지지이자 변호였다. 나는 그 점을 알고 있었지만 그렇게 할 수 없었다. 대신 나는 우리가 인습의 노예이기 때문에 야만 상태이든 문명 상태이든 인습 없이는 존속할 수 없다고 말했다. 그러므로 설사 인습에 찬성하지 않는다 하더라도 이를 인정하고 지켜야 한다고 말했다. 자연의 법칙들 즉 신의 법칙들이 모든 인간에게 인간을 규제하는 법을 만들어 주었지만, 우리는 꾸준히 그 법칙들에 복종하기를 거부해야 하고 그 법칙들을 무시하는 인습을 고수해야 한다고 말했다. 이는 법령이 우리에게 평화를 가져다주고 훌륭한 정부와 안정성을 제공하기 때문인데, 이러한 이유로 우리에게는 법령이 신의 법칙들보다 더 바람직한 것이라고 말했다. 또한 신의 법칙을 적용한다면 우리는 혼동과 무질서와 혼란 상태에 빠지게 될 것이라고 덧붙였다. 나는 그녀의 책이 오래되고 제대로 뿌리내리고 있는 현명한 인습에 대한 공격이라고 말하면서 책을 좋아하는 독자가 많지는 않을 것이라고 언급했다.

그녀는 자신이 만나 본 사람 중에서 내가 가장 용감한 사람(내가 아주 어렸을 때라면 깜빡 속았을 수도 있는 터무니없는 찬사이다)이라고 말하면서 내 견해를 출판하자고 간청했다. 하지만 나는 생각할 수도 없는 일이라 일축하면서 내가 혹은 다른 현명하고 지적이고 경험이 많은 사람이 어느 날 불현듯 보호벽을 허물어 버리고 거의 모든 주제에 대한 자신의 진짜 의견을 만천하에 드러낸다면, 사람들은 대번에 그가 지성과 지혜를 상실했기 때문에 정신병원에 보내져야 한다고 생각할 것이라 말했다. 내 사적인 감상을 그녀 개인에게 말한 것이지 대중을 상대로 말한 것이 아니라는 점도 덧붙였다. 또한 나는 다른 인간과 마찬가지로 잘 가다듬고 향수 뿌린 공적인 의견만을 세상에 노출시킬 뿐이고 사적인 의견은 현명하고 조심스럽게 감추고 있다고 말했다.

나의 '공적인 의견'이라는 표현은 출판된 의견으로 인쇄물의 형태로 널리 퍼져 있는 의견을 의미한다고 했다. 친구와 사적으로 대화를 나눌 때에는 종교, 정치, 인간에 대한 내 사적인 의견을 통상적으로 낱낱이 드러내지만 이러한 견해를 출판한다는 생각은 꿈에도 하지 않는다고 했다. 왜냐하면 이러한 내 의견은 거의 모든 사람이 가지고 있는 공적인 의견에 개인적으로나 집단적으로 반대되는 것인 동시에 거의 모든 사람이 소유한 사적인 의견과 동일하기 때문이라고 했다. 그 일례로서 나는 그녀에게 여태껏 만나 본 지성인 중에서 마음속으로 '원죄 없는 잉태(Immaculate Conception: 성모 마리아는 예수를 잉태하는 순간부터 원죄를 면제받았다고 하는 설—옮긴이)'를 믿는 사람이 있었느냐고 물었다. 물론 그녀는 없었다고 대답했다. 나는 또한 그녀에게 이러한 신화에 대한 믿음을 공공연하게 부인하는 주장을 출판할 만큼 대담한 지성인을 본 적이 있느냐고 물었다. 물론 그녀는 그러한 사람을 본 적이 없다고 했다.

나는 이 세상에 있는 온갖 거대한 문제에 대해 매우 재미있고 중요한 사적인 의견을 엄청나게 많이 가지고 있지만 출판을 하지는 않을 것이라 말했다. 우리 모두 인생에서 두세 번쯤은 규칙을 깨고 남들이 찬성하지 않는 인기 없는 사적인 생각을 글로 쏟아 낼 때가 있기는 하다. 하지만 글로 쓰고 싶다는 욕구가 너무나 강렬해서 우리의 냉정하고 현명한 판단을 제압할 때를 제외하고는 가능한 한 그런 일은 결코 하지 않으려 한다는 점을 상기시켰다. 그녀는 내가 인기 없는 주장을 변호하기 위해서 공공연하게 사적인 생각을 밝혔던 몇 가지 예를 들면서 내가 방금 한 말이 엄밀한 사실은 아니라고 언급했다. 하지만 나는 그것이 바로 내가 말한 '욕구가 너무 강렬한 때'의 사례일 뿐이라고 응수하면서, 내가 중국의 미국인 선교사와 몇몇 다른 사악한 사람과 그들의 주장을 공공연하게 공격했을 때는 단 한 가지 이유가 있었다고 했다. 공격하고 싶은 마음이 내 외교적인 본능보다 강했기 때문에 그 마음에 복종하고 결과를 받아들여야만 했던 것이 그 이유라고 했다. 하지만 나는 공공연하게 그녀의 책을 변호할 정도로 마음이 움직인 것은 아닐 뿐더러 변호할 마음이 차고 넘쳐서 주체할 수 없는 상황도 아니기 때문에 외교적으로 잠잠히 침묵을 지킬 것이라고 말했다.

그녀는 젊고 미숙했다. 그래서 일반 사람들에게 교육적인 이익이 돌아갈 수 있는 의견을 가지고 있다면 설사 불유쾌한 의견이라도 글로 발표해서 투사가 되는 것이 의무라고 생각했다. 나는 그녀의 머릿속에서 그런 미숙한 생각을 끄집어내 없앨 수가 없었다. 그녀가 말한 그 일은 의무가 아니라 단지 개인적인 만족을 얻기 위한 것일 뿐이라는 점을 그녀에게 납득시킬 수가 없었다. 사실 그녀는 세상의 다른 사람들과 마찬가지로 의무를 위한 의무가 존재한다는 뿌리 깊고 어리석은 미신을 교육받았기 때문에 자신의 우매함을 그대로 수용하도록 놔둘 수밖에 없었다. 그녀는 사람이 사적으로 반대 의견을 가지고 있더라도 그 의견이 교육적인 성격을 띠고 있다면, 설사 교수형에 처해진다 해도 이를 발표해야 하고 그렇게 하지 못한다면 겁쟁이라고 믿고 있었다. 그녀와의 대화는 전반적으로 무척 유쾌했고 인쇄하기에는 결코 적합하지 않은 내용들로 이루어졌는데 지금 이 순간에도 용기가 없어서 모호하게 밖에는 표현할 수 없는 상당 부분의 내용들이 특히 그러했다.

며칠 후에 그녀를 잠깐 동안 다시 만났는데 내가 말했던 내용을 누그러뜨리거나 정화시키지 않은 채 모두 그대로 기록했다고 하면서 "정말 훌륭하고, 정말 멋지다."고 말하는 것이 아닌가. 정말 대경실색할 소리가 아닐 수 없었다. 그러고는 그 원고를 영국에 있는 남편에게 보냈다고 했다. 나는 그것이 그다지 좋은 생각은 아니지만 여하튼 남편이 흥미 있어 하기는 할 것이라 말했다. 그녀는 다시 한번 그 글을 출판하게 해 달라고 간청하면서 그 글이 세상에 엄청나게 유익한 작용을 할 것이라고 말했다. 하지만 나는 그렇게 된다면 죽기도 전에 파멸하고 말 것이고 그런 비싼 대가를 치르면서까지 세상에 유익한 존재가 되고 싶지는 않다고 대꾸했다.

76

지난 월요일* 앨버트 비겔로우 페인(Albert Bigelow Paine)이 보스턴으로 나를 안내했다. 다음날 그는 토마스 베일리 알드리치(Thomas

Bailey Aldrich: 미국의 작가이자 편집자—옮긴이) 기념 박물관의 헌정식에서 나를 보조할 계획으로 뉴햄프셔의 포츠마우스(Portsmouth)까지 동행했다.

참고삼아서 간단한 자료를 소개하겠다. 고(故) 토마스 베일리 알드리치는 72~73년 전 뉴햄프셔 주에 속한 작은 도시인 포츠마우스의 할아버지 집에서 태어났다. 알드리치의 미망인이 최근 그 집을 사서 알드리치를 기리고 그의 명성을 보존하는 박물관으로 개조했다. 미망인은 뉴햄프셔 주의 법에 따라 알드리치 기념 박물관 법인을 수립해서 박물관을 법인 소유로 만들었다. 모든 기부금의 궁극적인 상속자가 법인이 된 것이다. 그러고는 포츠마우스 시장과 다른 주요 인물을 법인에 가담시켜서 법인을 선전하는 역할을 부과했다. 정말 이상하고 허영에 사로잡힌 혐오스러운 여인이다! 바다에 둥둥 떠 있는 뗏목 위에서 인간이라고는 아무도 보이지 않는 상황에 처했을 때를 빼고는 도저히 좋아할 수 없는 인물이라고 생각한다.

알드리치 기념 박물관에 순례자들이 찾아와서 경의를 표할 만한 정당성이 존재하는지는 모르지만 나는 이 점이 상당히 의심스럽다. 알드리치는 결코 널리 알려진 인물이 아니었다. 그가 쓴 책은 널리 읽힌 적이 없고, 그의 산문 문체는 산만하고 딱딱하고 빈약했으며, 산문 작가로서의 그의 명성은 보잘것없었다. 시인으로서의 명성 또한 제한적이었지만 어느 정도는 자부심을 가질 만했다. 그러나 이것도 전체적인 시 작품이 평가를 받았던 것이 아니라 정교한 우아함과 아름다움과 마무리에 있어서 영어의 한계를 뛰어넘지는 못했던 소수의 짧은 시 덕분이었다. 이러한 시들은 정당한 가치를 감상할 수 있는 만 명

---

* 1908년 7월 3일에 저술

중의 하나 꼴인 사람들에게 알려지고 감탄의 대상이 되고 사랑을 받는다.

박물관이 편리한 장소에 위치해 있다면 혹 경건한 마음으로 찾아오는 사람이 있을지 모른다. 예컨대 박물관이 보스톤이나 뉴욕에 있다면 간혹 한 달에 한 사람 정도의 방문객은 틀림없이 있을 것이다. 하지만 이곳은 보스톤이나 뉴욕이 아니다. 기차를 타고 보스톤에서 2시간 남짓 가야 하는 뉴햄프셔의 포츠마우스이다. 50년 전 처음 철도가 생겼을 때 들여온 기차가 여전히 운행되고 있고 아직도 식수를 찻잔과 주석잔에 담아서 돌리고 여태껏 역청탄을 사용해서 기차의 낡아 빠진 창문, 틈, 연결 부위에서는 먼지투성이 부산물이 비집고 들어온다. 설사 조지 워싱턴을 기리는 박물관이라도 이렇듯 쇠퇴한 도시에 자리잡고 있다면 팬들이 보스톤이나 메인으로 악착같이 옮겼을 것이다.

어리석음과 공허한 허위와 무모한 부조리를 조롱하는 일에 있어서는 알량한 알드리치, 빈정꾼 알드리치, 풍자가 알드리치, 무자비한 알드리치가 대가였다. 포츠마우스의 오페라 하우스에서 거행되는 자신의 추도식에 참석해서 특유의 빈정거림을 발휘하지 못하게 된 것이 그에게 가장 안타까운 노릇일 것이다. 그가 빈정거릴 때는 아무도 이를 비난할 수도, 훼방 놓을 수도 없었다. 하지만 나는 한 가지 중요한 점을 간과하고 있다. 만약 다른 사람의 추도식이었다면 그는 열성적으로 빈정거렸을 것이다. 하지만 자신을 위한 것일 때는 결코 그러지 않을 것이다. 일찌감치 자신과 자신의 재능을 인정했기 때문인데, 그 정도는 태양이 자신의 시를 칭송하기 위해서 떠오르고 자신의 시를 보지 못하는 것이 못내 아쉬운 바람에 서산 너머로 지는 것을 그토록 주저해서 매일 조금씩 지는 시간을 늦추기 때문에 결코 정확한 시간에 지지 못한다고 믿었던 고(故) 에드먼드 클래런스 스테드맨(Edmund

Clarence Stedman)에 필적할 정도였다. 스테드맨은 좋은 사람이었고, 알드리치도 좋은 사람이었다. 하지만 자만심은 어떠했는가? 두 사람 다 나만큼이나 자만심이 강했지만, 내가 그들과 다른 점은 나는 도가 지나치지 않게 머릿속의 생각을 말할 수 있다는 것이다. 내가 편견을 가지고 있을지도 모른다는 말을 독자들에게 고백해야겠다. 알드리치 부인에 대해서는 어떤 믿음도 가질 수 없는데 39년 전 처음 보는 순간부터 죽 반감을 품어 왔다. 그녀는 지나치게 애정이 넘쳐서 보는 사람의 배를 뒤틀리게 만드는 그런 종류의 사람이었다. 하지만 그 애정 표현은 절대 믿을 만한 것이 못되었다. 항상 뒤에 이기적인 동기를 감추고 인위적으로 꾸며 댄다는 생각이 들었다. 알드리치는 같이 지내기에 유쾌한 사람이기는 했지만 단둘이 호젓이 만난 적이 없기 때문에 그의 진면목을 제대로 볼 기회는 없었다.

알드리치 부인에 대한 나의 반감이 증가되고 완전히 굳어지게 된 사건은 3년 전 내가 보스톤에 6일을 머무른 후에 그곳에서 몇 마일 떨어져 있지 않은 '퐁카포그(Ponkapog)'의 알드리치 가정을 방문했을 때 일어났다. 방문을 거절할 핑계를 댈 수 없어 할 수 없이 방문한 참이었다. 퐁카포그는 불쌍한 노인인 피어스 씨가 사망하기 전에 그로부터 알드리치 부인이 빼앗은 집과 토지였다. 11년 전 피어스 씨의 사망이 임박해 오자 알드리치 부인은 그의 유언장 속에 알드리치 부부의 둥지를 만들어 넣었다. 피어스 씨는 이미 보스톤에 있는 저택을 알드리치 부부에게 주었고 그들을 위해서 해변에 자그마한 오두막집까지 지어 주었다. 자신의 사재를 털어서 알드리치 부인의 골동품에 대한 욕심도 채워 주었다. 알드리치 부인이 닥치는 대로 사들이는 물건값도 대신 지불해 주었다. 또한 알드리치 부부의 여행 욕심 또한 충족시켜 주어서 자신의 돈을 들여서 세계 각국을 호사스럽게 여행하게 해 주었다. 한때 내가 유럽에서 무일푼이 되어 생계를 유지하기 힘들었을 때 알드리치 부인은 아내와 나를 즐겁게 해 준답시고 알드리치와 불쌍하고 늙은 피어스 씨가 보는 데서 자신의 사치품을 과시했다. 그녀는 피어스 씨와 남편, 자신을 위해서 일본 여행을 계획했지만 배에서 평범한 1등석밖에 확보할 수 없게 되자 여행을 한동안 연기하기도 했다. 그녀는 그러한 종류의 숙박 시설을 한껏 비웃으면서 자신을 계속 손님으로 맞고 싶다면 더 나은 시설을 제공해야만 한다는 사실을 증기선에서 일하는 사람에게 어떻게 이해시켰는지 설명했다. 그녀는 증기선 측에서 갑판 위에 자리한 하루에 750달러짜리 선실을 내줄 때까지 여행을 미뤘다. 선실에는 단지 두 사람만 잘 수 있는 침대가 놓여 있었는데 그때 배 안에서 피어스 씨에게 무슨 짓을 했는지는 말하지 않았다. 아마도 3등 선실에서 묵게 했을 것이다. 그러고는 한 벌에 수백 달러에 이르는 드레스를 여러 벌 꺼내서는 저명한 파리의 재단사인 워스를 자신이 어떻게 다루었는지 말했다. 워스에게 드레스의 가격은 결코 물어보지도 않았다고 하면서 그가 드레스를 가봉한답시고 만지작거리느라 자신의 시간을 너무 많이 허비하게 했다고 불평했다. 재단사가 드레스 값을 얼마나 청구하든 관심도 없었지만 가봉하느라 자신의 시간을 허비한 것은 용납할 수가 없었던 것이다. 그래서 재단사에게 자신의 인내심이 한계에 도달했기 때문에 다시는 자신에게 드레스를 팔 생각은 하지도 말라고 분명하게 말했다고 한다.

생각해 보라! 험담을 들어 마땅하지 않은가? 그녀는 평생 피어스 씨에 빌붙어 살아 왔고 여전히 거드름을 피우며 여봐란 듯이 처신하고 있다.

조엘 챈들러 해리스(Joel Chandler Harris)가 죽었다. 아이와 어른에게 똑같이 즐거움을 제공해 주었던 레무스 아저씨가 더 이상 우리에게 말을 하지 않게 된 것이다. 정말 커다란 상실이다.

알드리치 부인에 대한 내 편견을 확대하고 완성하고 마무리할 수 있었던 사건으로 돌아가도록 하겠다. 이는 '퐁카포그'에서 있었던 자그마한 사건으로 앞서 어렴풋이 언급했다. 나는 친구와 일주일 정도를 보내려고 보스턴에 갔다. '퐁카포그'에는 가고 싶지 않았지만 초청을 거절할 만한 그럴 듯한 핑계를 생각할 수가 없었다. 그래서 급하게 전해진 초청을 수락하고 갔던 것이다. 나는 그곳에서 무슨 일이 벌어질지 알고 있었다. 대화는 단순히 부유한 계층에 대한 것이리라. 영국 작위를 가진 사람들이 모이면 오직 작위를 가진 사람에 대해서만 말하는 것처럼 말이다. 그리고 고(故) 피어스 씨의 자선 행위를 통해서 획득한 비싼 사치품을 허풍스럽게 펼쳐 보이리란 점도 알고 있었다.

내가 예측한 그대로였다. 그들 부부는 자동차를 가지고 있었다. 당시에는 웬만큼 여유가 있지 않고서는 소유할 수 없는 신기하고 경이로운 물건이었다. 싸구려 자동차였지만 어쨌거나 눈길을 끌었고 대단한 위용을 자랑했다. 그들은 증기 요트도 가지고 있었지만 보여 줄 수가 없었다. 하지만 별 상관없었다. 이미 7월에 바(Bar) 항구에서 나에게 보여 주었기 때문이다. 세 명이 탈 수 있는 싸구려 소형 요트였지만 엄청난 것인 듯 거들먹거리며 자랑을 했었다. 여하튼 요트는 경제적인 지위의 상징이자 선전 도구였다. 그들 부부의 아들은 한심한 폴로 선수였다. 한번은 그들에게 이끌려 억지로 그 아들이 참가한 귀족적인 경기를 보러 갔다. 폴로 경기는 사치의 상징이자 선전 도구였다. 선수들은 눈에 띄게 최신식의 폴로 의상을 차려입었지만 게임 자체에는 미숙하고 무능하기 짝이 없었다. 공을 칠 수 있는 사람은 아무도 없었다. 불쌍한 알드리치는 경기 내내 아들의 어처구니없는 실수를 해명하느라 절망적으로 쩔쩔매고 있었다.

내가 그토록 오랫동안 말하려 했던 사건에 대해서 이제야 말할 시간이 된 것 같다. 그들은 내게 오래된 농장 구석구석을 보여 주었고 나는 그들이 유도할 때마다 정직하지 못한 찬사를 늘어놓는 것으로 보답했다. 하지만 강요받지 않아도 저절로 찬사를 보낼 만한 두 가지가 있었다. 하나는 응접실이었는데 매우 아늑하고 예쁜데다가 색채 등에 고상한 취향이 묻어나고 있었다. 구석구석 매력적이고 편안한 곳이었다. 또 다른 곳은 유일무이한 손님방이었는데 널찍한데다 커튼과 가구가 세심하게 배치되어 있었으며 커다랗고 고상한 모양의 침대가 놓여 있었다. 그들은 내게 손님방을 내주었고 나는 이에 합당하게 고맙다는 말로 답례했다. 한데 오후 늦게 어떤 20대의 아가씨가 예고 없이 방문하자 그녀에게 손님방을 내어주고 나를 다른 방으로 옮기게 했다. 내가 옮긴 방은 외진 곳에 위치한 곳으로 너무 좁고 너무 작아서 거의 몸을 돌리기도 힘들 지경이었다. 방에 있는 가구라고는 테이블 하나, 의자 하나, 작은 석유램프, 대야와 물주전자, 원통형 양철 난로가 전부였다. 감옥을 제외하고는 이토록 초라하고, 비좁고, 작고, 낡아 빠진 방에 있어 보기는 처음이었다. 그때가 10월이어서 밤에는 몹시 싸늘했다. 작은 난로에는 하얀 소나무 조각을 한 번에 한 움큼씩 넣어 주어야 했다. 그러면 난로는 맹렬한 소리를 내면서 나뭇조각을 집어삼키고 3분 내로 바닥부터 꼭대기까지 빨갛게 달아올랐다가는 10분 내로 다시 사그라들면서 차디차게 식었다. 열렬한 불꽃이 이는 3분 동안에는 너무나 뜨거워서 방 안에 있을 수가 없을 지경이었고 30분이 지나면 얼어붙을 듯한 추위가 엄습해 왔다. 석유램프의 빛은 난로가 타오를 때는 희미하고 부드러운 빛을 내다가 그렇지 않을 때는 고약한 냄새를 풍겼다.

내가 왜 그토록 건강에 해롭고 불쾌한 방으로 옮겨졌는지에 대한 이유가 곧 명백하게 드러났다. 알드리치의 아들은 37세의 노총각이었고 그 젊은 아가씨는 전 주지사의 딸로 사회적 지위가 상당히 높은 인물이었다. 중매쟁이 부인이 알드리치의 아들과 그 아가씨를 맺어 주기 위해 온갖 덫을 놓고 갖은 꾀를 짜내며 애를 쓰고 있는 중이었다. 중매쟁이는 상당히 자신이 있어서 자신의 계획이 성공할 것이라 확신하고 있었지만 사실 그렇지 못했다. 아가씨가 달아나 버린 것이었다.

드디어 마음속에 오랫동안 사무쳤던 사건을 토해 내었다. 이 생각을 할 때마다 분노가 치민다. 내가 도착했을 때는 청하지도 않았는데 달려와서 두 볼에 입맞춤을 해 대더니만 그까짓 주지사의 딸 때문에 70세 된 나를 호사스러운 방에서 쫓아내어 지하실에 던져 넣은 처사는 최후의 선까지 내게 모욕을 안겨 준 것이라 생각한다.

77

기념관에 대한 얘기를 다시 한번 꺼내 보자.

기념관까지 가는 데 얼마만큼의 여행을 해야 하는지 물어보지 않았다. 하지만 엄청난 여행이 될 터였다. 뉴욕으로 가서 다시 배를 타고 보스톤까지 가야 했는데 날씨 때문에 고충을 겪어야 했다. 게다가 보스톤의 호텔까지는 12시간이나 걸릴 것이었다. 하지만 우연히 사우스 노워크(South Norwalk)에서 차로 갈아타면 4시간을 절약할 수 있다는 사실을 알았다. 그래서 뜨거운 날씨 속에서 먼지를 뒤집어쓰며 지친 여행을 한 끝에 오후 2시경에 보스톤에 도착했다. 우리는 다음날인 6월 30일에 포츠마우스로 출발할 예정이었다. 초청자에게서 교통편이 인쇄된 카드가 우편으로 배달되었다. 카드에 적힌 정보에 따르면 포츠마우스로 향하는 9시발 급행열차에는 기념관 손님을 위해 특별히 배정된 열차가 두 량 있는 것으로 되어 있었다.

이성적이고 편견이 없는 사람이라면 그토록 부유한 알드리치 유족들이 특별 차편을 제공하는 것은 지극히 당연하고 정중한 일이라고 생각했기 때문에 나를 제외한 모든 이들이 특별 차편에 대한 정보에 대해서는 별다른 반응을 보이지 않았다. 그러나 편견이 존재하는 곳에서는 항상 사고와 감정과 의견이 변색되게 마련이다. 나는 그들에 대한 편견으로 꽉 차 있었기 때문에 이 특별 열차가 정말 싫었다. 처지에 전혀 맞지 않는다고 혼잣말로 중얼거렸다. 이와 같은 상황에서 특별 열차를 제공하는 것 같은 단순한 예의를 베푸는 일은 다른 사람들, 보통 사람들, 일반 사람들이나 하는 일이었다. 적어도 알드리치 부인은 그러면 안 되었다. 그녀처럼 다른 사람의 자선에 의지해서 부자가 된 사람은 손님을 정중하게 대접한답시고 돈을 낭비하는 행동을 해서는 안 되었다.

자신의 처지는 아랑곳하지 않고 상류층 집안이 벌이는 행사를 흉내 내며 살아가는 알드리치 부인의 모습에 화가 나고 모욕감이 들었다. 너무 분개한 나머지 도대체 이러한 행사를 벌이는 이유가 무엇인지 찾고 싶었다. 나는 그 집요하고, 의욕적이고, 이곳 저곳 들쑤셔 대는 지칠 줄 모르는 광고주가 이 화려한 행사를 벌여서 신문에 퍼뜨려 광고 효과를 얻으려 하기 때문이라고 혼잣말로 중얼거렸다. 그럴 듯한 설명인 것 같았다. 하지만 내 편견은 너무나 골이 깊어서 이 설명만으로는 납득할 수가 없었다. 나는 알드리치 부인이 자기 본래의 모습과 과거 행적에서 벗어나 돈을 들여 손님을 환대하는 꼴을 참고 볼 수가 없었다. 하지만 여전히 그녀가 나보다 한 수 위라서 끊임없이 나를 좌절시킨다는 점을 인정하고 쓴 약을 삼키면서 참을 수밖에 없었다. 그러나 나는 증오심에 불타서 그녀가 단돈 2달러 40센트에 내게서 찬사를 얻게 하지는 않겠다고 다짐하고 페인을 시켜서 포츠마우스 행 기차표를 내 돈으로 사라고 했다. 그렇게 하고 나니 마음이 가벼워졌다. 참으로 진정한 기쁨은 숭고한 동기에서 나온 행동을 할 때보다 속마음이 담긴 악한 동기에 따라 행동할 때 누릴 수 있는 것이다.

하지만 페인과 나는 다른 사람들과 대화를 나누기 위해 할 수 없이 특별 열차에 올라탔다. 대부분이 저자들로서 친구도 있었고 그럭저럭 알고만 지내는 사람도 있었다. 우리가 기념관에 가느라 함께 만날 수 있었던 것은 참으로 행운이었고 즐거운 일이었다. 열차의 북쪽 끝에 자리를 잡고 남녀 작가와 대화를 나누고 있을 때였다. 갑자기 엄숙한 표정의 차장이 들어오더니 열차표를 검사하기 시작했다! 내가 알고 있기로는 열차에 타고 있던 몇 명의 저자는 무척 가난했다. 놀라움으로 목이 메고 절망스럽고 불쌍한 표정이 그들의 얼굴에 그대로 나타났다. 그들은 주머니와 가방을 뒤적여서 특별 열차를 명시한 멋있게 인쇄된 초대장을 끄집어내어 냉담한 표정의 차장에게 보여 주면서 자신들은 추모 행사에 초대를 받았기 때문에 차비를 낼 필요가 없다고 설명했다. 미소라고는 찾아볼 수 없는 악독한 차장은 냉담한 태도로 자신은 누구도 그냥 태우라는 지시를 받은 적이 없고 차비는 현금으로만 지불해야 한다고 말했다. 내가 알고 있는 알드리치 부인을 다시 찾은 느낌이었다. 손님들은 눈에 띄게 수치스러워했고 모멸감에 몸서리쳤다. 알드리치 부인 자신도 그 자리에 있었다면 미안한 감정을 느꼈으리라 생각한다. 나는 너무나 안쓰러워서 차라리 그 장면을 보지 않았으면 좋았을 것이라고 생각했다. 손님은 60명 정도였는데 그들 중 십여 명은 뉴욕에서, 나머지는 보스톤과 그 근방에서 온 사람들이었다. 전체 기차표 값이래야 150달러 정도면 충분했을 텐데 부유하면서 인색하기 짝이 없는 알드리치 부인은 인정머리없게도 경제적 여유가 없는 문인들이 호주머니를 털어 차비를 지불하게 만들었던 것이다. 그녀가 불쌍한 늙은 피어스 씨의 목에 매달려서 그를 껴안고 어루만지고 두 뺨에 입맞춤을 하면서 "자기"라고 부르는 장면을 목격하곤 했을 때…. 아니다. 그만두어야겠다. 나는 종종 평지에서도 멀미를 하곤 하는데 조금만 더 얘기하면 토할 것 같다.

포츠마우스에 도착했을 때 안내하는 사람이라고는 눈 씻고 찾아 봐도 없었다. 하긴 알드리치 부인이 보낸 호화스럽고 값비싼 자동차가 주지사와 극소수의 손님을 마중나와 있긴 했다. 그들은 차편도 무료였다고 들었다.

장례식이 시작되었다. 조문객들은 하나씩 앞으로 나가 약하게 살금살금 기어들어가는 목소리로 이런 때를 위해 써 두었던 시를 낭독했다. 시를 하도 은밀하게 낭독해서 진짜 시인의 목소리건 삼류 시인의 목소리건 중간 벤치에까지도 도달할 수 없었다. 나는 검은 옷을 입고 온 것이 다행이다 싶었다. 집 식구들이 내게 이 행사는 축제 성격이 아닌 장례식이기 때문에 날씨에 맞추어서는 안 되고 조문 목적에 맞추어 옷을 입어야 한다고 충고해 준 덕택이었다. 사람들은 몹시 불쾌해하고 더워하면서 서로 붙어 앉아서 숨을 헉헉거리고 땀을 뻘뻘 흘리고 있었다. 조문의 글을 낭독하는 기어들어가는 목소리와 청중의 지치고 더워하는 얼굴이 매우 어울렸다. 나는 내 복장이 이렇듯 팽배한 고통과 조화를 이루는 것 같아 기뻤다.

시인들은 줄을 이어 연단으로 올라가 원고를 꺼내 들고 조문했다. 이 일은 끝도 없이 계속됐다. 끝까지 엄숙해야 하는 과정이 점점 우스꽝스러워졌다. 살아오면서 그토록 많은 원고가 낭독되는 행사는 본 적이 없다. 원고가 좋다는 점은 부인하지 않겠다. 나쁜 원고가 하나도 없었다는 점도 시인한다. 하지만 일류 시인을 제외하고는 제대로 낭독하는 방법을 아는 시인이 없었기 때문에 자기 자신을 제외한 모두에게 고통을 안겼다.

히긴슨(Higginson)은 상상도 못할 정도로 늙었지만 몇 세대에 걸쳐서 연단에 서는 데 워낙 익숙해져 있었던 탓에, 괄호처럼 몸이 굽은 채로 연단에 서서 원고를 보면서 연설을 뱉어 냈다. 자신의 연대를 인솔해서 피비린내 나는 승리를 이끌었을 당시 경보처럼 울렸던 목소리의 자취가 남아 꺽꺽 소리를 내면서 말이다. 하웰스의 연설은 간단했고 연설의 내용도 자연스럽고 적절한 표현으로 구성되어 있었다. 그는 연설을 외워서 잘 전달했지만 자신의 시는 원고를 보면서 낭독했다. 그는 우아하게 낭독을 마치고는 원고를 원고 더미에 올려놓고 내 옆 자리로 돌아와 앉았다. 자신의 차례가 끝난 것을 기뻐하는 그의 모습은 마치 사면을 받은 죄수 같았다. 나는 미리 준비해 두기는 했지만 그다지 만족스럽게 외우지는 못한 엄숙한 연설문을 사용하지 않기로 하고 12분 동안 규칙 없이 틀에 박히지 않은 모독적인 허튼소리를 하고는 연단에서 내려왔다.

추도식은 끝이 났다. 따분했다. 잔인했다. 참기가 힘들었다. 무더위 속에서 2시간 동안 진행되었다. 그때 그 더위와 극도의 피로와 기차에서 마셔 댄 재 찌꺼기는 두 번 다시 경험하지 않게 되길 바란다.

78

며칠 전 나는 존 하웰스에게 마음에서 우러난 편지를 써서 지금 이 집의 건축가로서 그가 한 작업에 대해 열렬한 찬사를 보냈다. 나는 존의 어린 시절을 기억한다. 정말 이상하고 불가사의하고 있을 법하지 않은 일이다. 내가 살고, 거듭 살고, 계속 꾸준히 영원히 집요하게 살아서 나를 쫓아다니던 아이가 마침내 나를 위해 집을 짓고 내 머리 위에 지붕을 놓아 주는 것을 보게 되다니 말이다. 나는 이 아이를 잘 안다. 한번은 일곱 살이 된 이 아이가 아버지*와 함께 하트포드에 와서 하루 이틀 정도 우리 가족과 함께 머문 적이 있다. 30년 전쯤이었을 것이다. 우리가 흑인 집사인 조지를 잃고 슬퍼하고 있을 때였다. 하웰스 부자는 마호가니 방이라고 불리는 1층에 있는 방에 머물렀다. 존은 일찍 일어나서 발뒤꿈치를 들고 살금살금, 하지만 부지런히 온 집안을 탐색하고 다녔다. 그는 흑인과 함께 생활하는 것에 익숙하지 않았지만 7세 소년답게 《아라비안나이트》는 익히 알고 있었다. 그러다가 식당을 흘끗 보고는 놀라서 숨을 헐떡이며 아버지에게 달려가 이렇게 말했다.

"일어나세요, 아빠. 노예들이 식사 준비를 하고 있어요."

나는 내 집을 지어 준 건축가에게 훌륭하고 강렬한 단어로 감사의 뜻을 전달하고 싶었다. 그의 아버지가 보낸 편지가 어제 저녁에 도착했다.

> 존에게 편지를 써서 집에 대한 자네의 행복한 마음을 얘기해 준 것은 정말 훌륭한 일이었네. 가장 완벽한 빌라를 갖는 것보다는 이러한 편지를 받는 것이 더 행복한 일일 것이네.

---

* 윌리엄 딘 하웰스(William Dean Howells)

하웰스의 편지에서 다른 부분을 인용해 보고 싶다.

　지난 번 추도식 때 있었던 일을 알드리치가 지하에서 얼마나 즐겼을지 생각하고 있네. 몸을 덜덜 떨던 그 나이 많은 친구를 보면서 얼마나 재미를 느꼈을지 말일세. 히긴슨은 대체 지금 몇 살인가? 그를 보고 있자니 자네가 젊어 보였네. 나 또한 젊다는 느낌이 들었다네.

젊음에 대해서 말하니까 말인데 사람들이 자주 내게 하는 말이 떠오른다.
　"당신 나이 또래에서 많이 볼 수 있듯이 당신이 대머리라면 지금처럼 그렇게 젊어 보이지는 않을 것이오. 머리카락을 그토록 잘 보존하는 비결이 무엇이오? 어떻게 하면 머리가 빠지지 않게 할 수 있소?"
　나름대로 적절하게 정립된 이론이 없기 때문에 이러한 질문을 받으면 가설을 세워 대답을 해야만 한다. 나는 머리카락을 청결하게 유지하기 때문에 빠지지 않는 것이라 생각한다. 매일 아침 비누로 철저하게 문질러 닦고 잘 헹구어서 청결을 유지한다. 그리고 비누거품을 많이 내고 올이 굵은 수건으로 거품을 닦아 낸다. 머리카락에 기름을 살짝 코팅하는 과정을 거치는 것이다. 머리카락을 청결하게 하고 기름을 살짝 남겨 놓으면 머리카락이 부드러워지고 유연해지면서 광택이 난다. 그러면 하루 종일 기분이 좋고 편안한 마음이 든다. 도시에서건 시골에서건 너무나 많은 미세한 먼지가 공중에 떠다니기 때문에 10시간 안에 머리카락이 다시 불결해지기는 하지만 24시간이 되었다고 해서 만지기에 신경 쓰일 정도로 불결해지지는 않는다. 여하튼 머리 감은 지 24시간이 지나면 머리를 감을 때 물이 뿌옇게 될 정도가 된다.
　이제 호기심 끄는 문제에 대해 생각해 보자. 사람들은 내 설명에 대해 과거와 똑같이 반응한다. "물이 머리카락의 뿌리를 썩게 만들기 때문에 머리카락을 망친다."는 것이다. 게다가 미심쩍은 어조가 아닌 단호한 어조로 이렇게 주장한다. 마치 그 문제를 검토해서 모든 것을 알고 있다는 듯이 말이다. 그러면 나는 이렇게 반문한다.

"어떻게 아십니까?"

그러면 확신에 차서 말하던 사람이 무슨 말을 해야 할지 몰라 당황한다. 내가 머리카락을 적셔서 머리카락을 망친 적이 있느냐고 물어보면 자기는 머리카락의 뿌리가 썩을까 봐 자주 적시지 않는다고 말한다. 그러므로 경험에서 우러난 소리가 아닌 것이다. 머리카락을 적셔서 뿌리가 썩은 경우를 개인적으로 알고 있느냐고 물으면 한 가지 예도 들지 못한다. 내가 집요하고 무자비하게 끝까지 밀어붙이면 결국 '모든 사람'이 그렇게 말하고 있다고 털어놓는다.

참 이상한 노릇이다. 종교, 정치와 똑같은 상황이니 말이다! 종교와 정치에서 사람들의 신념과 확신은 거의 모든 경우, 검토하는 과정을 거치지 않은 채 동전 한 푼의 가치도 없는 사람에게서 간접적으로 획득한 것이기 때문이다.

인간 종족은 특이하고 호기심이 강하고 흥미 있는 바보이다. 끊임없이 얼굴, 눈, 코, 이빨, 입, 손, 몸, 발, 다리 등을 씻으면서 청결은 신앙에 다음가는 것이고 물은 건강을 유지하는 데 가장 귀하고 확실한 것이고 전적으로 무해한 것이라 확신한다. 그러면서도 한 가지 예외를 두어서 머리카락에는 절대 물을 대지 말라고 한다! 머리카락의 불결한 상태를 그대로 유지하도록 세심하게 주의를 기울여야 한단다. 그렇게 하지 않으면 머리카락이 빠질 것이라 생각한다. 모든 사람이 이러한 생각을 믿고 있지만 실제로 실천하는 사람은 찾을 수가 없을 뿐만 아니라 개인적인 경험이나 실험이나 증거를 통해서 증명해 낸 사람도 절대 찾을 수가 없다. 72년을 넘게 살아오면서 인간 종족 같은 바보들은 만나 본 적이 없다.

머리카락 문제를 검토해 볼수록 더욱 호기심이 생긴다. 사람들은 모두 저녁식사를 하기 전에 손을 물에 적시고 비누칠을 하고 그것도 모자라 북북 문지른다. 아침식사를 하기 전에도, 점심식사를 하기 전에도 손을 씻는다. 손이 더럽기 때문에 씻을 필요가 있다는 점은 추측에 의해서가 아니라 오래된 경험으로 알고 있다. 손과 마찬가지로 노출되어 있는 머리카락에 먼지가 쌓이지 않으리라 생각하는가? 손은 계속 더러워지는데 머리카락은 청결한 채로 남아 있다고 생각하는가? 여름과 겨울 내내 흰색 옷을 입는다고 해서 사람들은 나를 별난 사람이라고 생각한다. 난 이 더러운 세상에서 깨끗한 옷 입기를 좋아하기 때문에 별난 사람이 되는 것이다. 나는 적도 북쪽의 전 기독교 국가를 통틀어서 완전히 유일하게 청결한 옷을 입는 사람이다. 그것이 바로 내 모습이다. 모든 옷은 하루면 더러워진다. 마치 사람이 손을 씻지 않고 하루를 보냈을 때 그 손이 더러워지는 정도만큼 더러워진다. 기독교 세계에서는 모두 어두운 색 옷을 입는다. 처음 하루를 입고 나면 옷은 더러워지게 마련이다. 그리고 날이 거듭되고 주가 거듭될 때마다 점점 더 더러워진다. 연회에서는 검은색 복장을 입는 것이 보기 좋다. 하지만 이러한 정장은 동산(動産)이라기보다는 부동산 같은 것이다. 너무나 많은 먼지를 가지고 다녀서 여기에 씨를 심고 농작물을 가꿀 수도 있을 것이다.

그러나 인간 종족이 일단 미신을 습득하고 나면 웬만해서는 이를 제거하지 못하는 것 같다. 매년 여러 해 동안 아내는 치명적인 질병인 이질에 걸릴 때마다 의사가 주는 강력하고 독성이 강한 약을 사용하는 대신에 잘 익은 신선한 수박을 먹음으로써 완쾌되었다. 아내의 경우에는 수박을 한 조각 먹기만 하면 이질에서 완치될 뿐만 아니라 이 듬해까지도 면역성이 생겼다. 하지만 의사 또는 어느 누구에게도 이 방법을 시도하게 할 수 없었다. 남북전쟁 동안 군인들이 이질로 죽어 갈 때 막사 안에 수박을 들여가다 잡힌 사람은 누구라도 심한 처벌을 받았다. 수박에 대한 이러한 편견은 경험에 의해서가 아니라 이론에 바탕을 두고 있고 이론이 이론에 불과하고 전혀 경험에 바탕을 두고 있지 않다는 점이 밝혀지려면 수 세기가 걸릴 것이다.

79

1909년 크리스마스 전날 오전 11시
스톰필드에서.

진이 죽었다!*

사랑하는 사람이 갑작스럽고 예기치 않게 죽었을 때, 불과 24시간 전에 일어났던 그와 관련 있는 모든 소소한 일들을 종이에 기록해 본 적이 있는가? 책 한 권이면 되겠는가? 두 권이면 되겠는가? 아니다. 그런 소소한 일들은 마음속에 홍수처럼 쏟아진다. 매일, 항상 일어나던 일들이다. 늘 너무나 사소하기 때문에 쉽게 잊혀지던 일들이다. 하지만 지금은, 지금은 그렇지 않다! 그 일들이 얼마나 소중한지, 얼마

---

* 진 클레멘스는 1909년 12월 24일 아침 일찍 사망했다. 이틀 후 마크 트웨인은 앨버트 비겔로우 페인에게 이 원고를 보여 주면서 이렇게 말했다. "자네가 적절한 시기라고 생각하는 어느 날, 이 원고가 내 자서전의 마지막 장식할 수 있을 것이네. 이것이 마지막 장일세." 마크 트웨인은 4개월 후인 1910년 4월 21일 사망했다.

나 귀한지, 얼마나 가슴 아픈지, 얼마나 거룩한지 모른다!

진은 건강함으로 생기가 넘쳤고, 나 또한 버뮤다에서 휴가를 보낸 후로 활기에 차 있었다. 진과 나는 어젯밤 저녁을 먹고 난 후 손을 잡고 함께 걸었고, 서재에 앉아서 기쁘고 행복한 마음으로 수다를 떨면서 앞일을 의논하고 계획했다. 어느덧 밤 9시가 되자 우리는 위층으로 올라갔다. 진의 친구인 독일산 개가 따라왔다. 내 방문 앞에서 진은 "오늘은 작별 입맞춤을 할 수가 없어요, 아빠. 감기에 걸려서 아빠한테 옮을까 봐요."라고 말했다. 나는 몸을 구부려 진의 손등에 입을 맞추었다. 진은 감동을 받았다. 눈동자에서 읽을 수 있었다. 진도 충동적으로 내 손에 입을 맞추었다. 그러고 나서 우리는 평소처럼 명랑하게 서로 잘 자라는 인사를 하고는 헤어졌다.

오늘 아침 7시 30분, 방문 앞에서 나는 소리에 잠이 깼다. 나는 혼잣말로 "진이 평상시처럼 말을 타고 우편물을 가지러 가나 보군." 하며 중얼거렸다. 그때 케이티가 들어와서는 내 침대 밑에 서서 벌벌 떨며 가쁜 숨을 몰아쉬었다.

"진 아가씨가 돌아가셨어요!"

탄환이 심장을 관통할 때 어떤 느낌인지 이제는 알 것 같다.

아름답고 젊은 진은 화장실 바닥에 누운 채 헝겊에 덮여 있었다. 너무나 평온하고 자연스러워서 마치 잠자고 있는 것 같았다. 무슨 일이 일어났는지 짐작할 수 있었다. 진은 간질 환자였다. 화장실에서 발작을 일으켜서 심장마비로 죽은 것이다. 의사가 왔지만 그의 노력으로도 그녀는 소생할 수 없었다.

지금은 정오이다. 진은 말할 수 없이 사랑스럽고, 아름답고, 평온해 보인다. 고결하고 위엄이 가득한 얼굴이다.

13년 전 영국에서 아내와 내가 받았던 "수지가 오늘 평온하게 세상을 떠났습니다."라는 전보는 우리의 심장을 찔렀다. 나는 오늘 아침 이와 같은 충격을 베를린에 있는 클라라에게 보내야 했다. "너는 절대 집에 와서는 안 된다."라는 확정적인 명령을 덧붙여서. 클라라와 사위는 지난 11일에 이곳을 떠나 집으로 돌아갔었다. 클라라가 이 소식을 어떻게 견딜까? 진은 아기 때부터 클라라의 숭배자였다.

  4일 전 나는 버뮤다에서 한 달 간의 휴가를 보내고 완벽하게 건강한 상태에서 집으로 돌아왔다. 하지만 예기치 못한 일로 기자들이 오해를 하는 바람에 그저께부터 친구와 잘 모르는 사람에게서 편지와 전보가 날아오기 시작했다. 내가 상당히 위독한 것으로 알고 쓴 글들이었다. 어제 진은 연합통신을 통해서 전후사정을 설명하라고 간청했다. 나는 그다지 중요한 일이 아니라고 말했지만 진은 고민을 하면서 클라라를 생각해야 한다고 말했다. 클라라가 4개월째 남편을 밤낮으로 간호하느라 지쳐 있고 허약해져 있을 텐데 독일 신문에 난 아빠의 건강에 관한 기사를 읽는다면 그 충격이 너무 클 것이라고 했다. 타당한 얘기였다. 그래서 나는 연합통신에 전화를 걸어 내가 죽어가고 있다는 소문은 사실이 아니라고 말하면서 "내가 살아있는 동안은 절대 그런 일이 없을 겁니다."라는 유머러스한 내용을 덧붙였다.

  진은 좀 심란해하면서 내가 그런 문제를 너무 가볍게 다루는 것을 탐탁치 않게 여겼다! 하지만 나는 심각할 것이 아무것도 없기 때문에 그런 문제는 그렇게 다루는 것이 최상이라고 말했다. 나는 오늘 아침에 일어난 돌이킬 수 없는 재앙에 대해서도 연합통신사에 알렸다. 두 기사 모두 오늘 저녁 신문에 날 것인가? 한 기사는 너무나 쾌활하고 다른 기사는 너무나 비극적이다.

  13년 전에는 수지를 잃었다. 5년 반 전에는 누구와도 맞바꿀 수 없는 아내를 잃었다. 클라라는 유럽으로 가 버렸다. 그리고 이제는 진을 잃었다. 한때 너무도 풍요로웠던 내가 지금은 얼마나 가련한지! 가장 친한 친구였던 로저스는 7개월 전에 죽었다. 남자로서 신사로서 거의 완벽에 가까운 사람이었다. 지난 6주 안에 오래고 오랜 친구인 길더와 라판이 세상을 떠났다. 이제 진은 저기 누워 있고 나는 여기 앉아 있다. 같은 지붕 밑에서 이제 우리는 서로 낯선 이가 되었다. 어젯밤 우리는 문 앞에서 저녁 작별인사로 손에 입을 맞추었다. 그리고 그것이 마지막이 될 줄은 정말 몰랐다. 진은 저기 누워 있고 나는 여기 앉아 있다. 심장이 찢어지는 것을 막으려 바쁘게 글을 재촉하면서. 주변의 언덕으로 쏟아져 넘치는 햇살은 얼마나 눈이 부신지! 마치 내 불행을 비웃는 것 같다.

24일 전에 74세, 어제 74세. 누가 오늘 내 나이를 가늠할 수 있겠는가?

다시 진을 쳐다보았다. 견뎌 낼 수 있을지 모르겠다. 진은 아내가 오래 전에 플로렌스에서 세상을 떠나 누워 있을 때의 모습과 똑같았다. 죽음이 주는 평안함이란! 잠든 모습보다 더 아름답다.

아내가 땅에 묻히는 것을 보았다. 그리고 그 공포를 다시는 겪지 않으리라 다짐했다. 내게 소중한 사람의 무덤을 들여다보는 일은 절대 하지 않으리라 결심했다. 나는 이 결심을 지켜 왔다. 사람들은 내일 이 집에서 진을 데려다가 뉴욕의 엘미라에 묻을 것이다. 앞서간 우리 가족이 누워 있는 곳에. 하지만 난 따라가지 않으리라.

진은 4일 전 내가 탄 배가 도착했을 때 선착장에 나와 있었다. 다음 날 저녁 이 집에 도착했을 때는 문 앞에서 나를 환영했다. 우리는 카드 게임을 했고 진은 내게 '마크 트웨인'이라는 새로운 게임을 가르쳐 주려 애썼다. 그리고 어젯밤에는 서재에 함께 앉아 즐겁게 잡담을 했다. 진은 자신이 크리스마스 준비를 하고 있는 복도를 절대 보여 주지 않으려 했다. 오늘 아침이면 장식을 완성할 것이고 프랑스 친구가 뉴욕에서 도착할 것이라고 말했다. 그러고 나면 며칠 동안 공들여 온 장식을 공개할 예정이었다. 진이 잠시 나간 사이에 나는 그만 장식을 훔쳐 보는 배신 행위를 하고 말았다. 복도 바닥에는 카펫이 깔려 있었고 의자와 소파가 배치되어 있었다. 그리고 아직 완성되지 않은 뜻밖의 장식이 있었다. 은박지로 매우 멋지게 꽁꽁 둘러 만든 크리스마스 트리였다. 테이블 위에는 오늘 달려고 했던 반짝거리는 장식품이 엄청나게 놓여 있었다. 어떤 무자비한 손길이 있어 아직 완성되지도 않은 멋진 장식을 앗아가 버린단 말인가! 이 모든 작은 일들이 지난 4일 동안 일어났다. 그렇다. 그때는 '작은' 일이었지만 지금은 그렇지 않다. 진이 말하고, 생각하고, 행동했던 어떤 것도 이제 작지 않다. 그리고 진과 나 사이에 오고 갔던 온갖 아낌없는 유머! 무엇이 되었는가? 이제는 비애감을 느낄 뿐이다. 생각만 해도 눈물이 흘러내리는 비애감 말이다.

이 모든 작은 일들이 불과 몇 시간 전에 일어났다. 그리고 이제 진은 저기 누워 있다. 더 이상 아무것도 신경 쓰지 않으면서. 이상하다, 믿을 수가 없다! 이런 경험을 전에도 했었다. 하지만 1천 번을 겪는다 해도 여전히 믿을 수가 없다.

"진 아가씨가 돌아가셨어요!"

케이티의 말이었다. 침대 머리맡에서 노크를 하지 않고 문이 열리는 소리를 들었을 때 나는 진이 우편물을 가지러 가기 전에 아침 입맞춤을 하려고 들어오는 줄 알았다. 그렇게 격식을 차리지 않고 내 방에 불쑥 들어오는 사람은 진밖에 없었기 때문이다.

그런데….

진의 거실에 갔다. 하인과 친구에게 줄 선물로 정말 난리도 아니었다! 온갖 군데에 선물이 놓여 있었다. 테이블, 의자, 소파, 바닥… 정말 오랜만에 보는 광경이었다. 옛날에 아내와 나는 크리스마스 전날 밤, 아이들 방에 살금살금 들어가서 늘어서 있는 선물을 바라보곤 했었다. 그때는 아이들이 어렸었다. 지금 진의 방 모습이 그때 아이들 방과 똑같다. 선물에는 이름이 적혀 있지 않았다. 오늘 이름을 적어 넣으려 했던 진은 영원히 손을 놓고 말았다. 아내는 항상 크리스마스 준비를 혼자서 하곤 했다. 진도 어제 어머니가 했던 것과 같은 일을 했고 그제도, 그 전날에도 그랬다. 피곤함이 생명을 단축시킨 것이다. 오늘 아침 진을 덮쳤던 발작도 피로 때문에 생겼을 것이다. 몇 달 동안 발작을 일으킨 일이 없었는데 말이다.

진은 워낙 활달하고 에너지가 넘쳐서 항상 자신의 힘을 무리하게 쓰는 위험을 감수했다. 매일 아침 7시 30분이면 말을 타고 역으로 가서 우편물을 가져왔다. 가져온 우편물을 검토하고 나면 분배하는 일은 내 몫이었다. 진에게 몇 통, 페인 씨에게 몇 통, 나머지는 속기사와 내 것이었다. 진은 자기 몫의 일을 끝내고는 다시 말에 올라타 농장과 가금(家禽)을 돌아보았다. 저녁을 먹은 후 나와 함께 당구를 칠 때도 있었지만 대부분 너무 지쳐 있어서 일찍 잠자리에 들었다.

어제 오후, 내가 버뮤다에 가 있을 동안 진의 부담을 줄여 주기 위해 생각해 낸 계획을 그 애에게 말해 주었다. 가정부를 구하는 계획이었다. 또한 그 애가 맡고 있던 비서의 역할을 페인 씨에게 맡길 생각이었다.

하지만 진은 그러려 하지 않았다. 그 애는 나름대로 혼자 계획을 세워 두고 있었던 것이다. 협상을 하는 선에서 문제를 해결했다. 내가 따르기로 했다. 항상 이런 식이었다. 청구서를 검토하고 수표를 작성하는 일을 페인 씨에게 맡기려 했지만 진은 막무가내로 거절했다. 계속 자신이 하기로 한 것이다. 또한 예전처럼 케이티의 도움을 받아서 집안일을 직접 꾸려 가기로 했다. 내 개인 친구의 편지에 답장을 보내는 일도 계속하기로 했다. 이것이 둘이서 협상한 내용이었다. 우리 둘 다 이를 협상이라고 불렀다. 내 입장에서는 별반 달라진 것이 없는데도 말이다.

그러나 진은 기뻐했고 나는 그것이면 충분했다. 진은 내 비서 역할을 하는 것에 자부심을 느끼고 있었기 때문에 그다지 끌리지 않는 일의 일부분이라도 내어놓으라는 설득마저 할 수 없었다.

어젯밤 진과 대화를 하면서 나는 모든 일이 순조롭게 진행되고 있기 때문에 진만 괜찮다면 2월에 다시 버뮤다에 가서 한 달 동안 격동과 혼란으로부터 벗어나 있고 싶다고 말했다. 진은 흔쾌히 그렇게 하라고 하면서 여행 일정을 3월로 연기하면 케이티를 데리고 자신도 함께 가겠다고 했다. 우리는 손바닥을 마주치면서 그렇게 결정했다. 내일 아침 배편으로 버뮤다에 편지를 보내서 집과 하인을 준비시켜 둘 참이었다. 오늘 아침 편지를 쓰려고 했다. 하지만 이제 그런 편지를 쓰는 일은 없을 것이다.

진이 저기 누워 있기 때문이다. 진 앞에는 다른 여행이 놓여 있기 때문이다.

밤이 다가오고 있다. 언덕 위로 태양의 가장자리가 거의 보이지 않는다.

매일 내게 점점 더 소중하게 다가왔던 얼굴을 다시 한번 쳐다보고 있다. 요사이 9개월 동안 진과 더욱 친해졌다. 진은 오랫동안 집을 떠나 있다가 돌아온 지 이제 겨우 4년이 되어 간다. 집에서 수마일 떨어진 요양소에 내내 갇혀 있었던 것이다. 진이 이 집의 문턱을 다시 넘었을 때 얼마나 기쁘고 감사했는지 모른다!

내가 할 수만 있다면 진을 소생시킬 것인가? 그러지 않을 것이다. 단 한마디 말로 그렇게 할 수 있을지라도 그렇게 하지 않도록 버틸 수 있는 힘을 달라고 간청할 것이다. 그리고 나는 그 힘을 얻게 되리라. 진을 잃고 나서 나는 거의 파탄에 이르렀고 내 삶은 고통 자체가 되었지만 나는 만족한다. 진이 다른 모든 선물을 초라하고 빈약하게 만드는 가장 소중한 선물 즉 죽음으로 풍성해졌기 때문이다. 내가 성인이 된 후로는 이 세상을 떠난 친구가 다시 살아났으면 좋겠다고 생각해 본 적이 없다. 수지가 세상을 떠났을 때도 그랬다. 후에 아내가 그리고 로저스 씨가 세상을 떠났을 때도 마찬가지였다. 뉴욕의 역에 나를 마중나온 클라라가 그날 아침 로저스 씨가 갑자기 세상을 떠났다고 말했을 때도 나는 행운 중의 행운이다, 그의 길고도 훌륭한 생애 내내 행운이 따르더니 가장 마지막 순간에도 행운이 따랐구나, 하고 생각했다. 그때 내 눈에는 슬픔의 눈물이 그득했다고 기자들은 말했다. 사실이었다. 하지만 그 슬픔은 내 것이지 그를 위한 것이 아니었다. 그는 아무런 상실도 겪지 않았다. 그 전에 그가 누렸던 행운은 죽음의 행운에 비하면 빈약하기 짝이 없는 것이었다.

내가 무슨 이유로 2년 전에 이 집을 지었을까? 이 끝없는 공허로부터 몸을 피하기 위해서였을까? 정말 어리석은 일이 아닌가! 하지만 나는 이 집에 머무를 것이다. 죽음의 정령이 나를 위해 이 집을 신성하게 하고 있다. 수지는 하트포드에 지었던 집에서 죽었다. 아내는 그 집에 다시는 들어가지 않았다. 그러나 내게는 그 집이 더욱 소중해졌다. 그 후 그곳에 한 번 들어가 본 적이 있었다. 사는 사람이 없었기 때문에 적막하고 황량했다. 하지만 내게는 성스럽고 아름다운 곳이었다. 죽음의 정령이 내 주위를 빙 둘러싸고 있는 것 같았다. 아내, 수지, 조지, 헨리 로빈슨, 찰스 더들리 워너. 그들이 말할 수만 있다면 내게 말을 걸고 환영했을 것이다. 그들은 얼마나 훌륭하고 자상했던가! 그들의 삶은 얼마나 사랑스러웠던가! 나는 환영 속에서 그들을 다시 볼 수 있었다. 아이들이 조지 주위에서 까불며 뛰어노는 소리를 들을 수 있었다. 도망친 낯선 사람으로 어느 날 불쑥 우리 앞에 나타나 아이들의 우상이 되었고, 창문을 닦으면서 죽는 날까지 우리와 18년을 함께 살았던 흑인 노예 출신 조지 말이다. 클라라와 진은 아내가 초창기에 자주 드나들던 뉴욕 집에 다시는 들어갈 수 없었다. 견디기 힘들었던 것이다. 하지만 나는 이 집에 머물 것이다. 이 집은 그 어느 때보다 오늘 밤 내게 더욱 소중하다. 진의 정령이 나를 위해서 늘 이 집을 아름답게 만들 것이다. 그 애의 외롭고 비극적인 죽음—나는 더 이상 이런 생각을 하지 않을 것이다.

아내는 언제나 2~3주 동안 크리스마스 쇼핑을 했기 때문에 정작 크리스마스가 되면 완전히 탈진했다. 진은 그 어머니의 딸이었다. 요 근래에 뉴욕에 가서 선물을 사느라 완전히 지쳐 있었다. 페인이 진의 책상 위에서 50명은 족히 되는 명단을 찾아냈다. 선물을 줄 사람의 명단이었다. 분명히 한 사람도 잊지 않았다. 케이티는 책상에서 하인들에게 줄 한 묶음의 지폐를 발견했다.

진의 개는 오늘 여기저기를 헤매고 있다. 친구 없이 쓸쓸하게. 나는 창문으로 개를 쳐다보고 있다. 이 개는 진이 독일에서 얻어 왔다. 귀가 길고 꼭 늑대처럼 생긴 개였다. 독일에서 훈련을 받았기 때문에 독일어밖에는 몰랐다. 진은 독일어로만 개에게 명령을 했다. 그래서 보름 전 도난 경보기가 한밤중에 격렬하게 울어 댔을 때 프랑스인이면서 독일어를 할 줄 몰랐던 집사가 이 개에게 강도가 들어왔을지도 모른다는 언질을 주려 했지만 소용이 없었다. 이 소동에 대해서 진이 버뮤다에 있는 내게 편지를 썼다. 그녀의 현명한 두뇌와 능숙한 손으로 적어 보낸 마지막 편지였다. 앞으로도 개를 소홀히 대하는 일은 없을 것이다.

진보다 상냥한 아이는 없을 것이다. 어린 시절부터 죽 용돈의 대부분을 자선에 써 왔다. 내 비서로 일하면서 수입이 두 배가 되었을 때도 돈을 그러한 일에 썼다. 내 수입도 마찬가지였다. 나는 기쁘고 감사했다.

진은 모든 동물들의 충성스러운 친구로 동물이라면 모두 좋아했다. 새, 야수, 모든 동물을 말이다. 심지어 뱀까지도. 내게서 물려받은 특성이었다. 진은 새에 대해서 모르는 것이 없었다. 아직 어린 소녀였을 때부터 이미 국내외 다양한 단체에 참여했고 끝까지 적극적으로 활동했다. 미국과 유럽에서 동물 보호를 위한 2~3개의 단체를 설립하기도 했다.

진은 아주 귀찮은 비서였다. 쓰레기통에 버려진 편지를 주워서 모두 답장을 보냈기 때문이다. 받은 편지에는 마땅히 모두 답장을 해 주어야 한다는 것이 그 애의 생각이었다. 아내가 그 친절하고 잘못된 생각을 딸에게 가르쳐 키웠던 것이다.

진은 훌륭한 편지를 신속하게 쓸 수 있었다. 음악을 들을 줄 아는 귀는 별로였지만 언어는 매우 쉽게 터득했다. 언제나 부지런히 이탈리아어, 프랑스어, 독일어를 쓰고 연습했다.

5년 반 전에 이 아이의 엄마가 거리낄 것 없는 삶을 마감했을 때 그랬던 것처럼 도처에서 애도의 전보가 밀려들었다. 그것이 상처를 치유해 줄 수는 없었지만 고통의 일부를 덜어 주었다. 진과 내가 방문 앞에서 손에 입맞춤을 하며 헤어졌을 때, 그로부터 22시간 안에 이러한 전보를 받게 되리라고 누가 짐작이나 할 수 있었겠는가?

"마음 깊은 곳으로부터 애도의 마음을 전합니다. 가장 절친한 친구로부터."

앞으로 다가올 많고 많은 날 동안 내가 이 집 어느 곳을 가든 진에 대한 기억이 내게 조용히 진에 대해 얘기할 것이다. 얼마나 많은 날이 될지는 아무도 헤아릴 수 없을 것이다.

진은 간질을 치료하기 위해서 2년 동안 요양 생활을 했다. 낯선 이의 손이 아닌 자기 집의 아늑한 보금자리에서 운명을 맞이하게 되어 얼마나 감사한지 말로는 표현할 길이 없다.

"진 아가씨가 돌아가셨어요!"
사실이다. 진은 죽었다.

한 달 전에 나는 창간 예정인 잡지에 실을 기운 넘치고 명랑한 기사를 쓰고 있었다. 하지만 지금은 이 글을 쓰고 있다.

크리스마스 정오. 어젯밤 나는 간간이 진의 방에 들어가서 시트를 들추고 평화로운 얼굴을 들여다보며 차가운 이마에 입을 맞추었다. 오래 전, 굴 속 같고 적막한 커다란 빌라에서 수없이 아래층으로 기어 내려가 시트를 들추고 지금 이 얼굴과 똑같이 생긴 아내의 얼굴을 쳐다보면서 이마에 입 맞추던, 플로렌스에서의 가슴 찢어지던 밤이 생각났다. 어젯밤 나는 그때 보았던 이상하고 매혹적인 기적을 다시 한번 보았다. 갓 피어난 소녀의 부드럽고 온화한 얼굴이 죽음의 인자

한 손길에 의해 되살아나는 것을! 진의 엄마가 죽어 누워 있을 때에도 근심과 번민과 고통과 쇠약해져만 가던 세월의 흔적이 그녀의 얼굴에서 모두 사라져 버렸고, 나는 긴 세월 전의 활짝 핀 젊고 아름다운 모습을 바라보듯, 내가 찬미해마지 않던 그 모습을 바라보듯 아내를 바라보았었다.

새벽 3시경, 깊이 가라앉은 침묵 속에서 집안을 서성거리다가 갑자기 멍해졌다. 무언가 영원히 잃어버려서 다시는 찾을 수 없을 것 같은, 그러면서도 찾아야만 할 것 같은 느낌이 들었다. 나는 아래층 복도에 있는 진의 개에게 다가갔다. 사람을 맞이할 때의 원래 습성대로라면 내게 인사하러 뛰어올라야 하는데 그러지 않고 아주 느릿느릿 슬픔에 가득차 걸어왔다. 문득 이 개가 비극이 일어난 후로 진의 방을 찾지 않았다는 데 생각이 미쳤다. 불쌍한 것, 모두 알고 있는 것일까? 그런 것 같다. 진이 밖에 나갈 때는 항상 개와 함께였다. 집에 있을 때에도 낮이나 밤이나 개와 함께 있었다. 진의 거실이 곧 개의 침실이었다. 내가 1층에서 개와 마주칠 때면 개는 항상 나를 졸졸 따라다녔고, 내가 위층으로 올라오면 또 역시 떠들썩한 재빠른 발놀림으로 나를 쫓아왔다. 하지만 지금은 달랐다. 나는 개를 쓰다듬어 주고는 서재로 갔다. 따라오지 않았다. 내가 위층에 갈 때도 따라오지 않은 채 생각에 잠긴 듯한 눈빛만을 보냈다. 정말 멋진 눈을 가진 개였다. 크고 온화하면서도 무언가 호소하는 듯한 눈이었다. 그 개는 눈으로 말할 수 있었다. 뉴욕 경찰견 혈통으로 아름다운 동물이었다. 나는 개를 좋아하지 않는다. 아무 일도 아닌 때에도 짖어 대기 때문이다. 하지만 이 개는 처음부터 좋았다. 진의 개였고 기껏해야 일주일에 두 번쯤 무슨 일이 있을 때를 제외하고는 짖지 않았기 때문이다.

집안을 헤매고 다니다가 진의 거실을 찾아갔다. 선반 위에 내가 쓴 책이 잔뜩 놓여 있는 것을 보았다. 무엇을 의미하는지 알고 있다. 진은 내가 버뮤다에서 돌아와서 책에 사인을 하기를 기다리고 있었다. 책을 독자에게 보낼 작정이었던 것이다. 진이 누구에게 그 책을 보내려 했는지 알 수만 있다면! 하지만 내가 알 길은 없을 것이다. 내가 간직해야겠다. 진의 손길이 닿은, 귀하디 귀한 존재이기 때문이다.

진은 옷장에 내게 줄 깜짝 놀랄 만한 선물을 감춰 두고 있었다. 내가 정말 가지고 싶어 했던 우아하고 커다란 지구의였다. 눈물 때문에 보고 있을 수가 없었다. 내가 지구의를 받아들고 얼마나 자랑스러워할지, 얼마나 기뻐할지 진은 결코 알지 못할 것이다. 오늘 도착한 우편물에는 진을 위한 사랑스러운 전언들이 가득 담겨 있었다. 진이 무척이나 좋아했던 오래되고 친근한 말들로 가득 메워져 있었다.

"메리 크리스마스, 진!"

진이 하루만 더 살았더라면!

크리스마스 밤. 오늘 오후 진이 방에서 나왔다. 서재로 내려가자 그곳 관 속에 진이 누워 있었다. 지난 해 10월 6일 클라라의 들러리가 되어 같은 방의 저쪽 끝에 서 있었을 때 입었던 바로 그 옷을 입은 채. 그때 진의 얼굴은 흥분과 행복으로 반짝거리고 있었다. 똑같은 얼굴이지만 이번에는 죽음의 위엄과 신이 내려 준 평화가 깃들어 있었다.

처음 진의 죽음을 애도하러 온 것은 개였다고 한다. 아무도 부르지 않았는데도 다가와서는 뒷다리로 버티고 앞발을 받침대에 올린 다음 자신이 그토록 좋아했던 얼굴을 오랫동안 들여다보았다고 한다. 그러고는 다가올 때처럼 조용히 돌아갔다고 한다. 개는 알고 있었던 것이다.

오후 늦게 눈이 내리기 시작했다. 진이 이 장면을 볼 수 없다니 안타깝다. 진은 눈을 정말 좋아했다.

눈이 계속 내렸다. 6시에 그 가여운 것을 운반하러 영구차가 도착했다. 사람들이 관을 들자 페인이 슈베르트의 즉흥곡을 연주했다. 진이 좋아하던 곡이다. 그러고는 간주곡을 연주했다. 이건 수지를 위한 곡이다. 마지막으로 라르고를 연주했다. 이건 그 애들의 엄마를 위한 곡이다.

영구차가 길을 지나 점점 희미해져 가는 것을 창문에서 지켜보았다. 내리는 눈을 맞으며 공허하게 그렇게 가더니 이내 시야에서 사라져 버렸다. 진은 이제 내 삶에서 나가 버렸고 다시는 돌아오지 않을 것이다. 진이 아기였을 때 함께 놀던 사촌 저비스와 진이 좋아했던 늙은 케이티만이 그녀를 먼 어린 시절 집으로 데려다 주기 위해 동행했다. 그곳에서 수지와 함께 다시 한번 엄마 곁에 눕도록.

12월 26일. 오늘 아침 개가 나를 보러 왔다. 개는 사랑에 굶주려 했다. 불쌍한 고아 같으니! 이제부터 개는 내 방에서 지내게 될 것이다.

밤새 몰아치던 폭풍이 아침 내내 이어지고 있다. 눈이 장대하고 웅장한 구름이 되어 사방에서 휘몰아 친다. 진은 이곳에 없어 이 광경을 볼 수가 없다.

오후 2시 30분. 예정된 시간이다. 장례식이 시작되었다. 400마일 밖에서 이루어지는 일이지만 마치 그곳에 있는 것처럼 볼 수 있다. 장례식은 랭돈 저택에 있는 서재에서 거행된다. 40년 전 나와 아내가 결혼을 했던 바로 그곳, 13년 전 수지의 관이 놓여 있었고, 5년 반 전 아내의 관이 놓여 있던, 그리고 얼마 후면 나의 관이 놓일 그곳에 진의 관이 놓여 있다.

5시. 모두 끝났다.

2주 전 클라라가 떠났을 때는 힘들기는 했지만 진이 있었기 때문에 견딜 수 있었다. 나는 진과 내가 또 하나의 가족이 될 거라고 말했다. 우리 둘이서 가까운 친구가 되어 행복할 것이라고 말했다. 지난 월요일 진이 항구로 마중나왔을 때 이 멋진 꿈은 내 마음속에 있었다. 지난 화요일 저녁, 진이 현관문에서 나를 맞이했을 때도 그 꿈은 내 마음속에 있었다. 우리는 함께였다. 우리는 가족이었다! 꿈은 실현되었다. 그것도 소중하고 만족스럽게 실현되었다! 그렇게 꼬박 이틀을 우리는 그 꿈 속에 살았다.

그런데 지금은 어떤가? 지금 진은 무덤에 있질 않은가!

믿기지는 않지만 무덤 속에 말이다. 진의 사랑스러운 영혼에 안식이 있기를!

옮긴이의 글

 마크 트웨인은 '미국의 셰익스피어'이자 '미국 문학의 링컨'으로 불리면서 대중의 사랑을 받은 작가였습니다. 《톰 소여의 모험》,《허클베리 핀의 모험》 등이 오랜 세월에 걸쳐 독자의 사랑을 받아 온 반면에 그의 자서전은 상대적으로 덜 노출되어 있었습니다. 그래서 이 책이 독자 여러분께 참신한 재미를 제공할지도 모르겠습니다.

 마크 트웨인의 독특한 유머와 날카로운 풍자는 자서전에서도 유감없이 발휘되었습니다. 하지만 무엇보다도 그의 개인적인 면모를 볼 수 있기에 흥미롭습니다. 자서전을 통해 본 그는 자상한 아버지이자 남편이었고 친구이자 별스럽고 독특한 이웃이었습니다.

 어린 시절 삼촌의 농장에 대한 탁월한 묘사를 접했을 때는 이야기꾼으로서의 그의 엄청난 재능에 감탄하지 않을 수 없었고, 연이은 에피소드에 이르러서는 어린아이처럼 천진하면서도 예측 불가능하고 짓궂은 행동, 불같은 성격, 예리한 풍자에 유쾌하게 웃을 수 있었습니다. 특유의 별스런 직감과 타고난 호기심이 빛나는 부분이었습니다. 아내와 두 딸의 죽음에 이르러서는 통한의 심정을 토해 내는 고통스런 소리를 들으며 같이 아파하고 함께 울었습니다.

자서전은 사랑하는 막내딸 진의 죽음에 대한 아버지의 비통함으로 끝을 맺습니다. 사랑하는 가족을 떠나보낸 후의 심정이 슬프디 슬프기에 제 능력으로 충분히 옮겨 내지 못했을까 조심스럽습니다. 원문의 일부를 통해서 그의 문체와 심정을 직접 느껴 보시기 바랍니다.

··· They are little things that have been always happening every day, and were always so unimportant and easily forgettable before — but now! Now, how different! How precious they are, how dear, how unforgettable, how pathetic, how sacred, how clothed with dignity!

The storm raged all night. It has raged all the morning. The snow drives across the landscape in vast clouds, superb, sublime — and Jean not here to see.

이 작품과 매일 만나면서 화려한 묘사, 독특한 유머, 예리한 풍자와 그 뒤에 숨은 마크 트웨인의 인간적인 모습을 접했고, 이로 인해 즐겁기도, 가슴 아프기도 했습니다. 같은 재미와 감동이 독자분께도 함께 하리라 믿습니다.

2005. 1.
안기순

■마크 트웨인 연보

1835　11월 30일 미주리 주의 플로리다에서 존 마샬 클레멘스와 제인 램프톤 사이에서 여섯 남매 중 다섯째로 태어남.

1839　미주리 주의 한니발로 이주. 이곳에서 소년 시절을 보냄.

1847　아버지의 사망으로 가정 형편이 어려워져 학업을 중단하고, 인쇄소의 견습 인쇄공으로 일함.

1850　형 오라이언이 경영하는 지방신문 〈한니발 저널〉지의 식자공으로 일하면서 틈틈이 기사를 발표함.

1853　세인트루이스로 나가 〈이브닝 뉴스〉에서 일함. 그 후 뉴욕, 필라델피아 등지를 떠돌며 견습기자로 일함.

1857　미시시피 강의 수로 안내인이 됨.

1861　남북전쟁이 발발하자 수로 안내인 일을 그만두고 귀향, 남군의 비정규군에 잠시 입대. 같은 해 형을 따라 네바다로 가서 여러 직업을 전전함.

1862 (또는 1863)　네바다 주 버지니아 시의 〈테리토리얼 엔터프라이즈〉의 기자로 일함.

1863　마크 트웨인이라는 필명을 최초로 사용.

1864　캘리포니아로 가서 샌프란시스코 〈모닝콜〉 기자로 일함. 여기서 브레트 하트 등의 문필가와 교류를 가져 많은 격려를 받음.

1865　처녀작인 유명한 단편 〈뛰어오르는 개구리 The Jumping Frog〉를 발표, 전국적으로 선풍적 인기를 얻게 됨.

1866　샌드위치 섬(오늘날의 하와이) 취재 여행을 마친 뒤 강연자로 활동함.

1867　뉴욕에서 강연을 한 뒤 지중해 팔레스타인 성지 등지를 여행함. 《캘리베러스군의 명물 뛰어오르는 개구리와 기타 단편들 The Celebrated Jumping Frog of Calaveras County, and Other Sketches》 간행.

1869　유럽 여행기 《철부지의 해외 여행기 The Innocents Abroad》 출간.

1870　올리비아 랭돈과 결혼. 버팔로에서 잠깐 거주하다가 코네티컷의 하트포드로 이주. 이후 20년간 그의 생애에서 가장 왕성한 창작 시기를 이곳에서 보냄.

1872　광부와 떠돌이 신문기자를 전전하던 젊은 시절의 체험을 적은 《고달픈 생활

	Roughing It》을 간행.
1873	찰스 더들리 워너와 공저로 《도금시대 *The Gilded Age*》라는 풍자소설을 발표.
1876	대표작 《톰 소여의 모험 *The Adventures of Tom Sawyer*》 발표.
1880	독일의 남서부 삼림지대와 스위스 알프스를 여행한 기록인 《도보 여행기 *A Tramp Abroad*》를 발간.
1882	《왕자와 거지 *The Prince and the Pauper*》 간행.
1883	수로 안내인의 체험을 바탕으로 자전적 요소가 짙은 《미시시피에서의 생활 *Life on the Mississippi*》 출간.
1884	또 다른 대표작 《허클베리 핀의 모험 *The Adventures of Huckleberry Finn*》을 출간. 찰스 L. 웹스터 & 컴퍼니라는 출판사를 차림.
1889	중세시대 영국의 압제와 폭정을 풍자한 《아서왕 궁전의 코네티컷 양키 *A Connecticut Yankee in King Arthur's Court*》 발표.
1890	어머니 사망.
1894	출판사의 파산으로 막대한 경제적 타격을 입음. 《바보 윌슨의 비극 *The Tragedy of Pudd'nhead Wilson*》 출간.
1895	엄청난 부채를 갚기 위해 부인과 둘째딸 클라라를 데리고 세계 일주 강연 여행을 떠남.
1896	큰딸 수지 사망. 《잔다르크 *Joan of Arc*》 출간.
1897	여행기 《적도를 따라서 *Following the Equator*》 출간.
1899	사업 실패로 진 빚을 모두 갚음. 《해들리버그를 타락시킨 사나이 *The Man that Corrupted Hadleyburg*》 발표.
1900	미국으로 귀국하여 국민의 대환영을 받음. 뉴욕에 거주.
1904	이탈리아 플로렌스에서 부인 사망.
1906	《인간이란 무엇인가? *What is Man?*》 간행.
1907	영국 옥스퍼드 대학에서 명예 박사학위 수여.
1909	막내딸 진 사망.
1910	4월 21일 뉴욕에서 별세. 유작으로 《괴상한 타관 사람 *The Mysterious Stranger*》(1916) 등이 발간됨.

■ 찾아보기

ㄱ
《가브리엘 콘로이*Gabriel Conroy*》 233
《고달픈 생활*Roughing It*》 209, 216, 287, 338, 341
공화당Republican party 96, 208, 333, 336, 420
그레이엄 벨Bell, Alexander Graham 349
그랜트 장군Grant, General Ulysses S. 124, 202, 244, 352~363, 365, 367~371, 427

ㄴ~ㄷ
나이 주지사Nye Governor 203, 206
남북전쟁Civil War 161, 196, 244, 354, 367, 419, 492
〈뉴욕 트리뷴*New York Tribune*〉 254, 359
〈데일리 그래픽*Daily Graphic*〉 391
〈데일리 알타 캘리포니안*Daily Alta Californian*〉 253
《도금시대*The Gilded Age*》 77, 78, 341, 391
《도둑맞은 하얀 코끼리*The Stolen White Elephant*》 344
《도보 여행기*A Tramp Abroad*》 339
〈뛰어오르는 개구리*The Jumping Frog*〉 258, 259

ㄹ
라이트슨 & 컴퍼니Wrightson & Company 193
《랩과 친구들*Rab and His Friends*》 302
랭돈 클레멘스Clemense, Langdon 297
로라 M. 라이트Wright, Laura M. 171, 172, 174
루드야드 키플링Kipling, Rudyard 407~410
링컨Lincoln, Abraham 177, 203, 244

ㅁ
멕시코전쟁Mexican War 165, 370
〈모닝콜*Morning Call*〉 224, 226~230, 411
《문학적 유머*The Literary of Humor*》 372
《미시시피에서의 생활*Life on the Mississippi*》 197, 199
《미시시피에서의 옛 시절*Old Times on the Mississippi*》 343

민주당Democratic party 336, 420

ㅂ
버크너 장군Buckner, General Simon Bolivar 370
벤베누토 첼리니Cellini, Benvenuto 55
〈불리틴*The Bulletin*〉 258
브레트 하트Harte, Bret 230~234, 414~423, 426
빌라 비비아니Villa Viviani 429
빌라 쿠아르토Villa Quarto 429

ㅅ
사무엘 E. 모페트Moffett, Samuel E. 176, 378
〈새터데이 프레스*The Saturday Press*〉 259
〈선데이 머큐리*Sunday Mercury*〉 123
〈선*Sun*〉 226
센추리 컴퍼니Century Company 353~356
셔리단 장군Sheridan, General Philip Henry 244, 359, 361
셔먼 장군Sherman, General William T. 138, 244, 356, 360
《스톰필드 선장의 천국 방문기*Captain Stormfield's Visit to Heaven*》 244, 396
시드Sid 101
〈시카고 트리뷴*Chicago Tribune*〉 392

ㅇ
아메리칸 뉴스 컴퍼니American News Company 261, 269, 270
아메리칸 퍼블리싱 컴퍼니American Publishing Company 81, 261, 270, 271, 340, 341, 354~356
《아서왕 궁전의 코네티컷 양키*A Connecticut Yankee in King Arthur's Court*》 372, 384, 390
앨버트 비겔로우 페인Paine, Albert Bigelow 243, 476, 485, 497, 498, 500, 505
《어느 것이지?*Which Was It?*》 385
엘리노 글린Glyn, Elinor 471, 472
〈열린 천국문*The Gates Ajar*〉 396
올리버 웬델 호움즈Holmes, Oliver Wendell 255, 256

〈왕자와 거지The Prince and the Pauper〉 322, 323, 343, 344, 384
〈월간 애틀랜틱Atlantic Monthly〉 233, 391
윌리엄 딘 하웰스Howells, William Dean 372, 396, 416, 487~489
〈유니온Union〉 217, 219, 248, 411
〈이브닝 뉴스Evening News〉 191
〈이브닝 포스트Evening Post〉 333
〈익스프레스Express〉 291
〈인간의 유래The Descent of Man〉 195
인준 조Injun Joe 64, 155, 156
〈인콰이어러Inquirer〉 192

ㅈ
〈잔다르크Joan of Arc〉 386
〈적도를 따라서Following the Equator〉 255, 382
〈정글북The Jungle Book〉 409
〈조국 없는 사람The Man Without a Country〉 419
조엘 챈들러 해리스Harris, Joel Chandler 71, 481
조지 스티븐슨Stephenson, George 399, 400
조지 엘리엇Eliot, George 364
조지 워싱턴 케이블Cable, George Washington 81~83
존 J. 로우(증기선)John J. Roe 169~171
〈죽음의 웨이퍼The Death Wafer〉 387
〈짐 울프와 고양이Jim Wolf and the cats〉 123, 163

ㅊ
찰스 다윈Darwin, Charles 195
찰스 디킨스Dickens, Charles 232, 233, 284, 285, 287
찰스 L. 웹스터 앤 컴퍼니Charles L. Webster and Company 351, 363, 374~376, 378
〈천국이었나? 아니면 지옥이었나?Was it Heaven? Or Hell?〉 452
〈철부지의 해외 여행기The Innocents Abroad〉 254, 255, 268~270, 296, 338, 339, 389

ㅋ
〈캘리베러스군(郡)의 명물 뛰어오르는 개구리와 기타 단편들The Celebrated Jumping Frog of Calaveras County, and Other Sketches〉 261, 269
〈캘리포니아인The Californian〉 230, 258
〈코머셜Commercial〉 413
콜로넬 히긴슨Higginson, Colonel 487, 489
쿼리 농장Quarry Farm 297, 304, 387, 407
퀘이커 시티 유람선Quaker City 253, 261, 269, 285, 289, 359
〈킴Kim〉 410

ㅌ
〈테리토리얼 엔터프라이즈Territorial Enterprise〉 205, 206, 216, 248, 411
토마스 매콜리Macaulay, Thomas B. 400
토마스 베일리 알드리치Aldrich, Thomas Bailey 476
토마스 칼라일Carlyle, Thomas 140
〈톰 소여의 모험The Adventures of Tom Sawyer〉 56, 61, 64, 101, 102, 104, 105, 155, 156, 324, 341, 384

ㅍ
펜실베이니아 호Pennsylvania 170, 171, 197, 199
폴리 이모Aunt Polly 61
프랭크 마요Mayo, Frank 80

ㅎ
하퍼 & 브라더스Harper & Brothers 153
하퍼스Harper's 397, 451
〈허클베리 핀의 모험The Adventures of Huckleberry Finn〉 56, 154, 245, 351, 352
〈헤럴드Herald〉 254
헨리 로저스Rogers, Henry H. 375~383, 441, 443, 495, 499
헬렌 켈러Keller, Helen 55
〈황금시대The Golden Era〉 231

기타
〈1601〉 387, 389
〈3주Three Weeks〉 471